政府工作报告

汇 编

2022

ZHENGFU GONGZUO
BAOGAO HUIBIAN

国务院研究室 编

中国言实出版社
CHINA YANSHI PRESS

图书在版编目(CIP)数据

政府工作报告汇编.2022 / 国务院研究室编 . -- 北京:中国言实出版社,2022.3

ISBN 978-7-5171-4092-4

Ⅰ.①政… Ⅱ.①国… Ⅲ.①政府工作报告—汇编—中国—2022 Ⅳ.①D623

中国版本图书馆 CIP 数据核字 (2022) 第 054777 号

政府工作报告汇编2022

责任编辑:张 朕
责任校对:李 颖

出版发行:中国言实出版社
   地 址:北京市朝阳区北苑路180号加利大厦5号楼105室
   邮 编:100101
   编辑部:北京市海淀区花园路6号院B座6层
   邮 编:100088
   电 话:010-64924853(总编室) 010-64924716(发行部)
   网 址:www.zgyscbs.cn 电子邮箱:zgyscbs@263.net

经 销:新华书店
印 刷:北京温林源印刷有限公司
版 次:2022年8月第1版 2022年8月第1次印刷
规 格:710毫米×1000毫米 1/16 66印张
字 数:764千字

定 价:298.00元
书 号:ISBN 978-7-5171-4092-4

《政府工作报告汇编 2022》
编 委 会

主 任： 黄守宏

副主任： 陈祖新　向　东

　　　　　孙国君　肖炎舜

编 委：

国务院研究室（按姓氏笔画排序）

王汉章　王胜谦　牛发亮　冯文礼　乔尚奎　刘日红

李攀辉　宋　立　张顺喜　侯万军　姜秀谦

各地政府研究室（排名不分先后）

林恩全　北京市人民政府副秘书长、研究室主任

杜　威　天津市人民政府研究室主任

李各青　河北省人民政府研究室主任

王炤坤　山西省人民政府研究室主任

孟庆维　内蒙古自治区人民政府副秘书长、办公厅主任

任长海　辽宁省人民政府研究室主任

骆宪民　吉林省人民政府研究室综合研究处处长

于学胜　黑龙江省人民政府研究室主任

董建华　上海市人民政府研究室主任

郑　焱　江苏省人民政府研究室主任

任贤锋　浙江省人民政府研究室副主任

叶晓明　安徽省人民政府副秘书长、政策研究室主任

戴清泉　福建省人民政府办公厅副主任

李　能　江西省人民政府副秘书长、研究室主任

苏庆伟　山东省人民政府副秘书长、研究室主任

范　磊　河南省人民政府研究室主任

杜成会　湖北省人民政府研究室主任

杨通远　湖南省人民政府研究室副主任

段建平　广东省人民政府研究室主任

蒋家柏　广西壮族自治区人民政府秘书长、办公厅主任

陈际阳　海南省人民政府研究室主任

刘　力　重庆市人民政府副秘书长、研究室主任

付　强　四川省人民政府研究室副主任

林元森　贵州省人民政府办公厅副主任

杨建林　云南省人民政府研究室主任

李宏军　西藏自治区人民政府副秘书长、研究室主任

祝志明　陕西省人民政府研究室副主任

出版说明

每年，全国和各地的两会都要审议通过《政府工作报告》。各级人民政府的《政府工作报告》全面贯彻习近平新时代中国特色社会主义思想，全面贯彻党中央的决策部署，系统总结上一年度的政府工作，全面部署新一年的政府工作，是做好当年政府工作的行动纲领。为便于各省、区、市和计划单列市相互交流政府工作经验和做法，并为各级领导干部和专家学者、研究人员提供全国性政策研究素材，我们组织编辑出版了《政府工作报告汇编2022》。

本书开篇为国务院总理李克强在第十三届全国人民代表大会第五次会议上所作的《政府工作报告》，其后内容分上、下两篇，分别收录各省、区、市和计划单列市2022年的《政府工作报告》全文。

本书的编辑出版得到各省、区、市和计划单列市政府办公厅或研究室的大力支持，在此表示衷心感谢！

编　者

2022 年 7 月

目　录

下篇　计划单列市

政府工作报告

——2022 年 3 月 5 日在第十三届全国
人民代表大会第五次会议上

国务院总理　李克强

各位代表：

现在，我代表国务院，向大会报告政府工作，请予审议，并请全国政协委员提出意见。

一、2021年工作回顾

过去一年是党和国家历史上具有里程碑意义的一年。以习近平同志为核心的党中央团结带领全党全国各族人民，隆重庆祝中国共产党成立一百周年，胜利召开党的十九届六中全会、制定党的第三个历史决议，如期打赢脱贫攻坚战，如期全面建成小康社会、实现第一个百年奋斗目标，开启全面建设社会主义现代化国家、向第二个百年奋斗目标进军新征程。一年来，面对复杂严峻的国内外形势和诸多风险挑战，全国上下共同努力，统筹疫情防控和经济社会发展，全年主要目标任务较好完成，"十四五"实现良好开局，我国发展又取得新的重大成就。

——经济保持恢复发展。国内生产总值达到 114 万亿元，增长 8.1%。全国财政收入突破 20 万亿元，增长 10.7%。城镇新增就业 1269 万人，城镇调查失业率平均为 5.1%。居民消费价格上涨 0.9%。国际收支基本平衡。

——创新能力进一步增强。国家战略科技力量加快壮大。关键核心技术攻关取得重要进展，载人航天、火星探测、资源勘探、能源工程等领域实现新突破。企业研发经费增长 15.5%。数字技术与实体经济加速融合。

——经济结构和区域布局继续优化。粮食产量 1.37 万亿斤，创历史新高。高技术制造业增加值增长 18.2%，信息技术服务等生产性服务业较快发展，产业链韧性得到提升。区域发展战略有效实施，新型城镇化扎实推进。

——改革开放不断深化。在重要领域和关键环节推出一批重大改革举措，供给侧结构性改革深入推进。"放管服"改革取得新进展。市场主体总量超过 1.5 亿户。高质量共建"一带一路"稳步推进。推动区域全面经济伙伴关系协定生效实施。货物进出口总额增长 21.4%，实际使用外资保持增长。

——生态文明建设持续推进。污染防治攻坚战深入开展，主要污染物排放量继续下降，地级及以上城市细颗粒物（$PM_{2.5}$）平均浓度下降 9.1%。第一批国家公园正式设立。生态环境质量明显改善。

——人民生活水平稳步提高。居民人均可支配收入实际增长 8.1%。脱贫攻坚成果得到巩固和拓展。基本养老、基本医疗、社会救助等保障力度加大。教育改革发展迈出新步伐。新开工改造城镇老旧小区 5.6 万个，惠及近千万家庭。

——疫情防控成果持续巩固。落实常态化防控举措，疫苗全程接种覆盖率超过 85%，及时有效处置局部地区聚集性疫情，保障了人民生命安全和身体健康，维护了正常生产生活秩序。

回顾过去一年，成绩得来殊为不易。我国经济尚处在突发疫情等严重冲击后的恢复发展过程中，国内外形势又出现很多新变化，保持经济平稳运行难度加大。我们深入贯彻以习近平同志为核心的党中央决策部署，贯彻落实中央经济工作会议精神，完整、准确、全面贯彻新发展理念，扎实做好"六稳"、"六保"工作，注重宏观政策跨周期和逆周期调节，有效应对各种风险挑战，主要做了以下工作。

一是保持宏观政策连续性针对性，推动经济运行保持在合理区间。宏观政策适应跨周期调节需要，保持对经济恢复必要支持力度，同时考虑为今年应对困难挑战预留政策空间。建立常态化财政资金直达机制，将 2.8 万亿元中央财政资金纳入直达范围。优化地方政府专项债券发行使用。有效实施稳健的货币政策，两次全面降准，推动降低贷款利率。有序推进地方政府债务风险防范化解，稳妥处置重大金融风险事件。强化稳岗扩就业政策落实，扎实做好高校毕业生等重点群体就业工作，推进大众创业万众创新。加强大宗商品保供稳价，着力解决煤炭电力供应紧张问题。从全年看，主要宏观经济指标符合预期，财政赤字率和宏观杠杆率下降，经济增速继续位居世界前列。

二是优化和落实助企纾困政策，巩固经济恢复基础。上亿市场主体承载着数亿人就业创业，宏观政策延续疫情发生以来行之有效的支持路径和做法。去年新增减税降费超过 1 万亿元，还对制造业中小微企业、煤电和供热企业实施阶段性缓缴税费。实践表明，减税降费是助企纾困直接有效的办法，实际上也是"放水养鱼"、涵养税源，2013 年以来新增的涉税市场主体去年纳税达到 4.76 万亿元。加强铁路、公路、航空、海运、港口等运输保障。加大对受疫情影响严重行业企业信贷投放，继续执行小微企业贷款延期还本付息和信用贷款支持政策，银行业金融机构普惠小微企业贷款增长 27.3%，大型商业银行普惠小微企业贷款增幅超过 40%，企业综合融资成本稳中有降。

三是深化改革扩大开放，持续改善营商环境。加强市场体系基础制度建设，推进要素市场化配置等改革。继续压减涉企审批手续和办理时限，更多政务服务事项实现一网通办。推广一批地方改革经验，开展营商环境创新试点。加强和创新监管，反垄断和防止资本无序扩张，维护公平竞争。深入实施国企改革三年行动。支持民营企业健康发展。基本完成行业协会商会与行政机关脱钩改革。设立北京证券交易所和广州期货交易所。稳步推进农业农村、社会事业、生态文明等领域改革。深化共建"一带一路"务实合作。加大稳外贸稳外资力度，成功举办进博会、广交会、服贸会及首届消博会等重大展会。新增4个服务业扩大开放综合试点，推出海南自由贸易港开放新举措。

四是强化创新引领，稳定产业链供应链。加强国家实验室建设，推进重大科技项目实施。改革完善中央财政科研经费管理，提高间接费用比例，扩大科研自主权。延续实施研发费用加计扣除政策，将制造业企业研发费用加计扣除比例提高到100%。强化知识产权保护。开展重点产业强链补链行动。传统产业数字化智能化改造加快，新兴产业保持良好发展势头。

五是推动城乡区域协调发展，不断优化经济布局。落实区域重大战略和区域协调发展战略，出台新的支持举措，实施一批重大项目。推进以县城为重要载体的城镇化建设。加强农业生产，保障农资供应，对种粮农民一次性发放200亿元补贴。推动乡村振兴，确定160个国家乡村振兴重点帮扶县。实施农村人居环境整治提升五年行动。

六是加强生态环境保护，促进可持续发展。巩固蓝天、碧水、净土保卫战成果。推动化肥农药减量增效和畜禽养殖废弃物资源化利用。持续推进生态保护修复重大工程，全面实施长江十年禁渔。可再生能源发电装机规模突破10亿千瓦。出台碳达峰行动方案。启动全国碳排放权交易市场。积极应对气候变化。

七是着力保障和改善民生，加快发展社会事业。加大农村义务教育薄弱环节建设力度，提高学生营养改善计划补助标准，3700多万学生受益。减轻义务教育阶段学生作业负担和校外培训负担。超额完成高职扩招三年行动目标。国家助学贷款每人每年最高额度增加4000元，惠及500多万在校生。上调退休人员基本养老金。提高优抚标准。将低保边缘家庭重病重残人员纳入低保范围，做好困难群众帮扶救助。改革疾病预防控制体系。把更多常见病、慢性病等门诊费用纳入医保报销范围，住院费用跨省直接结算率达到60%。严格药品疫苗监管。实施三孩生育政策。加强养老服务。加快发展保障性租赁住房。繁荣发展文化事业和文化产业，创新实施文化惠民工程。营造良好网络生态。积极开展全民健身运动。我国体育健儿在东京奥运会、残奥会上勇创佳绩。经过精心筹备，我们成功举办了简约、安全、精彩的北京冬奥会，也一定能办好刚刚开幕的冬残奥会。

八是推进法治政府建设和治理创新，保持社会和谐稳定。提请全国人大常委会审议法律议案10件，制定修订行政法规 15 部。认真办理人大代表建议和政协委员提案。出台法治政府建设实施纲要。发挥审计监督作用。继续开展国务院大督查，深入实施"互联网＋督查"。创新城乡基层治理。扎实做好信访工作，化解信访积案。强化安全生产和应急管理。加强国家安全保障能力建设。完善社会治安防控体系，常态化开展扫黑除恶斗争，集中打击治理电信网络诈骗等犯罪。去年一些地区发生严重洪涝等灾害，各方面积极开展防灾救灾和灾后重建，努力保障人民群众生命财产安全。

贯彻落实党中央全面从严治党战略部署。开展党史学习教育。加强党风廉政建设和反腐败斗争。严格落实中央八项规定精神，持之以恒纠治"四风"，进一步为基层减负。

中国特色大国外交全面推进。习近平主席等党和国家领导人通过视频方式出席联合国大会、二十国集团领导人峰会、亚太经合组织领导人非正式会议、金砖国家领导人会晤、中国—东盟建立对话关系 30 周年纪念峰会、中非合作论坛部长级会议开幕式、东亚合作领导人系列会议、亚欧首脑会议等重大活动。成功举办多场重大主场外交活动。推动构建人类命运共同体，积极发展全球伙伴关系，积极参与全球治理体系改革和建设，推进国际抗疫合作，共同应对全球性问题和挑战。中国为促进世界和平与发展作出了积极贡献。

各位代表！

过去一年取得的成绩，是以习近平同志为核心的党中央坚强领导的结果，是习近平新时代中国特色社会主义思想科学指引的结果，是全党全军全国各族人民团结奋斗的结果。我代表国务院，向全国各族人民，向各民主党派、各人民团体和各界人士，表示诚挚感谢！向香港特别行政区同胞、澳门特别行政区同胞、台湾同胞和海外侨胞，表示诚挚感谢！向关心和支持中国现代化建设的各国政府、国际组织和各国朋友，表示诚挚感谢！

在肯定成绩的同时，我们也清醒看到面临的问题和挑战。全球疫情仍在持续，世界经济复苏动力不足，大宗商品价格高位波动，外部环境更趋复杂严峻和不确定。我国经济发展面临需求收缩、供给冲击、预期转弱三重压力。局部疫情时有发生。消费和投资恢复迟缓，稳出口难度增大，能源原材料供应仍然偏紧，输入性通胀压力加大，中小微企业、个体工商户生产经营困难，稳就业任务更加艰巨。关键领域创新支撑能力不强。一些地方财政收支矛盾加大，经济金融领域风险隐患较多。民生领域还有不少短板。政府工作存在不足，形式主义、官僚主义仍然突出，脱离实际、违背群众意愿现象屡有发生，有的在政策执行中采取"一刀切"、运动式做法。少数干部不担当、不作为、乱作为，有的漠视严重侵害群众权益问题、工作严重失职失责。一些领域腐败问题依然多发。我们要增强忧患意识，直面问题挑战，全力以赴做好工作，决不辜负人民期待！

二、2022年经济社会发展总体要求和政策取向

今年将召开中国共产党第二十次全国代表大会，是党和国家事业发展进程中十分重要的一年。做好政府工作，要在以习近平同志为核心的党中央坚强领导下，以习近平新时代中国特色社会主义思想为指导，全面贯彻落实党的十九大和十九届历次全会精神，弘扬伟大建党精神，坚持稳中求进工作总基调，完整、准确、全面贯彻新发展理念，加快构建新发展格局，全面深化改革开放，坚持创新驱动发展，推动高质量发展，坚持以供给侧结构性改革为主线，统筹疫情防控和经济社会发展，统筹发展和安全，继续做好"六稳"、"六保"工作，持续改善民生，着力稳定宏观经济大盘，保持经济运行在合理区间，保持社会大局稳定，迎接党的二十大胜利召开。

综合研判国内外形势，今年我国发展面临的风险挑战明显增多，必须爬坡过坎。越是困难越要坚定信心、越要真抓实干。我国经济长期向好的基本面不会改变，持续发展具有多方面有利条件，特别是亿万人民有追求美好生活的强烈愿望、创业创新的巨大潜能、共克时艰的坚定意志，我们还积累了应对重大风险挑战的丰富经验。中国经济一定能顶住新的下行压力，必将行稳致远。

今年发展主要预期目标是：国内生产总值增长 5.5% 左

右；城镇新增就业 1100 万人以上，城镇调查失业率全年控制在 5.5% 以内；居民消费价格涨幅 3% 左右；居民收入增长与经济增长基本同步；进出口保稳提质，国际收支基本平衡；粮食产量保持在 1.3 万亿斤以上；生态环境质量持续改善，主要污染物排放量继续下降；能耗强度目标在"十四五"规划期内统筹考核，并留有适当弹性，新增可再生能源和原料用能不纳入能源消费总量控制。

经济增速预期目标的设定，主要考虑稳就业保民生防风险的需要，并同近两年平均经济增速以及"十四五"规划目标要求相衔接。这是高基数上的中高速增长，体现了主动作为，需要付出艰苦努力才能实现。

完成今年发展目标任务，宏观政策要稳健有效，微观政策要持续激发市场主体活力，结构政策要着力畅通国民经济循环，科技政策要扎实落地，改革开放政策要激活发展动力，区域政策要增强发展的平衡性协调性，社会政策要兜住兜牢民生底线。各方面要围绕贯彻这些重大政策和要求，细化实化具体举措，形成推动发展的合力。

要保持宏观政策连续性，增强有效性。积极的财政政策要提升效能，更加注重精准、可持续。稳健的货币政策要灵活适度，保持流动性合理充裕。就业优先政策要提质加力。政策发力适当靠前，及时动用储备政策工具，确保经济平稳运行。

继续做好常态化疫情防控。坚持外防输入、内防反弹，不断优化完善防控措施，加强口岸城市疫情防控，加大对病毒变异的研究和防范力度，加快新型疫苗和特效药物研发，持续做好疫苗接种工作，更好发挥中医药独特作用，科学精准处置局部疫情，保持正常生产生活秩序。

今年工作要坚持稳字当头、稳中求进。面对新的下行压力，要把稳增长放在更加突出的位置。各地区各部门要切实担负起稳定经济的责任，积极推出有利于经济稳定的政策。要统筹稳增长、调结构、推改革，加快转变发展方式，不搞粗放型发展。坚持实事求是，立足社会主义初级阶段基本国情，着力办好自己的事，尊重发展规律、客观实际和群众需求，因地制宜创造性开展工作，把各方面干事创业积极性充分调动起来。推动有效市场和有为政府更好结合，善于运用改革创新办法，激发市场活力和社会创造力。要坚持以人民为中心的发展思想，依靠共同奋斗，扎实推进共同富裕，不断实现人民对美好生活的向往。

三、2022年政府工作任务

今年经济社会发展任务重、挑战多。要按照以习近平同志为核心的党中央部署要求，完整、准确、全面贯彻新发展理念，加快构建新发展格局，推动高质量发展，扎实做好各项工作。

（一）着力稳定宏观经济大盘，保持经济运行在合理区间。继续做好"六稳"、"六保"工作。宏观政策有空间有手段，要强化跨周期和逆周期调节，为经济平稳运行提供有力支撑。

提升积极的财政政策效能。今年赤字率拟按 2.8% 左右安排、比去年有所下调，有利于增强财政可持续性。预计今年财政收入继续增长，加之特定国有金融机构和专营机构依法上缴近年结存的利润、调入预算稳定调节基金等，支出规模比去年扩大 2 万亿元以上，可用财力明显增加。新增财力要下沉基层，主要用于落实助企纾困、稳就业保民生政策，促进消费、扩大需求。今年安排中央本级支出增长 3.9%，其中中央部门支出继续负增长。中央对地方转移支付增加约 1.5 万亿元、规模近 9.8 万亿元，增长 18%、为多年来最大增幅。中央财政将更多资金纳入直达范围，省级财政也要加大对市县的支持，务必使基层落实惠企利民政策更有能力、更有动力。

要用好政府投资资金，带动扩大有效投资。今年拟安排地方政府专项债券 3.65 万亿元。强化绩效导向，坚持"资金、要素跟着项目走"，合理扩大使用范围，支持在建项目后续融资，开工一批具备条件的重大工程、新型基础设施、老旧公用设施改造等建设项目。民间投资在投资中占大头，要发挥重大项目牵引和政府投资撬动作用，完善相关支持政策，充分调动民间投资积极性。

要坚持政府过紧日子，更好节用裕民。大力优化支出结构，保障重点支出，严控一般性支出。盘活财政存量资金和闲置资产。各级政府必须艰苦奋斗、勤俭节约，中央政府和省级政府要带头。加强收支管理，严禁铺张浪费，不得违规新建楼堂馆所，不得搞形象工程，对违反财经纪律、肆意挥霍公款的要严查重处，一定要把宝贵资金用在发展紧要处、民生急需上。

加大稳健的货币政策实施力度。发挥货币政策工具的总量和结构双重功能，为实体经济提供更有力支持。扩大新增贷款规模，保持货币供应量和社会融资规模增速与名义经济增速基本匹配，保持宏观杠杆率基本稳定。保持人民币汇率在合理均衡水平上的基本稳定。进一步疏通货币政策传导机制，引导资金更多流向重点领域和薄弱环节，扩大普惠金融覆盖面。推动金融机构降低实际贷款利率、减少收费，让广大市场主体切身感受到融资便利度提升、综合融资成本实实在在下降。

强化就业优先政策。大力拓宽就业渠道，注重通过稳市场主体来稳就业，增强创业带动就业作用。财税、金融等政策都要围绕就业优先实施，加大对企业稳岗扩岗的支持力度。各类专项促就业政策要强化优化，对就业创业的不合理限制要坚决清理取消。各地都要千方百计稳定和扩大就业。

确保粮食能源安全。保障粮食等重要农产品供应，继续做好能源、重要原材料保供稳价工作，保障民生和企业正常生产经营用电。实施全面节约战略。增强国内资源生产保障能力，加快油气、矿产等资源勘探开发，完善国家战略物资储备制度，保障初级产品供给。打击哄抬物价等行为。保持物价水平基本稳定。

防范化解重大风险。继续按照稳定大局、统筹协调、分类施策、精准拆弹的基本方针，做好经济金融领域风险防范和处置工作。压实地方属地责任、部门监管责任和企业主体责任，加强风险预警、防控机制和能力建设，设立金融稳定保障基金，发挥存款保险制度和行业保障基金的作用，运用市场化、法治化方式化解风险隐患，有效应对外部冲击，牢牢守住不发生系统性风险的底线。

（二）着力稳市场主体保就业，加大宏观政策实施力度。完善减负纾困等政策，夯实经济稳定运行、质量提升的基础。

实施新的组合式税费支持政策。坚持阶段性措施和制度性安排相结合，减税与退税并举。一方面，延续实施扶持制造业、小微企业和个体工商户的减税降费政策，并提高减免幅度、扩大适用范围。对小规模纳税人阶段性免征增值税。对小微企业年应纳税所得额 100 万元至 300 万元部分，再减半征收企业所得税。各地也要结合实际，依法出台税费减免等有力措施，使减税降费力度只增不减，以稳定市场预期。另一方面，综合考虑为企业提供现金流支持、促进就业消费投资，大力改进因增值税税制设计类似于先缴后退的留抵退税制度，今年对留抵税额提前实行大规模退税。优先安排小微企业，对小微企业的存量留抵税额于6月底前一次性全部退还，增量留抵税额足额退还。重点支持制造业，全面解决制造业、科研和技术服务、生态环保、电力燃气、交通运输等行业留抵退税问题。增值税留抵退税力度显著加大，以有力提振市场信心。预计全年退税减税约2.5万亿元，其中留抵退税约1.5万亿元，退税资金全部直达企业。中央财政将加大对地方财力支持，补助资金直达市县，地方政府及有关部门要建立健全工作机制，加强资金调度，确保退税减税这项关键性举措落实到位，为企业雪中送炭，助企业焕发生机。

加强金融对实体经济的有效支持。用好普惠小微贷款支持工具，增加支农支小再贷款，优化监管考核，推动普惠小微贷款明显增长、信用贷款和首贷户比重继续提升。引导金融机构准确把握信贷政策，继续对受疫情影响严重的行业企业给予融资支持，避免出现行业性限贷、抽贷、断贷。发挥好政策性、开发性金融作用。推进涉企信用信息整合共享，加快税务、海关、电力等单位与金融机构信息联通，扩大政府性融资担保对小微企业的覆盖面，努力营造良好融资生态，进一步推动解决实体经济特别是中小微企业融资难题。

推动降低企业生产经营成本。清理转供电环节不合理加价，支持地方对特殊困难行业用电实行阶段性优惠政策。

引导大型平台企业降低收费，减轻中小商户负担。进一步清理规范行业协会商会、中介机构等收费。要开展涉企违规收费专项整治行动，建立协同治理和联合惩戒机制，坚决查处乱收费、乱罚款、乱摊派。要加大拖欠中小企业账款清理力度，规范商业承兑汇票使用，机关、事业单位和国有企业要带头清欠。餐饮、住宿、零售、文化、旅游、客运等行业就业容量大、受疫情影响重，各项帮扶政策都要予以倾斜，支持这些行业企业挺得住、过难关、有奔头。

落实落细稳就业举措。延续执行降低失业和工伤保险费率等阶段性稳就业政策。对不裁员少裁员的企业，继续实施失业保险稳岗返还政策，明显提高中小微企业返还比例。今年高校毕业生超过 1000 万人，要加强就业创业指导、政策支持和不断线服务。做好退役军人安置和就业保障，促进农民工就业，帮扶残疾人、零就业家庭成员就业。深入开展大众创业万众创新，增强双创平台服务能力。加强灵活就业服务，完善灵活就业社会保障政策，开展新就业形态职业伤害保障试点。坚决防止和纠正性别、年龄、学历等就业歧视，大力营造公平就业环境。加强劳动保障监察执法，着力解决侵害劳动者合法权益的突出问题。增强公共就业服务针对性。继续开展大规模职业技能培训，共建共享一批公共实训基地。使用 1000 亿元失业保险基金支持稳岗和培训，加快培养制造业高质量发展的急需人才，让更多劳动者掌握一技之长、让三百六十行行行人才辈出。

（三）坚定不移深化改革，更大激发市场活力和发展内生动力。处理好政府和市场的关系，使市场在资源配置中起决定性作用，更好发挥政府作用，构建高水平社会主义市场经济体制。

加快转变政府职能。加强高标准市场体系建设，抓好要素市场化配置综合改革试点，加快建设全国统一大市场。围绕打造市场化法治化国际化营商环境，持续推进"放管服"改革，对取消和下放审批事项要同步落实监管责任和措施。继续扩大市场准入。全面实行行政许可事项清单管理。加强数字政府建设，推动政务数据共享，进一步压减各类证明事项，扩大"跨省通办"范围，基本实现电子证照互通互认，便利企业跨区域经营，加快解决群众关切事项的异地办理问题。推进政务服务事项集成化办理，推出优化不动产登记、车辆检测等便民举措。强化政府监管责任，严格落实行业主管部门、相关部门监管责任和地方政府属地监管责任，防止监管缺位。加快建立健全全方位、多层次、立体化监管体系，实现事前事中事后全链条全领域监管，提高监管效能。抓紧完善重点领域、新兴领域、涉外领域监管规则，创新监管方法，提升监管精准性和有效性。深入推进公平竞争政策实施，加强反垄断和反不正当竞争，维护公平有序的市场环境。

促进多种所有制经济共同发展。坚持和完善社会主义基本经济制度，坚持"两个毫不动摇"。要正确认识和把握资本的特性和行为规律，支持和引导资本规范健康发展。依法平等保护企业产权、自主经营权和企业家合法权益，营造各类所有制企业竞相发展的良好环境。完成国企改革三年行动任务，加快国有经济布局优化和结构调整，深化混合所有制改革，加强国有资产监管，促进国企聚焦主责主业、提升产业链供应链支撑和带动能力。落实支持民营经济发展的政策措施，鼓励引导民营企业改革创新，构建亲清政商关系。弘扬企业家精神，制定涉企政策要多听市场主体意见，尊重市场规律，支持企业家专注创业创新、安心经营发展。

推进财税金融体制改革。深化预算绩效管理改革，增强预算的约束力和透明度。推进省以下财政体制改革。完善税收征管制度，依法打击偷税骗税。加强和改进金融监管。深化中小银行股权结构和公司治理改革，加快不良资产处置。完善民营企业债券融资支持机制，全面实行股票发行注册制，促进资本市场平稳健康发展。

（四）深入实施创新驱动发展战略，巩固壮大实体经济根基。推进科技创新，促进产业优化升级，突破供给约束堵点，依靠创新提高发展质量。

提升科技创新能力。实施基础研究十年规划，加强长期稳定支持，提高基础研究经费占全社会研发经费比重。实施科技体制改革三年攻坚方案，强化国家战略科技力量，加强国家实验室和全国重点实验室建设，发挥好高校和科研院所作用，改进重大科技项目立项和管理方式，深化科技评价激励制度改革。支持各地加大科技投入，开展各具特色的区域创新。加强科普工作。推进国际科技合作。加快建设世界重要人才中心和创新高地，完善人才发展体制机制，弘扬科学家精神，加大对青年科研人员支持力度，让各类人才潜心钻研、尽展其能。

加大企业创新激励力度。强化企业创新主体地位，持续推进关键核心技术攻关，深化产学研用结合，促进科技成果转移转化。加强知识产权保护和运用。促进创业投资发展，创新科技金融产品和服务，提升科技中介服务专业化水平。加大研发费用加计扣除政策实施力度，将科技型中小企业加计扣除比例从75%提高到100%，对企业投入基础研究实行税收优惠，完善设备器具加速折旧、高新技术企业所得税优惠等政策，这相当于国家对企业创新给予大规模资金支持。要落实好各类创新激励政策，以促进企业加大研发投入，培育壮大新动能。

增强制造业核心竞争力。促进工业经济平稳运行，加强原材料、关键零部件等供给保障，实施龙头企业保链稳链工程，维护产业链供应链安全稳定。引导金融机构增加制造业中长期贷款。启动一批产业基础再造工程项目，促进传统产业升级，大力推进智能制造，加快发展先进制造业集群，实施国家战略性新兴产业集群工程。着力培育"专精特新"企业，在资金、人才、孵化平台搭建等方面给予大力支持。推进质量强国建设，推动产业向中高端迈进。

促进数字经济发展。加强数字中国建设整体布局。建设数字信息基础设施，逐步构建全国一体化大数据中心体系，推进 5G 规模化应用，促进产业数字化转型，发展智慧城市、数字乡村。加快发展工业互联网，培育壮大集成电路、人工智能等数字产业，提升关键软硬件技术创新和供给能力。完善数字经济治理，培育数据要素市场，释放数据要素潜力，提高应用能力，更好赋能经济发展、丰富人民生活。

（五）坚定实施扩大内需战略，推进区域协调发展和新型城镇化。畅通国民经济循环，打通生产、分配、流通、消费各环节，增强内需对经济增长的拉动力。

推动消费持续恢复。多渠道促进居民增收，完善收入分配制度，提升消费能力。推动线上线下消费深度融合，促进生活服务消费恢复，发展消费新业态新模式。继续支持新能源汽车消费，鼓励地方开展绿色智能家电下乡和以旧换新。加大社区养老、托幼等配套设施建设力度，在规划、用地、用房等方面给予更多支持。促进家政服务业提质扩容。加强县域商业体系建设，发展农村电商和快递物流配送。提高产品和服务质量，强化消费者权益保护，着力适应群众需求、增强消费意愿。

积极扩大有效投资。围绕国家重大战略部署和"十四五"规划，适度超前开展基础设施投资。建设重点水利工程、综合立体交通网、重要能源基地和设施,加快城市燃气管道、给排水管道等管网更新改造,完善防洪排涝设施,继续推进地下综合管廊建设。中央预算内投资安排6400亿元。政府投资更多向民生项目倾斜,加大社会民生领域补短板力度。深化投资审批制度改革,做好用地、用能等要素保障,对国家重大项目要实行能耗单列。要优化投资结构,破解投资难题,切实把投资关键作用发挥出来。

增强区域发展平衡性协调性。深入实施区域重大战略和区域协调发展战略。推进京津冀协同发展、长江经济带发展、粤港澳大湾区建设、长三角一体化发展、黄河流域生态保护和高质量发展,高标准高质量建设雄安新区,支持北京城市副中心建设。推动西部大开发形成新格局,推动东北振兴取得新突破,推动中部地区高质量发展,鼓励东部地区加快推进现代化,支持产业梯度转移和区域合作。支持革命老区、民族地区、边疆地区加快发展。发展海洋经济,建设海洋强国。经济大省要充分发挥优势,增强对全国发展的带动作用。经济困难地区要用好国家支持政策,挖掘自身潜力,努力促进经济恢复发展。

提升新型城镇化质量。有序推进城市更新,加强市政设施和防灾减灾能力建设,开展老旧建筑和设施安全隐患排查整治,再开工改造一批城镇老旧小区,支持加装电梯等设施,推进无障碍环境建设和公共设施适老化改造。健全常住地提供基本公共服务制度。加强县城基础设施建设。

稳步推进城市群、都市圈建设，促进大中小城市和小城镇协调发展。推进成渝地区双城经济圈建设。严控撤县建市设区。在城乡规划建设中做好历史文化保护传承，节约集约用地。要深入推进以人为核心的新型城镇化，不断提高人民生活质量。

（六）大力抓好农业生产，促进乡村全面振兴。完善和强化农业支持政策，接续推进脱贫地区发展，促进农业丰收、农民增收。

加强粮食等重要农产品稳产保供。稳定粮食播种面积，优化粮食结构，针对小麦晚播强化夏粮田间管理，促进大豆和油料增产。适当提高稻谷、小麦最低收购价。保障化肥等农资供应和价格稳定，给种粮农民再次发放农资补贴，加大对主产区支持力度，让农民种粮有合理收益、主产区抓粮有内在动力。坚决守住18亿亩耕地红线，划足划实永久基本农田，切实遏制耕地"非农化"、防止"非粮化"。加强中低产田改造，新建1亿亩高标准农田，新建改造一批大中型灌区。加大黑土地保护和盐碱地综合利用力度。支持黄河流域发展节水农业、旱作农业。启动第三次全国土壤普查。加快推进种业振兴，加强农业科技攻关和推广应用，提高农机装备水平。提升农业气象灾害防控和动植物疫病防治能力。加强生猪产能调控，抓好畜禽、水产、蔬菜等生产供应，加快发展现代化设施种养业。支持棉花、甘蔗等生产。保障国家粮食安全各地区都有责任，粮食调入地区更要稳定粮食生产。各方面要共同努力，装满"米袋子"、充实"菜篮子"，把14亿多中国人的饭碗牢牢端在自己手中。

全面巩固拓展脱贫攻坚成果。完善落实防止返贫监测帮扶机制，确保不发生规模性返贫。支持脱贫地区发展特色产业，加强劳务协作、职业技能培训，促进脱贫人口持续增收。强化国家乡村振兴重点帮扶县帮扶措施，做好易地搬迁后续扶持，深化东西部协作、定点帮扶和社会力量帮扶，大力实施"万企兴万村"行动，增强脱贫地区自我发展能力。

扎实稳妥推进农村改革发展。开展好第二轮土地承包到期后再延长30年整县试点。深化供销社、集体产权、集体林权、国有林区林场、农垦等改革。积极发展新型农村集体经济。加强农村金融服务，加快发展乡村产业。壮大县域经济。严格规范村庄撤并，保护传统村落和乡村风貌。启动乡村建设行动，强化规划引领，加强水电路气信邮等基础设施建设，因地制宜推进农村改厕和污水垃圾处理。深入开展文明村镇建设。强化农民工工资拖欠治理，支持农民工就业创业，一定要让广大农民有更多务工增收的渠道。

（七）扩大高水平对外开放，推动外贸外资平稳发展。充分利用两个市场两种资源，不断拓展对外经贸合作，以高水平开放促进深层次改革、推动高质量发展。

多措并举稳定外贸。扩大出口信用保险对中小微外贸企业的覆盖面，加强出口信贷支持，优化外汇服务，加快出口退税进度，帮助外贸企业稳订单稳生产。加快发展外贸新业态新模式，充分发挥跨境电商作用，支持建设一批海外仓。积极扩大优质产品和服务进口。创新发展服务贸易、数字贸易，推进实施跨境服务贸易负面清单。深化通关便利化改革，加快国际物流体系建设，助力外贸降成本、提效率。

积极利用外资。深入实施外资准入负面清单，落实好外资企业国民待遇。扩大鼓励外商投资范围，支持外资加大中高端制造、研发、现代服务等领域和中西部、东北地区投资。优化外资促进服务，推动重大项目加快落地。扎实推进自贸试验区、海南自由贸易港建设，推动开发区改革创新，提高综合保税区发展水平，增设服务业扩大开放综合试点。开放的中国大市场，必将为各国企业在华发展提供更多机遇。

高质量共建"一带一路"。坚持共商共建共享，巩固互联互通合作基础，稳步拓展合作新领域。推进西部陆海新通道建设。有序开展对外投资合作，有效防范海外风险。

深化多双边经贸合作。区域全面经济伙伴关系协定形成了全球最大自由贸易区，要支持企业用好优惠关税、原产地累积等规则，扩大贸易和投资合作。推动与更多国家和地区商签高标准自贸协定。坚定维护多边贸易体制，积极参与世贸组织改革。中国愿与世界各国加强互利合作，实现共赢多赢。

（八）**持续改善生态环境，推动绿色低碳发展**。加强污染治理和生态保护修复，处理好发展和减排关系，促进人与自然和谐共生。

加强生态环境综合治理。深入打好污染防治攻坚战。强化大气多污染物协同控制和区域协同治理，加大重要河湖、海湾污染整治力度，持续推进土壤污染防治。加强固体废物和新污染物治理，推行垃圾分类和减量化、资源化。完善节能节水、废旧物资循环利用等环保产业支持政策。加强生态环境分区管控，科学开展国土绿化，统筹山水林田湖草沙系统治理，保护生物多样性，推进以国家公园为主体的自然保护地体系建设，要让我们生活的家园更绿更美。

有序推进碳达峰碳中和工作。落实碳达峰行动方案。推动能源革命，确保能源供应，立足资源禀赋，坚持先立后破、通盘谋划，推进能源低碳转型。加强煤炭清洁高效利用，有序减量替代，推动煤电节能降碳改造、灵活性改造、供热改造。推进大型风光电基地及其配套调节性电源规划建设，加强抽水蓄能电站建设，提升电网对可再生能源发电的消纳能力。支持生物质能发展。推进绿色低碳技术研发和推广应用，建设绿色制造和服务体系，推进钢铁、有色、石化、化工、建材等行业节能降碳，强化交通和建筑节能。

坚决遏制高耗能、高排放、低水平项目盲目发展。提升生态系统碳汇能力。推动能耗"双控"向碳排放总量和强度"双控"转变，完善减污降碳激励约束政策，发展绿色金融，加快形成绿色低碳生产生活方式。

（九）切实保障和改善民生，加强和创新社会治理。坚持尽力而为、量力而行，不断提升公共服务水平，着力解决人民群众普遍关心关注的民生问题。

促进教育公平与质量提升。落实立德树人根本任务。推动义务教育优质均衡发展和城乡一体化，依据常住人口规模配置教育资源，保障适龄儿童就近入学，解决好进城务工人员子女就学问题。全面落实义务教育教师工资待遇，加强乡村教师定向培养、在职培训与待遇保障。继续做好义务教育阶段减负工作。多渠道增加普惠性学前教育资源。加强县域普通高中建设。办好特殊教育、继续教育、专门教育，支持和规范民办教育发展。提升国家通用语言文字普及程度和质量。发展现代职业教育，改善职业教育办学条件，完善产教融合办学体制，增强职业教育适应性。推进高等教育内涵式发展，优化高等教育布局，分类建设一流大学和一流学科，加快培养理工农医类专业紧缺人才，支持中西部高等教育发展。高校招生继续加大对中西部和农村地区倾斜力度。加强师德师风建设。健全学校家庭社会协同育人机制。发展在线教育。完善终身学习体系。倡导全社会尊师重教。我国有2.9亿在校学生，要坚持把教育这个关乎千家万户和中华民族未来的大事办好。

提高医疗卫生服务能力。居民医保和基本公共卫生服务经费人均财政补助标准分别再提高30元和5元,推动基本医保省级统筹。推进药品和高值医用耗材集中带量采购,确保生产供应。强化药品疫苗质量安全监管。深化医保支付方式改革,加强医保基金监管。完善跨省异地就医直接结算办法,实现全国医保用药范围基本统一。坚持预防为主,加强健康教育和健康管理,深入推进健康中国行动。逐步提高心脑血管病、癌症等慢性病和肺结核、肝炎等传染病防治服务保障水平,加强罕见病研究和用药保障。健全疾病预防控制网络,促进医防协同,加强公共卫生队伍建设,提高重大疫情监测预警、流调溯源和应急处置能力。推动公立医院综合改革和高质量发展。规范医疗机构收费和服务,继续帮扶因疫情遇困的医疗机构,补齐妇幼儿科、精神卫生、老年医学等服务短板。坚持中西医并重,加大中医药振兴发展支持力度,推进中医药综合改革。落实和完善乡村医生待遇保障与激励政策。持续推进分级诊疗和优化就医秩序,加快建设国家、省级区域医疗中心,推动优质医疗资源向市县延伸,提升基层防病治病能力,使群众就近得到更好医疗卫生服务。

加强社会保障和服务。稳步实施企业职工基本养老保险全国统筹,适当提高退休人员基本养老金和城乡居民基础养老金标准,确保按时足额发放。继续规范发展第三支柱养老保险。加快推进工伤和失业保险省级统筹。做好军人军属、退役军人和其他优抚对象优待抚恤工作。积极应对人口老龄化，加快构建居家社区机构相协调、医养康养相结合的养老服务体系。优化城乡养老服务供给，支持社会力量提供日间照料、助餐助洁、康复护理等服务，稳步推进长期护理保险制度试点，鼓励发展农村互助式养老服务，创新发展老年教育，推动老龄事业和产业高质量发展。完善三孩生育政策配套措施，将 3 岁以下婴幼儿照护费用纳入个人所得税专项附加扣除，多渠道发展普惠托育服务，减轻家庭生育、养育、教育负担。强化未成年人保护和心理健康教育。提升残疾预防和康复服务水平。加强民生兜底保障和遇困群众救助，努力做到应保尽保、应助尽助。

继续保障好群众住房需求。坚持房子是用来住的、不是用来炒的定位，探索新的发展模式，坚持租购并举，加快发展长租房市场，推进保障性住房建设，支持商品房市场更好满足购房者的合理住房需求，稳地价、稳房价、稳预期，因城施策促进房地产业良性循环和健康发展。

丰富人民群众精神文化生活。培育和践行社会主义核心价值观，深化群众性精神文明创建。繁荣新闻出版、广播影视、文学艺术、哲学社会科学和档案等事业。深入推进全民阅读。加强和创新互联网内容建设，深化网络生态治理。推进公共文化数字化建设，促进基层文化设施布局优化和资源共享，扩大优质文化产品和服务供给，支持文化产业发展。传承弘扬中华优秀传统文化，加强文物古籍保护利用和非物质文化遗产保护传承，推进国家文化公园建设。用好北京冬奥会、冬残奥会遗产，发展冰雪运动和冰雪产业。建设群众身边的体育场地设施，促进全民健身蔚然成风。

推进社会治理共建共治共享。促进人民安居乐业、社会安定有序。创新和完善基层社会治理，强化社区服务功能，加强社会动员体系建设，提升基层治理能力。健全社会信用体系。发展社会工作，支持社会组织、人道救助、志愿服务、公益慈善等健康发展。严厉打击拐卖、收买妇女儿童犯罪行为，坚决保障妇女儿童合法权益。健全老年人、残疾人关爱服务体系。完善信访制度，加强矛盾纠纷排查化解，依法及时解决群众合理诉求。重视社会心理服务。强化公共法律服务和法律援助。提高防灾减灾救灾和应急救援能力，做好洪涝干旱、森林草原火灾、地质灾害、地震等防御和气象服务。严格食品全链条质量安全监管。落实安全生产责任和管理制度，深入开展安全生产专项整治三年行动，有效遏制重特大事故发生。推进国家安全体系和能力建设。强化网络安全、数据安全和个人信息保护。加强社会治安综合治理，推动扫黑除恶常态化，坚决防范和打击各类违法犯罪，建设更高水平的平安中国、法治中国。

各位代表!

面对新的形势和任务,各级政府要全面贯彻落实党的十九大和十九届历次全会精神,深刻认识"两个确立"的决定性意义,增强"四个意识"、坚定"四个自信"、做到"两个维护",自觉在思想上政治上行动上同以习近平同志为核心的党中央保持高度一致。坚持依法行政,深化政务公开,加强法治政府建设。依法接受同级人大及其常委会的监督,自觉接受人民政协的民主监督,主动接受社会和舆论监督。加强审计监督、统计监督。支持工会、共青团、妇联等群团组织更好发挥作用。坚持不懈推进全面从严治党,深入开展党风廉政建设和反腐败斗争。加强廉洁政府建设。巩固党史学习教育成果。政府工作人员要自觉接受法律监督、监察监督和人民监督,始终把人民放在心中最高位置,无愧于人民公仆称号。

应对困难和挑战,各级政府及其工作人员必须恪尽职守、勤政为民,凝心聚力抓发展、保民生。坚持发展是第一要务,必须全面落实新发展理念,推动高质量发展。要锲而不舍落实中央八项规定精神,驰而不息纠治"四风"特别是形式主义、官僚主义,坚决反对敷衍应付、推诿扯皮,坚决纠治任性用权、工作方法简单粗暴。要始终把人民群众安危冷暖放在心上,察实情、办实事、求实效,及时回应民生关切,坚决严肃处理漠视群众合法权益的严重失职失责问题。要充分发挥中央和地方两个积极性,尊重人民群众首创精神，防止政策执行"一刀切"、层层加码，持续为基层减负。健全激励和保护机制，支持广大干部敢担当、善作为。全国上下毕力同心、苦干实干，就一定能创造新的发展业绩。

各位代表！

我们要坚持和完善民族区域自治制度，以铸牢中华民族共同体意识为主线，促进各民族交往交流交融，推动民族地区加快现代化建设步伐。坚持党的宗教工作基本方针，坚持我国宗教的中国化方向，积极引导宗教与社会主义社会相适应。全面贯彻党的侨务政策，维护海外侨胞和归侨侨眷合法权益，激励海内外中华儿女携手共创新的辉煌。

各位代表！

过去一年，国防和军队建设取得重大进展，实现"十四五"良好开局。新的一年，要深入贯彻习近平强军思想，贯彻新时代军事战略方针，扣牢建军一百年奋斗目标，全面加强党的领导和党的建设，全面深化练兵备战，坚定灵活开展军事斗争，捍卫国家主权、安全、发展利益。加快现代军事物流体系、军队现代资产管理体系建设，构建武器装备现代化管理体系，持续深化国防和军队改革，加强国防科技创新，深入实施新时代人才强军战略，推进依法治军、从严治军，推动军队高质量发展。优化国防科技工业布局。完成国防动员体制改革，加强全民国防教育。各级政府要大力支持国防和军队建设，深入开展"双拥"

活动，让军政军民团结坚如磐石。

各位代表！

我们要继续全面准确、坚定不移贯彻"一国两制"、"港人治港"、"澳人治澳"、高度自治的方针，落实中央对特别行政区全面管治权，坚定落实"爱国者治港"、"爱国者治澳"。全力支持特别行政区政府依法施政。支持港澳防控疫情、发展经济、改善民生，更好融入国家发展大局，保持香港、澳门长期繁荣稳定。

我们要坚持对台工作大政方针，贯彻新时代党解决台湾问题的总体方略，坚持一个中国原则和"九二共识"，推进两岸关系和平发展和祖国统一。坚决反对"台独"分裂行径，坚决反对外部势力干涉。两岸同胞要和衷共济，共创民族复兴的光荣伟业。

各位代表！

我们要坚持独立自主的和平外交政策，坚定不移走和平发展道路，推动建设新型国际关系，推动构建人类命运共同体。推进落实全球发展倡议，弘扬全人类共同价值。中国始终是世界和平的建设者、全球发展的贡献者、国际秩序的维护者，愿同国际社会一道，为促进世界和平稳定与发展繁荣作出新的更大贡献！

各位代表！

中国的发展从来都是在应对挑战中前进的，中国人民有战胜任何艰难险阻的勇气、智慧和力量。我们要更加紧密地团结在以习近平同志为核心的党中央周围，高举中国特色社会主义伟大旗帜，以习近平新时代中国特色社会主义思想为指导，攻坚克难，砥砺奋进，努力完成全年目标任务，以实际行动迎接党的二十大胜利召开，为把我国建设成为富强民主文明和谐美丽的社会主义现代化强国、实现中华民族伟大复兴的中国梦不懈奋斗！

上 篇

省、自治区、直辖市

北 京 市
政府工作报告

——2022年1月6日在北京市第十五届
人民代表大会第五次会议上

市长　陈吉宁

各位代表：

现在，我代表北京市人民政府，向大会报告政府工作，请予审议，并请市政协委员提出意见。

一、2021年工作回顾

过去一年，是党和国家历史上具有里程碑意义的一年。在以习近平同志为核心的党中央坚强领导下，在中共北京市委直接领导下，在市人大及其常委会监督支持下，我们坚持以习近平新时代中国特色社会主义思想为指导，全面贯彻党的十九大和十九届历次全会精神，深入贯彻习近平总书记对北京一系列重要讲话精神，坚持稳中求进工作总基调，完整、准确、全面贯彻新发展理念，坚持以首都发展为统领，统筹推进疫情防控和经济社会发展，各项事业都取得了新进展新成效，较好地完成了市十五届人大四次会议确定的目标任务，实现了"十四五"良好开局。

——我们忠诚履行首都职责，圆满完成中国共产党成立100周年庆祝活动服务保障任务，全市人民以更加激昂的奋斗豪情，开启首都现代化新征程。

——我们全力以赴冲刺冬奥会和冬残奥会筹办，以崇高的使命感和荣誉感，精心组织实施、反复测试演练，各项工作准备就绪。

——我们坚持人民至上、生命至上，毫不松懈抓好常态化疫情防控，全市人民众志成城、艰苦努力，疫情防控成果持续巩固。

——我们主动服务和融入新发展格局，在紧要处落好"五子"，持续改善民生，首都高质量发展迈上新台阶。

初步预计，全市地区生产总值超过4万亿元、同比增长8.5%，居民消费价格上涨1.1%，居民人均可支配收入实际增长8%，经济结构和质量持续优化提升，人均地区生产总值和全员劳动生产率保持全国第一。涌现出长寿命超导量子比特芯片、细胞焦亡抗肿瘤免疫功能重大发现等一批具有世界影响力的原创成果，突破了一批"卡脖子"关键核心技术，产生了"长安链"等一批具有重要产业带动作用的底层技术。细颗粒物年均浓度33微克/立方米，空气质量持续明显改善，被联合国环境规划署誉为"北京奇迹"。

一年来，主要做了以下工作。

（一）深入实施城市总体规划，京津冀协同发展取得新成效。坚持一张蓝图干到底，出台一系列专项规划和行动方案，完成总规、副中心控规实施评估和核心区城市体检，总体实现总规实施第一阶段发展目标，首都规划体系得到历史性深化和完善，"四个中心"城市战略定位进一步强化。

落实京津冀协同发展"十四五"实施方案,启动新一轮疏整促专项行动,加强统筹协调,拆违腾退土地3316公顷,留白增绿925公顷,完成桥下空间、街巷治理等各项年度任务。全力支持雄安新区建设,"三校一院"项目进展顺利。推动出台支持城市副中心高质量发展意见,综合交通枢纽等一批重大工程加快推进,环球主题公园盛大开园,与北三县一体化发展取得积极进展。

(二)着力建设国际科技创新中心,高精尖产业发展驶入快车道。发布实施科技创新战略行动计划,推出中关村新一轮先行先试重大改革举措,全面推进人才支撑行动。成立中关村、怀柔、昌平国家实验室,一批大科学装置建设运行顺利,综合性国家科学中心取得阶段性成果。加强政策和机制创新,推动科研优势加速转化为发展优势,"三城一区"主平台建设迈出重要步伐。中关村示范区规模以上企业总收入增长20%以上,全市技术合同成交额增长10%,创新主体活跃,创新生态持续改善。

不断提升新一代信息技术、医药健康"双引擎"带动作用,高精尖产业快速发展。加强集成电路全产业链布局,北京成为全国半导体领域最重要的科技创新和产业集聚区。主动作为、高效协同,率先实现两个新冠疫苗上市,国内首个特效抗体药研制成功,累计生产新冠疫苗50亿支,为全球抗疫作出重要贡献。

系统设计智慧城市架构,加强数据标准化、规范化建设,推进大数据上云上链共享,"七通一平"数字底座成型,突出底层共性技术攻关,发挥全域孵化平台牵引带动作用。着力打造一批数据灯塔项目,国际大数据交易所设立运行,数字经济标杆城市稳步推进。加快建设车路云网图深度融合的软硬件体系,高级别自动驾驶示范区迭代升级。实施国际消费中心城市建设方案,首店经济发展势头强劲，网上零售额增长超过20%。狠抓项目入库落地，制造业投资增长60%以上，民间投资持续活跃。

（三）全面深化改革开放，"两区"建设跑出加速度。积极对接国际先进规则和最佳实践，率先实施34项全国引领性政策，上百个标志性项目落地，10项最佳实践案例在全国复制推广，金融等重点领域开放明显提速。首都机场第五航权国际货运新航线开通，大兴国际机场综合保税区一期封关运营。全市实际利用外资超过150亿美元，新设外资企业增长超过50%，货物进出口规模创历史新高。高水平举办中国国际服务贸易交易会、中关村论坛、金融街论坛。北京证券交易所成功开市。

全面完成营商环境4.0版改革任务，实行告知承诺制的审批事项新增52个，深化"证照分离"、"一业一证"改革，更大范围实现政务服务"一网通办"、"跨省通办"、"全城通办"，在餐饮、超市（便利店）等9个领域实行场景化综合监管，企业和群众办事更加公开透明、高效便捷。制定实施促进平台经济规范健康持续发展措施，指导企业合规发展，支持企业转型升级。市属企业公司制改革基本完成，营业收入和利润均创历史最好水平。

（四）以绣花功夫治理城市，城乡发展质量进一步提升。把城市更新作为重要民生工程和促发展的重要手段，积极探索城市更新机制，研究出台针对性政策，推动形成北苑二号院、望京小街等社区和街区更新模式。完成老旧小区改造177个，老楼加装电梯418部。推进中轴线申遗保护，钟鼓楼周边等区域腾退取得明显进展。

狠抓交通综合治理，开展"文明驾车、礼让行人"等专项行动，行车乱、乱停车问题逐步改善。实施慢行系统品质提升行动。大力推进城市无障碍环境建设。改革公交运行体制，95%以上常规公交线路纳入智能调度。整合重点站区管理机构,朝阳火车站投入使用。新开通9条段城市轨道线路,轨道交通和市郊铁路运营里程达到1148公里,地铁运行质量效率国际领先。

以钉钉子精神打好污染防治攻坚战,首次实现六项空气质量指标全部达标。土壤污染得到全面管控。新增造林绿化16万亩,再添2个万亩以上郊野公园。密云水库蓄水量创历史最高,平原区地下水位回升5.64米,劣V类水体全面消除,市域内五大河流全线贯通。

扎实推进乡村振兴,加大对农业生产资料投入和设施农业建设的政策支持力度,加快平谷农业科技创新示范区建设,粮食、蔬菜、生猪生产连续两年实现增长。实施农村集体经济薄弱村帮扶专项行动,农村居民人均可支配收入增长快于城镇居民。完善生态保护补偿机制,大力促进生态涵养区生态保护和绿色发展。平原新城、城市南部地区、新首钢地区等重点区域建设不断推进。对口支援合作深入开展。

坚持民有所呼、我有所应,建立接诉即办"每月一题"机制,集中破解历史遗留房产证难办等27个高频问题。广大市民积极参与,生活垃圾居民自主分类投放准确率达到85%。滚动开展物业管理突出问题专项治理,物业服务覆盖率超过95%。完成村和社区"两委"换届选举。实施新一轮回天地区行动计划,"回天有我"画出基层治理同心圆。

(五)有力有效保障民生,人民生活品质持续改善。坚持把就业作为最大民生,形成"一抓三保五强化"工作模式,城镇新增就业26万人。稳步提高社会保障待遇标准,支持推出广受市民欢迎的普惠健康保险。严格落实房地产市场调控措施,筹集建设各类政策性住房6.1万套，房地产市场健康平稳。突出做好社区居家养老服务，着力提升养老助餐服务质量，努力让老年人在家门口吃上"暖心饭"。

坚定有序推进"双减"工作，全面加强课堂教学和课后服务，校外培训整治取得明显成效。扩增普惠性学前教育学位1.3万个，新增中小学学位2.8万个。丰富公共文化服务供给，涌现出一批文艺精品和爆款文创产品。健全公共卫生应急管理体系，完成院前医疗急救资源整合，地铁站、火车站、学校等重点公共场所自动体外除颤器实现全覆盖，"一村一室"建设短板全面补齐。举办第七届市民快乐冰雪季等系列活动，群众冰雪运动蓬勃开展。

深入推进安全生产专项整治集中攻坚，加强液化石油气等安全监管，全面开展电动自行车违规行驶、违规充电等问题治理。积极应对极端天气，加强电气热等供应协调，城市运行安全有序。开展社会矛盾纠纷大排查大化解，稳妥推进金融风险防范处置，严厉打击各类违法犯罪行为，首都保持和谐稳定良好局面。

全力支持国防和军队改革发展，深化双拥共建，保障退役军人合法权益，首都军政军民团结持续巩固。完成第七次全国人口普查任务。妇女儿童、残疾人事业稳步推进，民族、宗教、侨务工作取得新进展。

（六）坚定不移推进全面从严治党，政府自身建设不断加强。坚持首善标准，扎实推进党史学习教育，开展"我为群众办实事"实践活动。贯彻落实民主集中制，严格执行重大事项请示报告制度。认真抓好中央第六轮巡视、第二轮中央生态环境保护督察等反馈问题整改，坚定推进绿地认建认养及公园配套用房出租等规自领域问题整改。自觉接受人大、政协监督，共办理市人大代表议案4

项、建议838件，办理市政协提案1205件。提请市人大审议地方性法规12项，制定、修改、废止政府规章22项。加强审计监督，建立健全审计查出问题整改长效机制。深化综合执法改革，整合组建市区两级应急管理综合执法队伍。全面加强督查考核。深入实施全部门预算绩效管理，一般性支出压减35.5亿元，"三公"经费缩减3%。在保障城市运行的公共服务领域，建立绩效管理考核制度，推动实现降本增效。制定"严肃工作纪律、改进调研会议"的规定，常态化开展"四不两直"调研，以市政府和部门名义印发公文、召开会议数量进一步减少，腾出更多时间和精力深入基层、服务群众。

各位代表！过去一年的成绩，是在世纪疫情起伏反复、外部环境复杂严峻的背景下取得的，十分不易、难能可贵。这是以习近平同志为核心的党中央坚强领导的结果，是习近平新时代中国特色社会主义思想科学指导的结果，是中共北京市委带领全市人民团结拼搏、艰苦奋斗的结果。在此，我谨代表北京市人民政府，向全市人民，向全体人大代表、政协委员，向各民主党派、各人民团体和各界人士，向中央和国家机关各部门各单位，向各兄弟省区市，向驻京解放军和武警部队官兵，向所有关心支持首都建设的香港特别行政区同胞、澳门特别行政区同胞、台湾同胞、海外侨胞和国际友人，表示衷心的感谢！

我们也清醒地认识到，实际工作中还存在诸多挑战和不足。主要是：疫情仍然是最大的不确定性因素，内需恢复偏弱，物价上涨压力较大，企业特别是小微企业生产经营面临多重困难；疏解非首都功能、治理"大城市病"任务依然艰巨繁重，城乡区域发展不平衡不充分问题仍然明显，民生保障、公共安全等领域还有不少短板；政府系统作风能力建设需要进一步加强。我们要直面问题，尽心竭力加以解决，决不辜负全市人民的厚望。

二、2022年主要任务

今年是党的二十大召开之年，是北京冬奥之年，也是实施"十四五"规划承上启下的重要一年，做好首都各项工作意义重大。政府工作的总体要求是：以习近平新时代中国特色社会主义思想为指导，全面贯彻落实党的十九大和十九届历次全会及中央经济工作会议精神，深入贯彻习近平总书记对北京一系列重要讲话精神，弘扬伟大建党精神，坚持稳中求进工作总基调，完整、准确、全面贯彻新发展理念，坚持以首都发展为统领，深入实施人文北京、科技北京、绿色北京战略，全面深化改革开放，坚持创新驱动发展，推动高质量发展，坚持以供给侧结构性改革为主线，统筹疫情防控和经济社会发展，统筹发展和安全，坚持"五子"联动融入新发展格局，继续做好"六稳""六保"工作，持续改善民生，保持经济运行在合理区间，保持社会大局稳定，不断将全面从严治党引向深入，全力办成一届简约、安全、精彩的奥运盛会，以优异成绩迎接党的二十大胜利召开。

今年经济社会发展主要预期目标是：地区生产总值增长5%以上，一般公共预算收入增长4%，城镇调查失业率控制在5%以内，居民消费价格涨幅3%左右，居民收入稳定增长，努力在实际工作中争取更好结果。生态环境质量、能源、水资源等指标按国家要求落实。

各位代表，北京冬奥会和冬残奥会开幕在即，这是党和国家的一件大事。我们要以习近平总书记对冬奥筹办工作系列重要指示精神为根本遵循，在冬奥会工作领导小组直接指挥下，全面落实绿色、共享、开放、廉洁的办奥理念，以跑秒计时的状态、压线冲刺的干劲，一体推进冬奥防疫和城市防疫，全力以赴、精益求精做好赛会组织和各项服务保障工作，为世界奉献一届简约、安全、精彩的奥运盛会，全面彰显"双奥之城"独特魅力。

各位代表，做好今年工作，我们要稳字当头、稳中求进，全面落实习近平总书记对北京一系列重要讲话精神特别是在中国国际服务贸易交易会、中关村论坛上的重要致辞精神，始终心怀"国之大者"，坚决扛起中央赋予我们的职责使命，在科学精准做好常态化疫情防控的前提下，充分发挥首都发展优势，抓住机遇、乘势而上，全力推动首都高质量发展迈出坚实步伐。

（一）强化规划战略引领，推动形成京津冀世界级城市群主干构架。

严格执行首都规划重大事项向党中央请示报告制度，大力加强"四个中心"功能建设，提高"四个服务"水平，以疏解非首都功能为"牛鼻子"，推动京津冀协同发展取得新的更大进展。

持续推进总规实施。坚持把总规作为城市发展、建设、管理的基本依据，全面实施国土空间近期规划，完成核心区控规三年行动计划，深化规自领域问题整改，确保规划刚性约束落到实处。尊重城市历史文化，注重倾听群众意见，深入开展新一轮疏整促专项行动，扎实推进第二批基本无违建区创建，留白增绿978.5公顷，建设50处休闲公园和小微绿地，不断提升城市品质。

高质量发展城市副中心。继续保持千亿投资强度，推进三大文化设施、东六环路改造等重点工程建设，实现大运河京冀段旅游通航。加紧建设运河商务区和特色小镇，着力承接科技创新、金融商务、文化旅游等产业功能，创建国家绿色发展示范区、通州区与北三县一体化高质量发展示范区。

积极构建更加紧密的京津冀协同发展格局。全力支持雄安新区建设，实现京雄高速北京段主体工程完工。加快构建现代化首都都市圈。加快平谷线、京唐（滨）城际铁路等项目建设，打造"轨道上的京津冀"。深化区域生态环境协同治理，实施京冀密云水库水源保护共同行动，推进官厅水库生态修复。推动燃料电池汽车示范城市群建设。促进京津冀公共服务共建共享。

（二）加快国际科技创新中心建设，构筑创新驱动发展新优势。

紧扣国家重大战略需求，全面落实中关村新一轮先行先试改革若干措施，加快形成高效的新型举国创新体制机制，高水平建设"三城一区"主平台。

聚力提升原始创新能力。抓住科学研究和创新范式变革机遇，整合科技资源，创新组织形式，全面建设国家实验室，加速建设综合性国家科学中心。加大基础研究投入力度，在未来科技前沿领域布局一批新型研发机构，力争取得更多基础原创成果和底层技术突破。深化科技成果转化和知识产权保护，加强国际科技交流与合作。

着力打造世界领先的科技园区。以集约高效为目标，改革科技园区管理体制机制，加强空间统筹，优化资源布局，提高专业化创新服务能力。支持专业孵化器等创新创业平台建设，加大力度吸引天使、创投等资本在园区聚集，引导开展长期投资、硬科技投资，形成以公共平台、底层技术、龙头企业等为核心的多样化创新生态。

大力促进高精尖产业能级跃升。加强战略谋划，布局一批带动性强的重大前沿产业项目和产业服务平台。进一步做强新一代信息技术、医药健康"双引擎"，推动集成电路、人工智能、通信等领域"卡脖子"技术实现新突破，加快新型细胞治疗、基因编辑等生物前沿技术突破和转化应用，加速创新药、高端医疗器械产业化进程。优化调整高精尖产业发展行动计划，推动小米汽车开工、理想汽车建设。分层分类精准支持创新企业发展，培育更多硬科技独角兽、隐形冠军和科技领军企业。

全面建设高水平人才高地。围绕创新链、产业链，加快集聚一批战略科学家和敢闯"无人区"的领军人才、创新团队，加强青年人才培养。围绕高精尖产业急需领域，实施校企联合培养卓越工程师计划。落实"朱雀计划"，加快引进项目经理、技术经纪人等多层次人才。大力弘扬新时代企业家精神，培养造就更多勇于创新突破、勇担社会责任的优秀企业家。

（三）积蓄数字化新势能，增强高质量发展内生动力。

紧紧扭住供给侧结构性改革，重视需求侧管理，顺应数字化趋势，持续实施"五新"政策，不断催生新产业新业态新模式。

加快释放数字经济新活力。深入落实数字经济标杆城市建设实施方案，完善支持政策，加强算力算法平台等新型基础设施建设。着力推出20个重大应用场景，推动形成区块链、人工智能、扩展现实和超高清显示等产业集群。开展高级别自动驾驶示范区3.0建设。指导支持平台企业在合规中转型发展，培育具有国际一流竞争力的龙头企业。

全面提升金融业核心竞争力。加强国家金融管理中心功能建设，争取落地一批国家级金融基础设施。推动高水平金融开放合作，积极吸引更多重要金融机构和金融组织。全力支持新三板改革，用好北京证券交易所，完善多层次资本市场体系，培育推动更多专精特新企业上市。深化金融科技创新应用，打造绿色金融和科创金融改革试验区。

有效激发新供给新需求。积极适应疫情防控催生的消费业态变化，深入开展国际消费中心城市专项行动，鼓励绿色消费，丰富数字消费，发展体育消费，创新生活、文旅消费，大力孵化新消费品牌，扩大优质消费供给。统筹推进现代物流基地和农产品批发市场建设。发挥政府投资带动作用，适度超前安排一批基础设施项目，着力扩大有效投资。高水平完成国企改革三年行动任务，进一步提升发展质量和效益。

（四）推动引领性制度创新，打造改革开放北京样板。

以更加开放的视野，深入开展国际高水平自由贸易协定规则对接先行先试，营造国际一流的营商环境，更好服务和融入新发展格局。

纵深推进"两区"建设。加强服务领域规则建设，积极创建国家服务贸易创新发展示范区，打造数字贸易示范区。实施园区（组团）发展提升专项行动，完善自贸试验区管理体制机制，努力在人才服务、知识产权、国际收支、跨境贸易等领域实现改革突破。着力构建以科技创新、服务贸易、先进制造等为特色的综合保税区格局，提升航空"双枢纽"国际竞争力。扎实推进中德、中日等产业园建设。

不断强化国际交往中心功能。加快推进第四使馆区、国家会议中心二期等重大项目，优化国际医院、国际学校布局，打造高品质人才社区，落实国际交往语言环境建设条例，提升城市国际化服务水平。实施新一轮推进"一带一路"高质量发展行动计划。深化京港、京澳、京台交流合作。

持续优化营商环境。积极建设国家营商环境创新试点城市，扎实推进5.0版改革。坚持从办好"一件事"入手，打造"无事不扰、无处不在"的"6+4"一体化综合监管体系。通过强化事中事后监管，带动更大范围的告知承诺审批制度改革。加快数字政务建设，推动更多事项由网上掌上"可办"转向"好办易办"，让企业和群众享有随时在线、集成便利的政务服务。实施好支持中小企业高质量发展的系列政策，全面落实减税降费各项措施，发展壮大市场主体，营造公平竞争市场环境，更好激发市场主体活力。

（五）深化精治共治法治，提高城市精细化管理水平。

坚持以人民为中心的发展思想，强化科技赋能、数字赋能，着力在细微之处改善城市品质，让城市更加智慧、生活更加温馨。

实施智慧城市发展行动纲要。全面落实四级规划管控体系，全力打造"京通""京办""京智"三个智慧终端，扩大"一网通办""一网统管""一网慧治"覆盖面。以推进智慧交通、智慧医疗、智慧城管等建设为示范，以开展数字化社区建设为试点，大力提升城市服务管理水平。

落实城市更新行动计划。有序推进老旧楼宇、老旧厂房等6大类更新项目，完成老楼加装电梯200部以上，支持配合央属产权单位老旧小区改造。探索市场化更新机制，鼓励多元主体参与街区更新和商圈升级，推动形成更多示范性强、可推广的城市更新样板。

加强交通综合治理。倡导文明出行、绿色出行，重点整治医院、商圈、学校等周边地区堵点，推广共享单车电子围栏，开展电动三四轮车综合治理，强化交通安全管理，减少交通事故。推动停车改革向路外和居住小区延伸，做好停车智能服务。加快轨道微中心建设，提高重点站区服务水平和应急处置能力。加速多网融合，提升地面公交与轨道交通接驳换乘便利度，编制轨道交通第三期建设规划，优化改造轨道交通既有线网，推进城市慢行系统与滨水道路、园林绿道互连互通，更好满足群众多样化出行需求。

推动减污降碳协同增效。坚持节约优先，以科技创新为牵引，大力开展节能全民行动，稳步推进碳中和行动。不松劲、不懈怠，持之以恒深化"一微克"行动，持续改善空气质量。推动出台节水条例，深入开展"清管行动"，完成第三轮城乡水环境治理。优化提升生态系统多样性、连通性和安全性，确保新一轮百万亩造林绿化圆满收官。

完善多元参与基层治理格局。落实接诉即办工作条例，健全配套制度，提高12345市民热线接通率，深化主动治理、未诉先办，进一步提升群众诉求解决率和满意率。做实网格化服务，提升基层治理和服务群众能力。坚持不懈抓好两个"关键小事"，促进居民养成生活垃圾自主分类良好习惯，推动垃圾回收市场化体系全覆盖；持续治理物业管理突出问题，更多发挥业委会作用，形成多元协商共治合力。继续办好"向前一步"节目，架起市民之间的连心桥。

（六）优先发展农业农村，以更大力度统筹城乡区域发展。

充分认识首都农业农村现代化的重要战略意义，深入实施乡村振兴战略，着力推动农业全面升级、农村全面进步、农民全面发展。

提升现代农业发展水平。优化农业生产组织形式和农产品销售体系，支持科技农业和设施农业发展，保持粮食、蔬菜生产持续增长势头。研究制定农业中关村建设行动计划,大力发展智慧农业,实施种业振兴行动。培育农产品品牌,打响"北京优农"金字招牌。

建设宜居宜业美丽乡村。发展壮大集体经济,消除100个集体经济薄弱村。启动农村人居环境整治提升五年行动计划,推动精品民宿与区域文化旅游联动发展,打造一批乡村全面振兴样板村。依法依规管好农村土地,出台零散配套设施用地政策,推进农村承包土地经营权抵押融资。加快新型集体林场建设。提升农民培训质量,支持农民就业创业,实现5万名就业农村劳动力纳入城镇职工保险体系,多措并举促进农民增收。

打造城市均衡发展重要活力区。着力提高平原新城综合承载能力,深入实施城市南部地区高质量发展行动计划,推进京西地区转型发展,提升新首钢地区城市功能品质。落实城乡结合部减量发展行动计划。制定生态涵养区补短板强弱项实施方案,开展生态产品价值实现机制试点,深化结对协作,决不让保护生态环境的吃亏。严格落实"四个不摘"要求,巩固拓展支援合作成果。

(七)加强全国文化中心建设,促进首都文化繁荣发展。

充分发挥首都文化优势,传承发展独具魅力的古都文化、红色文化、京味文化和创新文化,更好满足人民群众精神文化需求。

强化社会主义核心价值观引领作用。深入开展习近平新时代中国特色社会主义思想学习教育,深化"四史"教育。保护利用好北大红楼、香山革命纪念地等红色资源,促进红色文化主题片区协同发展。深化精神文明创建,不断提高市民文明素质,倡导光盘行动,常态化开展志愿服务,营造良好社会风尚。

彰显历史文化名城厚重底蕴。推动出台中轴线文化遗产保护条例，积极推进中轴线申遗，带动老城整体保护。统筹"三条文化带"建设，落实长城、大运河国家文化公园建设保护规划，推进琉璃河、路县故城考古遗址公园等工程项目。促进非物质文化遗产和老字号传承发展，留住城市历史文脉。

更好实现文化惠民。支持建设新型公共文化空间，打造更具吸引力的一刻钟公共文化服务圈。办好首都市民系列文化活动。引导社会力量参与共建"博物馆之城"，广泛开展"书香北京"全民阅读活动。抓好重大革命、历史、现实和北京题材创作，推出更多精品力作。

焕发文化创新活力。推动文化与科技、金融、商贸等融合发展，提升文化产业园区服务水平，培育一批有影响力的文化品牌。深化市属文艺院团改革。实施"漫步北京"计划，精心设计旅游产品，优化提升旅游线路，做深做优文旅服务。创办北京文化论坛，办好中国艺术节、北京国际设计周等活动。

（八）紧扣"七有""五性"，持续保障和改善民生。

始终把老百姓的事放在心上，用心用情办好民生实事，不断增强人民群众获得感幸福感安全感。

稳步提高居民收入。坚持就业优先，实施支持新就业形态发展计划，做好困难群体就业帮扶。开展大规模多层次职业技能培训，提升人力资本质量和专业技能。广泛听取意见，研究制定促进共同富裕实施方案。健全多层次社会保障体系，完善社会救助制度。支持慈善事业发展。

整体提升教育发展质量。坚持"五育"并举，深化"双减"工作，完善学校考评机制，强化教育督导，促进学生养成体育运动习惯。积极发展普惠托育服务，出台政策支持幼儿园招收2至3岁幼儿。加快义务教育优质均衡、普通高中多样化发展，新增中小学学位2万个。促进高校内涵、特色、差异化发展，建设新一轮高精尖创新中心。推动职业教育产教融合。

努力提供优质便利养老服务。提高政策供给的精准性、有效性，建立街乡镇养老服务联合体运行机制，提升社区养老驿站服务质量。鼓励市场化专业机构参与提供助餐等养老服务，发展时间银行等互助养老模式，全面推行长期护理保险，健全失能失智老年人照护体系，让老年人享有幸福晚年。

全方位守护人民健康。全面完成公共卫生应急管理体系建设三年行动计划。优化医疗资源布局，改革公立医院绩效评价机制，完善分级诊疗制度，畅通基层预约转诊渠道，提高家庭医生服务能力，为市民提供更加便利的医疗服务。加快发展研究型医院、研究型病房，强化医院科技创新带动能力。促进中医药传承创新发展。深化爱国卫生运动。落实全民健身实施计划，精心组织各级各类体育赛事，打造国家全民健身典范城市。

坚持"房住不炒"。保持房地产调控政策连续性稳定性，做好住房供地保障，筹集建设保障性租赁住房15万套，竣工各类保障房8万套。研究适应多子女家庭的公租房政策，调整建设标准和配租办法。加强住房租赁市场管理，促进房地产业良性循环和健康发展。

（九）统筹发展和安全，建设人民满意的安全城市。

牢固树立"首都安全无小事"，强化底线思维，加强风险防范，以过硬举措确保首都和谐稳定。

加快韧性城市建设。健全工作机制和评价制度，把韧性城市要求融入城市规划建设管理全过程。采取有效的工程和管理措施，提升河道、城市积水点等重点区域的灾害防御能力，推进城市老化管道更新改造，保障城市生命线安全运行。优化应急预案体系，提升预报预警水平，完善风险评估机制，做好应急物资储备，增强极端天气、地质灾害、公共卫生事件等应急管理能力。

打造更高水平的平安北京。压实安全生产责任，强化交通运输、危险化学品、建筑施工等领域监管执法，做好城市消防、森林防火等工作，坚决遏制重特大安全事故。全面开展燃气安全排查整治。抓好电动自行车全链条安全管理。加强食品药品安全监管。坚决防范化解各类金融风险。健全多元纠纷调解机制，大力解决信访积案和突出问题。严密防范涉恐涉稳风险，常态化开展扫黑除恶斗争，严厉打击各类违法犯罪活动，切实维护首都安全稳定。

深化国防动员体制改革，深入开展双拥共建，做好退役军人服务保障，加强人民防空工作，加快形成军民融合深度发展格局。全面贯彻党的民族政策和宗教工作基本方针。依法维护妇女儿童、残疾人权益。

三、努力提升政府治理效能和服务水平

坚持以政治建设为统领，巩固深化党史学习教育成果，全面推进政府治理体系和治理能力现代化，以更加高昂的精神状态干事创业，努力向党和人民交出满意答卷。

着力增强政治意识，切实做到"两个维护"。牢记"看北京首先要从政治上看"的要求，坚持和捍卫"两个确立"，切实增强"四个意识"、坚定"四个自信"、做到"两个维护"，不折不扣贯彻落实党中央重大决策部署和习近平总书记重要讲话指示批示精神。持续推进中央第六轮巡视、第二轮中央生态环境保护督察等反馈问题整改，始终做到旗帜鲜明讲政治。

着力树牢法治思维，切实做到依法行政。自觉接受市人大及其常委会法律监督、工作监督，自觉接受市政协民主监督，认真办理市人大代表议案建议和市政协提案。落实全面依法治市规划和法治政府建设实施意见，把政府一切工作都纳入法治轨道。加快推进数字经济、城市更新等重点和新兴领域立法。深入开展"八五"普法。加强重点领域执法，不断提高执法的规范性和透明度。

着力强化担当作为，切实做到勤政为民。坚持政府工作为了人民、服务人民、依靠人民，把抓落实作为开展工作的主要方式，完善目标责任和考核体系，健全专班推动工作机制，事不避难、一抓到底。加强数字政府建设，继续做好12345市民热线服务，深化"每月一题"和"服务包"等工作机制，持续开展"局处长走流程"，进一步提高惠企便民服务效率和水平。始终坚持政府过紧日子，厉行节约，深化全成本预算绩效管理改革，严格控制政府机关运行成本。认真做好统计监督。建设学习型政府，加强政府工作人员教育培训，不断提高综合素养和专业化能力。

着力推进自我革命，切实做到廉洁从政。严格落实中央八项规定精神，驰而不息纠治"四风"。坚决贯彻全面从严治党各项要求，层层压实主体责任，严格落实意识形态工作责任制，加强对"一把手"和领导班子监督。持续加大审计监督力度。依法依规、及时准确公开政府信息。强化重点领域廉政风险防控，坚定不移推进党风廉政建设和反腐败斗争，永葆为民务实清廉的政治本色。

各位代表！百年征程铸伟业，双奥之城启新篇。让我们更加紧密地团结在以习近平同志为核心的党中央周围，以习近平新时代中国特色社会主义思想为指导，在中共北京市委坚强领导下，锐意进取、勇毅前行，更加奋发有为地推动新时代首都发展，以优异成绩迎接党的二十大胜利召开！

天 津 市
政府工作报告

——2022年2月12日在天津市第十七届
人民代表大会第六次会议上

市长 廖国勋

各位代表：

现在，我代表市人民政府，向大会报告政府工作，请予审议，并请市政协委员和其他列席人员提出意见。

一、过去一年工作回顾

2021年是中国共产党成立100周年，也是实现"十四五"发展目标的夯基之年。面对世界百年未有之大变局和世纪疫情交织叠加，我们在以习近平同志为核心的党中央坚强领导下，坚持以习近平新时代中国特色社会主义思想为指导，全面学习贯彻党的十九大和十九届历次全会精神，深入贯彻落实习近平总书记对天津工作"三个着力"重要要求和一系列重要指示批示精神，认真落实中央大政方针和市委决策部署，立足新发展阶段，贯彻新发展理念，服务和融入新发展格局，笃定高质量发展不动摇，积极推进共同富裕，以系统思维统筹发展和安全，统筹疫情防控和经济社会发展，全市经济运行稳中有进、稳中有固，呈现趋势向好、结构更优、动能转强、效益提升的高质量发展态势。全市地区生产总值增长6.6%；一般公共预算收入增长11.3%，其中税收收入增长8.1%，占一般公共预算收入比重达到75.8%，实现了增幅与质量"双提高"；规模以上工业增加值增长8.2%，其中制造业增加值增长8.3%，规模以上工业企业利润总额增长50.7%，"制造业立市"成效初步显现；城镇新增就业37.6万人，城镇调查失业率5.5%以内；居民人均可支配收入增长8.2%；节能减排减污降碳完成年度任务。

一年来，我们主要做了以下工作：

（一）持续加力、互补共赢，京津冀协同发展取得丰硕成果。以强烈的机遇意识和主动精神，统筹推动、有序对接，全力推进协同发展向纵深拓展。承接北京非首都功能疏解取得积极成效。国家开发投资集团、华润集团、中国科学院、中国医学科学院北京协和医学院等13家单位和我市签署战略合作协议，中石化、中海油等51家央企新设机构173家，通用集团机床装备总部、中铁建华北区域总部等落户，引进中国医学科技创新体系核心基地天津基地、中石化天津南港高端新材料项目集群等一批高质量项目，总投资1621亿元，为京津冀协同发展赋能加速。新一代运载火箭园区、北京燃气LNG等项目加快推进，天津国家会展中心一期投入使用。滨海—中关村科技园累计注册企业突破3000家，宝坻京津中关村科技城等承接载体加快建设，京津合作示范区体制机制全面理顺。"轨道上的京津冀"提速发力。京津冀主要城市一小时交通圈进一步完善，京唐、京滨、津兴高铁加快建设，津静线市域（郊）铁路首段开工，津石高速天津东段、塘承高速滨海新区段主体完工。京津通勤便利化12项措施全面落实，高铁天津南站至北京南站实现"预约+直刷"乘车模式，京津两市地铁APP支付互认，同城化更加明显。重点领域合作实现更大突破。雄安新区至天津港货运快速通关机制进一步完善。京津冀协同发展产业投资基金、京津冀（天津）科技成果转化基金完成设立，京津冀国家技术创新中心天津中心完成挂牌。京津冀异地就医医保门诊联网直接结算覆盖全市各级各类医院1013家，有力提升三地医疗服务便利化水平。世界一流智慧绿色港口建设加力推进。制定加快北方国际航运枢纽建设实施方案，港口基础设施提升、集疏运体系优化等重点工作进展顺利。航运服务新生态加快形成，"船边直提""抵港直装"作业模式不断深化，海铁联运量突破100万标准箱，北疆港区C段智能化集装箱码头投产运营，成为全球首个"智慧零碳"码头，集装箱吞吐量突破2000万标准箱。滨海国际机场三期改扩建工程获批建设，天津空港型国家物流枢纽入选"十四五"首批国家物流枢纽建设名单，中国国际航空物流中心建设取得阶段性成效。

（二）自立自强、以用立业，科技创新引领能力持续提升。坚持科技创新与体制机制创新双轮驱动，着力培育高质量发展的内生动力。人才发展实现新成就。深入实施人才引领战略，新增两院院士4位。打造"海河英才"行动计划升级版，累计引进各类人才42万人，我市在第一届全国博士后创新创业大赛上金奖和获奖数均位居全国第二，天津大学小口径人工血管项目获得全国青年创新创业大赛科技创新金奖。重大创新平台建设取得突破性进展。汇集全国顶级科学家和科研团队，打造物质绿色创造与制造、先进计算与关键软件（信创）、合成生物学、现代中医药、细胞生态5个海河实验室，新一代超级计算机、组分中药国家重点实验室等天津版"国之重器"加快建设。关键核心技术攻关成效显著。22项科技成果获得国家科学技术奖，攻克酶蛋白理性设计等关键核心技术，断热稀土涂层打破国外垄断，二氧化碳人工合成淀粉实现实验室条件下"从0到1"的突破，银河麒麟操作系统、"神工"脑机交互系统等在解决"卡脖子"问题中发挥重要作用。大学科技园建设加快推进。出台大学科技园建设指导意见和三年行动计划，着力打造高校成果转化"首站"、区域创新创业"核心孵化园"和新兴产业"策源地"。认定4家高水平大学科技园，孵化企业130余家，转化科技成果60余项，有力推动科技、教育、经济融通发展。科技型企业"底盘"不断壮大。实施高新技术企业倍增计划，优化科技型企业梯度培育机制，国家高新技术企业和国家科技型中小企业均突破9000家，独角兽企业达到9家，130家企业入选国家专精特新"小巨人"。科技体制机制创新迈出新步伐。开展科研项目经费"包干制"试点，纯太阳能车等项目通过"揭榜挂帅"模式成功实施，建成运行科技成果展示交易运营中心，全市技术合同成交额达到1300亿元。健全科技型企业全生命周期金融支持措施，政府引导投资科技型企业219家，带动投融资81亿元。我市科技"硬核"实力明显增强，创新策源能级加速提升，呈现出支撑发展、引领未来的良好态势。

（三）锻长补短、聚势赋能，产业链现代化水平显著提高。全面实施"链长制"，强化串链补链强链，着力提升产业链发展能级和制造业竞争力。重点产业链加速提质。大力实施产业链高质量发展三年行动计划，集中攻坚信创、高端装备、集成电路等12条重点产业链，龙头企业骨干作用突出，产业链薄弱环节加速补齐，产业联盟带动作用有效发挥，产业链、供应链韧性持续增强。服务机器人、新能源汽车、集成电路等重点产品产量分别增长1.7倍、54.3%和53.2%，工业战略性新兴产业增加值、高技术产业（制造业）增加值占规模以上工业比重分别达到26.1%、15.5%。"链园结合"加快推进。生物医药、信息安全等先进制造业集群不断壮大，"细胞谷""北方声谷"等加快建设，认定"信创谷"等10个产业主题园区。国家人工智能创新应用先导区、国家先进制造业与现代服务业"两业"融合试点区成功获批，现代中药创新中心成为首个部市共建国家制造业创新中心。项目投资持续增长。围绕12条重点产业链，新增环泰科技高效太阳能叠瓦组件智慧工厂等1159个项目，完成投资超过1200亿元、增长9%。"两化"搬迁、中沙聚碳酸酯等项目竣工投产，首装空客A350及空客A320机身系统装配项目交付使用，国家电网"1001工程"全面竣工，中环半导体智慧工厂三期等项目开工建设，一汽丰田新能源工厂等项目加快推进。数字赋能提速加力。实施数字化发展三年行动，出台数字经济"1+3"行动方案，打造"津产发"数字经济综合应用平台和41个应用场景，工业互联网进一步拓展，现代冶金、轻纺产业加速迈向智能化高端化绿色化，海尔互联工厂成为全球"灯塔工厂"。北方大数据交易中心加快建设，"云服务""云体验"等新业态新模式不断涌现，用云量规模和赋智量增速位居全国上游。成功举办第五届世界智能大会，一大批优质项目签约落地。我市产业链"筋骨"日益强壮、"血脉"加速打通，产业基础高级化、产业链现代化实现大踏步前进。

（四）深化改革、多重发力，发展动力活力不断增强。坚持系统构建与难点突破并重、防范风险与做强实力并举、先行引领与补齐短板并行，推动高质量发展的体制机制加快形成。营商环境进一步优化。"一制三化"改革升级版加快实施，政务服务事项容缺受理实现全覆盖，办理"证照分离"改革涉企经营许可事项13.1万件，制定网上办、一次办、马上办、零跑动、全市通办等事项清单3795项，建成中国（天津）知识产权保护中心，城市综合信用排名稳居全国前列。全面开展转供电不合理加价问题专项整治，整改后每年可为终端用户节省电费7.7亿元。广泛开展"我为企业减负担"行动，大力清理整治乱收费行为，惠及企业1.3万余家。坚决落实国家和我市减税降费各项举措，为企业减负超过300亿元，民营经济和中小微企业活力进一步增强。全年新增市场主体26.8万户。防范化解重大风险攻坚战持续深化。健全政府举债融资机制，制定实施债务化解"1+4"方案，稳步推进债务化解。财政体制机制改革成效明显。出台全面深化预算管理制度改革实施意见，实行市和区收入共同增长、支持区域高质量发展新机制，建立转移支付负面扣减、重点税源企业跨区迁转管理等政策举措，财政治理能力和政策效能稳步提升。国企提质增效推进机制不断创新。国企改革三年行动扎实推进，在国家中期评估中获评A级。开展公共服务领域成本规制改革，深化市级党政机关和事业单位所属国企、区属国企改革，推进经营性国有资产集中统一监管，处置"僵尸企业"和低效无效企业367户。完成物产集团司法重整，天房集团、市政建设集团加快改革。市管企业实现净利润增长25.5%。消费赋能引领作用显著提升。获批率先培育建设国际消费中心城市，制定实施国际消费中心城市建设方案，推出海河国际消费季、发展新型消费、活跃假日消费、汽车促销等举措，以佛罗伦萨小镇、V1汽车世界、创意米兰生活广场为代表的新型消费商圈拓展升级，消费潜力进一步释放。金融创新不断深化。推进区域性股权市场制度和业务创新试点工作，商业保理公司资产总额、发放保理融资款余额居全国第一，国内首笔跨境人民币保理业务成功落地。飞机、国际航运船舶、海工平台租赁和处置业务规模占全国总量80%以上。6家企业挂牌上市。

（五）双向拓展、层次跃升，开放合作新高地加快构筑。坚持以开放促改革、促发展、促创新，进一步提高对外开放的质量和水平。自贸试验区引领开放作用持续增强。投资、贸易、金融、数据等领域一批创新发展项目取得新进展，实现与滨海高新区、中新生态城联动创新，累计向全国复制推广试点经验和实践案例38项，发挥了制度创新"试验田"作用。融入"一带一路"建设成效明显。中埃·泰达苏伊士经贸合作区、天津意大利中小企业园等重点项目加快推进，累计建成"鲁班工坊"20个。天津港中蒙俄经济走廊集装箱多式联运项目，成为国家级多式联运示范工程。外贸外资增势良好。出台稳住外贸外资基本盘推进外贸创新发展政策措施，实施跨境贸易便利化专项行动，平行进口汽车滞港问题彻底解决，进出口整体通关时效位于全国前列，外贸进出口总额8567亿元，增长16.3%，进出口额创历史新高，实际直接利用外资超50亿美元，实现较快增长。服务业扩大开放综合试点获国务院批准。合作交流持续深化。围绕重要产业、重点区域、重大活动开展精准招商，实际利用内资3378.2亿元，增长15.5%。天津茱莉亚学院落成启用，国际文化交流及其溢出效应开始显现。成功举办中国建筑科学大会暨首届绿色智慧建筑博览会、中国国际矿业大会、中国（天津）非公有制经济发展论坛、全国糖酒会、中国（天津）国际汽车展等活动。我市成为国家对外交往重要窗口，国际友好城市增至96个，服务国家总体外交的作用进一步凸显。推进东西部协作和支援合作，投入财政资金28.4亿元，实施帮扶项目1202个，助力脱贫攻坚成果巩固拓展。

（六）优先发展、优先支持，乡村振兴全面升级加力。 坚持农业农村优先发展，不断提高农业供给质量，积极改善农村环境，加快实现农业农村现代化。现代都市型农业持续优化。建成高标准农田27.1万亩，新增设施农业20万亩，粮食播种面积和产量稳定增长。"津农精品"品牌达到187个，"菜篮子"重要农产品自给率继续位居全国大城市前列，农业科技贡献率明显提升，种业创新能力明显增强，水稻、黄瓜、生猪、肉羊等优势种业在全国处于领先地位，高水平举办中国天津种业振兴大会。蓟州区、宝坻区获评全国休闲农业重点县，8个村镇获评第三批全国乡村旅游重点村镇。农村发展基础更加坚实。农村生活污水处理设施运行维护监管日益强化，饮水提质增效工程全部投入运行。提升改造农村公路300公里、农村困难群众危房1000余户，第二批150个农村人居环境整治示范村启动建设。蓟州区、静海区首批160个村宅基地制度改革试点稳步推进。

（七）和谐共生、精细管理，生态宜居城市建设成效显著。 坚持"城市生命体有机体"理念，进一步提高城市治理精细化和可持续发展水平。城市规划建设管理水平明显提升。强化国土空间规划和用途管制，推进区级、乡镇级规划与市级总体规划衔接，加快国家会展中心经济片区、综合交通体系、"设计之都"核心区等专项规划编制，社会主义现代化大都市"成长坐标"体系更加完善。以"四本预算"机制深化储备土地类项目全生命周期管理，土地资源全方位管控力度不断提升。地铁建设提速推进，滨海新区

Z2线开工建设，4号线南段、6号线二期建成通车，运营总里程达到265公里，优化9号线行车组织、城际列车高峰开行时刻、公交接驳，"津城""滨城"双城通行更加便利高效。加快推进城市治理"一网统管"，开展交通堵点乱点常态化治理，持续巩固"三站一场"环境服务提升整治工作成效，新增公共停车泊位1.3万个，津门湖新能源车综合服务中心投入使用，群众出行更加便捷。累计建成5G基站4万个，获评全国首批千兆城市。有效应对汛期强降雨挑战，全市安全度汛。超700万平方米老旧小区改造全面开工。加快"不动产登记一网通"改革，优化不动产登记服务方便企业和群众办事，"飞地"治理经验获民政部推广。坚决有力落实房地产调控政策，培育发展住房租赁市场，有效盘活存量闲置房屋资源，多渠道扩大保障性租赁住房来源，房地产市场保持平稳健康发展。污染防治攻坚持续深入推进。坚持"五控"治气，完成87台锅炉改燃并网或深度治理，天津港国Ⅴ及以上集疏港车辆占比达到80%，加强区域重污染天气联防联控。坚持"四措"治水，新建5座污水处理厂，消除一批雨污混接点，工业园区污水集中处理基本实现全覆盖，废水排放企业及污水处理厂排放达标率接近100%。坚持"三招"治海，开展入海排口规范整治，推进"美丽海湾"建设，建成海洋环境应急库。坚持"两控"治土，开展重点企业土壤污染隐患排查整改，农用地、建设用地保持安全利用。建成一批垃圾处理、危废处置设施，生活垃圾分类设备不断完善，分类质量不断提升。出台碳达峰碳中和促进条例，编制碳达峰实施方案，成功发行全国首单"碳中和"资产支持票据，中新生态城智慧能源小镇建成投运。生态保护修复升级加力。"871"重大生态工程稳步推进，绿色生态屏障一级管控区蓝绿空间占比提升到65%以上，成规模生态区近300平方公里，湿地、海岸线和绿色矿山生态保护修复持续推进。创新金融支持"绿水青山"建设模式探索取得重大成果，宝坻区成为国家生态文明建设示范区，西青区辛口镇成为"绿水青山就是金山银山"实践创新基地。南水北调东线二期和北大港、于桥水库扩容前期工作加快推进，静海引江供水和津滨水厂二期、杨柳青水厂工程开工建设。全市大气环境质量明显改善，$PM_{2.5}$平均浓度39微克/立方米、比上年改善20.4%，优良天数264天、增加25天，水环境质量持续改善，12条入海河流水质总体达到Ⅳ类以上，近岸海域环境质量持续巩固，生态系统碳汇能力明显增强，生物多样性逐步恢复，让市民群众享受到更多城市绿色发展成果。

（八）倾心倾力、增进福祉，社会大局保持和谐稳定。坚持在发展中保障和改善民生，持续推进民心工程，办成了一批务实暖心的好事实事。就业和收入质量水平继续提高。着力完善积极就业政策，大力推动创业带动就业，开展"迎新春送温暖、稳岗留工"专项行动，建立常态化重点企业用工帮扶机制，开发1.4万个政策性岗位，推动退役军人培训就业一体发展，用真情实招促进大学生、退役军人、农民工等重点群体"好就业、就好业"。推出24条居民增收措施，促进群众收入协调增长。社会保障成效不断提升。实施特殊困难老年人居家适老化改造，为重度失能人员提供护理服务，190万人次老年人享受助餐服务，新建养老机构24家、照料中心100个，新增养老床位4055张，街道综合养老服务中心和嵌入式养老服务机构试点达到70个，河西区多管齐下着力满足老年人养老需求经验做法在全国推广，广大老年人愈发感到社会关爱和温暖。在社区里巷持续推行"早看窗帘晚看灯"等特殊群体日常探望关爱模式，推动残疾人"两项补贴"资格认定申请"跨省通办"，建设低收入人口动态监测信息平台，强化"救、急、难"兜底保障，持续改善困难群众生活条件。养老、工伤、失业保险和城乡居民基本医疗保险待遇标准进一步提高，大力推进药品和医用耗材集中带量采购，有效减轻群众负担。开展职工大病救助，切实保障好困难职工生活。加大社会救助确认事项下放乡镇（街道）改革力度，救助效率明显提升。各级关爱退役军人协会登门入户常态化制度化，全国示范型退役军人服务中心（站）达到263个，3个获评全国"百家红色退役军人服务站"，成为退役军人家门口的"暖心驿站"。群众生活休闲环境持续改善。建成社区健身园300个、多功能运动场30个，梅江公园（二期）等公园建成开园，更多休闲娱乐空间"点靓"群众幸福生活。新建提升16个标准化菜市场，新建品牌连锁便利店168个，群众生活更加便捷。提前和延后供暖提质增效，已在我市成为一项长效制度。多渠道、多举措稳定电力生产，全力以赴保障能源电力平稳有序供应。教育现代化优质化深化发展。义务教育优质均衡发展三年行动扎实推进，新增中小学学位5.9万个，提升改造学校体育运动场馆52.2万平方米，配置中小学教学仪器设备91万台。扎实推进"双减"工作，全面规范校外培训，全市义务教育学校课后服务实现全覆盖。我市与教育部共建新时代职业教育创新发展标杆，成为国家首批产教融合试点城市。高校"双一流"建设成效明显，52个学科入选市级"顶尖学科培育计划"。全域科普扎实推进，公民科学素质指数居全国前列，滨海新区、南开区、宝坻区入选"科创中国"试点城区。社会事业公益性普惠性进一步增强。加强全人群全生命周期健康管理和公共卫生服务。启动实施妇女儿童健康提升计划，覆盖320.4万人次。加快优质医疗资源扩容和区域均衡布局，一中心医院新院区、海河医院四期配套工程项目竣工，协和天津医院一期主体封顶，空港医大总医院二期开工建设，筹建协和医学院天津校区、国家医疗健康大数据研究院，批准成立天津医学健康研究院，在打造高水平医疗服务中更好增强人民群众健康福祉。大运河文化保护传承利用取得实质性进展，构建起"2+4+1"市级规划体系。不断丰富群众文化生活，举办第六届市民文化艺术节和名家经典惠民演出300场，周邓纪念馆、平津战役纪念馆完成基本陈列提升改造并对外开放，14个项目入选第五批国家级非物质文化遗产代表性项目名录。我市体育健儿在东京奥运会和第十四届全运会上创造境外参加奥运会、市外参加全运会最好成绩。20项民心工程成效显著，群众满意率超过90%。全面加强应急管理和安全生产工作，强化"未病先治"，主动治理安全隐患，把问题解决在萌芽、把工作做在前端，群众生命财产安全得到更有效保障。平安天津建设深入推进，信访积案有效化解，网络安全、食品药品安全、消防、自然灾害防治等工作持续加强，社会治理水平不断提升，6个区被授牌命名为"平安中国建设示范县"，和平区、宝坻区摘得全国社会治安综合治理最高奖"长安杯"。港澳台、侨务、民族宗教、残疾人、红十字等工作取得新进展，国防动员、双拥共建等工作迈出新步伐。始终把群众生命安全和身体健康放在首位，严格落实"外防输入、内防反弹"防控策略，时刻保持热备灵敏状态，全力做好疫情防控工作。

（九）转变作风、提升效能，政府自身建设全面加强。坚持把党的领导贯穿始终，深入落实全面从严治党要求，切实做到为人民服务、对人民负责、受人民监督。扎实开展党史学习教育，认真落实学史明理、学史增信、学史崇德、学史力行要求，深入推进"我为群众办实事"实践活动，政府工作人员增强"四个意识"、坚定"四个自信"、做到"两个维护"的思想自觉、政治自觉和行动自觉持续提升。狠抓中央巡视、国务院大督查、审计等反馈意见整改落实。扎实推进法治政府建设,自觉接受人大法律监督、工作监督和政协民主监督,积极听取各民主党派、工商联、无党派人士和人民团体意见,进一步推进行政决策法治化,严格规范公正文明执法,行政复议体制改革高效完成,行政机关负责人出庭应诉率大幅提升,提请市人大常委会审议地方性法规草案18件,制定政府规章6件,人大代表建议、政协委员提案全部办复。制定实施"八五"普法规划。严格落实中央八项规定及其实施细则精神,持续整治形式主义、官僚主义和不作为不担当问题,政治生态持续向好。

各位代表,过去一年,面对艰巨、繁重、复杂的改革发展任务和各种风险挑战,我们在把握大势、抢抓机遇中开拓创新、锐意进取,在应对挑战、抵御风险中攻坚克难、砥砺前行,全市高质量发展稳步推进,结构优化的"形"和稳固向好的"势"效果显现。成绩来之不易,这是我们扎实践行习近平新时代中国特色社会主义思想、坚决贯彻中央决策部署的结果,是市委总揽全局、协调各方的结果,是市人大及其常委会、市政协和社会各界有效监督、鼎力支持的结果,是全市人民齐心协力、奋力拼搏的结果。在此,我代表市人民政府,向全市人民,向人大代表、政协委员,向各民主党派、工商联、人民团体和社会各界人士,向驻津中央各部门和企业,向驻津解放军和武警部队,向所有关心支持天津发展的港澳台同胞、海外侨胞和国际友人,致以诚挚的感谢和崇高的敬意!

在实践中我们深刻体会到,必须始终坚持完整准确全面贯彻新发展理念,不断提高发展的质量和效益,把高质量发展贯穿各项工作全过程；必须始终坚持以人民为中心的发展思想，不断保障和改善民生，切实践行为人民发展、与人民共享、由人民检验；必须始终坚持主动服务和融入新发展格局，不断畅通"大循环""双循环"，在提高嵌入度贡献度中展现新作为；必须始终坚持"一基地三区"定位，不断谱写京津"双城记"新篇章，在协同发展中填格赋能；必须始终坚持把科技创新摆在核心位置，不断推进关键核心技术攻关，加快实现高水平科技自立自强；必须始终坚持制造业立市不动摇，不断增强产业链供应链韧性，推动产业能级提升；必须始终坚持统筹发展和安全，不断强化风险意识、底线意识，以更高质量、更加安全的发展保障群众高品质生活；必须始终坚持创造性落实中央大政方针和市委决策部署，敢于担当作为，牢牢掌握发展主动权。结合政府工作实际，立足当前、着眼长远，坚持系统观念、统筹推进，在关键处落子、在最难处发力，打好"治、引、育、稳、促"高质量发展组合拳。

在总结成绩的同时，我们也清醒认识到存在的不足和问题。主要是：新旧动能转换仍需持续加力，数字经济引领作用还不够强；科技成果转化机制落地不够到位，创新环境还需不断优化；国企改革仍需深入推进，民营经济实力偏弱；商业新业态新模式发展滞后，消费潜力没有充分释放；国际化城市功能亟待提升，营商环境"最后一公里"问题还需进一步解决，金融生态环境还比较脆弱，土地开发利用效率还比较低，政府自身建设和管理效能还需持续加强。我们一定高度重视，直面问题挑战，采取有力措施切实加以解决，决不辜负全市人民的期待！

二、全力做好2022年重点工作

2022年是实施"十四五"规划的重要一年，是坚定不移推动高质量发展的深化之年。做好今年工作，要坚持以习近平新时代中国特色社会主义思想为指导，全面贯彻党的十九大和十九届历次全会精神，全面落实中央经济工作会议部署，以迎接党的二十大胜利召开为主线、为首要政治任务，深入贯彻落实习近平总书记对天津工作"三个着力"重要要求和一系列重要指示批示精神，认真落实市委十一届十一次全会、十二次全会暨经济工作会议部署要求，弘扬伟大建党精神，坚持稳中求进工作总基调，把握新发展阶段，贯彻新发展理念，构建新发展格局，推动高质量发展，促进共同富裕，全面深化改革开放，坚持创新驱动发展，深化供给侧结构性改革，深入推进京津冀协同发展，统筹疫情防控和经济社会发展，统筹发展和安全，继续做好"六稳""六保"工作，持续改善民生，推进全面从严治党，迎盛会、铸忠诚、强担当、创业绩，把坚决捍卫"两个确立"、坚决做到"两个维护"体现到经济社会持续稳定健康发展的成效中，奋力开创全面建设社会主义现代化大都市新局面，以优异成绩迎接党的二十大胜利召开。

2022年全市经济社会发展主要预期目标是：地区生产总值增长5%以上；一般公共预算收入增长3%左右；固定资产投资增长5.5%左右；社会消费品零售总额增长7%；城镇新增就业35万人以上，城镇调查失业率5.5%以内；居民人均可支配收入稳定增长；居民消费价格涨幅3%左右；节能减排减污降碳完成国家下达目标。

为实现上述目标，着力抓好以下重点工作。

（一）全力拓展协同发展广度深度，进一步增创发展新优势

坚持把京津冀协同发展作为政治之责、发展之要，围绕"一基地三区"功能定位，在同城化差异化发展中增进协同、优势互补、良性互动，加快把战略势能转化为发展动能。

高标准承接北京非首都功能疏解。加强项目、平台、政策、机制等前端统筹，持续深化部市、院市、校市、企市合作，加快推进滨海—中关村科技园、宝坻京津中关村科技城、京津合作示范区等高水平承接平台建设，全面提升平台承接功能，以重点领域重点企业为目标，精准对接引进优质项目资源。

高水平构建互联互通综合交通网络。全力打造"轨道上的京津冀"，建成京唐高铁、京滨高铁宝坻至北辰段，加快津兴高铁、津静线市域（郊）铁路建设，推进津潍铁路前期工作。强化与北京高密度路网对接，津石高速天津东段、塘承高速滨海新区段建成通车，加快建设宝武公路、津汉公路等国省干线项目。加速打造世界一流智慧港口、绿色港口，提升港口能级，推进天津港集疏运专用货运通道规划建设，持续打造"公转铁""散改集"双示范港口。全面推进滨海国际机场三期改扩建工程，加快建设中国国际航空物流中心。

高质量深化重点领域协同融合。加强产业链供应链对接，坚持北京研发与天津转化融合发展，用好京津冀协同发展产业投资基金和京津冀（天津）科技成果转化基金，加快应用场景开放，培育信创、生物医药、汽车等上下游协同的区域产业链。深化办学、办医等领域改革创新，提升公共卫生、教育、社保、养老等协作水平。深化生态环境联建联防联治，加强大气、水、土壤污染协同治理，推进京津冀东部绿色生态屏障建设。

（二）深入实施创新驱动发展战略，切实增强科技创新对发展的引领力支撑力

始终把科技创新摆在推动高质量发展的核心位置，以科技创新引领产业升级，以产业升级倒逼科技创新，打好关键核心技术攻坚战，加快科技成果转化，优化创新生态系统，全力打造自主创新重要源头和原始创新主要策源地。

壮大战略科技力量。支持推动新一代超级计算机、国家合成生物技术创新中心等承担更多国家重大科技项目。推动大型地震工程模拟研究设施、现代中药创新中心等加快建设，尽快形成承接国家重大任务能力。高标准推动海河实验室建设运行，围绕国家战略和我市重点产业创新需求，努力创造"从0到1"的原创成果，全力推进"从1到N"的产业化应用。聚焦智能科技、生物医药、新能源、新材料等新兴产业，实施一批科技重大专项，建设国家新一代人工智能创新发展试验区。

加快科技成果转移转化。健全科技成果转化政策和服务体系，加强专业化市场化技术转移机构建设，提升中介服务能力，建立健全科学有效合规的交易机制，探索成立科技成果概念验证资金、天使母基金，投早、投小、投科技。全面提升大学科技园建设水平，新增3—5家市级大学科技园。全市技术转移机构达到200家，培育技术转移人才达到1000名，技术合同成交额达到1400亿元。升级加力"海河英才"行动计划，全年新引进各类人才10万人，努力让天津成为天下英才心生向往、近悦远来的"强磁场"。

深化科技创新体制机制改革。积极探索主要由市场决定的科技项目遴选机制，完善"揭榜挂帅""里程碑"等新型项目组织管理模式，探索扩大自主立项、社会多元投入基金试点范围。进一步

赋予科研机构和科研人员更大自主权，充分激发科研机构和科技人才创新活力。发挥企业在技术创新中的主体作用，增强创新动力，推动企业成为创新要素集成、科技成果转化的生力军。

（三）持续深化制造业立市战略，不断提升实体经济核心竞争力

充分激活迭代制造业基因，瞄准重点产业链"攻城拔寨"，提高产业链供应链安全性、稳定性和韧性，推进制造业高端化、智能化、绿色化、服务化发展。

做大做强优势产业链。深入推进信创、生物医药等12条重点产业链提质增效，强力推进链上龙头企业、重大项目和重点园区建设，支持链上骨干企业上市，补齐薄弱环节，形成产业生态，培育先进制造业集群。大力实施高新技术企业倍增计划，持续强化科技型企业梯度培育，国家高新技术企业和国家科技型中小企业均突破1万家。新增20家市级制造业单项冠军企业、260家市级专精特新中小企业和60家国家专精特新"小巨人"企业。

加快高水平优质项目建设。着力扩大战略性新兴产业投资，推动国安盟固利等一批新项目尽早开工，推进中石化天津南港高端新材料项目集群、"两化"搬迁二期产业链项目、空客A321、新奥物联感知科技产业园、联想创新产业园、中航工业天津民用直升机产业基地等一批项目建设，加快一汽丰田新能源汽车、国家合成生物技术创新中心核心研发基地等一批项目竣工投产。

推动数字赋能转型发展。深入实施数字化发展三年行动，统筹推进数字经济、数字社会和数字政府建设，坚持应用引领，强化工作机制，打造一批应用示范场景，推动数据更好互联互通，提升企业和群众获得感。深入实施数字经济"1+3"行动，发挥"津产发"产业智慧中枢作用，大力发展工业互联网，实施智能制造赋能工程，推进云计算、物联网、区块链等数字技术与制造业融合发展，突出平台作用，新打造100个智能工厂和数字化车间，培育一批标杆企业，不断提高制造业数字化发展水平。

（四）积极培育建设国际消费中心城市，着力提高城市全球影响力竞争力美誉度

坚持把消费提质扩容作为扩大内需、引领增长的重要引擎，聚焦"国际"、紧扣"消费"、突出"中心"，努力打造国际消费目的地、全球消费资源聚集地、全国消费者向往地，不断推进消费国际化、综合化、区域化、智能化发展。

加快建设国际化地标商圈。构建国际消费核心承载区，提升改造传统商业街区，建设时尚商业综合体，推动"一区一中心"建设。塑造高标识度、高显示度城市"符号"，提升"近代百年看天津"城市品牌国际影响力。以文、体、游、娱联动打响海河亲水消费名片，建设消费集聚区和多功能码头服务区。推进国家5A级旅游景区创建。打造主题鲜明网红"打卡地"，建设海洋文明体验中心、国家海洋休闲运动中心，培育文化中心文娱商旅融合发展标志区，促进消费特色主题商圈多元化发展。

加力培育特色化消费场景。办好海河国际消费季，培育首发经济，构建引领时尚潮流生态链。提升数字消费，发展一批沉浸式、体验式、参与式数字消费新业态，落地一批民生领域数字应用新场景。引导文化消费，挖掘高水平展览、演出等文化市场，提升文化消费能级。拓展康养消费，发力"银发经济"，壮大医护康养、旅游康养、康复医疗等多元消费市场。引导民宿消费，打造一批有特色、有内涵、有影响的精品民宿。提质夜间消费，提升五大道、意风区等夜间消费示范区，支持各区培育特色夜市街区。

着力构建区域化商贸中心。提升国际品牌聚集度，吸引国际品牌在津设立旗舰店、体验店，加快中国（天津）跨境电商综合试验区建设，增强全球消费资源融合力。创建国际水准消费环境，发展免退税购物。培育面向全球本土品牌，实施振兴老字号工程，推动优势产品高端化、品牌化发展。推进会展经济片区建设，确保天津国家会展中心二期展馆区投入使用，引进举办更多大型展会。制定实施建设区域商贸中心城市行动方案，努力打造北方最大的商品贸易基地。

（五）大力推进改革开放，全方位集聚优质资源

坚持以改革促进高水平开放、以开放倒逼深层次改革，充分发挥"两个扇面"枢纽作用，努力打造国内大循环重要节点、国内国际双循环战略支点，进一步优化营商环境，创造更多应用场景、更优开放平台，更好吸引国内外优质资源要素聚集。

积极构筑开放新优势。把握RCEP重要机遇，深入推进投资、贸易、监管等制度创新，积极培育离岸贸易与离岸金融、细胞与基因治疗等特色产业生态，促进金融、数据、人员等要素有效配置，打造更高水平自贸试验区，充分释放政策外溢效应。加强与共建"一带一路"国家在生物医药、高端装备等领域合作，深化"鲁班工坊"建设。推动外贸外资稳中提质，加快数字、中医药、文化等服务贸易创新发展，深化服务业扩大开放综合试点，不断增强对外资的吸引力，牢牢稳住外贸基本盘。高水平举办世界智能大会、中国旅游产业博览会、中国国际矿业大会等活动。发挥天津音乐学院茉莉亚研究院和天津茉莉亚学院在中美人文交流中的作用，深化国际友好城市合作，不断增强国际影响力。

大力支持非公经济发展。继续支持外资经济板块做大做强，创新精准高效服务供给，吸引外资企业增资扩能。深化"民营经济19条""支持民营企业改革发展26条"等政策落实，扶持中小微企业和个体工商户发展，着力引进民营龙头企业和重大项目，支持民企参与国企混改，开展服务高成长性民企专项行动。强化知识产权保护，构建亲清政商关系，营造各类所有制企业竞相发展的良好环境。

纵深推进重点领域改革。出台构建高标准市场体系具体措施，持续推进政务服务事项清单标准化，完善一体化政务服务平台建设，深化"告知承诺"改革，强化"双随机、一公开"监管。加快国企市场化改革，加大区属国企改革推进力度，"一企一策"推动市管国企创新转型、提质增效，深化党政机关和事业单位经营性国有资产集中统一监管，全面完成国企改革三年行动任务。完善财政支持区域发展政策体系，实行市和区收入共同增长正向激励，实施常态化财政资金直达机制。开展闲置资产专项整治。落实中央减税降费政策，营造激发市场主体活力的良好环境。健全完善地方法人金融机构风险预警机制。积极争取绿色金融改革创新试验区、区域性股权市场创新试点、数字人民币试点，打造服务实体经济、助力产业发展新优势。

精准扩大有效投资。加快推动"两新一重"、先进制造业、生态环保等领域重大工程开工建设，加大高技术产业和战略性新兴产业投资，适度超前开展基础设施建设，新建5G基站1万个。加强重大项目储备，持续加大对重点央企、知名民企、龙头企业以及优质外资企业的招商力度，着力引进强链补链延链项目，加快推动京东集团、元旭半导体等项目投资落地，强化"一带一路"沿线、

RCEP成员国投资引导。鼓励支持民间资本参与交通、物流、社会事业等补短板项目建设。

（六）加快推进农业农村现代化，奋力打造乡村振兴新风貌

聚焦促进农业高质高效、乡村宜居宜业、农民富裕富足，高水平推进"三美四乡"建设，努力形成具有天津特色的乡村振兴格局。

促进城乡融合发展。完善城乡统筹规划制度，系统安排农田保护、生态涵养、城镇建设等空间布局，全面落实支持农业转移人口市民化的财政政策、城镇建设用地增加规模与吸纳农业转移人口落户数量挂钩政策。盘活农村集体资源资产，持续壮大村集体经济。培育100个乡村振兴示范村，扶持800个经济薄弱村。做好巩固拓展脱贫攻坚成果同乡村振兴有效衔接工作，持续深化东西部协作和支援合作，助力受援地区实现乡村全面振兴。

推动现代都市型农业提质增效。严格落实粮食安全政治责任，坚守耕地保护红线，新建高标准农田20万亩，粮食播种面积达到542.8万亩、蔬菜播种面积达到75万亩以上，增强"菜篮子"重要农产品供给能力，着力培育畜牧、水产等产业集群，高质量建设滨海国家级现代农业产业园、武清区全国农业科技现代化先行县、宝坻区国家现代农业产业园和国家级农业科技园。高起点实施种业振兴行动，打造全国种业交流交易重要平台。推进小站稻国家地理标志产品保护示范区建设，持续壮大"津农精品"规模，打造品牌、提升品质。

提升农村人居环境。持续完善乡村水、电、气、通信、物流等基础设施，加快美丽乡村示范路创建。深化农村"厕所革命"，因地制宜推广实施"管网+污水处理站"和真空负压式污水处理模式。深入开展"百村示范、千村整治"，建成150个农村人居环境整治示范村。

（七）全面提升现代宜居城市品质，共建人与自然和谐共生的美丽家园

牢固树立生态优先、绿色发展、集约发展的鲜明导向，着力优化绿色空间和生态产品供给，注重城市精明增长，以更大力度推进生态宜居城市建设，让天津的天更蓝、水更清、地更绿、城更美。

着力强化城市规划引领。构建完善"多规合一"的国土空间规划体系。加大土地资源集约高效利用力度，深入落实储备土地类项目全生命周期"四本预算"管理，健全土地出让收入使用监管机制，以"零容忍"态度遏制新增乱占耕地建房等违法行为，推动批而未供和闲置土地开发再利用，提升土地利用效益和城市吸引力。启动近代文化名城建设，推动历史文化街区保护性利用，保留文化味、烟火气。

加快构建"双城"发展格局。精心打造紧凑活力"津城"，实施服务业改革开放发展工作措施，大幅放宽服务业市场准入，精准绘制生产性服务业产业图谱，推动生产性服务业向专业化和价值链高端延伸，与先进制造业融合发展。加快打造创新宜居"滨城"，补齐基础设施和公共服务短板，实施北大医学院滨海医院改扩建工程，推进中心妇产科医院滨海院区建设，启动泰达时尚广场等城市更新项目。加大滨海新区文化旅游度假区建设力度，充分联动国家海洋博物馆、国家动漫园等文旅资源，建设亲海生活岸线。

进一步改善群众居住出行环境。稳妥有序实施城市更新行动，深入推进老旧房屋、老旧小区改造，补齐基础设施短板，完善社区服务功能，落实已改造老旧小区长效管理机制，扎实开展有条件的既有住宅加装电梯惠民工程，推进供热旧管网和503公里燃气管网改造，实施中心城区内涝和积水片治理。完善住房保障体系和住房市场体系，推进保障性住房建设，加快发展长租房市场，分区施策更好满足群众合理购房需求，促进房地产业良性循环和健康发展。启动实施"一环十一园"建设。大力推动地铁4号线北段、7、8、10、11号线一期以及8、11号线延伸线建设，建成开通10号线一期，加快B1、Z2、Z4线建设，进一步提升"津城""滨城"双城间通达效率。

有序推进碳达峰碳中和。建立完善碳达峰碳中和"1+N"政策体系。加快能源绿色低碳转型，打造能源革命先锋城市。积极发展风能、太阳能，推进电力"双碳"先行示范区建设，加快外电入津通道前期工作。巩固多气源格局，保障天然气资源安全稳定供应。稳妥推进控煤减煤工作。完善碳市场交易管理，推动企业低碳发展。加快绿色制造体系建设，新创建30家国家级绿色示范单位。推动城乡建设绿色发展，大力推广绿色建筑和装配式建筑，推进建筑工业化和智能化建造。

深入打好污染防治攻坚战。实施污染防治攻坚战"1+3+8"行动计划。打好蓝天保卫战，集中力量解决柴油货车排放、臭氧、重污染天气以及扬尘、异味、噪声等突出问题。打好碧水保卫战，持续推进入海河流、近岸海域、黑臭水体综合治理，打造美丽河湖海湾。打好净土保卫战，加快污染地块修复治理和后期管理，坚决防止新增土壤、地下水污染，扎实做好垃圾分类工作。有序推进全域"无废城市"、国家生态文明建设示范区创建。

大力推动生态保护修复。加强双城间绿色生态屏障分级管控，推进湿地自然保护区"1+4"规划实施，持续推动七里海、大黄堡、北大港、团泊湿地保护和生态移民等重点工程，深化"蓝色海湾"工程，启动实施临港生态廊道等项目建设，不断巩固海洋生态修复成果。

切实构筑安全防线。高质量完成安全生产专项整治三年行动，常态化开展危险化学品、城镇燃气、消防、建筑施工、交通运输等领域专项整治。做好防汛及防御超标洪水准备，全面完成第一次自然灾害综合风险普查，着力提高防灾减灾救灾能力，加快推进应急管理体系和能力现代化。做好重要民生商品保供稳价，扎实开展质量提升行动，全面加强食品药品监管工作。深入推进市域社会治理现代化，加强社会治安防控体系建设，常态化开展扫黑除恶斗争，严厉打击电信网络诈骗、非法集资等违法犯罪活动，完善社会矛盾纠纷多元调处化解机制，建设更高水平平安天津。

（八）着力保障和改善民生，努力创造高品质生活

把改善民生作为应尽之责，顺应民心期盼、办好民生实事，精心组织实施20项民心工程，切实增强为民服务的预见性、系统性、精准性、普惠性，更好满足群众对美好生活的向往。

提高就业质量和收入水平。强化就业优先政策，启动提升就业服务质量工程，重点解决高校毕业生等青年就业问题，支持多渠道灵活就业，做好重点群体就业帮扶，促进更加充分更高质量就业。进一步提高退役军人就业安置质量和服务保障水平。加快"技能天津"建设。完善农民工工资支付监控预警平台应用，切实保障农民工劳动报酬权益。加大服务型岗位和公益性岗位开发力度。

织密多层次社会保障网。适时调整社会保险待遇水平，健全职工基本医疗保险门诊共济保障机制，继续提高居民医保门诊报销

待遇，健全重特大疾病医疗保险和救助制度，开展门诊慢特病相关治疗费用跨省直接结算试点。全面推行救助事项"就近申请、全城协办"。坚持积极老龄观、健康老龄化理念，加快构建居家社区机构相协调、医养康养相结合的养老服务体系和健康支撑体系，推进长期护理保险制度试点，开展失能家庭成员照护培训，深化农村地区老年人助餐服务试点，新增机构和社区养老床位5000张、家庭养老床位1000张，街道综合养老服务中心实现全覆盖。继续发挥各级关爱退役军人协会重要作用，管好用好"退役军人之家"，坚持思想引领、帮扶解困、矛盾化解一体推进。

办好高质量教育。深入开展义务教育优质均衡发展三年行动，新增学位3.3万个。巩固"双减"成果，丰富学校课后服务内容，关爱青少年身心健康，加快市、区两级劳动教育基地建设，规范民办义务教育发展。强化"品牌高中"建设，增加市内六区普通高中学位供给。加快职业教育创新发展，深化"1+X"证书制度和现代学徒制试点，促进产教城深度融合。推进高校"双一流"建设，持续推动49个跨学校、跨学院、跨学科特色学科群建设。深入推进"大思政课"建设。

强化医疗卫生供给。加快中国医学科技创新体系核心基地天津基地建设，协和天津医院一期建成投入使用，开工建设市第三中心医院新址扩建、环湖医院原址改扩建、南开医院中西医结合临床中心等项目，完成市中心妇产科医院、胸科医院原址改扩建工程。推动委市共建综合类、呼吸、心血管等8个专业国家区域医疗中心。推进天津中医名医堂建设，促进中医药协同发展。加快天津市中医康复中心、中医治未病中心建设。持续深化医改，常态化制度化开展药品和耗材集中带量采购，拓展便民医疗服务，推动优质医疗资源向基层下沉。推进托育机构规范化建设，扩大普惠性托育服务供给，减轻家庭照护负担。毫不松懈抓好常态化疫情防控，落实"四早"要求、压实"四方责任"，精准精细落实防控措施，稳妥推进疫苗接种，完善重大疫情防控和公共卫生应急管理体系，切实织密织牢"外防输入、内防反弹"防控网。

发展文化、旅游和体育事业。落实全域创建文明城市三年行动，加快打造杨柳青大运河国家文化公园和大运河海河文化旅游带，协助办好第十三届中国艺术节和第十九届群星奖评选活动。促进哲学社会科学、广播影视、新闻出版、档案事业发展，加强文物保护和非物质文化遗产传承。发挥蓟州国家冰上项目训练基地作用，服务北京冬奥会，借助冬奥会契机，发展"冰雪经济"。推进"排球之城""运动之都"建设，办好市第十五届运动会和第二届社区运动会，新建一批贴近社区、方便可达的体育场地设施。

三、努力提升政府工作效能和水平

深刻把握"两个确立"的决定性意义，把增强"四个意识"、坚定"四个自信"、做到"两个维护"贯彻落实到政府工作各方面、全过程。始终把人民放在心中最高位置，加快转变政府职能，提高行政效能，推进政府治理现代化，建设人民满意的服务型政府。

旗帜鲜明讲政治，切实做到知行合一。不折不扣落实中央决策部署和市委工作要求，持续提升把握新发展阶段、贯彻新发展理念、构建新发展格局、推动高质量发展、促进共同富裕的政治能力、战略眼光、专业水平，在做到心有"国之大者"、行为"国之大者"中，不断提升政治判断力、政治领悟力、政治执行力。

持续深入强法治，切实做到依法行政。实施法治天津建设规划和天津市法治政府建设实施纲要，坚持全面推进科学立法、严格执法、公正司法、全民守法，打造法治建设先行区。加快构建职责明确、依法行政的政府治理体系，让厉行法治贯穿每一项行政行为。自觉接受人大法律监督、工作监督和政协民主监督，更好发挥工会、共青团、妇联等群团组织桥梁纽带作用，认真落实党的民族、宗教和侨务政策，切实做好港澳工作和对台工作。完善守信践诺机制，深化政务诚信建设。扎实抓好国防动员体制改革任务落实，加强全民国防教育，广泛开展双拥共建，巩固军政军民团结。

坚持不懈转作风，切实做到风清气正。以自我革命精神深化全面从严治党，纵深推进廉政建设，完善权力配置和运行制约机制，加强审计监督和风险管控，以"零容忍"态度惩治违纪违规行为。坚持真过紧日子，持续推进节约型机关建设。坚决贯彻中央八项规定及其实施细则精神，驰而不息纠"四风"树新风。

强化责任抓落实，切实做到务实高效。始终把全部心思用在干事创业上，把全部精力用在狠抓落实上，更好运用系统思维、改革思维、创新思维破解矛盾问题。大力弘扬"不为不办找理由、只为办好想办法"的实干精神，坚决纠正满足于会议开了、文件发了，对是否落实不用心的问题；坚决纠正报喜不报忧，用华丽外表掩盖矛盾隐患的问题；坚决纠正脱离基层、脱离群众、脱离实际，让基层疲于应付的问题；坚决纠正不担当不作为、简单化乱作为，特别是纠正既不担责干事又对别人评头论足的问题。全市政府系统要狠抓落实的"后半篇文章"和"最后一公里"，形成以实干论业绩、以实效定奖惩的鲜明导向和浓厚氛围。

各位代表，今年1月8日以来，奥密克戎病毒引发的本土疫情袭击津门，我们坚决贯彻落实习近平总书记重要指示要求，把人民至上、生命至上理念落实于具体行动，采取最果断、最严格、最有力的措施，迅即投入到与病毒搏斗、与时间赛跑的抗疫斗争中，全市各界团结协作、汇智聚力，在最短时间打赢津南区疫情防控关键之役，紧凑高效完成1400万人口超大城市四次全员筛查任务，坚决打好打赢河北区等疫情防控阻击战，统筹做好疫情防控和群众欢度春节取得明显成效。在这里，我们要特别感谢医务人员、公安干警、基层干部、驻津部队、民兵和广大志愿者勇敢应战、逆行出征、不眠不休，特别感谢全体市民理解包容、倾力支持、密切配合。全市人民在抗疫斗争中表现出来的乐观豁达、热情朴实、守望相助的良好风貌，生动展示了我们这座城市的精神品格。抗疫斗争让我们更加深刻体会到家国一体、万民同心的强烈情感，众志成城、共克时艰的巨大力量。我们要深入贯彻习近平总书记关于统筹做好疫情防控和经济社会发展的一系列重要要求，保持战略定力，坚持稳中求进工作总基调，坚持制造业立市战略不动摇，坚持深化改革扩大开放，坚持扩大投资促进消费，牢牢稳住经济基本盘，持续保障和改善民生。我们坚信，通过全市人民的不懈努力，经济社会平稳健康发展的目标一定能够实现。

各位代表，汇力磅礴，方得勇进。让我们更加紧密团结在以习近平同志为核心的党中央周围，高举中国特色社会主义伟大旗帜，弘扬伟大建党精神，在市委坚强领导下，创新自信、占机乘势、敢于担当、迸发活力，为全面建设社会主义现代化大都市、实现中华民族伟大复兴的中国梦努力奋斗！

河 北 省

政府工作报告

——2022年1月17日在河北省第十三届人民代表大会第五次会议上

代省长　王正谱

各位代表：

现在，我代表省人民政府向大会报告工作，请予审议，并请省政协委员和列席人员提出意见。

一、2021年工作回顾

刚刚过去的2021年，是具有里程碑意义的一年，举国上下隆重庆祝中国共产党成立100周年，中华大地全面建成小康社会。在"两个一百年"重大历史交汇点，习近平总书记两次视察河北并作出重要指示，给平山县北庄村全体党员回信，向首届"一带一路"·长城国际民间文化艺术节致贺信，充分体现了对河北的高度重视和深切关怀，7400多万燕赵儿女深受鼓舞、倍感振奋，汇聚起奋进新征程、建功新时代的磅礴力量。

一年来，我们始终坚持以习近平新时代中国特色社会主义思想为指导，坚决贯彻习近平总书记对河北工作重要指示，全面落实党中央、国务院决策部署，在省委坚强领导下，坚持稳中求进工作总基调，立足新发展阶段、完整准确全面贯彻新发展理念、服务和融入新发展格局，按照"三六八九"工作思路，统筹疫情防控和经济社会发展，较好完成省十三届人大四次会议确定的主要目标任务，实现了"十四五"良好开局。

（一）齐心协力抗疫情、稳增长，经济发展稳中向好。面对两次突发局地疫情，我们坚持人民至上、生命至上，在党中央统一领导和国务院联防联控机制有力指导下，果断激活应急指挥体系，压实"四方责任"，落实"四早"要求，筑牢"三道防线"，分别用45天和24天实现本土确诊病例清零，疫情未向首都和周边扩散，有力守护了人民生命健康。我们外防输入、内防反弹，创新实施"十个常态化"30项措施，健全7套信息化系统，建成"八支队伍"，为每个县配齐核酸检测车、每个乡镇卫生院配备负压救护车，夯实防控基层基础。我们广泛动员、积极推进疫苗接种，累计接种6746万人，着力构建群体免疫屏障。在共克时艰的日子里，全省人民识大体顾大局、众志成城、守望相助，广大医务工作者、干部群众和志愿者挺身而出、昼夜奋战，以实际行动诠释了伟大抗疫精神。

面对疫情冲击，我们扎实做好"六稳""六保"工作，多措并举扩内需、畅循环、稳增长，加强运行调度，及时有序复工复产，积极应对大宗商品价格上涨、电力煤炭供应紧张等突出问题，经济保持平稳健康发展。全省生产总值突破4万亿元、增长6.5%，一般公共预算收入增长8.9%，居民人均可支配收入增长8.3%，社会消费品零售总额增长6.3%，居民消费价格上涨1%，外贸进出口增长21.5%，发展质量效益不断提高。

（二）全力以赴担使命、促协同，三件大事实现重要突破。紧紧扭住疏解北京非首都功能"牛鼻子"，举全省之力推动重大国家战略落地见效。京津冀协同发展取得新进展。82项年度重点任务全部完成。成功举办"央企河北行"等活动。京沈客专京承段开通运营，京雄、京德高速公路建成通车。张家口首都"两区"建设加快推进。北京大兴国际机场临空经济区廊坊片区完成投资304亿元。廊坊北三县与北京通州区一体化发展步入快车道，北运河廊坊段与北京段同步旅游通航。雄安新区建设发展成效显著。重点片区和工程建设热火朝天、日新月异，完成投资1104亿元，容东片区939栋安置房相继交付入住。新区"四纵三横"高速公路网全面建成。中化控股、中国星网等央企落户新区，北京援建"三校一院"项目顺利推进。白洋淀淀区水质多年来首次达到Ⅲ类，千年秀林累计造林43.5万亩，雄安郊野公园建成开放，蓝绿交织、水城共融的生态画卷日益显现。出台施行《河北雄安新区条例》《白洋淀生态环境治理和保护条例》，以法治护航未来之城高质量建设发展。冬奥会筹办全面就绪。落实"简约、安全、精彩"办赛要求，所有场馆和配套设施高质量完成，"雪如意""冰玉环"等标志性工程获国际奥委会高度赞誉。强化疫情防控，赛事组织和服务保障工作全部到位，系列测试赛顺利举办。竞技备战全力冲刺，参与冰雪运动人数超过3000万。冰雪产业蓬勃发展。冬奥氛围持续升温，我们正张开双臂拥抱世界，期待共赴冰雪之约，共逐冬奥梦想。

（三）坚定不移调结构、转动能，产业优化升级步伐坚实。坚决去、主动调、加快转，深化供给侧结构性改革。传统产业焕发新生机。压减粗钢产量2171万吨。装备制造业营业收入超万亿元，成为工业增长的强劲动力。全省县域特色产业营业收入增长15%以上，超百亿元产业集群达到76个。省级重点技改项目完成投资3500亿元。净增规模以上工业企业超1000家，新增省级"专精特新"企业596家，创建国家单项冠军4家、"小巨人"企业102家。新兴产业激发新活力。高新技术产业增加值增长12%。应急装备、康辅器具产业增势强劲，被动式超低能耗建筑规模和产业规模全国第一。研发设计、信息技术服务等现代服务业快速发展。举办第6届省旅发大会，太行红河谷成为文旅融合新地标，全省旅游业总收入增长20%。数字经济点燃新引擎。举办2021中国国际数字经济博览会。新建5G基站2.2万个，县级以上主城区5G网络实现全覆盖。张家口国际互联网数据专用通道开通投用。秦皇岛中信戴卡入选世界"灯塔工厂"。华为云数据中心等一批重点项目加速推进。全省数字经济增加值预计增长10%。

（四）持之以恒育主体、建平台，创新驱动发展势头强劲。 坚持科技自立自强，加快创新型河北建设，全社会研发经费投入预计增长10%。自主创新能力稳步提升。实行"揭榜挂帅"机制，实施电子信息、新能源、新材料等领域22个专项。17项科研成果获国家科学技术奖。15个项目获中国专利奖。创新主体平台增多做强。新增国家高新技术企业1500家、省级科技型中小企业超6000家。新增省级研发平台259家、院士工作站9家。成果转化步伐加快。与京津共设科技专项，吸纳京津技术合同成交额超300亿元、增长40%以上，全省技术合同成交总额超1000亿元。举办省创新创业大赛等活动，新增省级以上孵化器、众创空间、星创天地127家。我省"分类施策推动县域科技创新"做法获国务院通报表扬。

　　（五）坚持不懈治污染、优生态，绿色低碳发展迈入新轨道。践行绿水青山就是金山银山理念，深入打好污染防治攻坚战，持续改善生态环境质量。蓝天碧水净土保卫战取得突破性进展。强力实施大气污染综合治理"十条措施"，农村"双代"工作走在全国前列，清洁取暖累计改造量占全国50%以上，邢台、邯郸、石家庄退出全国重点城市空气质量"后十"，全省PM$_{2.5}$平均浓度38.8微克/立方米、下降15.3%，蓝天白云越来越多。国考地表水断面优良比例73%，近岸海域水质优良比率达到98.7%。受污染耕地、建设用地治理管控实现全覆盖。生态保护修复扎实开展。压减地下水超采量8.8亿立方米，完成生态补水60.6亿立方米、营造林630万亩，退化草原修复治理42.3万亩。新增5家国家生态文明建设示范区和"两山"实践创新基地。塞罕坝林场荣获联合国"土地生命奖"。碳达峰碳中和工作有序推进。出台碳达峰碳中和实施意见，严格落实能源消费总量和强度"双控"制度，单位GDP能耗下降5%以上、二氧化碳排放下降5.8%。可再生能源新增并网装机743万千瓦。

　　（六）不失时机抓改革、扩开放，发展动力活力不断增强。坚持系统集成、协同高效，138项改革任务全面完成。"放管服"改革成效明显。在全国率先推行省级"一窗综合受理"，651项省级事项实现全流程网办。市场主体净增36.4万户，总量居全国第七。国资国企、财税金融改革持续深化。积极推进经营性国有资产集中统一监管，剥离办社会职能基本完成。制定实施财政引导金融支持实体经济发展十条措施，落实助企纾困政策，为企业减税降费超1200亿元，财政直达资金1663.8亿元即时下达、惠企利民。医药卫生体制改革深入推进。出台加强公共卫生体系建设实施意见，所有集体产权村卫生室纳入乡镇卫生院一体化管理，集中带量采购药品、耗材平均降价58%和80%。农业农村、科技、教育等领域改革取得新进展。

以高水平开放汇聚资源、拓展空间。成功举办"5·18"经洽会、中国—中东欧国家中小企业合作论坛、河北国际工业设计周，实际利用外资增长5.3%。积极融入"一带一路"建设，长城汽车泰国工厂、德龙钢铁印尼钢厂建成投产，对外直接投资额增长3%。河北自贸试验区26项制度创新案例全省推广。加快开发区能级提升，全省开发区营业收入增长8%。

（七）统筹兼顾补短板、增优势，城乡面貌发生新变化。坚持均衡性、整体性发展，优化空间布局，加快城乡融合。乡村全面振兴开局良好。巩固拓展脱贫攻坚成果，脱贫县全部实现与乡村振兴有效衔接。粮食总产765亿斤、再获丰收，乳制品产量连续8年全国第一。新改造户厕141.8万座，新建美丽乡村2341个。"空心村"治理任务全面完成。建设改造农村公路8964公里，99%的行政村通达快递服务。新型城镇化扎实推进。改造市政老旧管网288公里，城乡生活垃圾焚烧处理率达90%。举办省园林博览会，唐山入选全国城市更新、城市体检双试点。全省常住人口城镇化率达61%左右。区域经济发展壮大。全省国土空间规划编制工作扎实推进。出台支持省会建设和高质量发展意见，城市经济、县域经济加快发展，沿海经济实力不断提升。

（八）用心用情办实事、惠民生，社会大局保持和谐稳定。坚持在发展中保障和改善民生，全省财政民生支出占一般公共预算支出80.8%。20项民生工程和10件民生实事全部完成。城镇新增就业92.5万人。新改扩建公办幼儿园523所。棚户区改造开工11万套，城中村改造启动459个，老旧小区改造3057个、总量居全国第二。保障水平持续提升。提高退休人员基本养老金、城乡低保平均标准。全省基本医保参保人数增加287.4万人，省内异地就医实现直接结算。社会事业全面进步。推进义务教育均衡发展，解决小学"三点半"难题做法在全国推广。新高考首考平稳落地。三孩生育政策全面实施。我省体育健儿在东京奥运会、残奥会上创历史最好成绩，金牌数分列全国第三和第二位。平安河北建设扎实推进。圆满完成庆祝建党100周年安保任务。政法队伍教育整顿成效明显。扫黑除恶常态化开展。安全生产事故起数、死亡人数"双下降"。食品药品监管力度加大。有效应对多轮强降雨，全省平安度汛。防灾减灾救灾能力不断增强。防控金融风险有力有效，涉众重点案件依法稳妥处置，政府债务率处于全国较低水平。持续深化违法违规占用土地、矿山综合治理等6个重点领域清理规范，一批历史遗留问题得到解决。开展"三基"建设年活动，基层社会治理水平稳步提升。

过去一年，我们深入学习宣传贯彻党的十九届六中全会精神，扎实开展党史学习教育和"四史"宣传教育，从党的百年奋斗历程中汲取智慧和力量，弘扬伟大建党精神，坚决捍卫"两个确立"，自觉增强"四个意识"、坚定"四个自信"、做到"两个维护"。深入开展"三重四创五优化"活动。优化12345政务服务便民热线，帮助749万群众解决诉求1005万件。坚决贯彻全面从严治党战略部署，严格落实中央八项规定精神，深化纠正"四风"和作风纪律专项整治。自觉接受人大法律监督、工作监督和政协民主监督，人大代表建议907件、政协提案713件全部办复，法治政府建设迈出新步伐。国防动员和双拥共建扎实开展，退役军人服务管理工作走在全国前列。民族宗教、审计、统计、新闻出版广电、外事侨务、人防海防、史志档案、气象地震、援藏援疆等工作取得新成效，工会、妇女儿童、青少年、老龄、残疾人、红十字等事业都取得新进步。

各位代表，回望过去一年，面对世纪疫情和百年变局交织的严峻形势，面对开局"十四五"、开启新征程的艰巨任务，我们主动作为、克难奋进，取得的成绩实属不易。这是以习近平同志为核心的党中央坚强领导、亲切关怀的结果，是习近平新时代中国特色社会主义思想科学指引、生动实践的结果，是省委团结带领全省人民勠力同心、拼搏进取的结果，是省人大、省政协和社会各界有力监督、大力支持的结果。在此，我代表省人民政府，向全省人民，向人大代表、政协委员，向各民主党派、工商联、无党派人士和各人民团体，向驻冀人民解放军、武警官兵、政法干警和消防救援队伍指战员，向中央各部门各单位、兄弟省区市，向所有关心支持河北发展的港澳台同胞、海外侨胞和国际友人，表示衷心的感谢并致以崇高的敬意！

在取得成绩的同时，我们也清醒看到，经济发展面临需求收缩、供给冲击、预期转弱三重压力，投资增长乏力，部分企业生产经营困难；产业结构还不够优化，科技创新能力不强，转型升级任务仍然艰巨；改革开放仍需加力，营商环境亟待改善；全面绿色转型面临挑战，生态环境治理任重道远；城乡区域之间发展还不平衡，居民收入水平有待提高，民生保障、疫情防控还有薄弱环节；形式主义、官僚主义不同程度存在，个别工作人员不作为乱作为。我们一定坚持问题导向，以更大力度切实加以解决。

二、2022 年主要目标任务

今年是党的二十大召开之年，是加快建设现代化经济强省、美丽河北的关键之年，做好经济社会发展工作意义重大。当前，全球疫情仍在延续，百年变局加速演进，外部环境更趋复杂严峻。我国经济潜力足、韧性强，稳中向好、长期向好的基本面没有变。河北仍处于历史性窗口期和战略性机遇期，"三件大事"带来的强大发展势能正在加速释放。省第十次党代会确定了"六个现代化河北"的奋斗目标，明确了"两翼两区三群六带"发展布局，宏伟蓝图鼓舞人心、催人奋进。我们一定咬定目标不动摇，久久为功促发展，为全面建设社会主义现代化强国、实现中华民族伟大复兴的中国梦贡献河北力量。

今年政府工作的总体要求是：以习近平新时代中国特色社会主义思想为指导，全面贯彻落实党的十九大和十九届历次全会精神，认真落实省第十次党代会精神，弘扬伟大建党精神，坚持稳中求进工作总基调，立足新发展阶段，完整、准确、全面贯彻新发展理念，加快构建新发展格局，全面深化改革开放，坚持创新驱动发展，加快绿色转型，优化产业结构和生态环境，推动高质量发展，坚持以供给侧结构性改革为主线，统筹疫情防控和经济社会发展，统筹发展和安全，统筹当前和长远，有效扩大投资、扩大消费、扩大就业，继续做好"六稳""六保"工作，持续改善民生，优化营商环境，保持经济运行在合理区间，保持社会大局稳定，加快建设现代化经济强省、美丽河北，以优异成绩迎接党的二十大胜利召开。

今年全省经济社会发展主要预期目标是：生产总值增长

6.5%，一般公共预算收入增长6.5%，固定资产投资增长6.5%，社会消费品零售总额增长8%左右，外贸进出口增长5%左右；居民人均可支配收入增长8%左右；居民消费价格指数涨幅控制在3%左右；城镇调查失业率控制在5.5%以内，$PM_{2.5}$平均浓度下降5%以上，单位GDP能耗下降3.5%。这些目标的设定，综合考虑国内外环境和我省支撑条件，衔接"十四五"规划目标任务，体现稳字当头、稳中求进要求，有利于推动经济高质量发展和保持社会大局稳定。

落实总体要求，做好今年工作，必须坚定不移贯彻习近平总书记对河北工作重要指示，坚持党的全面领导，把党中央决策部署和省委工作要求转化为"施工图""任务书"，一以贯之抓好落实，笃行不怠接续奋斗，始终沿着总书记指引的方向坚定前行。必须聚精会神推动高质量发展，毫不动摇坚持以经济建设为中心，紧紧扭住发展第一要务，激发创新第一动力，汇聚人才第一资源，以更高站位、更大力度、更实举措推进项目建设，推动经济实现质的稳步提升和量的合理增长。必须矢志不渝践行以人民为中心的发展思想，定决策、办事情充分考虑群众的需求和感受，从突出问题着手，从具体工作抓起，把民生实事一件一件办好，扎实推动共同富裕，让人民生活更加幸福。必须坚持系统观念，正确把握河北发展的时与势、稳与进、质与量，加强前瞻性思考、全局性谋划、整体性推进，统筹兼顾、重点突破，月月都有新变化、年年都有新气象，不断开创现代化经济强省、美丽河北建设新局面。

重点做好十个方面工作：

（一）**着力实施重大国家战略，推动形成高质量发展动力源。**坚决服从服务国家大局，举全省之力办好"三件大事"，加快建设

"两翼"带动、协同发展的现代化河北。

确保冬奥会圆满成功。北京冬奥会、冬残奥会即将开幕、举世瞩目。我们一定坚决落实习近平总书记重要指示，坚持"四个办奥"理念、再接再厉、精益求精，完善赛时运行指挥体系，高质量做好赛事组织、赛会服务、疫情防控、安全保障等各项工作，展示热情好客、阳光开放的河北形象，与北京一道为世界奉献一届简约、安全、精彩的奥运盛会。因势发展后奥运经济，加强场馆赛后综合利用，建好国家冰雪运动装备生产基地，建设张家口可再生能源示范区、氢能产业示范城市，推动冰雪运动、冰雪事业、冰雪产业融合发展，交出冬奥会筹办和本地发展两份优异答卷。

扎实推进京津冀协同发展。落实京冀、津冀战略合作协议，加快"三区一基地"建设。积极承接产业转移，加强曹妃甸区、正定新区等重点平台建设，力促一批重大产业项目竣工达产。加快北京大兴国际机场临空经济区廊坊片区建设，完成投资300亿元。强化交通互联互通，谋划组建京津冀陆海空港联盟，提升京津冀机场群协同水平，推进石衡沧港、津兴、长邯聊等项目建设，力促雄商、雄忻高铁尽早开工，京唐城际、遵秦高速建成通车。加强生态环境联建联防联治，抓好潮白河流域治理保护，推进京津冀协同发展生态保护和修复等生态工程，建设首都水源涵养功能区和京津冀生态环境支撑区。推进公共服务共建共享，加快京津冀高校联盟建设，抓好国家区域医疗中心试点，河北中国医学科学院肿瘤医院建成投用。支持服务北京城市副中心建设，创建廊坊北三县与通州区一体化高质量发展示范区。

高标准高质量建设雄安新区。同步推进承接北京非首都功能疏解和大规模开发建设，打造新时代高质量发展的全国样板。完善起步区各组团控详规，加快启动区、起步区等重点片区建设，推进东西轴线、R1线等重大项目，完成投资2000亿元，加速打造新区城市雏形。加快高校、医疗机构、企业总部等标志性疏解项目落地。创新土地、投融资等体制机制，打造数字城市、智慧城市。布局一批国家级创新平台，建设空天技术产业基地、创新产业中试基地。持续推进千年秀林和城市公园绿地建设。加强白洋淀全流域治理修复，淀区水质稳定达到Ⅲ类，展现"华北明珠"碧波荡漾的美丽画卷。

（二）着力实施项目带动战略，推动内需潜力充分释放。凝心聚力抓投资上项目，千方百计提品质扩消费，全力把发展第一要务落到实处。

积极扩大有效投资。经济工作的主攻方向，就是抓投资上项目。要以高质量投资和项目建设，促进结构调整、动能转换、生态优化、民生改善。狠抓重大项目，围绕"十四五"规划实施，聚焦"三件大事""两新一重"、科技创新、转型升级等十大重点领域，谋划、开工、投产、储备一批大项目好项目，推动项目尽快投产达效，形成更多实物量和增长点，全年省市重点项目完成投资8000亿元以上。掀起招商热潮，聚焦12个省级主导产业和107个县域特色产业，完善产业资源库、招商企业库、客商信息库、项目信息库，开展精准招商、产业链招商、产品配套招商。浓厚省市县招商氛围，创新疫情防控条件下的招商方式，打造"诚信燕赵、投资沃土"品牌，加快引进一批补短板、提效益、增后劲的优质项目。完善推进机制，突出抓好"实、考、保、包、促、评"，实施项目清单管理，加强要素服务保障，深入开展包联帮扶，强化跟踪督导问效，建立约束激励机制，一切围绕项目转、一切聚焦项目干，以项目建设大成效推动河北大发展。

促进消费持续恢复。发挥消费基础性作用，优化消费供给结构，推动消费扩容提质。提升传统消费，稳定汽车、油品等大宗消费，出台促进新能源汽车消费政策措施，加快医养康养、家政服务等产业发展，推动传统服务业向高品质和多样化升级。培育新型消费，鼓励定制、绿色、体验消费，支持传统商业企业线上线下融合，规范发展直播带货等新业态，打造一批电子商务示范基地和企业，全省网络零售额增长10%以上。促进城市消费，推进6个国家物流枢纽承载城市建设，支持25家省级智慧物流园区做大做强，新增800家品牌连锁便利店，升级改造步行街、商业街，打造夜经济示范街区。挖掘乡村消费，完善县乡村电商体系、快递物流体系，加快农贸市场改造升级，充分释放农村消费潜力。

（三）着力新旧动能转换，推动建设现代产业新体系。加快建设制造强省、质量强省、网络强省、数字河北，做强存量，做优增量，提升质量，以结构优化增强经济稳定性。

培育先进制造业集群。优化提升12个省级主导产业，推动钢铁行业提质升级，支持唐山轨道交通、保定新能源汽车等基地建设，打造钢铁、装备制造两个万亿级产业。振兴107个重点县域特色产业集群，推动研发机构、工业设计全覆盖，全省特色产业集群营业收入突破3万亿元。实施战略性新兴产业集群发展工程，打造30个省级示范基地，滚动实施百项高技术产业化示范项目，高新技术产业增加值增长10%。壮大康辅器具、被动式超低能耗建筑、应急装备等产业。实施现代服务业创新发展工程，推进现代服务业和先进制造业融合，服务业增加值增长8%。

提升产业链现代化水平。深化"万企转型"，开展产业基础再造工程，推进"千项技改""百项示范"，实施技改项目5000项以上。开展延链补链强链专项行动，强化产教、产研、产需、产融对接，加快构建上下游、产供销、大中小协同发展的产业生态。坚持"头部企业"带动，健全中小企业梯度培育体系，实施上市"蝶变计划"，培育省级"专精特新"企业500家，争创一批国家级"小巨人"企业。新增规模以上工业企业1000家。

做强做优做大数字经济。新建5G基站2.5万个，建设张家口国家级数据中心，打造全国一体化算力网络京津冀枢纽节点。推进数字产业化，实施新一代信息技术产业三年"倍增"计划，加快雄安新区数字经济创新发展试验区、怀来大数据产业基地、正定数字经济产业园建设。推进产业数字化，实施数字化改造项目200个，培育工业互联网平台30个，新增上云企业1万家。办好2022中国国际数字经济博览会。

强化标准质量引领。开展质量提升专项行动，争创国家质量标准实验室、产品质检中心。主导或参与制修订国际、国家和行业标准200项以上。争创全国质量品牌提升示范区。实施知识产权创造和提升工程，以高质量保护激励高质量创造。

（四）着力建设科技强省，推动创新发展实现新突破。落实国家科技体制改革三年行动方案，优化科技创新生态，加快建设创新驱动、跨越赶超的现代化河北。

打好关键核心技术攻坚战。整合创新资源，全社会研发经费投入增长10%。落实基础研究行动计划，推进科研院所和高等学校科研力量优化配置、共建共享，实施装备制造、新材料等重点科技专项，加快突破一批产业关键共性技术，抢占未来发展制高点。

打造高能级创新平台。开展重大平台创新资源集聚行动，谋划组建河北省实验室，布局建设一批河北基础学科研究中心，争创国家技术创新中心，支持科技领军企业牵头组建创新联合体，新增省级以上创新平台80个。推进承德国家可持续发展议程创新示范区建设。强化企业创新主体地位，培育一批科技型中小企业，加速建设科技领军企业，新增国家高新技术企业800家。

加快科技成果孵化转化。推进京津冀协同创新共同体建设，共建京津冀技术创新中心，打造一批技术转移机构、中试熟化基地。实施场景驱动行动，推动5G、新能源等新技术示范应用。建设项目评估、成果评价平台，促进科技成果市场化融资和交易转化，全省技术合同交易总额达1200亿元。

全方位培养引进用好人才。实施创新人才推进计划、燕赵青年科学家计划，加强与中国科学院、中国工程院、央企研究机构全面合作，大力引进一批院士和高端科研团队，集聚一批产业"高精尖缺"人才，培育一批青年科技人才。完善科技人才培养使用、评价激励机制，推动形成扎实的科研作风，广纳创新英才，共赢创新未来。

（五）着力乡村全面振兴，推动农业农村农民现代化。坚持农业农村优先发展，夯实"三农"基础，促进农业高质高效、乡村宜居宜业、农民富裕富足。

巩固拓展脱贫攻坚成果。严格落实"四个不摘"要求，保持主要帮扶政策总体稳定，财政投入力度不减，完善防返贫监测帮扶机制，守住不发生规模性返贫底线。深入开展"万企兴万村"行动，深化产业、就业、科技帮扶和易地搬迁后续扶持，让脱贫群众持续增收、生活更上一层楼。

切实保障粮食安全。坚决扛起粮食安全政治责任，落实藏粮于地、藏粮于技战略，遏制耕地"非农化"、防止"非粮化"，稳定提升粮食综合生产能力。强化"菜篮子"市长负责制，保障畜禽、蔬菜等农副产品供给。实施种业振兴工程，开展16项新品种培育攻关，布局建设14个种业集群。提高农机装备水平，建设一批优质粮食示范区，新建高标准农田360万亩，确保粮食总产740亿斤以上。

发展壮大乡村产业。深化农业供给侧结构性改革，推动农业规模化、产业化、绿色化、品牌化，加快农村一二三产融合发展。持续推进奶业振兴，做强精品蔬菜、优质生猪等15个特色优势产业集群，支持农业产业化龙头企业发展，全省农产品加工业总产值达到7200亿元以上。大力发展现代都市型农业，打造100个现代农业示范园区。培育新型农业经营主体，新发展农民合作社省级示范社300家、家庭农场4000家、农业生产托管服务组织1000家。

深化乡村建设行动。持续推进农村人居环境整治提升，新建改建农村户厕70万座，完善城乡一体化生活垃圾收集处理体系，实现农村生活污水无害化处理全覆盖。完成700万农村居民生活水源江水置换。抓好"四好农村路"示范县创建，建设改造农村公路7000公里以上。保护传统村落和乡村特色风貌，新建美丽乡村2000个，打造省级乡村振兴示范区15个。

加强改进乡村治理。健全"五位一体"村级组织体系。深化法治乡村建设，创建省级民主法治示范村（社区）300个。引导城市人才下乡，推动专业人才服务乡村，培育高素质农民。加强农村文化建设，开展文明村镇、文明家庭创建，推进移风易俗，培育文明乡风、良好家风、淳朴民风。

（六）着力减污降碳协同增效，推动生态环境质量持续提升。深入贯彻习近平生态文明思想，精准、科学、依法治污，扎实推进碳达峰碳中和，加快建设绿色低碳、生态优美的现代化河北。

持续打好蓝天碧水净土保卫战。强化大气污染区域治理，开展工业污染治理提档升级、重型柴油车清洁替代等专项行动，加快重污染企业退城搬迁，实现重点城市空气质量稳定"退后十"，优良天数达到270天以上。强化水污染流域治理，全面消除城市和农村黑臭水体，实施入海河流和近岸海域水质提升专项行动，地表水国考断面优良水体比例达到67%以上，打造美丽河湖、美丽海湾。强化土壤污染属地治理，严格源头防控，启动无废城市建设。

统筹山水林田湖草沙一体治理修复。实施大规模国土空间绿化工程，完成营造林600万亩，修复退化草原36万亩。压减地下水超采量7.4亿立方米，提前13年完成国家下达的地下水采补平衡任务。实施生态补水23亿立方米以上，改善河湖水生态环境。加强矿山修复和采煤沉陷区治理，新增水土流失综合治理面积2000平方公里。支持塞罕坝"二次创业"，统筹防火和旅游，打造生态文明建设基地。加强自然保护地建设，保护生物多样性。争创国家生态文明示范区和"两山"实践创新基地。

稳妥有序推进碳达峰碳中和。加快调整产业、能源、交通运输结构，遏制"两高"项目盲目发展，推动能耗"双控"向碳排放总量和强度"双控"转变。强化煤炭清洁高效利用，积极发展风电、光电、氢能，新增可再生能源装机800万千瓦。推动新型储能发展。抓好重点行业绿色低碳改造，创建一批绿色工厂、绿色园区。推进用能权、排污权交易改革。提升生态系统碳汇能力。实施全面节约战略，加快生产生活方式绿色转型。

（七）着力深化改革开放，推动构建一流营商环境。坚定不移推进市场化改革，扩大高水平开放，激发高质量发展活力。

持续推进重点领域改革。深化"放管服"改革,加快行政许可事项标准化建设,推进信用分级分类监管,实现电子证照全覆盖。全面推行"互联网+政务服务",提升就近办、自助办、网上办水平。深化国资国企改革,打好国企改革三年行动收官战,一企一策推进混合所有制改革,推动国有资本战略性、专业化重组。深化财税金融改革,健全预算管理机制,抓好税收征管改革国家试点。推动城商行、农信社等中小银行改革,引导金融支持实体经济、科技创新、绿色发展。深化"四医"联动改革,加快公立医院高质量发展,扩大药品耗材集中带量采购范围,着力解决群众看病难、看病贵问题。深化农业农村综合改革,支持4个国家级宅基地制度改革试点创新,深化供销社综合改革,打造省市县乡村五级为农综合服务平台,集体收入10万元以上的村占50%以上。

提高开放型经济发展水平。深度融入"一带一路"建设,优化对外投资结构,支持钢铁、建材等优势产能和装备走出去,建好中塞友好(河北)工业园。持续扩大外贸规模,实施稳外贸"六大工程",加快综合保税区建设,培育一批外贸龙头企业。开展跨境电商健康发展三年行动,电商进出口额突破200亿元。提升利用外资质量,办好"5·18"经洽会、"跨国企业河北行"、世界冀商大会等活动,推动重大外资项目落地,实际利用外资增长5%左右。加快自贸区改革创新,深化投资贸易便利化、金融等重点领域制度创新,打造药品进口口岸、大宗商品交易中心等开放平台,加速集聚高端高新产业。推进开发区优化整合,支持各市集中打造1—2个高能级开发区,培育一批营业收入超千亿元园区,推动沧州、衡水高新区和邢台经开区晋升国家级,全省开发区营业收入增长8%。

大力优化营商环境。企业是高质量发展的微观基础。企业好经济就好，居民就有就业、政府就有税收、金融就有依托、社会就有保障。要把全方位服务企业发展作为重中之重，实施市场、政务、法治、金融、信用环境提升工程，严格落实减税降费政策，强化对中小微企业、个体工商户纾困帮扶，搭建直通车平台，做实企业包联服务，坚决查处乱收费乱罚款乱检查等行为，让企业投资放心、创业安心、发展称心。坚持"两个毫不动摇"，依法保护各类市场主体产权和合法权益，构建亲清政商关系，充分信任依靠尊重企业家，浓厚重商、安商、暖商氛围，让企业家在河北感受到更多的亲切感、归属感、获得感。

（八）着力优化经济布局，推动区域发展更趋协调。服务国家区域发展战略全局，选准主攻方向，统筹要素配置，形成优势互补、协调联动的区域发展格局。

突出抓好"六带"建设。打造大运河文化带，抓好河道水系综合整治、生态环境修复、文化遗产保护、文旅开发，提升大运河保护、传承、利用整体水平。打造京张体育文化旅游带，深入推进冬奥遗产计划，发展赛事经济、会展经济、论坛经济。打造太行山—燕山生态保护和绿色发展带，拓展生态保障、水源涵养、旅游休闲功能，建设中药材种植带和特色农业园区，培育绿色产业、生态经济。打造沿海经济崛起带，建设环渤海港口群，深化港产城融合发展，加快唐山"三个努力建成"步伐。发展海洋生物医药、海洋装备等产业，建设精品钢基地、绿色石化及合成材料基地、高端装备制造基地，抓好渤海新区、北戴河生命健康产业创新示范区建设。打造石保廊创新发展引领带，加强与京津对接协作，建设高水平中试基地和科技园区，积极吸引科技成果孵化转化。打造冀中南转型升级示范带，争列国家内陆开放型经济试验区，加快特色产业和农业产业化集群发展，建设太行红河谷文化旅游经济带。

提升新型城镇化建设质量。积极融入以首都为核心的世界级城市群，完善国土空间规划体系，推动大中小城市和小城镇协调联动发展。提高城市品质，实施城市更新行动，推进净化绿化美化亮化工程，改造老旧小区3698个，新增城市公共停车位17万个。深入开展文明城市、卫生城市、森林城市创建活动，支持沧州办好省第6届园博会。发展壮大城市经济，支持石家庄加快建设现代化国际化美丽省会城市。推动县城提质升级，开展公共服务、基础设施、宜居环境等七大专项行动，分类推进样板示范县、品质提升县、基础强化县建设。加快县域经济高质量发展，力争更多县进入全国百强县。支持革命老区、民族地区发展。促进城乡融合发展，加强乡村基础设施建设，完善城乡交通网络，因地制宜建设特色小镇，加快农业转移人口市民化，全省常住人口城镇化率达到62%。

（九）着力创造高品质生活，推动共同富裕迈出坚实步伐。坚持尽力而为、量力而行，持续实施20项民生工程，加快建设共同富裕、普惠共享的现代化河北。

提高就业质量和居民收入水平。实施就业促进工程，抓好高校毕业生、农民工、退役军人等重点群体就业，城镇新增就业86万人。开展提升就业服务质量行动，完成职业技能培训54万人次。鼓励创业带动就业，打造河北福嫂·燕赵家政等一批劳务品牌。深化收入分配制度改革，完善收入持续增长机制，扩大中等收入群体，多渠道增加居民收入。

完善多层次社会保障体系。推进社保扩面提质，完善工伤保险省级统筹制度，抓好失业保险省级统筹。提高退休人员基本养老金。完善低保标准动态调整机制，分层分类做好社会救助。提高养老育幼水平，发展普惠性、互助型养老，完成3万户特殊困难老年人家庭居家适老化改造。实施精准助残工程。落实三孩生育政策和配套措施，开展孕妇无创产前基因免费筛查，打造160家省级婴幼儿照护服务示范机构。持续改善居住条件，坚持房子是用来住的、不是用来炒的定位，加快发展长租房市场，推进保障性住房建设，因城施策促进房地产业良性循环和健康发展。新开工棚户区改造11.7万套，筹集保障性租赁房4.5万套，实施农村危房改造3077户。

促进公共服务优质均衡发展。围绕建设文化教育体育繁荣、精神文明的现代化河北，全面提升人民思想道德、科学文化、身心健康素质。努力办好人民满意的教育，学前三年毛入园率达到90%，深入落实"双减"政策，新建、改扩建中小学教学用房15万平方米。加强县域普通高中建设，办好做强职业教育，推动普通本科高校向应用技术型转型，支持燕山大学、河北大学等建设"双一流"高校，全面提高教学质量和管理水平。加快文化体育强省建设，弘扬社会主义核心价值观，广泛开展群众性精神文明创建活动。完善城乡公共文化服务体系，实施文化惠民工程，倡导全民阅读，推出一批精品力作。壮大文旅产业，发展红色旅游，支持长城国家文化公园等建设，推进唐山南湖、衡水湖等创建5A级景区。办好2022"一带一路"·长城国际民间文化艺术节、省第7届旅发大会。加强文物保护利用和文化遗产保护传承，让历史文化活起来。加大体育场馆向社会开放力度，更新健身设施1万处，支持邯郸举办第16届省运会。推进健康河北建设，深化疾控体系改革，建强公共卫生体系。加快省级区域医疗中心建设，抓好医联体提标扩能，构建15分钟就医圈。推动中医药传承创新发展，壮大中医药产业集群，培育一批"冀药"品牌，建设中医药强省。

（十）着力统筹发展和安全，推动建设更高水平的平安河北。落实总体国家安全观，树牢底线思维，增强忧患意识，坚决当好首都政治"护城河"。

毫不放松抓好疫情防控。防疫关乎生命健康，事关经济社会发展大局。坚持"外防输入、内防反弹"总策略，"动态清零"总方针，"坚定信心、同舟共济、科学防治、精准施策"总要求，压实"四方责任"，落实"四早"要求，抓细抓实"十个常态化"30项措施，科学精准高效做好疫情防控工作。严防疫情外部输入，坚持人物同防，加强口岸管控，严格实行入境人员全程闭环管理，强化中高风险地区来冀返冀人员健康管控，实施冷链食品物品全链条防控，阻断疫情输入扩散渠道。落实内防反弹措施，健全多点触发监测预警机制，强化发热门诊、药店等"哨点"作用，做好重点人群检测排查，严格商超、学校等重点场所管控，健全社区和农村疫情防控体系，夯实专群结合、群防群控基础。加快实现疫苗接种人群全覆盖，形成坚固免疫屏障。提高疫情应急处置能力，突出"快准全严实好"，完善应急预案，提升核酸检测、流调溯源、隔离管控、医疗救治、消毒消杀等能力，加快3家省级重大疫情救治基地建设，确保发现一起、精准高效扑灭一起，最大限度减少疫情对经济社会发展的影响。

切实维护社会和谐稳定。坚持稳定大局、统筹协调、分类施策、精准拆弹方针，开展金融、政府债务、房地产等重点领域风险隐患排查整治，坚决守住不发生系统性、区域性风险的底线。深化安全生产整治三年行动，强化危险化学品、矿山、道路交通、食品药品等安全监管，推动安全形势持续向好。抓好防汛抗旱、森林草原防火等工作，提升应急救援能力。加强和创新社会治理，巩固信访积案化解成果。健全社会治安防控体系，常态化开展扫黑除恶斗争，严厉打击各类违法犯罪行为，加快建设公平正义、平安法治的现代化河北。

加强国防动员和国防后备力量建设，强化退役军人服务保障，维护军人军属、英烈家属合法权益，巩固军政军民团结良好局面。深入实施中长期青年发展规划，发挥工会、共青团、妇联等人民团体桥梁纽带作用。做好民族宗教、新闻出版广电、外事侨务、人防海防、气象地震、援藏援疆、妇女儿童、老龄、残疾人、红十字、关心下一代等工作。

各位代表！站在新起点，踏上新征程，政府工作要有新气象新作为。我们一定铭记江山就是人民、人民就是江山，践行初心使命，忠诚履职尽责，努力建设人民满意的服务型政府。我们要永葆政治本色，忠诚捍卫"两个确立"，坚决做到"两个维护"，学懂弄通做实习近平新时代中国特色社会主义思想，不折不扣落实习近平总书记对河北工作重要指示，提高政治判断力、政治领悟力、政治执行力，确保党中央决策部署在河北落地见效。我们要严格依法行政，深入贯彻习近平法治思想，持续开展法治政府建设示范创建活动，提高政府决策质量，推动行政执法"三项制度"全覆盖。加强法律援助工作，实施"八五"普法规划。深入推进政务公开。自觉接受人大法律监督和工作监督、政协民主监督、社会舆论监督，强化审计、统计监督。我们要勇于担当作为，坚持正确政绩观，践行"三严三实"，大兴调查研究之风，提高推动高质量发展的专业能力。提升政务服务效能，建设数字政府。完善担当作为激励机制和容错纠错机制，为负责者负责，为干事者撑腰，为担当者担当。

以钉钉子精神狠抓落实，确保干一件、成一件。我们要坚守清正廉洁，认真落实全面从严治党战略部署，深入推进政府系统党风廉政建设和反腐败斗争。严格落实中央八项规定及其实施细则精神，持续深化纠正"四风"和作风纪律专项整治，力戒形式主义、官僚主义，为基层松绑减负。坚持勤俭节约，严肃财经纪律，带头过紧日子，树立为民、务实、清廉的良好形象。

各位代表！实干成就梦想，奋斗创造未来。让我们更加紧密地团结在以习近平同志为核心的党中央周围，全面贯彻习近平新时代中国特色社会主义思想，在省委的坚强领导下，解放思想、开拓创新，埋头苦干、锐意进取，奋力开创建设现代化经济强省、美丽河北新局面，以优异成绩迎接党的二十大胜利召开！

山 西 省
政府工作报告

——2022年1月20日在山西省第十三届人民代表大会第六次会议上

省长　蓝佛安

各位代表：

现在，我代表省人民政府向大会报告工作，请予审议，并请省政协委员和其他列席人员提出意见。

一、2021年工作回顾

过去的一年，是我省发展史上具有里程碑意义的一年。省第十二次党代会胜利召开，为"十四五"乃至更长时期全方位推动高质量发展描绘了壮丽蓝图，吹响了进军号角。在省委坚强领导下，全省上下高举伟大旗帜，牢记领袖嘱托，拥护"两个确立"，践行"两个维护"，坚持以习近平新时代中国特色社会主义思想为指导，深入学习贯彻习近平总书记视察山西重要讲话重要指示精神，全面落实省第十二次党代会精神，全方位推动高质量发展，顺利实现"十四五"良好开局，和全国一道实现第一个百年奋斗目标，全面开启向第二个百年奋斗目标进军的新征程。

一年来，我们坚持稳中求进，在攻坚克难中实现经济发展进位提质。面对复杂多变的外部环境和各种困难风险挑战，我们统筹疫情防控和经济社会发展，保持工作的连续性稳定性，强化举措的针对性实效性，扎实做好"六稳""六保"工作，推动全省经济稳中加固、稳中向好。深度挖掘内需潜力，充分发挥重大工程项目投资拉动作用，滚动开展开发区"三个一批"活动，全力推进521个省级重点工程建设，太原至吕梁开行动车组，集大原高铁、汾阳至石楼高速公路等重点项目加快建设，浮山至临汾高速公路项目开工，新改建"四好农村路"和三个一号旅游公路5700公里。开展系列促消费活动，不断完善城乡物流体系，加快发展消费新业态新模式。全年GDP增长9.1%，总量跨过2万亿元大关，达到2.259万亿元，排全国第20位，较上年前进1位。一产、二产、三产增加值分别增长8.1%、10.2%、8.3%，固定资产投资增长8.7%，社会消费品零售总额增长14.8%，一般公共预算收入增长23.4%，城乡居民人均可支配收入分别增长7.6%、10.3%，各项约束性指标全部完成国家下达任务，空气质量综合指数同比改善11.5%，$PM_{2.5}$平均浓度降到39微克/立方米，创有记录以来最好水平。在经济总量实现历史性突破的同时，我省经济发展韧性愈发强劲，发展质量效益明显提升，在全面建设社会主义现代化新的赶考路上迈出了坚实步伐！

一年来，我们坚决担当使命，在精准施策中奋力推动转型。坚决扛起保障国家能源安全政治责任，全年煤炭产量达到11.9亿吨，克服困难全力做好16个省区市煤炭保供工作，发送电煤4356万吨，合同完成率106.15%，圆满完成国家下达的保供任务，彰显了山西的责任担当！遵循产业发展规律，坚持从实际出发，分类指导、精准施策，推动煤炭、电力、焦化、钢铁等传统优势产业率先转型，煤炭先进产能占比突破75%，完成电力升级改造841万千瓦，非常规天然气产量达到95亿立方米，新能源和可再生能源装机容量达到3889万千瓦，占比达到34.3%，工业技改投资同比增长11.3%。推动战略性新兴产业引领转型，国内首套快速掘进智能成套装备成功应用，大运氢燃料重卡实现量产下线，举办第二届晋阳湖峰会，信创、大数据、半导体、新能源汽车等产业不断发展壮大，规上工业战略性新兴产业、高技术制造业增加值分别增长19.5%、34.2%。实施服务业提质增效十大行动，加强对生产性服务业、生活性服务业、非营利性服务业的精准指导，服务业增加值突破万亿元。举办旅发大会、康养大会，促进文旅康养融合发展，太原古县城等一批景区景点建成运营，重点监测景区门票收入增长44.7%。克服干旱、极端秋汛等不利因素，粮食总产量达到284.2亿斤，为历史第二高产年。高水平建设晋中国家农高区，农产品精深加工十大产业集群发展势头良好，农产品加工销售收入完成2620亿元，同比增长20%。坚持以数字经济赋能产业转型升级，新建成5G基站2.1万个，建成智能化煤矿10座、智能化采掘工作面328处，认定省级智能制造试点示范企业54户、标杆项目9个，太原国家级互联网骨干直联点正式运行，国家超级计算太原中心建成运行，数字产业化和产业数字化为转型增添了强劲动力！

一年来，我们践行"两山"理论，在"双碳"引领中加快绿色发展。成功举办2021年太原能源低碳发展论坛，李克强总理以视频形式出席开幕式并发表主旨演讲，多国领导人发表视频演讲，在太原发出了绿色低碳发展的全球声音。深化能源革命综合改革试点，研究碳达峰山西实施方案，加强能耗"双控"，坚决遏制"两高"项目盲目发展。持续优化能源结构，分行业落实节能指标，有序推进节能降碳技术改造，全省单位GDP能耗可实现全年下降3.2%的目标。落实黄河流域生态保护和高质量发展等国家战略，坚持保护优先，自我加压整改，全面清理整顿黄河沿岸污染企业，扎实推进环境污染综合治理，开展工业企业超低排放改造46家，完成清洁取暖改造99.31万户，"散乱污"企业实现动态清零。深入实施"两山七河一流域"生态修复治理，全年营造林519万亩，汾河上游干流河道生态修复与治理工程扎实推进，百公里中游示范区项目进度过半。开展高铁、高速沿线环境综合整治。深入开展秋冬季大气污染综合治理攻坚行动，扎实推进入河排污口排查整治，94个地表水国考断面中优良水质断面达到68个。开展"六乱"整治，农村人居环境持续改善。全省经济社会绿色转型提速增效，绿水青山正在一步步转变为金山银山！

一年来，我们锐意改革创新，在破解难题中增强发展动力。制定实施新时代推动山西在中部地区高质量发展中争先崛起系列政策措施。高起点构建"一群两区三圈"城乡区域发展新布局，立足服务和融入雄安新区和京津冀协同发展，全面启动太忻一体化经济区建设，与山西转型综改示范区南北呼应、双轮驱动，打造牵引转型发展的"双引擎"格局。在开发区全面推行"承诺制+标准地+全代办"改革，加快实现"区内事、区内办"。实施国企改革三年行动，扎实做好国有企业战略重组"后半篇文章"，混合所有制改革稳步推进，省属企业实现利润512.37亿元，同比增长1.17倍。协同推进地方金融改革化险和提质增效，实行全覆盖、穿透式监管，山西银行挂牌成立，农信社改革蹄疾步稳，积极防范化解地方政府隐性债务风险，守住了不发生系统性区域性金融风险底线。大力开展长板招商，全年招商引资开工项目超过2200个，到位资金1650亿元。成功举办中博会等重大活动，积极参加进博会、服贸会等国际展会，新增进出口备案企业937家，同比增长11.5%，进出口总额同比增长48.3%。高度重视创新生态建设，深入实施创新驱动发展战略，发布我省创新生态建设规划，大力推进"111""1331""136"等创新工程，"基于超冷费米气体的量子调控""煤矸石煤泥清洁高效利用关键技术及应用"等10个项目荣获国家科学技术奖，高速飞车等重大项目启动实施。2个国家重点实验室和1个"一带一路"联合实验室成功获批，国家第三代半导体技术创新中心（山西）揭牌成立，怀柔实验室山西基地顺利推进，省校合作12大基地加快建设，中国（山西）知识产权保护中心建成运行。持续为科研人员松绑减负赋权。累计建成11个智创城，着力打造"双创"升级版，全省域创新创业活力明显增强！

一年来，我们面向市场主体，在创优环境中充分激发活力。统筹有效市场和有为政府协同发力，精准落实国家更大规模减税降费政策，全年新增减税降费超150亿元。启动实施市场主体倍增工程，精准推出促进市场主体倍增"1+N"支持政策，高规格召开民营企业家座谈会，常态化开展入企服务活动，滚动实施高新技术企业倍增计划。全省市场主体数量达到315.55万户、同比增长11.3%，净增规上工业企业1200户左右，新认定省级"专精特新"企业350家。持续深化"放管服"改革，巩固深化"一枚印章管审批"改革，实现"证照分离"改革全覆盖，编制"十四五"营商环境规划，倾力打造"三无""三可"营商环境。推进"全程网办、一网通办、全省通办"，184项政务服务事项实现"跨省通办"，市场主体和人民群众办事更加便捷。我省推动社会保险数据共享、提升缴费便利度等做法受到国务院通报表扬。在全国率先出台政府治理能力现代化"十四五"规划。建立抓落实工作机制，对省委省政府部署的重点任务、重点工作，实施从立项到督办到问效的闭环管理，政府的执行力、落实力进一步提升！

一年来，我们顺应民之所盼，在践行宗旨中增进民生福祉。坚持"外防输入、内防反弹"总策略和"动态清零"总方针，持续完善入境人员、中高风险地区入晋返晋等重点人员管控措施，全年完成43架国际航班经停太原入境保障工作，落实进口冷链物流、医疗机构、隔离场所、重大活动、重点场所等管控要求，持续加强预警响应、流调溯源、核酸检测等能力建设，做好新冠疫苗接种工作，常态化疫情防控扎实有效，成功应对30余起省外疫情输入冲击，高效处置榆次、稷山等省外外溢关联疫情，守住了"山西阵地"，为护卫首都安全作出了贡献。面对我省有气象记录以来最强秋汛，在党中央、国务院亲切关怀和大力支持下，在省委坚强领导下，全省上下闻汛而动、向险而行，全力组织抢险救灾，及时组织群众撤离，紧急转移安置16.34万人，切实保障群众基本生活，确保受灾群众吃得饱、穿得暖、住得舒心。加快灾后重建，修缮重建因灾受损农房57974户，竣工率99.12%，快速恢复正常生产生活秩序。进一步加大惠民力度，民生支出占全省一般公共预算支出的78.7%。严格落实"四个不摘"要求，持续巩固拓展"三保障"成果，深入实施重点帮扶举措，有效衔接乡村振兴，脱贫地区农民收入增速高于全省农民收入增速。"人人持证、技能社会"培训220.3万人，城镇新增就业50.57万人，农村劳动力转移就业52.18万人，均超额完成全年任务。严格落实义务教育"双减"政策，认定普惠性幼儿园433所，建设改造寄宿制学校500所。强化"双一流"建设，新增博士学位授权点9个、硕士学位授权点32个。推动独立院校转设，全省11个设区市实现本科高校全覆盖。推进山西文博集团重组改革，云冈研究院成功挂牌。白求恩医院等3个国家区域医疗中心试点建设扎实推进，县域医疗卫生机构一体化改革持续深化。社会保险统筹层次和待遇水平进一步提升。城乡低保标准省级统筹每人每月提高20元。做好重要民生商品保供稳价，全省各类生活必需品供应充足，价格基本平稳。老旧小区改造新开工1891个，棚户区住房改造新开工1.59万套，均超额完成年度任务。扎实开展安全生产专项整治三年行动，全省各类生产安全亡人事故起数、死亡人数同比分别下降5.22%、9.34%。深入推进社会治理体系建设和信访维稳工作，社会保持和谐稳定。年初省政府承诺的11件民生实事全部兑现！

一年来，按照党中央部署及省委安排，扎实开展党史学习教育。严格执行省人大及其常委会的决议决定，主动接受人大、政协监督，办理人大代表建议811件、政协提案870件，出台省政府规章15件。深入推进政府系统党风廉政建设和反腐败斗争，政府自身建设取得新成效。

各位代表，这些成绩是在有效化解发展不平衡和不协调双重压力、有效破解供给侧改革和需求侧管理双重难题、有效应对外部竞争加剧和内生活力不足双重挑战下取得的，来之不易、难能可贵。这是以习近平同志为核心的党中央英明领导的结果，是习近平新时代中国特色社会主义思想科学指引的结果，是省委团结带领全省广大干部群众攻坚克难的结果。在此，我代表省人民政府，向全省人民，向各民主党派、工商联和无党派人士，向各位人大代表、政协委员，向驻晋部队、公安干警和中央驻晋单位，向关心支持山西改革发展的各界朋友，表示崇高的敬意和衷心的感谢！

各位代表，在转型发展上率先蹚出一条新路来，是习近平总书记为我们指引的金光大道，是新时代三晋儿女矢志不渝、久久为功的历史使命。我们必须高度重视并切实解决经济社会发展和政府工作中存在的一些突出问题，下大力气破解经济发展结构性体制性素质性矛盾和发展不充分不平衡不协调问题，集中力量补齐创新生态、营商环境、产业链供应链以及生态环保、安全生产、防灾救灾等领域的短板弱项，精准解决群众就业创业、教育减负、住房医疗等方面的"急难愁盼"问题，重拳整治政府系统一些干部不作为、慢作为、乱作为甚至腐败等消极现象，向责任落空、工作落虚等顽瘴痼疾开刀，牢固树立真抓实干、狠抓落实的鲜明导向，在勇蹚新路征途上担当作为、奋力前行！

二、2022 年工作安排

今年是党的二十大召开之年，是贯彻省第十二次党代会精神、全方位推动高质量发展的关键一年。

面向新的征程，我们要清醒认识到，外部环境更趋复杂严峻，百年变局加速演进，疫情仍然是最大不确定因素，我国经济发展面临需求收缩、供给冲击、预期转弱三重压力，"双碳""双控"刚性约束加大，这些因素交织叠加，进一步增加了做好今年工作的艰巨性复杂性。我们更要深刻认识到，做好全年工作有很多有利因素。我国经济韧性强，长期向好的基本面不会改变，中央经济工作会议部署"七大政策"，国家大力实施中部地区高质量发展、黄河流域生态保护和高质量发展等重大战略，加快推进资源型地区高质量发展，这些都为我们带来了战略机遇和政策利好；我省正处于转型发展重要窗口期，省第十二次党代会明确了建设"三区三地"的目标定位，当前经济走势平稳健康，转型态势强劲向好，后发优势突出明显，干事创业氛围愈加浓厚，为全方位推动高质量发展创造了良好基础和有利条件。综观大势，我们更加坚信，在中华民族伟大复兴势不可挡的新时代，山西全方位推动高质量发展前景广阔。因时乘势，我们更加笃定，在省委坚强领导下，通过全省上下的共同努力，一定能办好山西的事情，不断开创新时代山西各项事业新局面！

做好今年工作，必须坚持以习近平新时代中国特色社会主义思想为指导，全面贯彻党的十九大和十九届历次全会精神，深入学习贯彻习近平总书记视察山西重要讲话重要指示精神，认真贯彻落实中央经济工作会议精神，按照省第十二次党代会和省委经济工作会议决策部署，坚持稳中求进工作总基调，立足新发展阶段，完整准确全面贯彻新发展理念，抢抓构建新发展格局战略机遇，按照全方位推动高质量发展的目标要求和工作矩阵，以供给侧结构性改革为主线，统筹疫情防控和经济社会发展，统筹发展和安全，继续做好"六稳""六保"工作，保持经济运行在合理区间，持续改善民生，保持社会大局稳定，以优异成绩迎接党的二十大胜利召开。

综合考虑各方面因素，今年全省地区生产总值增长6.5%左右，在实际工作中尽可能争取更好结果；固定资产投资增长8%，社会消费品零售总额增长7%，一般公共预算收入增长6%，城镇居民人均可支配收入增速与经济增长同步，农村居民人均可支配收入增速高于经济增长水平，居民消费价格涨幅控制在3%左右，城镇新增就业45万人，城镇调查失业率控制在5.5%以内。约束性指标不折不扣完成国家下达的目标任务。这些指标的设定，体现了高质量发展和扎实推动共同富裕的要求。

做好今年工作，要稳字当头、稳中求进、难中求成，突出抓好稳运行、稳能源、稳粮食、稳就业、稳市场主体、稳金融、稳安全、稳防疫、稳生态等工作，以稳促进，以进固稳。在统筹做好各项工作的基础上，重点抓好以下工作。

（一）加快推进产业转型，壮大高质量发展动能。

着力推动传统优势产业内涵集约发展。以能源革命综合改革试点为牵引，着力稳产保供，促进优化升级，推动绿色发展。有序推进煤矿产能核增，依法合规释放先进产能，保障国家能源安全。推进煤矿智能化改造，加快5G智慧矿山建设，再建成20座智能化煤矿、500处智能化采掘工作面。支持超超临界燃煤机组建设，推进光伏、风电基地化发展，加快建设垣曲、浑源抽水蓄能电站，再规划建设8-10个抽水蓄能电站项目，加快推进前期工作，力争早日开工。开发利用地热能和生物质能。投运2-3个500千伏新能源汇集站，加快能源互联网试点建设，积极拓展晋电外送市场。推动非常规天然气增储上产，加快管网互联互通。加大焦化、钢铁、水泥等行业超低排放和节能改造力度，推广大机焦、干熄焦等先进装备技术，引导煤电材、煤焦化氢、钢焦化氢等一体化高效循环发展。加快延伸钢铁和铝镁铜等精深加工产业链条。围绕强龙头、拓市场、塑品牌，不断提升白酒、陈醋、纺织、玻璃、陶瓷、工美等消费品工业行业影响力和竞争力。

着力推动战略性新兴产业成链集群发展。深入实施千亿产业培育工程，做强做优高端装备制造、新材料、节能环保、数字产业等千亿级产业，做大做深节能与新能源汽车、合成生物、现代医药和大健康等百亿级产业，做精做专通航、信创、软件业等潜力产业，布局量子信息、碳基芯片、氢能与储能、下一代互联网等未来产业。着力补链延链强链，规划打造一批重点产业链，建立健全"链长制"，培育一批龙头骨干"链主"企业，打造一批"专精特新""链核"企业，引进培育一批配套企业。发挥好太原国家级互联网骨干直联点、国家超级计算太原中心作用，加快培育制造业云服务商和云服务平台，推进智能制造试点示范标杆项目和诊断服务，丰富5G应用场景，力争培育200户以上智能工厂和智能车间，加快产业信息化融合、智能化改造、数字化转型步伐。

着力推动现代服务业发展提质增效。深入实施服务业提质增效十大行动，加快建设现代服务业集聚区。大力推动批零住餐等传统商贸消费升级，鼓励新能源汽车、绿色智能家电消费，新建或改造一批高品质特色商业街、商业综合体、餐饮集聚区，打造一批地标性夜经济生活集聚区，大力推进老字号传承振兴，积极发展首店经济、流量型经济，培育电子商务、无接触配送、无人零售等新业态，培育直播电商基地、跨境电商示范区。加快发展研发设计、检验检测、中介咨询、法律服务、会展服务等生产性服务业，培育壮大物流龙头企业和网络货运平台，建设太原、大同、临汾国家物流枢纽，打造内陆型国际物流中心。

着力推动文旅康养业提档升级。坚持以文塑旅、以旅彰文，着力打造国际知名文化旅游目的地。实施龙头景区"9+13"梯次打造培育计划，推动A级景区倍增，推出一批精品旅游线路，布局建设50个文旅康养示范区。建设黄河、长城国家文化公园山西段。深入开展安全、服务、环境质量提升行动。新建成三个一号旅游公路2500公里以上，完善游客集散中心、公路驿站、房车营地等配套设施，推动同城景点公交化，开通跨省旅游专列，实现重点旅游城市、街区、景区5G网络全覆盖，完善山西文旅云功能。高品质优化游客体验，建设一批高端酒店、特色民宿，打造一批精品文创产品、文创店和演艺项目，拓展自驾游、研学游、低空游、体育游、工业游，发展避暑康养、温泉康养、中医药康养等业态。办好旅发大会、康养大会、大河文明旅游论坛、杏花村国际酒业博览会等活动，打响山西文旅康养品牌。

着力推动农业特优高效发展。把提高农业综合生产能力放在更加突出的位置，落实粮食安全党政同责，严格执行"米袋子"省长负责制和"菜篮子"市长负责制，严守耕地红线，落实"长牙齿"的耕地保护硬措施，坚决遏制耕地"非农化"、防止"非粮化"，持续推进高标准农田建设，打造运城、临汾粮食绿色高质高效示范基地，发展农业生产托管，提高农机装备水平，发展有机旱作农业，实施种业振兴行动，大力发展现代畜牧业，稳定生猪产能，提高肉蛋奶产量，全力保障粮食和重要农产品有效供给。规模化发展设施农业，建设一批标准化农业园区，扩大"南果北栽""南菜北种"规模。不断提升山西农谷辐射带动能力，推动太谷、清徐、临猗3个国家级农业现代化示范区建设。开展农业生产"三品一标"提升行动。建设一批农产品精深加工标杆项目，培育一批百亿级产业链和百亿级龙头企业，提升"南果中粮北肉"出口平台和"东药材西干果"商贸平台功能。加快建设农产品冷链物流，开展农村三级寄递物流体系建设，让工业品下乡、农产品进城更加顺畅。

各位代表，构建现代产业体系是全方位推动高质量发展的重中之重。我们要以非常之力，下恒久之功，加快培育壮大新动能，让转型蹚新路跑出加速度，驶上快车道！

（二）大力实施市场主体倍增工程，厚植高质量发展根基。

开展市场主体建设年活动，全面实施市场主体倍增一揽子政策，推动市场主体上规模、增实力、提效益，力争2025年底全省市场主体达到600万户左右。

进一步放宽市场准入，支持民营经济发展壮大。坚持"两个毫不动摇"，依法加强对资本的有效监管，支持引导民营经济健康发展和民营经济人士健康成长。坚持"法无禁止皆可为"，推行国家统一的市场准入负面清单，清理与企业性质挂钩的规定和做法，消除政府采购和招投标领域隐性壁垒。深入推进公平竞争政策实施，加强反垄断和反不正当竞争。鼓励民营企业进入基础设施、公共服务、公用事业、生态保护修复等领域，参与混合所有制改革。支持小微企业和个体工商户蓬勃发展，引导中小企业深耕细分领域，新增"专精特新"企业500户，培育一批掌握独门绝技的小巨人、单项冠军。

进一步强化政策支持，降低市场主体营商成本。推动国家减税降费政策全面落实到各类市场主体，研究出台我省惠企纾困政策。加强对重点企业落户、科技创新、首次创业等财税支持。构建普惠性融资担保体系，提高信用贷款和首贷户比重，促进中小微企业融资增量、扩面、降价。优化涉企用地供给，推进"房证同交""地证同交"改革，降低综合物流成本。加强对战略性新兴产业的环境容量和能耗保障。尊重企业家精神，完善常态化联系服务企业机制，充分发挥商会作用，畅通企业家参与涉企政策制定渠道。

进一步加强平台承载，促进市场主体集聚发展。支持省级以上开发区配套建设一批中小企业园区，高水平建设智创城等双创平台。加快建设网络流量平台，布局建设一批乡村e镇，大力发展楼宇经济，集聚一批新经济市场主体。合理布局各类城市公共空间、商业区等，增添城市"烟火气"。实施制造业扩规、新业态新经济成长等"七大行动"，支持各行业市场主体梯度培育、发展壮大。

各位代表，市场主体是经济的力量载体，是转型的根基所在。我们要倍加珍惜市场主体，倍加关心爱护企业家，倍加努力创造良好政策环境，以市场主体倍增推动全省经济扩量提质、加速崛起！

（三）持续加力推进项目建设，积蓄高质量发展后劲。

项目是转型发展的第一支撑。我们要紧密跟踪国家政策，围绕产业转型、"六新"突破、生态环保、基本民生、基础设施、城市更新、乡村振兴、防灾减灾等领域，谋划实施一批重大项目，积极争取国家资金支持，用好财政预算资金、政府专项债券资金和政策性银行资金，发挥政府投资"四两拨千斤"作用，撬动社会资本广泛参与项目建设。

充分发挥重大项目牵引性、带动性作用，统筹推进重大基础设施、新基建、社会民生等项目建设，进一步扩大有效投资。交通设施方面，加快雄忻、集大原等高铁项目建设，力争太原铁路枢纽客运通道能力提升工程项目开工建设，做好太绥、长邯聊等高铁项目前期工作。加快推进14条续建高速公路项目建设，确保年内隰吉、朔神、静兴高速公路项目完工，推进重要国道、大交通路段、城市过境路段升级改造，新改建"四好农村路"4000公里。加快推动太原武宿机场三期改扩建工程建设，抓好朔州、晋城机场新建、运城机场改扩建和灵丘、繁峙等通用机场建设。水利设施方面，实施汾河流域防洪能力提升工程，开工一批干支流综合治理项目，汛期前完成245座水毁水库工程设施以及河道堤防水毁修复，完成6座病险水库、34座病险淤地坝除险加固工程，新启动50座淤地坝除险加固工程。中部引黄工程总干线实现试通水，推进沿线市县配套工程建设，完成小浪底引黄一期工程，进一步加大黄河水利用。加快推进龙华口调水工程建设。新基建方面，新建5G基站3万个，基本完成高铁、高速公路沿线通信网络覆盖提质升级。加快工业互联网标识解析二级节点建设，推进企业级工业互联网平台建设。社会民生方面，加快省疾控中心迁建和省级P3实验室建设，规划实施一批养老托幼、文化服务、全民健身等公共服务项目。

今天的投入就是明天的产出。我们就是要坚持要素跟着项目走、服务跟着项目走、工作跟着项目走，实行领导包联、专班服务、清单化管理等推进机制，切实解决项目建设中遇到的困难和问题，滚动开展开发区"三个一批"活动，让一个个大项目、好项目、新项目快落地、快投产、快达效，带动经济加快转型、深度转型！

（四）统筹推进"一群两区三圈"建设，拓展高质量发展新空间。

优化城乡区域发展布局。加强统筹规划，强化政策支持，促进要素和人口加快集聚，构建"一群两区三圈"城乡区域发展新布局。促进山西中部城市群一体化发展，强化太原的省会龙头作用，加快建设国家区域中心城市，健全中部城市群发展协调机制，推动基础设施、公共服务、生态环境、治理体系等方面高效协同联动。着力打造太忻一体化经济区、山西转型综改示范区两大引擎。加强晋北、晋南、晋东南城镇圈与中部城市群的协同联动。推动晋北城镇圈主动融入京津冀，深化蒙晋冀长城金三角区域合作，支持大同申报国家算力枢纽节点城市和源网荷储全国试点城市，支持朔州发展低碳硅芯产业。支持晋南城镇圈深化晋陕豫黄河金三角、关中平原城市群区域合作。推动晋东南城镇圈与中原城市群合作发展，积极参与产业分工协作，不断拓展城镇圈影响力。

高起点建设太忻一体化经济区。充分发挥省市两级领导机制作用，建立完善一体化发展体制机制，推进两市资源配置、要素支持、公共服务、项目建设同向发力，加速区域基础设施互联互通、产业创新协作耦合。今年要重点推进太原片区大盂启动区建设，开工建设滹沱河供水工程，完成太忻大道建设工程，加快推进太原地铁1号线一期、国道108线改建、凯赛生物产业园、中北信息产业园、忻州智能装备产业园、忻州半导体产业园等一批重大项目建设，打造数据流量谷，统筹开展对接京津冀和雄安新区经贸合作交流活动，实现太忻一体化经济区建设强势起步。

锻造转型综改示范区先行优势。加快推进"五大中心"及配套设施建设，加速打通太原主城区至潇河产业园区连接线，着力解决唐槐、科创城、保税区等园区交通瓶颈。加快推进一批重大产业项目落地投产达效，积极吸引产业链上下游配套企业有效集聚，运营好山西数据流量生态园，全力培育半导体、信创、生物医药、智能装备、精密电子制造等战略性新兴产业集群。

促进城乡一体化发展。扎实落实城市更新九项任务，推进完整居住社区建设，加强公园绿地建设，提升城镇老旧小区和住房品质，补齐城市基础设施短板，加快城镇燃气设施改造，推进慢行街道建设和老旧街巷整治，加强历史文化保护传承，推动绿色低碳县城建设，提升城市精细化管理水平。健全常住地提供基本公共服务制度。扎实稳妥推进乡村建设，健全乡村建设实施机制，接续实施农村人居环境整治提升五年行动，今年完成农村改厕33万户，因地制宜推进农村垃圾、污水处理等设施建设，推动生产生活基础设施向村覆盖、向户延伸。推进数字乡村建设。健全城乡融合发展机制，持续深化农村集体产权制度改革、宅基地制度改革试点，抓好农村土地二轮承包到期延包等工作。加快培育新型农业经营主体，健全农业社会化服务体系，深化农技农机农经三支队伍改革和供销社综合改革。持续巩固拓展脱贫攻坚成果，落实好防止返贫动态监测和帮扶机制，强化产业就业帮扶和易地搬迁后续扶持，加大受灾群众救助帮扶力度，守牢不发生规模性返贫底线。加强对先行示范、整体推进、重点帮扶"三类县"分类指导，全面推进乡村产业、人才、文化、生态、组织振兴，闯出乡村振兴新天地。

各位代表，山西山河壮美、文化厚重，历史文化名城名镇名村星罗棋布。我们就是要大力推进以人为核心的新型城镇化，让这块神奇大地充满活力，富有魅力，不断增强竞争力！

（五）全力构建良好创新生态，增强高质量发展驱动力。

加大人才引育力度。大力实施新时代人才强省战略，健全完善人才政策，深入实施科技领军人才和创新团队壮大行动、青年科技人才强基行动、卓越工程师高技能人才扩容行动、高水平大学人才培养工程、企业创新人才承载工程等，柔性引进国内外高层次人才，着力构建更为科学的人才培养体系，持续推动人才服务提质增效，切实解决实际问题，消除后顾之忧，让各类人才安心、安身、安业。

激发科技创新活力。改革完善省级财政科研经费管理制度、科技成果评价办法等，落实好揭榜挂帅制、赛马制，推行科研经费包干制、项目管理里程碑制、结题验收备案制，赋予科研人员更大技术路线决定权、经费支配权、资源调度权，鼓励创新，宽容失败。健全以创新价值、能力、贡献为导向的科技人才评价体系，加强青年科技后备军建设，在重大专项或重大科技工程中探索实行双主持人制。

推动创新平台建设。高质量推进"111""1331""136"等创新工程，推进怀柔实验室山西基地和国家第三代半导体技术创新中心（山西）建设，积极参与国家重点实验室重组，加快创建有机旱作农业、智慧交通国家重点实验室。优化调整省级实验室体系，布局建设3-5个省实验室，力争省重点实验室达到140个。争创煤气化国家技术创新中心，新建30个省技术创新中心。推进高速飞车试验线建设。完善开放共享服务平台，推动高校、科研院所共享共用科研资源。

加强科技成果转化。精准对接碳达峰碳中和、能源革命、数字经济、先进制造业等，立项实施30个左右科技重大专项，突破一批关键核心技术。推进知识产权强省和质量强省建设，健全知识产权保护运用机制。积极推广应用首台套、首批次、首版次产品。开展科技成果所有权和长期使用权改革试点，推进科技成果转化示范基地建设和示范企业认定工作，新建10家省中试基地，促进更多科技成果转化为现实生产力。

强化企业创新主体地位。落实好制造业企业研发费用加计扣除比例由75%提升至100%税收优惠政策。滚动实施高新技术企业倍增计划，新认定高新技术企业1000家。新培育省级以上企业技术中心20户。培育认定30家新型研发机构。鼓励龙头企业牵头组建创新联合体，推动省内高校与企业合作建立产业研究院。发挥财政资金导向作用，引导企业和社会资本加大研发投入，持续提高 R&D 投入强度。

各位代表，高质量发展是以创新为第一动力、人才为第一资源的发展，我们就是要千方百计构建一流创新生态，打造一流人才环境，让三晋大地成为创新高地、人才高地！

（六）强力抓好营商环境建设，打造高质量发展重要支撑。

按照市场化、法治化、国际化要求，打造"三无""三可"营商环境，更大激发市场活力和社会创造力。

充分释放便企利民红利。深化"放管服"改革，开展营商环境优化提升行动，推进全链条优化审批、全过程公正监管、全周期提升服务。深入推进"证照分离"改革，优化许可事项清单，推进涉企审批减环节、减材料、减时限、减费用。深化"一枚印章管审批"改革，推进"一件事"集成服务，试点推行"一业一证"改革，建立项目审批"一事一方案"。持续推进工程建设项目审批制度改革。提升政务服务能力，完善一体化在线政务服务平台功能，在基层便民服务机构、银行网点、商场等服务场所推广自助政务服务，推动群众办事"一窗受理、限时办结、最多跑一次"。强化涉企政策宣传解读，推动惠企政策"一窗兑现"。完善"双随机、一公开"监管、"互联网+监管"，推行跨部门综合监管、协同监管，对新业态新领域实行包容审慎监管，做到既"无事不扰"，又"无处不在"。

深入推进社会信用体系建设。持续开展"清欠"工作，清理政府部门、国有企业对民营企业的逾期欠款，杜绝"新官不理旧账"。推进政务诚信、商务诚信、社会诚信和司法公信建设，加快推进我省信用立法，加强公共信用信息归集共享应用，完善守信激励和失信惩戒机制。

真心实意为企业解决问题。构建亲清新型政商关系，光明磊落同企业家打交道、交朋友，支持企业发展。强化对市场主体的资金、土地、人才等支持，下力气解决历史遗留问题，全面梳理招商引资、项目建设等合同协议履行情况，依法妥善解决政策兑现不及时不到位、企业无产权用地用房、部分市场主体经营手续办理困难、企业引进人才子女上学等问题，慎用查扣冻结财产等措施，让企业专心经营、放心创业。

各位代表，山西要转型发展、争先崛起，必须把营商环境建设牢牢抓在手上，全域推进、全面协同、全员参与，全力打造投资兴业的热土，全力培厚干事创业的沃土！

（七）坚定不移深化改革开放，激发高质量发展动力活力。

深化开发区改革。按照"三个转变"和"四个强化"要求，深化"三化三制"改革，建立精简高效的管理运行机制，打造开发区建设升级版。着眼"区内事、区内办"，加快向开发区依法授权到位，出台配套政策及操作细则，深化"承诺制+标准地+全代办"改革。根据资源禀赋、空间区位和产业基础等优势，大力开展长板招商，瞄准京津冀主攻方向，提升长三角、大湾区招商引资质效，加强产业转移、科技创新等方面对接合作，提高招商引资精准度、落地率，推动开发区工业投资和规上工业增加值实现较快增长。

深化国资国企改革。推动国有企业苦练内功、提质增效，力争用2-3年时间推动省属企业基本消灭亏损特别是子公司亏损，不断提升核心竞争力。坚持主强辅优、分灶吃饭，推动要素向主业集中，推动辅业转换经营机制、融入市场竞争，努力把主业做强、把辅业做优，实现主辅联动。坚持对标挖潜、突破"两线"，对照全国同行业先进企业，学先进、找差距、补短板，推动主要经营指标尽快迈过"生存线"、达到"发展线"。坚持管控流程、数智支撑，加快建设国企数智化管理平台，协同实施业务流程重组和信息化建设，促进管理加强和效率提升。坚持业绩考核、奖罚分明，健全以效益为中心的考核体系，建立健全干部能上能下、职工能进能出、薪酬能增能减的管理机制，建设高素质专业化干部队伍。

深化财税金融改革。坚持"小钱小气、大钱大方"，建立大事要事保障清单和大项目保障财政专题协调机制。完善省以下财政体制，兜牢基层"三保"底线。强化预算绩效管理，盘活存量资金，提高财政资金使用效率。坚决遏制新增地方政府隐性债务，积极稳妥化解存量债务。推动地方金融机构完善现代金融企业制度，推进高风险农商行、农信社、村镇银行等地方金融机构改革化险，加快清收处置不良资产，提高经营管理水平和抗风险能力。完善融资担保体系，补齐风投创投短板，引入各类股权投资基金，培育金融中介服务机构。引导金融机构加大对实体经济特别是小微企业、科技创新、绿色发展的支持。丰富金融业态，加快发展绿色金融。推动设立北交所服务"山西基地"，支持企业进军资本市场。用好"两系统一平台"，加强穿透式监管、日常审计监督和跨领域、跨行业金融风险管控，严厉打击恶意逃废债、非法集资等违法行为，持续优化金融生态。

深化对外开放。围绕打造内陆地区对外开放新高地，抢抓RCEP正式生效重大机遇，精准对接"一带一路"，做好山西自贸试验区申报。培育壮大外贸主体，引进一批外贸综合服务企业，增开中欧班列，扩大我省优势产品出口和关键装备及零部件进口。提升开放平台功能，建设武宿综保区RCEP产业园，积极申建阳曲综保区，推进太原国家加工贸易产业园建设。拓展跨境电商业务，加大海外仓建设力度，做大外贸新业态。进一步加强国际友城合作，提升太原能源低碳发展论坛的国际影响力，办好中国（太原）国际能源产业博览会等活动。

各位代表，改革开放是高质量发展的动力源泉。我们就是要坚定不移深化改革、扩大开放，让山西转型蹚新路的动力越来越强劲，让山西高质量发展的空间越来越宽广！

（八）绿色低碳建设美丽山西，擦亮高质量发展底色。

深入开展碳达峰山西行动。制定我省"双碳"工作实施意见和碳达峰实施方案，落实落细碳达峰碳中和"1+X"政策体系各项任务。探索"双碳"目标实现路径，推动能耗"双控"向碳排放总量和强度"双控"转变，加快形成减污降碳激励约束机制。巩固提升碳汇能力，推进碳排放权市场化交易，积极推进近零碳排放示范工程、碳达峰试点示范建设，开展碳捕集、利用与封存等技术研究。探索开展经济生态生产总值核算。坚决遏制"两高"项目盲目发展，实施重点行业能效提升行动，持续降低能耗强度，落实新增可再生能源和原料用能不纳入能源消费总量控制政策，加快推进能源、工业、交通运输、城乡建设等领域绿色低碳转型。

深入推动黄河流域生态保护和高质量发展。统筹推进流经县、流域区、全省域保护治理，强化"四水四定"刚性约束，一体推进治山治水治气治城。流经县坚决守牢生态保护红线和资源利用上线，探索差异化、特色化发展模式，宜林则林、宜农则农、宜工则工、宜游则游。流域区加强城镇、农业、生态等不同空间单元的承载力和适宜性，加快构建以"两带两屏"为主体的空间格局，深入推进坡耕地综合整治、水源涵养和矿山生态修复。全省域扎实推进"两山七河一流域"生态修复治理，带动"五湖"和大泉、湿地生态保护修复。实施石太高铁沿线（山西段）生态环境综合整治等一批标志性工程。开展大规模国土绿化行动，完成营造林500万亩。深化"五水综改"，完善水网架构，推进重大水利工程建设，加强中水利用，严控地下水超采，全面推进节水型城市建设。抓好中央生态环保督察问题和黄河、汾河流域生态环境突出问题整改，开展省级生态环保督察。

深入打好污染防治攻坚战。持续调整优化四大结构，强化多污染物协同控制，深化区域联防联控联治，加快推进重点行业深度治理，上大压小、先立后破、继续淘汰部分行业落后产能，加大城市建成区及周边污染企业搬迁退出力度，着力打好臭氧污染防治、柴油货车污染治理、秋冬季大气污染综合治理等标志性战役。坚持"一断面一方案"，全面溯源整治黄河流域入河排污口。加快水污染治理重点工程建设，解决沿河村镇污水直排问题。推广建设污水处理设施尾水人工湿地，试点开展堤外人工湿地。深入推进受污染耕地安全利用，有效管控建设用地土壤污染风险，控制农业面源污染，强化工业固废堆场、尾矿库环境监管，深入推进垃圾分类和减量化、资源化、无害化利用，积极创建"无废城市"。

各位代表，生态环境是最普惠的公共产品。我们要以对历史、对人民、对子孙后代负责的态度，坚决消除环境污染，坚决守住生态红线，让绿水长流、青山常在，让三晋家园更加美丽宜居！

（九）聚力抓好民生社会事业，共建共享高质量发展成果。

践行以人民为中心的发展思想，尽力而为、量力而行，加强普惠性、基础性、兜底性民生建设，扎实推动共同富裕。

积极促进就业增收。落实好就业优先政策，积极发展劳动密集型产业，拓展新经济、新业态就业空间，扩大劳动力市场，多渠道支持灵活就业，鼓励创业带动就业，解决好高校毕业生等重点群体就业问题。深入开展职业技能培训提质增效工作，推进技能山西建设。大力开发用工市场，叫响吕梁山护工、天镇保姆、长子理发师、浮山厨师、五台泥瓦匠、榆社古建工、平陆电工等特色劳务品牌。加大欠薪治理力度，保障农民工合法权益。落实各项收入分配政策，规范收入分配秩序，扩大中等收入群体比重，让老百姓的腰包鼓起来。

办好人民满意的教育。建设改造100所公办幼儿园、500所寄宿制学校，大力推动"双减"政策落地落实。启动高考改革工作。提升"双一流"建设水平，支持山西大学、太原理工大学、中北大学率先发展，加强应用型本科高校建设，深化省校合作12大基地建设。深化产教融合、校企合作，优化职业教育布局结构，加快实施职业院校"双高"计划。办好特殊教育、继续教育、网络教育，规范民办教育发展。完善服务全民终身学习的教育体系。加强师德师风建设，培养高素质教师队伍。

加快建设健康山西。深化区域医疗中心试点建设，推动公立医院高质量发展。持续深化医改，推进三医联动，深化县域医疗卫生一体化改革，积极推进"5G+远程医疗"试点，抓好国家级城市医联体建设试点，扎实推进分级诊疗。加快建设中医药强省。积极应对人口老龄化，加强基本养老服务制度建设，构建居家社区机构相协调、医养康养相结合的养老服务体系，推进"5G+智慧养老"，发展"银发经济"。推动三孩生育政策落地，促进人口长期均衡发展。开展全民健身运动，积极助力办好北京冬奥会、冬残奥会，办好第十六届省运会。

健全完善社会保障体系。巩固全民参保扩面成果，全面取消灵活就业人员在就业地参加社会保险的户籍限制。做好企业职工基本养老保险全国统筹工作，全面推动失业保险、工伤保险省级统筹，完善被征地农民社保政策。健全大病保险和医疗救助制度，扩大跨省异地就医结算范围。落实低保标准动态调整机制，科学合理确定城乡最低生活保障标准。进一步完善社会救助、社会福利、优抚安置等制度，提升退役军人服务保障水平。坚持房子是用来住的、不是用来炒的定位，租购并举，因城施策促进房地产业健康发展和良性循环。棚户区住房改造开工9500套。全力推进灾后恢复重建工作。保持重要民生商品价格稳定，保障困难群众基本生活。

大力繁荣文化事业。培育和践行社会主义核心价值观，深入实施公民道德建设工程，推动哲学社会科学繁荣创新。深入挖掘、充分利用我省红色文化资源、中华优秀传统文化资源，繁荣文化艺术创作。完善公共文化服务体系。加大非遗和文物保护利用力度，开展重大考古研究和"云冈学"研究。深入推进报业、广电、文艺院团等领域改革，加强省属文化企业国有资产监管。塑造文化晋军、山西戏剧、山西工艺美术等文化品牌，办好山西文博会、山西艺术节、左权民歌汇等活动，加强文化传承创新。

各位代表，今年省政府将集中力量办好12件民生实事。实施职业技能提升培训工程，全年开展各类补贴性职业技能培训50万人以上；为怀孕妇女提供免费产前筛查与诊断服务；实施5万名疑似残疾人诊断评定和残疾儿童抢救性康复救助服务项目；开展免费法律咨询和特殊群体法律援助；实施"五个一批"群众文化惠民工程；

实施城镇养老幸福工程；继续对既有住宅自愿加装电梯实施奖补；开展免费婚前医学检查；在人流密集公共场所配置800台自动体外除颤器；建设300个户外劳动者爱心驿站；实现农村寄递物流服务全覆盖；实施城区小学生"放心午餐"食品安全保障工程。我们就是要一件一件、一年一年持续办好民生实事，在件件实事中惠民生，在点点滴滴中暖民心，让人民群众深切感受党和政府的温暖，让好日子更有奔头、好光景更有盼头！

（十）推进更高水平的平安山西建设，营造高质量发展良好环境。

今年大事要事喜事多，要更好统筹疫情防控和经济社会发展，统筹发展和安全，坚决守住安全底线。

慎终如始抓好常态化疫情防控。坚持"外防输入、内防反弹"总策略和"动态清零"总方针，全面压实四方责任，严把入境关、筛查关、转运关、隔离关、诊治关，加强进口冷链食品总仓管理，做到"凡进必检、凡进必消、人物同防"。健全常态化防控和应急处置转换机制，完善多点触发监测预警机制，强化应急处置实战演练，推进重点人群新冠疫苗加强免疫，全面加强核酸检测、流调溯源、集中隔离、医疗救治、院感防控、物资保障等方面能力建设，提升智慧防控水平，快速、科学、精准应对疫情风险。实施公共卫生体系重塑性改革。

从严从实抓好安全生产工作。贯彻执行新修改的《安全生产法》，严格落实党政领导干部安全生产责任制规定和"三管三必须"实施细则，全面落实分类分级监管和安全监管专员制度。压实企业法人代表或实际控制人的安全生产责任，落实全员安全生产责任制，强化现场管理，加大安全投入和培训，建设本质安全企业。

深入开展专项整治三年行动，突出煤矿、非煤矿山、危险化学品、道路交通、燃气等领域隐患排查治理，始终保持严厉打击私挖滥采、非法生产等行为的高压态势。完善应急救援体系，加强应急救援队伍、应急物资储备和应急指挥信息化建设，提高防灾救灾减灾能力，科学有效应对处置各类事故灾害。

担当作为抓好平安山西建设。全力做好重要节点维稳保障工作，当好首都"护城河"。坚持和发展新时代枫桥经验，加强人民调解工作，落实属地管理责任，强化源头预防化解，完善城乡统筹的信访治理体系，深入开展重复信访治理和积案化解工作。加强和完善城乡社区治理，推行全科网格、智慧社区。加强食品药品安全监管，推进食品药品追溯体系建设，严防严控各类食品药品安全风险。健全社会治安防控体系，常态化开展扫黑除恶斗争，依法打击和惩治各类违法犯罪活动，营造安全稳定的社会环境。

支持国防和军队建设，做好国防动员、双拥工作。更好发挥工会、共青团、妇联等群团组织作用，大力发展妇女、儿童、老龄、残疾人和红十字等事业。扎实做好民族宗教、外事、侨务、港澳台、援疆、人防、气象、地震、科普、史志、档案、参事等工作。

三、大力提升政府治理体系和治理能力现代化水平

坚持以政治建设为统领，全面提升政府治理能力，努力建设人民满意的服务型政府。

强化政治引领。巩固拓展党史学习教育成果，加强创新理论武装，始终把学习贯彻习近平新时代中国特色社会主义思想作为第一议题，坚决捍卫"两个确立"，切实增强"四个意识"、坚定

"四个自信"、做到"两个维护"，深刻把握政治和业务一体两面的辩证关系，不断提高政治判断力、政治领悟力、政治执行力，坚决有效、不折不扣贯彻落实习近平总书记重要指示批示和党中央、国务院决策部署，贯彻落实省委工作要求，在胸怀"两个大局"、践行"国之大者"中推动我省高质量发展取得新成效。

强化依法行政。贯彻习近平法治思想，深化法治政府示范创建，推进法治山西、法治政府、法治社会一体建设试点工作。树牢法治意识，增强法治思维，严格依照法定权限和程序行使权力、履行职责。做好科技创新、公共卫生、生态文明、民生、社会治理等领域行政立法工作。加强规范性文件备案审查工作。落实"三项制度"，持续推进综合行政执法改革。深入开展"八五"普法，强化公共法律服务体系建设，深化行政复议体制改革。严格执行人大及其常委会的决议决定，认真办理人大代表建议、政协提案。自觉接受人大法律监督、政协民主监督和各方面的监督。深入推进政务公开和信息公开，依法全面公开权力清单、责任清单，让权力在阳光下运行。

强化服务意识。坚持人民至上，持续开展"我为群众办实事"活动。加强经济知识、科技知识和专业知识学习，提升服务市场主体和人民群众的能力和本领。敬畏历史、敬畏文化、敬畏生态，做到慎重决策、慎重用权。弘扬"一线工作法"，深入基层开展调查研究，接地气、知民情、解民忧，以政府工作的"服务指数"换取人民群众的"幸福指数"。

强化工作落实。大力解放思想，勇于破除因循守旧的保守观念，善于用新举措开创新局面。实行"1+N"抓落实工作机制，分工负责、清单管理、协同配合，以科学规范的流程、明确具体的标准，形成抓落实的完整闭环。完善"13710"督办、"点穴式"督查机制，严格问效奖惩，对重点工作进行考评，完善正向激励、约谈问责和容错纠错机制，推动各项工作落地见效。

强化清正廉洁。落实全面从严治党主体责任，深入推进政府系统党风廉政建设和反腐败斗争，筑牢国资国企、地方金融、能源资源、公共资源交易等重点领域的制度防线，贯彻落实中央八项规定及其实施细则精神，着力整治形式主义、官僚主义，建设清廉政府。牢固树立过紧日子思想，坚决压减非刚性、非重点、非急需支出，把宝贵的财政资金用在民生事业和转型发展上。

各位代表，新征程催人奋进，新使命重任在肩。让我们更加紧密地团结在以习近平同志为核心的党中央周围，在省委的坚强领导下，弘扬伟大建党精神，解放思想、实事求是，真抓实干、久久为功，全方位推动高质量发展，加快转型发展蹚新路，奋力谱写全面建设社会主义现代化国家山西篇章，以优异成绩迎接党的二十大胜利召开！

内蒙古自治区
政府工作报告

——2022年1月21日在内蒙古自治区第十三届
人民代表大会第六次会议上

自治区主席　王莉霞

各位代表：

现在，我代表自治区人民政府，向大会报告工作，请予审议，并请自治区政协委员提出意见。

一、"十四五"开局起步之年的工作回顾

过去的一年，是党和国家历史上具有里程碑意义的一年，也是内蒙古发展历程中很不平凡的一年。在习近平总书记亲切关怀和党中央坚强领导下，我们深入学习贯彻习近平新时代中国特色社会主义思想特别是习近平总书记对内蒙古重要讲话重要指示批示精神，全面贯彻落实党中央、国务院决策部署和自治区党委要求，紧紧依靠全区各族人民推动各项事业发展，以"十四五"良好开局庆祝党的百年华诞。

一年来，我们直面各种困难和挑战，稳中求进、负重奋进，在自治区党委带领下着重抓了几件要事难事。精心编制规划体系，紧紧围绕贯彻落实习近平总书记和党中央为内蒙古确定的战略定位和行动纲领，按照自治区党委"十四五"规划建议，坚持一张蓝图绘到底，在开局之年基本编制完成各类综合规划和专项规划，绘就了"十四五"发展的施工图。全面挖潜保障煤电供应，坚持保大局、保民生，先后拿出50条措施增产保供，圆满完成国家交付的18个省份煤炭保供任务，为农牧户提供平价煤，煤炭日产连创新高，外送电量全国第一，为国家发展和安全大局作出了内蒙古贡献。齐心协力处置突发疫情，坚持人民至上、生命至上，想尽一切办法克服边陲城镇在流调检测、医疗救治、隔离安置、物资保障等各方面难以想象的困难，特别是历经艰险成功组织逾万游客跨省护送、逾万密接分地隔离、数百病患千里转运，有效处置了二连浩特、额济纳、满洲里等地疫情，有力守护了人民群众安康和社会秩序安定。坚定稳妥防范化解重大风险，超额完成政府隐性债务年度化解任务，稳妥处置包商银行风险和蒙能建港股退市，稳健推进城商行改革化险，积极防控房地产企业履约风险，常态化治理煤炭资源领域违规违法问题，专项整治破坏草原林地违规违法问题，为各项事业发展行稳致远打下了良好基础。精准施策强化节能降耗，坚持生态优先、绿色发展，顶住经济下行压力，实现违规"两高"项目整改清零，实施能耗预算管理，完成了国家下达任务，扭转了资源环境约束性指标失控状况。动真碰硬优化营商环境，坚持以打好整体攻坚战为牵引，制定优化营商环境3.0方案，实施"一网通办"2.0建设，开展"蒙速办·四办"服务，让企业和群众感受到环境在变化、服务在优化。经过不懈努力，全区经济社会发展呈现良好态势，全年主要发展目标任务较好完成。

一是经济保持平稳健康运行。着力扩大有效投资，实施重大项目3074个、完成投资4658亿元，工业投资、民间投资分别增长21.1%、14.4%。多措并举助企纾困，降低企业用电成本59亿元，新投放企业流动性风险防控基金和纾困发展基金38.4亿元，新增减税降费超过250亿元，新设市场主体38.6万户，工业企业利润总额突破3000亿元、创历史新高。落实资金直达机制，支出直达资金758亿元，保障了实体经济发展和基本民生、基层运转。全区地区生产总值突破2万亿元、增长6.3%，固定资产投资增长9.8%，社会消费品零售总额增长6.3%，一般公共预算收入增长14.6%，经济持续稳定恢复、稳中向好。

二是产业转型升级迈出积极步伐。实施奶业、种业振兴行动，新增高标准农田460万亩，粮食生产"十八连丰"，畜牧业生产"十七连稳"。实施新能源倍增行动，风电光伏项目获批规模突破4000万千瓦，可再生能源发电量增长27.5%。加快产业改旧育新步伐，引进远景等15家头部企业，制造业、高新技术业分别增长11.3%、22.4%。完成工业园区优化整合，机构数量压减一半，规划面积缩减30%，产值超千亿元园区达到3个。促进服务业回稳提质，新创建3个国家级夜间文旅消费集聚区和9个全国乡村旅游重点村镇，包头市入选国家级文旅消费试点城市。全区存贷款增速增量均创4年来新高，银行业不良贷款率降至6年来最低水平；4家企业成功上市，打破了我区企业9年A股上市"零记录"。

三是"科技兴蒙"行动全面深化。实施研发投入攻坚行动，制定12项财政配套支持措施，财政科技支出同口径增长20.7%。实施进位促优倍增计划，呼和浩特高新区全国排名提升10位，全区高新技术企业和科技型中小企业分别达到1220家、828家。组织科技重大专项47项，实施技术攻关计划445项，促成首批"揭榜挂帅"项目12项，遥感卫星"内蒙古一号"成功发射。加大平台载体建设力度，设立内蒙古科学技术研究院，成立稀土、5G产业创新联盟，加入国家区域创新发展联合基金和黄河流域科创联盟，与国内高校院所共建新型研发机构24家，国家乳业技术创新中心和乳制品产业计量测试中心成功获批。

四是生态系统质量和稳定性持续提升。编制完成自治区国土空间规划，全域明确主体功能区定位，合理划定"三区三线"。完成中央环保督察及"回头看"整改任务，黄河、"一湖两海"、察汗淖尔等重点河湖流域治理取得扎实成效。深入打好污染防治攻坚战，大气、水、土壤环境质量持续改善。呼和浩特入选"2021中国最具生态竞争力城市"，兴安盟成功创建全区首家地市级"绿水青山就是金山银山"实践创新基地。实施保护修复重大工程，完成营造林594万亩、种草1667万亩、防沙治沙530万亩，新建绿色矿山133座，生态服务功能持续提升。

五是城乡区域协调发展扎实推进。巩固拓展脱贫攻坚成果，全面推进乡村振兴，消除4.7万名监测对象返贫致贫风险，建成农村牧区公路4704公里，实施危房改造6814户，整改问题厕所15.1万个。深化京蒙协作，引进企业97家，投入援助资金19.4亿元，帮扶消费突破100亿元。加快推进航线干支通、支支通，呼和浩特直达郑州、济南、西安动车组相继开通，呼包鄂乌161项政务服务事项实现"四城通办"。

六是改革开放取得明显成效。深化"放管服"改革，企业开办"一日办结"，67.8%的政务服务事项支持全程网办，市场监管高频服务事项实现"跨省通办"。深入实施国企改革三年行动,公司制改革基本完成,环投集团进行战略重组,蒙能、能建集团完成整合。分领域推进财政事权和支出责任划分改革,设立绿色金融专营机构,绿色贷款增长18.4%。扎实推进宅基地制度改革等试点,农村牧区集体产权制度改革任务基本完成。谋划实施一批对外开放重点工程项目,开行中欧班列304列,过境中欧班列6162列、增长13.3%,进出口总额1235.6亿元、增长17.2%。举办全国工商联主席高端峰会暨全国优强民营企业助推内蒙古高质量发展大会,加强与国内重点地区交流合作,引进国内资金到位2112亿元、增长15.3%。

七是民族团结大局巩固发展。坚决铸牢中华民族共同体意识,大力推广普及国家通用语言文字,国家统编教材"应推尽推",国家通用语言保育教育实现幼儿园全覆盖,城市语言文字规范化评估工作总体完成。制定实施民族团结进步创建发展规划,兴安盟再次成功创建全国民族团结进步示范盟。尤为令人难忘的是,在疫情突发、暴雪突袭之时,各族人民心手相连,各级各地奋力驰援,诠释了休戚与共、荣辱与共、生死与共、命运与共的共同体理念,谱写了守望相助的壮美画卷,呵护了"模范自治区"的崇高荣誉。

八是民生保障水平不断提高。强化就业增收举措,城镇新增就业22.4万人、完成年度计划112%,城乡居民收入分别增长7.3%、10.7%。扩大普惠性学前教育覆盖面,有效落实"双减"政策,全域通过国家义务教育发展基本均衡认定。推进重大疫情救治基地、市县疾控机构建设和全民健康保障工程,基层医疗卫生服务能力整体提升。支持乌兰牧骑改革创新,完成武安州辽塔保护修缮，12.12万边远牧户接通智慧广电网络，内蒙古农信女篮卫冕全国联赛总冠军，群众性冰雪运动掀起热潮。超额完成社会保险参保扩面任务，养老金、医保补助、低保保障、特困人员救助供养标准进一步提高，基本养老服务体系建设扎实推进。实施老旧小区改造23.8万户、棚户区改造2.59万套，累计解决房地产历史遗留问题项目2947个、139.7万套。加强和创新社会治理，呼和浩特入选"2021中国领军智慧城市"，鄂尔多斯荣获平安中国建设"长安杯"，全区三级社会工作平台、反电诈中心建设扎实推进，治理重复信访、化解信访积案专项工作成效明显。有效应对自然灾害，全面开展安全隐患排查整治，生产安全事故起数和死亡人数双下降，未发生重大食品药品安全事件，社会大局保持稳定。

一年来，国防动员、双拥优抚、退役军人、人民防空等工作都有新成绩，外事侨务、统计调查、新闻广电、社会科学、档案保密、参事文史、地震气象、地质测绘等事业都有新成效，工会、共青团、妇联、科协、文联、残联、红十字会、老龄委、关工委等组织都有新气象。

一年来，政府自身建设有了新的加强。我们把政治建设摆在首位，扎实开展党史学习教育，全面完成"我为群众办实事"清单事项，认真抓好中央巡视、审计整改工作，深入推进金融领域和国资国企、开发区系统以案促改，政府工作效率、落实效果、治理效能不断提升。坚持依法行政，自觉接受各方面监督，提请自治区人大常委会审议法规议案36件，制定修改废止政府规章29件，585件人大代表建议和583件政协提案全部办结。坚持过紧日子，自治区本级非重点、非刚性支出预算压减55.5亿元，综合压减率34.4%。

各位代表！过去一年，在困难多挑战大的情况下，我区各项事业之所以能够发展进步，最根本的就在于以习近平同志为核心的党中央的坚强领导，在于习近平新时代中国特色社会主义思想的科学指引，在于习近平总书记亲自为内蒙古把脉定向、掌舵领航。我区各项工作所取得的成绩，都是自治区党委团结带领全区各族人民拼搏奋斗的结果，都是自治区人大、政协和社会各界有效监督、大力支持的结果。在此，我代表自治区人民政府，向全区2400多万各族人民，向各位人大代表、政协委员和各民主党派、工商联、人民团体、社会各界人士，向中央各部门、兄弟省区市，向驻区解放军和武警部队，向所有关心支持内蒙古的朋友们，表示衷心的感谢，致以崇高的敬意！

二、2022年经济社会发展的目标要求

今年党的二十大将胜利召开，自治区第十一次党代会精神贯彻落实工作正深入展开，在内蒙古全面建设现代化进程中具有重大意义。做好政府工作，要以习近平新时代中国特色社会主义思想为指导，全面贯彻落实党的十九大和十九届历次全会精神、中央经济工作会议精神，深入贯彻落实习近平总书记对内蒙古重要讲话重要指示批示精神，认真贯彻落实自治区第十一次党代会精神，弘扬伟大建党精神，坚持稳中求进工作总基调，完整、准确、全面贯彻新发展理念，积极服务和融入新发展格局，全面深化改革开放，坚持创新驱动发展，坚持以供给侧结构性改革为主线，统筹疫情防控和经济社会发展，统筹发展和安全，坚持不懈铸牢中华民族共同体意识，坚定不移走以生态优先、绿色发展为导向的高质量发展新路子，加快建设"两个屏障"、"两个基地"、"一个桥头堡"，继

续做好"六稳"、"六保"工作，着力保障和改善民生，保持经济运行在合理区间，保持社会大局稳定，以优异成绩迎接党的二十大胜利召开。

全区经济社会发展的主要预期目标是：地区生产总值增长6%左右；城镇新增就业20万人以上，城镇调查失业率6%左右；居民消费价格涨幅3%左右；居民收入增长与经济增长基本同步；生态环境质量进一步改善，完成国家下达的节能减排目标任务。经济增长目标设定为6%左右，贯彻了稳字当头、稳中求进要求，考虑了动力支撑、压力承受限度，与其他预期目标相协调，与"十四五"规划目标相衔接，有利于保就业、防风险、稳预期，有利于调结构、转功能、提质量，有利于调动各方面抓发展的积极性主动性。

综合分析，落实这些目标要求，既有支撑条件也面临着困难挑战。从全国看，我国经济韧性强，长期向好的基本面不会改变，但在世纪疫情冲击下百年变局加速演进，外部环境更趋复杂严峻和不确定，经济发展面临需求收缩、供给冲击、预期转弱三重压力。从我区看，探索生态优先、绿色发展之路不断破题，经济社会发展全面绿色转型势头持续向好，但发展不平衡不充分问题依然突出，制约高质量发展的布局矛盾、结构问题、体制障碍依然突出，科技创新、基础设施、产业建设、生态环保、公共服务和民生领域短板依然突出。经济下行压力持续加大，项目储备与高质量发展的衔接性不强，项目结构与供给侧结构性改革的匹配度不高，项目规模对经济增长的支撑力不够。地方可用财力总体不足，财政收支处于紧平衡状态，尤其是基层政府化解债务、助企纾困和保民生、保工资、保运转面临较大困难。各类风险挑战明显增多，经济金融领域风险累积叠加，生态环境突出问题存量较大，防止规模性返贫的基础还需要进一步夯实，尤其是突发疫情风险始终存在，一丝放松、一点疏漏，就可能造成难以预估的影响，就需要付出难以承受的代价。

总起来讲，实现预期性指标要跳起摸高，完成约束性指标要承压负重。我们要树立底线思维、增强系统观念、用好统筹方法，做周全准备，尽最大努力，争取更好结果。必须完整、准确、全面贯彻新发展理念，坚持生态优先、绿色发展，坚持扬长避短、培优增效，找准服务和融入新发展格局的有效路径，着力转变经济发展方式，加快构建绿色特色优势现代产业体系，全力以赴把结构调过来、功能转过来、质量提上来。必须坚持稳字当头、稳中求进，积极推出有利于稳经济、过关口的政策措施，坚决稳住经济基本盘、稳定社会基本面，扎实推动经济发展质量变革、效率变革、动力变革，确保实现经济量的合理增长和质的稳步提升。必须坚决守住不发生系统性风险的底线，把化险防变作为一切工作的前置条件，压实各方面化险和维稳责任，做实各领域风险预警监测和防范处置措施，抓早抓小抓苗头，确保社会大局稳定。必须齐心协力攻坚克难，全区上下共抓发展、共克时艰，推动财力下沉、政策下倾，调动更多资源力量帮助基层解难题、渡难关，鼓足方方面面的干劲推进改革、促进发展。

三、今年政府工作的主要任务

面对复杂严峻的形势和艰巨繁重的任务，我们要坚定信心、主动作为做好工作。

（一）着力扩投资促消费防风险，保持经济平稳健康发展。充分发挥投资的关键作用和消费的基础作用，切实防范化解重大风险，打一场保稳促进的硬仗。

积极扩大有效投资。用足用好国家适当增加预算内投资、大力支持实体经济融资等政策，盯住规划重大项目和年度重点项目，采取超常举措强化要素保障、做好前期工作，全力完成5200亿元固定资产投资目标。加快调整升级项目库，围绕重点产业链、供应链、创新链谋划推进项目建设，促进工业技改、先进制造、新兴产业和创新成果转化投资大幅增长。强化招商引资工作，常态化走出去、精准化引进来，促进社会资本投资、引进区外投资大幅增长。

加快基础设施建设步伐。抓住国家适度超前开展基础设施投资的机遇，抓紧构建联通全国、贯通全区的现代基础设施网络体系。加快包银、集大原高铁建设和集通铁路电气化改造，争取鄂榆延高铁等项目早日落地开工。推动S43机场高速等项目开工建设，新改建农村牧区公路5000公里以上，加强大兴安岭林区公路和通信网络、牧区通讯基站建设。重点抓好呼和浩特新机场等工程，建成3个通用机场，完善通用航空网络，推进全区航线干支通、全网联。抓紧实施黄河内蒙古段防洪三期、引绰济辽二期、病险水库除险加固等工程，积极谋划引调水骨干工程和农田水利项目。深入推进城市更新行动，强化老旧管网特别是燃气管道改造，提升城市精细化管理水平，提高城市安全性宜居性。建立专项债券项目准备推进机制，加强对盟市、旗县债券项目的指导协调，做到开工建设一批、储备一批，尽快形成实物工作量。

持续促进消费扩容升级。各级政府要千方百计让广大人民群众的"钱袋子"鼓起来，群众手里的钱多了，才能增加消费，才能改善消费结构，才能提升消费质量。延续和完善对中小微企业、个体工商户、相关服务业的支持政策，制定促进消费增长若干措施，分行业完善疫情防控与服务运营操作规程，促进接触型消费加快恢复，推动假日消费、街区市场、门店商铺、夜间经济等全面活跃起来。立足全国市场扩大旅游消费、绿色农畜产品消费，促进新能源汽车推广应用，鼓励开展绿色智能家电下乡。加强新型商圈、县城综合商业体、社区商业配套设施建设，促进消费线上线下融合发展，打击侵权假冒，营造良好消费环境。

精准防范化解经济金融风险。聚焦基层政府债务负担重、化解难问题，在压实地方责任、年度任务的同时，自治区政府采取清零一批、置换一批、贴息一批、划转一批举措，全力帮助基层化解债务。严肃财经纪律，强化预算绩效管理，坚决遏制新增隐性债务，坚决制止违规使用财政资金、偷逃税款、财务造假等行为。健全地方金融治理体系，构建金融协同监管机制，强化企业自救主体责任，稳妥化解地方法人金融机构风险，防范化解信用类债券违约风险。因城施策做好房地产调控，稳妥处置房地产企业履约风险。

（二）着力稳产业强链条育动能，夯实经济高质量发展根基。围绕更好保障国家能源安全、粮食安全、产业安全、生态安全，紧扣"两个基地"建设，深入开展质量提升行动，集中打造绿色农畜产品加工、新能源、新材料、新型化工、现代装备制造、生物医药、数字经济、现代服务业等产业集群，首批打造12条重点产业链，带动产业结构调整优化升级。

大力推进农畜产品生产基地优质高效转型。更加注重品种培优、品质提升、品牌打造，推动现代农牧业全产业链发展，促进农畜产品产量大区向农牧业质量强区迈进。大力实施种业振兴行动，集中推进种质资源保护利用、良种化水平提升、优势特色品种培育三大工程。深入实施奶业振兴行动，建设一流种源、饲草、奶源基地，建好伊利现代智慧健康谷、蒙牛中国乳业产业园等重大项目，为实现"从一棵草到一杯奶"全产业链发展打好基础。加快推进农牧业集约化、规模化、高端化发展，做优做强奶业、玉米两个千亿级产业和肉牛、肉羊、羊绒、马铃薯等百亿级产业，做大做强农牧业产业化龙头企业，以"蒙"字标认证为牵引做响一批区域公用品牌和产品品牌。落实粮食安全主体责任，坚守耕地红线，实施优质高效增粮示范行动，稳定粮食播种面积和产量，完成500万亩大豆扩种任务，抓好400万亩高标准农田建设、1350万亩黑土地保护性耕作任务，加强盐碱地改造利用，把更多农田变为良田。充实"菜篮子"，加强重点城市蔬菜基地建设，逐步提高生产供应自给能力。

大力推进能源和战略资源基地优化升级。做好现代能源经济这篇文章，聚焦"两率先"、"两超过"目标，加快蒙东、蒙西千万千瓦级新能源基地和抽水蓄能电站、新型储能设施建设，加快沙漠、戈壁地带大规模新能源开发规划布局，加快源网荷储、风光火储一体化综合应用示范，壮大风光氢储产业集群，建设安全、灵活、高效的新型电力系统，新增新能源并网规模2000万千瓦以上，可再生能源装机比重提高到40%以上。积极筹建新能源装备制造产业发展基金，大力发展新能源装备制造业和运维服务业，集中建设千亿级新能源装备制造产业集群和氢能装备、储能设备产业基地。协同联动深化能源改革，建立清洁能源消纳长效机制，健全新能源项目管理办法，完善能源价格形成机制。加大清洁能源和战略性矿产勘查力度，强化煤炭应急产能储备，加强特高压外送通道和配套电源工程建设，持续优化蒙西电网东部末端网架和电源点支撑布局，促进电力充足供应，做好煤炭电力保供工作。延伸稀土产业链条，主攻高端材料和终端产品，提高精深加工度和综合利用率。

大力推进制造业高端化、智能化、绿色化发展。制定促进制造业、中小企业高质量发展若干政策措施，实施延链补链强链行动，启动一批产业基础再造工程项目，培育一批专精特新"小巨人"企业，打造一批千亿级优势特色产业。发挥军工优势，打造包头军民融合产业基地。在能源、化工等领域建设10个企业级、行业级、区域级工业互联网平台，推动智能化工厂、数字化车间建设。巩固工业园区整合成果，完成区域评估，实现智慧园区全覆盖。加快过剩低效产能退出，有序推进节能节水超低排放改造，实施园区自备电厂、高耗能企业绿电替代，发展绿色制造，打造一批低碳园区、零碳园区。

大力推进数字内蒙古建设。健全信息基础设施，建设呼和浩特、包头"千兆城市"和煤炭、稀土、化工等工业互联网标识解析二级节点，打造全国一体化算力网络国家枢纽节点，新建5G基站1万个。推进产业数字化，分行业制定数字化转型路线图，加快传统产业全方位、全链条数字化改造，提高重点领域关键工序数控化率和数字化研发设计工具普及率，推进5G+工业互联网融合应用，建设5G+智慧矿山，推动教育、医疗、交通等5G场景示范，建设一批智能停车场、智能充电桩。推进数字产业化，以呼包鄂乌、赤峰为重点打造各具特色的数字产业园区，加快发展云计算、区块链、人工智能、软件开发等数字产业。

大力推进服务业提质提效。培育发展科技服务、工业设计、商务会展等新兴服务业，抓好包钢、伊利、北重等现代服务业与先进制造业融合发展试点。全面推进物流业现代化，加快呼和浩特、乌兰察布——二连浩特、满洲里国家物流枢纽和巴彦淖尔国家骨干冷链物流基地建设，健全农村牧区寄递物流体系，基本实现村村通快递。推进金融有效支持实体经济发展，大力发展绿色金融、普惠金融、科创金融，提升中小微企业融资便利度、降低融资成本。全力推进旅游业高质量发展，实施重点景区品质提升行动和文化旅游数字化工程，组建自治区文旅投资集团，支持黄河"几"字弯、阿尔山、额济纳等优势区块率先发展，打造一批资源深度整合、文旅深度融合的新样板，带动全区旅游从东到西都火起来、一年四季都热起来。

（三）着力抓好生态环境保护治理，筑牢我国北方重要生态安全屏障。保持加强生态文明建设的战略定力，持续改善生态环境质量，守护好内蒙古这片碧绿、这方蔚蓝、这份纯净。

全面加强生态系统保护。完成盟市、旗县国土空间规划编制，强化国土空间用途管制，实施"三线一单"分区管控，坚决守住生态保护红线。坚持山水林田湖草沙系统治理，把保护草原和森林作为首要任务，落实草畜平衡制度，强化林草灾害防控，深化破坏草原林地违法行为整治，聚焦生态环境脆弱区块实施保护修复重大工程，科学推进国土绿化和防沙治沙。坚持把黄河大保护大治理挺在前面，打好环境问题整治、深度节水控水、生态保护修复攻坚战，加快推进十大孔兑综合治理、滩区居民迁建。突出抓好"一湖两海"、察汗淖尔、西辽河等重点河湖湿地综合治理，加快规划工程项目建设。强化林长制、河湖长制，构建草原、河湖等生态系统保护数字化监管、网格化落责、法治化规范体系。加大矿山生态修复治理力度，新建绿色矿山100座以上。加快创建国家生态文明试验区，加强生物多样性保护，积极构建自然保护地体系，鼓励各地开展生态文明示范创建活动，共建人与自然和谐共生的美好家园。

深入打好污染防治攻坚战。强力推进空气质量改善，深化乌海及周边地区等重点区域大气污染联防联治，推进钢铁、有色、化工等重点行业污染深度治理，强化多污染物协同控制，加快推进清洁取暖，基本消除重污染天气。强力推进水污染防治，重点整治入河排污口和不达标断面水体，加快推进污水处理厂精准提标，开展县级城市建成区黑臭水体排查整治。强力推进土壤风险管控，开展农用地重金属污染源头防治，加大化肥农药减量增效和农膜回收力度，推行垃圾分类和资源化，支持鄂尔多斯、包头、乌海开展大宗固体废弃物综合利用示范。

扎实推进节约集约循环发展。科学构建碳达峰、碳中和政策体系，加强煤炭清洁高效利用，加大重点领域节能降碳力度，加快大宗货物运输"公转铁"、"散改集"，持续提升应对气候变化能力。实行能耗强度严格控制、总量弹性管理，完善用能预算管理，强化能耗强度标杆引导，坚决遏制"两高"项目低水平盲目发展，新建项目一律执行"两个先进"审查标准，新释放用能空间优先用于发展绿色特色优势产业。建立健全水资源刚性约束制度，坚决落实"四水四定"原则和"量水而行"要求，狠抓地下水超采治理，全面强化农业节水增效、工业节水减排、城镇节水降损。加强建设用地"增存挂钩"，加大批而未供和闲置土地处置力度，推进低效用地再开发和工矿废弃地复垦利用。弘扬勤俭节约优良传统，倡导简约适度、绿色低碳生活方式，激励各族人民携手共建美丽内蒙古。

（四）着力深化改革促进创新扩大开放，激发市场主体活力和发展内生动力。越是发展困难、转型艰难，越要坚持向改革要活力、向创新要动力、向开放要红利。

继续下大气力优化营商环境。对标一流、学习一流，全力打造优化营商环境升级版。纵深推进"放管服"改革，开展向呼包鄂乌全面下放自治区本级权力事项试点。优化"一网通办"，启动"一网统管"，深化"蒙速办·四办"服务，实现教育、社保、医疗和企业开办、经营许可等高频事项"一次办"、"掌上办"、"跨省通办"，推进12345政务服务热线"一线通达"，让群众反映的事有人盯、有人办。坚持"两个毫不动摇"，严格落实公平竞争审查制度，严控涉企收费，国家新的减税降费政策一律执行到位，拖欠民营企业中小企业无分歧账款一律清偿到位。无论是国有企业还是民营企业，越是在困难的时候，政府越是要搭一把手、助一份力，政府与企业要"亲不逾矩、清不远疏"，理直气壮支持企业健康发展。

持续深化重点领域改革。推进国企改革三年行动收官，完成重点亏损企业专项整治，更大力度地推动区属国有企业战略性重组和专业化整合，开展对标行业一流管理提升专项行动，坚定不移把国有资本国有企业做强做优。深化财政管理改革，增强全区统筹能力，发挥财政资金引导、调控、撬动作用，加强对基层的统筹指导，加强对重大战略任务和重点项目的保障。深化城商行、农信社改革，继续推进企业上市"天骏服务"计划，支持企业扩大股市和债券融资、开展信用融资，扩大信贷总量、调整融资结构。深化电价市场化改革，落实交易电价浮动机制。稳步实施土地草原"三权分置"，系统推进动物疫病防控综合改革。

加快建设创新型内蒙古。全区上下要形成一种共识，向科技要质量，向人才要发展。以"科技兴蒙"行动为统领，打好科技创新能力提升攻坚战，塑造创新驱动发展新优势。落实政府研发投入刚性增长机制和社会多渠道投入激励机制，财政科技支出增长36.9%，引导企业、金融资本和民间资本加大科研投入，实现有研发活动规上工业企业数量翻番，新增高新技术企业200家，科技型中小企业突破1000家。紧扣产业链部署创新链，聚焦新能源、新材料、乳业、煤炭清洁高效利用等重点领域实施一批关键技术攻关项目，启动种业、"双碳"科技创新重大示范工程，建设科技成果转移转化示范区。支持乳业、稀土新材料、动物疫苗等技术创新中心开展技术攻关，支持呼包鄂国家自主创新示范区、巴彦淖尔国家农业高新技术产业示范区、国家草种业技术创新中心开展创建攻坚，支持重点实验室提档升级，用新理念打造内蒙古科学技术研究院。大力实施"揭榜挂帅"制度，深化科研经费"放管服"改革，扩大高校院所自主权，拓展深化科技合作，加强知识产权保护。推动科研机构人才机制改革，大力引育科技领军人才团队、培养青年科技创新人才，深入推行科技特派员制度。

有效落实扩大开放举措。统筹"放"与"防"，一手抓实疫情防控，一手抓好口岸畅通，积极融入共建"一带一路"，深化同俄蒙各领域合作，组织实施口岸枢纽扩能改造、联运通道能力补强、集疏运设施补短板等建设项目，为打造我国向北开放重要桥头堡做实基础。充分发挥满洲里、二连浩特国家重点开发开放试验区功能作用，大力发展泛口岸经济。积极做大外向型产业，提高中欧班列参与度，扩大吸引外资和对外贸易规模。全面深化与京津冀、长三角、粤港澳和沿黄省份、毗邻省区的务实合作，特别要在能源、生态、旅游、商贸和科技、教育、医疗、人才等重点领域寻求突破，精准谋划一对一、一对多合作事项，更好承接高端产业、引进领军企业、吸纳先进要素、开拓消费市场。

（五）着力促进城乡区域协调发展，形成全区各地竞相发展的生动局面。深化落实新时代西部大开发、新一轮东北振兴战略举措，扎实推进黄河流域生态保护和高质量发展，大力推动集中集聚集约发展，加快构建城乡区域协调发展新格局。

全面推进乡村振兴。把防止返贫作为前提，完善监测和帮扶机制，抓好重点帮扶旗县倾斜支持和易地搬迁后续扶持，确保不发生规模性返贫，努力让脱贫群众生活更上一层楼。因地制宜发展特色种植养殖、农畜产品加工、乡村旅游等富民产业，提升产业规模质量，扩大就业创业容量，紧密农企利益联结，提高农牧民组织化和合作社规范化程度。支持本土人才、优秀大学生返乡创业，发展"能人经济"，深化京蒙协作、定点帮扶和"万企兴万村"行动。全面完成乡村规划编制，扎实开展人居环境整治提升行动，完成问题厕所整改，新建卫生厕所11万户，分区分类推进生活垃圾污水治理。加强边境地区苏木乡镇基础设施建设。巩固拓展牧区现代化试点成果，深入开展农区现代化试点工作。

统筹推进东中西部差异化协调发展。按照主体功能区定位，调整完善区域政策，引导各地立足优势特色、加强分工协作，走好生态优先、绿色发展之路。促进东部地区放大和发挥绿色生态优势，以生态农牧业、生态旅游业为支柱构建绿色产业体系。支持赤峰、通辽共建承接产业转移示范区，支持呼伦贝尔、锡林郭勒打造大草原品牌，支持兴安盟阿尔山创建国家级休闲旅游度假区。加快呼包鄂乌一体化发展进程，实施市场规则体系"三共三互"工程，打造1小时快速客运圈，一体建设智慧城市，加快形成强劲活跃的增长带动极。支持呼和浩特实施强首府工程、率先实现高质量发展，支持包头建设战略资源和现代装备制造基地，支持鄂尔多斯建设现代能源产业基地，支持乌兰察布打造物流枢纽和口岸腹地。促进西部地区补齐生态环境短板，优化整合采矿、焦化等产业，大力发展循环经济。支持巴彦淖尔加大河套灌区现代化改造力度，支持乌海加快资源枯竭型城市转型，支持阿拉善建设可再生能源基地。

（六）**着力兜底线保基本补短板，持续增进民生福祉**。统筹推进经济发展和民生保障，尽力而为、量力而行，重点在群众最关心的领域精准提供基本公共服务，朝着共同富裕目标稳健迈进。

切实稳定扩大就业。在高质量发展中强化就业优先导向，以稳企业来稳就业、以保企业来保就业，大力扶持就业带动力强的中小微企业、就业带动面广的个体工商户，提高经济增长的就业带动力。分类保障高校毕业生、退役军人、失业人员等重点群体就业，帮扶就业困难人员就业，转移农村牧区劳动力不低于240万人。健全灵活就业劳动用工和社保政策，保障快递小哥、外卖骑手等群体权益。深化"创业内蒙古"行动，支持各地创建重点群体就业基地和创业园区，统筹推进人力资源服务产业园建设。开展大规模职业技能培训，推广应用智慧就业服务平台，有效组织供需对接，帮助更多劳动者就业创业。

切实提升教育质量。坚持立德树人，统筹推进大中小学思政课一体化建设。多渠道解决"入园难"问题，增加义务教育及学前教育经费投入和公办学位供给，持续提升"双减"成效，规范民办义务教育，推动县域义务教育优质均衡发展，努力让每个孩子都能就近上好学。启动高考综合改革，推动普通高中教育多样化特色化发展。实施职业教育"双高"、"双优"计划，推动部区共建"技能内蒙古"，对接重点产业和市场需求深化产教融合、校企合作。优化高校设置和专业布局，加大部区共建"双一流"高校力度，促进教育更好适应高质量发展需要。

切实保障人民健康。推进疾控体系改革，提升基层疫情检测预警、应急处置和定点医院救治能力。加快区域医疗中心建设，实施公立医院高质量发展促进行动，推进紧密型县域医共体试点建设，落实保护关心爱护医务人员长效机制。加强京蒙、沪蒙医疗机构合作，全面实施中医药（蒙医药）振兴发展重大工程。加大常见病医疗药品和医用耗材集中带量采购力度，扩大妇女"两癌"筛查覆盖面，提升重点人群家庭医生签约率，深化医保支付方式改革，努力减轻群众就医负担。

切实加强社会保障。深入实施全民参保计划，基本养老保险参保人数增加40万人、参保率提高到86％以上，落实企业职工基本养老保险全国统筹制度，建立地方政府补充基金投入长效机制。推进基本医疗保险、失业保险自治区级统筹，优化跨省异地就医直接结算。保障群众基本住房需求，实施城镇老旧小区改造21.37万户、棚户区改造1万套，建设保障性租赁住房1.2万套。高度重视"一老一小"问题，推进居家社区机构养老服务协调发展，构建县、乡、村三级养老服务网络，推动新的生育政策落地见效，调动多方力量增加养老、托育服务供给。全面落实妇女儿童"两纲"目标任务，加强未成年人保护。完善社会救助体系，做好低保、特困人员、残疾人、孤儿等救助保障工作。深化殡葬改革，补齐殡葬领域服务短板。

提升公共文化服务水平。培育和践行社会主义核心价值观，深化文明创建，深入实施新时代公民道德建设"十大行动"。加强重点文物和非物质文化遗产保护利用，推进长城、黄河国家文化公园和辽上京国家考古遗址公园建设。深化拓展智慧广电工程，支持乌兰牧骑、新闻广电、文艺创作事业守正创新发展，讲好中国故事、内蒙古故事。完善公共文化设施网络，打造群众身边的精神文化家园。开展全民健身和冰雪运动，办好第十五届全区运动会、第六届全区残疾人运动会。

（七）着力巩固发展团结和谐稳定局面，筑牢祖国北疆安全稳定屏障。牢牢把握边疆民族地区在国家推进现代化建设大局中的使命和任务，做实做细维护和谐稳定各项工作，让民族团结之花常开长盛，让祖国边疆稳定常筑长固。

持续巩固发展民族团结大局。紧紧围绕铸牢中华民族共同体意识加强和改进民族工作，全面推广普及国家通用语言文字，扎实推行使用国家统编教材，传播推广更多各民族共享的中华文化符号和中华文化形象，让"三个离不开"、"五个认同"思想和"四个与共"理念在各族人民心中深深扎根。深入持久开展民族团结进步创建，深化互嵌式社会结构和社区环境建设，加强各民族交往交流交融，促进各民族像石榴籽一样紧紧抱在一起，共同呵护"模范自治区"崇高荣誉。深入贯彻落实全国宗教工作会议精神，坚持我国宗教中国化方向，整治非法宗教活动，依法管理宗教事务，不断促进宗教和谐。

科学有力抓好疫情全链条精准化防控。将疫情防控要求落实到一切经济社会活动之中，以最强的责任感和执行力抓好外防输入、内防反弹，坚决防止突发疫情冲击安全稳定大局。强化口岸风险隐患专班排查、专项演练、专业管控，强化口岸城市疫情防控资源布局和应急救治能力建设，强化人、物、环境闭环管理。细化常态化防控措施，健全多点触发监测预警机制，动态完善应急预案，加强疫情应急能力建设，既要确保一旦出现疫情能够快速有力处置，又要尽最大努力减轻代价、减少影响。

深入推进平安内蒙古建设。把为党的二十大胜利召开营造良好环境摆在第一位，全力做好北京冬奥会、冬残奥会服务保障工作，将所有措施筹备在前、落实到位。深化"枫桥经验"内蒙古实践，提升市域社会治理水平，健全社会工作体系，有效化解信访积案。强化食品药品安全监管，加强生物安全风险防控。强化安全责任落实，开展重点领域安全生产起底式排查整改，高质量完成安全生产专项整治三年行动任务。加强应急救援力量、应急物资储备、区域性应急救援基地和应急管理信息化建设，提高防灾减灾救灾能力。支持国防和军队建设，做好国防动员、军民融合、人民防空等工作，健全退役军人工作体系和保障制度，军政军民团结一心守护祖国北疆安宁。

四、全面提升政府治理能力和水平

新时代政府工作必须有新标准新质量、新作为新形象，政府自身建设必须有新加强新跃升。

旗帜鲜明讲政治。深入学习贯彻党的十九届六中全会精神，推进党史学习教育常态化长效化，深化对党忠诚教育，不断提高政治判断力、政治领悟力、政治执行力，坚决拥护"两个确立"，坚定做到"两个维护"，始终在思想上政治上行动上同以习近平同志为核心的党中央保持高度一致。

一门心思抓落实。紧紧围绕党中央决策部署，按照自治区党委工作要求，不折不扣抓好落实，百折不挠推动落实。坚持岗位就是责任、职位就是责任，坚决杜绝不落实、落不实的现象。工作举措要更严、更细、更实，让一线工作成为常态、闭环落实形成长效，持续为基层减负，坚决反对不担当、不作为、慢作为、装样子、搞花架子、盲目铺摊子，定下的事要紧抓快办、见效果、有结果。

用心用情办实事。认真践行以人民为中心的发展思想，把群众的小事当大事，把群众的急事难事当要事，持续推进"我为群众办实事"。走好新时代党的群众路线，各级政府要建立领导干部接访机制，面对面倾听群众诉求，实打实解决群众问题，真心实意为企业服务。严格控制"三公"经费，自治区本级非重点、非刚性支出预算再压减29.5亿元，带动各级各地节支节约，坚决反对铺张浪费、大手大脚，用好每一分钱、办好每一件事。

清正廉洁干事业。全面落实管党治党责任要求，严格执行中央八项规定精神，严格遵守各项纪律规矩，防止党内政治生活庸俗化、交易化，对"四风"问题特别是形式主义、官僚主义问题露头就打，对贪腐现象坚决做到零容忍，使严的主基调在政府系统一贯到底，努力营造风清气正、干事创业的政治生态。深入推进法治政府建设，坚持用制度管权管事管人，健全守信践诺机制，言必信、行必果，决不能"新官不理旧账"。自觉接受人大监督、政协监督、监察监督、司法监督、统计监督、社会监督、舆论监督，强化审计监督，习惯在监督下开展工作，善于在监督中履职尽责。

各位代表！新时代赋予我们光荣使命，新征程召唤我们砥砺前行！让我们更加紧密地团结在以习近平同志为核心的党中央周围，在自治区党委的团结带领下，同全区各族人民一道，牢记嘱托、感恩奋进、守望相助、团结奋斗，以优异成绩迎接党的二十大胜利召开，为建设亮丽内蒙古、共圆伟大中国梦作出新的更大贡献！

《政府工作报告》有关名词解释

1.优化营商环境3.0方案：为打造优化营商环境升级版，继《自治区优化营商环境工作实施方案》、《自治区优化营商环境行动方案》后，制定《内蒙古自治区以更优营商环境服务市场主体行动方案》。

2."一网通办"2.0建设：在"互联网+政务服务"基础上，通过建设"蒙速办"、智慧政务、12345便民热线、数据安全管控等应用系统，推动"一网通办"由1.0版向2.0版迈进。

3."蒙速办·四办"服务：基于"蒙速办"政务服务移动客户端的一网办、掌上办、一次办、帮您办。

4.航线干支通、支支通、全网联：干线机场与支线机场间开通航线，支线机场与支线机场间开通航线，构建干线机场、支线机场、通用机场相互通达的公共航空运输网络。

5."双减"政策：进一步减轻义务教育阶段学生作业负担和校外培训负担。

6."两率先"、"两超过"目标：在全国率先建成以新能源为主体的能源供给体系，率先构建以新能源为主体的新型电力系统；到2025年新能源装机规模超过火电装机规模，到2030年新能源发电总量超过火电发电总量。

7."千兆城市"：千兆5G和千兆光网协同发展的典型城市。

8."三线一单"：生态保护红线、环境质量底线、资源利用上线和生态环境准入清单。

9."公转铁"、"散改集"：公路运输转为铁路运输，散堆装运输改为集装箱运输。

10."两个先进"审查标准：新建及改扩建高耗能项目工艺技

术装备达到国内同行业先进水平；能效必须达到国内同行业先进水平或国家能耗限额标准先进值。

11."四水四定"原则：以水定城、以水定地、以水定人、以水定产。

12."天骏服务"计划：即服务企业上市计划，通过动态挖掘筛选上市后备企业，实施"企业主动、政府推动、机构带动、社会联动"机制，形成"培育一批、辅导一批、申报一批、上市一批"梯次，构建"种苗子、选苗子、育苗子、送苗子"格局。

13."万企兴万村"行动：全国统一开展的民营企业参与乡村振兴行动。

14."三共三互"工程：规则体系共建、创新模式共推、市场监管共治和流通设施互联、市场信息互通、信用体系互认工程。

15."创业内蒙古"行动：自治区聚焦大众创业、万众创新制定实施的创业就业行动计划。

16.职业教育"双高"、"双优"："双高"指中国特色高水平高职学校和专业建设计划；"双优"指优质中职学校和专业建设计划。

17.部区共建"技能内蒙古"：教育部与内蒙古自治区共建的"技能社会"项目。

18.妇女儿童"两纲"：《妇女发展纲要（2021—2030年）》和《儿童发展纲要（2021—2030年）》。

19.新时代公民道德建设"十大行动"：学习教育行动、爱国爱乡行动、遵规守法行动、礼仪礼节行动、爱岗敬业行动、诚信友善行动、孝老爱亲行动、健康生活行动、生态文明行动、志愿服务行动。

20．"三个离不开"、"五个认同"：汉族离不开少数民族，少数民族离不开汉族，各少数民族之间互相离不开；对伟大祖国的认同，对中华民族的认同，对中华文化的认同，对中国共产党的认同，对中国特色社会主义的认同。

辽 宁 省
政府工作报告

——2022年1月20日在辽宁省第十三届
人民代表大会第六次会议上

代省长　李乐成

各位代表：

现在，我代表省人民政府向大会报告工作，请予审议，并请省政协委员和其他列席人员提出意见。

一、2021年工作回顾

2021年是党和国家历史上具有里程碑意义的一年，也是辽宁发展史上极不平凡的一年。面对疫情防控和改革发展稳定的繁重任务，在以习近平同志为核心的党中央坚强领导下，按照省委工作部署，坚持以习近平新时代中国特色社会主义思想为指导，全面贯彻落实党的十九大和十九届历次全会精神，完整、准确、全面贯彻新发展理念，笃定高质量发展不动摇，扛起维护国家"五大安全"的政治使命，统筹疫情防控和经济社会发展，统筹发展和安全，全力抓创新、促转型、化风险，推动经济平稳健康发展，社会大局保持稳定，"十四五"迈出扎实第一步、见到振兴新气象。

一是经济运行稳中向好。面对超出预期的多重困难和挑战，全力做好"六稳""六保"工作。地区生产总值27584亿元、增长5.8%，一般公共预算收入2764.7亿元、增长4.1%，规模以上工业增加值增长4.6%，固定资产投资增长2.6%，进出口总额增长17.6%，社会消费品零售总额增长9.2%，居民消费价格上涨1.1%。加大助企纾困力度，新增减税降费167.6亿元。下达财政直达资金1189.4亿元，惠及企业2800多户、群众2100多万人。全力做好能源、电力保供稳价工作。努力扩大有效投资，徐大堡核电二期开工建设，双台子储气库群扩容工程正式投产，朝凌高铁开通运营，沈白高铁、阜奈高速全线开工。推动消费提质扩容，开展"全民乐购·约惠辽宁"系列主题促消费活动。沈阳中街获批全国示范步行街。成功承办全国农村商业建设工作现场会。全省经济运行呈现稳定恢复、稳中向好态势。

二是风险化解有力有效。强化底线思维，坚持系统观念，健全工作机制，绝不绕道、精准拆弹，坚决扛起属地风险处置政治责任。快出手、慢撒气、稳预期，组建省金控集团、辽沈银行，推进城商行和农信机构改革，金融风险扩大蔓延势头得到有力遏制，金融改革化险取得重大阶段性成果。推动华晨集团司法重整。积极化解政府隐性债务，建立完善财力保障机制，基层"三保"支出得到有效保障。坚持"外防输入、内防反弹"总策略，从严从实抓好常态化疫情防控，集中力量打赢几场局部聚集性疫情歼灭战。

三是创新动能加速集聚。倾力做好结构调整"三篇大文章"，谋划项目1492个、总投资6768亿元，制定实施24条重点产业链建设方案，加快建设数字辽宁、智造强省。推动产业数字化赋能，加快智能工厂、数字化车间建设，上云企业近9万户。加大数字基础设施建设力度，新建5G基站2.5万座，"星火·链网"超级节点落地沈阳，16个工业互联网标识解析二级节点上线运行。成功举办2021全球工业互联网大会。强力推动科技创新，实施《辽宁省科技创新条例》《辽宁省知识产权保护条例》。构建以企业为"盟主"的实质性产学研联盟200个，组织开展"揭榜挂帅"科技攻关项目101项。完成国家和省科技重大专项38个、攻克关键核心技术66项。引进"带土移植"团队218个。25项科研成果获国家科学技术奖，"纳米限域催化"获国家自然科学奖一等奖。大力推进科技成果省内转化，新增科技型中小企业4000多家、高新技术企业1000多家，新增瞪羚企业215家、雏鹰企业798家，新增国家专精特新"小巨人"企业137家。

四是改革开放成效明显。办事方便、法治良好、成本竞争力强、生态宜居的营商环境建设深入人心。"放管服"改革持续推进，全省依申请政务服务事项平均办理时间缩减80%。以数字政府建设促进服务效能提升，省一体化政务服务平台加快完善，198项政务服务事项实现"全省通办"，"一网通办"实办率超过75%，企业和群众获得感不断增强。加强和规范事中事后监管。实施惩戒严重失信行为规定，重拳打击违法失信行为。沈阳、大连营商环境建设多项指标挺进全国前列。深入实施国企改革三年行动，辽宁沈阳区域性国资国企综合改革试验全面启动。鞍钢本钢成功重组。支持民营经济加快发展，新登记企业18.4万户，增长10.9%。深度融入共建"一带一路"，承办第五次中国—中东欧国家地方领导人会议，成功举办2021辽宁国际投资贸易洽谈会。高水平建设辽宁自贸试验区，跨境电商综合试验区进出口业务稳步增长。深化苏辽、京沈、沪连对口合作。招商引资实际到位资金增长13.9%，实际利用外资增长27.1%。

五是区域发展稳步推进。着力构建"一圈一带两区"区域发展新格局，积极推进沈阳现代化都市圈建设，沈康高速全线贯通。沈抚改革创新示范区建设取得积极成效。《辽宁沿海经济带高质量发展规划》获国务院批复。推进港口整合，实现一体化运营，启动太平湾合作创新区建设。辽西地区与京津冀产业合作落地项目110个、总投资230多亿元。探索辽东绿色经济区生态保护补偿制度，加快发展绿色农业、林下经济和大健康产业，积极培育特色文旅品牌。

六是乡村振兴深入实施。推动脱贫攻坚与乡村振兴有效衔接，扶持产业项目2020个，脱贫基础更加稳固。开展黑土地保护示范区建设160万亩，新建高标准农田375万亩、设施农业10万亩。粮食产量达到507.7亿斤，创历史新高。生猪产能全面恢复。大力发展乡村特色产业，创建国家现代农业产业园2个，国家级农业现代化示范区4个，"一村一品"示范村镇达到103个，新建美丽宜居村1030个。乡村旅游、休闲康养等产业加快发展。

七是绿色发展底色鲜明。狠抓中央生态环保督察问题整改。深入打好污染防治攻坚战，扎实推进蓝天、碧水、青山、净土和农村环保五大工程。$PM_{2.5}$年均浓度降为35微克/立方米，环境空气质量优良天数比例提高4.3个百分点。地表水优良水质比例提高5.3个百分点，近岸海域优良水质占比91%。统筹山水林田湖草沙系统治理，完成营造林219.3万亩、防沙治沙16.7万亩，治理水土流失87.7万亩。《辽河国家公园创建方案》获国家公园管理局批复同意。辽河干流防洪提升工程开工建设，新建省级绿色矿山26家。落实碳达峰碳中和工作要求，推进钢铁、有色、石化、建材等重点行业节能技术改造，"两高"项目盲目发展得到有效遏制。绿色发展理念正成为辽宁高质量发展的生动实践。

八是民生福祉不断改善。10件民生实事全部完成。千方百计稳就业，城镇新增就业48.4万人，零就业家庭动态清零。城乡常住居民人均可支配收入分别增长6.6%和10.1%，居民收入增速高于经济增速。着力办好人民满意教育，新增学前教育优质普惠学位6.3万个，认真落实"双减"政策，新高考改革平稳落地。职业教育改革发展获国务院激励表彰，"双一流"建设取得新成效，普通高校开放办学、学分制改革等多项工作走在全国前列。健康辽宁建设和"三医联动"改革稳步推进，群众医药负担逐步减轻，重点建设47个高水平县域医共体、226所中心乡镇卫生院。建成20个示范型居家和社区养老服务中心。实施《辽宁省城市更新条例》，改造城镇老旧小区1246个，建设保障性租赁住房1.35万套，改造农村危房1.3万户。建设改造农村公路7060公里。30多万农村居民饮水条件得到改善。建设"四好农村路"等3项工作获得国务院大督查通报表扬。切实提高兜底保障水平，城乡低保平均标准分别增长4.9%和9.9%。退休人员养老金按时足额发放。深入实施文化惠民工程，话剧《北上》、舞剧《铁人》、电视剧《霞光》等多部文艺作品获得广泛好评。以辽宁男篮为代表的运动健儿在东京奥运会和全运会、残运会上取得优异成绩，展现良好风貌。全面做好防汛抗旱工作，大力开展城镇燃气、道路交通等重点领域安全隐患排查整治，做好重大活动安保维稳工作，扎实推进更高水平平安辽宁建设。

认真做好国防动员、兵役征集、双拥共建、边海防和人民防空建设工作，加强退役军人服务保障，军政军民关系更加紧密。工会、共青团、妇联、工商联、残联等群团组织桥梁纽带作用进一步发挥，老龄、慈善、红十字、关心下一代等工作继续加强，对口支援、审计监督、统计调查、食品药品安全、港澳台、外事侨务、新闻出版、民族、宗教、气象、地震、地质测绘、社科研究、参事文史等工作取得新成效。

一年来，我们坚持和加强党的全面领导，坚决履行政府系统管党治党政治责任。严格落实中央八项规定及其实施细则精神，驰而不息正风肃纪。深入开展党史学习教育，从百年党史中感悟思想伟力。严格执行人大及其常委会的决议决定，自觉接受人大、政协监督，612件人大代表议案建议、540件政协提案全部按期办结。提出并落实法治政府建设十项重点任务，修改废止政府规章58件，清理行政规范性文件876件。深入开展"带头抓落实、善于抓落实、层层抓落实"专项行动，政府效能不断提高。

这些成绩的取得，是以习近平同志为核心的党中央掌舵领航、坚强领导的结果，是习近平新时代中国特色社会主义思想科学指引的结果，是省委正确领导的结果，是省人大及其常委会法律监督、工作监督和人民政协民主监督的结果，是全省各族人民团结奋斗的结果。在此，我代表省人民政府，向全省各族人民，向各位人大代表、政协委员，向各民主党派、工商联、各人民团体及各界人士，向驻辽中央有关单位和人民解放军、武警官兵、公安干警、消防救援队伍指战员，致以崇高的敬意！向所有关心和支持辽宁振兴发展的港澳台同胞、海外侨胞及国际友人，表示衷心的感谢！

各位代表！在总结成绩的同时，我们也清醒看到，去年几项主要经济指标与年初预期目标有差距，这既有疫情冲击等因素影响，同时也反映出一些深层次矛盾和问题。主要是：经济下行压力加大，工业增长后劲不足，有效投资规模偏小，重大项目储备不足，消费尚未充分恢复；市场主体数量偏少、活力不足，中小微企业生产经营困难加大；优化营商环境任重道远，法治环境、信用环境建设亟需加强；科技创新对经济发展的支撑作用不够；对外开放区位优势未能充分发挥，开放合作水平不高；生态环境保护还有差距，减污降碳压力较大；金融风险不容忽视，安全生产形势仍然严峻；民生领域还有不少短板弱项，部分县区"三保"压力突出；一些干部思想观念不解放，作风转变不到位，工作中还存在很多形式主义、官僚主义问题。我们要直面问题、勇于斗争，在改革创新和破解难题中开创辽宁振兴发展新局面！

二、2022年工作安排

今年将召开党的二十大，这是党和国家政治生活中的一件大事，做好今年工作极其重要。面对需求收缩、供给冲击、预期转弱三重压力，保持全省经济平稳健康发展面临很多困难和挑战。我们必须坚定必胜信心和决心，于危中见机、在难中求成。习近平总书记高度重视、深情牵挂辽宁振兴发展，多次就东北、辽宁振兴发展发表重要讲话、作出重要指示批示，特别强调"十四五"全面振兴要取得新突破，这是振兴发展的根本遵循和必须牢牢把握的实践主题。党中央、国务院出台一系列稳增长政策举措，这是我们战胜困难谋发展的新机遇；辽宁地处黄金纬度带，具有海陆通达的区位优势，资源、科教、人才、基础设施等支撑能力较强，这是我们实现新突破的重要基础；在省委坚强领导下，近年来我省政治生态不断净化，营商环境持续优化，新旧动能加快转换，干部群众盼振兴、谋振兴、抓振兴的激情日益高涨，这是我们赢得未来的最大底气。我们要牢记嘱托、感恩奋进，按照省第十三次党代会确定的奋斗目标，解放思想、锐意进取，改革创新、跟上时代，把习近平总书记擘画的全面振兴宏伟蓝图变成美好现实。

今年政府工作的总体要求是：以习近平新时代中国特色社会主义思想为指导，全面贯彻落实党的十九大和十九届历次全会精神，弘扬伟大建党精神，深入落实习近平总书记关于东北、辽宁振兴发展的重要讲话和指示精神，认真贯彻中央经济工作会议精神，落实省第十三次党代会和省委十三届二次全会暨省委经济工作会议部署要求，坚持稳中求进工作总基调，完整、准确、全面贯彻新发展理念，服务和融入新发展格局，全面深化改革开放，坚持创新驱动发展，推动高质量发展，坚持以供给侧结构性改革为主线，统筹疫情防控和经济社会发展，统筹发展和安全，履行维护国家"五大安全"政治使命，着力补齐"四个短板"、扎实做好"六项重点工作"，继续做好"六稳""六保"工作，持续改善民生，保持经济运行在合理区间，保持社会大局稳定，以优异成绩迎接党的二十大胜利召开。

今年全省经济社会发展的主要预期目标是：地区生产总值增长5.5%以上；一般公共预算收入增长4%左右；规模以上工业增加值增长6%以上；粮食产量稳定在480亿斤左右；固定资产投资增长10%左右；社会消费品零售总额增长8%左右；进出口总额增长6%左右；城镇新增就业45万人左右，城镇调查失业率全年控制在5.5%以内；居民消费价格涨幅3%左右；居民收入增长与经济增长基本同步；生态环境质量持续改善；能耗强度目标在"十四五"规划期内统筹考虑，新增可再生能源和原料用能不纳入能源消费总量控制。

这些目标的确定，既体现了"十四五"时期全面振兴实现新突破的要求，又和过去两年平均增速相衔接；既正视了复杂严峻形势，又考虑了稳健有效宏观政策落地见效。在实际工作中要争取更好结果。

做好今年工作要重点把握以下几点：一是完整、准确、全面贯彻新发展理念。自觉把新发展理念作为发展的政治立场、价值取向，坚定不移推动高质量发展，顶住转型阵痛，摆脱路径依赖，注重发展品位，保持战略定力，加强预期管理，加快经济发展质量变革、效率变革、动力变革。二是坚持以人民为中心。践行党的根本宗旨，把人民对美好生活的向往作为奋斗目标，坚定不移走共同富裕道路，促进社会公平，增进民生福祉，让人民群众共享振兴发展成果。三是坚持稳字当头、稳中求进。着眼稳增长大局，精准落实稳健有效的宏观政策，统筹稳增长、调结构、推改革、防风险，坚持先立后破、稳扎稳打，在稳中求进中推动各项工作取得新进展。四是主动服务和融入新发展格局。紧扣深化供给侧结构性改革主线，以优化营商环境为战略基础，以构建"一圈一带两区"区域发展格局为战略布局，以做好结构调整"三篇大文章"、建设数字辽宁智造强省为战略抓手，不断增强维护国家"五大安全"能力，打造国内国际双循环重要链接，形成对国家重大战略的坚强支撑。五是敢于斗争、善于斗争。坚持问题导向、目标导向、结果导向，面对问题不绕道、遇到矛盾不回避，以主观努力弥补客观不足，以攻坚的锐气、破难的勇气、争先的志气，奋力开创辽宁全面振兴全方位振兴新局面。

今年要重点做好十个方面工作。

（一）全力以赴稳增长，确保经济运行在合理区间。自觉担负起稳住经济基本盘的政治责任，精准把握政策取向，确保在"稳"的基础上提质竞进。

狠抓宏观政策落地见效。抢抓机遇、超前谋划、精准对接，确保政策效应更好更快传导到基层、到企业、到项目。保证财政支出力度，优先投向重点工程，加大市政管网、老旧小区改造、水利工程、交通能源、产业升级、民生工程等领域支持力度。强化对企业精准帮扶，全力稳住装备制造、石油化工、冶金三大产业，抓好要素保障、产业链保供和市场开拓。落实好更大力度的组合式减税降费政策，加大对中小微企业、个体工商户、制造业、风险化解等支持力度。持续优化金融生态环境，引导金融机构加大信贷投放力度，提升中小微企业融资获得性和便利度。实施企业上市五年倍增计划，支持"专精特新"企业上市融资。

千方百计扩大有效投资。坚持维护国家"五大安全"这个政治使命、扩大内需这个战略基点和深化供给侧结构性改革这条主线有机结合、同向发力，加快谋划富有时代感的高质量项目群，以高质量项目建设推动经济质的稳步提升和量的合理增长。适度超前开展基础设施投资，加快建设红沿河核电、徐大堡核电、沈白高铁，开工建设京哈高速绥中到盘锦段改扩建工程、本桓宽高速、凌绥高速，建设改造国省干线公路2200公里，加快推进沈阳机场第二跑道、大连新机场、"引洋入连"输供水工程等前期工作。开工建设兵器集团精细化工及原料工程项目，加快SK海力士非易失性存储器、鞍钢鲅鱼圈基地绿色低碳升级等项目前期工作进度，做好大连石化搬迁改造、沈飞局部搬迁改造和沈阳航空动力产业园建设相关工作，加大装备制造、石油化工、冶金等产业技术改造力度。狠抓招商引资，深化以商招商、产业链招商，做好上门招商，大力开展粤港澳大湾区、长三角、京津冀招商引资促进周活动。招商引资实际到位资金增长10%以上。

促进消费扩容升级。开展全省促消费系列活动，促进新能源汽车消费，开展绿色智能家电下乡和以旧换新活动。提振餐饮住宿、医疗健康、文旅体育、养老家政等服务消费。规范发展网络直播、平台经济。支持各地改造升级商业步行街、夜间消费集聚区，健全社区商业配套设施，实施县域商业体系建设行动。深入实施质量强省战略，开展质量提升行动。振兴消费品产销老品牌。推动红色旅游、生态旅游、滨海旅游、冰雪温泉旅游高质量发展，打造国际知名旅游目的地。

推动外贸稳量提质。抓住RCEP实施契机，指导企业用好零关税、原产地累积等规则，拓展外贸新空间。提升外贸转型升级基地、综合保税区等平台能效，大力发展跨境电商、市场采购贸易、海外仓、保税维修等外贸新业态。做好大连服务贸易创新试点。优化进出口结构，促进产业转型升级。

（二）坚定不移抓改革，持续优化营商环境。围绕市场化、法治化、国际化要求，聚力打造办事方便、法治良好、成本竞争力强、生态宜居的营商环境，在小切口、小场景上不断突破，切实提高人民群众和市场主体获得感。

全面加强法治环境和信用环境建设。自觉运用法治思维、法治方式解决问题，依法平等保护各类市场主体产权和合法权益。加大失信联合惩戒力度，有效治理恶意拖欠账款和逃废债行为。各级政府必须严格兑现承诺、严禁失信违诺，自觉做诚实守信的坚定践行者、维护者。

深化"放管服"改革。全面深化证照分离改革，推进照后减证。编制完成省市县三级行政许可事项清单。推行企业简易注销程序，畅通准入准营和退出通道。推进工程建设项目审批全流程、全覆盖、全要素改革，推行"容缺受理+告知承诺"。推进电子证照、电子签章全面应用和互通互认。强化事中事后监管，深化"双随机一公开""互联网+监管"和信用监管，以公正监管保证公平竞争。探索推行惠企政策"免申即享"改革，让惠企政策应享尽享、即享即兑。

加快建设数字政府。以数字政府建设倒逼改革，优化政务流程，推进业务协同，提升政务效能。建设一体化数据资源管理和应用支撑系统，聚焦只提交一次材料、高效办成一件事，加快推进"一网通办"，全面提升省一体化政务服务平台和"辽事通"应用水平，高频政务服务清单内事项实现网上办、掌上办、一次办。推动省域治理"一网统管"，提升应急管理、食药品监管等智慧治理水平。以"一网协同"倒逼数据资源开放共享，建设一体化协同办公平台，推动跨部门、跨层级、跨地区协同联动。

全力激发市场主体活力。聚焦市场主体关切，提升涉企服务质量。各级政府、各部门要主动走进企业、走进项目工地，全力服务企业发展，帮助解决实际困难，着力构建亲清政商关系，亲而有度，清而有为，痛痛快快办事、公公正正服务。完成国企改革三年行动，扎实推进辽宁沈阳区域性国资国企综合改革试验。推进国资国企布局优化和结构调整，压减管理层级、减少法人户数，全面推行经理层成员任期制和契约化管理，促进国企强身健体、提质增效。因企施策推进混合所有制改革。深化央地国企战略合作，支持在辽央企转型升级。实施民营经济市场主体培育计划，促进非公有制经济健康发展和非公有制经济人士健康成长。清理政府采购、招投标等领域不合理限制，严控涉企收费，持续降低制度性交易成本。强化反垄断和反不正当竞争，依法有效监管，支持和引导资本规范健康发展。支持营口在民营经济发展上为全省作出示范。弘扬企业家精神，引导企业守法经营，主动承担社会责任。保障企业合法权益。让辽宁大地市场主体的新苗如雨后春笋般涌现，早日绿树成荫。

（三）持之以恒强创新，促进动能加快转换。坚持创新在振兴发展全局中的核心地位，争创具有全国影响力的区域科技创新中心，充分激活科技创新第一动力。

培育壮大创新主体。加快建立以企业为主体的科技创新体系，落实企业研发费用加计扣除、研发投入后补助等政策，激发企业创新活力。深入实施科技企业培育计划，新增科技型中小企业4000家、高新技术企业1500家。聚焦市场需求，新组建实质性产学研联盟200个、提升类联盟600个，实施"揭榜挂帅"项目200项。高起点建设枢纽型技术交易市场，省内落地转化科技成果4000项以上。

提升创新平台能级。抓住全国重点实验室重组机遇，推动材料实验室、智能制造实验室、精细化工与催化实验室、国家机器人创新中心等重大创新平台建设。争取大科学装置落户辽宁。支持以企业为主体，新建盘锦精细化工、锦州松山湖新材料等20家中试基地。高标准建设沈阳浑南科技城、大连英歌石科学城，提升沈大自主创新示范区能级。支持产业链大中小企业打造共性技术平台，融通创新发展。

激发创新人才活力。深入实施新时代人才强省战略，营造识才爱才敬才用才的良好环境。升级实施"兴辽英才计划"，全方位培养引进用好人才。深化"柔性引才"体制机制，持续推进"带土移植"行动，引进100个高层次人才团队。强化人才梯度培育，优化人才创新创业奖补政策，新增科技领军人才50名、高技能人才5万人，储备一批中青年科技人才。弘扬劳模精神、劳动精神、工匠精神，培育一批大国工匠、辽宁工匠，打造技工强省。

营造良好创新生态。推进科技体制改革三年攻坚行动，赋予科研单位和科研人员更大技术路线决定权、人财物使用自主权。强化知识产权全链条保护。加大省产业（创业）投资引导基金投入力度，更好发挥孵化器、众创空间作用。大力弘扬科学家精神，引领社会尊重人才、崇尚创新。

（四）精准施策调结构，奋力做好"三篇大文章"。制定实施三年行动方案，以工业振兴引领全面振兴，构建现代产业体系，加快建设数字辽宁、智造强省。

做强做大产业集群。巩固基础优势，着力转型升级，加快建设三个万亿级具有国际影响力的先进装备制造业基地、世界级石化和精细化工产业基地、世界级冶金新材料产业基地。重点支持数控机床、航空装备、船舶与海工装备、轨道交通装备、菱镁精深加工等产业，发展成为市场竞争优势明显的千亿级产业集群；扶持壮大集成电路装备、节能环保、新能源汽车、生物医药、人工智能等战略性新兴产业集群。着力提升头部企业本地配套率，实施一批延链、补链、强链重点项目。建立省级牵头抓总、市县具体推动，抓基地、抓产业集群和产业链的工作机制。完善产业园区配套，推进工业项目标准地供给，促进资源集约利用、项目高效落地。

　　大力发展数字经济。稳妥有序开展5G等新型基础设施建设，培育50个以上省级工业互联网平台，支持沈阳"双千兆"城市建设。深入实施智能化提升工程，推广工业数字化应用场景，建设一批智能工厂、数字化车间。加快发展人工智能、新一代移动通信等产业，支持沈阳、大连争创中国软件名城。加快推进智慧城市建设。利用数字技术，推动服务业转型升级，开展智慧农业应用。规范数字经济发展，营造开放、健康、安全的数字生态。

　　实施产业基础再造工程。加强创新主体协同研发，推动工业强基项目，在新材料、精细化工、高端装备制造等领域，突破一批关键核心技术，研制一批重大创新产品。做好传统基础工艺传承与发展。扶持装备首台（套）、材料首批次、软件首版次推广应用。推动中小企业走"专精特新"道路，促进大中小企业融合发展。

　　推进制造业与服务业融合发展。着力发展工业研发、工程设计、工业软件开发应用、检验检测等高技术服务业，新培育认定省级服务型制造示范企业30家、省级工业设计中心10家。鼓励服务业与制造业融合，发展个性化定制、柔性化生产。大力发展总部经济、会展经济。支持大连商品交易所研发集装箱运力等期货品种。加强沈阳生产服务型、大连港口型国家物流枢纽和营口国家骨干冷链物流基地建设。

　　（五）统筹兼顾促协调，推进"一圈一带两区"成势见效。制定实施三年行动方案，创新工作推进机制，强化沈阳、大连核心城市引领，构建高质量发展区域新格局。

　　加快建设沈阳现代化都市圈。支持沈阳创建国家中心城市，加快"一枢纽四中心"建设，着力形成新兴产业策源地，带动沈阳都市圈加快建成新型工业化示范区、东北振兴发展重要增长极。推进都市圈基础设施互联互通、产业布局分工协作、公共服务一体高效、生态文明共建共享。严控城镇开发边界，注重留白留璞增绿。支持鞍山建设钢铁、菱镁新材料产业基地。支持辽阳建设金属材料精深加工基地。鼓励沈抚改革创新示范区先行先试，形成更多制度性创新成果。加快沈阳、抚顺同城化发展。

强力推动以大连为龙头的沿海经济带高质量发展。支持大连建设东北亚海洋强市，强化制度型开放，带动辽宁沿海经济带建成"两先区一高地"。推进多式联运"一单制"试点，提升航运金融、物流等现代服务业水平，加快打造东北亚重要的国际航运中心。加强沿海六市产业分工协作，做强做大精细化工、船舶与海工装备等优势产业集群，加快建设国家级海洋牧场示范区，大力发展海洋经济。推进金普新区、太平湾合作创新区和辽河三角洲高质量发展试验区建设。支持丹东对外经贸创新发展。支持锦州建设区域中心城市。

建设辽西融入京津冀协同发展战略先导区。发挥区位优势，加强通道、产业、平台、市场对接，建设装备制造、农产品加工、高新技术等产业合作集聚区，打造辽宁开放合作的西门户和新增长极。支持阜新创建全国资源型城市转型示范市、能源综合创新示范市，支持朝阳、葫芦岛建设清洁能源产业基地，支持葫芦岛建设东戴河"带土移植"中心。

高水平建设辽东绿色经济区。加强重点生态功能区建设，探索建立生态产品价值实现机制，加大生态补偿力度，建立绿色绩效考核评价体系。大力发展现代中药、林下经济、康养医疗等绿色产业，支持本溪发展生物医药产业。守护绿水青山，不断开拓"绿水青山就是金山银山"的实践路径。

大力发展县域经济。赋予县级更大自主权，加大支持力度，加强县城公共设施和服务能力建设，推动产业集聚、人口集中、功能集成。加快特色乡镇发展，推进中心镇建设，促进城乡融合发展。发展"飞地经济"，完善利益分享机制，共建产业园区。做强做优"一县一业"，努力培育一批农业强县、制造强县、商贸强县、文旅强县，尽快补齐县域经济短板、抬高辽宁高质量发展底板。

（六）扎扎实实强基础，**稳步推进乡村振兴**。坚持农业农村优先发展，做好巩固拓展脱贫攻坚成果同乡村振兴有效衔接，以农民增收为核心，调整优化农业结构，建设农业强省。

扛稳粮食安全重任。深入实施藏粮于地、藏粮于技战略，落实耕地保护建设硬措施，坚决遏制"非农化"、防止"非粮化"，建设高标准农田390万亩，分类实施黑土地保护项目1000万亩。扩大大豆等油料作物种植面积。加强种质资源保护和利用，开展良种联合攻关，积极争创北方粳稻育种技术创新中心。推进大中型灌区节水改造、病险水库除险加固。提高农机装备水平。

加快振兴乡村产业。支持特色种养殖，新增设施农业10万亩，大力发展精品渔业，做好生猪产能调控，扩大牛羊养殖规模。培育壮大一批农业产业化龙头企业、农产品加工集聚区，做优做精粮油、畜禽、水产品、果蔬、饲料、道地药材等产业链。加快发展乡村旅游业，推动农村三次产业融合。支持铁岭打造全域国家级农业现代化示范区，推进锦州、营口、盘锦东北粮食集散和精深加工基地建设。

持续深化农村改革。认真抓好第二轮土地承包到期后再延长30年试点，做好农村宅基地"三权分置"改革试点，稳步推进土地经营权流转。深化集体林权制度改革。壮大村集体经济。推进新型农业经营主体高质量发展，强化乡村振兴项目和各类工商资本下乡项目与农民利益联结，让农民更多分享产业增值收益。

深入推进乡村建设。加快编制村庄布局规划和建设规划。实施农村人居环境整治提升五年行动，完善农村厕所改造模式和运营维护机制，因地制宜开展农村生活垃圾、生活污水治理和供水工程建设。持续推进农村电网升级改造。打造1000个以上美丽宜居村，开展水美乡村试点县建设。

（七）更高水平扩开放，打造开放合作新高地。深度融入共建"一带一路"，统筹投资、贸易、通道和平台建设，加快建设东北亚经贸合作中心枢纽。

畅通海陆大通道。支持大连港建设国际性枢纽港，支持沈阳创建中欧班列集结中心，推进海铁公空多式联运，打造海陆大通道，为国内和日韩等国货物通过辽宁北上、西进通达欧洲等国家和地区，提供更加便利快捷高效服务。中欧班列开行数量增长10%以上。深度参与中蒙俄经济走廊建设，稳健推进企业"走出去"。强化国际贸易"单一窗口"推广应用。

提升开放平台能级。依托辽宁自贸试验区，形成更多独创性、突破性创新经验。推动中日（大连）地方发展合作示范区高质量发展。加快经济开发区、综合保税区、跨境电商综试区建设。争创海峡两岸产业合作区。办好全球工业互联网大会、中国国际装备制造业博览会、辽宁国际投资贸易洽谈会等活动。

加大区域合作力度。主动对接京津冀、长三角、粤港澳大湾区等国家重大区域发展战略，深化苏辽、京沈、沪连对口合作，推进科技联合攻关、产业协同发展、园区共建共营。推动完善东北三省一区协作机制，加强跨省通道建设，共建东北东部绿色经济带和东北西部生态经济带。做好援疆、援藏工作。

（八）坚持不懈优生态，推动绿色低碳发展。牢固树立和自觉践行绿色发展理念，加快经济社会发展全面绿色转型。

有序推进碳达峰碳中和。推进电力、钢铁、有色、建材、石化行业碳达峰行动，坚决防止一刀切、运动式减碳。推进煤炭清洁高效利用，大力发展氢能等新能源，加快新型电力系统建设，稳步优化能源供给结构，保障能源充足供应，着力建设清洁能源强省。坚决遏制"两高"项目盲目发展，依法依规淘汰落后产能、化解过剩产能。实施一批节能减污降碳改造项目。推进城乡清洁供暖，推广城市绿色智慧公交，提升充换电基础设施服务保障能力。

深入打好污染防治攻坚战。巩固大气治理成效，突出抓好重污染天气消除、臭氧污染防治、柴油货车污染治理。强化河湖长制，巩固地级城市建成区黑臭水体治理成果，开展县级城市建成区黑臭水体排查整治。深入开展辽河干支流重点排污口整治，河流断面水质全面达到国家考核标准。推行"湾长制"，巩固深化渤海（辽宁段）综合治理成果，开展黄海（辽宁段）专项治理，实施海洋生态保护修复工程，确保近岸海域水质良好。深入推进农用地土壤污染防治和安全利用，加强农业面源污染综合治理。坚决抓好中央生态环保督察问题整改。精准治污、科学治污、依法治污，让天更蓝、山更绿、水更清、环境更优美。

强化生态环境综合治理。加快实施辽浑太流域山水林田湖草沙一体化保护和修复工程，加大力度推进辽西北防风治沙固土和辽东山区生态屏障建设。实施生物多样性保护重大工程。全面推行林长制，开展科学绿化试点示范省建设，新增营造林130万亩、防沙治沙26万亩。加快辽河干流防洪提升工程建设，巩固滩区封育成果，协同创建辽河国家公园。加强大伙房水库等饮用水源保护，推进水网工程建设。强化水资源刚性约束，持续实施压采地下水行动，推进节水型社会建设。开展绿色矿山建设三年行动，生态修复治理历史遗留矿山3万亩。支持抚顺、阜新等地露天矿坑综合治理与整合利用。强化"三线一单"落地应用，保障生态环境安全。

（九）**倾情倾力保民生，扎实推进共同富裕**。坚持人民至上，逐步提高民生保障水平，共同奋斗创造美好生活。

强化就业优先导向。落实减负稳岗扩就业政策，加强对高校毕业生等青年群体就业创业政策支持，加大对退役军人、农民工、残疾人和城镇困难人员就业帮扶力度，确保零就业家庭动态清零。健全灵活就业劳动用工和社会保障政策。加强农民工技能培训，保障农民工工资及时足额支付。实施"技能辽宁"行动，高水平建设一批孵化、见习和培训基地，促进更加充分更高质量就业。

着力提高人民生活品质。做好基本养老保险全国统筹对接工作，确保养老金按时足额发放。稳步推进失业保险省级统筹制度落实。健全工资合理增长机制，完善按要素分配制度，提高城乡低保和特困人员基本生活标准，增加低收入群体收入。实施职工医保门诊共济保障机制改革，建立健全重特大疾病医疗保险和救助制度，扩大药品和医用耗材集中带量采购使用范围。坚持房子是用来住的、不是用来炒的定位，因城施策促进房地产业良性循环和健康发展。建设保障性租赁住房3.2万套。深入推进城市更新先导区建设，改造老旧小区1000个。支持沈阳城市更新试点。加大文明城市创建力度，争创全国文明典范城市。积极应对人口老龄化，开展居家和社区基本养老服务提升行动，推进智慧健康养老，增加医养结合服务供给。完善积极生育支持政策，切实减轻家庭生育养育负担。

繁荣发展社会事业。落实立德树人根本任务，深入实施大中小学思想政治教育一体化建设，构建德智体美劳全面培养的教育体系。推进学前教育优质普惠发展。深化义务教育集团化办学改革，坚决推进"双减"工作。提升县域普通高中办学水平。深入推动部省共建整省推进职业教育。调整优化学科专业结构，分类建设一流大学、一流学科，推动高等教育内涵式发展。实施健康辽宁行动，深化三医联动，支持国家和省级区域医疗中心建设，加快建设中医药强省，推动公立医院高质量发展，加强公共卫生应急体系建设和精神卫生工作。建设文化强省，深化文化事业单位、国有文化企业改革，优化文化产业结构。推进长城国家文化公园（辽宁段）建设，加强红山文化社会文明化进程研究。深度挖掘红色资源，弘扬红色文化。推出更多反映时代风貌、讴歌人民创造的"辽宁号"精品。实施广播电视和网络视听提质创优工程，建设智慧广电、智慧图书馆和公共文化云平台，完善城乡公共文化服务体系。实现新时代文明实践中心（所、站）全覆盖。服务助力北京冬奥会，积极申办第十五届全国冬运会，办好第十四届省运会和省残运会，大力发展"三大球"等传统优势项目，发展冰雪等各类体育运动，完善全民健身服务体系，建设体育强省。

（十）**标本兼治防风险，守牢安全发展底线。**践行总体国家安全观，确保不发生区域性系统性风险。

稳妥有序化解风险。按照"稳定大局、统筹协调、分类施策、精准拆弹"的方针，坚持快出手、慢撒气、稳预期，从严压实地方属地责任、部门监管责任和企业主体责任，持续分类推进城商行和农信机构改革，坚决守住不发生区域性系统性风险底线。依法推进华晨集团司法重整。稳妥化解政府存量债务，坚决遏制新增隐性债务。严肃财经纪律，政府坚持过紧日子，加强财政资金监管，落实好中央财政资金直达机制，加大省级财政对县以下支持，兜牢基层"三保"底线，保障基层正常运转。

增强初级产品保障能力。完善能源矿产保障储备供给体系，开展新一轮地质找矿行动，实施西鞍山铁矿开发等战略保障重点项目，加强煤电油气运等调节，做好粮油肉蛋奶果蔬等保供稳价。维护电力、供水、油气、通信、网络等重要基础设施安全。实施全面节约战略，推进资源全面节约、集约、循环利用。

时刻绷紧疫情防控这根弦。统筹疫情防控和经济社会发展，坚决落实"外防输入、内防反弹"总策略和全链条精准防控"动态清零"总方针，坚持"人、物、环境同防"，立足抓早抓小抓基础，进一步提升疫情防范和早发现早处置能力。压紧压实属地、部门、单位、个人"四方"责任，补齐短板、堵塞漏洞，精细精准落实防控措施，切实巩固来之不易的疫情防控成果。

建设更高水平平安辽宁。加强应急能力体系建设，提高防灾减灾抗灾救灾能力。坚决防范安全生产重特大事故。强化食品药品、疫苗全过程监管。提升市域社会治理现代化水平。抓好"八五"普法。依法依规做好群众信访工作。健全立体化信息化社会治安防控体系，常态化开展扫黑除恶斗争，严厉打击暴力恐怖活动和电信网络诈骗等违法犯罪，严密防范个人极端案（事）件发生，做好重大活动安保维稳工作，维护公共安全，确保社会大局稳定。

加强新时代国防动员建设，完成国防动员体制改革，强化新兴领域新质力量国防动员建设运用，完善退役军人服务体系和保障制度，深入推进固边兴边富民行动，强化人防、边海防建设，加强兵役征集和军事设施保护，深化国防教育和双拥共建，巩固军政军民团结。支持工会、共青团、妇联等群团组织更好发挥作用。进一步做好外事、侨务、民族、宗教、气象、地震、档案、参事文史、慈善、红十字和关心下一代等工作。

今年，省政府要继续办好10件民生实事。一是新改建、维修改造农村公路5500公里，建设一事一议村内道路5500公里。二是改造农村危房8000户。三是帮助6万名以上就业困难人员实现就业。四是促进高校毕业生更加充分、更高质量就业，40.6万高校毕业生初次毕业去向落实率达到85%。五是困难残疾人生活补贴和重度残疾人护理补贴标准提高至每人每月80元。六是提高康复救助标准，为6200名14岁以下符合救助条件的残障儿童提供康复救助。七是建设30个示范型居家和社区养老服务中心。八是建设63个基层中医馆，实现全省社区卫生服务中心和乡镇卫生院中医馆全覆盖。九是每个县（市）区至少一家定点医疗机构实现门诊慢特病费用跨省直接结算。十是完成26个县级妇幼保健机构特色专科建设。切实解决好百姓急难愁盼问题，实实在在地增强人民群众的获得感、幸福感、安全感。

三、全面加强政府自身建设

新时代新征程新使命，我们要恪守忠诚担当、践行初心使命、勤勉奉献争先，努力建设人民满意的服务型政府。

一是强化政治建设，履行政治使命。坚定捍卫"两个确立"、坚决做到"两个维护"，胸怀"国之大者"，切实提高政治判断力、政治领悟力、政治执行力，坚定不移把党的领导落实到政府工作各领域全过程。深入落实习近平总书记关于东北、辽宁振兴发展重要讲话和指示精神，确保党中央决策部署在辽宁落地见效，奋力答好辽宁全面振兴、全方位振兴的时代考卷。

二是强化法治建设，坚持依法行政。深入践行习近平法治思想，把政府工作全面纳入法治轨道，法无授权不可为、法定职责必须为。加强和改进政府立法工作，严格执行重大行政决策程序。深化行政执法体制改革，重拳整治行政执法存在的突出问题，防止滥用自由裁量权。推进政务公开，自觉接受人大法律监督和工作监督、政协民主监督、社会舆论监督，让政府权力在阳光下运行。

三是强化能力建设，增强干事本领。加快适应全面建设社会主义现代化新要求，直面能力不足问题，全面提升"八种本领"，特别是提升把党中央决策部署和战略要求转化为具体项目的能力，提升利用外部资源和社会资本发展壮大辽宁的强烈意愿和能力水平。坚持以数字技术赋能政府治理，优化行政决策、执行、组织、监督体制，促进行政高效运转。

四是强化作风建设，提高落实成效。践行新时代党的群众路线，坚持一线工作法，深入基层、深入群众，到矛盾集中的地方去，到群众反映问题多的地方去，到工作难度大的地方去，增强斗争精神，摸实情、定实策、解难题。深化政府系统"三落实"专项行动，谋定后动、谋定快动，清单化管理、项目化落实、工程化推进，重大工作省级领导牵头推进，更好发挥省政府及各部门统筹协调和服务指导作用。挂图作战、闭环管理，抓一件成一件，化量变为质变，形成以落实促振兴的生动局面。

五是强化廉政建设，做到廉洁奉公。压紧压实党风廉政建设责任制，加强对重大工程、重点领域、关键岗位的效能监察和审计监督，严厉惩治群众身边的不正之风和腐败问题，做到干部清正、政府清廉、政治清明。坚持节用裕民，大力压减一般性支出和非急需非刚性支出，确保每一笔钱都用在经济发展和保障民生的紧要处，用政府的紧日子换来人民群众的好日子。

各位代表！奋斗成就梦想，实干创造未来。让我们更加紧密地团结在以习近平同志为核心的党中央周围，高举习近平新时代中国特色社会主义思想伟大旗帜，在省委的坚强领导下，从党的百年奋斗历程中汲取智慧和力量，以逢山开路、遇水架桥的勇毅，以解放思想、改革创新的锐气，奋力推动辽宁全面振兴、全方位振兴取得新突破，以优异成绩迎接党的二十大胜利召开，谱写全面建设社会主义现代化强国的辽宁篇章！

吉 林 省

政府工作报告

——2022年1月24日在吉林省第十三届
人民代表大会第五次会议上

省长　韩　俊

各位代表：

现在，我代表省政府，向大会报告工作，请予审议，并请省政协委员提出意见。

一、2021年主要工作回顾

过去的一年，是党和国家历史上具有重要里程碑意义的一年，也是吉林振兴发展进程中极不平凡的一年。全省各族人民共祝党的百年华诞，与全国一道如期打赢脱贫攻坚战，全面建成小康社会，迈上全面建设社会主义现代化新吉林的新征程。面对百年变局和世纪疫情交织的严峻形势，面对诸多前所未有、前所未遇的困难挑战，全省上下高举习近平新时代中国特色社会主义思想伟大旗帜，认真贯彻习近平总书记视察吉林重要讲话重要指示精神，在省委的坚强领导下，全面实施"一主六双"高质量发展战略，紧扣"两确保一率先"目标，统筹疫情防控和经济社会发展，统筹发展和安全，扎实做好"六稳""六保"工作，攻坚克难、奋力前行，经济社会发展步伐坚实稳健、成效显著，实现了"十四五"良好开局。地区生产总值增长6.6%，地方级财政收入增长5.4%，居民人均可支配收入增速与经济增长基本同步，发展质量效益明显提升，内生动力持续增强，营商环境显著改善，人民生活品质不断提高，社会大局保持稳定，全年经济社会发展主要目标任务较好完成，新时代吉林全面振兴全方位振兴取得新的重要进展。

一年来，主要做了以下工作。

一是全力以赴推动经济持续稳定增长。迅速打赢通化、长春、松原和吉林市输入性疫情阻击战，有效阻断多轮疫情传播风险，疫情形势持续保持平稳，为经济社会发展抢得先机、赢得主动。强化经济运行监测和跨周期调节，密集打出政策"组合拳"，经济运行呈现稳中加固、稳中向好、稳中提质的良好态势。全力稳定工业经济运行。全面推行产业"链长制"。出台重点企业稳增长帮扶方案，推动422户骨干企业开足马力释放产能，帮扶降幅较大企业纾困发展。利用19.33亿元失业保险结余基金支持946户企业稳岗发展。全力打好"芯片攻坚战"，专班支持一汽解决"缺芯"难题。及时打响"煤电保供攻坚战"，"五路并进"保供煤，"三侧发力"保用电，"四级统筹"保供热，全力保障生产生活用能。通过艰苦努力，规模以上工业增加值增长4.6%。全力抓项目扩投资。全省春季项目集中开工较往年提前近一个月。组建省政府重点项目工作专班，省级领导牵头推动20个重大项目，省市县三级项目中心常态化调度。争取中央预算内资金113亿元、地方政府债券资金886亿元、支持中小银行发展专项债126亿元。"大水网"工程、沿边开放旅游大通道、长春至通化高铁等重大项目获得国家批准支持。长春都市圈大环线、查干湖水生态修复与治理试点工程、中部城市引松供水二期等重大项目加快推进。沈白高铁全线开工。白敦高铁建成运营，长白山风景区接入全国高铁网。建设8条高速公路730公里。长白山机场扩建工程落成。随着一大批重大项目顺利实施，全省投资延续高速增长态势。固定资产投资同比增长11%，增速居全国第4位；工业投资同比增长11.4%，2020年、2021年两年平均增速较2019年高出46.1个百分点，工业投资恢复速度居全国第1位。全力促进消费复苏。开展服务业高质量发展大调研大会诊大培训，实施20个现代服务业工程，服务业增加值增长7.8%，对经济增长贡献率61.2%。精心组织首届"9·8消费节"等促销活动，全省精准投放消费券促销活动资金5.76亿元。成功举办首届中国新电商大会，新增4个国家级电商进农村示范县，新建成41个县乡电商公共服务中心。社会消费品零售总额增长10.3%，网络零售额增长23.9%。加快发展寒地冰雪经济，举办"冬奥在北京·体验在吉林"系列营销推广活动，推进冰雪运动进校园，大力发展冰雪旅游，建成54个滑雪场、279条雪道，日最大承载量10万人次，滑雪接待规模全国最大，我省冰雪产品关注度、销售额居全国冰雪市场榜首。大力发展乡村旅游，分级培育一批精品村、精品民宿、精品线路，开展"醉美吉乡"推广提升行动。5个县市荣获2021中国最美县域，数量全国第一。接待游客和旅游收入分别增长37.6%、29.5%。

二是大力推动产业转型升级。全力打造万亿级现代汽车产业，举全省之力支持一汽创建世界一流企业、长春建设世界一流汽车城，出台27条措施支持汽车产业发展。一汽集团采取超常规举措，全力保全年生产任务，排产向省内倾斜，全年营业收入7070亿元，居全国制造业企业第2位，省属口径整车产量242.1万辆，占总产量的72.4%，实现产值4551亿元。一汽奥迪新能源汽车项目获得国家批准即将开工建设。红旗20万辆新能源繁荣工厂建成投产。启动"旗E春城、旗动吉林"项目，首批红旗新能源换电汽车上线运营。红旗品牌汽车产量达到31.9万辆，增长52.3%。设立"吉林省汽车产业创新日"，一汽—大众新技术开发中心落成，一汽解放J7整车智能工厂落成投产。大力推动汽车产业配套回归，玲珑轮胎一期等一批配套项目建成投产。加快推进石化产业由原料型向材料型转型。全力推动吉化120万吨乙烯转型升级项目落地。加快建设20万吨碳纤维全产业链项目，吉林碳谷公司原丝产能达到6万吨，居全国同行业首位。加快建设医药强省，做大做强中药、生物药、化学药等9大板块，建设3000万元以上医药产业化项目130个。打造中医药科技创新平台，建设11个省级优质道地药材科技示范基地。大力培育生物制药领军企业，加快推动创新品种投产上市。国药长春新冠疫苗一期项目仅用95天就建成投入使用，年产能24亿剂，规模居全国第2位。加快推动装备制造业向高端化发展。提升轨道交通制造业整车集成、关键部件和检修运维全产业链能力，新型奥运版复兴号智能动车组上线京张高铁。国产雪车装备正式交付国家队，雪板打蜡车亮相北京冬奥会，核酸检测车投入疫情防控。联合攻关免耕播种机研发与制造。培育壮大光电信息产业，围绕产品设计、软件开发、信息服务、智能制造等领域，加快构建产学研用一体化集成创新体系。"吉林一号"在轨卫星达到31颗，长光卫星公司成为东北地区唯一的"独角兽"企业。全力打造国家级新能源生产基地，积极构建新能源"生产、消纳、传输"产业链条。"陆上风光三峡"工程全面开工，全省新能源装机突破1000万千瓦，在建及并网项目容量相当于近10年总和。敦化抽水蓄能电站并网发电。安图、汪清、和龙、靖宇、敦化（新增2个选址点）、通化共7个项目纳入国家"十四五"抽水蓄能选点规划，装机规模920万千瓦。启动建设白城、松原两个"绿电"园区。"吉电南送"特高压通道建设取得新进展。风机和叶片制造、制氢、储能等新能源装备制造项目在我省加快集聚。高技术制造业增加值增长21.6%，增速高于全部规上工业17个百分点，战略性新兴产业为我省振兴发展注入强劲动力。

三是强化创新驱动发展。坚持把创新作为破解振兴发展难题的"牛鼻子"，像打造一流营商环境一样打造一流创新环境。着力优化创新生态。创新型省份建设获批，是全国第11个、东北地区首个获批省份。积极争取国家科技力量布局，新建省重点实验室34个、科技创新中心35个、国际科技合作平台15个。中国（吉林）、中国（长春）2个国家级知识产权保护中心获批。组织两次院士进吉林活动。大力开展科技攻关。推行"揭榜挂帅""军令状"机制。启动第二批7个重大科技专项。6项科技成果获国家科学技术奖。设立一汽关键核心技术自主创新重大科技专项，启动首批9个项目。红旗汽车取得14项智能网联、18项电动化重大技术突破。红旗H9荣获国家年度创新大奖。倾力培育创新主体。实施"专精特新"中小企业培育计划，新认定省级"专精特新"中小企业197户。全省高新技术企业达到2903户，科技"小巨人"企业达到1049户。深化校地、院地、央地合作，组织各市（州）分别与吉林大学、一汽集团、中科院"一院三所"和13家域外研究所开展协同创新合作，加快科技成果转化落地。全力推进创新创业。出台

"双创"再升级政策，认定第四批省级"双创"示范基地20个。长春"摆渡创新工场"典型模式在全国推广。长春新区"双创"工作连续两年获国务院通报表彰。成功举办全省创新创业大会、第三届全国创业就业服务展示交流活动。持续优化人才环境。出台人才政策2.0版，在感情、待遇、环境、事业"四个留人"上下功夫。开展"创业有你'就'在吉林""奋斗有我'就'在吉林"、吉林校友人才大会等活动，实施"吉人回乡"工程、"长白山人才工程"，高层次人才由净流出转向净流入。全省高校毕业生留吉就业达9万人，比上年增加2.02万人，创近年来最好水平。出台支持人才服务乡村振兴政策措施，开展首批乡村振兴人才评选，授予乡村人才高级职称300人、初中级职称1700人。

四是扎实推进乡村振兴。毫不放松抓好粮食生产。率先谋划启动东北平原国家粮食安全产业带建设，出台加强粮食生产措施，全力调动抓粮种粮积极性，粮食生产获得大丰收，总产量807.84亿斤，增长率居全国前十大产粮省第1位。我省在国家年度粮食安全省长责任制考核中被评为优秀等次。突出抓好耕地和种子"两个要害"。出台黑土地保护工程实施方案，确定7月22日为"吉林省黑土地保护日"，推行"田长制"，率先启动"黑土粮仓"科技会战。黑土地保护国家重点实验室列入中科院首批国家重点实验室建设重组序列。成功举办黑土地保护利用国际论坛。全面总结推广"梨树模式"，保护性耕作面积扩大到2875万亩，规模居全国第1位。新建高标准农田504万亩。出台支持现代种业创新发展意见，加快推进作物种质资源保护与利用中心建设，公主岭国家级现代种业产业园获批。着力打造农产品加工业和食品产业"十大产业集群"。谋划储备重点项目189个，开工178个，完成投资239亿元，省级以上龙头企业发展到600户，其中国家级63户。白城梅花三期、佐丹力素食全餐、镇赉飞鹤婴幼儿配方乳粉、正大100万头生猪养殖、中粮10万头生猪屠宰、牧原400万头生猪屠宰、东辽"中国蛋谷"等项目加快推进。创建国家级现代农业产业园3个、优势特色产业集群2个、国家级产业强镇8个、绿色高质高效行动示范县19个，获中央奖补资金8.3亿元。农产品加工业和食品产业产值达到3300亿元，增长10%以上。大力发展肉牛产业。出台"秸秆变肉"暨千万头肉牛建设工程实施意见和"肉牛十条"政策，创新运用专项债券、畜禽活体抵押贷款支持肉牛产业发展。开展政策性肉牛养殖成本保险，提高保额，扩大覆盖面。在全国率先建设"吉牛云"大数据平台。开工建设肉牛产业化项目54个。肉牛饲养量达到580.7万头。启动实施乡村建设行动。出台12项专项行动方案，创建示范村1022个，打造美丽庭院、干净人家20万户。农村自来水普及率达到95.3%，居全国第5位。完成农村厕所改造16万户。新改建农村公路2805公里。5060户动态新增农村危房全部改造完成。为2089个村部实施无障碍改造。全面启动163个重点边境村包保帮扶工作。持续深化农村改革。长吉接合片区国家城乡融合发展试验区启动建设。稳步推进国家宅基地制度改革试点。梨树全国农村改革试验区、通化全国林业改革发展综合试点获批。"吉农金服"数字普惠金融平台覆盖4102个行政村。家庭农场、农民专业合作社分别发展到14.6万户、8.1万个。大力推广农业生产托管服务，与中化合作启动建设35个现代农业技术服务平台。巩固拓展脱贫攻坚成果同乡村振兴有效衔接。确定13个乡村振兴省级重点帮扶县给予政策集中支持。严格落实"四个不摘"要求，健全防止返贫动态监测帮扶机制，开展两轮"三保障"和饮水安全摸排整改提升行动，牢牢守住不发生规模性返贫底线。脱贫户人均收入达到12079元，增长20.18%。

五是全面深化改革扩大开放。坚持依靠改革开放激活力增动力。优化提升营商环境。建立五级书记抓营商环境工作机制，实施营商环境提升行动。实行企业开办"网上办、一天办、免费办"，全面推行企业简易注销登记程序，提升企业从设立到经营便利度。提高政府采购透明度，实现"互联网+政府采购"全覆盖。深化"放管服"改革，工程审批系统综合运行指标稳居全国第1位。开展第二批"证照分离"改革，启动"证照一码通"改革试点，全面推行涉企经营许可事项告知承诺制。电子证照种类排名跃升至全国第3位。88项政务服务事项实现"跨省通办"。在全省部署应用新版全流程审批系统，实现省市县乡村5级使用一套系统、一个平台进行全流程在线审批。各地城市信用监测指数整体实现大幅跃升，保持在全国前列。激发市场主体活力。国企改革三年行动整体进度达到80%，出台12户省属企业综合改革方案，基本完成经营性国有资产集中统一监管。启动国有企业"三年扭亏脱困"专项行动，52户企业完成年度扭亏或减亏目标。出台激发各类市场主体活力、促进中小企业（民营经济）高质量发展具体举措，为实体经济降本减负1000亿元左右。新登记市场主体63.6万户，增长50.6%，增速居全国第3位，总量突破300万户，每千人拥有市场主体124户，居全国第8位。新登记企业12.9万户，增长25.2%，其中新登记外埠来吉投资企业3.8万户，增长78.9%。加大金融支持实体经济力度。出台金融惠企政策，用好用足各项再贷款再贴现和降准政策，引导金融活水直达实体经济。人民币各项贷款增量达1858.73亿元，增长8.17%，为可比口径下历年最高。全省证券交易额增长39.55%，居全国第5位。举办金融助振兴市（州）专场活动，签约项目52个、金额141亿元。"吉企银通"融通资金达到270亿元。启动企业上市"吉翔"计划，新增A股上市公司5家，首发募集资金创历史新高。积极推进金融风险防范化解，推动高风险金融机构尽快出清，开展不良贷款清收，全力打击非法集资活动。扩大对外开放。长春临空经济示范区正式揭牌，长春空港药品进口口岸、珲春陆上边境口岸型国家物流枢纽获批。批复设立梅河新区。新晋升6个省级开发区，批设和龙互贸区。新增3个国家级外贸转型升级基地。加快外贸新业态发展，跨境电商进出口增长38.1%。进出口总额增长17.3%，实际利用外资增长16.7%。加强域内协同。充分发挥长春都市圈龙头牵引和辐射带动作用，组织长春市与各市（州）、长白山开发区、梅河口市签署合作框架协议，推动长春市5个国家级开发区与各地形成19组对接合作关系，互派干部挂职交流，联合开展招商引资活动。谋划合作项目210个，总投资达3738亿元。大力开展招商引资。深化"五个合作"，深度对接国家重大战略区域，推动吉浙对口合作走深走实。赴北京、浙江、广东、上海、江苏、天津等地开展经贸交流活动，签约142个项目。举办第十三届中国—东北亚博览会、第二届东北亚地方合作圆桌会议、第六届全球吉商大会、中德汽车大会、世界中医药大会第六届夏季峰会、跨国公司吉林行、首届台企吉林行、上市公司与投资机构吉林行等重大活动，签约117个项目。开展央企助力吉林振兴发展系列活动，签约49个项目，合同引资额2321.31亿元。全省招商引资到位资金增长31.3%。

　　六是深入推进生态文明建设。忠实践行习近平生态文明思想，加快建设生态强省。打好污染防治攻坚战。开展空气、水、土壤3个环境质量巩固提升行动。实施秸秆全域禁烧。全省空气优良天数比例94%，提升4.2个百分点，改善幅度及空气质量均居全国前列，创有监测记录以来最好水平，"吉林蓝"成为常态。111个国考断面优良水体比例达到76.6%，提升2.7个百分点。在国家污染防治攻坚战成效考核中连续两年被评为优秀等级。制定做好碳达峰碳中和工作实施意见和实施方案，因地制宜开展煤改气、煤改电、煤改生物质。加强生态保护修复。实施第三个"十年绿美吉林行动"、万里绿水长廊建设、林草湿生态连通等重大生态工程。东北虎豹国家公园列入首批5个国家公园之一，成为吉林生态新地标。启动实施中华秋沙鸭保护规划。建立健全湿地保护体系，新建4个省级湿地公园。在全域推进海绵城市建设全国竞争性示范评比中列第一档第1名。完善生态治理体系。设立"吉林生态日"，凝聚全社会生态文明建设行动自觉。全面推行"河湖长制""林长制"。完成"三线一单"编制，划定1115个生态环境管控单元，建成覆盖全域的环境分区管控体系。全面完成第三次国土调查，工作进度和成果质量在全国名列前茅。坚决彻底整改中央生态环保督察反馈问题。

七是在发展中保障和改善民生。全面完成50项民生实事。城镇新增就业27.07万人，城镇零就业家庭实现动态清零。城乡低保标准分别提高12%和22%。在全国率先建立失业保险、工伤保险省级统筹制度，失业保险金月人均增加246.5元，退休人员养老保险待遇水平连续17年提高。医保异地就医实现直接结算。5项住房公积金业务实现跨省通办。全省1749个弃管小区（栋）实现动态清零。1623个城镇老旧小区改造全部开工，棚户区改造开工1.81万套。贫困妇女免费"两癌"检查救治实现由农村向城市延伸。"圆梦大学"活动实现低保和脱贫家庭考生救助全覆盖，被评为"中华慈善品牌"项目。在全国率先开展养老护理制度试点。支持77个文养结合试点，服务老年人200多万人次。大力发展社会事业。落实"双减"政策，实现义务教育学校提供课后服务全覆盖。义务教育控辍保学保持动态清零，家庭经济困难学生实现教育资助全覆盖。加强乡村教师队伍建设，通过特岗教师、公费师范生等补充师资3786名。提高教师教书育人能力水平，培训中小学、幼儿园、职业院校教师6.6万人次。推动师德师风建设常态化长效化。实施高考综合改革。启动省部共建技能社会。我省获全国首届职业技能竞赛第15名。开展"一流学科培育计划"和"双特色"分类评价，高校"双特色"建设服务振兴发展能力显著提升。推进新工科、新农科、新医科、新文科建设，新农科建设处于全国第一方阵。全国三级公立医院绩效考核中，我省位列第9位。有序推进新冠疫苗接种，实现应接尽接。实施"一村一名大学生村医计划"，为4793名村医进行学历提升教育。我省体育代表团在第十四届全国运动会上取得历史最好成绩。中车长客高速动车组制造中心、长白山老黑河遗址入选"全国爱国主义教育示范基地"。推广长春市长山花园社区"六治"工作法，打造207个城市社区先进示范点。全力维护社会和谐稳定。深入推进安全生产专项整治三年行动，有力有效防范应对多轮强雨雪、寒潮、大风极端天气灾害，防灾减灾救灾工作水平明显提升，生产安全亡人事故起数明显下降。实现连续41年无重大森林火灾。扎实推进"平安吉林"建设，信访积案化解工作成效显著，扫黑除恶等取得积极成果。圆满完成庆祝建党百年安保维稳任务。军民融合深入推进，双拥共建取得新成效。扎实做好退役军人服务保障工作。老龄、慈善、残疾人、地方志、中医药、红十字、妇女儿童、志愿服务等各项事业全面发展，外事侨务、港澳台、民族宗教、人防、地震、气象、援疆、援藏等工作务实推进。

八是切实加强政府自身建设。以政治建设为统领，扎实开展党史学习教育。落实省委"作风建设年"部署，开展"我为群众办实事"实践活动。沉下心来，扑下身子，抓基层、打基础、办实事、转作风，"深入基层、服务基层、加强基层"20个专项行动全部完成年度任务。自觉接受省人大及其常委会法律监督和省政协民主监督，认真听取各民主党派、工商联、无党派人士和各人民团体等各方面意见。提请省人大常委会议审议地方性法规草案9部。办理全国人大代表建议8件、全国政协提案4件、省人大代表建议254件、省政协提案387件。开展法治政府建设示范创建活动，完成立法项目14件，修改和废止省政府规章33部。府院联动机制拓展到"一府两院"，实现行政与司法良性互动。建立政策直达机制，推动各类政策直达基层、直达企业。完善"互联网+督查"机制，落实"赛马"、约谈机制，及时发现并纠治工作中存在的问题，形成了强化执行、大抓落实的鲜明导向。

各位代表！

过去一年吉林经济社会发展取得的成绩令人振奋，也殊为不易。这些成绩的取得，最根本的在于有习近平总书记作为党中央的核心、全党的核心领航掌舵，有习近平新时代中国特色社会主义思想科学指引，是省委团结带领全省各族人民齐心协力、奋力拼搏的结果。在此，我代表省政府，向全省各族人民，向人大代表、政协委员，向各民主党派、工商联、人民团体和社会各界人士，向解放军驻吉部队、武警官兵、公安干警和消防救援队伍指战员，向中直驻吉各单位，向港澳同胞、台湾同胞、广大侨胞，以及所有关心、支持吉林发展的海内外朋友，表示崇高敬意和衷心感谢！

各位代表！

在总结成绩同时，我们也清醒看到，当前国内外环境依然错综复杂，经济恢复基础有待进一步夯实，保持经济持续向好势头仍面临不确定和不稳定因素，对照党中央重大决策部署、省委要求和群众期盼，各方面工作还存在一定差距。主要是：经济结构有待进一步优化；改革开放广度深度还需持续拓展；创新对振兴发展引领支撑不足；营商环境与市场主体期望还有一定差距；市县财政收支矛盾较大；民生领域还有不少短板弱项；有的地方和部门工作中仍存在形式主义、官僚主义问题，等等。我们将直面问题，拿出实招硬招，认真加以解决。

二、2022 年工作安排

2022 年将召开党的二十大和省第十二次党代会，做好全年政府工作，意义十分重大。总的要求是：以习近平新时代中国特色社会主义思想为指导，全面贯彻党的十九大和十九届历次全会及中央经济工作会议精神，深入落实习近平总书记视察吉林重要讲话重要指示精神，弘扬伟大建党精神，落实省委十一届九次、十次全会和省委经济工作会议部署，坚持稳中求进工作总基调，完整、准确、全面贯彻新发展理念，加快构建新发展格局，全面深化改革开放，坚持创新驱动发展，推动高质量发展，坚持以供给侧结构性改革为主线，以满足人民日益增长的美好生活需要为根本目的，抢抓推进东北振兴的历史机遇，全面实施"一主六双"高质量发展战略，紧扣"两确保一率先"目标，统筹疫情防控和经济社会发展，统筹发展和安全，继续做好"六稳""六保"工作，稳定宏观经济大盘，保持经济运行在合理区间，持续改善民生，保持社会大局稳定，促进共同富裕，推动新时代吉林全面振兴全方位振兴取得新进展，以优异成绩迎接党的二十大胜利召开。

2022年全省经济社会发展的主要预期目标是：地区生产总值增长6%左右，正常年景下粮食产量稳定在800亿斤以上，固定资产投资增长7%左右，社会消费品零售总额增长6.5%左右，地方级财政收入增长2%以上，城乡居民收入增长与经济增长基本同步，新增城镇就业23万人，城镇调查失业率控制在6%以下，CPI涨幅3%左右，单位GDP能耗下降3%左右。在实际工作中尽可能争取更好结果。

重点做好以下八个方面工作。

（一）**坚决稳住经济基本盘**。坚持稳字当头、稳中求进，把稳增长放在更加突出的位置，紧扣"两确保一率先"目标，及时出台有利于稳定经济运行的政策、有利于激活力增动力的改革举措，慎重出台有收缩效应的政策，政策发力适当靠前，基础设施建设适度超前布局，财政支出进度合理加快，信贷投放进度适当前倾，确保经济运行保持在合理区间。

全力促进工业经济平稳运行。坚持挖增量、控减量、稳存量，抓大、活小、纾困，做好全省50户、市（州）500户重点企业监测预警，着力推动大型企业释放产能，有效推进困难企业止滑回升。支持一汽做实排产计划，发挥"抢芯"专班作用，千方百计拓宽芯片采购供应渠道，力争全年实现销量410万辆、营业收入7700亿元；省属口径整车生产实现269万辆，红旗品牌产量力争超过45万辆。推动吉林化纤15万吨原丝、2.5万吨碳纤维等新投产项目加快释放产能。协助长客开拓市场，签订更多订单。做好电力、煤炭等保供，优化精细化用能管理，保障企业正常生产经营用电。

强化有效投资拉动。扎实开展投资和项目建设攻坚行动，提早进行项目集中开工。提高专项债用于资本金比例，打好预算内投资、债券资金、社会资本、金融资本"组合拳"，有效解决项目建设融资需求问题。统筹推进"四新设施"建设，围绕"两新一重"、新基建"761"工程等加快重大项目建设进度。抓好5G基站、特高压、高速铁路和城市轨道交通、新能源汽车充电桩等7大领域新型基础设施项目建设。启动4台83万千瓦燃气机组建设。推动煤电机组改造，提升煤电机组运行水平和调峰能力。推进沈阳至白河高铁、吉林铁路枢纽西环线项目建设进程。加快长春经辽源、梅河口至通化高铁前期工作。建设长春轨道交通2号线东延线等5个项目。高速公路续建集安至桓仁等7个项目722公里，新开工长春都市圈西环线等3个项目307公里。推进沿边开放旅游大通道项目建设。抓好长春龙嘉机场三期扩建、延吉机场迁建工程前期工作。开工建设国家战略应急物资东北基地项目。推动"大水网"骨干工程开工。加快查干湖水生态修复与治理试点工程建设。科学有序实施城市更新行动，建设百姓周边"口袋公园""小微绿地"，着力推进包括燃气管网在内的严重老化城市管网改造。加强历史文化遗产保护，严禁随意拆除老建筑、砍伐大树老树等行为。严格城市建设底线管控，坚决杜绝破坏性"建设"行为。

大力促进消费持续恢复。供给端和需求端双向发力，深挖消费潜力。支持长春建设区域消费中心城市，支持地级城市和重点县城创建新型消费示范城市。抓好11个国家级和省级电商示范基地、32个国家电商进农村综合示范县建设，打造一批新媒体直播基地，培育壮大一批直播及产品供应链企业。积极发展自营电商，开发更多吉林"触网"产品。抓好长春、珲春、吉林3个跨境电商综合试验区建设，支持发展共建共享海外仓。接续开展"1·8消费节""9·8消费节"等促销活动。推动汽车下乡、家电以旧换新。定向精准投放消费券，创新消费券内涵和投放模式，扩大支持范围。继续开展成品油市场专项整治。持续推进"放心消费在吉林"创建工程。

大力支持市场主体纾困发展。直面市场主体需求，落实好新的组合式减税降费政策。围绕中小微企业、个体工商户和制造业等重点行业，以阶段性政策为主，与制度性措施相结合，实施更大力度减税降费。支持小微企业和个体工商户的政策全部延期，并提高减免幅度、适当扩大适用范围。明显加大增值税留抵退税力度。阶段性延续稳就业保基本民生的税费支持政策，放宽享受政策的条件。

优化财政政策供给。省级财政加大对市县的转移支付力度，落实好财政资金直达机制，更好支持基层政府落实减税降费等助企纾困政策和保基本民生、保工资、保运转。各级政府要落实好过紧日子要求，省政府带头精打细算，优化支出结构，严控一般性支出，保障好重点支出，提高资金使用效能。严肃财经纪律，严禁违规以各种理由、各种形式建设楼堂馆所，严禁搞政绩工程、形象工程，花好每一分钱。

（二）加快构建产业发展新格局。紧扣"百千万"产业培育工程和"十百千万"企业培育工程，统筹推进"六新产业"发展，常态化落实"链长制"，全面开展"六个回归"，增强产业链供应链韧性，加快构建多点支撑、多业并举、多元发展的产业发展新格局。

汽车产业重点支持一汽保链稳链、改革创新，适应汽车电动化、智能化、网联化、共享化发展趋势，大力发展新能源汽车产业，全面开工建设一汽奥迪新能源汽车项目，配套布局新能源电池等核心部件研发生产，带动新能源汽车规模化发展、智能网联汽车市场化应用，助力打造万亿级长春国际汽车城。深入实施"旗E春城、旗动吉林"项目，统筹抓好换电站布局，优化产品性能和产业生态。推动关键配套企业回归、配套产能扩增，围绕一汽集团建设现代汽车零部件配套基地，支持零部件企业建设研发中心，加快提升汽车零部件本地配套能力。推进国家级新能源汽车检验检测中心建设。

石化和新材料产业重点做优基础化工产业链，做强精细化工产业链，做大新材料产业链。吉化120万吨乙烯转型升级项目全面开工建设，2023年形成建设高潮，并分批形成产能，2025年全面投产达效。加快吉林油田战略转型，形成"油、气、新能源"三足鼎立发展格局，稳步推进油气勘探开采、页岩油和天然气开发等项目建设。充分发挥吉林化纤龙头带动作用，快速提升壮大生产规模，推动20万吨碳纤维全产业链项目建设，力争原丝碳丝产能翻番，全力打造"中国碳谷"。支持吉林化纤与松原石化园区合作启动1万吨碳纤维项目。建立碳纤维材料产业基金。

医药健康产业重点围绕大品种、大项目、大企业、大集聚区，聚焦长辽梅通白延医药健康产业走廊，坚持新产品开发和大品种二次开发、骨干企业培育、特色园区建设协同发力，加快建设医药强省。实施中医药振兴发展重大工程，提高中成药研发生产能力，加快中药材种业发展，建设一批道地药材示范基地，推进大宗中药材产地加工，打造国内外有影响力的北药基地。支持通化市创建中医药综合改革试验区，擦亮中国医药城品牌。推进吉港澳中医药健康产业合作区建设。依托我省光学、精密仪器、应用化学等科研优势，推进高端医疗器械产品开发。加快建设高等级生物安全实验室，提高生物制品疫苗研发能力，开发抗体药物、重组人白蛋白、血液制品、干细胞及基因治疗等产品。加快高端原料药、化学药品制剂、重大创新药开发，增强产业发展优势。

装备制造产业重点瞄准高端化、智能化、服务化，推进新一代高速智能动车组等新产品研制，保持行业领先地位。加快风电、光伏等新能源设备全产业链项目建设，谋划氢能制备、存储等项目。推动智能制造和绿色制造，推进精密仪器与装备产业发展，提升汽车、冶炼、农机、食品加工等智能成套装备竞争优势。大力推动冰雪装备加快发展。

光电信息产业重点围绕"芯光星车网"，推动集成电路高端化、激光及新型显示与照明规模化、卫星应用产业化、汽车电子智能化、工业互联网融合化。加快"吉林一号"星座组网，构建通讯、导航、遥感一体化的航天信息产业体系。打造长春光电信息产业园和智能光谷产业园、吉林市半导体产业园等特色园区，统筹布局重大项目。

新能源产业加快建设国家级清洁能源生产基地，促进新能源生产、输送和消纳、高载能产业、装备制造协同发展。全面推进"陆上风光三峡"项目建设，加快装机扩容。建设吉林油田风光发电项目，同步做好吉化新增产能"绿电"衔接保障工作。加快中车清洁能源装备基地项目建设。开工建设鲁固直流140万千瓦"光热+风电光伏"示范、蛟河抽水蓄能电站项目。做好通化抽水蓄能电站前期工作，谋划废弃矿坑抽水蓄能项目建设。推动白城、松原"绿电"园区招商引资、项目落地。支持具备条件的地区建设自带负荷绿电项目。加快"吉电南送"特高压通道建设。加强智能电网建设。积极发展新型储能设施。有序推进地热资源利用。

促进"两化"融合走深向实。加快"数字吉林"建设，深化大数据、云计算、人工智能、区块链等新一代信息技术与制造业融合发展，启动建设一批示范项目。建设行业级、园区级、企业级工业互联网平台。深化与华为、科大讯飞等领军企业战略合作。支持中小企业"上云上平台"。

持续推进服务业高质量发展。全力抓好20个现代服务业工程建设，促进先进制造业和现代服务业融合发展，加快发展智慧物流，培育打造一批专业化、特色化批发交易市场，推动服务业转型升级。统筹推进省级特色街区建设，培育新街区、提升老街区、创建名街区。完善社区商业功能和便民消费设施，开展城市一刻钟便民生活圈建设试点。新认定一批省级现代服务业集聚区，推动集聚区提档升级。大力发展会展经济。

走出一条质量更高、效益更好、结构更优、优势充分释放的发展新路，是习近平总书记视察吉林给我们出的必答题，我们一定要把长板锻长、把短板补齐，做好产业转型这篇大文章，努力给出最优解！

（三）全面推进创新型省份建设。深入实施创新驱动发展战略，打造良好创新生态，在全社会营造鼓励创造、追求卓越、宽容失败的创新氛围，深度融入国家创新体系。

推动整体创新能力提升。依托大校、大所、大企，统筹打造战略性、专业性、特色性科技团队，谋划争取国家科技力量布局，建设战略性创新平台，提升基础研究、应用基础研究和科技创新能力，促进创新链产业链融合发展。出台科技创新生态优化工程实施方案，深化科技体制改革，完善科技投入、成果评价、成果权益分享等激励机制，促进全域创新取得新突破。持续加强关键核心技术攻关，启动碳纤维、黑土地、肉牛、梅花鹿等重大科技专项。开展一汽自主创新29个课题攻关。实施科技成果转化"双千工程"，建立科技成果转化项目库，搭建企业与高校、科研院所常态化交流互动平台，持续开展科技成果对接活动，推动一批科技成果转化落地。支持长春加快打造国家区域创新中心。推进梅河口、辽源两个省级高新区争创国家高新区。着力建设长春北湖科学城。

强化企业创新主体地位。实施龙头骨干企业创新引领计划，支持一汽、长客、吉化等开展产业集成创新试点，组建创新联合体。实施"专精特新"中小企业高质量发展梯度培育工程，建立分层次激励培育体系，新认定省级"专精特新"中小企业300户，力争"十四五"期末达到1500户。成立省"专精特新"中小企业融资服务中心，建立省级银行信贷直达机制。落实研发费用加计扣除政策，引导和鼓励企业加大研究与试验发展经费投入。

推动"双创"向纵深发展。围绕企业孵化、成果转化、产业熟化、人才培养、金融支持等关键要素，优化"双创"平台，扩大"双创"主体，打造"双创"生态，让广大创新创业者在吉林大地放飞梦想。推动长春国家自主创新示范区获批。推广长春"摆渡创新工场"创业服务模式，全面推行"一站式"集成服务、全流程创业指导。深入开展质量提升行动，强化标准引领，推进"吉致吉品"区域品牌建设。

大力激发人才活力。深入实施人才强省战略，完善人才工作政策体系，优化人才发展环境，形成人才政策强大磁场，创造"远者来、近者悦"氛围，让人才成为吉林振兴最重要的依靠。推出人才政策3.0版。开展人才发展体制机制综合改革试点。制定完善企业人才分类定级认定标准。细化人才子女入学、配偶就业安置、安家补贴、住房保障等配套实施细则。优化提升"长白山人才工程"等重点人才项目。实施高端人才薪酬倍增计划。开展"柔性引才"激励计划。下放职称评聘权限和人才评价自主评审权。制定高技能人才与专业技术人才职业发展贯通实施办法。推广吉大红旗学院人才培养模式，培养更多专业对口人才。

创新是推动吉林振兴的第一动力，我们要坚持以创新型省份建设作为旗帜性抓手，加快汇聚创新要素，培育充满活力、富有竞争力的创新主体，建设国家创新驱动发展试验区、国家双链融合发展试验区、国家未来产业孵化试验区，加快把吉林人文科教优势转化为产业优势、发展优势和竞争优势。

（四）扎实推进乡村全面振兴。坚决扛稳国家粮食安全重任，深入实施"藏粮于地、藏粮于技"战略，推动乡村全面振兴取得新进展、农业农村现代化迈出新步伐。

全力确保农业稳产增收。加快国家粮食安全产业带建设，启动实施"千亿斤粮"生产工程。粮食播种面积稳定在8600万亩以上，扩大大豆和油料种植面积。加强耕地用途管制，坚决遏制耕地"非农化"、防止"非粮化"。推进"黑土粮仓"科技会战，抓好3个万亩级核心示范基地和30个辐射示范基地建设。新建高标准农田550万亩，示范推广水肥一体化技术。保护性耕作面积达到3000万亩以上。加强农业面源污染防治，推动化肥农药减量增效，推广应用生物降解农用地膜。全面推行"田长制"。实施盐碱地综合利用示范行动。实施种业振兴行动，强化种业知识产权保护，建设具有竞争力的种业集团。大力发展"互联网+"现代农业，建设一批智慧农业示范基地。实施农业机械化提升行动，加快智能高端安全农机制造项目建设，开展山区、半山区农田宜机化改造。加强粮食全产业链节粮减损，全面开展"地趴粮"整治，力争3年解决"地趴粮"问题。落实"菜篮子"市长负责制，确保猪肉、蔬菜等农副产品供给安全。新建棚室2.5万亩。

全面巩固拓展脱贫攻坚成果。加强对脱贫不稳定户、边缘易致贫户、突发严重困难户、低收入人口监测帮扶，保持主要帮扶政策总体稳定，确保不发生规模性返贫。强化产业就业帮扶和综合保障兜底，做细"三保障"和饮水安全巩固提升。促进乡村振兴省级重点帮扶县提升整体发展水平。

壮大"十大产业集群"。充分发挥"群长制"作用，围绕农产品加工业和食品产业"十大产业集群"，加大招商引资力度，建设一批带动能力强的重点项目，培育一批具有竞争力的龙头企业，打造一批特色鲜明的产业园区，做好粮头食尾、农头工尾大文章。支持长春农高区建设。办好第四届中国粮食交易大会。依托特色资源，全力打造"小品种、大产业"。推进人参品种选育、生产、加工、流通、品牌建设一体化发展，延伸药用、食用、化妆品、生物制品等精深加工产业链条，把人参产业打造成重要支柱产业。深入实施农产品品牌建设工程，强化地理标志农产品检验评估和认证，全面推进优质农产品进景区，全方位宣传推介，让吉林优质农产品货有所值。

推动肉牛产业高质量发展。加快建设一批规模化养殖场、养殖小区，引进培育一批屠宰加工企业，推动"东黄、西红、中改良"三个肉牛产业集群建设，做大做强肉牛产业。组建肉牛种业创新中心。加强对肉牛养殖企业的融资支持，支持发行标准化牛舍建设专项债券，落实好中小规模养殖户支持政策。增加本地育肥和出栏规模，拓展肉牛精深加工产业链，实现就地加工转化增值。抓好"吉牛"餐食品牌和业态建设，加大皓月、犇福、桦牛等"吉品肉牛"品牌推介力度，全面对接中高端市场。肉牛产业是个大产业，我们要铆足干劲，让"四个蹄子"追赶"四个轮子"，加快把"秸秆变肉"暨千万头肉牛建设工程打造成富民强省的标志性工程。

扎实稳妥推进乡村建设。深化农村人居环境整治提升五年行动。按照"九有六无"标准创建美丽乡村示范村1000个以上。完成农村改厕10.35万户，完善厕所后续管护长效机制。巩固农村生活垃圾治理成果，推进建制镇生活污水处理设施建设运行。强化农村供水运行维护，完成县级统管中心建设，力争农村自来水普及率达到97.5%。抓好畜禽粪污综合整治专项行动。新改建农村公路2500公里。实施农村公路养护工程3500公里。加强农村电网改造。

深化农村改革。全面建设现代农业产业体系、生产体系、经营体系，力争形成一批可复制、可推广的制度成果。开展第二轮土地承包到期延包试点，抓好九台、梅河口、通榆3个国家级宅基地改革试点，推进梨树全国农村改革试验区、通化全国林业改革发展综合试点市建设，做好榆树、梨树、东辽、永吉农业现代化示范区创建工作。实施合作社质量提升行动和家庭农场培育计划。推进农村"三变"改革，发展壮大新型集体经济，提升村级经济实力。推广"吉农金服"等数字普惠金融模式。推动农业社会化服务创新发展，培育壮大农业托管服务主体，加快中化现代农业技术服务平台建设。改进和完善乡村治理，总结推广"道德银行""爱心超市"

等积分制、清单制模式，充分发挥农民主体作用，培育文明乡风、良好家风、淳朴民风。

习近平总书记对吉林"三农"工作寄予厚望，我们要牢记殷殷嘱托，充分发挥吉林农业的特色和优势，争当现代农业建设排头兵，让吉林农业更强、农村更美、农民更富。

（五）更大力度深化改革开放。加快深层次改革，高水平扩大对外开放，为振兴发展注入强劲动力。

持续优化营商环境。加强制度建设，强化权利保护，提高审批效率，营造高效便利的政务环境、公平公正的法治环境、利企惠企的市场环境，全力推动吉林营商环境快步迈入全国第一方阵。对破坏营商环境行为实行零容忍。建立规范化行政执法事项清单，推广行政检查执法备案智能综合管理平台应用。持续开展涉企违规收费和拖欠中小企业账款专项治理。深化"放管服"改革，加强事中事后监管，持续深化"证照分离""证照一码通"改革，推进工程建设项目审批制度改革。加快数字政府建设，实现更多政务服务事项"省内通办""跨省通办"。加快检验检测能力建设。加强社会信用体系建设，加大失信惩戒力度。启动建设长春智慧法务区。

大力激发市场主体活力。坚持"两个毫不动摇"，助企纾困与激发活力并举，对各类市场主体一视同仁、平等对待。强化反垄断和反不正当竞争，防止资本无序扩张，加强知识产权保护和运用，以公正监管保障公平竞争。如期完成国企改革三年行动任务，加强国有企业投资全周期监管。启动实施培育壮大市场主体三年行动，推动市场主体多生成、快成长、早做强，力争三年新登记市场主体200万户。开展服务企业大调研活动，制定为企业办实事清单，开展"服务企业月""企业家日""民营企业评议政府工作"

等活动。完善守信践诺机制，监督指导审理好各类申诉案件，健全涉企业家错案甄别纠正常态化机制，依法保护民营企业家合法权益。企业家和企业是宝贵财富，我们要营造"亲""清"环境，注重倾心听取企业家意见，想企业之所想，办企业之所需，为企业提供方便、快捷、精准、细致的服务，让他们安心投资、顺心办事、舒心创业，感受到政企一家亲的温暖。

深化财税金融改革。落实相关领域省与市县财政事权和支出责任划分改革方案，完善省对下转移支付制度，提高市县基本公共服务保障能力。继续扩大信贷投放规模，力争多投放、早投放、精准投放。发挥"吉企银通"融资服务平台作用，进一步推动解决中小微企业融资难题。做好延期还本付息和信用贷款支持政策的接续转换，推动普惠小微贷款余额明显增长，提高信用贷款和首贷户比重。推动金融系统通过减少收费、调整拨备等多种措施，向实体经济让利。支持长春新区创建国家绿色金融改革试验区、四平市申建国家普惠金融改革试验区。深化农村信用社改革，严格坚守支农支小定位。完善政府性融资担保体系，实现政府性担保机构业务县域全覆盖。深入实施企业上市"吉翔"计划，抓住全面实行股票发行注册制的机遇，推动更多企业上市。

统筹区域协调发展。推动哈长城市群建设，加快建设长春现代化都市圈，推进长吉一体化、长平一体化协同发展。抓好长吉接合片区国家城乡融合发展试验区建设。支持辽源建设新能源汽车零部件和轨道客车零部件配套生产基地。推进以县城为重要载体的新型城镇化，抓好梅河口、公主岭、前郭、珲春4个国家县城新型城镇化建设示范。加快培育一批示范性特色产业小镇，打造县域经济新增长点和城乡产业融合发展新平台。

主动融入共建"一带一路"。推进新一轮长吉图开发开放先导区发展规划批复。加快申建中国（吉林）自贸试验区。实施全面对接《区域全面经济伙伴关系协定》（RCEP）行动计划。高水平办好第26届东北亚地区地方政府首脑会议。支持珲春打造东北亚区域性海产品集散地。推动扎鲁比诺内贸外运航线恢复常态化运营。推进"滨海2号"等通道建设。

释放开放平台功能。支持长春新区、中韩（长春）国际合作示范区、珲春海洋经济发展示范区等打造对外开放新高地。推进长春临空经济示范区建设，提升长春龙嘉机场区域性航空枢纽功能。支持综保区建设加工制造、跨境电商等重点项目。大力推动全省开发区整合优化。

大力开展招商引资。以"五个合作"为引领，全面落实22个政企合作协议，深化与央企、世界500强、国际知名跨国公司对接合作机制。推动与京、津、沪等11个省份战略合作协议落实。打造吉浙对口合作"升级版"。举办好东北亚投资贸易展洽会、第7届全球吉商大会、第2届中国新电商大会、知名跨国公司吉林行和吉日、吉韩、吉欧等重大经贸交流活动，开展与京津、沪浙、广深等地经贸交流。推动产业链招商、补短板招商、平台招商、以商招商等多种形式招商，实现招商引资规模和质量新突破。

（六）加快建设生态强省。践行"两山"理念，厚植吉林生态优势，持续改善生态环境质量，加快推进绿色低碳发展，满足人民群众对新环境的期待。

深入打好污染防治攻坚战。统筹多污染物协同控制和区域协同治理，抓好大气污染防治，疏堵结合推行秸秆全域禁烧。全省地级及以上城市环境空气优良天数比例保持在92.3%以上，PM$_{2.5}$浓度控制在29.5微克/立方米以下。以"两河一湖"为重点，推进不达标水体治理，实施县级以上集中式饮用水水源地和重点流域入河排污口规范化整治。加快县级城市和农村黑臭水体治理。全省国考断面优良水体比例保持在76.6%以上，劣五类水体比例控制在2.7%以下。巩固提升土壤环境质量，严格土壤污染风险管控。加快推进"无废城市"建设。因地制宜推进生活垃圾分类和减量化、资源化利用。统筹推进"禁塑"工作。

有序推进碳达峰碳中和。制定完善碳达峰实施方案及重点领域支撑方案，建立健全我省碳达峰碳中和政策保障体系，坚持先立后破、防范风险，科学稳妥有序把握工作节奏，实现安全降碳。开展重点领域节能降碳行动，提升行业能效水平。积极参与全国碳排放权交易，启动林业碳汇交易试点，研究建立碳汇交易机制。大力推进新能源乡村振兴工程建设。加大清洁取暖推广力度。支持辽源市建设国家北方地区冬季清洁取暖城市。

切实增强生态环境治理能力。统筹山水林田湖草沙一体化治理，开展大规模国土绿化，抓好第三个"十年绿美吉林行动"，实施林草湿生态连通工程，全面铺开万里绿水长廊建设，谋划河湖连通工程二期，抓好引嫩济洮工程前期工作。争创国家生态文明试验区。支持白山市建设践行"两山"理念试验区。积极推进生态示范创建，高质量建设国家生态文明建设示范区和"两山"实践创新基地。扎实推进"河湖长制""林长制"。抓好四平市全国海绵城市示范城市建设。推进生物多样性保护，建设自然保护地体系，抓好东北虎豹国家公园建设，加强中华秋沙鸭等野生动物保护。推进生态产业化和产业生态化，探索生态产品价值实现路径。落实生态环境损害赔偿制度。完善"三线一单"生态环境空间管控体系。压实整改责任、严肃追责问责，全面完成第二轮中央生态环境保护督察反馈问题整改，确保按时限销号清零，以生态环境保护成效取信于民。

大力发展生态旅游。擦亮冰雪圣地、避暑天堂"双品牌"，优化东西旅游"双线路"，推进中国（长白山脉—阿尔泰山脉）冰雪经济高质量发展试验区建设，打造生态旅游强省和世界级冰雪旅游目的地。推动嫩江湾、查干湖等5A级景区创建。分级创建一批乡村旅游精品村，培育打造一批特色民宿、"非遗"村落、观光农业等精品点和精品线路，提升乡村旅游知名度、美誉度。

吉林拥有"绿水青山、冰天雪地"两座金山银山，良好生态是吉林最大优势、最大品牌，也是最大财富。我们要忠实践行习近平生态文明思想，坚定不移走生态优先、绿色发展之路，坚持保护生态与发展生态旅游相得益彰，精心打造美丽中国"吉林样板"。

（七）切实提升人民生活品质。坚持尽力而为、量力而行，保住基本、兜牢底线，切实解决好人民群众的操心事、烦心事、揪心事。

扎实办好民生实事。重点办好50项民生实事，让群众看得见、摸得着、真正受益。开发培育优质就业岗位，推动实现更加充分更高质量就业。继续实施高校毕业生"留吉"就业创业工程。妥善做好退役军人就业工作。健全灵活就业劳动用工和社会保障政策。实现城镇零就业家庭动态清零。使用失业保险结余基金支持稳岗和培训。提高退休人员养老保险待遇水平。提高城乡居民医保政府补助标准。持续开展长期护理保险制度试点，探索推进机构照护向居家照护服务延伸。为10万名有康复需求的持证残疾人和残疾儿童提供康复训练、辅助器具适配等基本服务。为5000户特殊困难老年人家庭实施适老化改造。对困难家庭肿瘤患者通过定点医院治疗、减免医疗费用方式应救尽救。建设老年人法律援助工作站70个，实现老年人刑事法律援助全覆盖。依托国培计划、省培计划，培训幼儿园园长和教师6000人。为7000名适龄儿童免费实施牙齿窝沟封闭服务。实现全省异地就医跨省门诊慢特病直接结算。全力支持长春解决城市交通拥堵问题。改造客运班线公交化线路100条。扶持配建100套第二代健身路径，建设25个笼式足球场、25个多功能运动场。开工改造城镇老旧小区1100个。改造各类棚户区1.9万套以上。新建村级快递服务点3000个。启动"一村一名大学生兽医"计划，完成500个畜牧养殖大村兽医配备试点。坚持房子是用来住的、不是用来炒的定位，因地制宜发展长租房市场，推进保障性住房建设，支持商品房市场更好满足购房者合理住房需求，因城施策促进房地产业健康发展和良性循环。

全面发展社会事业。坚持立德树人，抓好思政教育。持续扩大普惠性学前教育资源，推动城市优质义务教育资源向农村延伸，加强县城普通高中建设。严格落实义务教育教师平均工资收入不低于当地公务员的政策规定。全面做好乡村师资补充、教师培训、工资待遇、职称和编制倾斜等工作。巩固"双减"工作成果。加强学生心理健康教育。利用博物馆等公共文化资源开展研学教育。持续深化"双一流""双特色"建设，推进产学研协同创新，建设10个左右高校现代产业学院协作体，提升高校服务"一主六双"高质量发展战略能力。支持长春争创全国产教融合试点城市，培育一批产教融合型企业。全面落实省部共建技能社会，实施中职、高职办学条件达标工程，推动现代职业教育高质量发展。加快职业技能提升行动扩容提质，抓好"马兰花计划"，推行现代学徒制，共建共享一批公共实训基地。推进公立医院高质量发展。继续推动紧密型县域医共体建设，促进优质医疗资源下沉基层。深入挖掘吉林历史文化资源，科学规划开发红色文化旅游线路，打造优秀关东民俗文化品牌。实施文艺作品质量提升工程，培育壮大影视动漫文化产业。创作吉林冰雪题材艺术作品。深入挖掘选树、培育打造"时代楷模"和"吉林好人""最美人物"，着力培育时代新人新风。推动广播电视媒体融合发展，加快智慧广电建设。实施全民健身计划，建设一批全民健身场地。推进企业职工基本养老保险与全国统筹有效对接，确保基本养老金按时足额发放。全面实施失业保险基金统收统支省级统筹。加强全省乡镇（街道）社工站建设，同步延伸村（社区）服务点建设。积极应对人口老龄化，健全完善老龄工作体系。实施健康养老幸福工程，加大制度创新、政策供给和财政投入力度，推广居家社区机构融合发展的综合照护服务模式，鼓励支持在城市社区建立嵌入式社区养老服务机构。全面落实"三孩"政策及支持配套措施，推动托幼育协同发展。开展未成年人保护示范创建活动，切实加强儿童福利工作。支持国防和军队现代化建设，做好双拥共建、征兵和民兵工作。支持延边建州70周年系列活动。着力发展老龄、慈善、红十字、妇女儿童、残疾人、地方志、志愿服务等事业，全面做好外事侨务、民族宗教、气象、防震减灾、人防、测绘、援疆、援藏等工作。

做好经济社会发展工作，民生是"指南针"。我们要做大做好"蛋糕"、切好分好"蛋糕"，持续不断增进人民福祉，把老百姓最关心、最关注的事情办好，在高质量发展中促进共同富裕。

（八）更好统筹发展和安全。扛牢"五大安全"责任，坚持底线思维，见微知著，抓早抓小，全力防范化解重大风险，坚决维护社会大局和谐稳定。

着力防范金融风险。按照"稳定大局、统筹协调、分类施策、精准拆弹"基本原则，强化日常监管，压紧监管责任链条，抓好各类金融风险处置工作，牢牢守住不发生系统性金融风险的底线。出台防范化解重大金融风险问责实施办法。开展高风险机构处置攻坚，坚决禁止恶意操纵经营、违规关联交易等问题发生。严格落实专项债"借、用、管、还"全流程管理要求，促进中小银行合规经营、稳健发展。

着力防范债务风险。坚持"谁举债、谁负责"，落实地方政府债务风险防控主体责任。坚决遏制隐性债务增量，坚决制止违法违规融资担保行为，稳妥化解隐性债务存量。按国家要求开展县级政府化解隐性债务试点。

着力防范社会稳定风险。高质量完成安全生产专项整治三年行动收官任务，坚决防范遏制重特大事故，切实提高防灾救灾减灾水平，全力维护人民群众生命财产安全。严格落实"四个最严"要求，持续强化食品药品监管，实施信用监管和风险分级管理，保障人民群众饮食用药安全。坚决有力处置房地产企业风险，维护群众合法利益。持续推进"平安吉林"建设，常态化开展扫黑除恶斗争，集中整治治安突出问题，防范打击电信网络诈骗，抓好重点领域信访突出问题专项治理，积极化解信访积案。大力实施兴边富民行动，维护边境地区安全稳定。

着力做好常态化疫情防控。坚持外防输入、内防反弹，严格落实精准防控要求，做到全时空闭环管理，做好防疫物资储备，加强定点医院、发热门诊医护人员力量，提升核酸检测能力，持续推进新冠疫苗接种工作。

各位代表!

面对新形势、新任务、新挑战，各级政府必须坚持不懈从严加强自身建设，自觉接受人民监督，坚决扛起"新担当、新突破、新作为"重大职责使命。始终强化政治引领，不断增强"四个意识"、坚定"四个自信"，坚决拥护"两个确立"、坚决做到"两个维护"，坚决同以习近平同志为核心的党中央在思想上政治上行动上保持高度一致，坚决捍卫核心地位、维护核心权威、跟随核心奋斗，不断提高政治判断力、政治领悟力、政治执行力。坚持把人民放在心中最高位置，更好把握和运用党的百年奋斗历史经验，增加历史自信、增进团结统一、增强斗争精神，对"国之大者"心中有数，坚定不移贯彻好党中央大政方针和重大战略决策部署，为党分忧、为国尽责、为民奉献。始终强化依法行政，加强法治政府建设，依法行使权力、履行职责、承担责任。依法接受省人大及其常委会法律监督、工作监督，自觉接受省政协民主监督，认真办理省人大代表议案、建议和省政协提案。配合省人大做好地方立法工作。强化府院联动机制，提高行政执行效率。始终强化政府作风建设，牢记为人民服务的公仆身份，发扬"严新细实"优良作风，落实"五化"工作法，激励干部敢担当、善作为，坚韧不拔抓落实，对重点工作严督实考，坚决防止形式主义、官僚主义，持续为基层松绑减负，让基层单位腾出更多精力抓落实。始终强化廉洁政府建设，落实全面从严治党要求，完善权力监督制约机制，深入推进党风廉政建设和反腐败斗争，持之以恒落实中央八项规定精神，持续整治不正之风和腐败问题，创建风清气正的良好环境。

各位代表!

振兴突破正当时，砥砺奋进向未来。让我们更加紧密地团结在以习近平同志为核心的党中央周围，坚持以习近平新时代中国特色社会主义思想为指导，在省委的坚强领导下，埋头苦干、攻坚克难，坚定信心、勇毅前行，加快新时代吉林全面振兴全方位振兴，以实际行动迎接党的二十大胜利召开，为实现第二个百年奋斗目标、实现中华民族伟大复兴中国梦作出新的更大贡献！

黑龙江省
政府工作报告

——2022年1月23日在黑龙江省第十三届
人民代表大会第六次会议上

省长　胡昌升

各位代表：

现在，我代表省人民政府向大会报告工作，请予审议，并请各位政协委员提出意见。

一、2021年工作回顾

2021年是我省振兴发展进程中极不平凡的一年。在省委坚强领导下，全省坚持以习近平新时代中国特色社会主义思想为指导，深入贯彻落实党的十九大和十九届历次全会精神，完整、准确、全面贯彻新发展理念，服务和融入构建新发展格局，统筹疫情防控和经济社会发展，统筹发展和安全，圆满完成经济社会发展预期目标任务，"十四五"实现良好开局。全省地区生产总值同比增长6.1%，规模以上工业增加值增长7.3%，固定资产投资增长6.4%，社会消费品零售总额增长8.8%，进出口总额增长29.6%，一般公共预算收入增长12.8%。

一是"三农"工作成效明显。粮食总产1573.5亿斤，实现"十八连丰"，增产65.4亿斤，新增产量占全国增量24.5%，创历史新高。加力推进黑土地保护，新建高标准农田1024.6万亩，黑土地保护"龙江模式""三江模式"全国推广，圆满完成耕地保护目标任务。种业振兴开局良好，建设16个国家级良种繁育基地，主要农作物良种基本实现全覆盖。绿色有机食品认证面积8816.8万亩，继续保持全国第一。生猪产能全面恢复，出栏2228.1万头，同比增长24.5%，创历史最高。新型农业经营主体加快发展，合作社达到9.6万个，家庭农场达到6.2万个，农业生产全程托管服务面积2042万亩。规上农产品加工企业超过1700家。农业综合机械化率继续保持全国领先。农村人居环境整治扎实推进，新建改建农村公路4000公里，提高280万农村居民供水保障水平。守住了不发生规模性返贫底线，脱贫攻坚成果进一步巩固提升。农村居民人均可支配收入增长10.6%，增速为7年来最高。

二是工业经济提质增效。规上工业产值突破万亿元，增加值增速连续两年超过全省GDP增速，达到2013年以来最高水平。规上企业新增超过300户，6年来首次突破4000户，百亿级企业达到20户。工业利润大幅增长，增速超过全国水平。装备、石化、食品、能源等优势产业增加值分别增长13.3%、9.8%、6.1%、6.3%。哈电集团研制的单机容量世界最大百万千瓦机组在白鹤滩水电站成功运行。一重集团营业收入、利润总额实现两位数增长。大庆古龙陆相页岩油国家级示范区揭牌。高技术制造业增加值增长9.5%。新建5G基站1.8万个，建成全省首个工业互联网标识解析综合二级节点平台，成功申报哈尔滨国家级互联网骨干直联点。

三是现代服务业不断提升。深入挖掘消费潜力，开展"全省消费促进月"等促消费活动。批零住餐、营利性服务业新纳统企业增加分别超过700户、110户。金融业持续发展，人民币贷款余额2.4万亿元，同比增长8.1%。积极推动企业上市，上交所主板上市企业1家，新申报IPO企业6家，上市后备企业224家，上市公司股权融资增长15.3%。电子商务蓬勃发展，113个电商产业园区入驻企业3472家，示范县网店总数9.9万个、网上零售额增长30%。推进"快递下乡进村"，邮政业务总量增长20.3%。成功举办第四届旅发大会，全年接待游客1.63亿人次，实现旅游收入1345亿元。

四是招商引资和项目建设力度加大。强力推动招商引资，组织重大招商活动81次，新签约千万元及以上利用内资项目1393个，项目合同金额6163亿元；实际利用外资增长10.8%。230个省级重点项目完成投资1890.8亿元，牡佳客专、京哈高速等重大基础设施工程竣工投用。铁伊客专、北黑和佳鹤铁路加快建设。吉黑高速、鹤大高速佳木斯过境段等项目进展顺利，维修普通国省道1800公里，改造高速公路路面880公里。哈尔滨机场二期扩建全面开工，鸡西、漠河支线机场改扩建等项目加快建设。

五是科技创新步伐加快。实施新一轮科技型企业三年行动计划，高新技术企业净增806家，同比增长41.7%。技术合同成交额实现352.9亿元，增长31.8%。发布实施5个"揭榜挂帅"榜单，组织实施省科技重大专项、重点研发项目107项。创新载体加快建设，国家新一代人工智能创新发展试验区获批，新增国家级创新平台3个，新建省级重点实验室、新型研发机构32个。

六是改革开放不断深化。"放管服"改革取得实效，赋予自贸试验区、哈尔滨新区省级事权589项、219项。政务服务事项1739项"省内通办"、170项"跨省通办"。营商环境持续向好，满意度不断提高，"办照即营业""码上诚信"等创新改革成果全省推广。惠企纾困激发市场主体活力，新增减税降费63亿元以上。新登记市场主体54.5万户，增长28.7%。国企改革三年行动扎实推进，全省地方国企营业收入、利润同比增长16.6%、176.2%。北大荒集团集团化公司化运行良好，森工集团现代企业制度不断完善，组建龙煤能源投资集团。深化事业单位全领域改革试点工作如期完成。对俄合作深入推进，举办龙粤俄三方省州长视频会晤，黑河公路大桥建成，同江铁路大桥铺轨贯通，开展黑河、绥芬河互市贸易进口商品落地加工试点。自贸试验区加快建设，"创新中俄跨境集群建设"案例入选国家级最佳实践案例。

七是生态文明建设扎实推进。持续打好蓝天、碧水、净土保卫战，污染防治攻坚战连续两年位列国家优秀序列。淘汰城市建成区35蒸吨以下燃煤锅炉43台，全省优良天数比率94.8%，重污染天数同比降幅58.3%。4条河流退出劣V类，劣V类水体比例同比改善2.9个百分点。全面落实河湖长制，推进实施林长制、田长制，统筹山水林田湖草沙一体化保护修复，营造林155.9万亩，治理侵蚀沟1706条。深入开展省级环保督察，积极配合第二轮中央生态环境保护督察。成立了低碳企业联盟，140家重点企业纳入全国碳市场管理。全省国土空间规划布局初步构建，第三次国土调查任务圆满完成。

八是民生保障有力有效。全省财政民生支出4445.3亿元，占一般公共预算支出比重达87.1%。就业形势总体稳定，实现城镇新增就业41.9万人，完成年计划的139.5%。企业退休人员基本养老金按时足额发放并实现"十七连增"。城乡低保标准分别提高5.4%、9.4%，惠及群众148.2万人。发放低保、特困等社会救助资金69.8亿元，儿童福利机构和社会散居孤儿保障标准分别提高12.9%、17.4%，积极开展"认亲助养""合力监护、相伴成长"等活动，让孤困儿童健康快乐成长。基本医疗保险市级统筹全面实现，门诊费用跨省直接结算开通，城乡居民基本医疗保险人均财政补助标准提高至580元。孕产妇死亡率、婴儿死亡率均优于全国平均水平。疫苗接种有序推进，三岁以上常住人口新冠疫苗接种覆盖率96%。学前教育增加普惠学位近8万个，"双减"学科类培训机构压减95.4%，中小学课后服务实现全覆盖，"四零"承诺、劳动教育成为全国先进典型。高校毕业生初次就业率86%，高职扩招4万人，义务教育巩固率、高中毛入学率、高等教育毛入学率分别高于全国4.1、5.8和17个百分点。组织开展一系列文化创作展演活动。龙江健儿在东京奥运会、残奥会和全运会取得佳绩。全省棚户区改造开工5万套，城镇老旧小区改造开工46.9万户，农村危房改造1.3万户。更新改造老旧供热管网2058公里、二次供水泵站1200座、庭院内供水管网1811公里。基本民生持续改善，群众获得感不断增强。

九是平安建设持续加强。健全完善安全生产"五大体系"，深入开展安全生产"十查十治"，各类生产安全事故起数、死亡人数分别下降13.3%、8.2%。全面实施"三清单一承诺""两书一函"机制，森林草原防灭火取得"人为火不发生、雷击火不过夜"显著成绩。平安黑龙江加快建设，八类案件及涉众型经济犯罪案件立案分别下降9.6%、5%，公众安全感满意度98.6%。

国防动员、退役军人事务、民族宗教、普法宣传、法律援助、外事侨务、新闻出版、文学艺术、广播电视、审计统计、档案史志、地震气象、人民防空、边境管理、援藏援疆等工作及妇女儿童、老龄和残疾人事业都取得新进展。

各位代表，成绩来之不易，看似寻常却艰辛。这一年，我们从百年党史中汲取力量。扎实开展政府系统党史学习教育，隆重庆祝中国共产党成立100周年，大力弘扬伟大建党精神，传承赓续东北抗联精神、大庆精神（铁人精神）、北大荒精神，如期打赢脱贫攻坚战，全面建成小康社会，正以坚定的历史自信和奋斗步伐踏上新的赶考之路。这一年，我们在风险挑战中砥砺斗志。打赢多轮疫情防控阻击战歼灭战，成功抵御黑龙江干流50年一遇特大洪水，积极应对历史罕见冻雨暴雪灾害，逆行出征的白衣战士、抗洪一线的鲜红党旗、冰雪无惧的橙色身影，构成了感动龙江的最美底色！广大干部群众众志成城、和衷共济的磅礴力量，是我们战胜一切风险挑战的最大底气！这一年，我们在常态反思中跳起摸高。坚持自我加压，公开晾晒目标任务完成情况，逐季分析反思工作中的不足，成立14个经济工作专班，精准解决经济运行中的堵点难题，密集出台70余项规划、实施方案和政策措施。各地各部门对标赶超、晋位争先的内生动力进一步增强，干事创业、勇于担当的良好氛围更加浓厚。这一年，我们在为民服务中锤炼作风。承诺的24件民生实事全部兑现，"我为群众办实事"实践活动深入开展，9779项办实事台账项目全部完成。积极解决信访问题，践行网上群众路线，及时回应群众关切。建立服务企业机制，政府系统干部万余人次为企业上门服务，企业反映的问题得到及时解决，构建亲清政商关系取得显著成效。这一年，我们在正风肃纪中依法行政。大力推进政府系统党风廉政建设和反腐败工作，整治群众身边的不正之风和腐败问题。自觉接受人大法律监督、政协民主监督和社会监督，人大代表建议371件、政协提案553件全部办结。实践证明，只要我们坚持发展是第一要务，坚持以人民为中心的发展思想，始终聚焦经济建设这个中心，始终一心为民利民，就一定能够把龙江的事情办好。

各位代表，过去一年能够取得这样的成绩，实现"十四五"良好开局，根本在于习近平总书记作为党中央的核心、全党的核心掌舵领航，在于习近平新时代中国特色社会主义思想的科学指引。过去一年我们圆满完成各项目标任务，这是省委科学决策、总揽全局、协调各方的结果，是省人大、省政协和社会各界有效监督、鼎力支持的结果，是全省人民攻坚克难、奋力拼搏的结果。在此，我代表省人民政府，向全省各族人民，向各民主党派、工商联、无党派人士、各人民团体和各界人士，向人大代表、政协委员，向离退休老同志，向驻省中央直属单位、驻省解放军指战员、武警部队官兵、公安干警和消防救援队伍指战员，向所有关心支持黑龙江振兴发展的港澳台同胞、海外侨胞和国际友人，表示衷心感谢并致以崇高敬意！

在看到成绩的同时，我们也清醒正视困难和问题，主要是：疫情对经济发展影响具有不确定性，大宗商品价格持续走高，中小微企业、个体工商户生产经营困难加大，工业对经济增长的贡献率偏低，科技成果转化率不高，招商引资和营商环境建设还需加力，民生保障水平与群众需求相比还有差距，服务企业发展意识不强，抓落实"最后一公里"还存在堵点。

当前，龙江振兴发展正处在政策叠加乘势而上的机遇期、爬坡过坎转型升级的攻坚期、矛盾累积风险交织的凸显期、激发潜力振兴发展的关键期，中央实施七方面促进经济稳定的政策，持续加大对粮食主产区支持力度、新增地方政府专项债券支持重点项目建设、适度超前开展基础设施投资等政策措施，为我省加快产业发展、扩大有效投资、夯实高质量发展基础带来难得机遇。我们要保持战略定力，聚精会神抓好经济建设，以发展促振兴、以发展破难题、以发展增福祉，加快推动龙江全面振兴全方位振兴。

二、2022年工作安排

2022年将召开党的二十大和省第十三次党代会，做好今年经济社会发展工作意义重大。今年政府工作的总体要求是：坚持以习近平新时代中国特色社会主义思想为指导，全面贯彻落实党的十九大和十九届历次全会精神，深入贯彻落实习近平总书记重要讲话重要指示批示精神，弘扬伟大建党精神，坚持稳中求进工作总基调，坚持以供给侧结构性改革为主线，完整、准确、全面贯彻新发展理念，服务和融入构建新发展格局，推动高质量发展，实施创新驱动发展，加快产业结构转型升级，推进农业农村现代化，全面深化改革扩大开放，积极推动绿色低碳发展，统筹疫情防控和经济社会发展，统筹发展和安全，继续做好"六稳"、"六保"工作，保持经济运行在合理区间，扎实推进共同富裕，保持社会大局稳定，加力推进全面振兴全方位振兴，以平稳健康的经济环境、国泰民安的社会环境、风清气正的政治环境迎接党的二十大胜利召开。

全省经济社会发展主要预期目标是：地区生产总值增长5.5%左右，规上工业增加值增长8%左右，固定资产投资增长10%以上，社会消费品零售总额增长7%，进出口总额增长10%以上，一般公共预算收入增长6.5%，城乡居民收入增长高于地区生产总值增长，城镇调查失业率6%左右，居民消费价格涨幅3%左右，粮食产量达到1500亿斤以上。

实现上述目标，要重点把握好以下几个方面。

一是坚持正确战略指引。全面深入贯彻落实习近平总书记重要讲话重要指示批示精神，做好"三篇大文章"、抓实"五头五尾"，沿着"五个要发展"根本路径，全力以赴推动高质量发展。坚持"稳字当头、稳中求进"，落实东北全面振兴"十四五"实施方案，把稳增长放在更加突出位置，调动各方面积极性，进中求好，推动经济实现质的稳步提升和量的合理增长。

二是遵循经济发展规律。坚持深化省情认识和把握经济发展规律相结合，形成完整、准确、全面贯彻新发展理念的思维方式和发展方式，充分发挥市场在资源配置中的决定性作用，把握竞争规律、价值规律、供求规律，推动龙江供给优势与国内国际市场需求充分对接，在服务和融入构建新发展格局中拓展发展新空间。

三是全面提升创新能力。坚持把创新作为实现全面振兴全方位振兴的战略基点，作为经济结构优化调整、产业转型升级的第一动力，推进思路创新、产业创新、科技创新、路径创新、载体创新、管理创新等多层次全方位创新，构建多要素联动、多主体合作、多领域协同的综合创新生态体系，培育壮大新动能，增强发展新动力，重塑竞争新优势。

四是加强政策体系建设。对标全国先进地区好经验好做法，出台务实管用、拉动经济发展的系列政策，完善具有龙江特色的政策体系，切实提高政策支持的精准度和实效性，靶向发力，握指成拳，今年一季度前相关政策做到"应出尽出"，将政策"含金量"转化为发展新动能。

五是精准做好疫情防控。统筹疫情防控和经济社会发展，坚持"外防输入、内防反弹"总策略和"动态清零"总方针不动摇，做好风险地区抵返人员排查、重点场所管控、边境口岸疫情防控，落实大数据应用、精准赋码等精细管控措施，最大程度减少对群众生产生活的影响，以最短时间、最小成本获得最大防控成效。

按照总体要求和目标，今年要重点做好十一个方面工作。

（一）坚决当好维护国家粮食安全"压舱石"，争当农业现代化建设排头兵。深入实施乡村振兴战略，着力优化农产品品种品质结构，增强粮食供给保障能力，稳产量、提质量、增效益，为更有底气、更为安全的"中国粮食"作出应有贡献。

提升农业综合生产能力。深入实施"藏粮于地、藏粮于技"战略，确保粮食播种面积稳定在2.18亿亩以上。实打实调整结构，实施大豆产能提升工程，新增大豆种植面积1000万亩以上。采取"长牙齿"的硬措施保护好耕地，新建高标准农田1100万亩，落实黑土耕地保护示范面积5600万亩以上。大力实施种业振兴行动，加快国家制种大县和区域性良种繁育基地建设。大力发展现代畜牧业，以"两牛一猪一禽"为重点，稳定生猪生产，持续推进奶业振兴，加快肉牛产业发展，肉蛋奶产量达到900万吨。作为农业大省，我们有责任、有能力、有信心，让"中国饭碗"装上更多优质的"龙江粮"。

推进现代农业高质量发展。深化农业供给侧结构性改革，提升农业社会化服务体系功能，推进规模化、数字化、现代化大农业发展。大力发展科技农业，向科技要效益，推动数字技术、生物技术赋能现代农业，积极引进和培育数字农业龙头企业，完善省级数字农业综合服务平台，推进数字农业示范县（场）建设，打造农业物联网应用先导区、全国数字农业示范区，支持省级现代农业科技示范基地建设。大力发展绿色农业，向绿色要特色，开展科学施肥合理用药行动，推进以还田为主的秸秆综合利用，秸秆综合利用率达到92%。绿色有机食品认证面积达到9100万亩，建设全国最大绿色粮仓、绿色厨房。大力发展质量农业，向质量要发展，推动农业全产业链发展，农产品加工转化率达到65%以上。做大玉米、大豆、水稻、乳品等优势产业，培育中药材、食用菌、杂粮杂豆、富硒种植等特色产业。支持农业社会化服务发展，农业生产全程托管服务面积达到3000万亩以上。大力发展品牌农业，向品牌要市场，实施品牌农业培育计划，打造农产品区域公用品牌40个，进一步提升龙江农产品影响力和竞争力。

全面推进乡村振兴。严格落实"四个不摘"要求，持续落实防返贫动态监测和帮扶机制，巩固拓展脱贫攻坚成果，确保不发生规模性返贫。大力发展富民乡村产业，推进"一村一品"示范村镇建设，促进农村一二三产深度融合。实施乡村建设行动，加强农村人居环境整治，深入实施村庄清洁行动、绿色美化行动，稳步推进"厕所革命"，统筹推进垃圾污水治理和清洁能源利用。推广"积分制""清单制"，创建一批乡村治理示范村镇。加大家庭农场扶持力度，支持家庭农场组建合作社，大力发展专业化社会化服务。通过发展农村集体经济、组织农民务工经商等多种途径，促进农民持续增收。加强乡村人才队伍建设，实施乡村振兴万人计划，吸引各类人才返乡入乡创新创业。推进农村移风易俗，持续增加农村文化产品供给，建设美丽乡村。

（二）全力实施工业振兴计划，加快产业结构优化升级。出台工业振兴实施意见，提升制造业核心竞争力，提高工业在全省经济中的比重，推动工业高质量发展。

稳存量提升主导产业优势。聚焦装备工业，鼓励支持研发首台（套）产品，依托一重、哈电、东安动力等龙头骨干企业带动配套产业发展。聚焦石油化工、煤化工，实施减油增化，延伸下游产业链条。聚焦能源工业，深化央地合作建设"百年油田"，推进页岩油商业性开发取得实质性突破，稳固油气当量在4000万吨，释放煤炭优质产能，力争新增煤炭产量300万吨以上。聚焦食品工业，发展面向国内外中高端市场的农副产品精深加工业，引进和培育一批龙头企业，打造农产品产业集群。

扩增量加快培育新产业。大力发展石墨等新材料产业，实现石墨资源高质化利用，打造鸡西、鹤岗石墨采选加一体化生产制造集群。加快发展新能源和环保产业，推进重点企业发展新能源全产业链，支持新能源汽车产业发展，建设新能源产业集群，加快大宗固体废物综合利用基地建设。推进军民融合深度发展，促进国防工业科技成果向民用领域转化应用，谋划共建中国航发哈尔滨高端轴承产业基地等重大项目，加快北斗高分综合应用示范项目建设。依托哈工大卫星研发优势推动小卫星产业发展。培育发展农机装备、冰雪装备、森林装备等特色产业，在哈尔滨、齐齐哈尔、佳木斯建设高端智能农机产业园区，推动新产业形成新增长点。

大力发展数字经济、生物经济。制定完善数字经济发展规划和产业政策，推动数字经济加快发展。推进产业数字化，开展制造业数字化转型行动和中小企业数字化赋能行动，打造"5G+工业互联网"典型应用场景，培育一批智能制造系统解决方案供应商，以数字赋能装备制造、石油化工、食品加工等传统产业。推进数字产业化，实施数字产品制造业规模倍增行动，建设哈尔滨、大庆等数字经济产业园。新建5G基站1.4万个以上，加快"千兆"固定光网建设。制定完善生物产业发展规划，推进生物科技创新和产业化应用，引进生物领域科研机构、创新人才、领军企业，加强基因工程、蛋白质工程等领域前瞻布局，加快发展生物医药、生物育种、生物能源等产业，建设生物产业链聚集区。

创新工业振兴机制。对接国家先进制造业集群发展专项行动，实施产业基础再造、千企技术改造、绿色低碳制造三项行动，推动先进制造业上规模、提品质。实施省市县三级"一对一"包联服务规上企业全覆盖，分类制定产业支持政策，建立突出工业振兴导向考核机制，压实市（地）、县（市、区）和开发区责任，新增规上企业800户。作为老工业基地，龙江工业发展的优势仍在，无可替代的特色仍在，重振工业雄风的底气仍在，只要我们善于探索、勇于突破、敢于争先，龙江工业一定能成为振兴发展的坚强支撑。

（三）多措并举扩大消费，充分释放内需潜力。实施扩大内需战略，提振消费信心，推动消费加快恢复，提高对经济增长贡献率。

推动消费扩容提质升级。培育建设哈尔滨国际消费中心城市，加大政府消费券支持力度，持续开展家装建材、特色餐饮、年货大集等促消费活动，稳定增加汽车、家电等大宗消费，激发县乡消费积极性。健全落实新增限额以上企业奖励政策，加快限上企业扩容，新增限上企业600户。更好满足购房者合理住房需求，促进房地产业健康发展。加快农村寄递物流体系建设，推进农村寄递物流与特色产业融合发展。

加快发展现代服务业。大力发展生产性服务业。加强现代商贸流通体系建设，推进县域集采集配中心体系建设。实施现代物流运行体系建设行动，推动绿色货运配送示范城市和骨干冷链物流基地建设，吸引国内物流头部企业建设北方快运基地、航空货运基地。加大金融机构招商力度，补齐金融要素短板，全省人民币各项存款余额增长7.5%、贷款余额增长8%。发挥政府引导基金作用，积极引进天使基金等风险投资，吸引更多基金落地龙江。落实好促进旅游业发展政策，大力开展文旅招商，加快推进全域旅游，深度开发冰雪游、森林游、边境游、湿地游、避暑游，扎实推进扎龙、五营5A级景区创建，办好第五届旅发大会。谋划发展创意设计产业，推动形成新增长点。

加快培育新型消费。推进消费模式创新和业态升级，加快发展平台经济，推动数字商贸、平台商贸、电子商务、直播电商有序发展，支持智慧商店、无接触配送等新业态新模式发展。促进养老托幼、休闲康养、文化体育等服务消费，培育壮大健康消费、绿色消费等新型消费，促进消费稳定增长。

（四）深入实施创新驱动发展战略，持续培育发展新动能。加大全社会研发投入，激发科技创新潜能，为龙江振兴发展提供科技支撑。

加强关键核心技术攻关。推行"揭榜挂帅"机制，探索业主单位负责制，围绕数字技术、生物技术，开展机器人及智能装备、网络安全、碳达峰碳中和、生物医药、生物育种等领域研发攻关。依托国家自然科学基金区域创新发展联合基金和省自然科学基金项目，围绕生物与农业、新材料与先进制造等优势领域，加强基础性、原创性研究。积极争取省部联动国家科技项目支持，解决新一代信息技术、黑土保护利用等重点领域关键核心技术问题。深化以对俄为主的国际科技合作，开展联合攻关。实施科技攻关项目

100项左右，突破一批"卡脖子"关键核心技术。

促进科技成果高质量转化。服务国家重大工程并利用技术外溢开发配套产品和民用产品。系统梳理高校和科研院所科技成果，编制发布科技成果转化投资机会清单，大力开展科技成果招商。支持省工研院打造高质量科技成果转化平台，鼓励省内成果在工研院平台"二次开发"，吸引承接国内外成果在我省转化。加快孵化器等技术转移机构建设，落实技术合同交易奖补政策，实现技术合同成交额400亿元。加强科技成果转化考核激励，调动企业、高校、科研院所、科研人员积极性。加强知识产权保护和利用。

建设区域创新载体。加快哈大齐国家自主创新示范区、佳木斯国家级农业高新技术开发区创建步伐。推动国家级高新区晋位争先，支持佳木斯、牡丹江省级高新区晋升为国家级高新区，推进省级高新区"一区一主导产业"加快发展。加快哈尔滨国家新一代人工智能创新发展试验区建设。推动哈尔滨玻璃钢研究院国家新材料产业基地项目建设，建立先进复合材料研发制造中心。推动中电科49所传感器创新中心建设。推动创建大庆陆相页岩油国家重点实验室，建设国家省部共建重点实验室、国家工程研究中心、产业创新中心，争取国家重大创新平台在我省布局。

培育科技创新主体。深入实施新一轮科技型企业三年行动计划，新增高新技术企业800家以上。全面落实高新技术企业所得税优惠、研发费用加计扣除等政策，加快发展高技术高成长高附加值企业。强化企业创新主体地位，支持大企业牵头组建创新联合体，鼓励规上企业设立研发平台。继续实施"头雁"行动，重点支持10所高校加强10个省级双创示范基地建设。留住用好创新人才，在"引"上给政策，在"留"上出实招，在"育"上下功夫，在

"用"上搭舞台，真正让龙江成为创新创业高地、成长成才摇篮，让越来越多的创新人才选择龙江、扎根龙江、圆梦龙江。

（五）积极引进外来战略投资者，持续扩大有效投资。加大招商引资力度，加快重点项目建设进度，持续优化投资环境，充分发挥有效投资关键作用，形成高质量发展增量。

提升招商引资质效。出台更有针对性的招商引资政策和产业招商规划，完善全省招商大数据平台，运用上门招商、以商招商、专业招商、云端招商等方式，提升招商精准度和成功率。利用进博会、服贸会、投洽会、中俄博览会、哈洽会、绿博会等展会平台，加力推动招商引资取得实效。发挥"亚布力中国企业家论坛"年会主场优势，谋划做好龙商回归、校友回归、金融助振兴等主题招商，开展好面向日韩等国家及香港、"长三角""珠三角"等先进地区重点招商。深化龙粤对口合作，深度参与跨区域产业链供应链分工，承接发达地区产业转移，吸引头部企业落户我省，培育形成新产业集群。共建产业合作园区，把深哈产业园建设成为创新创业的重要基地。全省实际利用千万元以上内资同比增长30%以上，实际利用外资增长10%。招商引资是经济发展的源头活水，我们要在招商引资上持续加力，多研究管用政策，多主动上门对接，用我们的真挚和诚意，换来合作双赢。

加快重大项目建设。精准对接国家"十四五"规划和东北全面振兴"十四五"实施方案等国家战略，加快重大工程、重点项目落地建设。加强基础设施项目建设，开工建设哈尔滨至绥化至铁力客专，谋划推进孙吴至逊克至乌伊岭铁路，加快推进富加铁路提速改造前期工作，加快铁力至伊春客专、北安（龙镇）至黑河铁路改造等工程建设，推动佳木斯至鹤岗铁路改造项目建成投用；启动五大连池至嫩江、鹤岗至伊春等高速公路建设；力争开工建设齐齐哈尔、佳木斯机场改扩建项目，加快推进哈尔滨机场二期扩建、漠河机场改扩建，力争绥芬河机场建成投用；加快林海水库等重大水利项目前期工作，加快关门嘴子水库工程建设，加快实施病险水库除险加固、中小河流综合治理等重点水利工程。组织实施省级重点项目500个，年度计划完成投资2150亿元，让投资对经济增长的拉动作用充分体现。

强化服务保障。加快建立"要素跟着项目走"保障机制，加强用地、融资、人才、政策等要素保障，提高要素配给效率。大力推进投资审批制度改革，加大"区域评估""标准地"等改革力度。用好各类政府投资资金，健全债券项目生成机制，最大程度发挥政府投资溢出效应。推广运用政府和社会资本合作（PPP）模式，深入开展基础设施领域不动产投资信托基金（REITs）试点，鼓励社会资本参与政府投资经营性项目建设运营，积极盘活国有存量资产，进一步激发社会投资活力。

（六）深化重点领域和关键环节改革，更大激发市场主体活力。聚焦制约高质量发展的深层次矛盾和问题，着力破解体制机制障碍，激发内生动力，释放发展潜力。

深化国企国资改革。建立国企改革任务清单台账，高标准完成国企改革三年行动任务。深化龙煤集团改革，加快建设行业领军企业。深化森工集团改革，推动绿色生态产业等实现新突破。推动农垦改革释放活力，着力打造"三大一航母"。进一步规范企业法人治理结构，完善体制机制，建立更加规范投资决策程序和风险防控机制，推动资产证券化、数智化，不断提高国企管理水平和质量效益。市（地）、县（市、区）国资创造条件推动深度混改，不断提升国资效率效益。促进央地协同融合发展，支持驻省央企改革，落实央地合作项目，推进已有合作项目加快实施达产达效，谋划生成新的合作项目。

持续优化营商环境。深化"放管服"改革，加强政府权责清单标准化管理。加强数字政府建设，提升政务服务效能，深入推进"办事不求人"。推进社会信用体系建设，开展市（地）、县（市、区）营商环境评价，打造市场化法治化国际化营商环境。深化商事制度改革，优化企业开办服务流程，推进"证照分离""多证合一"改革，持续提升市场主体准入便利度。加强反垄断和反不正当竞争执法，保障各类市场主体公平竞争。全省新登记市场主体54万户，实有市场主体突破300万户。着力构建亲清政商关系，强化企业服务帮扶，"无事不扰、有事上门"，做到企业创新孵化时必访、经营困难时必访、登记纳统时必访、战略调整时必访、增资扩产时必访、筹备上市时必访，坦荡真诚地和企业家交朋友，用心用情地为企业送服务，通过我们的努力，让政商关系亲而又清、清清爽爽、洒满阳光。

促进民营经济高质量发展。加快民营企业梯度成长，推进个转企、小升规、规改股、股上市。制定专项规划，重点培育"专精特新"中小企业、"小巨人"企业、隐形冠军企业和制造业单项冠军企业。落实减税降费、助企纾困政策，鼓励出租方为因疫情导致经营困难中小企业、个体工商户减免租金，依法整治违规涉企收费，保护民营企业合法权益，保障民营企业依法平等使用资源要素。积极支持新技术、新产业、新业态、新模式发展。组建龙商总会。发挥好行业商会协会作用。建立与民营企业常态化沟通机制，定期集中解决共性困难问题，对企业真正做到有访必接、有难必帮，让民营企业在龙江发展得更有归属感、更有获得感、更有成就感。

提升金融服务实体经济能力。采取差异化政策措施引导银行、保险等机构提高存贷比，引进域外资金，提高全社会融资规模。研究增加政府增信手段和增信能力，提高企业融资便利性。深化"银税互动"，持续释放贷款市场报价利率（LPR）改革效能，降低企业特别是小微企业融资成本，继续实施中小企业双稳基金担保贷款延期还本政策。深入实施"紫丁香计划"，支持企业上市和上市公司再融资。

（七）扩大高水平对外开放，主动融入国内国际双循环。深度融入共建"一带一路"，积极参与"中蒙俄经济走廊"建设，加快构建以对俄合作为重点的全方位对外开放新格局。

推进对俄开放合作。完善与俄罗斯毗邻地区省州长定期会晤机制，推进黑河公路大桥、同江铁路大桥口岸开通运营，推动东宁界河桥前期工作。拓展农业全产业链、装备制造等领域投资合作，打造外贸加工产业链，建设木材、煤炭、粮食等资源型产品进口落地加工产业集群，发展轻工、电子、纺织等出口型制造业，推进口岸和腹地生产基地协同建设，构建前方外贸口岸和后方生产基地互动、贸易结构与产品结构相适应的跨境产业发展新布局，加快打造跨境产业链和产业集群。鼓励发展边民合作社、边民互助组，增加互市贸易进口商品落地加工试点地区，建设面向俄欧市场高水平出口消费品加工区。深化中俄地方间交流合作，办好第七届中俄博览会、第十二届中俄文化大集和地方合作理事会成立25周年庆祝系列活动，构筑我国北方开放新高地，在新时代中俄全面战略协作伙伴关系中体现龙江担当。

推进全方位对外开放。畅通对俄欧陆路通道，贯通哈绥俄亚陆海联运通道，启动哈尔滨国际航空货运枢纽建设，打造面向俄罗斯、辐射欧洲、直达北美的国际物流集散枢纽。争取中国民航哈尔滨区域管制中心可研获得国家批复。抓住区域全面经济伙伴关系协定（RCEP）实施机遇，扩大机电产品、高附加值农产品出口规模。在智慧农业、新能源、新材料、高端装备制造、节能、环保、生物科技、养老服务、文化旅游等领域开展国际合作，以更高水平开放促进更高质量发展。

建设开放合作平台。推进自贸区、哈尔滨新区、沿边重点开发开放试验区及经开区、高新区等开放合作平台建设，加快提升承载能力。实施自贸试验区2.0版行动计划，加强自贸试验区制度创新，加快建设哈尔滨新区江北一体发展区、哈尔滨经开区、大庆经开区、大庆高新区第一批协同发展先导区试点。实施开发区提升行动计划，全力推进开发区转型升级。加快综合保税区二期规划调整落地，支持综合保税区发展委托加工、保税研发、保税维修等新业态。加快跨境电商综合试验区建设，鼓励建设跨境电商边境仓、海外仓。探索建立黑瞎子岛国际经贸合作新载体。

（八）促进地区优势互补，形成区域经济高质量发展格局。健全区域协调发展体制机制，促进资源要素合理流动、高效聚集，增强区域发展竞争力。

优化区域发展格局。加快推动哈长城市群建设，在设施联通、要素流动、市场共建、产业合作等方面实现突破。深入开展强省会建设行动，增强哈尔滨城市承载功能，发挥龙头辐射带动作用。推动哈大绥一体化协同发展。推动齐齐哈尔打造老工业基地转型升级全国样板、牡丹江建设全国对俄合作示范城市。打造以佳木斯为枢纽，鸡西、双鸭山、七台河、鹤岗转型发展的城市组团。支持伊春建设国家森林城市、大兴安岭打造生态林城、黑河做强生态边城。

大力发展县域经济。坚持特色发展、错位发展，强化招商引资和项目建设，积极培育立县支柱企业和产业，提升县域工业比重，力争地区生产总值超100亿元的县（市）达到28个。切实发挥好工业园区、农业示范园区等载体平台作用，引导要素资源集聚，打造有竞争力产业集群，支撑县域经济加快发展。办好县域经济高质量发展擂台赛，完善县域经济高质量发展考核办法，激发县域经济发展内生动力。

深入实施兴边富民行动。大力实施固边兴边富民行动计划，推进黑河兴边富民重点试点市建设，支持黑河、大兴安岭地区发展寒地测试产业、寒地生物产业。加大财政支持力度，加快边境重点城镇和口岸建设，加强边境铁路等基础设施和抵边村屯建设。选派优秀干部人才到边境县（市、区）开展"组团式援边行动"，提升产业发展、基础设施水平，着力推进边境地区繁荣发展，坚决守好祖国"北大门"。

（九）扎实推进绿色低碳发展，筑牢北方生态安全屏障。坚持生态优先、绿色发展，大力发展绿色低碳产业，建立健全绿色低碳循环发展经济体系，加力建设"绿水青山就是金山银山，冰天雪地也是金山银山"实践地。

稳步开展碳达峰碳中和行动。全面落实碳达峰碳中和实施意见，构建能源、工业、科技等"1+8"政策体系。统筹化石能源安全和非化石能源发展，发挥煤炭、煤电基础保障作用，抓好煤炭清洁高效利用，实施"气化龙江"战略。推进佳木斯小型堆核供热项目前期，力争尚志抽水蓄能电站开工建设。加快推进千万千瓦级新能源基地建设和源网荷储一体化，新能源装机比重超过40%。建设绿色矿山、智慧矿山。严禁新建"两高"项目，推进产业绿色低碳转型。

深入打好污染防治攻坚战。强化精准、科学、依法治污，组织实施重污染天气消除、城市黑臭水体治理、农业农村污染治理等6个标志性战役。加快全省生态环境数字化监控监测体系建设，持续开展环境监管执法专项行动，严厉打击环境违法行为。扎实开展第二轮中央生态环境保护督察反馈问题整改，科学制定整改方案，聚焦破坏生态、黑臭水体返黑返臭、黑土地保护不力等突出问题及群众信访案件，严格实施台账式管理、清单式整治。健全省级环保督察机制，深入开展"四不两直"暗查暗访和大排查大整治专项行动。环境就是民生，青山就是美丽，蓝天也是幸福，我们要像爱护眼睛一样保护生态环境，真正做到天更蓝、山更绿、水更清、生态环境更美好。

推进生态保护和生态产品价值转换。落实生态保护红线制度。继续推动小兴安岭—三江平原山水林田湖草沙重大生态修复工程建设。完成营造林100万亩，森林抚育483万亩。实施水土流失治理和侵蚀沟专项工程，治理水土流失面积67平方公里，侵蚀沟2591条。加强湿地、草原保护修复。加快实施"兴安岭生态银行"建设行动，推出林下经济小额信用贷款产品。推动开发林业碳汇项目，加快碳汇项目跨区域交易。支持大兴安岭争取国家生态产品价值实现机制试点，把生态优势转换为经济优势、发展优势。

（十）更好统筹发展和安全，防范化解重大风险。树立底线思维，增强风险意识，把安全发展理念贯穿经济社会发展始终。

慎终如始抓好疫情防控。压实"四方责任",全面落实"早快准严细实"要求和"九早"措施。各级指挥体系始终保持应急状态,加强常态化全要素应急演练,做到快速反应、快速处置。坚持"人、物、环境、垃圾"同防,加快补齐口岸城市防控短板。进一步强化边境地区预警管控措施,严厉打击偷渡、走私、非法出入境等违法犯罪行为。严格执行农村疫情防控"十项落实机制",做好农村、城乡结合部等薄弱地区疫情防控。推进省级重大疫情救治基地建设。提升基层医疗救治能力。全力推进疫苗接种,加快构筑免疫屏障。持续提高疫情防控能力和应对水平,坚决维护好人民群众生命安全和身体健康。

全力抓好安全生产和自然灾害防治。压实安全生产责任,加强风险源头管控,开展常态化隐患排查治理。强化交通运输、煤矿、危化品、燃气等重点领域隐患排查整治,加快铁路外部环境整治,继续开展安全生产专项整治三年行动,巩固"十查十治"成果,坚决遏制重特大事故发生。加强防灾减灾救灾基础建设,提高森林草原火灾、水旱灾害、极端天气等重大灾害应对能力。落实安全风险分析研判制度,下好安全防范"先手棋"。

有效防范重点领域风险。防范化解经济安全领域风险,加大地方法人银行机构风险防范,维护金融市场秩序稳定;坚决遏制新增政府隐性债务,稳妥化解隐性债务存量,降低高风险市县债务率。防范化解社会稳定领域风险,完善地产项目风险处置机制,妥善解决房地产领域突出问题;坚持和发展新时代"枫桥经验",健全完善社会矛盾纠纷排查化解机制,从源头防范化解风险,提升乡镇(街道)信访工作联席会议机制效能。加强网络空间安全,防范化解公共安全领域风险,常态化开展扫黑除恶斗争,加强社会治安防控体系建设,实施各类专项打击整治行动，建设更高水平平安黑龙江。

（十一）突出保基本兜底线，着力保障和改善民生。民生冷暖见初心，一枝一叶总关情。坚持以人民为中心的发展思想，聚焦群众关切，加大财政投入力度，加快补齐民生短板，办好30件民生实事。

落实就业优先政策。就业是民生之本。打好减税降费、援企稳岗等政策"组合拳"，加大高校毕业生、退役军人、农民工和就业困难人员等重点群体就业帮扶力度，实施大项目拉动就业、创业带动就业、支持新就业形态发展计划，开展职业技能培训，加力推进大众创业、万众创新。全省实现城镇新增就业30万人以上，持续保持就业形势总体稳定。

健全社会保障体系。社会保障是民生之基。推进企业职工基本养老保险全国统筹平稳衔接，推动失业保险、工伤保险省级统筹，多措并举确保基本养老金按时足额发放。深入推进基本医疗应保尽保，继续提高职工医保、居民医保住院待遇水平。进一步完善跨省异地就医直接结算机制。常态化制度化开展药品和医用耗材集中带量采购。继续提高城乡低保和特困指导标准，实现低保标准"十六连增"。用好用活临时救助备用金，先行救助、后补手续，有效发挥"救急难"作用。有序做好退休人员调待工作。进一步做好未成年人保护工作。加快推进公共法律服务体系建设，加大法律援助力度。健全退役军人保障体系，提高国防动员能力，提升双拥共建水平。完善基本公共服务政策制度体系，不断提高基本公共服务标准化均等化水平。

推进教育高质量发展。教育是国之大计。实施龙江教育名师工程，打造高素质教师队伍。启动学前教育发展提升行动计划，新增普惠性幼儿园200所。加快义务教育优质均衡发展，推动"双减"落地见效。稳步推进"三新"改革，提高高中教育质量。探索建设十五年一贯制实验学校，满足引进人才子女就学需要。实施新一轮高职"双高"计划。全面推进特色应用型本科示范高校和专业集群建设。促进产教融合，建设龙江工程师学院和30个省级现代产业学院。实施省"双一流"二期建设工程。加快哈工大中俄联合校园建设。办好人民满意教育，以教育高质量发展促进学生高素质成长。

建设健康龙江。健康是幸福之源。实施龙江名医工程，推进实施健康龙江行动。深化医药卫生体制改革，加快优质医疗资源向县乡村延伸。加快推进国家、省区域医疗中心项目建设。加强高水平省疾控中心建设。实施省全民健康大数据信息化基础建设项目。推进省远程医疗系统、基层医疗卫生机构管理信息系统建设应用。加快发展基本养老服务，建设社区嵌入式养老服务设施，打造"15分钟助老生活圈"。落实三孩生育政策及配套支持措施，完善普惠托育服务体系，加大托育服务供给，推动26个普惠托育建设项目竣工，2605个托位投入使用。深入实施质量提升行动。严格食品药品安全监管。人民健康无价，我们肩上有责，要在健康龙江的赛道上接力奔跑，不断提升全省人民的健康指数、幸福指数。

发展文体事业。文体事业蓬勃发展是更好满足人民群众精神文化需求的需要。加快推进省博物馆（新馆）等公共文化设施建设，提升公共文化服务层次和质量。组织开展"喜迎二十大"重点艺术作品创作和群众文化活动。推进媒体深度融合，完成全省首批9个应急广播平台建设。全力备战保障北京2022年冬奥会和冬残奥会。筹备办好第十五届省运会和第八届残运会。大力开展全民健身活动，持续开展"赏冰乐雪""百万青少年上冰雪"等系列活动，打造"三亿人参与冰雪运动"核心区，彰显冰雪大省张力。

补齐民生基础设施短板。打造宜居环境是群众对美好生活的基本需求。加快改善城镇居民住房条件，推进城镇棚户区改造开工1.3万户，筹集保障性租赁住房1万套以上，城镇老旧小区改造开工35万户以上。面向符合条件的新市民提供保障性租赁住房和人才住房。持续推进供热和二次供水改造三年行动，新建改造城镇排水管网400公里，改造供热老旧管网1000公里，改造庭院内供水管网1500公里，扩大城镇污水管网覆盖面。扩大生活垃圾分类覆盖范围，提升分类全过程精准管控能力和资源化利用水平。加快老化燃气管网改造和燃气安全监测设施建设。实施智慧供暖示范项目，推进城市分布式采暖，提高供暖服务质量，确保群众住上"暖屋子"。

三、全面加强政府自身建设

坚持把党的全面领导贯穿政府工作全过程各领域，让发展政策更有力度，让服务民生更有温度，打造更加有为的政府。

把政治建设摆在首位。坚决拥护"两个确立"，增强"四个意识"、坚定"四个自信"、做到"两个维护"，自觉在思想上政治上行动上同以习近平同志为核心的党中央保持高度一致，始终牢记"国之大者"，提高政治判断力、政治领悟力、政治执行力，确保习近平总书记重要讲话重要指示批示精神和党中央决策部署在龙江落地生根、见到实效。

把人民至上落实落细。"利民之事，丝发必兴"。牢记为民宗旨，厚植为民情怀，始终把人民放在心中最高位置。念民之所忧、行民之所盼、解民之所难，做好信访工作，继续走好网上群众路线。承诺的民生实事坚决办好，倾情倾力把群众的操心事烦心事揪心事，办成放心事顺心事暖心事。

让依法行政成为自觉。全面贯彻习近平法治思想，加强法治政府建设，坚持用法治思维和法治方式推进工作，严格规范公正文明执法，加大行政执法监督力度，提高依法决策质量和水平。依法接受人大及其常委会法律监督，自觉接受政协民主监督，主动接受监察监督、社会和舆论监督，强化审计监督、统计监督，做到有权不任性、用权受监督，始终让权力在阳光下运行。

让担当尽责蔚然成风。树立崇尚担当、鼓励实干的鲜明导向，完善正向激励和反向问责机制；激发公职人员真抓实干、担当作为的精气神；倡导勇担当、快节奏、高质量的工作作风，使"担责尽责、懂行在行、知重负重、善作善成"成为政府工作的鲜明特质，为担当者担当，用沉甸甸的成绩单兑现对全省人民的承诺。

让清廉正气持续充盈。坚持全面从严治党，扎实推进政府系统党风廉政建设和反腐败工作，驰而不息纠治"四风"，力戒形式主义、官僚主义，持续精文减会，为基层减负。坚持节用裕民，加强财政支出绩效评价，真正把钱花在促进发展的关键处、为民办事的急需处、增进福祉的紧要处。

各位代表！实干托起梦想，奋斗成就未来。让我们更加紧密团结在以习近平同志为核心的党中央周围，以习近平新时代中国特色社会主义思想为指导，在省委坚强领导下，振志气、鼓士气、扬锐气、踔厉奋发、笃行不怠，用我们的智慧、激情、汗水和担当展现龙江新形象，再创龙江新辉煌，以优异成绩迎接党的二十大胜利召开！

上 海 市
政府工作报告

——2022年1月20日在上海市第十五届
人民代表大会第六次会议上

市 长 龚 正

各位代表：

现在，我代表上海市人民政府，向大会报告工作，请予审议。请各位政协委员和其他列席人员提出意见。

一、2021年工作回顾

过去一年，面对百年变局和世纪疫情，我们在以习近平同志为核心的党中央坚强领导下，坚持以习近平新时代中国特色社会主义思想为指导，把深入贯彻落实习近平总书记考察上海重要讲话精神和对上海工作的重要指示要求作为全部工作的鲜明主题和贯穿始终的突出主线，坚决贯彻落实党中央、国务院的决策部署，在中共上海市委的领导下，科学把握新发展阶段，坚决贯彻新发展理念，服务融入新发展格局，推动高质量发展、创造高品质生活、实现高效能治理，巩固拓展疫情防控和经济社会发展成果，以实干实绩庆祝中国共产党成立一百周年，完成了市十五届人大五次会议确定的各项目标任务，实现了"十四五"良好开局。

一年来，全市经济社会平稳健康发展，呈现稳中加固、稳中有进、稳中向好态势。经济持续回升向好。全市生产总值突破4万亿元大关，达到4.32万亿元，增长8.1%。地方一般公共预算收入增长10.3%，居民消费价格上涨1.2%，城镇调查失业率明显低于年初预期目标，新增就业岗位63.5万个。发展新动能持续成长。全社会研发经费支出相当于全市生产总值的比例保持在4.1%左右，集成电路、生物医药、人工智能三大产业制造业产值增长18.3%，新增市场主体快速增长，每千人拥有的企业数位居全国第一。人民生活水平持续提高。居民人均可支配收入增长8%。生态环境持续改善。单位生产总值能耗进一步下降，$PM_{2.5}$年均浓度为27微克/立方米、下降15.6%。

一年来，我们努力在服务融入新发展格局上迈好第一步、展现新气象，主要做了以下工作。

（一）毫不放松抓好疫情防控各项工作。上海是超大城市、流量城市、口岸城市，"外防输入、内防反弹"压力巨大。我们紧紧依靠全市人民，牢固树立忧患意识、责任意识、底线意识，时刻警醒"下一个发生疫情的会不会是上海，如果上海发生、怎么控制住，如何做到上海尽可能不发生"，坚定依靠城市精细化管理、科技抗疫和精准防控，努力构筑疫情防控的铜墙铁壁，牢牢守住了不出现规模性输入和反弹的底线。常态化防控落细落实。持续抓牢并不断优化入城口、落脚点、流动中、就业岗、学校门、监测哨六个关键点关节点，紧盯重点人群、重点场所、重点环节、重大活动，常态化开展疫情风险隐患排查整治，从严从实做好全流程闭环管理。市空港管理委员会、港口防疫专班设立运行，口岸一线等高风险人员集中居住全面实行，"落地不进境"人员管控、进口冷链食品中转查验等分级分类管理措施不断完善，疫情防控管理大数据平台上线运行，日最大核酸检测能力提高到95万份以上，全市发热门诊和社区哨点诊室持续发挥监测预警作用，第四届进口博览会疫情防控实现零感染。新冠疫苗接种有力有序，覆盖人群占全市常住人口94%，累计接种疫苗超过5100万剂次，2200多万人完成全程接种，680多万人接种加强针。应急处置精准高效。始终确保应急指挥体系处于激活状态，坚持事不过夜、以快制快，2小时内到达现场，4小时内完成流行病学核心信息调查，24小时内完成核酸检测、区域管控、转运隔离等工作。过去一年，我们科学精准迅速处置了多轮突发疫情，做到了"四早五最"，迪士尼乐园涉疫排查等应急处置工作彰显上海速度、城市温度。

（二）全力以赴落实改革开放重大任务。浦东高水平改革开放加快推进。制定实施贯彻落实中央支持浦东打造社会主义现代化建设引领区意见的行动方案，通关便利化等政策细则率先发布，私募股权和创业投资份额转让等试点政策落地实施，市场准营承诺即入制等重大改革实现突破，生物医药研发用物品进口试点等开放措施有序推进。发布市政府关于加强浦东新区高水平改革开放法治保障的决定，配合市人大出台张江生物医药产业创新等6部专门为浦东新区制定的法规，并在2个条例中设置浦东专章。深化自贸试验区贸易投资便利化改革创新，全国首个自贸试验区"离岸通"平台上线运行。"三大任务、一大平台"扎实推进。深入推进临港新片区总体方案明确的78项制度创新任务，赋予新片区更大的自主发展、自主改革、自主创新管理权限，洋山特殊综合保税区二期封关验收，创新大飞机制造"一司两地"监管模式，启动以洋山港为国际中转港的外贸集装箱沿海捎带业务试点，新片区规上工业总产值、全社会固定资产投资分别增长72.7%和62%。深入推进"浦江之光"行动，科创板上海上市企业融资额、总市值保持全国首位。全面完成长三角一体化发展第一轮三年行动计划，长三角国家技术创新中心建成运行，120个政务服务事项实现跨省市"一网通办"，8条省际对接道路建成通车。长三角生态绿色一体化发展示范区累计形成78项制度创新成果，水乡客厅等重大项目开工建设。虹桥国际开放枢纽建设加快推进，83项重点任务全面实施。第四届进口博览会如期、安全、精彩举办，展览面积和世界500强企业参展数量再创新高，按一年计累计意向成交707.2亿美元，上海交易团意向成交金额增长21.1%，城市推介大会顺利举行，成功主办浦东、虹桥两个分论坛。重点领域改革开放持续深化。深入推进国资布局优化、结构调整，成立上海国有资本投资平台公司，完成股交中心与联交所等专业化重组整合，深化集体企业改革发展。中国船舶集团、中国电气装备集团总部落户。落实国家支持非公经济发展的各项政策，3家国家中小企业发展子基金落户，3个民营企业总部集聚区挂牌。贯彻国家标准化发展纲要，深入实施质量提升三年行动方案，新推出11项"上海标准"。完善要素市场化配置体制机制，推进公共资源"一网交易"改革，规范平台经济发展，维护公平竞争的市场秩序。调整优化与云南结对帮扶关系，东西部协作和对口支援力度进一步加大。

（三）更加注重依靠创新推动经济持续健康发展。"五个中心"建设深入推进，"四大功能"进一步强化。在沪国家实验室建设顺利推进，世界顶尖科学家社区开工建设，张江科学城完成扩区；集成电路、生物医药、人工智能三大产业"上海方案"加快落实，一批关键核心技术实现重大突破，高端通用图形芯片实现量产，高温超导电缆示范运行，8个1类新药获批上市，神舟十二号、天和核心舱、天问一号等重大任务保障有力；国家知识产权保护工作检查考核结果全国领先，每万人口高价值发明专利拥有量达到34件左右，高新技术企业突破2万家。深化落实"金融30条"，出台实施全球资产管理中心、国际绿色金融枢纽、国际再保险中心建设支持政策，推动首家外资独资券商等一批金融业开放项目落地，推出原油期权、债券通"南向通"、"玉兰债"、碳中和债、公募不动产投资信托基金等金融创新产品和业务，启动资本市场金融科技创新试点，持牌金融机构新增58家，金融市场交易总额突破2500万亿元、增长10.4%。国际贸易中心能级大幅提升，口岸贸易总额保持世界城市首位，亚太示范电子口岸网络拓展至24个成员口岸，千亿级大宗商品交易平台达到7家。成功举办首届北外滩国际航运论坛，上海港集装箱吞吐量达到4703.3万标准箱、连续12年排名世界第一。扩内需、稳外需同步发力，促进经济持续稳定恢复。率先培育建设国际消费中心城市，举办"五五购物节"等重大促消费活动，大力拓展消费新业态新模式，新增首店1078家、保持全国第一，社会消费品零售总额增长13.5%。上海旅游节等节展能级提升，一批重大旅游项目启动建设。重大工程投资完成1957.5亿元、增长14.6%，建成14号线、18号线部分区段共61公里轨道交通线，运营线路总长达到831公里、继续保持全球城市第一，北横通道西段、江浦路越江隧道等重要基础设施投入使用，开工建设嘉闵线、21号线一期、23号线一期等8个轨道交通项目和高端船舶、新能源汽车等59个投资10亿元以上的产业项目。进一步完善外商投资项目核准和备案管理，实际使用外资达到225.5亿美元、增长11.5%，新增跨国公司地区总部60家、累计达到831家，新增外资研发中心25家、累计达到506家；推动一批外贸新业态新模式加速发展，开通运行"上海号"中欧班列，外贸进出口总额达到4万亿元以上、增长16.5%，服务贸易占全国比重提高到30%左右。

（四）**全面系统构筑数字城市"四梁八柱"**。政策体系基本形成。制定发布全面推进城市数字化转型的意见和"十四五"规划，启动实施经济、生活、治理数字化转型行动方案，出台实施促进城市数字化转型的若干政策措施，配合制定数据条例，上海数据交易所挂牌运营。数字新基建有力推进。累计建成5G室外基站5.4万个，推进双千兆示范应用超过700项，加快下一代互联网规模部署。数字标杆应用加快落地。开展数字人民币试点，积极培育15个工业互联网平台，建成40家智能工厂，布局打造"长阳秀带""张江在线"等在线新经济生态园，启动建设首批7个数字化转型示范区。形成便捷就医少等待、为老服务一键通、快捷停车助通畅、数字酒店智管家、数字赋能示范校等11个数字生活标杆场景。多措并举弥合"数字鸿沟"。"两张网"建设深入推进。全面拓展"一网通办"，接入服务事项3458项，高频事项基本实现一件事一次办，建立"帮办"制度，实名用户数超6195万，日均办件量超28万，实际办件网办率77%，提高19个百分点。完成政务外网升级改造和专网整合。完善"一网统管""三级平台、五级应用"架构，城市运行数字体征系统建成投用，市城运平台汇集应用1150个。

（五）**扎实有力拓展城市新空间**。五个新城建设全面发力。制定"1+6+5"新城规划建设总体政策框架，完成新城总体城市设计。50家企业总部、62家研发中心签约落户新城。91个民生重大项目、25项交通重大工程开工建设，总投资超过1000亿元。两港大道快速化、崧泽高架西延伸等重点交通项目相继建成。重点区域转型发展步伐加快。推进北外滩建设，世界会客厅项目建成迎宾。桃浦、南大、吴淞、金山滨海等区域转型发展项目加快推进。强化土地高质量利用，低效建设用地减量15.1平方公里。城乡融合发展深入推进。建成32个乡村振兴示范村，推动1.4万户农民相对集中居住。实施农村人居环境优化工程，完成"美丽庭院"建设13.3万户，农村公路提档升级改造595公里。推进农村乱占耕地建房整治。制定实施农业高质量发展行动方案，地产农产品绿色认证率达到27%。扎实开展农村综合帮扶，实现精准帮扶全覆盖。

（六）用心用情保障和改善民生。民心工程、民生实事超额完成。新增社区综合为老服务中心51家、助餐场所201个、养老床位5084张，改建认知障碍照护床位2303张，完成居家环境适老化改造6868户。新增普惠性托育点65个，开设小学生爱心暑托班543个。完成90.1万平方米中心城区成片二级旧里以下房屋改造，完成13个城中村改造项目，建设筹措6.7万套（间）保障性租赁住房，制定实施"沪十条""沪七条"等调控政策，房地产市场保持平稳健康发展。为既有多层住宅加装电梯1579台，电梯智慧监管覆盖率超过97%。新增2万个电动汽车公共充电桩、16个共享充电桩示范小区。新增早餐示范点226家、早餐网点2065家。基本民生底线兜住兜牢。支持多渠道灵活就业等稳就业政策进一步完善，高校毕业生初次就业率保持全国领先。养老金、医保、低保、最低工资等民生保障待遇标准稳步提高，创新推出"沪惠保"，主动发现、精准服务的社会救助制度加快健全，残疾人康复服务专业化水平持续提升。居民服务"一卡通"顺利推进，重要民生商品价格调控机制不断完善。社会事业提质增效。新一轮教育综合改革全面启动，义务教育减轻作业负担、加强课后服务、规范校外培训机构等"双减"任务全面落地，启动实施新一轮"双一流"高校、高峰高原学科等建设计划，布局建设29个前沿科学研究基地、42个协同创新中心，首次荣获联合国教科文组织学习型城市奖。完善医疗服务价格动态调整机制，新增2个国家医学中心，实现4家郊区市级医院与母体医院一体化管理运行。优化生育政策及配套支持措施落地实施。中共一大纪念馆建成开放，上海图书馆东馆、天文馆等公共文化设施建成运营。中共一大、二大、四大纪念馆景区成功创建国家5A级景区。新建改建健身步道107条、多功能运动场98片、益智健身苑点743个，首届赛艇公开赛成功举办，上海体育健儿在奥运会、全运会上取得优异成绩。军政军民团结更加巩固。国防动员体系进一步健全，国防教育、双拥共建、优抚安置等工作深入推进。

（七）精益求精提升城市治理现代化水平。减污降碳有力推进。制定碳达峰碳中和实施意见、碳达峰实施方案，全国碳排放权交易市场在沪上线运行。启动实施第八轮环保三年行动计划，完成1042家工业企业挥发性有机物治理，淘汰国三柴油车8.4万辆，推广应用新能源汽车25.4万辆、累计达到67.7万辆，开工建设竹园-白龙港污水连通管、5座雨水调蓄池，完成350公里河道整治，建成老港湿垃圾二期等末端处置设施，实现原生生活垃圾零填埋，污染防治攻坚战成效考核排名全国第一。全面推行林长制，世博文化公园北区开园，免费或延长开放公园增加42个，新增森林5.1万亩、绿地1031.8公顷、绿道212.6公里、立体绿化40.6万平方米。全面完成崇明世界级生态岛第四轮三年行动计划，成功举办第十届中国花卉博览会。城市精细化管理深入推进。打造"一江一河"高品质"生活秀带"，黄浦江主题光影秀广受好评，北外滩国客中心段完成码头迁建、整体开放，苏州河华东政法大学滨水区域全面开放、风貌提升。完成架空线入地和杆箱整治207公里、桥下空间品质提升10处、公共空间休憩座椅设置和优化9508处。深化"群租"治理，推进城乡房屋安全隐患排查整治。有力有效应对"烟花"等台风，电力等能源实现稳定保供。成功举办世界城市日中国主场活动。社会治理效能持续提升。加强基层建设，进一步清理规范居村各类台账、挂牌、下沉事项，完成居村委会换届选举。扎实开展政法队伍教育整顿，全力做好重大活动安保维稳、社会治安防控、风险隐患排查化解、反恐防暴、扫黑除恶等工作，精准打击电信网络诈骗等违法犯罪，社会大局保持稳定。

（八）持之以恒加强政府自身建设。"放管服"改革纵深推进。完成优化营商环境4.0版改革任务。开展"一业一证"试点，"证照分离"改革覆盖所有涉企经营许可事项，实行政府购买服务负面清单管理，健全公共信用信息修复机制。法治政府建设迈上新台阶。提请市人大常委会审议地方性法规19件，办理市人大代表建议1052件和市政协提案937件，及时向市人大常委会报告、向市政协通报重大事项。制定政府规章19件，编制完成"十四五"市级专项规划、区域规划、空间规划43项。率先实施重大行政决策事项目录管理，全面成立街道乡镇综合行政执法队伍，下放执法事项423项，行政复议体制改革取得阶段性成效。作风建设持续加强。开展"我为群众办实事"实践活动，着力整治"指尖上的形式主义"等问题。实施科技、生态领域市与区财政事权和支出责任划分改革，部门一般性支出压减10%。一体推动不敢腐、不能腐、不想腐，廉政建设进一步强化。

各位代表，过去一年，我们认真开展党史学习教育，大力弘扬伟大建党精神，在传承红色基因中汲取奋进力量，在践行初心使命中铆足发展干劲，各项事业取得了新进步新成绩。这是习近平新时代中国特色社会主义思想科学指引的结果，是党中央、国务院和中共上海市委坚强领导的结果，是全市人民团结拼搏的结果。在这里，我代表上海市人民政府，向在各个岗位上辛勤工作、无私奉献的上海人民，尤其是长期奋战在抗疫一线的广大医护、疾控、公安、口岸工作人员和社区工作者，向给予政府工作大力支持的人大代表和政协委员，向各民主党派、工商联、各人民团体和社会各界人士，向中央各部门、兄弟省区市和驻沪人民解放军指战员、武警官兵，向关心和支持上海发展的香港、澳门特别行政区同胞、台湾同胞、海外侨胞和国际友人，表示最崇高的敬意和最诚挚的感谢！

我们也清醒地看到，经济社会发展仍然面临不少困难、问题和挑战。经济全面持续恢复的基础尚不牢固，居民消费仍受制约，制造业投资增长后劲不足，部分受疫情影响较大的行业和领域复苏艰难，一些企业特别是小微企业生产经营困难增多。关键核心技术"卡脖子"问题仍然突出，产业链供应链的自主可控水平亟需提高，持续激发企业主体创新活力和动力要下更大功夫，更高水平改革开放再出发任重道远，改革创新、攻坚突破的意识和能力仍需进一步增强。疫情防控"外防输入、内防反弹"压力依然较大，城市精细化管理还要继续下绣花功夫，老小旧远等民生服务仍需提质增效，绿色低碳生产生活方式转型必须久久为功。政府服务管理效能还要持续提升，在多重目标中把握动态平衡、防范风险的能力仍需增强，全面完成本届政府各项目标任务还要付出更为艰苦的努力。我们要正视问题、直面挑战、敢于担当，以必胜的信心、创新的思维、扎实的举措，尽心竭力改进工作，绝不辜负人民期待！

二、2022年主要任务

今年将召开党的二十大和市第十二次党代表大会，是本届政府任期的最后一年。世纪疫情冲击下，百年变局加速演进，外部环境更趋复杂严峻和不确定。我国发展仍处于重要战略机遇期，经济韧性强，长期向好的基本面不会改变。上海是世界观察中国的一个重要窗口，肩负着国家赋予的重大使命任务，正处在构筑未来发展战略优势的关键阶段。我们要始终胸怀"两个大局"、心怀"国之大者"、坚持"四个放在"，把握大局大势，锚定发展目标，恪尽职守，毫不懈怠，全面完成本届政府提出的各项目标任务，向党和人民交出一份满意答卷。

做好今年工作，要以习近平新时代中国特色社会主义思想为指导，全面贯彻落实党的十九大和十九届历次全会以及中央经济工作会议精神，深入贯彻落实习近平总书记考察上海重要讲话精神和对上海工作重要指示要求，弘扬伟大建党精神，按照十一届市委十二次全会和市委经济工作会议的部署，坚持稳中求进工作总基调，完整、准确、全面贯彻新发展理念，服务构建新发展格局，推动高质量发展，以供给侧结构性改革为主线，以实施国家战略任务为牵引，以强化"四大功能"、深化"五个中心"建设、发展"五型经济"为主攻方向，加快提升城市能级和核心竞争力，统筹疫情防控和经济社会发展，统筹发展和安全，继续做好"六稳""六保"工作，持续改善民生，保持经济运行在合理区间，保持社会大局稳定，以实际行动迎接党的二十大和市第十二次党代表大会胜利召开。

综合各方面因素，建议今年全市经济社会发展的主要预期目标是：全市生产总值增长5.5%左右，地方一般公共预算收入增长6%，全社会研发经费支出相当于全市生产总值的比例达到4.2%左右，城镇调查失业率5%以内，居民人均可支配收入增长与经济增长基本同步，居民消费价格涨幅3%左右，环保投入相当于全市生产总值的比例保持在3%左右，单位生产总值能耗、单位生产总值二氧化碳排放量进一步下降，主要污染物重点工程减排量完成国家下达目标。

今年要重点做好以下工作。

（一）聚力更好发挥浦东高水平改革开放引领作用，全面落实国家重大战略任务。坚持对标最高标准、最好水平，着力推动更深层次改革、更高水平开放、更大力度创新，加快形成一批具有集中度和显示度的重大成果。

打造浦东社会主义现代化建设引领区。全面推进"两特四区一中心一样板一保障"，更好发挥"五大引领作用"。探索开展综合改革试点，深化商事登记确认制等改革。配合国家部门制定实施放宽市场准入特别措施清单，支持洋山特殊综合保税区政策在浦东特定区域适用。打造一批功能性产业创新和服务平台，支持推出更多面向国际的人民币金融产品，推动设立场内全国性大宗商品仓单注册登记中心等重大平台，加快建立国际中转集拼中心。动态完善立法需求清单，积极配合市人大制定一批浦东新区法规。

加快落实"三大任务"。以"五个重要"为统领加快自贸试验区临港新片区建设，实行更大程度的压力测试，推动率先试点对接高标准国际经贸规则的制度型开放举措。推进更多优质产业项目落地东方芯港、生命蓝湾等特色产业园，推动建设全球动力之城核心区。全力支持、积极配合科创板深化制度创新，推动更多"硬科技"企业上市。全面落实长三角一体化发展规划"十四五"实施方案、新一轮三年行动计划，在科技攻关、产业协同、港口群建设、公共服务便利共享、生态环境联保共治等方面，加快推进24项重点协同深化事项。细化落实长江经济带发展实施方案，做好生态环境突出问题整改，深入推进长江十年禁渔。

全力推进三大产业"上海方案"。加快培育壮大发展新动能，强化新赛道布局和终端带动。增强集成电路产业自主创新能力，实施国产设备、零部件、材料、设计软件等补链强链固链计划，高标准建设电子化学品专区。提升生物医药产业链协同水平，加快打通临床研究及应用的快通道，推动创新药、高端医疗器械研发攻关和产业化。促进人工智能深度赋能实体经济，实施新一代人工智能算法创新行动，布局发展一批智能终端产品和机场、建筑、能源等场景应用。瞄准产业链高端和核心环节，启动一批产业基础再造工程项目，推进智能汽车创新发展和燃料电池汽车示范应用，拓展碳纤维及其复合材料等先进材料市场化应用，布局电子信息和民用航空、空间信息、船舶海工等高端装备重大项目，加快建设生命健康、时尚消费品等特色产业集聚区。

服务保障在沪国家实验室建设发展。围绕打造国家战略科技力量，做好在沪国家实验室配套服务和硬件支持，配合推进国家重点实验室体系重组，助力实现更多"从0到1"的突破。持续推动张江综合性国家科学中心建设，新建一批重大科技基础设施，加快推进硬X射线、海底科学观测网、燃气轮机试验装置等项目建设。

积极打造双向开放"三大平台"。精心办好第五届进口博览会，扎实做好城市服务保障工作，发挥国际采购、投资促进、人文交流、开放合作等平台作用，巩固提升虹桥国际经济论坛影响力，持续放大溢出带动效应。深入推进长三角生态绿色一体化发展示范区制度创新、实践应用和复制推广，加快推进水乡客厅、淀山湖岸线生态治理、西岑科创园区等82项重大项目建设。全面落实虹桥国际开放枢纽建设总体方案，进一步优化区域规划，发布重点产业目录，大力实施区域品质提升、展会产业联动发展、专业机构集聚等专项行动，持续增强国际中央商务区核心功能。积极参与共建"一带一路"高质量发展。深化与港澳台地区交流合作，做好外事、侨务工作。推进东西部协作和对口支援，助力对口地区巩固拓展脱贫攻坚成果，接续推动脱贫地区发展和乡村全面振兴。

（二）聚力增强城市核心功能，扎实推动经济高质量发展。坚持稳字当头、稳中求进，把稳增长摆在更加突出的位置，强化"四大功能"，打响"四大品牌"，加快打造"五个中心"升级版。

着力保持经济稳定增长。加快建设国际消费中心城市，深入推进文旅消费试点，高质量办好"五五购物节"、上海旅游节等重大促消费活动，做大做强首发经济、夜间经济、免退税经济、品牌经济，促进世界级商圈业态和功能持续提升，加快建设国际旅游度假区新建板块、乐高乐园度假区、邮轮旅游度假区。积极扩大有效投资，启动建设上海示范区线、20号线一期等轨道交通线，加快建设崇明线、机场联络线等轨道交通线，开工建设沪渝蓉沿江铁路上海段等工程，推进浦东综合交通枢纽、浦东国际机场四期、沪通铁路二期上海段、大芦线内河航道等重要基础设施建设，加快引进一批先进制造、现代服务等重大产业项目，启动实施新一轮技术改造计划。推进外贸"优进优出"，积极打造虹桥、外高桥进口贸易促进创新示范区，创建一批国家特色服务出口基地。

全面发力"五型经济"。促进创新链与产业链深度融合，深入实施制造业创新中心工程，引导企业加大创新投入，推动首台套设备、首版次软件、首测试场景、首批次新材料等创新成果先试先用，积极培育新产业、新业态、新模式。大力发展金融、航运等领域高端服务业，推进国际金融资产交易平台建设，推动航运运价指数期货上市，支持绿色金融、科技金融、跨境金融等业务创新，坚决守住不发生区域性系统性金融风险底线。深入实施总部增能计划，集聚更多的跨国公司地区总部、央企总部、民企总部，积极拓展研发、销售、金融等功能。深入对接区域全面经济伙伴关系协定，加快构建链接全球的贸易投资网络，大力发展跨境电商、离岸贸易、国际分拨、市场采购、保税维修等新型国际贸易，深入推进综合保税区转型升级。促进流量线上线下融合，全面建设国际数据港，加快培育一批千亿级、万亿级大宗商品交易平台，促进各类要素资源高频流动、高效配置、高效增值。

激发市场主体活力。深入开展"促发展、保安全"大走访大排查工作，帮助企业解决困难、提振信心，排除隐患、守牢安全底线。深化央地融合发展，拓宽央企服务保障"一企一方案"覆盖范围。全面完成区域性国资国企综合改革试验和国企改革三年行动计划，筹建上海国有资本投资母基金，在新兴产业、社会民生等领域适时组建新的国企集团，推动一批国企实施股权激励。落实对中小微企业的税收、金融等支持政策，深入推动"政会银企"四方合作破解融资难，启动建设首批中小企业创新园，推进民营经济标准创新，新增"专精特新"企业500家。依法加强对资本的有效监管，推动平台经济规范健康持续发展。落实国家新版外商投资准入负面清单，深化服务业扩大开放综合试点，探索在电信、医疗等领域放宽市场准入限制。

（三）聚力加快推进科技创新、教育现代化和高水平人才高地建设，进一步增强发展动力和支撑。坚持创新在现代化建设全局中的核心地位，贯彻"四个面向"，发挥科教和人才资源优势，扩大高水平科技供给，全方位培养、引进、用好人才，加快建设具有全球影响力的科技创新中心。

着力做强科技创新引擎。聚焦基础学科、战略导向领域，健全面向基础研究重点团队的长期稳定支持机制。积极参与、牵头组织国际大科学计划和大科学工程，布局一批市级重大科技专项。激发新型研发机构创新活力，加快建设一批高能级共性技术创新平台，支持企业牵头组建创新联合体，促进高新技术产业化、规模化应用。深入推进长三角技术创新中心建设。实施新一轮全面创新改革试验，完善"揭榜挂帅"等攻关机制。实施高价值知识产权培育工程，扩大快速审查、快速确权、快速维权服务覆盖面，高标准推进知识产权强市建设。

加快推进教育改革发展。坚持立德树人、"五育"并举，健全义务教育"双减"长效机制，提高课堂教学、课后服务、课业辅导等校内教育质量，完善培训市场综合治理机制，推动新中考改革平稳落地，强化学生创造性思维的培养。深化产教融合型城市建设试点，深入实施高校"双一流"建设、创新策源能力提升、人才揽蓄等计划，打造一批高水平职业本科和新型高职。建设一流教师队伍，完善学生关爱体系。发展终身教育和特殊教育。

大力建设高水平人才高地。依托国家实验室、大科学设施、高水平大学和科研院所、张江国家自主创新示范区、华为青浦研发中心等创新平台，大力集聚战略科技人才、一流科技领军人才和创新团队，培养青年科技人才、卓越工程师和高技能人才。深化人才发展体制机制改革，建立以创新价值、能力、贡献为导向的人才评价体系，建立健全科技成果转化激励机制，积极稳妥下放岗位设置、职称评审、科研管理、经费支配等权限，进一步向用人主体授权、为人才松绑。加强全市人才计划整合，加快形成梯次合理的金字塔型人才结构。

优化创新创业环境。推动国家大众创业万众创新示范基地特色化发展，营造高品质人才生态系统，实行更加积极开放有效的人才政策，进一步打响"海聚英才"品牌。健全创投机构与创新项目对接机制，完善商业银行与风险投资、天使投资的投贷联动模式。加快建设世界顶尖科学家社区，推进人才安居工程，优化教育、医疗等服务供给。

各位代表，上海要持续增强创新这个第一动力，根本靠科技，基础在教育，关键是人才。我们要把科技创新之火燃得更旺，把强教育才之基筑得更牢，把招贤引才之门敞得更开，大力激发全社会创造活力，让上海这座城市始终勇立时代潮头、引领创新潮流！

（四）聚力推进城市数字化转型，加快建设具有世界影响力的国际数字之都。坚持整体性转变、全方位赋能、革命性重塑，率先应用新技术、转换新动能、探索新经验，奋力抢占未来发展制高点。

加快经济数字化。支持数字技术创新，促进数字经济和实体经济融合发展。推动重点领域数字产业发展，提升基础软件、工业软件、安全软件等供给能力，建设一批大数据、区块链等开放服务平台，加快培育一批在线新经济龙头企业，启动建设虹桥在线新经济生态园。推动数字技术对传统产业进行全方位、全链条改造，加快工业互联网创新发展，打造30个制造业数字化赋能平台，建设数字孪生企业，新建40家示范性智能工厂，深化数字商圈、云上会展、洋山港智能重卡等场景应用。

加快生活数字化。深入推进教育数字化转型试点，促进数字教育资源和重点应用场景共建共享。加快建设数字医学创新中心，打造便捷就医2.0版。基本建成"文旅通"智能中枢，加大数字场馆、数字景区、数字酒店建设力度。扩大智慧菜场试点。优化出行即服务系统，拓展智慧停车应用场景，实现公共交通"三码合一"。大力推广为老服务一键通，持续推进数字服务适老化和无障碍改造。

加快治理数字化。推进"一网通办"迭代升级，布局全域应用场景，再推出一批零跑动、零材料、免申即享、智能速办事项，加快打造线上线下深度融合的全方位服务体系。深化"一网统管"建设，完善城市运行数字体征系统，推出一批应用场景。完成部门信息化职能整合优化，推进城市数字底座建设，强化数据共享。强化智慧公安规模应用、深度应用，深入推进立体化信息化社会治安防控体系建设。

完善数字发展环境。落实数据条例，健全数字法规、制度、标准和政策体系，支持数据资源开发和应用，探索数据跨境安全有序流动，完善数字社会权益保护机制。全面完成新型基础设施建设三年行动方案，推进5G网络深度覆盖，建设超大规模开放算力平台等一批新型基础设施。推进信息安全示范工程建设，加快构筑数字城市的安全防护体系。

（五）聚力全面推进五个新城建设，优化城市空间布局。坚持统筹好功能定位、空间规模、产业结构，推动规划、政策、项目落地，推进资源要素科学配置和合理流动，打造"一城一中心"、塑造"一城一意象"，促进市域发展格局重塑、整体优化。

提升新城产业发展能级。深入推进"一城一名园"建设，高起点布局先进制造业和现代服务业。持续打造嘉定国际汽车智慧城、青浦长三角数字干线、松江长三角G60科创走廊、奉贤东方美谷、南汇数联智造品牌。加快建设10个示范样板区。

构建新城综合交通体系。加快建设"一城一枢纽"，打造内外衔接、站城一体的多层次交通网络。强化新城与长三角城市、近沪枢纽和相邻新城的便捷连接，加快推进沪苏湖铁路上海段和轨道交通南汇支线、嘉闵线、13号线西延伸等项目建设。完善新城内部公共交通体系，有序推进中运量骨干公交系统、智慧交通等项目落地。

提升新城公共服务水平。建设全龄友好生活圈，打造一批服务新城、辐射区域的高能级公共服务设施。推动优质教育、医疗、养老等资源落户新城，新建17所中小学、13所幼儿园，推进新城市级医院项目建设。实施租购并举的人才住房政策。加快建设新城"绿心"公园，推进新城绿色低碳试点区建设。

推动重点区域发展。强化主城区中心辐射，推动核心产业和高端资源要素集聚，推进外滩历史文化风貌区城市更新和功能提升，加快北外滩建设。加快宝山、金山"南北转型"，推动功能布局调整和产业结构升级，高标准推进南大智慧城、吴淞创新城、金山滨海国际文化旅游度假区等建设。促进桃浦、吴泾、高桥等区域转型发展。推进存量建设用地盘活更新，低效建设用地减量15平方公里。

（六）聚力推动绿色低碳发展，高水平建设生态宜居城市。坚持人与自然和谐共生，推动减污降碳协同增效，促进经济社会发展全面绿色转型。

积极落实碳达峰碳中和目标任务。有序推动重点领域、重点行业开展碳达峰专项行动。加快闵行燃机、海上风电等项目建设，新增光伏装机30万千瓦。坚决遏制高耗能、高排放项目盲目发展，淘汰落后产能500项，推动500家重点用能企业节能技术改造，新增50家绿色制造企业。推广绿色建造方式，发展节能低碳建筑，实施公共建筑节能改造400万平方米。新投放3000辆新能源公交车，全面完成内河泊位岸电标准化改造。

深入打好污染防治攻坚战。全面完成第二轮清洁空气行动计划，加强流动源污染防治，持续推进工业挥发性有机物综合治理，完成钢铁企业超低排放改造。开工建设白龙港三期污水厂、合流污水一期复线、48座雨水调蓄池，建成竹园–石洞口、白龙港–海滨连通管。加快苏州河环境综合整治四期、吴淞江工程新川沙河段建设，整治河道140公里，建成15个生态清洁小流域示范点，推进海洋生态保护修复。加强土壤污染防治。推进固体废物减量化、资源化、无害化处理，开展可循环快递包装应用试点，加强建筑垃圾收运处置管理，巩固提升生活垃圾分类成效，启动建设7座湿垃圾资源化利用设施，推动生活垃圾回收利用率达到42%。深入实施第三轮金山地区环境综合整治。完成中央生态环保督察整改任务。

着力提升生态空间品质。实施崇明世界级生态岛新一轮发展规划纲要，持续放大花博后续利用效应。推进公园城市建设，实施"千园工程"，压实林长制责任，建设环城生态公园带，新建公园120座，新增森林5万亩、绿地1000公顷、绿道200公里、立体绿化40万平方米。加强生物多样性保护。

（七）聚力推进民心工程办好民生实事，不断改善人民生活品质。坚定不移走共同富裕道路，积极回应群众多层次多样化的民生需求，持续提升优质公共服务供给能力，努力在更高水平上更好满足人民对美好生活的向往。

提升就业服务和社会保障水平。加大就业优先政策实施力度，落细落实减负稳岗扩就业等措施，新增就业岗位55万个以上。开展就业专项帮扶、职业技能提升等行动，促进高校毕业生、退役军人等重点群体就业创业，做好失业人员再就业工作，维护新就业形态劳动者权益。全力做好第四十六届世界技能大赛筹办工作，努力办成一届富有新意、影响广泛的世界技能大赛。按照国家部署，做好基本养老保险全国统筹实施工作。优化收入分配结构，统筹提高养老金、医保、低保等社保待遇标准，促进慈善事业发展。

优化养老托幼服务。促进居家社区机构养老服务相协调、医养康养相结合，新建社区综合为老服务中心50家、助餐场所200个、养老床位5000张，改建认知障碍照护床位2000张，完成居家环境适老化改造5000户，加强养老护理员队伍建设，深化长护险试点，完善长期照护服务体系和养老服务综合监管制度。新增普惠性托育点60个，全市一半以上的幼儿园开设托班。加强妇女儿童权益保障，建设儿童友好城市，健全残疾人、孤儿福利制度，推进阳光助残工程，加快无障碍环境建设，新增人行天桥无障碍电梯38座、公共交通无障碍车辆1000辆。

进一步提高市民居住质量。坚持留改拆并举、以保留保护为主，深化城市有机更新，完成中心城区成片二级旧里以下房屋改造，实施1000万平方米旧住房更新改造。坚持房子是用来住的、不是用来炒的定位，坚持租购并举，建设筹措17.3万套（间）保障性租赁住房，完善稳地价、稳房价、稳预期的房地产精准调控机制，促进房地产市场平稳健康发展。

深入实施健康上海行动。打造高品质医疗服务体系，争取更多国家医学中心落户，推进区域性医疗中心建设，全面提升基层医疗机构诊疗、康复等功能。完善公立医院高质量发展支持政策。深入实施医保制度改革方案，推进医保支付方式改革，深化药品集中带量采购常态化、制度化建设。深入实施"公共卫生20条"，加快健全公共卫生体系。实施新一轮中医药传承创新发展行动。

完善家门口服务体系。深化"美丽家园"建设，完成既有多层住宅加装电梯2000台以上，推进住宅小区环境整治和消防设施改造。推动电动汽车充换电设施建设，新增1万个公共充电桩。改造22个易积水小区、11条道路积水点。完善15分钟社区生活圈功能，建设一批社区嵌入式服务站点，进一步增加早餐供应网点，在家门口的"小空间"里做足惠民生、暖民心的"大文章"。

（八）聚力实施乡村振兴战略，加快城乡融合发展。坚持基础设施建设和公共资源配置向郊区倾斜，进一步强化郊区功能，凸显乡村经济、生态、美学价值，努力让乡村成为超大城市的亮丽底色。

做优做强都市现代农业。落实粮食安全责任制、"菜篮子"负责制，稳定耕地面积和粮食蔬菜产量，完善产购储加销体系、保障初级农产品供给。加快推进种源农业发展，建设高标准良种繁育基地2000亩。启动建设横沙东滩现代农业产业园，持续推进绿色田园先行片区建设。着力打响一批地产农产品品牌，加快农业招商引资，培育龙头企业，发展数字农业，努力打造高精尖农业的标杆。推进国家农村产业融合发展示范园建设，探索一条打通全产业链的新路径。

加快实施乡村建设行动。新建19个乡村振兴示范村，推进示范村片区化联动发展。再推动1万户农民相对集中居住，实现五万户的集中居住目标。全面完成农村人居环境优化工程，进一步补齐基础设施短板、提升村容村貌。加快打造一批乡村民宿和休闲旅游路线，建设宜居、宜业、宜游的诗画田园。

积极推动农民富裕富足。深化农村土地制度改革，稳步推进农村集体经营性建设用地入市，完成松江、奉贤两个国家级农村宅基地改革试点任务。着力壮大新型农村集体经济，提升资源要素统筹能级，积极拓展新业态。提高农民教育培训质量，继续培育一批新型职业农民。完成本轮农村综合帮扶，切实提高农民生活水平。

（九）聚力铸牢城市软实力的精神内核，持续深化国际文化大都市建设。坚持以社会主义核心价值观引领文化建设，持续弘扬红色文化、海派文化、江南文化，深入挖掘时尚文化资源，推动城市文化进一步展现独特魅力、焕发时代风采。

彰显城市精神品格。开展城市精神品格主题宣传教育。实施红色资源传承弘扬和保护利用工程，新增一批爱国主义教育基地，深化拓展新时代文明实践中心建设。繁荣发展哲学社会科学。完善历史文化遗产保护传承和活化利用机制，加强对历史建筑、工业遗产的保护利用，丰富内涵功能，延续历史文脉。

促进文化产品和服务提质升级。加快建设世博文化公园南区、上海博物馆东馆、大歌剧院等文化新地标，实施基层公共文化设施更新提升计划，打造一批"小而美"的城市书房等文化新空间，推广市民艺术夜校。健全现代文创产业体系，发挥影视、演艺等重点产业集聚作用，放大中国国际文物艺术品交易博览会等活动带动效应，大力发展新型文化企业、文化业态、文化消费。

打响上海旅游品牌。加快建设世界著名旅游城市，打造"浦江游览"等世界级旅游精品，提升旅游度假区发展能级，积极发展古镇游、工业游、乡村游等文旅业态和产业集群。优化建筑可阅读服务，新增一批"家门口的好去处"，让群众更好享受微旅游、慢生活。

优化文艺创作生态。实施文艺再攀高峰工程，深化国有文艺院团改革。完善文艺作品创作生产、演出演播、评价推广等机制，加强文娱领域综合治理，厚植出人才、出精品的肥沃土壤。

推动群众体育、竞技体育、体育产业协调发展。实施全民健身计划，做优公共体育场馆开放服务，新建改建一批嵌入式社区健身设施，办好第十七届市运会。支持上海体育健儿在冬奥会、亚运会等重大赛事上取得好成绩。发展竞赛表演、健身休闲等体育产业。

（十）聚力抓好常态化疫情防控和城市精细化管理，深入推进安全韧性城市建设。坚持主动、科学、精准、综合防控，构筑城市安全常态化管控和应急保障体系，筑牢超大城市安全底线。

织密织牢疫情防控安全网。坚持"外防输入、内防反弹"，强化人、物、环境同防，压实"四方责任"，因时因势、精准有效完善疫情防控各项措施。扎实做好常态化防控，加强入境口岸、隔离场所、医疗机构等高风险源管理，严格落实高风险人员、冷链物流等闭环管理措施，全力做好重大活动防疫保障工作，稳妥有序推进新冠疫苗加强免疫接种。提升应急处置能力，完善疫情监测预警机制，统筹做好应急演练、物资储备等工作。积极推动疫苗和药物研发攻关和产业化。

加强城市精细化管理。持续提升"一江一河"滨水空间品质和功能，推动黄浦江两岸公共空间南拓北延。推进路口遮阳设施建设，完成100公里架空线入地和杆箱整治，建成100个"美丽街区"。持续提升桥下空间品质，设置优化5000处公共空间休憩座椅。完善公交专用道网络，改造50个交通拥堵节点。深化城市维护管理改革，完善城市管理标准体系，以更高标准引领品质提升。

全力维护城市安全运行、社会稳定。从严从细压实安全责任，强化危险化学品、食品药品、高层建筑、轨道交通、电动自行车、地下空间、人员密集场所等重点行业、重点领域、重点区域隐患治理，扎实开展燃气安全排查整治，做到"治已病、防未病"。深化应急管理综合行政执法改革，加强应急救援体系建设，提高自然灾害防治能力。全力做好重大活动、重要节点的安保维稳工作，严密落实动态隐患清零、社会治安专项整治、矛盾纠纷排查化解等措施，完善新型现代警务机制，努力打造更高水平的平安上海。

各位代表，上海具有拥军优属、拥政爱民的光荣传统。我们要全力支持国防和军队现代化，广泛开展全民国防教育，持续推动国防动员和后备力量建设，完善退役军人服务保障体系，深化双拥共建，不断汇聚起新时代军政军民团结的磅礴力量。

大道至简，实干为要。上海肩负着时代使命、中央重托、人民期盼，我们要用汗水浇灌收获、以实干笃定前行，全力谋实策、出实招、求实效，以更加昂扬的姿态奋进新征程，以更加过硬的业绩建功新时代！

三、全面提升政府治理现代化水平

新征程上，政府工作要有新作为、新成效，必须加快构建职责明确、依法行政的政府治理体系，着力提高政府治理能力和水平，更大程度激发市场活力和社会创造力。

坚定信念铸就忠诚。坚决拥护"两个确立"，持之以恒学深悟透做实习近平新时代中国特色社会主义思想，自觉实践贯穿其中的一系列原创性的治国理政新理念新思想新战略，进一步增强"四个意识"、坚定"四个自信"、坚决做到"两个维护"，不断提高政治判断力、政治领悟力、政治执行力，时刻同党的理论和路线方针政策对标对表，不折不扣落实党中央、国务院的决策部署，以实际行动和扎实成果体现对党的绝对忠诚。

严格依法履行职责。践行全过程人民民主重要理念，落实法治政府建设实施纲要，更好地运用法治思维和法治方式推动工作。提高政府立法质量，强化重大战略和重点领域法治保障。严格执行重大行政决策程序，健全政府守信践诺机制。建成全市统一的综合执法系统，全面推进严格规范公正文明执法，基本形成覆盖城乡、便捷高效、均等普惠的现代公共法律服务体系。完成行政复议体制改革，深化行政应诉工作。坚持依法科学统计，推进统计改革创新。深化政务公开。政府要依法接受市人大及其常委会的监督，自觉接受市政协的民主监督，主动接受社会和舆论监督。强化审计监督，深化审计整改。政府工作人员要自觉接受法律监督、监察监督和人民监督。

务实创新提升效能。高标准开展营商环境创新试点，实施172项含金量大的改革举措，一体推进全链条优化审批、全过程公正监管、全周期提升服务。深入实施"一业一证"改革，在更多领域推行告知承诺制。深入开展综合监管改革，深化包容审慎监管，以精准有效监管促进公平竞争。全面推行与企业、群众生产生活密切相关的"一件事"就近办、集成办、简便办。加强财政资源统筹，深化预算管理制度和税收征管改革。

减负增能夯实基础。提升基层治理能力，健全街镇居村减负常态化机制，推进行政执法权限、力量和资源下沉，分层分类开展基层干部培训。引导居民积极有序参与社区治理，支持工会、共青团、妇联等群团组织参与基层治理。完善社会组织扶持政策。提高民族宗教工作水平。做好人口服务管理。优化"12345"市民服务热线、信访服务和人民建议工作机制，畅通民意"直通车"、汇聚群众"金点子"。

锲而不舍改进作风。严格落实全面从严治党"四责协同"机制，深入贯彻中央八项规定精神，持续纠治形式主义、官僚主义。坚持节用裕民，继续带头过紧日子，把有限的资源和财力更加高效地用在推动发展、为民服务上。坚决惩治腐败，纵深推进廉政建设，加强重点领域、重要部门、关键岗位廉政风险防控。大力营造"比学赶超"的浓厚氛围，激励公务员队伍不断提高做好经济社会工作的能力和本领，不断增强干事创业的担当和韧劲。每一位政府工作人员特别是各级领导干部，都要以百姓心为心，始终同人民想在一起、干在一起，努力为党和人民争取更大光荣。

各位代表，时代浪潮奔腾向前，责任使命催人奋进。让我们更加紧密地团结在以习近平同志为核心的党中央周围，在中共上海市委的坚强领导下，埋头苦干、勇毅前行，奋力创造新奇迹、展现新气象，加快建设具有世界影响力的社会主义现代化国际大都市，为实现第二个百年奋斗目标、实现中华民族伟大复兴的中国梦作出新的更大贡献！

江 苏 省
政府工作报告

——2022年1月20日在江苏省第十三届
人民代表大会第五次会议上

代省长　许昆林

各位代表：

现在，我代表江苏省人民政府向大会报告工作，请予审议，并请各位政协委员提出意见。

一、2021年工作回顾

过去的一年，面对世纪疫情和百年变局交织的严峻形势，我们在以习近平同志为核心的党中央坚强领导下，坚持以习近平新时代中国特色社会主义思想为指导，全面贯彻党的十九大和十九届历次全会精神，认真落实党中央、国务院决策部署和省委要求，坚决扛起"争当表率、争做示范、走在前列"光荣使命，坚持稳中求进工作总基调，把握新发展阶段、贯彻新发展理念、构建新发展格局，扎实做好"六稳"、"六保"工作，着力推动高质量发展，高水平全面建成小康社会，胜利完成省十三届人大四次会议确定的主要目标任务，实现"十四五"良好开局，"强富美高"新江苏现代化建设迈出坚实步伐。

（一）**经济总量迈上新的大台阶**。积极应对各种风险挑战，经济运行稳定恢复、稳中向好。全省地区生产总值突破11万亿元、达到11.6万亿元、增长8.6%，总量再上一个万亿元台阶，人均达13.7万元；一般公共预算收入增长10.6%，总量迈上万亿元台阶，达到10015亿元，税收占比为81.6%。实体经济根基更加稳固，制造业增加值占地区生产总值比重达35.8%，占比全国最高。内需潜力进一步释放，固定资产投资增长5.8%，其中制造业投资和民间投资分别增长16.1%、6.3%，220个省重大项目完成投资超6000亿元；社会消费品零售总额突破4万亿元，达到4.27万亿元、居全国第二，增长15.1%。金融服务实体经济的能力进一步增强，金融机构人民币存贷款余额分别达到18.9万亿元和17.8万亿元，增长9.8%和15.2%；新增北交所上市公司13家、科创板上市公司29家，均居全国第一，新增A股上市公司92家、创历史新高。

（二）**科技和产业创新步伐明显加快**。把科技自立自强作为战略支撑，自主可控的现代产业体系建设取得新进展。自主创新能力进一步增强。全社会研发投入占比达2.95%、接近创新型国家和地区中等水平，万人发明专利拥有量达41.2件、约为全国平均水平的2倍。苏南国家自主创新示范区建设取得新突破，紫金山实验室纳入国家战略科技力量体系，南京建设引领性国家创新型城市和苏州国家新一代人工智能创新发展试验区、国家生物药技术创新中心、国家第三代半导体技术创新中心成功获批，国家创新型城市创建在全国率先实现设区市全覆盖。新当选"两院"院士16位，获得国家科学技术通用奖励39项，居各省、自治区之首。产业结构持续优化升级。着力强链、固链、补链、延链，软件、物联网等6个产业集群入围国家先进制造业集群，数量居全国第一。工业战略性新兴产业、高新技术产业产值占规上工业比重提高到39.8%和47.5%。高新技术企业累计超过3.7万家，新增国家专精特新"小巨人"企业172家。推动先进制造业与现代服务业融合发展，软件和信息技术服务业、科学研究和技术服务业、互联网及相关服务业营业收入分别增长19.2%、26%和30.9%。加快推进数字赋能传统产业升级，新建成一批智能制造示范工厂、示范车间、行业级工业互联网标杆企业，成功举办世界物联网博览会、世界智能制造大会，获批创建全国首个区块链发展先导区。大力推动化工钢铁煤电行业转型升级优化布局，关闭退出低端落后和环境敏感区化工生产企业354家，连云港盛虹炼化一体化项目顺利建成。

（三）城乡区域发展更趋协调。坚持优势互补、协同联动，城乡区域协调发展新格局加快形成。乡村振兴战略深入实施。把握"三农"工作重心历史性转移，有机衔接脱贫致富奔小康与乡村振兴，农业农村现代化步伐持续加快。农业综合生产能力进一步提升，新建高标准农田390万亩，粮食总产量749.2亿斤、创历史新高。乡村建设行动全面启动，实施新一轮农村人居环境整治，新改建道路2937公里、改造桥梁979座，新增"四好农村路"全国示范市3个、示范县11个，在全国率先基本实现城乡供水一体化。农村宅基地制度改革和集体经营性建设用地入市试点深入开展，国家城乡融合发展试验区改革探索迈出坚实步伐。区域一体化发展扎实推进。深入落实长三角一体化发展国家战略，成功举办长三角地区主要领导座谈会，长三角生态绿色一体化发展示范区建设取得积极进展，共同推动形成新一批41项制度创新成果，水乡客厅等65个重大项目顺利推进。大力实施扬子江城市群和江淮生态经济区、沿海经济带、徐州淮海经济区中心城市"1+3"重点功能区战略，南京都市圈发展规划成为首个国家批复的都市圈规划，沿海地区发展规划获国务院批准实施。现代综合交通运输体系加快构建。连徐高铁开通运行，花果山机场建成投运，苏锡常南部高速公路、宜兴至长兴高速公路江苏段建成通车，太仓港集装箱年吞吐量突破700万标箱，连云港入选"十四五"首批国家物流枢纽，张皋过江通道开工建设，新孟河延伸拓浚、江河支流治理等重大水利基础设施建设全面推进。对口支援协作合作进一步加强，实施援助项目超过2100个，为受援地巩固脱贫攻坚成果贡献了江苏力量。

（四）生态文明建设持续推进。把碳达峰碳中和纳入经济社会发展整体布局，生态环境质量创新世纪以来最好水平。污染防治攻坚战成效明显。紧盯源头打好蓝天、碧水、净土保卫战，$PM_{2.5}$平均浓度下降到33微克/立方米，空气优良天数比率达82.4%；水环境国考断面优Ⅲ类比例达87.1%、劣Ⅴ类水全面消除，均超额完成国家考核任务，县以上城市建成区黑臭水体基本消除，太湖治理连续14年实现饮用水安全和不发生大面积湖泛"两个确保"；土壤污染详查工作全面完成。长江生态环境保护修复扎实推进。牢牢把握"共抓大保护、不搞大开发"的战略导向，巩固提升沿江岸线整治成果，长江干流江苏段水质保持Ⅱ类，自然岸线比例提高到73.2%，2020年国家警示片披露问题全部完成整改，全力推进长江"十年禁渔"，多年不见的江豚又活跃在长江江苏段。城乡环境进一步优化。国家生态文明建设示范区增至27个，省级特色田园乡村增至446个，国家生态园林城市、获中国人居环境奖城市数量均居全国第一，林木覆盖率达24%，"美丽江苏"底色更加鲜明、更加可观可感。

（五）改革开放全面深化。紧扣服务和融入新发展格局新要求，加快打造改革开放新高地，对外合作和竞争新优势进一步增强。"一带一路"交汇点建设高质量推进。中哈物流合作基地、中阿（联酋）产能合作示范园、柬埔寨西港特区保持良好发展势头，中韩盐城产业园、中以常州创新园建设步伐加快，连云港新亚欧陆海联运通道建设取得新成效，中欧班列开行1800列、增长29%，对"一带一路"沿线国家和地区进出口增长22%、占比提升到25.4%。外贸外资稳中提质。跨境电商、市场采购贸易等新业态蓬勃发展，进出口规模达5.2万亿元、增长17.1%，再创历史新高。全年实际使用外资达288.5亿美元、增长22.7%，规模继续保持全国首位。开放载体建设力度加大。高标准推进自贸试验区建设、联动创新发展区改革和生物医药全产业链开放创新，自贸试验区形成81项新的制度创新成果。苏州工业园区实现国家级经济技术开发区综合排名"五连冠"。"放管服"改革持续深化。"不见面审批""一件事"等改革深入推进，"证照分离"改革实现全覆盖，网上政务服务能力、社会信用体系建设和营商环境位居全国前列。财税金融、国资国企、农业农村、教育医疗、资源环境等重点领域改革任务加快落地，全省深化事业单位改革试点顺利完成，宿迁"四化"同步集成改革示范区建设全面启动。完善和落实惠企政策，新增减税降费超1000亿元，新登记市场主体258.5万户，总量达1358.9万户，市场主体活力不断增强。

（六）人民生活品质进一步提升。坚持财力向民生、向基层倾斜，民生支出占一般公共预算支出比重达78.4%，15类52件民生实事全面完成，群众的"幸福指数"更有质感、更有温度。多渠道促进富民增收，城乡居民人均可支配收入分别增长8.7%和10.7%，城乡收入比缩小至2.16：1。延续实施减负稳岗扩就业政策措施，城镇新增就业140.2万人、占全国近1/9，城镇调查失业率控制在预期目标以内。"一老一小"服务保障得到加强，养老服务体系加快建设，每千名老年人拥有养老床位超40张；落实三孩生育政策，新增普惠托育托位超8000个。社会保障体系加快完善，退休人员基本养老金人均提高4.5%，失业保险进一步扩围提标，基本医保市级统筹全面实现，困难群众基本生活得到更好保障。教育现代化水平不断提升，基础教育优质资源供给持续增加，"双减"和规范民办义务教育发展工作有序推进，现代职业教育体系进一步健全，新高考方案平稳落地，新一轮高水平大学建设起步坚实。新开工城镇棚户区改造31.09万套，改造城镇老旧小区1402个、惠及居民超过160万人，三年累计改善苏北30多万户农民住房条件。医药卫生体制改革持续深化，公共卫生服务水平进一步提升，疾控机构建设全面加强，健康城市建设样板市总数、县级医院医疗服务能力达标率均居全国第一。推出与基本医保相衔接的普惠性商业医疗保险，群众医药负担明显降低。文化事业产业蓬勃发展，"文艺苏军"整体实力、影响力不断提升，高水平建成开放扬州中国大运河博物馆，国家级文旅创建成果数量居全国前列。体育强省建设加快推进，江苏健儿在东京奥运会和第十四届全运会取得优异成绩。安全生产形势持续向好，专项整治"三年大灶"高标准推进，生产安全事故起数和死亡人数在上年大幅下降基础上，又分别下降35%和30%。平安江苏、法治江苏建设深入开展，社会治安防控体系不断完善，扫黑除恶斗争常态化推进，电信网络诈骗案件高发势头得到有力遏制，食品药品安全监管进一步加强，信访形势平稳有序，防汛抗台取得全面胜利，社会大局保持安全稳定。

我们坚决贯彻习近平总书记关于疫情防控工作的重要指示批示精神和党中央、国务院决策部署，统筹疫情防控和经济社会发展，坚持常态化精准防控和局部应急处置相结合，调整优化疫情防控指挥体系，切实提升疫情处置能力，从严从紧落实各项措施，举全省之力打赢南京禄口机场疫情、扬州疫情防控阻击战，实现"全治愈、零病亡"，快速精准处置部分地区发生的外省市关联疫情，没有出现扩散蔓延，疫情防线进一步织密扎牢。

刚刚过去的一年，我们扎实开展党史学习教育，隆重庆祝党的百年华诞，深入学习习近平总书记"七一"重要讲话和党的十九届六中全会精神，更好认识和把握党的百年奋斗重大成就和历史经验，有力提振了党员干部锐意进取、干事创业的"精气神"，服务型政府建设进一步加强。我们坚持依法行政，自觉接受人大监督、政协民主监督、社会和舆论监督，共办理省人大代表建议624件、省政协提案782件，提请省人大常委会审议地方性法规15项，完成重要文件合法性审查247件。

过去一年，全省老龄、妇女儿童、青少年、残疾人、工会、红十字、慈善、志愿服务、关心下一代等事业取得新成效，民族、宗教、审计、统计、外事、对台事务、港澳、侨务、参事馆员、哲学社会科学、党史、档案、地方志等工作取得新进展，国防动员、双拥共建、退役军人事务、人民防空等工作迈出新步伐。

各位代表，回顾过去一年，成绩来之不易、成之惟艰。这些成绩的取得，最根本的原因在于有习近平总书记作为党中央的核心、全党的核心掌舵领航，在于有习近平新时代中国特色社会主义思想科学指引，是省委直接领导，全省上下勠力同心、奋力拼搏的结果。在此，我代表江苏省人民政府，向全省广大工人、农民、知识分子、干部和各界人士表示崇高敬意和衷心感谢！向各位人大代表、政协委员，向各民主党派、工商联、无党派人士和各人民团体表示衷心感谢！向驻苏人民解放军指战员、武警部队官兵、公安干警、消防救援人员和广大民兵预备役人员表示衷心感谢！向关心和支持江苏改革发展的香港特别行政区同胞、澳门特别行政区同胞、台湾同胞、海外侨胞和各国朋友表示衷心感谢！

在看到成绩的同时，我们也清醒地认识到，我省经济社会发展面临的困难和挑战明显增多。疫情防控形势依然严峻，市场需求仍然乏力，部分行业特别是中小微企业发展仍较困难，稳定产业链供应链面临较大压力，不少重点领域"卡脖子"问题仍然较为突出，自主可控的现代产业体系基础还不够坚实，教育、医疗、养老、育幼等民生领域仍有不少短板，一些领域风险隐患不容忽视，政府职能转变还不够到位，形式主义、官僚主义仍不同程度存在。知不足而后进。我们一定正视问题、直面挑战，采取有力有效措施，谋在实处、干在实处、成在实处，一步一个脚印把"强富美高"新江苏现代化建设新蓝图变为美好现实。

二、2022年工作总体要求和目标任务

今年是党的二十大召开之年，也是全面落实省第十四次党代会精神的开局之年，做好政府工作具有特殊重要意义。当前，疫情全球大流行已有两年时间，在世纪疫情冲击下，百年变局加速演进，外部环境更趋严峻复杂和不确定；我国经济发展又面临多年未

见的需求收缩、供给冲击、预期转弱三重压力，困难和挑战之多前所未有。江苏作为东部沿海经济大省、全国经济发展"压舱石"，肩负稳定宏观经济的重大政治责任。我们要胸怀"两个大局"、牢记"国之大者"，充分发挥我省多重国家战略叠加、实体经济基础雄厚、科教人才资源丰富等优势，牢牢把握重要战略机遇期，立足经济持续恢复、长期向稳向好的基本面，坚定信心、迎难而上，以精准有效的举措、踔厉奋发的精神，汇聚共担使命、共谱新篇的强大合力，以现代化的理念、标准、思路谋划推进各项工作，努力交出一份让总书记和党中央放心、让全省人民满意的合格答卷。

今年政府工作的总体要求是：坚持以习近平新时代中国特色社会主义思想为指导，全面贯彻党的十九大和十九届历次全会精神，认真落实习近平总书记对江苏工作重要指示精神和党中央、国务院决策部署，紧紧围绕省第十四次党代会确定的目标任务，弘扬伟大建党精神，坚持稳中求进工作总基调，稳字当头，牢牢把握新发展阶段，完整、准确、全面贯彻新发展理念，服务构建新发展格局，坚持改革创新，坚持以供给侧结构性改革为主线，着力推动高质量发展，统筹发展和安全，统筹疫情防控和经济社会发展，继续做好"六稳""六保"工作，持续改善民生，保持经济平稳健康发展和社会安全稳定，切实扛起"争当表率、争做示范、走在前列"光荣使命，奋力谱写"强富美高"新江苏现代化建设新篇章，以实际行动迎接党的二十大胜利召开。

今年经济社会发展主要预期目标是：地区生产总值增长5.5%以上，一般公共预算收入增长4.5%左右，社会消费品零售总额增长6.5%左右，居民人均可支配收入与经济增长基本同步，居民消费价格涨幅3%左右，城镇新增就业120万人，城镇调查失业率控制在5%左右，数字经济核心产业增加值占地区生产总值比重10.5%左右，外贸进出口、实际使用外资稳中提质，制造业增加值占地区生产总值比重保持基本稳定，生态环境质量持续好转，单位地区生产总值能耗、二氧化碳排放量分别降低3%、4.4%左右。在实际工作中，我们将全力争取更好的结果。

做好今年工作，必须始终聚焦聚力总书记赋予的光荣使命，既要把握年度特征，狠抓工作落实，确保各项目标任务如期高质量完成；更要锚定长远目标，聚焦省第十四次党代会提出的"六个显著提升"，注重系统性谋划、规律性把握、整体性推进，确保现代化建设走在前列。一要坚持和加强党的全面领导。深刻领悟党确立习近平同志党中央的核心、全党的核心地位，确立习近平新时代中国特色社会主义思想的指导地位的决定性意义和实践要求，对党中央作出的战略决策无条件坚决执行，确保不偏向、不变通、不走样，切实把党的全面领导贯彻到政府工作各领域各方面。二要坚持以人民为中心的发展思想。时刻牢记"江山就是人民、人民就是江山"，牢固树立正确政绩观，坚持尽力而为、量力而行，在促进共同富裕上久久为功，在补齐民生短板上持续用力，在帮扶困难群众上善作善成，让人民群众的生活年年都有新改善、一年更比一年好。三要坚持稳字当头稳中求进。紧紧围绕经济社会发展主要矛盾和中心任务，精准把握调整政策和推动改革的时度效，同向发力、适当靠前，先立后破、稳扎稳打，在"稳"的基础上实现多方面的"进"，以江苏的"稳"和"进"当好全国发展大局的"压舱石"。四要坚持高质量发展。坚定不移以新发展理念引领高质量发展，坚定不移深化供给侧结构性改革，协同推进创新、协调、绿色、开放、共享发展，集中资源、集中精力破解制约高质量发展的痛点难点，努力实现经济质的稳步提升和量的合理增长，推动高质量发展行稳致远。五要坚持统筹协调。进一步强化系统观念和战略思维，把整体推进和重点突破有机结合起来，把疫情防控和经济社会发展、发展和安全、当前和长远更好统筹起来，加快实现质量、结构、规模、速度、效益、安全相统一。我们坚信，有以习近平同志为核心的党中央坚强领导，有习近平新时代中国特色社会主义思想科学指引，有8500万勤劳智慧的江苏人民团结奋斗，一定能在全面建设社会主义现代化新征程上书写更新更美的时代华章！

三、2022年重点工作

新征程新一年，要在更高起点推进高质量发展，关键是突出前瞻性创造性，提高精准度精细度，重点做好十个方面工作。

（一）坚定实施扩大内需战略，努力保持经济平稳健康发展。把扩大内需作为发展的重要牵引，进一步畅通经济循环，推动经济运行保持在合理区间。积极扩大有效投资。着力抓好220个省级重大项目特别是百亿级标志性项目建设。科学论证、适度超前布局重大基础设施，加大交通、能源、水利、管道特别是城镇燃气管道，以及市政、生态环境、防灾减灾等领域投资力度，加快建设信息网络等新型基础设施，推动交通、物流、能源、市政等领域智慧化改造。优化各级招商平台功能，招引更多央企、头部民企、外企落户江苏。强化重大项目要素保障和全周期服务，鼓励民间资本参与补短板等重大项目，全面激发民间投资活力。促进消费持续恢复。积极拓展消费新场景，大力发展首店经济、首发经济、夜经济，促进绿色家电和新能源汽车消费，培育医疗健康、养老托育、家政服务等消费热点，推动文旅消费提质扩容。办好"苏新消费"四季系列主题购物节，推动线上线下消费融合发展，把江苏的产品销到全国、卖到全球。支持南京、苏州、徐州创建国际消费中心城市和区域消费中心城市，完善城市和县域商业体系，贯通县乡村电子商务体系和快递物流配送体系，打响江苏全域"消费福地"品牌。加大对市场主体支持力度。落细落实减税降费和助企惠企政策，研究制定更多切合实际、解决问题、市场主体有获得感的政策措施，引导金融机构加大对制造业、小微企业、科技创新、绿色发展等方面的支持，促进中小微企业融资增量、扩面、降价，支持企业设备更新和技术改造，推动优质企业上市，提高企业利用资本市场的能力，让更多市场主体活跃起来、壮大起来，既"留住青山"又让"青山常绿"。大力弘扬企业家精神，更好调动各类市场主体积极性，为推动高质量发展贡献更大力量。切实做好能源电力保供。加强煤电油气运等调节，保证电力充足供应。抓好煤炭、石油、天然气等能源储备能力建设，有效提升能源供给能力和抗风险水平，全力保障居民生活和经济平稳运行。

（二）坚持创新第一动力，加快推进科技自立自强。深入实施创新驱动发展战略，集中优势力量向创新"高峰"攀登。打好关键核心技术攻坚战。发挥财政专项资金撬动引领作用，聚焦先进材料、高端芯片、工业软件、生物医药、生物育种等亟需突破的领域，全面推动重点项目攻关"揭榜挂帅"，统筹抓好180项关键核心技术研发和重大科技成果转化项目，组织实施前沿重大基础研究项目，部署推进100项重点基础研究项目，促进基础研究、应用研究和产业化对接融通，着力突破"卡脖子"环节。强化企业创新主体地位。大力实施高新技术企业培育"小升高"行动，支持科技型中小企业加大研发投入，增强创新能力，加快形成高新技术企业、科技型中小企业和独角兽、瞪羚企业有机衔接的创新型企业梯队，培育更多创新型龙头企业。支持骨干企业牵头组建创新联合体，协同高校院所、产业链上下游企业开展重大科技攻关，打造跨领域、大协作、高强度的创新基地。高质量推进创新平台建设。积极争创国家实验室、重点实验室等"国字号"平台，争取更多国家级大科学装置布局江苏，加快紫金山实验室、姑苏实验室、太湖实验室建设步伐，出台省实验室"人才科研特区"政策，在强化国家战略科技力量上展现江苏担当。充分发挥苏南国家自主创新示范区引领带动作用，推进高新区高质量发展，推动南京创建综合性国家科学中心，支持苏州争创国家区域科技创新中心。深化省产业技术研究院改革发展，加快建设一批省级产业技术创新中心和制造业创新中心。建好用好国家先进技术成果长三角转化中心，提升创新要素集聚浓度，将辐射范围向全省拓展。优化科技创新生态。完善科研项目布局，推动科技供给与产业需求有效对接，加强产业技术研发国际合作，充分发挥省技术产权交易市场作用，强化知识产权创造、保护、运用，促进科技、产业、金融良性循环。用好人才第一资源，聚焦"高精尖缺"，实施更加积极、开放、有效的人才政策，全方位培养引进用好战略科学家、科技领军人才和创新团队、青年科技人才、卓越工程师和大国工匠，纵深推进人才发展体制机制改革，建设国家级人才平台，向用人主体充分授权，不断激发人才创新创造活力，全力打造人才发展现代化先行区。

（三）坚定不移深化改革扩大开放，持续打造市场化法治化国际化一流营商环境。坚持改革创新"双轮驱动"，以更坚定的决心、更有力的措施把改革开放不断推向深入。深化改革注重联动突破。全面落实完善社会主义市场经济体制实施意见，加快推进高标准市场体系建设，争取国家层面要素市场配置改革试点。加快健全社会信用体系，加强反垄断和反不正当竞争，支持和引导资本规范健康发展，优化民营经济发展环境，依法保护各类市场主体产权和合法权益，促进多种所有制经济公平竞争、共同发展。继续推进国企混合所有制改革试点，全面完成国企改革三年行动任务，优化国有资本战略性布局，促进国有企业聚焦主责主业、增强产业链供应链支撑和带动能力。深化财税体制改革，加快完善预算管理改革各项配套制度；深化金融改革，大力发展科技金融、产业链金融、普惠金融、绿色金融，深入开展数字人民币试点创新，完善多层次资本市场体系，促进实业资本、金融资本等各类资本进一步服务好江苏高质量发展。推动有效市场和有为政府更好结合，一体推进"放管服"改革，深化"一件事"改革，推动"跨省通办""一网通办"，持续精简涉企经营许可，加强事前事中事后全链条全领域监管，努力把江苏打造成审批事项最少、办事效率最高、创新创业活力最强的区域之一。优化营商环境注重综合配套。部署实施优化营商环境提升行动，研究制定"1+5+13"政策体系，瞄准最好水平找差补短、大胆探索、组合推进，努力为企业发展和人才成长提供全生命周期保障，加快打造综合最优的政策环境、公平有序的市场环境、高效便利的政务环境、公正透明的法治环境、亲商富商的人文环境。建立常态化政企沟通渠道，把企业发展的痛点难点作为改进政府服务的重点，让企业切身感受到优质服务的温暖。扩大开放注重提质增效。更高质量推进"一带一路"建设"五大计划"，稳步推动境内外合作园区建设，深化国家东中西区域合作示范区建设，积极筹备中欧班列合作论坛和东盟—中日韩（10+3）产业链供应链合作论坛，办好中国（连云港）丝绸之路国际物流博览会，打造江苏开放合作新平台。开展全方位贸易促进活动，支持企业完善全球网络布局，大力发展外贸新业态新模式。放大中国国际进口博览会"溢出效应"，扩大先进技术设备、关键零部件、紧缺资源和优质消费品进口。推动利用外资稳中提质，引导外资投向产业链薄弱环节和关键技术领域，支持外资在苏设立地区总部、研发中心，鼓励外资增资和利润再投资。高水平建设自贸试验区和南京江北新区、苏州工业园区，优化开发区管理体制，推动开发区转型升级、创新提升。推进昆山深化两岸产业合作试验区、中日（苏州）地方发展合作示范区、中韩盐城产业园、中以常州创新园建设，完善淮安昆山台资经济协同发展机制，推进淮安台资集聚示范区建设。高质量落实区域全面经济伙伴关系协定（RCEP），对标高标准国际经贸规则，推动制度型开放，提升投资贸易便利化水平，让江苏成为吸引全球优质要素资源的强大引力场。

（四）加快发展数字经济，不断提升产业现代化水平。党的十八大以来，党中央高度重视发展数字经济，将其上升为国家战略。我们一定要把做强做优做大数字经济作为江苏转型发展的关键增量，打好产业基础高级化、产业链现代化攻坚战，不断提升我省制造业核心竞争力。积极推进数字产业化、产业数字化。出台促进数字经济发展的新政策新举措，强化数据开放和数据保护，统筹数字经济、数字政府、数字社会生态体系建设，发展互联网服务和相关产品，努力打造全国数字经济创新发展新高地。把智能化改造数字化转型（"智改数转"）作为重要抓手，加快工业设备和业务系统上云上平台，培育一批智能制造示范工厂、工业互联网平台和"互联网+先进制造业"特色基地，积极创建国家级"5G+工业互联网"融合应用先导区,推动国家级工业互联网双跨平台落户。支持5000家以上规上工业企业实施"智改数转",综合运用贷款贴息、投入补助、免费诊断服务等方式,鼓励优秀外资企业、民营企业、大型平台输出"智慧脑",带动中小企业开展"智改数转",让广大企业真正"敢转""愿转""会转",加快形成"雁阵效应"。培育壮大先进制造业集群。聚焦16个先进制造业集群,持续实施"产业强链"和"百企引航、千企升级"行动计划,部署实施一批产业基础再造和产业链现代化重大项目,培育发展一批具有创新引领力和产业生态主导力的领航企业,努力打造新型电力和新能源装备、物联网、工程机械、高端新材料等世界级先进制造业集群。大力培育行业单项冠军,激发涌现更多专精特新企业,支持他们以独门绝技赢得竞争优势。深入推动产业转型升级优化布局。抢抓战略性新兴产业发展的新"窗口期",加快培育生物医药、人工智能、集成电路等国家级战略性新兴产业集群和创新型产业集群,推动车联网、信息技术应用创新、区块链等新技术场景化应用。支持泰州等地建设大健康产业集聚发展示范区。加快化工、钢铁、纺织、轻工、建材等传统行业智能化改造绿色化提升,培育壮大一批现代服务业集聚区,推动生产性服务业向专业化和价值链高端延伸。进一步优化产业布局和资源配置,编制发布产业热力图,引导企业择木而栖,促进产业集聚集群发展。

（五）全面实施乡村振兴战略,着力推动城乡融合发展。持续巩固拓展脱贫致富奔小康成果同乡村振兴有机衔接,全面提升农业生产能力和综合竞争力,加快建设农业强、农村美、农民富的新时代鱼米之乡。切实扛起粮食安全政治责任。坚决贯彻习近平总书记关于"农田就是农田,而且必须是良田"的重要指示要求,落实最严格的耕地保护制度，加大投入力度，提高建设标准，确保新建400万亩高标准农田。进一步加强农业关键核心技术攻关，积极开展种业振兴行动，加快提高农机装备水平，加强粮食收储能力建设，确保粮食生产保持稳定、完成国家下达任务，为全国粮食安全作出贡献。压实"菜篮子"市长负责制，优化生猪产能调控，抓好蔬菜、油料生产供应，探索开展严格禁捕、增殖渔业、科学回捕试点，构建农产品现代流通体系，确保重要农副产品稳产保供。加快发展现代农业。持续深化农业供给侧结构性改革，培育壮大农业优势特色产业，积极构建农业全产业链，因地制宜发展生态循环农业、高效精品农业和都市农业，加快推进南京国家农高区和农创中心建设，积极创建国家农业现代化示范区和省级农业现代化先行区。大力发展休闲旅游农业、农业生产性服务业，推动农产品加工集中区提档升级，促进农村一二三产业融合发展。完善高素质农民培育体系，加快推进农民现代化。大力实施乡村建设行动。加快编制多规合一的实用性村庄规划，强化乡镇功能，高质量推进特色小镇、特色田园乡村、新型农村社区建设，深入实施农村人居环境整治提升行动，积极开展国土空间全域综合整治，着力补齐农村基础设施和基本公共服务短板，继续推进"四好农村路"建设和农村"厕所革命"，有力有序改善农民住房条件，打造令人向往的美丽田园乡村。加大城乡融合发展力度。争创国家新型城镇化高质量发展示范区，培育发展城市群和现代化都市圈，加快推进宁镇扬一体化发展，提升中心城市"硬核"实力和辐射带动能力，支持南京争创国家中心城市、徐州加快建设淮海经济区中心城市，促进大中小城市和小城镇合理分工、协调发展。加快美丽宜居城市建设，统筹抓好城镇老旧小区改造、公共服务提升、安全隐患化解、停车资源共享、历史文化保护等工作，加快城市更新步伐。积极稳慎推进农村承包地、集体产权、宅基地、集体经营性建设用地入市试点等改革，提升土地配置效率。建立健全城乡融合发展体制机制，推进宁锡常接合片区国家城乡融合发展试验区建设，推动城乡要素平等交换、双向流动。

（六）深入推进长三角一体化，更好统筹区域协调发展。树牢"一体化"意识和"一盘棋"思想，坚持龙头带动、各扬所长，更好融入和服务全国发展大局，不断增强全省区域发展的平衡性协调性。更高质量推动长三角一体化发展。加快推进长三角科技创新共同体建设，协同打造沿沪宁产业创新带、G60科创走廊、环太湖科创圈，共同开展"满意消费长三角"行动，积极实施一体化示范区水乡客厅等重点项目，推动构建省际毗邻区域协调发展机制，支持苏州参与虹桥国际开放枢纽建设，支持南通建设沪苏跨江融合发展试验区，支持盐城建设长三角一体化产业发展基地。更高起点促进南北联动发展。深化"1+3"重点功能区建设，开展新一轮南北挂钩合作，完善南北发展帮扶合作机制，引导各地强化全产业链分工协作，更好实现苏南引领、苏中崛起、苏北赶超。全面落实江苏沿海地区发展规划，大力发展海洋经济，加快建设沿海绿色生态高质量发展经济带，打造区域经济新增长点。加快宿迁"四化"同步集成改革示范区建设。更大力度完善现代综合交通运输体系。积极推进交通运输现代化示范区建设，开工建设北沿江高铁、通苏嘉甬铁路、盐泰锡常宜铁路、南京至盐城高速公路先导段、连云港智能化集装箱码头一期工程，加快南沿江和宁淮城际铁路、沪苏湖铁路建设，推进淮安机场三期建设，做好南京北站、苏州北站、南京禄口国际机场三期和苏南硕放机场改扩建工程前期工作，加快建设过江通道，打造公铁水、海江河等多式联运示范线路，推动形成内外联通、安全高效的交通网络和物流网络。继续做好全国东西部协作和对口支援合作工作。

（七）坚持减污降碳协同增效，加快美丽江苏建设步伐。以落实"双碳"任务为引领，促进经济社会发展全面绿色转型。统筹有序做好碳达峰碳中和工作。制定碳达峰行动方案，实施与减污降碳成效挂钩的财政政策，平稳有序落实"双碳"目标，防止"碳冲锋"和"运动式"减碳。先立后破推动能源、产业、交通运输、空间结构优化调整，推进风电、光伏发电等可再生能源和氢能、核能等清洁能源发展，抓好煤炭清洁高效利用、煤电降耗减排，增强新能源消纳能力，促进煤炭和新能源优化组合，创造条件尽早实现能耗"双控"向碳排放总量和强度"双控"转变。大力培育绿色低碳产业，加强绿色低碳技术攻关和应用示范，加快建设国家绿色产业示范基地，提高产业发展的"含绿量""含金量"。实施全面节约战略，在生产领域推进资源全面节约、集约、循环利用，在生活领域倡导简约适度、绿色低碳的生活方式，促进高品质绿色建筑规模化发展，全民共建共享生态绿色家园。持续抓好长江大保护。积极推动国家警示片新披露问题和生态环境保护督察发现问题整改，纵深推进污染治理"4+1"工程，着力解决"重化围江"等问题。深化"美丽岸线"建设，巩固扩大岸线整治和生态保护修复成果。持续抓好长江"十年禁渔"，严防长江非法捕捞反弹，有效恢复长江水生生物多样性，永葆母亲河生机活力。深入打好污染防治攻坚战。强化多种污染物协同控制和区域协同治理，推动$PM_{2.5}$和臭氧浓度"双控双减"。加大幸福河湖、美丽海湾建设力度，实施新一轮太湖、洪泽湖治理工程，加快太湖生态岛建设，加强近岸海域环境保护，扎实开展城镇污水处理提质增效行动，加大农村生活污水、黑臭水体治理力度。加快构建废弃物循环利用体系，加强城乡生活垃圾分类和治理，强化土壤污染风险防控，抓好全域"无废城市"建设，开展新污染物治理，让江苏大地青山常在、绿水长流、空气常新。加强生态系统保护修复。统筹山水林田湖草系统治理，科学推进国土绿化，落实自然生态保护修复行为负面清单，加快建设生态安全缓冲区、河湖生态缓冲带。大力推动生态环境治理体系和治理能力现代化。以部省共建试点省为契机，深化生态环境保护体制机制改革，完善生态补偿和生态产品价值实现机制，积极构建绿色低碳技术创新体系、政策体系和市场体系。

（八）加快推进文化强省建设，不断满足群众精神文化需求。进一步增强文化自觉、坚定文化自信，着力建设社会主义文化强国先行区。培育践行社会主义核心价值观。持续强化新时代爱国主义教育和公民道德建设，扎实开展群众性精神文明创建活动，巩固提升文明城市创建质效，积极争创全国文明典范城市，推动城乡移风易俗、弘扬时代新风。增加优质文化产品供给。大力发展数字文化产业，培育数字创意、数字出版、网络视听等新型文化业态。扎实开展文化惠民工程，深化"书香江苏"建设，加快农家书屋、乡镇影院转型升级。实施文艺作品质量提升工程，精心组织紫金文化艺术节、江苏书展、"五个一"工程奖、"五星工程奖"评选等系列文化活动，创作更多满足人民文化需求和增强人民精神力量的优秀作品，使人民精神生活更加充盈。打造江苏特色文化标识。赓续红色血脉，用心用情用力保护好、运用好江苏红色资源，生动传播红色文化。高品质推进大运河文化带和大运河国家文化公园建设，办好第四届大运河文化旅游博览会，加快推进苏州"运河十景"、淮安"百里画廊"等重点项目。深入实施江苏地域文明探源工程，加强长江文化和城乡各类历史文化资源保护传承利用，开展古城保护和更新利用工作，擦亮独具魅力的"江苏名片"。推进文旅融合发展。培育打造富有文化底蕴的世界级旅游景区度假区，推出更多高质量文化和旅游融合产品，不断提升"水韵江苏"文旅品牌影响力。

（九）扎实推进共同富裕，持续增进民生福祉。坚持共同奋斗做大做好"蛋糕"，通过合理制度安排切好分好"蛋糕"，让高质量发展成果更多更公平惠及全省人民。千方百计扩就业促增收。研究制定共同富裕政策举措，拓展城乡居民增收渠道，培育壮大中等收入群体，开展富民强村帮促行动，增强低收入农业人口增收能力。强化就业优先导向，加强职业技能培训，突出抓好高校毕业生、退役军人、农民工等重点群体就业，持续推动多渠道灵活就业和自主创业，创造更多市场化社会化就业机会，着力建设高质量就业先行区。推进基本公共服务均等化优质化。健全常住地提供基本公共服务制度，在教育、医疗等人民群众最关心的领域精准提供高质量的基本公共服务。深入实施新时代立德树人工程，深化教育综合改革，抓好"双减"和规范民办义务教育发展工作，推动义务教育优质均衡发展，促进普通高中教育特色多样发展，积极推进中职"领航计划"和高职"卓越计划"，促进特殊教育优质融合发展，加快新一轮高水平大学建设，推动"双一流"大学高质量发展。全面打造健康江苏，持续加强公共卫生体系建设，加快完善全民健康信息平台，加大国家医学中心和国家、省级区域医疗中心建设力度，促进优质医疗资源扩容和均衡布局，启动建设省精神病专科医院，巩固提升基层医疗卫生服务能力，加快中医强省建设，提高食品药品等关系人民健康产品和服务的安全保障水平。广泛开展全民健身活动，办好第二十届省运会。完善"一老一小"服务体系。建立健全基本养老服务清单制度，开展困难老年人家庭适老化改造和无障碍环境建设，提升社区养老服务能力和健康支撑能力，着力构建居家、社区、机构相协调、医养康养相结合的养老服务体系。健全普惠托育服务体系，加快发展公办和普惠性幼儿园，推动新的生育政策更好落实，让年轻夫妇少一些生育养育负担，促进人口长期均衡发展。强化民生兜底保障。扎实做好低收入人口认定和动态监测工作，研究制定常态化帮扶措施，防止因病因灾等意外变故导致群众生活困难。落实好社会救助、抚恤优待、残疾人补贴、大病保险等托底政策，深入推进社会保险"全民参保计划"，提高城乡居民基本养老保险待遇水平，实施企业职工基本养老保险基金省级统收统支统管，推进失业、工伤保险基金省级统筹，抓好医保支付方式改革和医保基金监管。坚持租购并举，加快发展长租房市场，扎实推进保障性住房建设。做好重要民生商品保供稳价等工作，确保困难群众基本生活得到有效保障和改善。

今年，我们安排了12类50件民生实事，实行清单式管理、项目化推进，着力解决人民群众的"急难愁盼"问题，努力把好事办实、实事办好，更好满足人民群众对美好生活的向往。

（十）统筹抓好发展和安全，坚决维护社会和谐稳定。时刻牢记习近平总书记"安全是发展的前提，发展是安全的保障"重要论述，强化忧患意识，树牢底线思维，打好防范化解风险挑战的主动仗，努力实现高质量发展和高水平安全良性互动。科学精准做好常态化疫情防控工作。坚持"外防输入、内防反弹"总策略、"动态清零"总方针，压实"四方责任"，落实"四早"要求，强化"人、物、环境"同防，坚决守牢机场、港口、口岸、冷链物流等重要关口，加强疫情防控能力建设及应急演练，持续推进疫苗接种，进一步抓紧抓细抓实疫情防控各项工作。持之以恒抓好安全生产。深入推进专项整治，高质量完成三年行动任务，坚决防范遏制重特大事故发生。加强重大安全风险排查研判和监测预警，更大力度压实安全生产责任，强化应急响应和救援能力，健全应急管理人才与技术保障体系，不断提升本质安全水平，增强防灾减灾抗灾救灾能力。防范化解重点领域风险隐患。坚持稳定大局、统筹协调、分类施策、精准拆弹，深化运用风险防控"四项机制"，牢牢守住不发生系统性风险的底线。加大对大型企业债务、房地产、非法集资等领域风险排查化解力度，完善金融风险处置和长效防控机制，坚决打击金融欺诈等违法行为，有效治理恶意拖欠账款和逃废债行为。加强地方政府、国有企业及平台公司债务管理，坚决遏制新增地方政府隐性债务。坚持"房住不炒"定位，支持商品房市场更好满足购房者的合理住房需求，因城施策促进房地产业良性循环和健康发展。不断加强和创新社会治理。纵深推进平安江苏、法治江苏建设，推动市域社会治理现代化试点，升级完善社会治安防控体系，深化网格化社会治理创新，加强基层社会治理和执法规范化建设，常态化开展扫黑除恶斗争，严厉打击各类违法犯罪行为，推动矛盾纠纷多元化解，扎实开展"信访突出问题攻坚化解年"行动，做好民族宗教工作，确保社会大局安全稳定。

新的一年，我们将继续大力支持国防和军队建设，着力抓好国防动员、全民国防教育、退役军人服务管理和人民防空等工作，全面提升新时代双拥工作水平，不断开创军政军民团结新局面。

各位代表，奋进新征程、奋斗新时代，对政府治理体系和治理能力提出新的更高要求。我们一定全面加强政治建设。不断提高政治判断力、政治领悟力、政治执行力,自觉践行、忠诚捍卫"两个确立",增强"四个意识",坚定"四个自信",做到"两个维护",不折不扣贯彻落实党中央、国务院决策部署和省委要求。我们一定严格依法行政。深入学习贯彻习近平法治思想,坚持法定职责必须为、法无授权不可为,持续完善重大行政决策程序制度,自觉运用法治思维和法治方式推动工作,促进政府治理规范化、程序化、法治化,让法治成为江苏核心竞争力的重要标志。主动接受省人大及其常委会监督,接受人民政协民主监督,接受纪检监察、司法、社会和舆论监督,强化审计监督,让权力在阳光下运行。我们一定强化能力建设。深入开展党史学习教育,更好把握和运用党的百年奋斗历史经验,坚定历史自信,增强斗争精神,勇于面对各种风险挑战。时刻保持本领恐慌的危机感、补课充电的紧迫感,深入学习经济、科技、优秀传统文化等多方面知识,不断提升履职尽责的专业能力和综合素质,以过硬本领完成好改革发展稳定各项艰巨任务。我们一定勇于担当善于作为。把全部精力用到干事创业上,夙夜在公、只争朝夕,多出新招硬招实招,该办的事"事不过夜""马上就办",难办的事想尽办法办、攻坚克难办。严格把控细节,严防"针尖大的窟窿漏过斗大的风",严防"细节中的魔鬼"损害大局。加强调查研究,坚持慎重决策,尊重客观规律和群众实际需求,坚决反对不担当、不作为,也坚决反对简单化、乱作为。我们一定扎实抓好党风廉政建设。发扬自我革命精神,以严的主基调不断推动政府系统全面从严治党向纵深发展,强化不敢腐的震慑、扎牢不能腐的笼子、增强不想腐的自觉,坚决纠正一切损害群众利益的腐败和不正之风,巩固发展风清气正的良好政治生态,让铁规铁纪成为政府工作人员的自觉遵循,清清白白做人,干干净净做事，克己奉公、以俭修身，永葆清正廉洁的政治本色。坚决落实中央八项规定及其实施细则精神和省委具体办法，锲而不舍纠"四风"树新风，严格执行为基层减负各项规定，坚持政府过紧日子，严格控制"三公"经费和一般性支出，把有限的资源和财力用在推动发展、改善民生上，着力建设人民满意的廉洁江苏。

各位代表，使命在肩，初心如磐！让我们更加紧密地团结在以习近平同志为核心的党中央周围，全面贯彻习近平新时代中国特色社会主义思想，在省委坚强领导下，埋头苦干、勇毅前行，以扛起新使命的责任担当、谱写新篇章的实际行动，迎接党的二十大胜利召开！

浙江省
政府工作报告

——2022年1月17日在浙江省第十三届 人民代表大会第六次会议上

代省长 王 浩

各位代表：

现在，我代表省人民政府向大会报告工作，请予审议，并请省政协委员和其他列席同志提出意见。

一、2021年主要工作和成效

一年来，我们坚持以习近平新时代中国特色社会主义思想为指导，全面贯彻党的十九大和十九届历次全会精神，深入贯彻习近平总书记重要指示批示精神，认真落实省委工作要求和省十三届人大五次会议确定的目标任务，坚持稳中求进工作总基调，完整准确全面贯彻新发展理念，忠实践行"八八战略"、奋力打造"重要窗口"，争创社会主义现代化先行省，高质量发展建设共同富裕示范区，经济社会发展取得新成绩。全省生产总值7.35万亿元、增长

8.5%，一般公共预算收入增长14%，城乡居民收入分别增长9.2%、10.4%，十方面民生实事圆满完成。

（一）共同富裕示范区建设扎实开局

高质量发展建设共同富裕示范区是以习近平同志为核心的党中央赋予浙江的光荣使命和重大政治任务。党中央、国务院专门出台支持意见，为浙江发展带来前所未有的历史机遇。我们认真落实中央重大战略部署，制定出台实施方案，编制重点任务、突破性抓手、重大改革、最佳实践等"四张清单"，谋划实施扩中提低等重大改革，启动28个首批共同富裕试点，承接财政部、民政部等15个国家部委的专项支持政策，40余家省级部门出台配套落实政策，重点突破、合力推进的良好态势全面形成。

（二）高质量发展水平有效提升

科技创新和产业提升联动推进。深入实施人才强省、创新强省首位战略，之江实验室纳入国家实验室体系，新增甬江、瓯江两家省实验室，研发投入强度达2.9%，"冰光纤"被列入2021年中国科技十项重大突破，新增两院院士5名、省领军型创新创业团队40个，成功举办2021年世界青年科学家峰会并取得丰硕成果。启动实施新一轮制造业"腾笼换鸟、凤凰涅槃"攻坚行动，规上工业增加值增长12.9%，高技术产业、战略性新兴产业增加值分别增长17.1%、17%，规上工业亩均税收增长16.3%。加快推进"5G+工业互联网"工程，启动实施36个产业集群新智造和33家"未来工厂"试点，数字经济核心产业增加值增长20%。深入开展质量提升行动，成功举办中国质量（杭州）大会，宁波舟山港集团获中国质量奖，实现我省中国质量奖"零"的突破。

市场主体活力持续激发。全面落实各项惠企政策，实施减税降费直达快享，全年为企业减负超过2500亿元。加大金融支持实体经济力度，民营经济、普惠型小微企业、制造业中长期贷款分别增长18.2%、30.1%、47.1%。着力打造市场化法治化国际化营商环境，全年净增市场主体65.2万户、其中企业31.8万户，连续两年在"万家民营企业评营商环境"中位居全国第1。积极培育壮大市场主体，新增上市公司110家、单项冠军企业35家。

投资消费较快增长。积极扩大有效投资，深入推进"六个千亿"产业投资工程，全社会固定资产投资增长10.8%，其中制造业投资、技改投资分别增长19.8%、13.9%。努力提振居民消费，深入实施数字生活新服务行动，大力推进"浙货行天下"工程，实现快递进村全覆盖，社会消费品零售总额增长9.7%。

对外开放持续扩大。积极参与共建"一带一路"，深化自贸试验区创新发展，跨境电商、数字服务贸易等外贸新业态蓬勃发展，外贸进出口总额跃居全国第3，实际使用外资增长16.2%，"义新欧"中欧班列增长36%。宁波舟山港货物吞吐量连续13年全球第1，成为全球第3个3000万级集装箱大港和第6大加油港。

生态环境质量持续改善。实施治水治气治土治废治塑组合拳，省控断面Ⅰ—Ⅲ类水质占比提高1.3个百分点，设区城市空气质量优良天数比率提高0.8个百分点。八大水系及近岸海域生态修复深入开展，休渔禁渔和长江禁捕制度全面落实。启动建设首批11个低碳试点县、10个绿色低碳园区，全面开展"两高"项目清理整治。

（三）数字化改革引领体制机制重塑

数字化改革取得硬核成果。坚定不移把数字化改革作为全面深化改革的总抓手，有力推动省域治理质量变革、效率变革、动力变革。省市县三级一体化智能化公共数据平台全面上线，"浙江外卖在线""浙江e行在线""车辆检测一件事""民生关键小事智能速办"等一大批标志性应用上线运行，"浙里办"日活跃用户260万，全省依申请政务服务事项"一网通办"率达85%。

重点领域改革多点突破。推进完善陆海区域协调体制机制、知识产权保护全链条集成改革、深化国有企业混合所有制改革、"大综合一体化"行政执法改革等13项重大改革，涌现了一批具有浙江辨识度的重大改革成果。实施加强监管促进平台经济规范健康发展的意见，创新推出"浙江公平在线"，垄断和不正当竞争违法行为得到有效遏制。

（四）区域城乡协调发展成效明显

长三角一体化扎实推进。强化全省域全方位融入长三角，24项一体化协同事项加快落地。共同组建长三角自贸试验区联盟，积极建设长三角期现一体化油气交易市场。加速数字长三角建设，105项政务服务事项实现跨省通办，30类高频电子证照实现互认。

"四大"建设呈现新亮点。积极提升大湾区平台能级，推动特色小镇规范健康发展，20个"万亩千亿"新产业平台加快建设，开发区（园区）数量从1059个整合至134个。加快打造诗画浙江大花园，发布首批8个大花园示范县和16个"耀眼明珠"。加快大通道建设，建成杭台高铁、金台铁路、杭海城际、杭绍城际、宁波舟山港主通道等一批重大项目。增强四大都市区集聚辐射功能，唱好杭州、宁波"双城记"五年行动计划落地实施。

山区和海洋加快成为新增长点。实施山区26县跨越式高质量发展支持政策，26县全体居民人均可支配收入增幅高于全省平均水平。实施加快海洋经济发展建设海洋强省政策意见，海洋生产总值增速高于经济增速1个百分点。打造山海协作工程升级版，实施山海协作项目369个、完成投资460亿元。

乡村振兴和新型城镇化协同推进。持续深化"千万工程"，农村人居环境显著改善。启动科技强农、机械强农行动，坚决整治耕地"非农化""非粮化"，粮食总产量增长2.5%。推进新时代美丽城镇建设，启动建设城乡风貌样板区212个，新增未来社区创建221个，改造老旧小区814个。加快城市公共服务向农村延伸，县域医共体建设成熟定型、能力提升，教共体结对学校覆盖全部乡村和60%镇区学校。

（五）民生保障和社会治理持续加强

民生福祉不断增进。坚持就业优先，城镇新增就业122.4万人，帮扶困难人员就业12.9万人。企业职工基本养老保险省级统筹制度进一步规范，城乡居民最低生活保障年标准达到1万元以上。建设筹集保障性租赁住房17.4万套，建成棚改安置住房10.8万套。新改扩建农村普惠性幼儿园113所、新增学位3.75万个，新改扩建中小学116所、新增学位15万个；落地实施"双减"政策，义务教育学校全部开展课后服务。国家传染病医学中心正式落地，国家儿童区域医疗中心挂牌运行；率先实施全省域医学检查检验结果互认共享改革，有效减轻了群众就医负担。"一老一小"服务稳步提升，新增乡镇（街道）居家养老服务中心365家、3岁以下婴幼儿普惠托位1.66万个。

文化体育建设扎实推进。全域打响"浙江有礼"品牌，全国道德模范评选表彰人数居各省（区、市）首位。深刻吸取教训，强力实施文物安全大排查大整治大提升攻坚行动。加快建设国家版本馆杭州分馆等文化地标，启动实施宋韵文化传世工程，成功举办仙都黄帝祭祀大典。新增中国重要农业文化遗产2项，累计数量居全国第1。之江文化产业带加快建设，旅游业"微改造、精提升"全面推进。扎实推进杭州亚运会、亚残运会筹备工作，场馆建设基本完成。我省体育健儿在东京奥运会、全运会等重大赛事再创佳绩，东京奥运会金牌数位列全国第1。

平安建设持续深化。加强常态化疫情防控，累计接种新冠疫苗1.42亿剂次，打好疫情防控遭遇战攻坚战。有效防控重点领域金融风险，不良贷款率处于全国较低水平。强力推进重点领域"遏重大"攻坚战，生产安全事故起数和死亡人数分别下降12.9%、11.2%。加强防汛抗台工作，有效防御"烟花""灿都"台风。高质量完成建党100周年安保维稳任务。深入开展社会矛盾纠纷清源专项行动，全省诉求类信访量下降27.5%。常态化推进扫黑除恶斗争，持续打击电信网络诈骗犯罪、立案数下降31.3%。

支持国防和军队现代化建设，双拥共建扎实推进。民族宗教、审计、统计、广电、外事侨务、人防海防、史志档案、气象地震、援藏援疆援青和东西部协作等工作取得新成效，工会、妇女儿童、青少年、老龄、慈善、残疾人等事业取得新进步。

一年来，我们坚决贯彻全面从严治党要求，扎实开展党史学习教育，狠抓政府自身建设，努力打造整体智治、唯实惟先的现代政府。依法接受人大监督，自觉接受政协民主监督，认真办理人大代表建议和政协委员提案。持续加强作风建设，严格落实中央八项规定精神，坚决整治形式主义、官僚主义，基层负担有效减轻。

各位代表，"十四五"的良好开局来之不易。这是以习近平同志为核心的党中央坚强领导的结果，是习近平新时代中国特色社会主义思想科学指引的结果，是省委带领全省人民奋力拼搏的结果。在此，我代表省人民政府向全省人民，向人大代表、政协委员、各民主党派、各人民团体和各界人士，向中央驻浙单位、驻浙人民解放军、武警部队、公安干警、消防救援队伍，向关心支持浙江发展的港澳同胞、台湾同胞、广大侨胞和海内外朋友们，表示衷心的感谢！

我们也清醒地看到，前进道路上还有不少困难和挑战。需求收缩、供给冲击、预期转弱三重压力在我省不同程度显现，经济发展面临很多不确定性，产业链供应链面临重构重塑，企业面临"缺芯""缺柜""缺工"和原材料价格上涨等问题；产业结构、经济结构与绿色低碳发展的要求还有差距；经济、金融、安全生产等领域仍有不少风险隐患，疫情防控形势严峻复杂；民生领域还有不少短板；一些政府工作人员的服务意识和工作能力还需要进一步增强。我们一定高度重视这些问题，采取更加有力措施认真加以解决。

二、2022年目标任务和重点工作

2022年工作的总体要求是：坚持以习近平新时代中国特色社会主义思想为指导，认真贯彻党的十九大和十九届历次全会、中央经济工作会议精神，忠诚拥护"两个确立"、坚决做到"两个维护"，坚持稳中求进工作总基调，完整准确全面贯彻新发展理念，加快构建新发展格局，忠实践行"八八战略"、奋力打造"重要窗口"，坚持以供给侧结构性改革为主线，统筹疫情防控和经济社会发展，统筹发展和安全，扎实做好"六稳""六保"工作，稳进提质、除险保安、塑造变革，确保经济运行在合理区间，确保社会大局稳定，推动高质量发展建设共同富裕示范区取得突破性进展、标志性成果，努力在新的赶考之路上为全国大局作出新的更大贡献，以优异成绩迎接党的二十大胜利召开。

建议主要预期目标为：生产总值增长6%左右，研发投入强度达到3%，一般公共预算收入、城乡居民收入与经济增长基本同步；城乡居民收入倍差持续缩小；居民消费价格指数涨幅3%左右；城镇新增就业100万人，调查失业率控制在5.5%以内；完成国家下达的能源和环境指标计划目标。

在具体工作中，必须始终坚持以高质量发展建设共同富裕示范区为总牵引，用好"金字招牌"，扛起政治责任，通过共同奋斗把"蛋糕"做大做好，通过制度安排把"蛋糕"切好分好；按照"每年有新突破、5年有大进展、15年基本建成"的安排压茬推进，努力在推动高质量发展、缩小三大差距、推动公共服务优质共享、打造精神文明高地、建设共同富裕现代化基本单元等方面形成阶段性成果，蹄疾步稳向共同富裕美好社会目标迈进。必须牢牢把握稳进提质、除险保安、塑造变革的要求，实施扩大有效投资、减负强企、科技创新、稳外贸稳外资促消费、民生保障"五大政策包"和财政、资源、金融、能源"四张要素清单"，推动经济实现质的稳步提升和量的合理增长；坚持底线思维、发扬斗争精神，打好防范抵御风险的有准备之战和化险为夷、转危为机的战略主动战，保持社会大局平安稳定；充分发挥数字化改革牵引撬动作用，主动作为、积极变革，推动体制机制实现系统重塑。必须切实增强"没有走在前列也是一种风险"的忧患意识，蹄厉奋发、笃行不息，不断开辟干在实处、走在前列、勇立潮头的新境界；以开局就是决战、起步就要冲刺的奋进姿态，全力以赴抢时间、抓进度、快推进，确保一季度开门稳、开门好，奋力夺取全年经济社会发展的高分报表。

（一）千方百计惠企助企，充分激发市场主体活力

以"真金白银"换市场主体轻装上阵、专注前行。全面落实减税降费政策，积极争取国家更大政策支持，最大限度挖掘省内降本空间，按照"第一时间+顶格优惠"原则，推动各项政策直达快享、及早发力，力争为市场主体减负3000亿元。进一步清理规范行政审批中介、港口航运中介、行业协会商会、供水供电供气等领域涉企收费，引导平台企业降低过高收费。开展大宗原材料价格日常巡查，依法查处串通涨价、哄抬价格等行为，有效减轻企业成本压力。

为市场主体注入更多金融活水。实施金融支持激发市场主体活力的政策，保障资金供给有效匹配、合理充裕。深入推进小微企业信贷"增氧计划"和金融服务"滴灌工程"，拓展政府性融资担保覆盖面，扩大首贷、信用贷、无还本续贷、中长期贷款规模，提升企业融资可获得性和便利度。积极引导金融系统向市场主体合理让利，确保企业综合融资成本稳中有降。

打造一流营商环境。深入开展优化营商环境行动，推进杭州营商环境创新试点城市建设，确保全省营商环境水平持续走在全国前列。全面推进极简审批许可、便利开办登记，加快实现商事主体登记"零干预、零材料、零费用、零跑动"，优化注销服务，建立歇业制度，畅通企业退出渠道。继续清理政府采购、招投标中的不合理限制，政府采购项目预留给中小企业的比例提高10个百分点。强化市场主体全过程公正监管，全链条构建知识产权大保护格局，加强平台企业合规治理，维护公平竞争环境。积极构建亲清政商关

系，依法保护民营企业合法权益，推进温州新时代"两个健康"先行区建设，大力弘扬新时代企业家精神，让企业家潜心强创新、安心搞经营、放心办企业。

（二）千方百计扩大有效投资、激活居民消费，增强内生动力和发展后劲

突出抓好重大项目建设。以重大项目建设为抓手，实施优结构、扩投资"1+9"行动，扩大有效投资，优化投资结构，提高投资效益，实现有效投资增长6%左右。实施一批重大产业项目，以"万亩千亿"、开发区（园区）等重点产业平台为支撑，围绕"415"产业集群和网络通信、智能装备、生物医药、新材料等标志性产业链，统筹招大引强和激活内资，实现制造业投资增长10%，其中高新技术产业投资增长12%以上。实施一批重大基础设施项目，按照适度超前布局的要求，聚焦交通、能源、水利、防灾减灾、新基建等领域，滚动做好项目储备，加快推进在建工程，确保湖杭铁路、杭州机场轨道快线等项目建成通车，推动宁波舟山储运基地主体工程项目、通苏嘉甬铁路、甬舟铁路、嘉兴机场、甬金衢上高速、常山江航电枢纽等项目开工，攻坚突破杭州中环、杭绍甬高速、甬台温高速改扩建、六横公路大桥、沪苏湖铁路、三门核电二期、浙江LNG三期等重大项目，实现基础设施投资增长5.5%左右。实施一批重大城市建设改造项目，积极推进城镇老旧小区改造、燃气管道更新、城市内涝治理，提升城市功能。实施一批重大民生项目，加大教育、医疗卫生、文化体育、保障性住房等领域项目推进力度。推进资源要素向重大项目集中，用足用好政府专项债，力争可用专项债资金增长20%以上、覆盖省以上重大项目，积极争取更多项目纳入国家土地保障重大项目清单和国家重大项目能耗单列。建立省主导的跨区域跨流域跨周期重大项目实施机制，完善投资赛马、项目晾晒机制，确保项目早落地早开工、早达产早见效。

多措并举激活居民消费。实施提升传统消费、扩大新型消费政策，实现社会消费品零售总额增长6%左右。大力培育消费新热点，促进新能源汽车消费，开展绿色智能家电下乡和以旧换新，积极发展夜间经济，促进旅游市场恢复。培育壮大文化体育服务、休闲旅游、健康养生等生活性服务业，增加高品质服务供给。加大社区商业设施配套、步行街改造、智慧商圈建设的政策支持力度，完善城乡一体化智慧物流体系，打击假冒伪劣，打造高品质消费环境。

（三）千方百计稳外贸稳外资，推动高水平对外开放

推动外贸外资平稳发展。抓住RCEP实施重大机遇，引导企业用好零关税等规则，落实好出口退税、出口信贷等政策，推行跨境电商、海外仓等新业态，确保出口占全国份额基本稳定。今年省级稳外贸资金增长14%，扩大小微企业出口信保覆盖面，政府统保平台费率整体水平下降10%以上。积极扩大先进技术设备、关键零部件、紧缺资源进口。全面优化外商投资服务，力争实际使用外资180亿美元，更好发挥外资在科技创新和产业转型升级中的重要作用。

高标准建设自由贸易试验区。强化四个片区联动发展，坚持制度创新和项目建设双管齐下，推动舟山片区做强油气全产业链、建设大宗商品资源配置高地，推动宁波片区锻造世界一流强港硬核力量、建设先进制造业集聚区，推动杭州片区建设数字贸易示范区、国际金融科技中心、数字物流先行区，推动金义片区打造高水

平世界小商品之都，加快形成自贸试验区高质量发展标志性成果。

深度参与共建"一带一路"。支持中国—中东欧国家经贸合作示范区创新发展，实施"丝路领航"三年行动计划，优化境外经贸合作区布局，加强国际产业合作园建设，加快构建涉外法治工作体系，强化境外项目风险防控，提升"义新欧"中欧班列市场竞争力，争创长三角中欧班列集结中心，为服务"双循环"新发展格局提供有力支撑。

（四）着力强化创新驱动，加快打造全球先进制造业基地

大力推进科技创新。聚焦三大科创高地建设，实施重大科研平台设施建设千亿工程，省级用于科技创新领域的资金增长40%。推动杭州城西科创大走廊打造综合性科学中心，加快推进甬江、环大罗山、G60（浙江段）等科创走廊建设，完成10大省实验室建设布局，提升中科院医学所平台能级。加强关键核心和基础共性技术攻关，组织开展"尖峰、尖兵、领雁、领航"攻关项目400项以上。落实好研发费用加计扣除等政策，推动企业加大创新投入，新增创新型领军企业10家、高新技术企业4000家、科技型中小企业8000家。支持龙头企业与高校院所共建研发机构，新组建创新联合体5个，新创建国家技术创新中心1家，完成10大省技术创新中心布局。深入实施"鲲鹏行动""高层次人才特殊支持计划"等人才工程，新增领军型创新创业团队25个，完善人才培养使用、评价激励机制。

加快提升制造业核心竞争力。重塑制造业高质量发展政策体系，省级整合存量资金99亿元、新增20亿元，集中力量推进新一轮制造业"腾笼换鸟、凤凰涅槃"攻坚行动，力争规上工业增加值增长6%以上。强化龙头企业引领带动，深入实施"凤凰""雄鹰""雏鹰""放水养鱼"和单项冠军培育行动，力争新增上市公司70家，培育雄鹰企业10家、专精特新"小巨人"企业100家、单项冠军企业20家。强化链条式培育，推进创新链产业链融合发展，实施强链补链固链项目60项以上。强化集群式发展，培育"新星"产业群20个左右，积极创建国家战略性新兴产业集群。用好国家增值税留抵退税政策，重点支持企业技术改造，实现技改投资增长10%以上。强化先进制造业与现代服务业融合发展，做优科技服务、现代物流、创意设计等生产性服务业，助推制造业向价值链高端攀升。推进建筑业高质量发展。

全力推动数字经济积厚成势。深化数字经济"一号工程"，做大做强数字安防、集成电路、智能计算和智能光伏等产业，推进类脑智能、量子信息等未来产业发展，力争数字经济核心产业增加值增长12%。大力推进传统制造业数字化改造，新增"未来工厂"15家、智能工厂150家。办好首届全球数字贸易博览会，加快打造全球数字贸易中心。

（五）着力深化数字化改革，持续增创体制机制新优势

迭代升级数字化改革。优化数字化改革体系架构，全面推进跨部门跨层级跨领域的业务流程优化、制度重塑、系统重构。完善一体化智能化公共数据平台，建成功能强大、支撑有力的数字资源系统。围绕党建统领、数字政府、数字经济、数字社会、数字法治和基层治理等系统，加快打造一批管用实用好用的重大应用。加大个人信息保护力度，确保数据安全。

扎实推进"扩中""提低"改革。加快构建"全面覆盖+精准画像"基础数据库，精准识别和摸清扩中提低重点对象底数。积极探索扩中提低的实现路径，加快健全普惠性人力资本投入机制，全面拓宽居民增收渠道，创新完善分配调节机制，健全困难群体帮扶机制。聚焦高校毕业生、技术工人、中小企业主和个体工商户、进城农民工等扩中重点群体，低收入农户、困难群体等提低重点群体，探索制定针对性增收激励政策，进一步激发增收积极性主动性。

深化重点领域改革。推进要素市场化配置改革，深入开展亩均效益领跑者行动，推动高耗低效企业转型升级，力争规上工业亩均税收增长8%。深化国土空间治理改革，科学统筹划定永久基本农田、生态保护红线、城镇开发边界，建设省域空间治理数字化平台，盘活存量建设用地15万亩，推进城镇低效用地再开发5万亩。推动以集体经济为核心的强村富民乡村集成改革。完成国企改革三年行动，优化布局、调整结构，推动国有企业承担好责任、发挥好功能、发展好企业。

（六）着力推进区域城乡协调发展，进一步缩小区域城乡差距

纵深推进长三角一体化。全力抓好协同事项落实，共建长三角生态绿色一体化发展示范区，推进虹桥国际开放枢纽南向拓展带建设，做深做实长三角产业合作区，推动数字长三角、科创产业共同体、世界级港口群等关键领域一体化合作取得新成果。

久久为功推进"四大"建设。编制实施杭州湾产业带高质量发展规划，加快建设大湾区十大标志性工程，接续实施一批产业、科技、生态等支撑性项目。擦亮全域美丽大花园金名片，深入开展"人人成园丁、处处成花园"活动，进一步做亮"耀眼明珠"。提速推进大通道建设，加快建设义甬舟开放大通道，提升综合交通枢纽功能，完善综合交通网络，新增铁路与轨道交通里程260公里。加快提升大都市区能级，唱好杭州、宁波"双城记"，支持温州增强城市综合竞争力，推动金义聚合同城化发展。

深入推进城乡融合发展。健全城乡一体、部门协同的城乡规划建设和风貌管控体制机制，扎实推进城市有机更新，深化"千万工程"，强化城乡风貌整治提升，联动推进未来社区和未来乡村建设，加强历史文化村落保护，新建成50个城市风貌样板区、30个县域风貌样板区、40个未来社区、200个未来乡村。深入推进"四好农村路"建设。有序推进农业转移人口市民化，推动实施常住地提供基本公共服务制度。

加快推进农业现代化。落实最严格的耕地保护制度，科学编制实施耕地恢复补充方案，坚决遏制耕地"非农化"、防止耕地"非粮化"，加强高标准农田建设，推行"田长制"，毫不放松抓好粮食生产和重要农产品生产供给，确保粮食播种面积1510万亩。积极推进农业标准地改革。加大科技强农、机械强农推进力度，省财政支持资金增长86%，振兴现代种业，加快补齐农机短板，完善农业社会化服务体系，全面促进农业提质增效。

大力推进海洋强省建设。加快建设甬舟温台临港产业带，积极发展海洋装备制造、海洋生物医药等产业，推动炼化一体化和下游新材料项目建设，建好国家级绿色石化产业基地，促进海洋渔业转型提升。支持建设海洋中心城市。加快宁波舟山港世界一流强港建设，完善港口集疏运体系，提高海铁、公铁、江海等多式联运发展水平。

推动山区26县跨越式高质量发展。坚持分类施策、一县一策，完善省域统筹机制和激励奖补政策，省财政新增安排专项资金，支持26县生态工业重点项目。支持浙西南革命老区建设。深入实施山海协作工程，提升"产业飞地""科创飞地"建设水平，推进山海协作产业项目300个、投资400亿元以上，增强山区内生发展动力。

（七）着力推动绿色低碳发展，让绿色成为浙江发展最动人的色彩

大力推行绿色低碳生产生活方式。坚持先立后破、通盘谋划，科学有序推进碳达峰碳中和，落实好新增可再生能源和原料用能不纳入能源消费总量控制的政策，坚决遏制"两高"项目盲目发展，坚决避免"一刀切"、运动式"减碳"。狠抓百个千亿清洁能源项目建设，启动700万千瓦清洁火电、100万千瓦新型储能项目开工建设，新增风光电装机400万千瓦以上，积极推进抽水蓄能电站建设。强化能源运行调度，确保能源安全保供。实施全面节约战略，推进资源节约集约循环利用，倡导简约适度、绿色低碳的生活方式。

巩固提升环境质量。深入推进清新空气行动，确保设区城市$PM_{2.5}$平均浓度低于每立方米26微克，空气质量优良天数比率高于92%。深化"五水共治"碧水行动，持续推进"污水零直排区"建设，全省地表水优良水质断面比例达到94%以上。加强土壤污染治理，污染地块安全利用率达到94%以上。深化全域"无废城市"建设，推进塑料污染治理，加强垃圾分类和资源化利用。

加强生态修复和保护。积极参与长江经济带共抓大保护。落实八大水系全面禁渔期制度，实施美丽海湾保护与建设行动，扎实开展废弃矿山生态修复。大力支持钱江源—百山祖创建国家公园。加强珍稀濒危物种抢救保护和外来物种入侵治理，全面提升生物多样性保护水平。

（八）着力统筹发展和安全，有效防范化解各种风险挑战

慎终如始抓好疫情防控。全面落实常态化疫情防控各项措施，加强疫苗接种，扎实做好外防输入、内防反弹工作。强化平战结合，完善疫情防控六大机制，做到快检测、快流调、快编组、快转运、快隔离，不断提升疫情防控能力水平，坚决打赢疫情防控总体战遭遇战歼灭战。

全力防范经济金融风险。持续防范化解企业债务风险，有序处置私募投资基金等风险点，严厉打击非法集资等非法金融活动，依法稳妥处置房地产领域风险，稳步化解地方政府隐性债务风险。支持和引导资本规范健康发展，坚决防止资本无序扩张。

全面加强安全生产。深化"遏重大"攻坚战，聚焦道路运输、涉海涉渔、消防、危险化学品、建设施工、工矿、旅游和城市运行等重点领域，全面排查整治风险隐患，确保较大以上事故起数和伤亡人数"双下降"。深入推进台风、洪涝防治，加强地质灾害治理。完善食品药品安全风险监测预警机制，加强"阳光厨房"和城乡放心农贸市场建设，提升食品药品安全保障水平。

营造安定祥和的社会环境。坚持和发展新时代"枫桥经验"，加强基层治理"一中心四平台一网格"建设，完善基层矛盾纠纷调处化解机制。深入实施网络安全整体能力提升行动，推动线上线下一体化治理。扎实做好党的二十大、亚运会等重大活动安保维稳工作。加强社会治安防控体系建设，常态化推进扫黑除恶斗争，严厉打击电信网络诈骗、跨境赌博等违法犯罪，持续提升人民群众安全感。

（九）着力办好杭州亚运会、亚残运会，向世界奉献一届中国特色、浙江风采、杭州韵味、精彩纷呈的体育文化盛会

打造一流赛事环境。办好杭州亚运会是习近平总书记交给浙江的光荣任务，要举全省之力，强化全省域参与，加强杭州和宁波、温州、金华、绍兴、湖州等协办城市的密切协作，完善工作保

障体系，凝聚起共襄盛举的强大力量。树立绿色理念和精品意识，高标准推进亚运场馆、亚运村的建设、管理和运营。全力做好比赛项目筹办、疫情防控、安全保卫等各项工作，确保办得精细、精准、精致、精彩、经典。

营造全民参与氛围。大力倡导"人人都是东道主"理念，精心组织开展宣传推介，积极开展"迎亚运讲文明树新风"志愿服务，掀起全民迎接亚运、参与亚运的热潮。加快体育强省建设，大力推进全民健身，全力做好我省运动员参加亚运会的训练备战工作，办好第十七届省运会。

全面提升城市品质。加强城市基础设施建设，推进环境综合整治，强化城市精细化智慧化治理，塑造城市文明新形象。加强市场运作，放大亚运效应，繁荣文化体育事业，发展商贸旅游产业，实现社会效益、经济效益最大化。

（十）着力保障和改善民生，让人民群众在迈向共同富裕中有更多实实在在的获得感

进一步加强就业和社会保障。强化就业优先政策，完善高校毕业生、退役军人和农民工等重点群体就业支持体系，实现零就业家庭动态清零。扎实做好企业职工基本养老保险全国统筹实施工作，推动新型就业形态从业人员参保缴费，促进养老保险基金长期平衡。完善大病、慢性病医疗保险制度，全面推进商业补充医疗保险，扩大长期护理保险试点。加快构建新型慈善体系。促进残疾人事业发展。大力发展保障性住房，支持商品房市场更好满足购房者的合理住房需求，因城施策促进房地产业良性循环和健康发展。加强困难群体救助，实现困难群众应保尽保，城乡居民最低生活保障年标准达到1.1万元以上，集中供养孤儿最低养育年标准达到2.1万元，确保共同富裕道路上一个都不掉队。

加快推进教育现代化。大力推动普惠性幼儿园和农村幼儿园扩容，补齐学前教育短板。加强基础教育资源优质均衡供给，平稳有序推进民办义务教育规范发展，巩固扩大"双减"成果，提升教学质量和课后服务水平。采取更加有力措施降低青少年近视率。实施技工教育提质增量行动，深化中高职一体化人才培养改革，稳步发展职业本科教育。加快高等教育发展，推进新一轮学科建设计划，提高高校办学水平。

深入实施健康浙江行动。超常规推进"医学高峰"建设，争创国家区域医疗中心和国家区域中医中心，推进国家中医药综合改革示范区建设，深化县域医共体和城市医联体建设，推动优质医疗资源均衡布局。全面推行"健康大脑+智慧医疗"应用，使全省域都能享有便捷化、智能化、有温度的卫生健康服务。

营造育儿友好环境。实施三孩生育政策及配套支持措施。全面取消社会抚养费，建立生育全流程服务体系，健全危重孕产妇和新生儿应急救治制度，完善生育保险政策。优化生育休假制度，保障劳动者依法享受生育相关假期及其福利待遇。大力发展普惠性托育服务，支持幼儿园开展托幼一体化服务，加强未成年人保护，积极建设育儿友好型社会。

加快构建幸福养老服务体系。实施"养老机构跟着老人走"行动计划，支持专业性养老服务机构建设，创新家庭养老支持政策，加强家庭适老化改造，完善社区居家养老服务网络，全面建立空巢、留守、失能、重残、失独老人为主要对象的居家社区探访关爱制度。积极推进康养联合体建设，探索设立家庭照护床位，加强养老护理教育培训。丰富老年人精神文化生活，积极建设老年友好型社会。

加强新时代文化建设。牢固树立保护文物也是政绩的科学理念，深化文物安全大排查大整治，全面提高文物安全协同监管能力。加快浙江文化标识建设，系统开展宋韵文化研究传承和南宋文化品牌塑造。深化文艺精品创优工程，全面繁荣发展新闻出版、广播影视、哲学社会科学。举办亚洲之光国际艺术节。深化百城万村文化惠民工程，提升农村文化礼堂运营管理水平。深入推进之江文化产业带大项目建设，高标准建设数字音乐、数字出版、短视频产业基地。深化文旅融合，加快大运河国家文化公园、四条诗路文化带建设。深化"浙江有礼""最美浙江人"品牌培育，加强家庭家教家风建设，深入推进全民阅读，不断提升全民文明素养。

支持驻浙部队建设，加强军人军属、退役军人和其他优抚对象优待工作，推进军民融合，巩固军政军民团结。

各位代表，为民办实事是高质量发展建设共同富裕示范区的重要内容。我们认真对照共同富裕示范区实施方案，着眼解决群众"急难愁盼"，坚持系统谋划，坚持群众普遍有感，坚持能快则快、能早则早、能多则多，用心用情用力办好民生实事。

1.新增150个乡镇（街道）建有托育机构；新增托位5万个，其中新增普惠托位3万个；新改扩建公办幼儿园100所，新增公办幼儿学位2万个。

2.新改扩建公办中小学100所，新增义务教育公办学位8万个；支援山区26县和6个海岛县组建跨地区教共体结对学校500所。

3.开展职业技能培训150万人次以上，新增技能人才40万名，其中新增高技能人才20万人。

4.建设国家临床重点专科项目10个；新增县级公立三级医院床

位5000张，新改扩建规范化村卫生室（社区卫生服务站）500个；支持山区26县和6个海岛县全面建立标准化胸痛、卒中、创伤三大救治中心和检验、影像、病理三大共享中心，建设128个以上临床专科，新增院前急救服务站40家。

5.新增认知障碍照护专区床位6000张，新增持证养老护理员6000人，每个县（市、区）至少建成1家智慧公办养老院，所有乡镇（街道）居家养老服务中心配备无感服务智能终端。长期护理保险参保人员达到1500万人。

6.建设筹集保障性租赁住房30万套，开工改造城镇老旧小区不少于600个、7500栋。

7.提升建设规范化儿童康复机构50家，提升建设规范化残疾人之家200家，完成重要公共服务场所无障碍改造1000个。

8.完成全省520公里国省道起伏不平等病害点段、100座桥头整治，完成全省460公里城市道路起伏不平等病害点段、260座"桥头跳车"城市桥梁整治；11个设区市城区新增停车位10万个，新改建农村公路1600公里。

9.新开工提标加固海塘240公里，完成病险水库除险加固200座、山塘整治450座，提升改造农业灌溉泵站机埠、堰坝水闸1500座，改造农村供水管网2800公里，完成中小河流综合治理500公里。

10.建成"15分钟品质文化生活圈"8000个，新增城市书房200家、文化驿站100家、乡村博物馆400家，新建农村文化礼堂600个。

以上民生实事，我们将定点定时、定标定责，细化目标任务、压实工作责任、实时公布进度、接受群众监督，表格式压茬推进，清单化攻坚突破，确保每一件民生实事都做实做细做好，确保言必信、行必果，让全省人民早受益、多受益、更有获得感。

三、切实加强政府自身建设

面对新时代新使命，我们要全面贯彻习近平新时代中国特色社会主义思想，深入贯彻习近平总书记重要指示批示精神，把高站位和实干事结合起来，巩固拓展党史学习教育成果，坚定不移做"两个确立"忠诚拥护者、"两个维护"示范引领者，坚决扛起守好"红色根脉"、打造"重要窗口"、高质量发展建设共同富裕示范区的政治责任，坚决做到"总书记有号令、中央有部署，浙江见行动"，坚决做到紧跟总书记、奋进新征程。

坚持改革进取，建设创新政府。全面加强学习，深化调查研究，增强工作本领，不断提高政府工作人员素质和专业化水平。坚定不移吃改革饭、打创新牌，强化整体智治、唯实惟先，勇当标杆、敢为闯将，以数字化改革引领变革性组织建设，系统重塑机制、工具、手段和方法，创造性推动工作质效提升。

坚持担当作为，建设实干政府。牢记习近平总书记"抓而不实，等于白抓"的谆谆教诲，知责于心、担责于身、履责于行，把全部心思用在干事创业上，把全部精力用在办实事求实效上。大兴真抓实干之风、攻坚克难之风，以踏石留印、抓铁有痕劲头狠抓落实，事不避难、一抓到底，说一件、干一件、成一件。

坚持依法履职，建设法治政府。深入践行习近平法治思想，忠实履行宪法法律赋予的职责，自觉运用法治思维和法治方式推动工作，把政府工作全面纳入法治轨道。积极推进重点领域政府立法，严格落实重大行政决策程序制度。依法接受人大监督，自觉接受政协民主监督，主动接受监察监督、司法监督、群众监督、舆论监督，加强审计监督、统计监督，让权力在阳光下运行。

坚持为民清廉，建设服务政府。坚决落实以人民为中心的发展思想，用心把握群众的脉搏，用情找到解决问题的办法，用力把事情做实做好，以看得见的变化回应群众期盼。坚持党政机关过"紧日子"，严格控制和压减一般性支出。严格履行全面从严治党主体责任，严格落实中央八项规定精神，坚决反对形式主义、官僚主义，营造风清气正的良好政治生态。

各位代表！使命催人奋进，实干成就未来。让我们更加紧密地团结在以习近平同志为核心的党中央周围，在中共浙江省委的坚强领导下，忠实践行"八八战略"、奋力打造"重要窗口"，争创社会主义现代化先行省，高质量发展建设共同富裕示范区，以优异成绩迎接党的二十大和省第十五次党代会胜利召开！

安 徽 省
政府工作报告

——2022年1月17日在安徽省第十三届
人民代表大会第五次会议上

省长 王清宪

各位代表：

现在，我代表省人民政府，向大会报告政府工作，请予审议，并请省政协各位委员提出意见。

一、2021年工作回顾

2021年是党和国家历史上具有里程碑意义的一年。全省人民昂扬奋进，隆重庆祝中国共产党成立100周年，全面建成小康社会，踏上了向第二个百年奋斗目标进军的新征程。我们坚持以习近平新时代中国特色社会主义思想为指导，认真学习贯彻党的十九大和十九届历次全会精神，深入贯彻习近平总书记对安徽作出的系列重要讲话指示批示，全面落实党中央、国务院各项决策部署及省委工作要求，统筹疫情防控和经济社会发展，攻坚克难，团结奋斗，加快打造具有重要影响力的"三地一区"，实现了"十四五"良好开局。

——经济实力跃上新台阶。预计全省生产总值增长8.3%，总量突破4万亿元，人均生产总值突破1万美元，跨上一个标志性台阶。

——畅通经济循环展现新作为。固定资产投资增长9.4%，制造业投资占比提高1.3个百分点。社会消费品零售总额突破2万亿元，进出口总额突破1000亿美元，增速居长三角地区第1位。安庆—九江高铁建成运营，连接安徽与粤港澳大湾区的高铁干线顺利贯通。合肥国际航空货运集散中心、合肥陆港型国家物流枢纽、芜湖专业航空货运枢纽港加快建设，我省服务和融入新发展格局的优势日益显现。

——科技创新结出新成果。国家实验室全面投入运行，"九章二号""祖冲之二号"实现量子计算新突破。合肥先进光源、量子空地一体精密测量等大科学装置列入国家规划。3位科学家当选两院院士，12项科技成果获国家科学技术奖，8项制造业揭榜攻关项目打破国外垄断。每万人口发明专利拥有量19.9件，吸纳技术合同成交额增长92.3%。

——产业结构调整取得新进展。粮食产量817.5亿斤，创历史新高。规模以上工业增加值增长8.9%，战略性新兴产业产值增长28.8%，高新技术产业增加值增长15.5%。玻璃新材料、智能语音国家制造业创新中心获批建设。高新技术企业突破1.1万家，新培育国家级专精特新"小巨人"企业149家、居全国前列。第三产业增加值增长8.7%，研发设计、信息技术、文化创意等现代服务业增势强劲。

——生态环境质量得到新改善。全省PM$_{2.5}$平均浓度34.9微克/

立方米，优良天数比例84.6%，国考断面水质优良比例83.5%，均创有监测记录以来最好水平。重点流域生物多样性加快恢复，长江再现野生江豚群嬉的自然景观。

——人民生活水平有了新提升。城镇常住居民人均可支配收入增长9%，农村常住居民人均可支配收入增长10.5%，城乡居民收入比进一步缩小。城镇新增就业70.9万人，城镇调查失业率控制在年度目标以内。各项社会事业进一步加强，社会治理体系持续完善，人民群众的获得感越来越充实。

一年来，主要做了以下工作。

一是坚持稳中求进，强化政策落实，推动经济持续恢复向好。全面落实"六稳""六保"工作要求，出台促进经济平稳健康发展"30条"等系列政策举措，下达各类直达资金1254亿元，努力以政策有效实施对冲经济下行压力。把保市场主体摆在突出位置，积极化解大宗商品价格上涨、能源供应偏紧等突出问题，新增减税降费超300亿元，推行"免申即享"方式拨付稳岗奖补资金4.6亿元、惠及企业21.6万户，普惠小微企业贷款增长21.8%。把扩大有效投资贯穿到经济工作全链条，组织9批2101个重大项目集中开工，全年新开工亿元以上重点项目3695个、竣工2084个。合肥新桥机场改扩建、淮北—宿州—蚌埠城际铁路、G3铜陵长江公铁大桥等工程开工建设。芜宣机场通航，高速公路实现县县通，天然气宣城—黄山干线建成投运。江淮大数据中心建成运行，5G网络实现县城以上主城区全覆盖。全面开拓消费需求，积极开展"皖美消费·乐享江淮"系列活动，限额以上网上商品零售额增长32.9%，新能源汽车销售增长4.1倍，智能家电销售增长52.3%，国内旅游收入增长32.1%。经济运行稳中加固、稳中有进，展现出强大韧性和活力。

二是坚持创新驱动，强化项目引领，加快科创与产业融合发展。科技创新攻坚力量体系建设全面展开，合肥综合性国家科学中心能级实现新提升。重大科技基础设施建设步伐加快，能源、人工智能、大健康研究院组建运行，新认定省新型研发机构38家。合芜蚌国家科技成果转移转化示范区获批建设，安徽科技大市场挂牌运行。深化科技体制改革，揭榜11项国家新一轮全面创新改革任务、居各试点省市首位。推出新阶段高质量发展人才"30条"等政策，引进扶持高层次科技人才团队47个。江淮—大众战略合作项目加快推进，新桥智能电动汽车产业园、蜂巢新能源动力电池等一批重大项目开工建设，晶合一期、安芯功率器件芯片等项目竣工投产。制造业数字化、网络化、智能化加快发展，培育重点工业互联网平台53家，全省首家工业互联网综合服务平台"羚羊"上线运行，新增"皖企登云"企业7300家。

大力开展招商引资、招才引智，把"双招双引"作为经济工作"第一战场"，坚持"顶格倾听、顶格协调、顶格推进"，在更大市场空间汇聚资源。建立十大新兴产业省级专班推进机制，逐一编制"双招双引"路线图、施工图。坚持市县为主、省级赋能，建成省市县三级贯通的"投资安徽"调度平台。强化平台招商、产业链招商、基金招商，新组建行业商协会222家。省政府及各部门顶格推进"双招双引"和项目建设，全省十大新兴产业签约项目2123个、开工1614个。

三是坚持城乡统筹，强化产业带动，推进乡村全面振兴。保持帮扶政策总体稳定，着力防范化解返贫致贫风险，脱贫攻坚成果得到巩固和拓展。粮食等重要农产品稳产保供能力进一步提升，生猪存栏恢复到2017年底水平。种业强省建设取得明显成效，水稻种子出口量居全国第1位。10个千亿级绿色食品全产业链启动建设，新创建长三角绿色农产品生产加工供应基地140个，新增国家级龙头企业21家。乡村建设行动扎实推进，完成农村改厕40万户，农村生活垃圾无害化处理率达75%，提质改造农村公路4489公里，行政村快递服务覆盖率达97.8%。农村改革持续深化，实施"三变"改革的村占比提高到72%，集体经济强村占比提高到12%。

四是坚持改革开放，强化市场导向，持续增强发展动力活力。扎实推进长三角一体化发展，等高对接沪苏浙体制机制和营商环境，对标学习并推出改革创新政策和举措548项。与虹桥国际开放枢纽实现联通链接，长三角绿色农产品展示交易服务中心、芜马江海联运枢纽建设加快推进。实施科技创新联合攻关项目19项，组建长三角人工智能产业链联盟。120项服务事项实现长三角"一网通办"。打造链接东中部市场合作平台，发起组建中部地区国际商会联盟。为增强皖北等长三角欠发达区域高质量发展动能，国家长三角办联合我省举办推进大会，我们同时召开皖北地区高质量发展大会，沪苏浙结对帮扶皖北城市机制建立运行，中央财政专项支持等政策相继落地。

开放型经济发展水平进一步提高。全面实施自贸试验区专项推进行动计划，出台自贸试验区特别清单，推出制度创新成果44项，首批6个联动创新区启动建设，新增注册企业12842家、签约入驻项目795个。对"一带一路"沿线国家和地区进出口增长45.9%。外商直接投资增长20%以上。合肥中欧班列开行668列。跨境电商交易额增长40%以上。安庆综保区通过验收，亳州国家加工贸易产业园获批建设。高水平举办世界制造业大会、首届中国（安徽）科交会、"天下徽商"圆桌会、世界显示产业大会、国际新材料产业大会，国际化展会平台和市场化展会机制加快构建。

纵深推进重点领域改革，进一步激发市场主体活力。"放管服"改革持续深化，省级权力事项再精简20%以上，"证照分离"改革实现全覆盖。零基预算改革实质性推开。"亩均论英雄"改革启动实施，"标准地"改革全面推开，省级政府建设用地审批权委托下放。国企改革三年行动扎实推进，国有资产资本化证券化步伐加快，省生态环境产业集团和省通航公司组建。低空空域管理改革试点获批实施。编制周转池制度向教育、卫生等领域深度拓展。出台支持民营经济高质量发展"25条"，新增各类市场主体113.6万户、增长8.5%。发展多层次资本市场是去年的重要发力点，我们制定实施行动方案，开展万家企业资本市场业务培训，新增境内上市企业23家、创历史最好水平，直接融资增长17.8%。

五是坚持生态优先，强化环境保护，推动经济社会发展全面绿色转型。深入推进污染防治，钢铁、水泥行业超低排放改造进度加快，挥发性有机物污染治理成效明显，重点流域水生态环境保护进一步加强，建设用地、农用地土壤污染风险管控全面展开。长江（安徽）经济带生态环境污染治理"4+1"工程深入实施，中央生态环保督察反馈问题、国家长江经济带生态环境警示片披露问题整改扎实推进。长江"十年禁渔"取得阶段性成果，新一轮巢湖综合治理、骆岗中央公园等重大生态工程加快实施，"四廊两屏"工程、马鞍山"白菜心"工程启动建设，完成造林绿化182万亩。稳妥有序开展碳达峰碳中和工作，新增可再生能源发电并网容量448万千瓦。新安江流域跨省生态补偿机制不断深化，在全国率先出台省级林长制法规。生态理念植进更多安徽老百姓心中，绿色成为"十四五"开局最动人的底色。

六是坚持人民至上，强化社会建设，努力改善民生福祉。支持重点群体就业创业，稳定提供公益性岗位5.5万个，脱贫人口务工就业187万人。社会保障体系不断完善，420万孤老残幼等困难群体基本生活得到保障。新建、改扩建公办幼儿园401所。"双减"工作扎实推进，乡村中小学智慧学校实现全覆盖。高考综合改革全面启动。"双一流"和地方高水平大学建设力度加大，省属高校入选国家级一流本科专业建设点110个。卫生健康领域补短板工程启动实施，2个国家级、9个省级区域（专科）医疗中心提速建设，4个中医药传承创新工程加快推进，"两癌"免费筛查农村适龄妇女75万人次。三孩生育政策落地实施，新备案3岁以下婴幼儿照护服务机构469家，新增托位3.6万个。新建养老机构117家。用心用情办好一批群众身边的实事，民生工程投入1288亿元，完成农村危房改造7062户，改造棚户区15.6万套、老旧小区1341个，村级综合文化服务中心覆盖率超98%。让皖北地区群众喝上引调水，作为重要民生工程付诸实施。文化建设成果丰硕，桐城市、黟县获批国家历史文化名城，凌家滩遗址入选"百年百大考古发现"，新增国家级非遗项目11个，电视剧《觉醒年代》等主旋律作品深受好评。新入选全国道德模范、中国好人数均居全国第1位。哲学社会科学、文学艺术、参事文史、档案方志等工作持续加强。我省体育健儿在第十四届全运会上取得历史最好成绩。民族宗教、援藏援疆、气象、地震等工作取得新进展。妇女儿童、残疾人、红十字、慈善、志愿服务等事业得到加强。

统筹发展和安全，平安安徽建设深入推进。常态化疫情防控有力有序有效，成功处置零散突发疫情，接种新冠病毒疫苗1.2亿剂次、全程接种率达82.4%。安全生产事故总量下降9.3%，食品药品安全群众满意度稳步上升。城市生命线安全工程"合肥模式"在全国推广。广泛开展领导干部公开接访下访，积极推进信访积案攻坚，解决了一大批群众难心事烦心事。扎实推进扫黑除恶斗争和"守护平安"系列行动，命案发生率全国最低，平安建设连续10年获得全国先进。

大力支持国防和军队现代化建设，国防动员、人民防空、双拥共建等取得新成效，广大退役军人权益得到有效保障。

在"十四五"开局之年，省政府加强自身建设，推进自我革命，履职效能进一步提升。我们坚持以党的建设为引领，以伟大建党精神激发奋进力量，扎实开展党史学习教育，积极开展"我为群众办实事"实践活动，以实际行动衷心拥护"两个确立"、忠诚践行"两个维护"。坚持有效市场和有为政府更好结合，加强公务人员市场意识和开放思维的锤炼，选派干部到沪苏浙企业和产业园区跟班学习，建立企业家参与涉企文件制定机制，让政策和服务精准滴灌到市场主体最渴望之处。坚持把专业化建设作为提升政府效能的关键，加强专业学习平台建设，开展工业互联网、专精特新企业发展等专项培训。坚持法治是最好的营商环境，全面开展"八五"普法，制定修改废止省政府规章8件，提请省人大常委会审议地方性法规27件，全省办结行政复议案件8136件，行政机关负责人出庭应诉率提升到100%。自觉接受人大监督、政协民主监督和社会各方面监督，强化审计监督，办理省人大代表建议1150件、省政协提案760件。深入推进党风廉政建设和反腐败斗争，严格执行中央八项规定精神及省委实施细则，在全国率先出台省级政府督查工作实施办法，省政府文件和督查检查考核分别减少5.5%和11.1%。

　　各位代表！

　　2021年的成绩来之不易，这是以习近平同志为核心的党中央坚强领导的结果，是习近平新时代中国特色社会主义思想科学指引的结果，是省委团结带领全省人民艰辛付出、埋头苦干的结果。在此，我代表省人民政府，向在各个岗位辛勤工作的全省人民，向人大代表、政协委员、各民主党派、工商联、人民团体和社会各界人士，向驻皖解放军指战员、武警官兵、政法公安干警和消防救援队伍指战员，向所有关心、支持安徽改革发展的中央各部门、兄弟省区市、港澳台同胞、海外侨胞和国际友人，表示衷心的感谢！

　　同时，我们也清醒认识到，我省发展还面临不少问题和挑战。经济恢复的基础不够稳固，需求收缩、供给冲击、预期转弱带来的影响比较明显。产业链供应链还存在不少堵点卡点，中小微企业困难增多。新旧动能转换任务艰巨，传统产业转型升级步伐不快，新兴产业比重不高，头部企业偏少，企业对数字化转型的紧迫感认识不够、行动不快，制造业总体高端化程度不够，现代服务业发展不充分、业态不丰富。开发园区单位产出较低，引领型产业和链主型企业不多。以企业为主体的创新体系建设滞后，科技成果有效供给不足、转化效率不高。发展不够平衡，城镇化进程滞后，不同区域产业层次、城市能级差距较大。高耗能行业和煤炭消费占比较大，节能减排和能源保供任务繁重。制度型开放比较滞后，高能级开放平台较少。人均教育投入、人均医疗资源、人均文体设施不足，基本公共服务保障能力不强。一些干部对新发展理念领悟不透、境界上不去、思路打不开、打法不创新。贯彻落实新发展理念的知识能力不足，创新开放改革的作风不过硬，缺少担当作为、敢闯敢试的那股子劲、那股子气，把说了当做了、把做了当做成了的情况不同程度存在。有的地方和部门形式主义、官僚主义仍然突出，少数领域腐败问题仍有发生。对这些问题，我们要高度重视，认真分析，一件一件加以解决，更好适应时代和人民的要求。

二、2022年重点工作

2022年是党的二十大召开之年，是全面落实省第十一次党代会精神、加快建设现代化美好安徽的重要一年，我们必须以强烈的政治担当和使命担当做好政府工作。今年我省发展面临的外部环境更趋复杂严峻，保持经济平稳健康发展和社会大局稳定的任务十分艰巨，我们要坚持稳字当头、稳中求进，发挥好我省历史人文、科技创新、制造业基础、地理区位、综合交通、生态环境等优势，以"进"的姿态守牢"稳"的底线，在安徽奋勇争先、跨越发展的征程上取得新进展。

做好今年政府工作的总体要求是：以习近平新时代中国特色社会主义思想为指导，全面贯彻落实党的十九大和十九届历次全会精神，全面落实习近平总书记对安徽作出的系列重要讲话指示批示，认真落实省第十一次党代会和省委经济工作会议部署，弘扬伟大建党精神，坚持稳中求进工作总基调，完整、准确、全面贯彻新发展理念，服务和融入新发展格局，全面深化改革开放，坚持创新驱动发展，推动高质量发展，坚持以供给侧结构性改革为主线，统筹疫情防控和经济社会发展，统筹发展和安全，继续做好"六稳"、"六保"工作，持续改善民生，着力稳定全省经济基本盘，保持经济运行在合理区间，保持社会大局稳定，忠诚尽职、奋勇争先，全面强化"两个坚持"、全力实现"两个更大"，加快打造具有重要影响力的"三地一区"，加快建设经济强、格局新、环境优、活力足、百姓富的现代化美好安徽，以优异成绩迎接党的二十大胜利召开。

主要预期目标是：全省生产总值增长7%以上，在实际工作中力争更好结果；固定资产投资力争增长10%以上，在实际工作中奋力完成得更快一些；社会消费品零售总额增长9%左右；进出口总额增长9%左右、增速高于全国平均水平；一般公共预算收入增长7%左右；城镇、农村常住居民人均可支配收入分别增长8%、10%左右；城镇新增就业65万人以上，城镇调查失业率控制在5.5%以内；居民消费价格涨幅3%左右；全员劳动生产率力争14.5万元/人；研究与试验发展经费投入强度2.5%左右；常住人口城镇化率提高1.2个百分点；粮食产量、碳排放、生态环境质量指标完成国家下达年度目标任务。重点做好十一个方面工作。

（一）多措并举活跃市场主体，促进经济平稳健康发展。坚持保主体、增主体、活主体、强主体并举，加大政策实施力度，更大激发市场主体活力和发展内生动力。

加大减负纾困力度。全面落实国家减税降费政策，出台助企纾困促进经济平稳健康发展政策举措，进一步减轻企业负担。推进中小微企业融资增量、扩面、降价，加强普惠小微贷款支持政策实施，建好用好省综合金融服务平台，提高首贷户、无还本续贷、信用贷款占比，新型政银担业务新增放款1000亿元以上。加强能源保供，推进燃煤机组发电量和工商业用电量全部进入电力市场。提升"四送一服"等平台效能，加强重点行业产业链产销供需对接，着力缓解缺煤、缺电、缺芯、缺柜、缺工问题，有效治理随意限贷抽贷断贷、拖欠中小微企业账款等现象。越是困难的时候，越要体谅和懂得企业特别是企业家的不易，多给他们力量和信心，我们要进一步弘扬企业家精神，和他们并肩面对挑战，与他们一同抢抓机遇。

进一步支持民营经济发展。落实市场准入负面清单和公平竞争审查制度，开展妨碍民营经济参与公平竞争等问题排查和整治，保障民营企业依法平等使用生产要素。落实民间资本准入平等待遇，进一步清理政府采购、招投标等领域不合理限制，支持民营企业参与国资国企改革。推广应用"徽采云"平台，提高中小企业采购份额。完善企业诉求办理刚性机制，依法保护各类市场主体产权和合法权益。

启动创业安徽建设。实施创业安徽行动意见，用创业感召天下英才，用创业整合市场要素，用创业推动产业集聚，全年新增市场主体100万户以上。实施创业筑巢工程、新徽商培训工程，重点支持新技术、新产业、新业态、新模式创业。省市要依托主导产业扩容多层次创业平台，举办系列创新创业大赛，支持办好"1024开发者节"等活动，建设一批"创业咖啡"、孵化器、加速器。支持创业型城市创建，用现代周全的服务品质，培植激情洋溢的创业生态。

（二）发挥科技体制改革引擎作用，培育科技创新更大增量优势。坚持市场化导向，以基础研究引领应用研究，以应用研究倒逼基础研究，把科技创新势能更多转化为高质量发展新动能，迈出创新安徽建设新步伐。

推进战略科技力量建设。加强国家实验室服务保障，推进深空探测实验室建设。扩大合肥综合性国家科学中心力量布局，加快大科学装置集中区建设，组建环境、未来技术、数据空间等研究院，建设一批前沿交叉研究机构。扩容升级科技创新攻尖计划，实施高价值专利培育工程。优化"揭榜挂帅"攻关机制，滚动编制重点领域"卡脖子"技术清单，实施省科技重大专项和重点研发计划项目500项。

强化科技成果转化应用。支持领军企业牵头组建创新联合体，鼓励企业与高校院所共建高水平新型研发机构。加强共性技术平台建设，推动产业链上下游、大中小企业融通创新。健全前沿科技研发"沿途下蛋"机制，实施一批产学研协同创新项目。加大"三首一保"示范应用，培育"三首"产品300个以上。高水平建设合芜蚌国家科技成果转移转化示范区，建强用好安徽科技大市场，办好中国（安徽）科交会，让海内外更多科技成果为我所用。

深化科技体制改革。制定实施科技创新体制机制改革方案。推进高校科研院所创新体制改革。完善科研立项、科技成果评价激励和免责机制，深化科研人员职务科技成果所有权或长期使用权试点。强化知识产权全链条保护，建设中国（安徽）知识产权保护中心。加强和创新科普工作。启动"科大硅谷"建设，以最优生态集聚最高端的资源，努力打造科技体制改革的"试验田"和高科技企业成长的"高产田"。

打造有重要影响力的人才中心。支持区域性人才强市建设，实施江淮战略"帅才"、产业"英才"、青年"俊才"、制造"匠才"计划。建设高能级人才汇聚平台，健全以平台聚人才、留人才、用人才的机制和政策。引进扶持高层次科技人才团队30个以上。启动建设中国科学技术大学科技产业组织学院，高起点建设科技型商学院，培养从科技研发到产业转化的专业化组织人才队伍。实施技工强省建设工程，新增技能人才30万人以上。开展"百万大学生兴皖"行动，实行全方位的政策保障，让他们安心留皖、放心创业、舒心定居。

（三）实施一产"两强一增"行动计划，推进乡村全面振兴。为加快构建现代化产业体系，今年省委启动实施三次产业高质量协同发展行动计划，要扎扎实实抓好推进。农业是稳定经济社会的"压舱石"，要大力实施科技强农、机械强农、促进农民增收行动，加快农业农村现代化步伐。

大力推进科技强农。加快农业"四新"科技成果转化，选任科技特派员7000名，新建农业科技示范基地200个，农业科技进步贡献率提高到66%。推进种业振兴，深入开展良种重大科研联合攻关和农业种质资源普查，建设和完善农业种质资源库10个。促进种养业提质增效，培育"皖美农品"区域公用品牌20个、企业品牌25个、产品品牌150个。实施农业全产业链建设、绿色循环发展、数字赋农等行动，绿色食品产业产值增长8%以上，新创建长三角绿色农产品生产加工供应基地100个，推进5个数字乡村试点县和8个农业产业互联网建设，培育数字农业工厂100个。

大力推进机械强农。加快优势农机制造产业集群建设，农机制造主营收入增长15%以上。强化农机研制补短板，编制装备需求和研制清单，组建农机装备创新研发推广联盟。开展主要农作物生产全程机械化示范创建，主要农作物耕种收综合机械化率提高到83%。新增农产品产地冷藏保鲜设施600个。提升农机社会化服务能力，新增全程机械化综合农事服务中心120个。提升农田宜机化水平，推进农业"标准地"建设，新建高标准农田510万亩。

大力促进农民增收。实施工资性收入倍增行动，稳定乡村公益性岗位，扩大农村劳动力就地就近就业机会。着力通过改革增加财产性收入，完善联农带农富农利益机制，土地流转率达56%，"三变"改革的村、集体经济强村分别提高到75%和13%。壮大经营性收入，发展各具特色的现代乡村富民产业，家庭农场达18.7万个、农民合作社稳定在11万个，农村产品网络销售额超千亿元，乡村旅游收入提高到880亿元。提升转移性收入，完善农村社会保障制度，落实农业支持补贴政策，开展农民工职业技能培训30万人次以上，扩大城镇化对农民增收的溢出效应。

深入实施乡村建设行动。统筹县域城镇和村庄规划建设，加大水电路气网等基础设施建设投入。深化农村人居环境整治，稳步提高农村卫生厕所普及率，农村生活垃圾无害化处理率和生活污水治理率分别提高到78%、21%。加强乡村文化建设。鼓励社会力量兴办农村公益事业。抓好全国乡村治理示范创建。支持小岗村乡村振兴示范创建，让"小岗精神"弘扬在农村改革发展的新时代。

抓好粮食和重要农产品稳产保供。作为我国粮食大省，我们要实行最严格的耕地保护制度，坚决遏制耕地"非农化"、防止耕地"非粮化"，确保粮食播种面积1亿亩以上、产量稳定在800亿斤以上。发展优质专用粮食5700万亩，大豆、油料种植面积分别达910万、850万亩。稳定生猪生产，确保畜禽水产和蔬菜有效供给。

巩固拓展脱贫攻坚成果。完善和落实监测帮扶机制，精准落实帮扶措施，确保不发生规模性返贫。以大别山等革命老区、皖北地区和沿淮行蓄洪区为重点，推动脱贫地区产业提档升级，保持脱贫劳动力就业规模稳定，促进脱贫人口持续增收、稳定致富。

（四）实施二产"提质扩量增效"行动计划，提升制造业核心竞争力。坚持高端引领、龙头带动，推动制造业提升发展质量、扩大发展总量、增强发展效益，为经济高质量发展提供坚实支撑。

着力提升发展质量。实施优质企业引育行动，培育省专精特新企业500家、专精特新冠军企业100家，争创国家级专精特新"小巨人"企业80家左右。实施重点领域补短板产品和关键共性技术攻关项目100个、"工业强基"项目100个。深化数字赋能，推广应用工业机器人8000台，新增智能工厂、数字化车间200个，滚动实施亿元以上技改项目1200项。实施质量提升行动，支持企业主导和参与制（修）订国际、国家和行业标准100项以上，培育质量标杆企业，争创中国质量奖。增加绿色低碳技术、产品、装备和服务供给，新增绿色工厂80家。

着力扩大发展总量。按照"4116"目标，推动新一代信息技术、汽车及零部件、装备制造、新材料4个优势产业向万亿级迈进，加快建设智能家电、节能环保、生物医药等10个超千亿级产业，建立10户超千亿企业、60户超百亿企业目标培育库，"一企一策"开展选育。实施先进制造业集群培育专项行动，推动各地依托主导产业建设一批特色产业集群，支持合肥争创首批国家制造业高质量发展试验区。实施产业链供应链生态建设工程，构建"龙头企业+中小企业"生态圈。

着力增强发展效益。推进"亩均论英雄"改革，对全部规模以上工业企业实施亩均效益评价，建立激励约束机制，依法实行差别化财税、用地、用电等政策。开展批而未供土地、闲置建设用地、工业低效土地"全域治理"，全面推行"零增地"技改。推进工业互联网赋能增效，加快"双跨"平台培育和引进，扩容升级"羚羊"综合服务平台，推动更多科研人员、技术人员成为平台服务商，为各类中小企业精准提供数字化解决方案。新增上云企业6000家，推出5G、工业互联网典型应用场景200个。

着力提升建筑业市场竞争力。支持建筑业拓展水利、公路、铁路、机场等专业市场领域，提升高端市场设计和施工能力，发展工程总承包。加大对县域建筑业发展支持力度。培育和引进装配式建筑企业，支持建设一批全产业链装配式建筑产业基地。

（五）实施三产"锻长补短"行动计划，加快构建现代服务产业体系。 推动服务业锻造长板、补齐短板，增加高品质产品和服务供给。

开拓内贸市场。实施皖美制造行动，培育工业精品100个、新产品500个，发展一批新终端产品。实施皖美农品行动，新增绿色食品、有机农产品、地理标志农产品200个以上。实施皖美旅游行动，支持创建国家全域旅游示范区、国家级休闲城市和街区，开展乡村旅游点"微创意、微改造"2000个。实施皖美味道行动，推出"皖美好味道·百县名小吃"特色美食（小吃）名店100家。大力发展现代物流业，推进合肥国际航空货运集散中心、芜湖专业航空货运枢纽港建设，争创国家中欧班列集结中心示范工程，申建国家物流枢纽、国家骨干冷链物流基地，引进高能级物流企业，降低社会物流总费用占生产总值比重。

拓展外贸市场。实施外贸发展提升行动，深化与"一带一路"国家经贸合作，扩大对区域全面经济伙伴关系协定（RCEP）成员国货物进出口。提高机电、高新技术产品出口规模，加强关键技术设备和零部件、能源资源进口。推进合肥、芜湖、安庆跨境电商综试区建设，跨境电商交易额增长30%以上。建设使用海外仓300个，蚌埠市场采购贸易试点出口超20亿元。培育引进大型外贸主体，新增进出口实绩企业1000家以上。

做大消费市场。开展皖美消费行动，推动新能源汽车、智能家电、绿色建材下乡和以旧换新，培育县乡消费、数字消费等新的增长点，支持各地举办富有特色的消费节活动。促进家政服务业提质扩容。推进"5分钟便利店+10分钟农贸市场+15分钟超市"便民生活圈建设，新培育10条特色商业示范街。支持合肥创建国际消费中心城市。壮大一批骨干商贸流通企业，招引一批知名连锁企业，力争新增限上企业1000家。

推动生产性服务业专业化高端化发展。大力发展研发设计、工业设计、商务咨询、检验检测等服务，培育工业设计中心60家。加快建设一批软件产业园、大数据产业园，培育认定大数据企业500家，软件服务业营业收入增长20%以上。大力发展供应链金融、绿色金融等新业态。创建国家"两业融合"试点，支持智能制造系统解决方案、流程再造等新型专业化服务机构发展。

（六）打响有效投资攻坚战，持续增强经济发展后劲。以更大力度促进有效投资较快增长，用重大项目增量调整产业结构、优化经济结构，为高质量发展增添动力。

实施投资项目攻坚行动。以重大项目为牵引扩大有效投资，适度超前开展基础设施投资，加大制造业、高新技术产业投资力度，全年新开工亿元以上重点项目2600个以上、竣工1200个以上。开展新兴产业百亿项目攻坚，加快长鑫存储二期、中航锂电等重大项目建设。开工建设引江济淮二期、扬州—马鞍山城际铁路、北沿江高速公路无为—安庆段等重大工程，加快实施合肥—新沂高铁、合肥新桥机场改扩建、淮河流域重要行蓄洪区建设等重大工程，建成阜阳华润电厂二期、皖东北天然气管道工程一期等项目，新增高速公路通车里程300公里以上。实施"新基建+"行动，创建国家互联网骨干直联点、全国一体化算力网络国家枢纽节点集群，新建

5G基站2.5万座以上。

全面延伸"双招双引"。把牢有效投资主阵地，打出"双招双引"新攻势，重点面向世界500强、国内500强、行业龙头企业和产业链关键环节企业。继续坚持"顶格倾听、顶格协调、顶格推进"，提高招引精准度和效率。推动市县明确主导产业定位，编制产业链招商路线图，不断优化产业生态。加强招引平台建设，提升展会、行业商协会、基金、专业机构等招商效能。强化省级专班组织协调服务，建成线上投资意向和项目线索闭环管理机制，完善省市县协同联动工作机制，支持市县组建一批强有力、专业化的招商队伍。

完善项目推进保障机制。坚持"管行业必须管投资"，把服务项目建设和投资增长纳入部门考核。推行项目全流程服务管理，加强项目谋划和前期工作，推动项目建设提速提效。深化"要素跟着项目走"机制，完善"星期六"土地要素会商机制，推进能耗指标优化配置和高效利用，积极争取中央预算内投资，用足用好地方政府专项债券，用最快的速度让最好的项目获得最优的资源要素。

（七）强化国家战略引领作用，推动区域争先进位、竞相发展。坚持区域协同、城乡统筹，提升先发地区能级，加大对欠发达地区的支持，迈出共进安徽建设新步伐。

深入实施长三角一体化发展战略。加强与沪苏浙重点领域合作，推动重点协同深化事项落地。加强与上海开放平台对接，建设虹桥国际开放枢纽安徽城市展示中心、海外高端人才招引基地。深度共建长三角科技创新共同体，加强G60科创走廊建设，设立运行长三角国家技术创新中心安徽中心，开展人工智能、集成电路等领域联合攻关，促进创新链产业链供应链更多嵌入长三角一体化发展。

加快建设沿江高铁武汉—合肥—上海段，建成黄山—千岛湖高速公路。拓展居民服务"一卡通"应用场景。深化苏皖合作示范区建设，支持宣城与湖州毗邻地区开展皖浙合作示范。加快顶山—汊河、浦口—南谯、江宁—博望等省际毗邻地区新型功能区建设，培育新的新型功能区。协作建设杭黄世界级自然生态和文化旅游廊道。

加强与中部地区各省合作。加快中部城市快速通达重点项目建设，依托交通动脉协作建设一批产业集群和特色园区，支持省际毗邻县（市、区）建设生态优先绿色发展产业合作示范区。推动长三角和中部地区商协会合作，建强用好资本市场、贸易中心、高能级展会等要素对接平台。

提升合肥都市圈和皖江城市带能级。推进合肥都市圈提质升级，开展合六经济走廊、合淮产业走廊专项建设行动，实施一批一体化工程，加快形成空间联系紧凑、功能高度协同的发展格局。提升皖江城市带高质量发展水平，支持江北、江南新兴产业集中区创新发展，加快建设沿江智造走廊，建立皖江城市联席会议机制，推动产业链创新链布局、生态环境保护等协同发展。

推动皖北、皖南、大别山革命老区等提速发展。着力推进皖北振兴，坚持新型工业化、信息化、城镇化、农业现代化同步发展，突出用工业化带动城镇化，形成推动皖北发展的乘数效应。以项目互动为抓手，省市联动谋划一批集成性、跨区域的"项目包"，推进基础设施协调布局、产业分工协作、公共服务共享、生态共建环境共治，高水平推进皖北承接产业转移集聚区建设。用好沪苏浙结对帮扶皖北城市机制，尽快取得一批实实在在的合作成果。开工建设皖北8个县（区）群众喝上引调水工程。充分发挥皖南顶级山水人文资源优势，加强区域联动，支持黄山高标准建设生态型、国际化、世界级休闲度假旅游目的地城市，打造一批与之相适应的现代服务业集聚地，加快建设皖南国际文化旅游示范区。进一步支持大别山革命老区振兴发展，优化政策供给，加强要素资源引入和产业导入，扩大红色旅游、高端农业、生态型产业等项目布局，为革命老区建设和发展注入新活力。

加快新型城镇化建设。深化户籍制度改革，健全常住地提供基本公共服务制度。推进城市更新单元（片区）试点建设，改造提升老旧小区1000个以上，新增城市公共停车泊位5万个、充电桩1.8万个。开展"脏乱差"治理，支持争创文明城市、卫生城市，让每个城市都干净整洁有序。高水平编制国土空间规划。加强优质产业空间供给，补齐产业园区城市功能短板，推动产业集群化、集群园区化、园区社区化、社区城镇化。实施县城补短板强弱项工程，支持有条件的县城和城镇按照中小城市标准建设，扩大人口较大县城设置街道改革试点。

（八）**以高水平开放促进深层次改革，进一步汇聚市场资源、激活发展动力。**把构建市场化、法治化、国际化营商环境作为重要目标，提升开放型经济发展水平，推进关键领域改革，在更大的市场空间汇聚和配置要素资源，迈出开放安徽建设新步伐。

大力推进自贸试验区建设。深化自贸试验区专项推进行动，在商事制度、贸易投资、金融开放创新、科技创新等领域，形成一批可复制可推广的制度创新成果。强化自贸试验区更多围绕确定的主导产业，推出创新性的贸易自由化便利化举措，把自贸试验区制度创新与推动产业发展更好结合。建立健全自贸试验区"信息发布、评估推广、项目推进"三项机制。设立第二批自贸试验区联动创新区，深化长三角自贸试验区联盟合作。编制面向市场主体的创新制度案例。自贸试验区实际利用外资、进出口和经济总量增速明显高于全省平均水平，新增市场主体超1万家。

提升开放平台能级。支持合肥空港综保区、蚌埠综保区、芜湖空港保税物流中心（B型）申建，争创"一带一路"国际产能合作高质量发展示范区、东盟经贸创新发展示范园区。加强口岸基础设施建设，完善省级口岸管理体制。推进市场化、开放型展会平台建设，提升世界制造业大会影响力，办好全球科创资本（安徽）大会、"天下徽商"圆桌会、国际商协会高峰会议。深化对台、港澳和侨务工作，推进国际友城建设。

推进重点领域改革。开展营商环境问题大起底专项行动，常态化推进营商环境对标沪苏浙，着力解决营商环境中存在的突出问题。纵深推进"放管服"改革，深化"全省一单"权责清单制度体系，开展"一业一证一码"改革试点，推行"智慧化+信用化+网格化"监管。全面完成国企改革三年行动，加快港航、机场、煤电等资源整合，实施省属企业布局新兴产业行动，省属企业资产证券化率提高到50%以上。深化低空空域管理改革，发展壮大通航产业。加强数据要素市场培育，组建数字江淮公司，设立省大数据交易服务机构，建设全省一体化数据基础平台。实施上市公司倍增和基金规模倍增计划，开展数字赋能普惠金融专项行动，健全科技型中小企业贷款风险补偿机制，设立新兴产业引导基金，加强与京沪港深交易所合作，力争新增上市企业30家。

（九）稳妥有序推进"双碳"战略，推动经济社会发展全面绿色转型。积极推进绿色低碳发展，全面开展减污降碳协同增效，进一步改善生态环境质量，迈出美丽安徽建设新步伐。

实施碳达峰行动。出台碳达峰实施方案，推进能源综合改革创新。开展"双碳"科技创新专项，加强绿色低碳技术攻关和推广应用。落实能耗双控制度，实施用能预算管理，探索开展能源要素市场化配置改革。严格审批新增"两高"项目，加强存量项目节能挖潜。推动煤炭清洁高效利用和减量替代，布局建设一批光伏发电、风电、生物质发电等项目，新增可再生能源发电装机350万千瓦以上。加快能源基础设施和"外电入皖"项目建设。

深入打好污染防治攻坚战。强化$PM_{2.5}$和臭氧协同控制，推进挥发性有机物和柴油货车污染治理。新建、改造城市排水管网1000公里以上，新增城市生活污水日处理能力30万吨，深入开展集中式饮用水水源地环境问题排查整治。推进化肥农药减量增效，进一步提高农作物秸秆和畜禽粪污资源化利用水平。强化土壤污染风险管控和源头治理，加强固废危废环境监管。加快建设生活垃圾分类管理系统。持续抓好中央生态环保督察等反馈问题整改，扎实开展省级生态环保督察。

加强生态系统保护修复。出台实施省级国土空间生态修复规划。实施新一轮美丽长江（安徽）经济带提升工程。全面展开"四廊两屏"建设，加快马鞍山"白菜心"工程、新一轮巢湖综合治理工程、合肥骆岗中央公园等建设进度，推进自然保护地体系建设和湿地保护修复。高水平建设全国林长制改革示范区，深入推进"五大森林"行动，完成造林绿化140万亩。打好松材线虫病疫情防控攻坚战。协同推进新安江—千岛湖生态保护补偿试验区建设，支持黄山市争创国家生态产品价值实现机制试点城市。深入落实长江"十年禁渔"，加强生物多样性保护。

（十）提升基本公共服务水平，促进共享发展。坚持尽力而为、量力而行，加大民生领域补短板力度，创新民生工程建管机制，在发展中保障和改善民生，迈出幸福安徽建设新步伐。

持续提高城乡居民收入。坚持共同富裕目标导向，推进中等收入群体倍增工程。以产业结构调整引领就业结构优化，不断增加高质量就业岗位供给，逐步提高居民工资性收入。拓宽居民经营性、财产性收入渠道，完善知识、技术、管理、数据等创新要素参与分配机制。

发展更加公平更高质量的教育。全面展开德智体美劳"五大行动"。新建、改扩建公办幼儿园300所，支持发展普惠性民办幼儿园。合理有序扩大城镇学校学位供给，推进县域义务教育优质均衡发展，深化智慧学校运用，努力让更多孩子在家门口享受到优质教育。完善"双减"配套措施。提升县域普通高中办学水平。扎实推进部省共建技能安徽，推动职业教育提质培优。大力支持"双一流"高校和高峰学科建设，优化高校学科专业结构和生均拨款分配机制。规范民办教育发展，办好特殊教育，完善终身学习体系。加大财政教育投入和机构编制保障，打造高素质专业化创新型教师队伍。

提升就业和社会保障水平。完善就业服务体系，抓好高校毕业生、农民工、退役军人、残疾人等重点群体就业，确保零就业家庭动态清零。支持和规范发展新就业形态，健全灵活就业劳动用工和社会保障政策。大力发展企业（职业）年金，健全重特大疾病医疗保险和救助制度。保障农民工工资及时发放。加强社会保障基金监管。实施三孩生育政策及配套措施。积极应对人口老龄化，新增城市社区老年食堂（助餐点）、村级养老服务站（农村幸福院）1500个。健全低收入人口动态监测和常态化帮扶机制。实施"善行安徽"行动，积极发展慈善事业。新增保障性租赁住房9.85万套，新开工棚户区改造9.68万套，加快发展长租房市场。进一步做好红十字等工作，保障妇女、儿童、老人、残疾人合法权益。

深入推进健康安徽建设。增加优质医疗资源供给，加快国家和省级区域医疗中心建设，建设7个国家临床重点专科、80个省级临床重点专科，努力让大病重病患者在省内得到良好的治疗。深化紧密型县域医共体和城市医联体建设，推进48所县级医院综合能力提升工程。推进癌症早诊早治和心脑血管疾病筛查干预，抓好重大传染病、血吸虫病防治，扎实开展儿童青少年近视防控光明行动。实施中医药振兴发展行动计划，提升中药材市场能级，支持亳州打造"世界中医药之都"。健全突发公共卫生事件应急指挥体系，加强早期监测预警。深入开展爱国卫生运动，开展健康影响评估制度试点。广泛开展全民健身活动，建成场地设施3500个。积极服务冬奥会、冬残奥会，办好第十五届省运会、第八届省残运会和第九届省少数民族运动会。

繁荣发展文化事业文化产业。培育和践行社会主义核心价值观，深入实施公民道德建设工程、文明创建工程。推进优秀传统文化发掘、研究、保护、利用全链条建设，实施一批红色资源保护传承项目，提升国家考古遗址公园建设品质。提升改造烈士纪念设施。建设一批智慧博物馆、数字农家书屋等新型公共文化空间。提高文艺作品创作质量。大力发展数字创意产业，培育一批文化新产业新业态。发展新闻出版、广播影视、哲学社会科学、参事文史、档案方志等事业。加快全媒体传播体系建设，讲好中国故事安徽篇。

加强和创新社会治理。深化乡镇（街道）管理体制改革，向基层放权赋能，减轻基层负担。深化市域社会治理现代化试点，加快智慧社区建设，打造"网络+网格"基层社会治理升级版。深化民族团结、宗教和睦。进一步做好援藏援疆工作。加强公共法律服务平台建设。畅通群团组织等参与社会治理制度化渠道。坚持和发展新时代"枫桥经验"，健全领导干部接访下访和阅批群众来信制度，完善闭环跟踪落实机制，每一件信访事项都要办理到位，决不走过场。

（十一）构建全流程、多层次安全保障网，建设更高水平平安安徽。统筹发展和安全，在共建共治共享中不断提升人民群众的获得感、幸福感、安全感。

科学精准做好疫情防控工作。毫不动摇坚持"外防输入、内防反弹"总策略、"动态清零"总方针，压紧压实防控责任和措施。进一步提升监测预警、流调溯源、核酸检测、诊疗救治等能力水平。持续做好疫苗接种工作，构建更加牢固的全民免疫屏障。健全全链条精准防控机制，完善应急处置机制，筑牢疫情防控坚实防线。

提升公共安全保障能力。深化安全生产"铸安"行动，巩固提升安全生产专项整治成果，坚决遏制重特大事故发生。加快城市生命线安全工程建设，构建全省统一的监测运行体系。深化"食安安徽"建设，实施药品监管能力全面提升工程。开展自然灾害综合风险普查，编制省级自然灾害防治区划。加强应急队伍、物资保障、广播体系建设，完善应对突发事件、极端天气等应急联动机制，全面提高防灾减灾救灾能力。

强化重点领域风险防控。完善政府隐性债务常态化监测与化解机制，依法规范政府举债行为。支持和引导资本规范健康发展，稳妥化解地方中小银行风险和重点企业信用违约风险。加强生物安全风险防控和治理体系建设。持续开展"守护平安"系列行动，常态化机制化推进扫黑除恶斗争，严厉打击各类违法犯罪活动，守护好人民安居乐业、社会安定有序的幸福家园。

大力支持国防和军队现代化建设，推进国防动员体制改革和人民防空建设发展，深入推进国防教育、兵役征集、民兵建设等工作，扎实开展双拥共建活动，完善退役军人服务保障体系，谱写新时代军政军民团结新篇章。

三、切实增强政府公信力和执行力

做好今年工作，是一场大考和严考，政府要努力交出一份高分的答卷。我们要用习近平新时代中国特色社会主义思想武装头脑，提升思想方法、改造工作方法，不断完善政府工作的手法、步法和打法，不断提升市场化思维、法治化意识、专业化能力，打造开放型、服务型、效率型政府。

强化忠诚尽职的政治担当。把衷心拥护"两个确立"、忠诚践行"两个维护"体现在实际行动上，坚决做到"总书记有号令、党中央有部署，安徽见行动"。把心系"国之大者"体现在实际工作中，各级各部门都要从国家大局大势中找准立足点、切入点、结合点，在各自的岗位上着眼大局、顺势而为，用干净和担当诠释忠诚。

提升政府法治和诚信建设水平。政府必须强化依法行政意识，作为行政法人主体，必须笃行法律职守，同样必须平等承担法律责任，践行诚信契约精神。政府依法，社会才能有序。要依法全面做到行政权力公开和政务公开，依法接受人大监督，自觉接受政协民主监督，认真办理人大代表建议和政协委员提案，主动接受社会和舆论监督，强化审计监督、统计监督，把依法行政晒在各方监督之下。深入开展违法行政行为整治，依法兑现政府公共政策，全面清查行政机关不履行给付义务行为，涉及行政诉讼的，确保行政机关负责人100%出庭应诉，以政府守法和诚信赢得群众和市场主体的信任。

增强专业化能力和素质。进一步提高专业素养和能力，把完整、准确、全面贯彻新发展理念落到实处。省政府班子带头加强学习，掌握更多经济社会发展新知识，善用更多推动工作的新方法，做到想透、说清、干实。深入推进政府系统干部专业化能力提升行动，更加善于运用市场的逻辑，撬动资本的力量，更好发挥政府作用，调动市场主体积极性，满足社会公共需求。加强政府智库建设，珍视用好科学家、专家、企业家资源，广开汇聚众智的渠道，促进政府专业化水平全面提升。

以创新开放改革的作风狠抓落实。强化创新意识、开放思维，突破惯性的计划思维和"官本位"思想桎梏，更好适应新阶段新要求。推动政府运行方式、业务流程和服务模式创新，深化"互联网+政务服务"，推进"一屏通办"改革。强化工作系统性谋划、整体性推进，每项工作都要实行清单化闭环式管理。各级政府负责人要把对待市场主体的态度和服务水平作为第一营商环境，完善涉企政策制定机制，更好地读懂企业、尊重企业家，构建亲清政商关系，切实做到清而亲、亲而清。

坚持党建引领。自觉在工作中找问题、在党建上找原因，以"打铁"的成效检验"自身硬"。巩固拓展党史学习教育成果，建立常态化长效化制度机制。全面贯彻中央八项规定精神及省委实施细则，强化巡视成果运用，坚决惩治群众身边的不正之风和腐败问题。持续整治形式主义、官僚主义，进一步精文简会，统筹规范督查检查考核。为基层减负松绑，一定要让基层有感。今年稳增长压力较大，政府系统要进一步过紧日子，厉行节约办一切事情，压减一切不必要行政开支。深化预算绩效管理，推行零基预算改革，加强财政资金统筹。把干事担事作为职责所在、价值所在，强化无功便是过的意识，坚决防止简单化、乱作为，坚决反对不担当、不作为。要始终牢记政府前面"人民"二字，悟透以人民为中心的发展思想，办好人民群众牵肠挂肚的民生大事、天天有感的关键小事，做出经得起时间沉淀的政绩，用各级政府的负重担当换来千家万户的岁月静好、幸福安康！

各位代表！

安徽已经踏上新的征程，安徽定将迎来新的绽放。让我们更加紧密地团结在以习近平同志为核心的党中央周围，在省委的坚强领导下，只争朝夕、砥砺前行，加快建设经济强、格局新、环境优、活力足、百姓富的现代化美好安徽，以优异成绩迎接党的二十大胜利召开！

福 建 省
政府工作报告

——2022年1月22日在福建省第十三届
人民代表大会第六次会议上

代省长 赵 龙

各位代表：

现在，我代表福建省人民政府，向大会报告政府工作，请予审议，并请省政协各位委员和其他列席人员提出意见。

一、2021年工作回顾

2021年是党和国家历史上具有里程碑意义的一年，也是新发展阶段新福建建设中具有重要意义的一年。这一年，习近平总书记亲临福建考察，明确提出"一个篇章"总目标、"四个更大"重要要求和四项重点任务，向厦门经济特区建设40周年、第44届世界遗产大会、厦门大学百年校庆致贺信，给廖俊波同志母亲回信，宣布武夷山国家公园正式设立，给予福建亲切关怀，全省人民欢欣鼓舞、感恩奋进，八闽大地沐浴春风、生机勃发。这一年，全省上下隆重庆祝中国共产党成立一百周年，扎实开展党史学习教育和"再学习、再调研、再落实"活动，广大党员学党史、悟思想、办实事、开新局，全省人民坚定不移听党话、矢志不渝跟党走，锚定新目标，踏上新征程，建功新时代。这一年，全省上下弘扬伟大抗疫精神，在党中央国务院坚强领导下，迅速果断打赢莆田、厦门等地聚集性疫情歼灭战。全省人民守望相助、共克时艰，广大卫生人员、社区工作者、志愿者、公安干警、党员干部以生命赴使命，用挚爱护苍生，充分展现出强烈的大局意识、大爱情怀和大勇气概。

过去一年，我们坚持以习近平新时代中国特色社会主义思想为指导，全面贯彻党的十九大和十九届历次全会精神，深入贯彻习近平总书记在福建考察时的重要讲话精神，认真落实党中央国务院各项决策部署和省委工作要求，坚持稳中求进工作总基调，立足新发展阶段，完整、准确、全面贯彻新发展理念，积极服务和深度融入新发展格局，扎实做好"五促一保一防一控"工作，全方位推进高质量发展超越，各项工作取得新进展新成效，实现了"十四五"良好开局。

初步统计，全省地区生产总值48810.36亿元、增长8.0%，一般公共预算总收入5743.84亿元、增长11.3%，地方一般公共预算收入3383.38亿元、增长9.9%，居民消费价格上涨0.7%，进出口增长30.9%，城镇登记失业率3.33%，城镇居民人均可支配收入51140元、增长8.4%，农村居民人均可支配收入23229元、增长11.2%。

一年来的主要工作是：

（一）经济发展取得新成效，发展更高质量

科技创新动能增强。创新平台持续拓展，福厦泉国家自主创新示范区外溢效应不断释放，泉州、龙岩获评国家创新型城市，高效太阳电池装备与技术国家工程研究中心获批建设，首批4家省创新实验室加快建设，新启动建设生物制品、柔性电子2家省创新实验室。创新能级不断提升，国家高新技术企业达6485家，新增国家级专精特新"小巨人"企业104家、制造业单项冠军10家，7项成果获国家科学技术奖，成功研发全国首台冷链产品紫外光催化消杀机，全球首个新冠肺炎鼻喷疫苗正在海外开展Ⅲ期临床试验，知识产权综合发展指数跃升至全国第7位。创新人才加快培育，新当选两院院士2人，新入选国家杰青优青18人，研究与试验发展人员近28万人，科技特派员实现重点行政村全覆盖。

实体经济提质增效。坚持发展先进制造业，规上工业增加值增长9.9%、利润总额居全国第6位，营收超百亿工业企业突破50家，18家企业入选中国500强，6家企业入围世界500强，宁德时代动力电池出货量全球第一，福耀玻璃荣获中国质量奖，实现了福建制造业零的突破。坚持数字技术渗透赋能，数字经济增加值达2.3万亿元，第四届数字中国建设峰会暨首届数博会成功举办。坚持做大"海上福建"，海洋生产总值超1.1万亿元，继续保持全国前列。坚持金融服务实体经济，各项贷款余额增长13.4%，新增上市企业19家。

投资消费稳步增长。省重点项目完成投资6331亿元，新开工重点项目441个，兴泉铁路省界段、建宁至冠豸山铁路建成通车，罗屿40万吨铁矿石码头、闽江水口坝下航运枢纽工程建成通航，漳州核电、福州机场二期、城际铁路F1线、福厦高铁建设提速，厦门新机场全面开工，古雷炼化一体化一期等建成投产，万华化学、永荣石化己内酰胺等重大产业项目扎实推进。成功举办央企项目合作座谈会、民营企业发展大会、资本市场福建对接大会等8场重大招商活动，集中签约项目428个、总投资超1.2万亿元。"全闽乐购"等促消费活动成效明显，一刻钟便民生活圈加快建设，社会消费品零售总额增长9.4%，突破两万亿元，接待国内游客人数增长15.6%，国内旅游收入增长5.3%，福茶、福酒等"福"字号消费品牌加快建设，越来越多福建产品走向全国各地。

（二）改革开放迈出新步伐，发展更有效率

改革攻坚多点突破。深入开展4个县域、2个重点领域集成改革试点，要素市场化配置改革全面铺开，改革更加系统集成、协同高效。"放管服"改革持续深化，政务服务事项全程网办比例达80.4%，"一趟不用跑"比例达90.3%，一体化政务服务能力居全国第6位，厦门18个营商环境指标全部获评全国标杆。医改经验进一步全国推广，公立医院综合改革绩效连续6年位居全国前列，三明获评全国首个深化医改经验推广基地。林业改革整装再发，在全国率先开展"碳汇贷""碳票"工作，三明、南平、龙岩开展林业改革发展综合试点，3.3万名五级林长全部上岗。国企改革三年行动全面实施，省能源石化集团、水投集团、大数据公司等顺利组建。普惠金融、绿色金融改革稳步推进，新设200亿元纾困专项贷款，帮助5400多家中小微企业渡过难关。

开放合作走深走实。深度融入共建"一带一路"，与沿线国家和地区贸易额增长31.8%，"丝路海运"联盟成员突破220家，海丝中央法务区落地厦门，第七届海上丝绸之路国际旅游节、第八届丝绸之路国际电影节、第六届世界妈祖文化论坛顺利举行。金砖创新基地建设提速，金砖国家新工业革命伙伴关系论坛成功举办。对外交流合作更加深入，国际友城达120对。自贸试验区新推出25项全国首创举措，获批新型离岸国际贸易试点。第21届中国国际投资贸易洽谈会、首届中国跨境电商交易会、首届中国侨商投资大会成果明显，实际使用外资增长6.1%，出口增长27.7%，首次突破1万亿元，货物贸易规模创历史新高。

闽台融合持续发展。台胞台企登陆的第一家园加快建设，率先公布第一批225项同等待遇政策，来闽实习就业创业台湾青年累计超4万人，吸引台湾建筑师和文创团队近百支、乡建乡创人才300多名，新增12家省级对台交流基地。融通路径持续拓展，累计向金门供水超1700万吨，与金马通电项目福建侧工程开工建设。经贸往来持续提升，闽台贸易额逆势增长26.1%，首次突破千亿元，新增台资企业1495家、增长21.2%。人文交流持续深化，海峡论坛成功举办，海峡青年节等品牌效应继续放大，两岸同胞更加走近走亲。

（三）民生福祉达到新水平，发展更加公平

民生保障有力有效。民生投入持续加大，29件省委省政府为民办实事全面完成。就业形势保持平稳，高校毕业生、农民工、退役军人、城镇困难人员等重点群体就业稳定，城镇新增就业52万人，失业人员再就业24.7万人。社会保障质效提升，城镇职工退休人员基本养老金增长4.5%，城乡居民医保人均财政补助提高到580元，城乡低保年均标准提高到8580元。住房保障更加有力，新开工棚户区改造7.2万套，新增保障性租赁住房1.9万套，一批住房困难群众搬进新家，圆了安家梦。

公共服务扩容提质。教育事业取得新实效，新增公办幼儿园学位7.2万个，学前教育普惠率达93%，义务教育"双减"政策落地并初见成效，三明入选全国基础教育综合改革实验区，泉州列入国家产教融合首批试点城市，厦门职业教育创新发展高地建设提速，

"双一流""双高"建设扎实推进。卫生健康事业取得新进步，新增4个国家区域医疗中心试点，省妇产医院、福州滨海新城医院投入使用，县乡村养老服务网络更加健全，每千名老年人养老床位数达38.7张。文化事业取得新成绩，成功举办第44届世界遗产大会，"泉州：宋元中国的世界海洋商贸中心"列入《世界遗产名录》，新增国家级非遗代表性项目15个，第三十四届金鸡奖活动、第八届福建艺术节成功举办，《山海情》《绝密使命》等影视作品广受好评，《闽宁纪事》获中国新闻奖一等奖。体育事业取得新突破，开展"运动健身进万家"活动2400多场次，参与群众达120万人次，在东京奥运会、第十四届全运会上我省运动健儿取得历史最好成绩。

乡村振兴全面推进。脱贫攻坚成果有效巩固，下党乡获评全国脱贫攻坚楷模。省市县三级乡村振兴工作机构全部建立，"百镇千村"试点示范工程深入实施，新建431个"一村一品"专业村，十大乡村特色产业全产业链总产值达2.2万亿元。农业科技创新实现新突破，建成国家级数字农业示范基地4个、省级现代农业智慧园60个、农业物联网应用基地700多个，农作物良种覆盖率达98.5%，自主培育的白羽肉鸡品种打破国外种源垄断。严格保护耕地，新建高标准农田151万亩，有力保障了粮食稳定生产。

（四）生态文明和城乡建设实现新进步，发展更可持续

清新福建更加靓丽。生态省建设扎实推进，污染防治攻坚战成效考核位居全国前列，九市一区城市空气优良天数比例99.2%，主要流域优良水质比例97.3%，近岸海域优良水质比例85.2%。闽江、九龙江等流域山水林田湖草沙一体化保护修复深入实施，八尺门海堤退堤还海，福州滨海新城岸段入选全国美丽海湾案例。完成植树造林107万亩，森林覆盖率连续43年保持全国首位。三明、龙岩获评国家生态文明建设示范市，长汀水土流失治理入选世界生态修复典型案例。

区域协作更为紧密。福州都市圈规划获国家批复，厦漳泉都市圈一体化持续推进。闽东北、闽西南两大协同发展区313个区域协作项目稳步实施，挂钩帮扶38个县取得积极进展。革命老区振兴发展取得新成效，龙岩、三明12个县市区列入中央国家机关及单位对口支援范围。"闽宁模式"成为全国脱贫攻坚范例，援疆援藏工作扎实推进。

城乡建设更有品质。城乡房屋"一楼一档"网格巡查全覆盖，新开工老旧小区改造39万户，整治农村裸房15万栋。新改扩建城市道路810公里、农村公路2326公里，主要城市公共交通机动化出行分担率提高到55.6%。城乡供水一体化加快推进，新增受益人民群众317万人，铺设城乡供水管网8189公里。新建乡镇生活污水管网1260公里，完成452个村庄生活污水提升治理。南平、龙岩入选全国首批系统化全域推进海绵城市建设示范城市。推动在全国率先出台《福建省传统风貌建筑保护条例》，有力促进古城、古街、古宅、古村的保护传承。

（五）治理能力得到新提升，发展更为安全

安全基础持续巩固。常态化疫情防控有力有效，"三公（工）一大"流调溯源协同机制在全国推广，新冠疫苗接种完成8248万人次。安全生产专项整治三年行动扎实开展，危化品、城镇燃气、在建农房、景区和非景区景点等专项整治深入实施，防汛抗旱防台风工作扎实有力。食品和药品安全评议考核成绩位居全国前列。金融风险防范化解精准有效，不良贷款率保持低位，高风险农

合机构全部"摘帽"。

社会治理不断创新。平安福建建设再上新台阶，扫黑除恶斗争常态化推进，政法队伍教育整顿扎实开展，群众安全感率达99.06%，泉州、三明蝉联平安建设最高奖"长安杯"。推广"近邻"党建模式，乡镇（街道）社会工作服务站实现全覆盖。深化推广"四门四访""双包双挂"制度，信访形势平稳向好。"漳州110"和孙丽美、潘东升同志被授予"时代楷模"称号。

各项事业全面发展。妇女、儿童、老龄、工会、共青团事业持续进步，社会福利、残疾人、慈善、人防、智库、地方志等取得新进展，审计常态化"经济体检"作用有效发挥，民族团结、宗教和顺，拥军优属工作巩固提升，退役军人服务保障持续加强。

过去一年，我们坚持以政治建设为统领，扎实推进全面从严治党，政治生态风清气正。法治政府建设纵深推进，提请审议地方性法规12件，制定修改废止政府规章7件，人大代表建议和政协提案办结率100%。深化机关效能建设，毫不松懈纠治"四风"，"12345政务服务便民热线"全面归并优化，诉求办理满意率达99.9%。数字政府建设取得新成效，省政府门户网站绩效评估名列全国前茅。

各位代表！去年的工作稳中求进、难中求成，成绩来之不易。这是以习近平同志为核心的党中央坚强领导的结果，是习近平新时代中国特色社会主义思想科学指引的结果，是省委带领全省人民勠力同心、艰苦奋斗的结果。我代表省人民政府，向全省人民，向人大代表、政协委员、各民主党派、工商联和无党派人士、各人民团体和社会各界人士，向中央驻闽单位、驻闽人民解放军、武警部队官兵、公安干警和消防救援队伍，向所有长期关心支持福建发展的台港澳同胞、海外乡亲和国际友人，表示衷心的感谢！

一年来，我们深切体会到，做好政府工作，必须把加强党的全面领导贯穿始终，忠诚拥护"两个确立"，坚决做到"两个维护"，在党中央国务院的坚强领导下，在省委的直接领导下，坚定不移沿着习近平总书记指引的方向奋勇前进。必须把以人民为中心的发展思想贯穿始终，把为民造福作为最重要的政绩，不断满足人民群众对美好生活的向往，让老百姓过上更好的日子。必须把高质量发展贯穿始终，完整、准确、全面贯彻新发展理念，积极服务和深度融入新发展格局，加快补齐科技创新、产业结构、居民收入等领域短板，解决发展不平衡不充分问题。必须把改革创新贯穿始终，用创新的思维、改革的举措、市场的办法，破解经济社会高质量发展中的难题。必须把统筹协调贯穿始终，坚持系统观念，遵循经济规律，把稳增长、调结构、推改革有机结合起来，推动经济社会持续健康协调发展。

我们也清醒看到，我省经济社会发展仍面临不少困难和挑战，主要是：外部环境更趋复杂严峻，疫情发展存在不确定性；面临需求收缩、供给冲击、预期转弱三重压力；科技创新能力不强、产业结构不优、人才支撑不足等深层次矛盾仍然突出；大项目好项目投资接续不足，要素保障约束增强；受疫情冲击，中小微企业和个体工商户生产经营困难增多，交通、住宿、旅游等行业恢复还不够理想；民生领域还有不少短板，城乡基本公共服务供给差距较大；房地产、金融等重点领域风险需要关注；少数干部思想观念、素质能力、工作作风还不完全适应新形势新要求等，我们要切实加以解决。

二、埋头苦干、勇毅前行，奋力做好2022年工作

各位代表！2022年是党的二十大召开之年，是全面落实省第十一次党代会部署的开局之年，做好全年工作意义重大。我们要以习近平新时代中国特色社会主义思想为指导，全面贯彻落实党的十九大和十九届历次全会精神，深入学习贯彻习近平总书记在福建考察时的重要讲话精神，弘扬伟大建党精神，认真贯彻中央经济工作会议部署，全面落实省第十一次党代会、省委经济工作会议要求，坚持稳中求进工作总基调，立足新发展阶段、贯彻新发展理念、服务和融入新发展格局，以供给侧结构性改革为主线，全面深化改革开放，统筹疫情防控和经济社会发展，统筹发展和安全，继续做好"六稳"、"六保"工作，持续抓好"五促一保一防一控"工作，进一步提高效率、提升效能、提增效益，大力发展数字经济、海洋经济、绿色经济、文旅经济，保持经济运行在合理区间，保持社会大局稳定，促进两岸融合发展，全方位推进高质量发展超越，奋力谱写全面建设社会主义现代化国家福建篇章，以实际行动迎接党的二十大胜利召开。

今年经济社会发展的主要预期目标是：全省地区生产总值增长6.5%，在实际工作中争取更好结果。一般公共预算总收入增长5%，地方一般公共预算收入增长5%，固定资产投资增长6.5%，社会消费品零售总额增长9%，出口增长8%，城镇居民、农村居民人均可支配收入分别增长7%、8%，城镇调查失业率控制在5.5%以内，居民消费价格涨幅3%左右，粮食总产量稳定在507万吨。

上述主要预期目标，与过去两年我省平均增速相匹配，和

"十四五"规划目标相衔接，同全方位推进高质量发展超越的要求相适应，综合考虑了国内国际形势和我省实际，体现了稳字当头、稳中求进的工作总基调。实现上述目标，我们有信心、有优势、有基础。信心在于，有习近平总书记的掌舵领航和党中央的坚强领导，有习近平新时代中国特色社会主义思想的科学指引，有多区叠加的政策支持和国家宏观调控政策的有力保障，有全省4000多万人民团结一心、接续奋斗，我们一定能够战胜各种风险挑战，勇立潮头，勇毅前行。优势在于，习近平总书记在福建工作17年半，为我们创造了宝贵的思想财富、精神财富和实践成果，始终高度重视、关心关怀福建发展，在每个关键节点都亲自为福建发展擘画了宏伟蓝图，这是福建发展最为重大而独特的优势，我们一定能够始终坚定正确方向，厚积薄发，奋勇向前。基础在于，福建有红色、开放、文化、生态等深厚的底蕴和禀赋，福建人民有敢拼会赢、敢为天下先的精神特质，福建经济韧性强、活力足、底盘稳，长期向好的趋势没有改变。只要我们埋头苦干，久久为功，就一定能够实现既定目标，赢得更加美好的未来。

踏上新征程，面对新任务，我们要高举旗帜，始终忠诚拥护"两个确立"，增强"四个意识"、坚定"四个自信"、做到"两个维护"，在思想上政治上行动上同以习近平同志为核心的党中央保持高度一致。要牢记嘱托，始终以习近平总书记重要讲话重要指示批示精神和党中央决策部署统揽新发展阶段新福建建设，切实把对习近平总书记的深厚爱戴之情转化为干事创业的强大动力。要勇担使命，始终坚持人民至上，自觉把福建工作放到党和国家事业全局中去考量、去推动，全心全意为人民谋幸福，为促进祖国统一大业、实现中华民族伟大复兴的中国梦作贡献。要砥砺前行，始终大力传承弘扬习近平总书记在福建工作期间开创的一系列重要理念和重大实践，咬定青山不放松，一任接着一任干，努力把习近平总书记为我们擘画的宏伟蓝图变成美好现实。

重点做好以下六个方面工作：

（一）凝心聚力推进高质量发展，加快建设现代化经济体系

实施五大行动，高水平建设创新型省份。着力补齐我省科技创新领域的短板，为高质量发展插上科技的翅膀。实施全社会研发投入提升行动，稳定增加财政投入，用好研发费用加计扣除、加大留抵退税等政策，提高政策兑现便利度，引导企业加大投入，确保全社会研发投入增长18%以上。实施创新平台建设行动，建好福厦泉科学城，打造沿海科技创新走廊，高水平建设省创新研究院、省创新实验室，筹建半导体、海洋领域省创新实验室，加快三明中关村科技园建设，积极引进大院名校等重大科研机构和大科学装置，新培育认定一批国家企业技术中心。实施创新主体孵化行动，用好科技创新引导基金，大力扶持首台套重大技术装备研发和推广应用，完善高新技术企业成长加速机制，力争国家高新技术企业突破9000家。实施体制机制创新行动，探索建立"企业出题、科研机构答题"新模式，支持产业链供应链上下游企业、高校院所、社会投资机构等共同组建"创新联合体"；坚持创新不问出身，深入推行科技重大专项"揭榜挂帅""赛马"等攻关机制，开展职务科技成果赋权改革，让有作为的科技人员"名利双收"；加大知识产权保护力度，激励创新创造；在全产业推广科技特派员制度，精准选认省级科技特派员2000名以上，鼓励更多科技人员把论文写在生产车间里、田野大地上。实施创新人才培育行动，下大力气培养引进"高精尖缺"人才，分行业分领域大力培养急需的技能人才，并在

薪酬、住房、子女教育、父母养老等方面给予优厚待遇，促进人才团队集聚，安其心、尽其能、乐其业。人才政策要具体可兑现，不能只讲原则，不考虑操作，不能规定得光鲜亮丽，兑现起来困难重重。

推进六大工程，高质量做大做强先进制造业。坚持把发展经济的着力点放在实体经济上，为高质量发展提供强有力的支撑。推进支柱产业提升工程，打造电子信息、先进装备制造、石油化工、现代纺织服装等支柱产业，促进中沙古雷乙烯、万华化学（福建）产业园等项目落地建设。推进传统优势产业转型工程，支持鞋服、食品、冶金、建材等传统优势产业数字化转型、智能化改造，组织实施省重点技改项目500项以上。推进战略性新兴产业发展工程，大力发展新能源、新材料、生物与新医药、新一代信息技术、智能化高端装备等战略性新兴产业，支持宁德时代扩产能、厦门钨业锂电池正极材料、钜能电力高效太阳能电池、莆田华峰新材料等项目建设。推进产业布局优化工程，强化全省统筹，推动汽车、石化等重点产业功能分区、集中集聚，引导重大石化项目向古雷石化基地布局。推进龙头企业培优扶强工程，围绕产业链打造一批创新型生态型大企业集团，新增专精特新企业100家以上、制造业单项冠军30家以上，让更多"独角兽""瞪羚""小巨人"企业在福建奔腾涌现。推进质量、标准、品牌联动工程，让"福建制造"叫得更响、走得更远。

做足四篇文章，高起点培育经济新动能。全力发展数字经济、海洋经济、绿色经济、文旅经济，为高质量发展培育新的增长极。着力打造数字经济新引擎，坚持把数字福建建设作为基础性先导性工程，加快建设国家数字经济创新发展试验区，办好第五届数字中国建设峰会暨第二届数博会；推动数字产业化，新布局推广一批5G网络、数据中心、物联网、工业互联网、人工智能、区块链等新型基础设施和应用，打造一批数字产业化公共支撑平台，培育扶持一批数字化龙头企业；推动产业数字化，促进数字技术与实体经济深度融合，大力拓展数字技术应用场景和产品服务，实现数字经济增加值2.6万亿元以上。着力拓展海洋经济新空间，深入实施海洋经济高质量发展三年行动，加快建设福州、厦门国家海洋经济发展示范区，做大做强福州国家远洋渔业基地、莆田国家级海洋牧场，支持发展海上风电、海底储油、海洋信息、海工装备、海洋生物医药等产业，建设国家海上风电研究与试验检测基地，实现海洋生产总值1.2万亿元以上。着力壮大绿色经济新优势，加快建设国家新能源产业创新示范区，积极推广应用新能源汽车，建设国内领先的电动船舶研发制造基地，发展新能源工程机械，大力培育节能环保产业，稳步推动"无废城市"建设，构建废旧资源循环利用体系。着力打响文旅经济新品牌，加快建设全域生态旅游省，积极创建国家文化产业和旅游产业融合发展示范区，大力发展红色旅游、绿色旅游，强化跨区域旅游资源整合利用，实现接待国内游客人数增长25%以上、国内旅游收入增长20%以上；建设好平潭国际旅游岛，推动厦门植物园创建国家5A级景区、永定创建国家级旅游度假区，打造一批叫得响、串得起来、山海相连的旅游精品，让广大游客乐得来、留得住、游得好。

提速第三产业，高标准发展现代服务业。着力构建现代服务业体系，为高质量发展激发更大的活力。大力发展普惠金融、科技金融，积极创建国家级绿色金融改革创新试验区，为实体经济提供更多"源头活水"。深化推广多式联运"一单制"，加快建设福州、厦门国家物流枢纽。积极培育工业设计、共享制造、定制化服务、检验检测服务、法律服务等生产性服务业，大力发展共享经济、平台经济、总部经济。多渠道增加健康、养老、育幼、旅游等生活性服务业有效供给，让人民生活更加舒心、更有品质。

坚持"两个毫不动摇"，高效能培优民营经济。在全省掀起新一轮民营经济发展热潮，为高质量发展拓展更大的空间。民营经济是福建经济社会发展的重要支撑，民营企业家都是中国特色社会主义的建设者，是自己人，要持续传承弘扬、创新发展"晋江经验"，构建亲清政商关系，坚定支持民营经济高质量发展、民营企业做大做强。鼓励支持民营企业加快结构性改革步伐，不断增强竞争力、创新力、抗风险能力，支持泉州创建民营经济示范城市。依法平等保护民营企业和民营企业家合法权益，进一步清理政府采购、招投标等领域不合理限制，加大清理拖欠民营企业账款力度。不折不扣落实减税降费等惠企政策，出台新的减负纾困政策，帮助企业特别是中小微企业、个体工商户渡过难关、加快发展，支持福州、厦门等地区开展小微创业者激励计划试点。用好人行支小再贷款、再贴现政策，进一步加大融资支持力度，压降综合融资成本。深入实施闽商回归工程，吸引更多企业家来到福建、投资福建，在福建兴旺发达。

需要指出的是，稳增长是今年经济工作的头等大事。各地区各部门在推进高质量发展的同时，务必把稳增长放在更加突出的位置，坚持稳字当头、稳中求进，早谋划、早部署、早调度、早调整，全力以赴稳增长，确保一季度开门红、二季度结果好、三季度态势稳、四季度冲劲足。坚持深入调研，第一时间了解企业需求，跟踪做好服务保障，帮助解决用工、用地、融资等难题，促进增资增产增效。加强政策储备和引导，落实国家宏观调控政策，在财政、金融、就业、产业、贸易、要素保障等领域谋划储备一批改革举措和配套政策，早出快出新的政策，延续实施管用的政策，评估调整兑现不便的政策，该加码的再加码，确保真正惠企利民。实施好稳增长工作方案，发改、工信、商务、交通等各个部门协同发力，积极扩投资、促消费，全力稳外贸、稳外资，保持经济平稳较快增长。加强经济运行调度，压实各方责任，纵向上强化指导督促，坚持一月一调度、一季一分析、半年一通报，定期晾晒考核，及时总结推广经验；横向上加强协调联动，坚持任务项目化、项目清单化、清单具体化，细化分解任务，抓好落地落实，以月保季、以季保年，确保实现全年目标。

（二）凝心聚力深化改革开放，积极服务和深度融入新发展格局

在改革攻坚上有新突破。坚持改革不停顿，持续向改革要动力。深化县域集成改革试点，加强各项改革衔接配套和系统集成，提升改革综合效能。深化要素市场化配置改革，稳妥推进集体经营性建设用地入市，加快建设城乡统一的土地市场；坚持节约集约，支持低效用地再开发，促进存量工业用地盘活利用，鼓励建设标准化厂房、多层厂房，探索"标准地"出让，扎实推进工业园区标准化建设；坚决打破信息孤岛、数据壁垒，推动数据共享，抓好数据梳理，加快数据应用，实现公共数据应汇尽汇，让数据资源随时可见、可用、可变现。深化"三医"联动改革，扩大药品耗材集中带量采购和医保支付方式改革覆盖面，减轻群众看病就医负担。深化集体林权制度改革，接续实施林业"八大工程"，稳定森林覆盖率，改善林分结构，发展林下经济，推动竹产业等高质量发展，提升森林质量20万亩以上。完成国企改革三年行动任务，推进省属企业新一轮战略性重组和专业化整合。全面实施零基预算改革，基本建成全方位、全过程、全覆盖的预算绩效管理体系。深化农村集体产权制度改革，保护权益释放活力。深化政府效能考评改革，切实提高公众参与度，政府做得好不好，要让人民群众来打分、让社会各界去评定。

在扩大开放上有新作为。坚持开放不止步，向开放要活力。推动自贸试验区扩区提质，与开发区、综合保税区协调联动，拓展提升国际贸易单一窗口，提升贸易便利化水平。推动跨境电商综合试验区扩围增效，培育一批高质量海外仓，做大市场采购贸易。抓住RCEP协定生效机遇，继续出台支持进出口政策，促进"买全球、卖全球"，稳住外贸良好态势。充分发挥福建"侨"的优势，增进与华侨和华裔新生代情感交流，创造一切条件引侨资、聚侨力、汇侨智，深化闽港闽澳合作。扎实推进厦门金砖国家新工业革命伙伴关系创新基地建设，持续办好中国国际投资贸易洽谈会，加强与东盟东亚国家经贸往来，继续开展国际友城交流，提升开放合作水平。推动出台高质量建设21世纪海上丝绸之路核心区实施方案，扩大"丝路海运"品牌影响，建好海丝中央法务区、"两国双园"等标志性项目，推动新时代"海上丝绸之路"扬帆出海，行稳致远。

在激发内需上有新举措。坚持投资消费一体发力，积极融入国内大循环。充分发挥投资对经济增长的拉动作用，深入实施项目攻坚行动，积极扩大有效投资，适度超前布局基础设施。推进轨道交通连片成网，加快福厦高铁、龙龙铁路龙岩至武平段等建设，推动漳汕高铁、温武吉铁路、龙龙铁路武平至梅州段等尽快开工，加快温福高铁、昌福厦高铁、厦漳泉城际轨道R1线等前期工作；推进高速公路网提质增效，加快厦门第二东通道建设，推动宁古高速、武沙高速等尽快开工，畅通省际边界节点路网；推进形成相互协调、干支结合的机场群布局，加快厦门新机场、福州机场二期扩建、泉州机场扩能等建设，推动武夷山机场迁建、龙岩新机场等尽快开工；推进全省港口布局优化、配置高效、功能整合，加快打造世界一流港口，做大做强厦门东南国际航运中心、福州国际深水大港，加快建设海沧、罗源湾等港区后方铁路通道；推进"一河一网一平台"建设，加强跨区域水利基础设施建设，加快霍口水库、白濑水利枢纽等重大水利工程建设。强化项目策划生成，加大民生补短板投资力度，聚焦城市更新改造、公共设施建设、人居环境整治、生态保护修复等领域，系统梳理，重点打包，规模化推进，防止小、散、杂。强化要素保障，用好政府专项债券资金，推动项目早开工、早建设、早竣工。招商引资只能加强不能削弱，紧盯产业链缺失环节、龙头企业、高新领域，继续组织各类招商活动，搭建央企、民企、外企招商对接平台，推动招商项目尽快对接落地；招商工作既要重视引进新项目，也要鼓励已有项目增资扩产，给予同等待遇。深入实施城乡消费提升行动，丰富"全闽乐购"形式内容，鼓励发展宅经济、夜经济、直播电商，催生新型消费热潮。推进培育国际消费中心城市，促进省级百大商圈错位发展。加强县域商业体系建设，新增农村网商（店）3万家以上，鼓励绿色智能家电下乡和以旧换新。统筹做好福茶、福酒、闽菜、闽品、万福商旅等"福消费"文章，让我省的消费市场更加活跃起来，更加红火起来。

在营商环境上有新提升。全力打造"便利福建"，让福建成为创新创业创造的福地。推动出台《福建省优化营商环境条例》，将优化营商环境纳入法治轨道。在深化"放"上下功夫，结合实际继续取消或下放一批审批事项，推行"告知承诺制"；梳理已下放事项，规范备案、补正、中介等行为，杜绝"体外循环""隐性审批"，确保放得下；加强指导培训，提高基层干部政策水平和服务能力，确保接得住。在精准"管"上促公平，持续优化"双随机、一公开"监管和差异化监管机制，完善跨部门综合监管和全链条全领域监管，强化对政府招商投资合作、招标采购、资源资产出让的公平性监督。在做优"服"上提效率，持续优化在线政务服务平台，建好政务信息"一张网"，完善"五级十五同"动态管理机制，推出更多的"一件事"集成服务事项；探索推行"一业一证"改革，推进"跨省通办""省内通办""一网通办"，实现线上服务"不打烊"、线下服务"不打折"。创新营商环境评估机制，加强数字化监测督导，以企业群众满意度为评价标准，推行制度公开、流程公开、效率公开，把审批和服务全流程置于社会监督之下。推动诚信福建建设，依法规范失信惩戒，建设诚信社会；强化政策兑现，打造诚信政府，新官要理旧账。

（三）凝心聚力服务祖国统一，勇于探索海峡两岸融合发展新路

深化经贸合作，突出以通促融。加快建设海峡两岸融合发展示范区，加强闽台融合研究、规划和政策设计，积极构建两岸共同市场福建样板。推动闽台科技协同创新，建好台商投资区、海峡两岸集成电路产业合作试验区、生技和医疗健康产业合作区、台湾农民创业园等涉台经济合作园区，促进闽台电子信息、生物科技、特色现代农业等加快发展。搭建两岸行业标准共通信息平台，建设两岸能源资源中转平台，打造台湾大宗散货转运中心，支持平潭进一步健全覆盖职业资格、企业资质、商品检验的全链条采信体系，打造两岸物流贸易枢纽。跟进服务重点台资项目，支持符合条件的台企在大陆上市。项目化推进与金门马祖地区通水、通电、通气、通桥，先行论证实施福建侧项目，促进厦金、福马率先融合发展，建设共同家园。

深化同等待遇，落实以惠促融。完善落实保障台胞福祉和享受同等待遇的制度政策，加大惠台利民政策知晓、兑现、落地力度。扩大台湾地区专业技术资格直接采认范围，全面落实农业、金融、文教、医卫等各领域融合发展措施，惠及更多台胞台企。加快建设"数字第一家园"一体化服务平台，完善台胞医保服务中心、台胞台企服务专窗等公共服务平台布局。积极先行先试，深化"五个共同"，支持平潭打造台湾同胞"第二生活圈"。健全完善台湾青年来闽实习就业创业政策措施，加强政策解读和基地建设，不断提高台湾青年的获得感。

深化交流交往，着力以情促融。深入开展亲情乡情延续工作，深化寻根谒祖、信俗交流，加强闽台科技教育、文化体育交流，开展"福建文化宝岛行"，支持非遗文化、民间曲艺入岛。建好海峡两岸南岛语族考古教学实习基地，支持闽台历史文化研究院等平台建设。促进闽台社区合作创新，创建海峡两岸乡村融合发展试验区。持续办好海峡论坛，发挥海峡青年节、文博会等活动作用，吸引更多台胞以及台湾青年来闽追梦筑梦圆梦，让海峡隔不断两岸同胞的血脉亲情。

（四）凝心聚力促进共同富裕，不断创造高品质生活

让群众增收渠道更加多元。收入是民生之源，就业是民生之本。深入实施"四大群体"增收计划，鼓励勤劳创新致富，把"蛋糕"做大分好；调整最低工资标准和救助保障标准，让发展成果更多惠及低收入群体；发挥第三次分配作用，弘扬福建人"乐善好施"精神，促进慈善公益事业发展。就业一头连着老百姓饭碗，一头连着经济社会发展，要提质加力就业优先政策，加强高校毕业生、退役军人就业创业支持，继续帮扶农民工和城镇困难人员就业，健全灵活就业劳动用工和社会保障政策，做好根治欠薪工作；搭建线上线下对接平台，既帮助求职者就业，也帮助企业解决用工问题；持续开展职业技能提升行动，加大对稳岗和培训的支持，全年城镇新增就业50万人以上，城镇失业人员再就业10万人以上。

让教育发展更加优质均衡。福建历来有崇文重教的优良传统，没有理由不把教育办好。实施学前教育发展提升计划和城区学位增补计划，新建、改扩建200所公办幼儿园，新增学前教育学位4万个、义务教育学位6万个，大力扶持普惠性民办幼儿园。实施县域普通高中发展提升行动计划，提高城乡学校办学质量，促进多样化发展。实施高水平职业院校和专业建设计划，支持闽江学院、福州滨海新城职教城建设，开展产教融合型城市、产教融合型行业试点，培养更多高素质应用型人才和产业工人。实施新一轮"双一流"建设计划，深化高等学校办学体制机制改革，多渠道增加高等教育投入，推进部省市共建厦门大学，推动福州地区大学城协同集聚发展。扩大老年教育资源供给，缓解老年大学"一位难求"问题。持续加大"双减"政策落实力度，总结推广既减轻学生负担又提升教学质量的经验，使学生满意，让家长放心。

让健康福建惠及更多人民。健康是幸福生活最重要的指标，健康是"1"，其他都是后面的"0"。着力优质医疗资源提质扩容，加快建设区域医疗中心，建设县域医共体、社区医院、护理站、"移动医院"，为老百姓提供"家门口"的健康服务；实施基层医疗卫生人才"三个一批"项目，组织千名医师下基层，壮大基层医疗队伍。着力中医药传承创新发展，大力加强中医院建设，做优做强"片仔癀""福九味"等福建中医药品牌。着力公共卫生服务能力提升，实施公共卫生补短板行动计划八大项目，高质高效组建省市县疾控局，改善各级疾控中心设施装备，促进医防融合。着力人口长期均衡发展，实施优化生育政策，新增普惠性托位1.5万个以上，鼓励有条件的地方加大对生育二孩、三孩的支持力度，进一步降低生育养育教育成本。着力体育事业高质量发展，继续实施全民健身场地设施建设提升工程，建设更多体育公园、社区"运动角"，实施竞技体育优势项目提升、短板项目振兴、后备人才培养"三大工程"，办好第18届世界中学生运动会和第17届省运会。

让社会保障更加健全有力。千头万绪的事，说到底是千家万户的事。积极应对人口老龄化，补齐公办养老机构短板，鼓励支持民营养老机构建设，每个县市区建有1所以上失能特困人员养护院，新增养老床位1万张以上，新改扩建70所农村区域性养老服务中心。推广居家社区养老模式、经验，建设长者食堂300个以上，实施困难老年人家庭适老化改造1万户以上，深化长期护理保险制度试点，加强护理员、家政服务人员培训和规范管理。大力发展银发经济，鼓励企业开发适老产品，培育发展旅居养老、生态康养等新业态。全面实施全民参保计划，扩大社会保险覆盖面。完善职工医保省级统筹调剂制度，健全职工医保门诊共济保障机制，实施重大疾病保障工程和医保服务示范工程。健全城乡社会救助体系，加强社会优抚工作，推动失业保险省级统筹，兜住困难群众基本生活底线。坚持"房住不炒",因城施策促进房地产业良性循环和健康发展,鼓励探索新发展模式,规范发展长租房市场,新开工保障性租赁住房7万套以上,让更多新市民、低收入群众住有所居。

让文化事业更加繁荣兴盛。文化是民族的精神命脉,文艺是时代的号角。坚持马克思主义指导地位,在全社会大力弘扬践行社会主义核心价值观,建强用好习近平新时代中国特色社会主义思想研究中心。深化拓展新时代文明实践中心建设,争创全国文明城市、文明典范城市,让文明新风吹遍八闽大地。丰富人民群众生活,持续开展送文化下乡活动,推动重点地区博物馆、图书馆等公共文化场所错时延时开放、校园体育设施有序开放。充分发挥世遗大会溢出效应,推进考古遗址公园建设,保护好福州古厝等古建筑、老宅子、老街区,支持泉州打造世界遗产保护利用的典范城市,支持厦门、莆田申报国家历史文化名城。传承弘扬红色文化,赓续红色血脉,建设好长征国家文化公园。传承弘扬中华优秀传统文化,促进朱子文化、闽南文化、客家文化、妈祖文化、闽都文化等特色文化创造性转化、创新性发展。办好第三十五届金鸡奖、中国电视剧大会等活动,推动厦门、平潭、泰宁等影视基地联动发展。实施文艺作品质量提升工程,推出一批有影响力的精品力作,发展哲学社会科学、档案、地方志等事业,提升新型智库服务决策能力。

(五)凝心聚力打造美丽福建,统筹城乡发展建设生态文明

持续深化生态省建设。建好国家生态文明试验区,大力推广长汀水土流失治理、筼筜湖治理、木兰溪治理等经验,让习近平生态文明思想更加深入人心。突出机制创新,推进南平生态产品价值实现机制试点,深化生态保护补偿制度等改革,探索绿水青山转化为金山银山的更多福建经验。突出绿色转型，加快产业结构调整，优化能源结构，完善碳达峰、碳中和"1+N"政策体系，深化低碳城市、低碳园区、低碳社区试点示范，发展抽水蓄能，推动电化学、氢能等新型储能设施建设。突出综合保护，统筹山水林田湖草沙系统治理，加快武夷山国家公园建设，构建以国家公园为主体的自然保护地体系；持续系统推进闽江、九龙江全流域生态环境保护，实施重点海域海岸带保护修复、生物多样性保护等一批重大工程。突出污染防治，扎实抓好中央生态环境保护督察整改，完成第二轮省级例行督察，把老百姓身边的生态环境问题解决好；更高标准实施蓝天、碧水、碧海、净土四大工程，建设美丽城市、美丽乡村、美丽河湖、美丽海湾、美丽园区，让绿水青山永远成为福建的骄傲。

扎实推进区域协调发展。实施强省会战略，高质量建设福州新区，促进福州都市圈加快发展，带动闽东北协同发展。支持厦门建设高质量发展引领示范区，率先实现社会主义现代化，支持泉州建设智造强市和海丝名城，促进厦漳泉都市圈一体化发展，带动闽西南协同发展。落实国务院《关于新时代支持革命老区振兴发展的意见》，支持龙岩、三明建设闽西革命老区高质量发展示范区。健全县市区发展评价激励机制，推动县域经济协调发展，支持省际接壤县域和少数民族地区加快发展。主动融入粤港澳大湾区、长三角一体化发展，完善区域合作机制，复制先进做法。加强东西部协作和对口支援，做好援疆援藏工作，把闽宁协作的金字招牌擦得更亮。

深入实施乡村振兴战略。巩固拓展脱贫攻坚成果，跟踪脱贫及困难群体，确保不发生规模性返贫。实施特色现代农业高质量发展工程，推动850个现代农业重点项目建设，培育更多特色产业百亿强县、十亿强镇、亿元强村。实施"万企兴万村"行动，推进"一村一品"建设，鼓励发展沙县小吃等特色富民产业，做好茶文化、茶产业、茶科技文章。实施种业振兴行动，培育20个以上突破性新品种，打造具有核心竞争力的种业龙头企业，推进三明"中国稻种基地"建设。实施乡村建设行动，加强农村宅基地和农房建设管理，推进500个以上村庄生活污水治理，持续开展农村人居环境整治，让老百姓生活在更加宜居宜业的乡村、绿色美丽的乡村、文明和谐的乡村。

着力提升城市功能品质。编制好新一轮国土空间规划，完善功能定位、空间布局、发展方向、城市风貌。实施城市更新工程，重点推进老旧小区、街区、片区整体改造提升，基本完成2000年底前建成的老旧小区改造任务。实施新区组团工程，统筹推动地上地下一体开发，高标准推进城乡结合部、重要交通节点集中连片开发。实施生态连绵工程，系统建设沿海、山区生态连绵带，提升改造滨海风景道、福道、生态廊道、郊野公园，推动串点连线成网。实施交通通达工程，建设一批高快一体化项目、地铁项目、全域慢行系统项目。实施安全韧性工程，持续加强危房排查整治，加快城镇燃气设施等更新改造，完善城市海绵系统，打造一批无障碍示范区。在城市建设中，要保护好自然形态，留住历史文化，突出风貌特色，尊重人民群众感受，大家一起努力，在八闽大地建设更加美好的海滨城市、山水城市、公园城市。

（六）凝心聚力建设平安福建，着力实现安全发展

强化社会治理。全面开展"八五"普法工作，促进全社会尊法、学法、守法、用法。创新发展新时代"枫桥经验"，推行"最多投一次"阳光信访工作机制。深化"近邻"党建模式，打造和谐社区，让老百姓在家门口能够得到更优的服务。深化市域社会治理现代化试点，让治理能力深达每个基层、各个角落。积极建设立体化信息化社会治安防控体系，扎实推进扫黑除恶常态化，加强电信网络新型违法犯罪打击治理。加快妇女、儿童、残疾人事业发展，支持工青妇等群团组织更好发挥作用，做好关心下一代、老体协等工作。推动民族工作高质量发展，提升宗教事务治理现代化水平。落实国防动员体制改革，依法履行国防职能，全力支持军队和国防建设，深化双拥共建，创建命名新一届省级双拥模范城（县），推进福建革命军事馆建设，做好退役军人事务工作，让军民鱼水情更深、意更浓。

强化安全责任。严格落实安全生产责任制，全面完成专项整治三年行动目标任务，抓好城镇燃气、危化品、消防、矿山、房屋和工程施工、道路运输、水上和渔业船舶、景区和非景区景点等领域安全，坚决遏制重特大事故发生；着力提高应急救援能力，建成省应急指挥中心和大数据平台，推进"平安家园·智能天网"建设；开展自然灾害综合风险普查评估与区划，加强极端天气应对，做好防汛抗旱防台风等防灾减灾救灾工作。加强产供储销体系建设，保障能源资源等初级产品供应，确保产业链供应链安全稳定；着力保障粮食安全，严守耕地保护红线，坚决遏制耕地"非农化"，严格管控"非粮化"，新建高标准农田90万亩以上。压实"米袋子""菜篮子"责任制，实施优质粮食工程，提升粮食储备能力，巩固提升粮食、油料、生猪等重要农产品供给保障能力。落实"四个最严"要求，全面提升食品药品安全监管水平，持续治理"餐桌污染"、建设"食品放心工程"，确保"舌尖上的安全"。

强化风险防控。依法加强对资本的有效监管，支持和引导资本规范健康发展，防止野蛮生长。密切关注基层财政运行风险，稳妥化解政府隐性债务存量，坚决遏制增量。高度警惕房地产、金融等领域风险，按照"稳定大局、统筹协调、分类施策、精准拆弹"方针，压实属地责任、部门责任和企业主体责任，强化风险监测预警和应急处置，守住不发生系统性风险底线。加强生物安全风险防控和治理体系建设，强化重大动植物疫情疫病和外来入侵物种防控。

需要强调的是，面对世纪疫情冲击，我们必须始终绷紧疫情防控这根弦。做好疫情防控是全省经济社会发展的基础和前提，要坚持人民至上、生命至上，坚定不移贯彻"外防输入、内防反弹"总策略和"动态清零"总方针，突出科学精准、快严实细，压实"四方责任"，落实"四早"要求，抓好常态化疫情防控各项工作。严格入境人员全程闭环管理和高风险职业人群风险管控，从严从紧落实风险人群区域协查，做好"人、物、环境"同防。强化重点人群、重点部位、重点场所管理，突出抓好医疗机构院感防控和集中隔离点管理，减少人员聚集，避免交叉感染。强化基层社区网格化管理，建立健全网格化标准体系，深入细致做好疫情防控工作，同时服务好人民群众。有序推进疫苗接种，支持疫苗和特效药物研发。强化应急演练和培训，完善疫情防控平急一体化工作机制，提高监测发现、组织动员、专业处置、技术保障能力，全力维护人民生命安全和身体健康。

三、坚持党的全面领导，切实加强政府自身建设

做好政府工作，必须加强党的全面领导，在党中央、国务院

坚强领导、在省委直接领导下，大力弘扬伟大建党精神，巩固拓展党史学习教育成果，学习学习再学习、调研调研再调研、落实落实再落实，不忘初心、牢记使命，努力建设人民满意的政府。

着力打造政治机关。始终旗帜鲜明讲政治，忠诚拥护"两个确立"，坚决做到"两个维护"，铸牢忠诚之魂。心怀"国之大者"，不断提高政治判断力、政治领悟力、政治执行力，坚定不移沿着习近平总书记指引的方向奋勇前进，确保习近平总书记重要讲话重要指示批示精神和党中央国务院决策部署落地生根、开花结果。

着力打造服务政府。始终牢记政府前面"人民"二字，向人民学习，为人民服务，接受人民监督。扑下身子、沉到一线，到基层去、到企业去、到社区去、到田间地头去、到群众家里去，了解群众需求，把准企业脉搏，始终同人民想在一起、干在一起，努力实现好、维护好、发展好最广大人民根本利益。用心用情用力办好25项省委省政府为民办实事，努力把民生"痛点"作为施政"重点"、变成百姓生活"亮点"，让"为民办实事"办的是人民满意、社会称赞的真正实事。

着力打造法治政府。全面贯彻习近平法治思想，尊崇宪法权威，遵守法律法规，让依法行政成为各级政府的行动自觉。健全科学民主依法决策机制，加强重点领域、新兴领域立法。深化行政执法体制改革，强化府院联动，严格规范公正文明执法。深化政务公开，增强政策制定实施的透明度。自觉接受人大监督、民主监督、监察监督，主动接受群众和舆论监督，积极发挥审计、财会、统计监督作用。

着力打造效能政府。大力传承弘扬"滴水穿石""四下基层""四个万家""马上就办、真抓实干"等优良作风，加强新时代机关效能建设，摒弃四平八稳、得过且过、怕事躲事、推诿扯皮等不良习气，牢固树立今天再晚也是早、明天再早也是晚的效率意识，定下来的事就要坚决地干，开动脑筋地干，不达目的不罢休。健全落实容错纠错机制，激励干部担当作为。严格落实中央八项规定及其实施细则精神，坚决反对形式主义官僚主义，着力解决文山会海隐形变异等问题，真正为基层减负、为干部减压，让大家有更多的精力来谋发展，有更多的时间去抓落实。

着力打造廉洁政府。深入落实全面从严治党要求，持续巩固良好政治生态，一刻不停推进党风廉政建设和反腐败斗争，不断提升不敢腐、不能腐、不想腐一体推进综合效能。规范约束履职行为，让权力在阳光下运行。厉行勤俭节约，落实好过紧日子要求，严格压控一般性支出，真正把每一笔钱都用在刀刃上、紧要处，真正用来为人民群众办实事、解难事、做好事。

各位代表，福建人民敢拼会赢，福建干部担当务实，福建发展前景广阔。我们要更加紧密地团结在以习近平同志为核心的党中央周围，高举习近平新时代中国特色社会主义思想伟大旗帜，在省委的领导下，踔厉奋发，笃行不怠，全方位推进高质量发展超越，奋力谱写全面建设社会主义现代化国家福建篇章，以实际行动迎接党的二十大胜利召开！

江 西 省
政府工作报告

—— 2022年1月17日在江西省第十三届
人民代表大会第六次会议上

代省长　叶建春

各位代表：

现在，我代表省人民政府向大会报告工作，请予审议，并请省政协委员和列席会议同志提出意见。

一、2021年工作回顾

2021年是中国共产党成立100周年，是全面建设社会主义现代化国家新征程开启之年。经党中央批准，我省在井冈山隆重举行庆祝建党100周年大会，配合中央有关部门成功举办庆祝建党100周年江西专题新闻发布会，成功举办中央革命根据地创建暨中华苏维埃共和国成立90周年座谈会。全省上下认真学习贯彻党的十九届六中全会精神，深入贯彻落实习近平总书记视察江西重要讲话精神，扎实开展党史学习教育，在全社会唱响主旋律、弘扬正能量，极大增强了坚定理想信念、坚守初心使命、坚毅奋斗前行的信心和决心；省第十五次党代会胜利召开，吹响了全面建设社会主义现代化江西新号角；全面打赢铅山突发新冠肺炎疫情阻击战、歼灭战，巩固了疫情防控成果；扎实做好"六稳""六保"工作，加快推进高质量跨越式发展，实现了"十四五"良好开局。

——经济增长稳定恢复。地区生产总值增长8.8%，人均GDP突破1万美元；一般公共预算收入增长12.2%，规模以上工业增加值增长11.4%，固定资产投资增长10.8%，社会消费品零售总额增长17.7%，外贸进出口增长23.7%，实际利用外资增长8.1%；主要经济指标增速继续位居全国前列。

——动力活力明显增强。发明专利授权量增长53%，万人有效发明专利拥有量5.11件、增加1.43件，工业技改投资增长24.5%，民间投资增长16.1%，实有市场主体增长26.1%，网络零售额增长24%，跨境电商进出口额居全国前列。

——质量效益不断提高。战略性新兴产业、高新技术产业增加值占规模以上工业增加值比重分别为23.2%、38.5%，分别提高1.1、0.3个百分点；新增国家级专精特新"小巨人"企业109家，总数达144家；新增上市公司13家，总数突破100家。

——人居环境持续改善。设区城市$PM_{2.5}$浓度29微克/立方米，中部地区最低；空气质量优良天数比率96.1%，中部地区最高；国考断面水质优良比例95.5%，设区城市集中式饮用水水源地达标率100%，赣江干流断面水质达到Ⅱ类标准。

——民生福祉日益增进。城镇新增就业48万人，新增农村转移劳动力60.4万人，分别完成年计划126.4%、116.1%；城镇和农村居民人均可支配收入分别增长8.1%、10%；城镇调查失业率控制在预期目标之内；居民消费价格指数上涨0.9%。

一年来，我们聚焦"作示范、勇争先"，重点做了九方面工作。

（一）**深挖释放内需潜力**。"项目建设提速年"活动深入实施，开展"项目大会战"扩大有效投资成为全国先进；赣深高铁开行，庐山机场复航，安九客专、兴泉铁路、井冈山航电枢纽等运营；雅中至江西、南昌至长沙特高压工程投运，江西进入特高压时代。商贸消费升级三年行动胜利收官，井冈山至韶山红色旅游专列开行，赣菜"十大名菜""十大名小吃"发布，中国红色旅游博览会、中国绿色食品博览会、首届中国米粉节、"全国学子嘉游赣"等活动成效明显。南昌入选全国首批商品市场优化升级专项行动试点地区，抚州、宜春、景德镇入选国家文化和旅游消费试点城市，5个街区入选首批国家级夜间文化和旅游消费集聚区，环鄱阳湖自行车精英赛获评2021中国体育旅游十佳精品赛事，预计消费对经济增长的贡献率52%以上。

（二）**大力推进创新发展**。轨道交通基础设施性能监测与保障国家重点实验室、中国工程院科技发展战略江西研究院、中国信通院江西研究院、中国工业互联网研究院江西分院、中国移动虚拟现实创新中心、中国联通工业互联网暨江西省工业互联网实训基地、江西航空研究院成立，中国商飞江西生产制造中心挂牌，中国中医科学院中医药健康产业研究所获批；南昌大学"人造太阳"装置投运并成功放电；新增1名中国工程院院士。发布首批关键技术和企业需求"揭榜挂帅"项目清单并成功对接，启动"未来工匠培育计划"，获国家自然科学基金项目和直接经费创历史新高。成功举办第七届中国国际"互联网+"大学生创新创业大赛，获24金、

居全国第3位，南昌大学项目夺冠，均实现我省历史性突破。首批
"赣出精品"发布，省标准创新贡献奖获批设立，中国（赣州）知
识产权保护中心获批建设，抚州以优秀等次通过国家知识产权试点
城市考核验收，景德镇成为中部地区首个全国版权示范城市，萍乡
获评国家产业转型升级示范区建设年度评估优秀城市。启动制造业
产业链提升"八大行动"，出台省级工业产业集群综合评价办法，
实施鞭策后进"蜗牛奖"，宁德时代落户宜春，新增"5020"项目
160个、总投资4800亿元以上，"2+6+N"产业量质双升，预计省
级产业集群营业收入增长35%左右。累计开通5G基站6万多个，南
昌、九江、上饶入选全国首批"千兆城市"，南昌国家级互联网骨
干直联点启动建设，上饶、九江开通国际互联网数据专用通道，国
家（江西）北斗综合应用示范项目基本建成，03专项成果转移转化
试点示范三年框架协议续签、百万级应用达到3个。

（三）**不断深化改革开放**。深化事业单位改革试点基本完
成。"放管服"改革深入推进，在全国率先实现省市县乡村五级政
务服务事项清单管理全覆盖，统一政府权力清单制度全面建立并覆
盖省市县乡四级政府，涉企经营许可事项清单管理实现全覆盖；
网上中介服务超市成为全国先进，"赣服通"4.0版正式上线，
"赣政通"成为全国第3个实现省市县乡移动协同办公平台；企业
开办时间减至1.5个工作日以内。出台减税减费减租减息减支"32
条"，预计全年为市场主体减负超1700亿元。江铜集团三年创新倍
增、新钢集团转型升级冲千亿目标完成，全省国有企业营业收入突
破万亿元；在国家国企改革创新三年行动重点改革任务中期评估
中，我省获评A级，得分居第2位；中国稀土集团在赣州成立，我
省告别无央企总部历史。预算管理一体化系统上线，政府采购电子

卖场开张，政府投资管理进一步规范。企业直接融资首次突破5000亿元，"险资入赣"创历史新高。省通用航空协调运行中心成立，7个临时空域、2条临时航线获批划设。长江中游三省协同发展工作机制建立，湘赣边区域合作示范区建设上升为国家战略。昌北机场"一货站三中心"投运，南昌综保区进入中西部（含东北三省）A类区行列，南昌入选中欧区域政策合作中方案例地区，赣州国际陆港实现国际贸易"起运港"功能，赣深组合港运营，赣州至东盟跨境直通车开行，九江口岸进境水果指定监管场地获批；江西国际货运航空公司成立，填补了我省无本土国际货运航空公司的空白。成功举办世界VR产业大会、国际产学研用合作会议、上合组织传统医学论坛、世界赣商大会、中国卫星导航年会、中国航空产业大会暨南昌飞行大会、江西智库峰会暨国家级大院大所产业技术及高端人才进江西活动、对接粤港澳大湾区经贸合作活动、江西对台招商引资推介会等，进一步扩大了江西影响力和美誉度。

（四）强化区域城乡统筹。大南昌都市圈"强核行动"启动，国家对口支援赣南等原中央苏区政策延续至2030年，11个设区市地区生产总值全部突破千亿元。城市功能与品质提升三年行动胜利收官，部省共建城市体检评估机制、推进城市高质量发展示范省建设启动，南昌、景德镇入选全国首批城市更新试点城市，南昌、景德镇、赣州入选全国城市体检样本城市，南昌入选全国首批15分钟便民生活圈试点地区，鹰潭入选全国首批系统化全域推进海绵城市建设示范城市，赣州、上饶分获中国十大"心仪之城""秀美之城"。省防返贫监测平台上线，累计识别监测对象3.3万户11.5万人，66.3%已消除返贫致贫风险。粮食总产438.5亿斤、增加5.7亿斤，生猪产能全面恢复到正常年份水平，新增设施蔬菜35万亩。省级地方特色农业保险、农业巨灾保险试点启动，首单生猪"保险+期货"业务理赔兑付，首笔"新农直通贷"发放，首单革命老区及乡村振兴双标签债发行。国家农机装备创新中心江西研发基地揭牌，3县（市）入选全国首批农业现代化示范区，广昌白莲、狗牯脑茶国家地理标志产品保护示范区获批筹建，5个国家地理标志保护产品入围2021年中国品牌价值评价信息区域公用品牌。省乡村振兴促进条例出台，这是我省首部由省人民代表大会审议通过的实体性法规。全域农产品认证品牌"赣鄱正品"发布，食品安全溯源平台"赣溯源"上线并入驻国务院客户端，唱响了统一品牌、确保品质、强农兴农主旋律。

（五）提升生态文明水平。污染防治攻坚战有力有序，第二轮中央生态环保督察反馈问题整改扎实推进。完成碳达峰碳中和总体设计，省碳中和研究中心揭牌，全国有色金属行业首单碳中和债发行，排污权交易市场启动，中国南方生态产品交易平台上线，赣江新区绿色金融改革创新成为全国先进。在全国率先发布省级国土空间生态修复规划、率先出台建立健全生态产品价值实现机制实施方案，生态环境监测网络实现水陆空全覆盖，城乡一体化生活垃圾收运处置体系基本实现行政村全覆盖，跨省流域上下游突发水污染事件联防联控合作实现全覆盖。局省共建现代林业产业示范省建设启动，人工造林、低产低效林改造、森林"四化"分别完成年计划208.2%、164.3%、121.5%。在全国率先启动"湿地银行"建设试点，赣州入选全国水土保持高质量发展先行区，吉安获评全国"最具生态竞争力城市"，抚州成为我省首个全国林业改革发展综合试点市，德兴成为我省首个国家气候标志城市。省候鸟保护条例出台，这是全国首部专门保护候鸟的省级地方性法规。成功举办第二届鄱阳湖国际观鸟周，鄱阳湖白鹤保护的探索与实践入选"生物多样性100+全球典型案例"。部省共建江豚保护基地五年规划启动实施，我省成为长江流域唯一享有该政策支持省份。武夷山国家公园设立，我省成为全国首批拥有国家公园省份。

（六）加强先进文化建设。省公共文化服务保障条例、革命文物保护条例出台。采茶戏《一个人的长征》、戏剧《支部建在连上》等4部作品入选建党百年优秀舞台艺术作品，《闪亮的坐标》《闪耀东方》入选建党百年重点电视节目，《三湾改编》电影全国公映，南方红军三年游击战争纪念馆开馆。文化惠民工程深入实施，"情暖赣鄱"惠民观影、"乡村阅读季""文化进万家"等活动深入开展。萍乡成功创建国家公共文化服务体系示范区，潦河灌区入选世界灌溉工程遗产，浮梁茶文化系统入选中国重要农业文化遗产，4项考古成果入选"百年百大考古发现"、居全国第5位。

（七）有效保障改善民生。年初确定的51件民生实事全部兑现，在全国率先完成城镇困难群众脱贫解困工作、向残疾孤弃儿童发放专项照料护理补贴、成立首家零工经济工会联合会。新增发放创业担保贷款179.2亿元，完成年计划162.9%。2020年计划改造的城镇老旧小区全部完工，2021年计划改造的全部开工，2021年度农村危房改造计划任务完成，改渡便民工程完成年计划121%。"双减"政策有效落地，校外培训机构治理扎实开展，义务教育阶段学生课后服务参与率95%以上，高中新课程新教材实施方案出台，国家职业教育虚拟仿真示范实训基地运营，国家级技能人才培养综合园开工，景德镇入选国家产教融合试点城市，南昌医学院、赣东学院组建并招生。国家区域医疗中心建设试点省、国家中医药综合改革示范区获批，国家妇产疾病临床医学研究中心江西分中心成立，普通门诊和住院费用跨省直接结算、跨省异地就医网上备案实现全覆盖，赣州入选国家深化医疗服务价格改革试点城市，南昌、萍乡入选国家门诊慢性病跨省直接结算试点城市。养老服务体系建设发展三年行动计划完成，"党建+农村养老服务"经验全国推广。开展革命英烈后代关爱行动和"替烈士看爹娘、为烈属办实事"活动，举办首届江西省退役军人"永远跟党走、建功新时代"主题活动。民族宗教、外事港澳、侨务、对台、人防、地震、地质、档案、地方志、科协、哲学社会科学、工青妇、残联、红十字会、援疆等工作取得新成效。

（八）**防范化解重大风险。**高风险法人金融机构全部清零，地方政府隐性债务存量有序化解，我省成为全国极少数债券市场"零违约"省份之一。实施持续整治规范房地产市场秩序三年行动，房地产市场总体平稳。国家矿山安全监察局江西局成立，国家安全生产救护（瑞金）体验中心揭牌，省航空应急救援网和应急物资2小时保障圈基本形成，省消防慈善基金启动运营。全省生产安全事故和死亡人数持续下降，有效杜绝重特大事故，自然灾害死亡人数新世纪以来最低。省社会治理大数据平台正式上线，省公安全警情案件全流程智能监督管理系统试运行，上饶、景德镇入选全国首批禁毒示范城市，吉安、新余、景德镇、赣州被命名为平安中国建设示范市、数量居全国第2位，我省连续16年获评全国综治考核优秀省。

（九）**深化"五型"政府建设。**"我为群众办实事"实践活动省级重点民生项目进展顺利。第四、第五轮梳理的229个制约江西高质量跨越式发展突出问题如期办结，第六轮梳理的75个问题正在破解。开展"服务怎样我体验、发现问题我整改"专项活动，深入整治"指尖上的形式主义"。续聘增聘100名"五型"政府建设社会监督员，首聘15名优化营商环境咨询专家、56名社会监督员，全国首个营商全媒体平台上线。全省"三公"经费支出连续8年压减。向省人大常委会提请审议地方性法规13件，制定、废止、修改省政府规章25件，省政府系统办理人大代表建议和政协提案1131件。

成绩来之不易，是在以习近平同志为核心的党中央坚强领导下，在习近平新时代中国特色社会主义思想科学指引下，省委团结带领全省干部群众矢志感恩奋进的结果。我代表省人民政府，向全省人民，向各民主党派、人民团体和社会各界人士，向驻赣人民解放军指战员、武警部队官兵、公安干警和消防救援队伍指战员，向中央驻赣单位，致以崇高敬意！向所有关心支持江西发展的海内外朋友，表示衷心感谢！

成绩是继续前进的基础，困难和问题是必须突破的障碍。我们必须清醒看到当前面临的困难和问题。主要是：经济下行压力较大；创新能力仍然不足；彰显特色、优势互补的全域发展格局有待强化；优质公共服务供给仍有缺口；一些干部思想解放不够、能力还有欠缺，少数干部法纪意识不强、不收敛不收手，等等。我们将靶向出击，解决前进道路上一个个困难和问题。

二、2022年工作安排

今年是党的二十大召开之年。综合来看，百年变局和世纪疫情交织叠加，国际局势更趋复杂严峻，不稳定、不确定、不平衡特点突出；我国经济运行态势好、韧性强，高质量发展有效推进，新发展格局加快构建，社会大局保持稳定；我省区位优势更加凸显，生态优势加速释放，产业优势厚积薄发，国家战略优势叠加落地，仍处在大有可为的重要战略机遇期。只要我们坚持党中央集中统一领导，落实省委提出的"稳住、进好、调优"原则要求，就一定能把控局势、保持态势、提升位势。今年政府工作的总体思路是：坚持以习近平新时代中国特色社会主义思想为指导，全面贯彻党的十九大和十九届历次全会以及中央经济工作会议精神，深入贯彻习近平总书记视察江西重要讲话精神，按照省第十五次党代会部署要求，大力弘扬伟大建党精神，坚持稳字当头、稳中求进，完整、准确、全面贯彻新发展理念，加快构建新发展格局，坚持以供给侧结构性改革为主线，统筹疫情防控和经济社会发展，统筹发展和安全，继续做好"六稳"、"六保"工作，着力稳定经济发展基本盘，着力畅通经济循环，着力强化科技创新支撑，着力全面深化改革开放，着力保障和改善民生，着力保持社会大局稳定，坚定不移推进高质量跨越式发展，携手书写全面建设社会主义现代化江西的精彩华章，以优异成绩迎接党的二十大胜利召开。

经济社会发展主要预期目标是：地区生产总值增长7%以上，在实际工作中尽可能争取更好结果；一般公共预算收入增长5%，规模以上工业增加值增长8%以上，固定资产投资增长8%以上，社会消费品零售总额增长10%以上，实际利用外资增长6%左右，城镇和农村居民人均可支配收入分别增长7.5%、8%左右，居民消费价格总水平涨幅3%左右，城镇调查失业率控制在5.5%以内，节能减排完成国家下达任务。

重点做好九方面工作。

（一）促进供给和需求有效畅通，保持经济平稳健康发展。
把扩大内需作为"稳住、进好、调优"的战略基点，推动供需互促
升级良性循环，夯实富裕江西建设的基础支撑。

发挥投资对优化供给的关键作用。坚持"项目为王"，升级
实施"项目大会战"，重点推进3455个省大中型项目，年度投资
1.1万亿元以上。新型基础设施方面，新增5G基站1万个以上，推进
千兆光纤接入应用试点工程、中国电信中部云计算大数据中心、中
国广电5G核心网南昌接入点等建设。新型城镇化方面，建成南昌
九龙湖新城综合管廊一期、九江学院第二附属医院等项目，开工南
昌洪州大桥、赣州中心城区赣南大道快速路、吉安庐陵后河景区提
升工程、抚州高教产业园等项目。重大工程方面，建成花桥水利枢
纽、瑞金民用机场、信丰电厂等项目，完成2021年475座已开工小
型水库除险加固项目并新开工691座，推进长江干流江西段崩岸应
急治理、赣抚尾闾综合整治、大唐新余二期等项目，开工梅江灌
区、袁河航道提升、昌九客专、长赣铁路、瑞梅铁路、樟树至吉安
高速改扩建、萍乡绕城高速等项目，推动长江干堤提质升级，提升
赣江、信江通航能力，争取鄱阳湖水利枢纽前期工作实现质的突
破、赣粤赣浙运河前期工作取得积极成效。

更好满足高品质消费需求。实施新一轮商贸消费升级三年行
动计划，提升放心消费创建成效，社会消费品零售总额突破1.3万
亿元。加快南昌全国性消费中心城市和赣州、九江、上饶、宜春等
区域性消费中心城市建设。改造提升县乡商业设施，健全社区商业
配套设施，构建"5分钟便利店+10分钟农贸市场+15分钟超市"社
区生活服务圈，推动生活性服务业补短板上水平。启动"风景独
好"旅游名县建设，打响"全国学子嘉游赣"等文旅消费品牌，打

造更多更吸引各类群体的消费品牌。开展新一轮家电以旧换新，实施新能源汽车、智能家电、绿色建材下乡等行动，实现高速公路服务区充电桩全覆盖。完成国家低空空域改革试点拓展任务，发展"民航+通航"联运。引导商贸企业拓展线上业务，塑造"数字化引流+沉浸式体验"新优势。深入实施"赣出精品""赣菜品牌""引客入赣""千企百展"等工程和"赣品两上三进"，让"江西产"叫响全国、走向世界。

加快现代流通体系建设。完成物流高质量发展三年行动目标任务，社会物流总额达8万亿元。全面开展交通强省建设试点，实施交通物流枢纽建设行动，提升南昌国际航空物流枢纽、赣州国际陆港、南昌国际陆港、九江江海直达区域性航运中心等功能，提高铁路、水路承运比重，大力发展多式联运和航空货运，融入"全球123快货物流圈"。深入实施城乡高效配送专项行动，统筹配送中心、冷链物流骨干网建设，70%县（市、区）建成县级物流中心，快递服务基本覆盖行政村。推进"互联网+第四方物流"供销集配体系规范化、标准化、品牌化建设，发展共享云仓、分时配送等物流新模式。

（二）提升创新驱动发展效能，持续增强产业核心竞争力。把科技创新作为"稳住、进好、调优"的关键，做优做强做大制造业"强省重器"，奏响建设创新江西、工业强省最强音。

推动产业协同高效发展。打造产业链链长制升级版，启动龙头企业保链稳链工程，实施制造业基础再造行动计划，抓好1000个亿元以上重大技改项目。开展"领航企业"和独角兽、瞪羚企业培育行动，净增规模以上工业企业1000家以上、"专精特新"企业500家以上、专业化"小巨人"企业50家以上、制造业单项冠军企业10家以上，有效期内高新技术企业达6500家，入国家库科技型中小企业达9000家。深入实施产业集群提能升级行动，争创国家级先进制造业产业集群，启动创建制造业高质量发展试验区。实施生产性服务业补短板行动，以高质量生产性服务业引领制造业高质量发展。抓实数字经济做优做强"一号发展工程"，支持南昌建设全省数字经济引领示范区，全产业链开展数字化改造，加快"物联江西""智联江西"建设，培育细分领域新赛道30条、典型应用新场景500个。

打好关键核心技术攻坚战。结合万人助万企及"专精特新万企行"活动，深入摸排"2+6+N"产业"卡脖子"问题，实施十大重大科技创新项目。发挥龙头企业带动作用，实现重点产业省级平台全覆盖、大中型工业企业和规模以上高新技术企业研发机构全覆盖。启动科技体制改革攻坚行动，深化科研经费"包干制"和赋予科研人员职务科技成果所有权或长期使用权试点改革，完善科技成果评价机制，实施科技成果转化工程。优化创新生态，落实企业研发费用加计扣除、首台（套）重大技术装备创新应用等政策，推进加大全社会研发投入攻坚行动，全社会研发经费支出占GDP比重1.9%以上。

强化战略科技力量支撑。加快鄱阳湖国家自主创新示范区建设，支持中国（南昌）科学岛建设，鼓励创建国家创新型城市，推进20个创新型县（市、区）建设试点。实施创新"国家队"引进培育工程，推动国家稀土技术创新中心、国家中药资源与制造技术创新中心、稀土国家重点实验室、持久性污染控制与资源循环利用国家重点实验室、大口径射电天文望远镜等落地，引进共建高端研发机构30家。依托14条产业链龙头企业组建科技创新联合体或产业研究院，依托院士团队建设省实验室。实施更具竞争力的高层次领军人才引育计划，组建省人才发展集团，加强高层次人才产业园建设，努力把江西打造成为天下英才的重要首选地。

（三）推进改革开放走深走实，着力提升营商环境软实力。大力实施全面深化改革攻坚行动，强攻营商环境优化升级"一号改革工程"，激发"稳住、进好、调优"的动力活力。

建设高标准市场体系。落实市场准入"全国一张单"管理模式，推动修订省反不正当竞争条例，加强知识产权保护，清理妨碍统一市场、公平竞争的政策和做法，依法加强对资本的有效监管，反垄断、反暴利、反天价、反恶意炒作、反不正当竞争。完善土地二级市场制度，引导市场主体有序流通低效使用的土地资源。有序推动工商业用户全部进入电力市场。打好国资国企改革创新三年行动收官战，推进国有企业战略重组和国有资本运营大平台建设，建立健全体现高质量发展要求的省属企业考核体系，推动重点省属企业创新倍增。构建省产业投资大平台，设立省现代产业发展引导基金，推进市县两级投融资平台整合优化和市场化转型。落实省社会信用条例，全面建设信用江西。实施企业上市"映山红行动"升级工程和"金融赣军"工程，完善区域性股权市场，健全"1+5+N"政府性融资担保体系，推进普惠金融试点，创新绿色金融发展机制，积极发展科技金融、供应链金融等新业态，力争新增上市公司12家。

打造高质效政务服务。深化"放管服"改革，进一步向国家级开发区和市县两级放权赋能。打通数据壁垒，深化综合窗口和"一件事一次办"改革，全面推行"一网通办""一照通办"，在低风险行业全面推行告知承诺制。打造"赣服通"5.0版，形成

"赣服通"前端受理、"赣政通"后端办理的政务服务新模式。实施更大力度减税降费,力争全年为市场主体减负2000亿元,净增市场主体超60万户。梳理集成惠企政策,建设政策兑现"惠企通",推广免申即享模式。构建涉企营商环境问题快速处置机制,发挥非公企业维权服务中心作用,努力实现"中心吹哨、部门报到"。开展营商环境创新试点,进一步打响"江西办事不用求人、江西办事依法依规、江西办事便捷高效、江西办事暖心爽心"的营商环境品牌,争当全国政务服务满意度一等省份。

促进高水平开放合作。深度对接国家区域重大战略,用好国家推动长江经济带发展财税支持措施,加快把"四通八达"的区位优势转化为"四面逢源"的发展优势。细化落实长江中游三省协同推动高质量发展行动计划,推进湘赣边区域合作示范区、浙赣边际合作(衢饶)示范区、深赣港产城特别合作区、赣闽产业合作示范区建设取得新成效,谋划建设赣粤高铁经济带,实施对接粤港澳大湾区科技创新行动计划。实施融入共建"一带一路"行动计划,落实区域全面经济伙伴关系协定,提速建设江西内陆开放型经济试验区,支持南昌、赣州创建中欧班列集结中心,鼓励通过"赣货通全球"平台做大做强跨境电商,推动24小时"零延时"通关常态化,开展江西自贸区创建攻坚行动。实施优进优出战略,扩大先进技术设备、关键零部件、紧缺资源进口。办好世界VR产业大会、对接粤港澳大湾区经贸合作、"进博会"进江西、赣台经贸文化合作交流等活动,积极创办首届庐山全球商界领袖夏季论坛和院士创新论坛、首届工业博览会。按照"高大上、链群配"思路,力争引进"5020"项目170个以上。

（四）统筹区域协调发展，促进以人为核心的新型城镇化。 有效实施区域协调发展战略，提升新型城镇化建设质量，强化"稳住、进好、调优"的多极支撑。

推进"一圈两轴三区"提标升级。大力实施强省会战略，加快大南昌都市圈城际快速路体系建设，支持南昌落实与广东七市战略合作框架协议，吸引海内外高端资源建设"一枢纽四中心"，打造全国城市高质量发展示范城市。推动赣江新区生产总值突破千亿元，支持九江高标准建设长江经济带重要节点城市和万亿临港产业带，支持抚州建设承接东部沿海产业转移示范区和先进制造业协作区，促进昌九昌抚协同增效。支持赣州做大做强"中国稀金谷"、建设省域副中心城市和深度融入粤港澳大湾区，支持吉安建设电子信息战略性新兴产业集群和赣江中游生态经济带，打造新时代革命老区高质量发展示范区。支持上饶"两光一车"产业高质量发展、鹰潭建设万亿有色产业集群核心区和国家城乡融合发展试验区，启动建设景德镇中日先进陶瓷产业合作园，推动饶景鹰成为对接长三角一体化发展先行区。支持宜春打造国家级锂电新能源产业集群、萍乡建设国家产业转型升级示范区和赣湘合作核心区、新余打造新型工业强市和京东合作区域中心、新宜吉六县转型合作示范区打造产业转型升级样板区。积极推动以县城为中心的县域城镇化，鼓励有条件的设区市、县（市、区）实施"五年创新倍增"计划和行动。

完善区域协调发展体制机制。基本完成省级国土空间规划编制，统筹划定"三区三线"，形成功能完善的国土空间规划"一张图"。优化区域生产力布局，建立资源要素供给与区域战略实施联动机制，防止资源错配、恶性竞争。建立健全区域协同利益联结机制，推动招商引资、产业分工、科技成果转化等协调联动，支持产业跨区域转移、共建产业园和发展飞地经济。推进开发区集群式项目满园扩园和"两型三化"管理提标提档行动，支持特色相近开发区打造"组合园"。

加快城市高质量发展示范省建设。建立城市体检评估机制，实施城市功能与品质提升行动2.0版。深入开展城市"双修"，注重延续城市文脉，严禁大规模迁移、砍伐城市内树木，完成县级城市建成区黑臭水体排查并启动整治，32%建成区达到海绵城市建设要求，装配式建筑新开工面积达到总建筑面积的30%，力争30%城市（县城）达到省生态园林城市标准。完成2021年纳入计划的城镇老旧小区改造任务，开工改造城镇老旧小区1062个、棚户区7.91万套，开工（筹集）保障性租赁住房6.28万套。推进高品质智慧社区建设试点，开展城市居住社区建设补短板行动和绿色社区创建，改进现有车位管理，全面建成设区市中心城区厨余垃圾处理设施，各设区市中心城区至少1个区实现生活垃圾分类全覆盖，县级以上城市建成区医疗废物无害化处置率99%以上。统筹"城市大脑"建设，让城市更智慧、更绿色、更韧性、更宜居。

（五）大力实施乡村振兴战略，扎实推进农业农村现代化。坚持农业农村优先发展，推进农业强省建设，夯实"稳住、进好、调优"基本盘，加快打造新时代乡村振兴样板之地。

增强重要农产品保供能力。建成高标准农田290万亩，稳定粮食播种面积和产量，为保障国家粮食安全作出江西贡献，推进粮食生产全程全面机械化，推广"稻渔"等综合种养模式。完善生猪生产逆周期调控机制。深挖油菜扩面潜力，加快发展油茶产业。实施种业振兴行动，推进南繁育种基地建设，加快中国水稻研究所早稻研究中心建设。落实稻谷最低收购价政策，提升收储调控能力，实现水稻完全成本保险44个产粮大县全覆盖。深入开展"光盘"等粮食节约行动。

深化农业结构战略性调整。推进部省共建绿色有机农产品基地试点省建设，实施绿色生态农业提升工程，抓好绿色种养循环农业试点，新增绿色有机地理标志农产品400个以上。扩大蔬菜种植面积，因地制宜促进特色农业高质量发展。加快农业现代化示范区建设，推广科技小院模式，发展农业社会化服务，促进一二三产业融合发展。实施数字农业农村建设三年行动，新建农业物联网示范基地100个，大力发展农村电商，让手机成为新农具、直播成为新农活。

深入开展乡村建设行动。实施农村人居环境整治提升五年行动，新选择6000个左右省级村点开展整治建设，改造农村户用卫生厕所10万户，深化美丽宜居示范县（乡镇、村庄、庭院）创建，推动村庄整治向功能品质提升迈进。深化农村承包地"三权"分置改革，实施好农村宅基地制度改革和规范管理三年行动，持续推进农村危房改造，盘活闲置农房和宅基地。推动城乡基础设施和公共服务一体化，农村公路列养率达100%、优良中等路率不低于75%。完善农村集体经营性建设用地入市制度和集体经济风险监控机制，增强乡镇"造血"功能，基本消除集体经济年经营性收入10万元以下行政村。深化法治乡村建设和移风易俗，推动惠民绿色文明殡葬改革取得更大进展。

巩固拓展脱贫攻坚成果。完善和落实监测帮扶机制，持续巩固"三保障"和饮水安全成果，确保不发生规模性返贫。加强扶贫项目资产后续管理，强化易地搬迁后续帮扶，培育壮大"四类带动经营主体"。统筹推进省级乡村振兴"三类县"发展，加大对1841个"十四五"省定乡村振兴重点帮扶村倾斜支持力度，促进巩固拓展脱贫攻坚成果同乡村振兴有效衔接，让农业更强、农村更美、农民更富。

（六）有序实施碳达峰碳中和，开创生态文明建设新境界。协同推进经济高质量发展和生态环境高水平保护，厚植"稳住、进好、调优"的生态底色，迈出美丽江西建设新步伐。

深入打好污染防治攻坚战。实施新的"八大标志性战役30个专项行动"，推进长江经济带"共抓大保护"和"五河两岸一湖一江"全流域治理，开展幸福河湖建设，强化"四尘""三烟""三气"防治，支持萍乡全国土壤污染防治先行区建设，完成所有市级饮用水水源地水站监测数据实时联网，设区城市空气质量优良天数比率稳步提升、国考断面水质优良比例达95.5%、赣江干流断面水质保持在Ⅱ类以上。持续抓好中央生态环保督察反馈问题整改，开展第二轮省级生态环保督察。常态化加强重点水域禁捕退捕。推进煤炭清洁高效利用，提高清洁能源比重。健全碳达峰碳中和"1+N"政策体系，完善能耗双控制度，形成减污降碳激励约束机制，坚决遏制"两高"项目盲目发展。推广大型活动碳中和做法和"绿宝碳汇"，广泛开展绿色创建行动，支持南昌、赣州、上饶创建绿色出行城市。落实生态环境违法行为举报奖励办法，让人人成为美丽江西的监督者、建设者、享有者。

实施碳汇能力提升工程。推进重点区域生态保护修复，完成退化林修复160万亩，探索"矿山生态修复+"融合模式。编制武夷山国家公园（江西区域）总体规划和专项规划，做好井冈山国家公园申报工作，启动草地自然公园建设试点。推进现代林业产业示范省局省共建、抚州全国林业改革发展综合试点、全民所有自然资源资产所有权委托代理机制试点，构建持续回报和合理退出机制。

拓展生态产品价值实现机制。加快构建生态产品价值核算评估体系，支持抚州、南昌、吉安等地开展GEP核算试点。加快建设全国性生态产品与资源环境权益综合交易平台，推进碳汇、碳排放权、水权、用能权、绿色电力证书等交易，争取国家生态产品价值实现机制整省试点。按要求加快鄱阳湖生态保护补偿机制建设，推动以县域为单元的流域上下游横向生态保护补偿，探索与长江中下游省市开展跨省生态补偿。推进绿色技术创新企业培育，发展绿色低碳循环经济和节能环保产业，推动大宗固体废弃物、农林废弃物综合利用和动力电池梯级利用、再生利用，发展生物质能、氢能、合同能源管理等产业，推行非居民厨余垃圾处理计量收费，努力打造全面绿色转型发展的先行之地、示范之地。

（七）切实提高人民生活品质，开拓促进共同富裕新路径。把创造高品质生活作为"稳住、进好、调优"的落脚点，着力办好51件民生实事，让人民群众真切享有幸福江西建设成果。

强化经济发展就业优先导向。延续实施失业保险稳岗返还政策，完善减负稳岗扩就业政策，城镇新增就业40万人。创建一批青年发展友好型城市，推进创业孵化示范基地、返乡入乡创业园建设，新增发放创业担保贷款150亿元。健全灵活就业和新就业形态劳动用工和社会保障政策。落实工程建设领域农民工工资保证金规定，开展根治欠薪专项执法行动，决不让欠薪者逍遥法外、劳动者汗水白流。

壮大中等收入群体规模。健全工资合理增长机制，加大税收、社保、转移支付等调节力度，发挥公益慈善事业等第三次分配作用，增加居民财产性收入，提高技术技能人才待遇，加快形成橄榄形分配结构。落实企业职工养老保险全国统筹政策，健全基本养老保险待遇调整机制，扩大价格补贴联动机制保障范围。提高计划生育特殊家庭扶助标准。健全困难群众主动发现、动态调整、及时帮扶机制。试行常住地登记户口制度，健全常住地提供基本公共服务制度。

实施公共服务提升工程。实施省基本公共服务标准（2021年版）。加快3岁以下婴幼儿照护服务设施建设，推进实施学前教育质量提升计划和城乡义务教育优质均衡发展，实施县域普通高中发展提升行动计划，加快部省共建职业教育创新发展高地建设，加大高校"双一流"建设力度，扩大研究生招生规模。加快国家和省区域医疗中心建设，组建省生命科学与医学研究院，推进公立医院高质量发展和城市医疗集团试点，全面启动紧密型县域医共体建设，加强乡村卫生人才培养，提升乡镇卫生院和村卫生室首诊能力，提高家庭医生履约质量。完善公共卫生体系，推进生物安全防护三级实验室建设，促进医疗器械产业高质量发展。制定国家中医药综合改革示范区建设实施方案，基本实现县办中医医院全覆盖，力争全部乡镇卫生院设置中医馆、配备中医医师。健全职工基本医疗保险门诊共济保障机制和城乡居民基本医疗保险筹资标准正常调整机制，启动智慧医保"村村通"工程。关爱留守儿童。实施医养结合工程，新增社区嵌入式养老院100家，日间照料机构覆盖90%以上城市社区，养老机构护理床位占比提高到54%以上，对1.2万户特殊困难老年人家庭进行居家适老化改造，改造提升乡镇敬老院120所，推进农村互助养老服务可持续发展。落实全民健身实施计划，办好第16届省运会，壮大体育产业，促进体育消费。推进长征国家文化公园江西段建设，启动革命文物保护利用示范县建设。加大文化精品创作支持力度，培育新型公共文化空间，加快打造"书香赣都"，提升全民科学文化素质。

（八）更好统筹发展和安全，提高防范化解重大风险能力。全面推进和谐江西建设，守牢不发生区域性风险底线，为"稳住、进好、调优"创造安全环境。

科学抓好常态化疫情防控。坚持"外防输入、内防反弹"总体策略和全链条精准防控"动态清零"总体目标，压实"五方"责任，落实"四早"要求，健全及时发现、快速处置、精准管控、有效救治的防控机制。加强监测预警、核酸检测、医疗救治、流调溯源、社区管控、应急物资保障等能力建设。严格入境人员闭环管理和进口商品、冷链物流等风险管控，引导群众有序合理流动、落实公民防疫基本行为准则。做好疫苗接种工作，筑牢全民免疫屏障。

有效应对各类风险挑战。健全地方政府依法适度举债机制，严防地方政府变相违规举债，完善政府性融资担保管理体制和考核机制。建立防范化解重大金融风险问责机制，加快地方法人机构、网贷平台等风险防控与处置，有效治理恶意拖欠账款和逃废债行为，持续整治虚拟货币"挖矿"活动。强化房地产市场预期引导，促进房地产业良性循环和健康发展。完善战略物资储备制度，实施新一轮找矿战略行动。加强能源、交通、水利、网络、金融等重要基础设施安全保障。健全生物多样性监测网络。全面完成自然灾害综合风险普查，推动气象灾害风险预警服务体系建设，提高防灾减灾救灾能力。

加快推进社会治理现代化。深入开展市域社会治理现代化试点。坚持和发展新时代"枫桥经验"，推进重复信访治理、重点领域信访问题和信访积案化解，做实"法援惠民生"系列品牌。深化市县公安机关大警种、大部门制改革，推进"雪亮工程"和智能安防小区建设，常态化开展扫黑除恶斗争，依法打击影响项目建设、企业生产经营、社会和谐稳定的各类违法犯罪行为。实施"智慧药店"建设工程，从严监管食品药品，保障饮食用药安全。压实安全生产责任，完成安全生产专项整治三年行动目标任务，全面开展城镇燃气、危险化学品安全专项整治，启动新一轮全覆盖安全生产专项巡查，基本健全乡镇（街道）、行政村（社区）应急管理体系，完善重大突发事件应急处置机制，切实维护人民群众生命财产安全。

支持军队和国防现代化建设，深化国防动员体制改革，做好双拥共建和退役军人事务工作，深入推行"尊崇工作法"，支持工青妇、残联、红十字会等更好发挥作用，推动民族宗教、外事港澳、侨务、地震、地方志、档案、测绘、地质、科协、哲学社会科学、援疆等工作再展新风采。

（九）加强政府自身建设，提高政治判断力政治领悟力政治执行力。继续深入学习贯彻党的十九届六中全会精神，坚持党史学习教育常态化长效化，不断提升各级干部理论素养，推进新形势下"五型"政府建设，做到最讲党性、最讲政治、最讲忠诚、最讲担当，打造让党放心、人民满意的模范机关，在全面建设勤廉江西中恪尽政府之责、展现政府之力、提升政府之效、彰显政府之能，为"稳住、进好、调优"提供坚实保障。

矢志不渝讲政治、践忠诚。胸怀"两个大局"、牢记"国之大者"，深刻领会"两个确立"的决定性意义，增强"四个意识"、坚定"四个自信"、做到"两个维护"，始终在思想上政治上行动上同以习近平同志为核心的党中央保持高度一致，不折不扣落实党中央、国务院决策部署和省委工作要求，坚决负起稳定宏观经济的责任。

攻坚克难求创新、出真彩。牢固树立"有错是过，无为也是过；有错要问责、无为也要问责"的理念，破除不合时宜的老化思想、僵化思维、固化思路，加快政府治理理念、服务模式、体制机制创新，宽容出错、允许试错、及时纠错，争创"第一等的工作"。

义不容辞勇担当、强落实。坚持倡导"事事马上办、人人钉钉子、个个敢担当""不为不办找理由、只为办好想办法"，加强政策统筹和跟踪问效，避免把整体目标任务简单一分了之，严防政策执行"一刀切"、搞层层加码，打通政策落实"最后一公里"，力戒"新官不理旧账""慢作为""踢皮球"，坚决顶起该顶的那片天。

直面问题优服务、提效能。树牢"人人都是服务员、行行都是服务业、环环都是服务链"理念，编制政务服务事项办事指南，推进政务服务标准化规范化精细化，提高"五型"政府建设社会监督平台知晓率，加强调查研究、倾听群众呼声，提升干部数字素养、专业水平、服务本领，做到"有求必应、接诉即办、办有回音"。

持之以恒转作风、葆廉洁。把纪律和规矩挺在前面，落实法治政府建设纲要，践行"三严三实"，坚决反对形式主义、官僚主义，持续整治群众身边腐败问题和不正之风，严禁滥用行政权力，严禁选择性执法，严禁违法实施行政处罚，严禁搞强制摊派、罚款创收。坚持政府过紧日子，建立节约型财政保障机制，加快财政支出进度，加大对市县支持力度。深化政务公开，自觉接受各方面监督，让阳光透视权力、让权力为人民服务。

各位代表！志存高远才能永不懈怠，踏平坎坷才能成就辉煌。让我们更加紧密地团结在以习近平同志为核心的党中央周围，在省委坚强领导下，拉高标杆、锲而不舍、勇争一流，凝心聚力书写全面建设社会主义现代化江西的精彩华章，以优异成绩迎接党的二十大胜利召开！

附件：有关内容名词注释

1.制造业产业链提升"八大行动"：供应链协调推进行动、项目强攻行动、创新提升行动、融合发展行动、开放合作行动、企业梯次培育行动、集聚集约发展行动、要素保障行动。

2."全球123快货物流圈"：中国国内1天送达、周边国家2天送达、全球主要城市3天送达。

3.十大重大科技创新项目：在航空制造、稀土新材料、锂离子动力电池、复合半导体材料、工业智能化装备、高端智能传感器、虚拟现实终端设备、碳达峰碳中和、创新药物、现代种业领域开展技术攻关。

4.市场准入"全国一张单"管理：国家以一张清单形式明确列出所有市场准入的禁止、许可事项，清单以外各类市场主体皆可依法平等进入。

5."1+5+N"政府性融资担保体系："1"是构建一个多级担保机构与银行机构共同参与的业务联动和风险分担机制；"5"是构建完善的担保机构、银担合作、业务结构、政策扶持及监督管理5个子体系；"N"是引导融资担保机构研究开发N种具有"准公共产品"属性的业务产品。

6."赣货通全球"平台：为全省外贸企业提供线上展示、获取国外买家数据及国外市场需求洞察分析数据、外贸综合服务的大数据平台。

7."一枢纽四中心"：具有全国重要影响力的综合交通枢纽，区域科创中心、金融中心、先进制造业集聚发展中心、高品质服务业集聚发展中心。

8.科技小院：建立在生产一线（农村、企业）的集科技创新、示范推广和人才培养于一体的农业科技社会化服务平台。

9."四类带动经营主体"：有带动脱贫户和监测对象增收功能的龙头企业、农民合作社、家庭农场、创业致富带头人。

10.乡村振兴"三类县"：先行示范县、整体推进县、重点帮扶县。

11.新的"八大标志性战役30个专项行动"：八大标志性战役是指绿色低碳发展、蓝天提升、碧水提升、净土提升、农业农村污染防治、生态保护修复、河湖生态环境保护、生态环境保护专项整治问题攻坚战；30个专项行动是八大标志性战役的主要抓手，分别是遏制"两高"项目盲目发展、能源结构调整、工业结构调整、交通运输结构调整、挥发性有机物治理、"四尘"深入整治、"三烟"深入整治、"三气"深入整治、饮用水安全保障提升、开发区污水收集处理提升、城镇生活污水收集处理提升、城区黑臭水体整治、受污染耕地安全利用、重点建设用地安全利用、生活垃圾收集处理提升、危险废物监管处置提升、畜禽养殖污染防治、农药化肥减量化、水产养殖污染防治、农村生活污染防治、矿山生态保护修复、自然保护区保护、重点水域禁捕退捕与水生生物保护、生态文明示范创建、鄱阳湖总磷污染控制与削减、"五河一湖一江"排污口整治、水上交通运输污染防治、河道采砂整治、中央生态环境保护督察反馈问题及长江经济带生态环境警示片披露问题整改、省生态环境保护督察反馈问题整改专项行动。

12.碳达峰碳中和"1+N"政策体系:"1"是指《关于完整准确全面贯彻新发展理念做好碳达峰碳中和工作的实施意见》;"N"是以《江西省碳达峰实施方案》为首,包含能源、工业、交通运输、城乡建设等分领域分行业碳达峰实施方案,各地碳达峰实施方案,以及科技支撑、能源保障、碳汇能力巩固提升、财政金融价格政策、标准计量体系等一系列保障措施。

13.GEP核算:指生态产品总值核算,是一定核算区域范围内生态系统在核算期内提供的所有生态产品的货币价值总和。

14.智慧医保"村村通"工程:通过建设全省统一医疗保障大数据平台,将医保公共服务铺展到广大农村及偏远地区民生政务服务系统解决方案,借助医保服务终端,打通农村医疗保障服务"最后一公里"。

山 东 省

政府工作报告

——2022年1月23日在山东省第十三届人民代表大会第七次会议上

省长　周乃翔

各位代表:

现在,我代表省人民政府向大会报告工作,请予审议,并请省政协各位委员提出意见。

一、2021年工作回顾

2021年是中国共产党成立100周年,是全面迈入社会主义现代化新征程起步之年和"十四五"开局之年。习近平总书记再次亲临山东视察,作出"三个走在前"重要指示要求,为我们指明了前进方向,提供了科学指引,注入了强大动力。

一年来,全省上下认真贯彻落实习近平总书记对山东工作的重要指示要求,坚定不移抓好"八大发展战略""九大改革攻坚""十强现代优势产业集群""七个走在前列""九个强省突破"

等既有工作部署，落实"六个一"发展思路、"六个更加注重"策略方法、"十二个着力"重点任务，统筹疫情防控和经济社会发展取得明显成效，高质量发展迈出坚实步伐，实现"十四五"良好开局。

（一）经济运行稳中向好。综合实力跃上新台阶，地区生产总值达到8.3万亿元，比上年增长8.3%，好于全国0.2个百分点。粮食总产突破1100亿斤，连续8年稳定在千亿斤以上。规上工业企业突破3万家，规上工业增加值增长9.6%。社会消费品零售总额超过3.3万亿元、增长15.3%。进出口、实际使用外资增长32.4%、21.9%，好于全国11个、1.7个百分点。发展质量实现新提升，居民人均可支配收入增长8.6%。一般公共预算收入7284.5亿元、增长11%，税收占比75.2%。实有市场主体增长12%。高技术制造业增加值增长18.5%。跨境电商进出口、市场采购出口双超千亿元，民营企业进出口占比超过70%。

（二）创新动力显著增强。关键核心技术实现突破，取得时速600公里磁浮交通系统、国密算法物联网安全芯片、磁悬浮离心鼓风机等一批标志性成果，3个一类创新药获批上市，VLP新冠疫苗中试进展顺利，世界首座四代技术高温气冷堆核电机组并网发电。柴油机本体热效率首次达到51.09%，再创世界纪录。我省自主设计、研发、制造的国内首台智能雪蜡车交付国家队。国家示范盐穴压缩空气储能调峰电站投运。万人有效发明专利拥有量14.8件，增长19.8%。创新平台建设提速，国家燃料电池技术创新中心、国家高端智能化家电创新中心落户，全国唯一智能制造国家工业设计研究院获批，2项大科学装置纳入国家重大科技基础设施布局，新增19家国家工业设计中心。"1313"实验室体系不断健全，建设6家省实验室，省级创新创业共同体发展到31家。北京大学现代农业研究院建成启用。创新主体不断壮大，高新技术企业突破2万家，入库科技型中小企业2.8万家，新增专精特新"小巨人"企业221家、国家制造业单项冠军39个，居全国前列。住鲁两院院士和海外学术机构院士达到111位。

（三）**动能转换提速增效**。传统产业加快升级，实施500万元以上技改项目1.2万个，建设省级工业互联网平台115个，"上云用云"企业超过35万家。裕龙岛炼化一体化等重大项目加快推进，万华百万吨乙烯项目达产。完成粗钢产量、焦炭产能压减任务，整合转移炼油产能780万吨。新动能快速成长，"四新"经济投资占比51.2%，105个雁阵形产业集群规模突破5.7万亿元，智能家电、轨道交通装备入围国家先进制造业集群，高端医疗器械等4个产业集群纳入国家创新型产业集群试点，培育认定首批12个省级战略性新兴产业集群。济南8英寸高功率半导体顺利通线。全面推行链长制，绘制9大产业领域、42条产业链图谱，确定112家链主企业，推动成立35家产业链共同体，产业链韧性进一步增强。

（四）**需求潜力加快释放**。重大项目支撑有力，12929个省市县重点项目完成投资2.6万亿元，其中1860个省级重点项目完成投资8721亿元。全省新旧动能转换基金累计投资2680亿元，新增政府专项债券3017亿元。基础设施更加完善，鲁南高铁山东段全线贯通，高铁里程突破2300公里，居全国第三位。明村至董家口等4条高速公路开工建设，日兰高速巨野西至菏泽段改扩建等4条建成通车。青岛胶东国际机场转场运营，菏泽牡丹机场正式通航。小清河防洪综合治理主体工程顺利完工，383座小型病险水库完成除险加固，完成聊城位山等65处引黄灌区农业节水工程。新建改造城市雨水管网1350

公里、污水管网1593公里。累计开通5G基站超过10万个，建成全国首张确定性网络。市场消费稳步复苏，制定银发经济、新能源补贴等促消费政策，培育特色商圈和特色街区，乡镇商贸中心加快建设，率先实现"快递进村"全覆盖，直播电商、社交电商、"云逛街"等新模式蓬勃发展，实物商品网上零售额增长16.5%。

（五）**重大战略扎实推进。**黄河国家战略深入实施，出台黄河流域生态保护和高质量发展规划，390个年度重大项目完成投资2100亿元，286个项目集中开工，102个跨省合作事项加速落地，划定沿黄9市陆域生态红线，累计修复湿地2.3万亩，黄河三角洲生态监测中心建成投用。乡村振兴成效突出，累计将5.17万人纳入防止返贫监测帮扶范围，黄河滩区居民迁建全面完成。新建高标准农田665万亩，粮食播种面积增加110.3万亩，生猪产能恢复到常年水平。乡村振兴"三个模式"创新提升，新创建国家农业现代化示范区6个、现代农业产业园3个。成功举办首届国际粮食减损大会。海洋强省建设步伐加快，海洋生产总值预计增长15%左右，沿海港口吞吐量、集装箱量分别增长5.5%、8%，首个国家海洋综合试验场落户威海，国家级海洋牧场发展到59家。分类整治入海排污口1.5万余个，国控入海河流全部消除五类及以下水体。

（六）**改革开放持续深化。**重点领域改革富有成果，启动区域性国资国企综合改革试验，国企改革三年行动重点任务评估结果居全国首位，省属企业收入、利润等指标列各省区第一。实施工业强县、现代农业强县财政激励政策，率先建立供应链金融财政支持政策体系。1630亿元财政直达资金惠企利民，新增减税降费700亿元以上。全国首个科创金融改革试验区落户济南，山东港信期货开业运营，新增上市公司37家。4个省级新区发展规划出台实施。

对外开放水平加快提升，深度融入共建"一带一路"，"齐鲁号"中欧班列开行1825列、增长21.2%。出台落实RCEP先期行动计划。中国—上海合作组织地方经贸合作示范区"四个中心"加快建设，自贸试验区试点任务实施率达到98.2%。国家电投核能总部落户烟台。成功举办跨国公司领导人青岛峰会、与世界500强连线、对话山东等系列活动，创办日本、韩国等进口博览会。柬埔寨驻济总领馆开馆。对口支援和东西部协作等工作扎实推进。

（七）**生态环境明显改善**。大气方面，$PM_{2.5}$平均浓度、空气质量综合指数分别改善15.2%、10.1%，重污染天数减少5.5天。城市新增集中供暖7468.7万平方米，农村新增清洁取暖208.4万户。水方面，落实最严格水资源管理制度，率先实现县际流域横向生态补偿全覆盖，国控地表水考核断面水质首次全部达到四类以上。土壤方面，设立省土壤污染防治基金，开展科学绿化试点示范省建设，完成造林面积17.6万亩。沂蒙山区域山水林田湖草沙生态保护修复试点顺利推进。完成省、市"三线一单"划定工作。第二轮中央生态环境保护督察发现问题整改扎实推进，第二轮省级生态环境保护督察实现全覆盖。

（八）**民生保障落实有力**。滚动实施20项重点民生实事，落实43项重点民生项目清单，财政民生支出占比达到79%。基本公共服务水平持续提高，城镇新增就业124.2万人，开展职业技能培训323万人次，"稳岗返还"稳定就业岗位543.9万个，规模性缺工企业动态清零，圆满完成退役军人安置和滞留部队人员接收。省级财政教育投入增长10%，新改扩建幼儿园527所、中小学277所，"双减"学科类培训机构压减率95.95%，课后延时服务惠及826万名学生。新增3岁以下婴幼儿托位11万个，省公共卫生临床中心一期投入使用，县级综合医院感染性疾病科实现全覆盖。国家健康医疗大数据中心（北方）启动运行。社会保障体系不断完善，退休人员基本养老金增长4.5%，居民基础养老金最低标准由每人每月142元提高到150元，创新推进养老保险待遇领取资格"静默认证"。居民基本医保政府补助标准由550元提高到580元。率先实现职工医保个人账户省内"一卡通行"，普通门诊、住院省内和跨省联网结算。肺结核等6种疾病纳入门诊慢特病医保支付，按疾病诊断分组付费、按病种分值付费改革率先全覆盖。农村适龄妇女"两癌"免费检查率达到95.4%。老年人"6项优待政策"落地实施，九类困难群众救助保障标准大幅提高。建设改造敬老院184处、街道综合养老服务中心265处，护理型床位新增3.4万张。建设困境儿童"希望小屋"1.5万间、残疾人"如康家园"445处。棚户区、老旧小区改造分别新开工12.95万套、65.56万户，农村危房改造1.7万户。文化体育事业繁荣发展，中华优秀传统文化"两创"示范区、尼山世界儒学中心加快建设。全国首个省级红色文化保护传承条例颁布实施。围绕建党百年举办群众文化活动2.8万余场，"送戏下乡"深入开展。成功举办国际孔子文化节、国际文旅博览会、中国歌剧节等文化活动。首家国家图书版权交易中心落户泰安。东京奥运会我省运动员创造历史最好成绩，全运会连续四届夺得金牌、奖牌数第一，山东泰山足球俱乐部获得中超联赛和足协杯"双冠王"。同时，国防动员、双拥共建、民族宗教、档案史志、地震气象、外事侨务、广播电视、人民防空、妇女儿童、残疾人工作等各项事业取得新进步。

一年来，我们着重做了以下工作：

一是突出抓好疫情防控。实施"立足于有、关口前移、多重屏障"纵深防御策略，及时调整完善常态化防控政策。全力做好境外来人来物、重点人员、进口冷链、医疗机构管控。加强核酸检测，重点人群应检尽检1.82亿人次，日最大检测能力提高到287.2万份。提升疾控中心建设水平，省市两级全部具备基因测序能力。梯次开展新冠疫苗接种和加强免疫，免费接种2.12亿剂次，覆盖9269.9万人。科学果断处置局部突发疫情，疫情防控形势总体平稳有序。

二是突出落实"六稳"、"六保"。坚持精准高效调控经济运行，建立实时监测报告、定期分析研判等工作机制。强化政策集成创新，落实助企纾困政策，梯次推出四批"六稳"、"六保"高质量发展政策清单。强化督导服务，派出152个省"四进"工作组下沉一线，推动落实政策、解决问题。纵深推进新旧动能转换，实施"十强"产业高质量发展突破行动，加快培育产业形态好、技术支撑好、综合效益好的引领性标志性项目。

三是突出推进节能降碳。坚持生态优先、绿色发展导向，出台"两高"项目管理办法，严格执行"五个减量替代"和"四个区分"，建立项目清单和整改台账，开展摸排检查和违规项目整改处置。调整优化能源结构，出台实施能源发展规划，加快推进风光储一体化示范基地建设，半岛南3号、4号海上风电项目建成并网，海上风电实现零突破。新能源和可再生能源发电量增长35%，光伏发电、生物质发电装机均居全国首位。海阳市成为全国首个零碳供暖城市。

四是突出优化营商环境。实施创新突破行动，营商环境建设整体水平位列全国第一方阵。深化大数据共享开放和创新应用，推进政务服务"双全双百"工程。全面实施"证照分离"改革，率先将"一业一证"改革拓展到50个行业。提前完成企业简易注销改革试点。加快政务服务"全省通办""跨省通办","爱山东"注册用户突破7000万。推进省级涉企财政资金"一码支付"。济南惠企政策"一口办理"、烟台一体化信用监管等做法,获得国务院通报表扬。

五是突出筑牢安全底线。狠抓安全生产,坚持安全生产、作风建设、惩治腐败、扫黑除恶"四位一体",创新推出专项督导、驻点监督、量化问责等强化措施。成功应对1985年以来最严重秋汛。推进"食安山东""品质鲁药"建设。强化能源增储保供,政府可调度煤炭储备能力提高到800万吨,全力保障群众生产生活和重点企业生产经营。维护金融安全,不良贷款余额和不良贷款率持续"双降",政府债务风险整体可控。深化平安山东建设,有力维护政治安全、社会安定、人民安宁。

六是突出加强政府建设。坚定党对政府工作的全面领导,自觉接受省人大及其常委会的法律监督和工作监督,主动接受政协、民主党派和社会各界监督,办理省人大代表建议988件、政协提案816件。深化法治政府建设示范创建,完善政府规章体系,行政机关负责人出庭应诉率98.7%。县(市、区)全部发布政务公开事项标准目录。兜牢基层"三保"底线,持续压减"三公"经费。扎实开展党史学习教育,全面加强政府系统党风廉政建设。

各位代表!过去一年,我省各项工作取得显著成绩,难能可贵、实属不易。根本在于有以习近平同志为核心的党中央领航掌舵、在于习近平新时代中国特色社会主义思想科学指引,是省委正确领导、科学决策的结果,是省人大、省政协和社会各界有效监督、鼎力支持的结果,是全省上下砥砺攻坚、共同努力的结果。在此，我谨代表省人民政府，向全省各族人民，向各民主党派、工商联、无党派人士、各人民团体和社会各界人士，向离退休老领导、老同志，向驻鲁人民解放军和武警部队官兵、中央驻鲁单位，向所有关心支持山东发展的港澳台同胞、海外侨胞和国际友人，表示衷心感谢，致以崇高敬意！

同时，也要清醒看到，我省经济社会发展还有不少困难和制约。全社会研发投入仍然不足，自主创新能力有待增强；产业结构不够合理，动能转换还需加力；基础设施存在短板，建设进度亟待加快；城乡区域发展还有差距，共同富裕任重道远；疫情防控、安全生产等领域风险隐患仍然存在，科学应对、精准防范能力还需全面提升。政府工作中还存在不少短板、弱项，作风建设上还存在不少缺点、不足。对这些问题，我们一定高度重视，采取有力措施，切实加以解决。

二、2022年经济社会发展总体要求和主要目标

习近平总书记对山东情深似海、厚望如山。去年10月，总书记在山东视察时，勉励我们努力在服务和融入新发展格局上走在前、在增强经济社会发展创新力上走在前、在推动黄河流域生态保护和高质量发展上走在前，不断改善人民生活、促进共同富裕，开创新时代社会主义现代化强省建设新局面。总书记的谆谆教诲、殷殷嘱托，使我们深受鼓舞、备受激励。"走在前列、全面开创""三个走在前"，是我们做好一切工作的总遵循、总定位、总航标。

今年是党的二十大召开之年，是"十四五"规划实施的关键之年，也是我省新旧动能转换"五年取得突破"的决战之年，做好

经济社会发展各项工作意义十分重大。当前，我们所面临的形势仍然严峻复杂。从国际看，世纪疫情冲击下，百年变局加速演进，外部环境不稳定不确定性因素仍然较多。从国内看，经济发展面临需求收缩、供给冲击、预期转弱三重压力，困难和挑战明显增多。从我省看，长期积累的结构性矛盾和短期面临的制约性因素交织叠加，供给侧结构性改革、扩大有效需求、稳定工业运行、促进共同富裕、防范化解风险，都面临较大压力。对此，我们要有清醒的认识。更要看到，经过多年接续奋斗，我省发展的基础更加坚实，九个方面比较优势十分突出：三次产业可以齐头并进，供需两端可以协同发力，新老动能可以相得益彰，各类企业可以比翼齐飞，陆海资源可以统筹开发，交通运输可以四通八达，城乡区域可以均衡发展，对外开放可以提档升级，人文沃土可以深度耕作。这些优势就是我们发展的信心所在、底气所在、潜力所在。我们要大力传承弘扬山东人民在革命、建设、改革和新时代征程上，凝聚起的深厚文化底蕴和磅礴精神力量，一张蓝图绘到底，事争一流、唯旗是夺，让山东发展动力更加澎湃，让山东人民生活更加美好。

　　根据省委十一届十四次全会精神和省委经济工作会议部署，做好今年政府工作，要坚持以习近平新时代中国特色社会主义思想为指导，全面贯彻党的十九大和十九届历次全会及中央经济工作会议精神，深入落实习近平总书记对山东工作的重要指示要求，紧紧锚定"走在前列、全面开创"、"三个走在前"，弘扬伟大建党精神，坚持稳中求进工作总基调，完整、准确、全面贯彻新发展理念，主动服务和融入新发展格局，全面深化改革开放，坚持创新驱动发展，推动高质量发展，坚持以供给侧结构性改革为主线，统筹疫情防控和经济社会发展，统筹发展和安全，坚定不移抓好既有工作部署，聚焦聚力"六个一"发展思路、"六个更加注重"策略方法、"十二个着力"重点任务，继续做好"六稳"、"六保"工作，持续改善民生，稳定宏观经济，保持经济运行在合理区间，保持社会大局稳定，以优异成绩迎接党的二十大胜利召开。

建议今年全省经济社会发展主要预期目标为：地区生产总值增长5.5%以上，一般公共预算收入增长5%左右，城镇新增就业110万人以上，城镇调查失业率控制在5.5%以内，居民人均可支配收入增长7%左右，居民消费价格涨幅3%左右，粮食总产、播种面积保持稳定，外贸进出口固稳提质，实际使用外资量稳质升，全面完成国家下达的节能减排降碳约束性指标和环境质量改善目标，安全发展水平持续提升。

实现以上目标，最根本的是，学懂弄通做实习近平新时代中国特色社会主义思想，全面贯彻落实党中央各项决策部署。要提高政治站位、把握正确方向，深入学习领会中央经济工作会议和习近平总书记重要讲话精神，深刻领悟必须坚持党中央集中统一领导、坚持高质量发展、坚持稳中求进、加强统筹协调"四个必须"的规律性认识，正确认识和把握好实现共同富裕的战略目标和实践途径、资本的特性和行为规律、初级产品供给保障、防范化解重大风险、碳达峰碳中和等"五个重大理论和实践问题"，始终在思想上政治上行动上同以习近平同志为核心的党中央保持高度一致。要突出稳字当头、坚持稳中求进，切实担负起稳定宏观经济的责任，明确稳的政策，细化稳的举措，使"六稳"稳得牢、"六保"保得住。正确处理稳和进的关系，持续推出高质量发展政策包，促进政策加快发力，推进经济实现质的稳步提升和量的合理增长。要注重战略思维、强化系统观念，统筹谋划和整体推进疫情防控、区域协调发展、碳达峰碳中和、能源保供、安全生产等工作，妥善处理政府和市场、整体和局部、当前和长远、发展和安全等关系，在多重目标中寻求动态平衡，努力实现经济、社会、生态、安全等综合效益最佳。

三、2022年重点工作

围绕"十二个着力"重点任务，扎实做好十个方面工作。

（一）坚定不移力保经济平稳增长。紧紧扭住供给侧结构性改革主线，供需两端发力，实施扩需求"十大行动"，努力实现经济行稳致远。

一是持续扩大项目投资。突出"十强"产业、基础设施、重大平台、社会民生，谋划推出2000个省级重点项目。加快裕龙岛炼化一体化、万华新材料低碳产业园等重大项目建设。开展工业技改提级行动，设立"技改专项贷"，突出高端化、智能化、绿色化，推进"万项万企""百园技改"计划，工业技改投资突破5000亿元。创建国家级传统产业转型升级试点示范区，引导企业有序开展节能降碳技术改造。继续支持淄博全国老工业城市和资源型城市产业转型升级示范区建设。稳妥开展基础设施领域不动产投资信托基金试点。

二是全面展开基础设施"七网"行动。着眼山东长远发展、造福人民群众，推进一批支撑性重大项目、重大工程。

综合立体交通网方面，加快推进京沪高铁辅助通道天津至潍坊段、雄商、济滨、济郑等项目，建成黄台联络线、济莱高铁；加快13条在建高速公路项目建设，开工东阿至阳谷、牟平至莱州等项目，建成济南至高青、沾化至临淄等项目，高速公路通车里程突破7800公里；加快济南机场二期、烟台机场二期、临沂机场扩建、枣庄机场建设，完成济宁机场迁建，确保交通基础设施投资2700亿元以上。

现代物流网方面，突出抓好济南、青岛、日照等5个国家物流枢纽，2个国家骨干冷链物流基地以及30个左右多式联运示范工程。推动县域商业体系建设纳入全省乡村振兴战略，加强农产品供应链体系建设。加快临沂国际陆港智慧物流园建设，支持济宁发展内河航运，推进中韩整车运输试运行，畅通国际陆海联运大通道。

能源保障网方面，加快建设山东半岛千万千瓦级海上风电基地、中国海上风电国际母港，开工渤中、半岛南500万千瓦海上风电项目。推进胶东半岛千万千瓦级核电基地建设，开工海阳核电二期，投运高温气冷堆示范工程，打造"国和"先进三代核能基地。加快鲁北风光储一体化、整县光伏规模化开发、天然气环网等重大工程。支持日照打造综合能源协同保障基地。新能源和可再生能源发电装机达到6700万千瓦以上，有效扩大外电入鲁规模。

市政公用设施网方面，突出抓好"两清零一提标"，整县制推进黑臭水体清零，完成30个县（市、区）建成区雨污合流管网改造清零，30%城市污水处理厂完成提标改造，再生水利用率提高2个百分点。完成城市老化燃气管道更新450公里。

现代水网方面，围绕打造"一轴三环、七纵九横、两湖多库"现代水网，加快推进烟台老岚、济南太平、青岛官路、临沂双堠、滨州鲁北等水库和重点平原洼地治理工程，推进南四湖退圩还湖和水资源利用北调、东平湖老湖区分区运用及洪水南排工程，加快京杭运河山东段升级改造，基本完成小清河复航主体工程，确保水利投资500亿元以上。

新型基础设施网方面，实施5G和固定网络"双千兆"工程，累计建成并开通5G基站16万个。开展数据中心提质增量行动，加快建设国家级互联网骨干直联点，推动国际通信出入口局落户山东。

农村基础设施网方面，推动"四好农村路"、数字乡村建设，新改建农村公路1万公里，县乡道三级及以上占比达到54%，农村家庭基本具备百兆以上接入能力。

三是积极实施新型城镇化建设行动。深入推进以人为核心、以提高质量为导向的新型城镇化战略，加快城市更新，更加注重提升城镇发展智慧化、绿色化、均衡化、双向化水平。所有设区市全部建成并用好"城市大脑"，建设1200个智慧社区，打造2000个惠民应用场景。新改建城市道路1200公里，新建城市绿道500公里以上，新增绿色建筑1亿平方米。大力发展装配式建筑，推动建筑业转型升级。开工改造老旧小区67.1万户、棚户区7.6万套。实施一批县城补短板强弱项重点项目，开展小城镇建设提升试点。推进城镇基础设施和公共服务向农村延伸，建设好国家和省级城乡融合发展试验区。坚持"房住不炒"定位，加快发展长租房市场，新开工保障性租赁住房8.9万套，因城施策促进房地产业良性循环和健康发展。

四是扎实推动消费扩容提质。实施传统消费升级行动，创新"惠享山东消费年""文化和旅游惠民消费季"等系列活动。推动家电更新消费试点，促进汽车特别是新能源汽车消费。开展城市商圈智慧化改造试点，推动老字号创新发展，提升"好品山东"影响力。推广电子商务进农村综合示范，建设一批乡镇商贸中心。加快传统商贸流通企业数字赋能，出台激励限上商贸流通企业扩大销售政策。实施新兴消费扩容行动，大力发展平台经济、共享经济，推动网络零售倍增，建设一批电商供应链基地，做强首店首发经济，启动新零售"百千万"工程，打造夜间经济示范街区。

（二）坚定不移强化科技创新。持续推进"四个一批"，为高质量发展提供强劲动力支撑。

一是攻克一批创新技术。启动基础研究十年行动，省级财政基础研究投入增长10%以上。突出生物医药、高端装备、新材料、氢能等关键领域，开展100项关键核心技术攻关。聚焦公共安全、高端芯片、智慧农业等领域，再启动一批"技术攻关+产业化应用"重大科技示范工程。深化"揭榜挂帅"制改革，探索推行技术总师负责制，试点推进"赛马制"，依法放宽科研项目资金管理权限。加强知识产权全链条保护。

二是搭建一批创新平台。全力争创海洋国家实验室，加快国家超级计算中心、吸气式发动机热物理试验装置等重大科技基础设施建设。实施山东实验室体系重塑攻坚，推进省部共建国家重点实验室，建设10家省实验室。加强与大院大所合作，推进中科院济南科创城建设。大力发展新型研发机构，支持未来网络研究院、中国海洋工程研究院（青岛）、中科环渤海（烟台）药物高等研究院、滨州渤海先进技术研究院等平台建设，建好东方航天港。加快筹建全国磁悬浮动力技术基础与应用标准化工作组。全力申建国家临床医学研究中心。

三是壮大一批创新企业。省级科技创新发展资金再增长10%，带动全社会研发经费投入增长10%。实施科技企业梯次培育工程，科技型中小企业达到3万家，高新技术企业达到2.3万家，培育科技领军企业200家，规上高新技术产业产值占比提高2个百分点左右。完善首台套（首版次、首批次）政策体系，引导企业用好增值税留抵退税、研发费用加计扣除等政策，持续扩大创新投入，有研发活动的规上工业企业占比达到43%以上。

四是引育一批创新人才。全力打造具有山东特色的人才发展雁阵格局，实施领军人才"筑峰计划"，组建国际顶尖科学家工作室，壮大战略科技人才队伍。实施新一期泰山学者、泰山产业领军人才工程，创新实行工程配额制和自主遴选认定制，精准引进科技领军人才和高水平创新团队。强化青年科技人才引育，落实好高层次人才薪酬激励政策。推进职业教育集团化发展，培育一批卓越工程师、齐鲁工匠和高技能人才。深化科技奖励制度、科技人才分类评价、科技成果评价改革。

（三）坚定不移加快新旧动能转换。聚焦"五年取得突破"目标，狠抓"三个坚决"，严控"两高"、优化其他，拓展动能转换空间。

一是精准管控"两高"行业。落实"四个区分"要求，严格执行"五个减量替代"，对全省16个"两高"行业，进行清单化跟踪监管，实施能耗煤耗单独核算、闭环管理，坚决遏制"两高"项目盲目发展。加快淘汰低效落后产能，开展用能预算管理，整合退出地炼产能740万吨、焦化装置产能115万吨，推动大气污染传输通道城市钢铁产能应退尽退。

二是整体提升先进制造业。做强7个国家级战略性新兴产业集群，培育3-4个国家级先进制造业集群，创建国家级制造业高质量发展示范区。巩固数字经济新优势，打造先进计算、集成电路、新型智能终端、超高清视频等数字产业集群，培育30个以上大数据创新发展实验室，数字经济核心产业增加值占比达到7%左右。谋划推进空天信息、深海极地、生命科学、人工智能等未来产业。"一链一策"提升42条关键产业链，支持链主企业牵头建立产业链合作机制，实施一批产业基础再造项目。加快打造领航型企业，梯次培育瞪羚、独角兽、单项冠军企业，新培育省级以上专精特新企业400家以上、单项冠军150家以上。

三是做强做大工业互联网。扎实推进山东半岛国家级工业互联网示范区建设，支持海尔卡奥斯、浪潮云洲与龙头企业共建行业子平台，分行业重点打造100个典型应用场景。推动链主企业建设产业链赋能平台，探索全链条、整园区赋能增效路径，累计培育150个以上工业互联网平台、15个工业互联网园区。深入开展"云行齐鲁"行动。建设国家工业大数据山东分中心体系，推动20个以上标识解析二级节点和济南"星火·链网"超级节点建设。

（四）坚定不移实施黄河国家战略。深入落实黄河流域生态保护和高质量发展规划纲要，推进重点任务落地见效。

一是加快构筑黄河安澜屏障。实施黄河防洪减灾、引黄涵闸改建等工程，推进漳卫河等重点河道防洪治理。开展智慧水利建设，搭建"智慧黄河"数字化平台。推进小型水库雨情水情测报系统建设，实施165座小型病险水库除险加固和黄河滩区村台护坡加固。开展城市易涝积水区安全提升等工程，增强沿黄城市抵御灾害能力。

二是严格落实"四水四定"。落实水资源消耗总量和强度双控，推进黄河流域水资源超载治理，管住管好黄河"水袋子"。开展新一轮地下水超采区划定。完善提升引黄灌区农业节水工程，加严高耗水行业用水定额管理，加强重大项目水资源论证。深化水价机制改革，推行节水奖励制度，节水型社会达标县超过75%。

三是全面建设黄河下游生态廊道。实施黄河三角洲生态调水、补水工程。实行"河陆滩海"一体保护，开展互花米草治理、盐地碱蓬和海草床修复等工程，申报黄渤海候鸟栖息地世界自然遗产，高质量创建黄河口国家公园，提高河口三角洲生物多样性。推进实施生态产品价值实现机制试点。加强黄河干支流生态保护，实施黄河入海口、东平湖、南四湖、泰沂山区等重点区域保护修复工程，开展滩区、沉沙池区生态环境综合整治。

四是积极打造沿黄高质量发展标杆。充分发挥山东半岛城市群龙头作用，推动"一群两心三圈"协同发展。支持济南新旧动能转换起步区建设高标准规划、高效能服务、高端产业集聚的一流开放创新载体。支持青岛建设国际航运贸易金融创新中心，推动西海岸新区全面提质。深化突破菏泽、鲁西崛起，支持沂蒙革命老区振兴发展。构筑黄河流域科创大走廊，举办沿黄青年经济社会创新力论坛，打造鲁豫毗邻地区高质量发展示范区。

（五）坚定不移打造乡村振兴齐鲁样板。深入推进"五个振兴"，因地制宜探索实现路径。

一是全力保障粮食和重要农产品供给。压实粮食安全责任，开展吨粮县、吨粮镇建设，支持德州创建"吨半粮"市，粮食播种面积稳定在1.2亿亩以上，适度扩大大豆作物面积，稳定肉蛋奶和蔬菜产能，打造齐鲁好粮油品牌。开展粮食节约行动，推动国际粮食减损大会永久落户济南。坚决遏制耕地"非农化"、严格管控"非粮化"，新建高标准农田665万亩。培育12家育繁推一体化种业企业，育成突破性新品种20个以上。挖掘盐碱地开发利用潜力，争创国家盐碱地综合利用技术创新中心，建设耐盐碱植物种质资源库，推动大豆、苜蓿、藜麦等栽培种植实现新突破。

二是加快推动农业全产业链发展。继续实施"百园千镇万村"工程，做强烟台苹果、寿光蔬菜、沿黄肉牛、沿黄小麦等国家级优势特色产业集群，培育农业特色产业单项冠军。创建省级现代农业产业园20个以上、农业产业强镇100个以上。加大先进农机装备研发，推广农产品绿色关键生产技术，建设一批农业绿色发展先行县。加快乡村旅游重点村建设。优化提升乡村人才工程，农村实用人才总量稳定在270万人以上。

三是持续深化农业农村改革。积极开展国家农村综合性改革试点，加快乡村振兴政策集成改革。规范农村产权流转交易市场。开展农业专业化社会化服务创新试点。探索实施集体经营性建设用地入市制度，建立健全城乡统一的建设用地市场。深化潍坊国家农业开放发展综合试验区建设。推进巩固拓展脱贫攻坚成果同乡村振兴有效衔接，扎实做好黄河滩区迁建后续工作，完善防止返贫动态监测和帮扶机制，坚决防止返贫和新致贫。加大20个省乡村振兴重点帮扶县支持力度，建设一批衔接乡村振兴集中推进区。创新集体经济实现形式，基本消除集体收入5万元以下的村。

四是扎实开展乡村建设行动。实施农村人居环境整治提升五年行动，扎实推进农村厕所革命、生活垃圾治理、村容村貌提升、清洁取暖等重点工作，整县制推进农村生活污水和黑臭水体治理，打造500个省级美丽乡村示范村。办好美丽宜居乡村建设实事，做好过渡安置群众服务保障，严把安置区建设质量，年底前全部建成交付。发展农村新型住房，改善居民住房条件。

（六）坚定不移推进海洋强省建设。开展新一轮海洋强省建设行动，打造海洋高质量发展战略要地。

一是加快建设世界一流海洋港口。建成青岛港董家口港区大唐码头二期工程、日照港岚山港区30万吨级原油码头，推进自动化码头、智慧管理平台等智慧港口项目建设，深化5G、北斗、物联网等港口场景应用。打造青岛港国际枢纽海港，加快建设东北亚国际集装箱运输枢纽和全球重要的能源原材料中转分拨基地。

二是积极构建现代海洋产业体系。大力发展深海油气装备和新兴海洋装备，实施海洋生物医药高成长性企业培育工程。完善海水淡化与综合利用产业链，海水淡化日产规模突破60万吨。加快发展航运代理、金融保险、船舶管理、海事仲裁、海洋旅游等临港涉海服务业。新创建3—5处国家级海洋牧场示范区。加快"梦想号"大洋钻探船等国之重器研发建设，共建国家深海基因库。

三是坚决筑牢蓝色生态屏障。强化陆海污染联防联治，深化入海排污口分类整治，近岸海域水质优良面积比例保持在90%以上。实施海洋蓝色碳汇行动，探索建立测算评估标准体系。推进渤海湾、莱州湾、胶州湾等重点海湾治理，积极创建国家级美丽海湾。统筹实施岸滩、海湾、湿地、海岛等生态保护修复工程，高水平建设长岛海洋生态文明综合试验区。

（七）坚定不移深化改革扩大开放。持续推进"九大改革攻坚"，在重点领域取得新突破。

一是实施数字赋能增效行动。坚持数字政府建设先行，启动数字政府强基工程，完善全省一体化大数据平台。提速数字机关建设，完善"山东通"协同办公平台。深化"数源""数治""数用"行动，全方位推进大数据创新应用。建设"无证明之省"，优化"爱山东"政务服务平台功能，加大电子证照、电子印章推广应用，建设全省统一的"居民码""企业码"。建好用好全省"一网统揽"综合慧治平台。

二是建设一流营商环境。对标最高标准，实施营商环境创新提升行动，推动改革由专项突破向系统集成升级，清理一批妨碍要素市场化配置的隐形门槛和壁垒，推出一批适应新业态新模式发展需要的政策包，打造一批集约化审批、智慧化服务的特色品牌，培育一批创新性引领性的示范标杆，全面打造市场化法治化国际化营商环境。深化"双全双百"工程，推动高质量"一网通办"，全面提升一体化政务服务能力。推进部门联合"双随机、一公开"监管，在重点民生领域探索推行"综合监管一件事"。面向市场主体创新优化政策和精准服务，实现惠企政策"免申即享"、快速兑现。持续构建亲清政商关系，大力支持民营企业高质量发展，主动为中小微企业、个体工商户减负纾困。健全政企沟通协商制度，完善激励政策、服务和管理机制，尊重和保护企业家创新创业，营造各类所有制企业竞相发展的良好氛围，推动有效市场与有为政府更好结合。

三是深化重点领域改革。实施新的减税降费政策，保证财政支出强度。加强财政资源统筹，开展省级成本绩效管理试点。加快城商行、农商行改革，推进省综合金融服务平台、地方征信平台建设，促进中小微企业融资增量、扩面、降价。推动深交所、北交所和全国股转公司服务山东基地落地，促进更多企业挂牌上市。加强资本有效监管，落实公平竞争审查制度。全面完成国企改革三年行动任务，实施省属企业对标世界一流企业质效提升工程。抓好国家标准化改革创新发展试点，开展质量强县创建活动。推进烟台、临沂、德州、菏泽4个省级新区破题起势。

四是做强开放载体平台。加强自贸试验区系统化、集成化制度创新，建设自贸区联动创新区，筹建黄河流域自贸区联盟。做实、做好、做美、做响中国—上海合作组织地方经贸合作示范区，加快上合组织经贸学院建设。优化产业集聚、亩产效益等指标体系，引导开发区、高新区提升出口质量和制造业使用外资规模。抓好增值税一般纳税人试点，促进综保区企业享受更多政策红利。加快建设济青烟国际招商产业园，增强双招双引承载力。

五是稳住外贸外资基本盘。实施外贸固稳提质行动，稳定劳动密集型产品出口，扩大高新技术产品、机电产品和高附加值农产品出口。继续办好日本、韩国、RCEP区域3个进口博览会，创办黄河流域跨境电商博览会，深化鲁台、鲁港、鲁澳经贸合作，扩大核心设备、关键技术及民生消费品进口。出台数字贸易创新发展实施意见，全力发展跨境电商、市场采购、海外仓等新业态。用好"选择山东"云平台，办好跨国公司领导人青岛峰会、中国企业论坛、连线世界500强等品牌活动，创新"以企招商""以商引资"，吸引更多跨国公司项目落地。深化与央企务实合作，研究出台激励政策，支持各地全力争取总部项目落地。

（八）坚定不移促进生态环境持续好转。牢固树立绿水青山就是金山银山的理念，强化系统治理、标本兼治，推动经济社会发展全面绿色转型。

一是加快构建国土空间保护开发新格局。高质量完成国家"三区三线"划定试点工作，统筹划定耕地和永久基本农田、生态保护红线、城镇开发边界，合理布局农业、生态、城镇空间。深入实施国土空间格局优化策略，着力构建省市县镇"四级三类"国土空间规划体系。建成自然资源"空天地"一体化监测监管系统。因地制宜开展村庄规划编制。

二是扎实开展绿色低碳转型行动。制定碳达峰实施方案，建立覆盖重点领域的能耗统计监测体系，落实好国家鼓励可再生能源消费政策。抓好煤炭清洁高效利用，引导重点排放单位参与全国碳排放权交易，支持胜利油田碳捕集、利用与封存重点实验室建设。举办碳达峰碳中和国际论坛，推动烟台开展智能低碳城市试点。支持枣庄集聚发展锂电产业。实施全面节约战略，深化城乡生活垃圾分类，推进济南、青岛、淄博三大生态环保产业集群建设，组建省环保产业发展集团，打造10家生态工业园区。

三是深入打好污染防治攻坚战。深化秋冬季大气污染综合治理攻坚，推进清洁取暖通道城市应改尽改，非通道城市进一步扩大覆盖范围，严格移动源和扬尘污染管控。完善河长制、湖长制、湾长制、田长制、林长制，持续改善重点河湖水质。严格建设用地污染地块准入管理，开展农用地重金属污染源头排查整治。抓好第二轮中央生态环境保护督察发现问题整改，开展省级点穴式专项督察，健全生态警长机制。全面实行排污许可制，加快推进排污权市场化交易。

（九）坚定不移保障和改善民生。聚焦百姓"急难愁盼"，扎实办好民生实事，完善公共服务体系，不断提高人民群众获得感幸福感安全感。

一是全力稳就业保就业。深化"创业齐鲁·乐业山东"行动，突出抓好大学生、退役军人等重点群体就业。推进城乡公益性岗位扩容提质，新设公益性岗位40万个左右。强化重点企业常态化用工服务。开展大规模职业技能培训。健全灵活就业劳动用工和社会保障政策。探索建立市级调查失业率制度，推进失业保险省级统筹。

二是促进教育高质量发展。省级财政教育投入增长10%。提升发展学前教育，建好全国乡村教育振兴先行区。加强家校共育，巩固"双减"成果，健全课后服务保障机制。以学科为支撑实施特色高中建设。加快康复大学、山东特殊教育职业学院（新校区）建设。积极支持山东大学等驻鲁部属高校做强做优，加快省属高校高水平大学、高水平学科建设，推进应用型本科高校建设，新增一批新工科专业。加快省部共建国家职业教育创新发展高地，打造15所全国领先的高职院校和100所高水平中职学校。

三是完善社会保障体系。稳妥做好企业职工基本养老保险全国统筹，推进基本医疗保险省级统筹。完善重特大疾病医疗保险和救助制度，促进商业补充医疗保险发展。深化医保支付方式改革，全面建立职工、居民普通门诊统筹制度，健全职工基本医疗保险门诊共济保障机制。完善门诊慢特病制度，实现跨省联网结算。健全医保基金监管执法体系。完善防范化解因病致贫返贫长效机制。

四是提高卫生健康水平。实施公共卫生服务能力提升行动，加快疾控中心标准化建设，开展医防融合慢性病管理试点。推进临床专科能力"攀登计划"，争创国家区域医疗中心，创建12个国家临床重点专科，县级综合医院全部达到三级医院水平，新增50家县域医疗服务次中心，提升基层医疗机构服务能力。加快建设国家中医药综合改革示范区。

五是开展养老托育拓展行动。改造提升120处敬老院，新增护理型床位3万张。社区养老服务设施配建达标率100%。办好老年大学。推进医养健康产业发展，建成10个中医药特色医养结合示范基地，探索建立城乡居民长期护理保险。开展省级家庭托育试点，完善"三孩"配套政策，健全普惠安全的托育服务体系，新增托位7

万个以上。

六是扎实推动共同富裕。兜牢民生底线，完善制度安排，高度关注、倾情帮扶困难群众、弱势群体，九类困难群众救助保障标准再提高10%。加快提高城乡居民收入，深化收入分配体制改革，实施中等收入群体倍增行动计划。积极发展公益慈善事业，鼓励高收入人群和企业更多回报社会。出台促进共同富裕实施方案，组织开展省级试点，探索共同富裕有效路径。

七是丰富群众精神文化生活。落实意识形态工作责任制，培育和践行社会主义核心价值观，扎实推进新时代美德山东建设。打造曲阜优秀传统文化、沂蒙红色文化、泰山文化传承发展示范区，建设齐文化传承创新示范区。谋划推进长城、大运河、黄河国家文化公园（山东段）建设。系统保护黄河文化遗产，推动出台齐长城保护条例，加强历史文化名城名镇名村和传统村落保护传承。实施"齐鲁文艺高峰"计划。办好中国非遗博览会、网络视听精品创作峰会。推进文旅融合发展，提升旅游发展大会影响力，擦亮"好客山东""山东手造"品牌。加快应急广播体系建设，发展广播影视和网络视听产业。做好关心下一代工作。加强全民健身场地设施建设。全力支持北京冬奥会、冬残奥会和杭州亚运会筹办，认真做好备战参赛工作。办好省运会。

（十）坚定不移守好安全发展底线。统筹发展和安全，强化红线意识、底线思维，筑牢经济社会发展安全屏障。

一是着力做好疫情防控。疫情防控"一稳皆稳、一失皆失"。要坚决克服麻痹思想、松劲心态，以如履薄冰、如临深渊的责任感，坚持"外防输入、内防反弹"，坚持人物同防、人物同查、人物环境同检，加强监测预警、排查随访、入境管理，严守外防输入防线。持续完善常态化防控措施，加强人员培训、应急演练，做好应急物资、医疗救治资源储备。加强医疗机构门诊病人和药店购药人员随访登记，规范落实集中隔离点防控管理。强化定点医院院内感染预防与控制。落实好核酸检测应检尽检、愿检尽检制度，及时发现处置潜在疫情风险。扩大加强免疫接种范围，筑牢免疫安全屏障。

二是着力抓实安全生产。持续深化安全生产专项整治三年行动，抓好城镇燃气安全排查整治、危险化学品风险集中治理，开展海上运输专项检查和集中整治，加强"两客一危一大"等重点交通工具动态监控，强化安全总监、有奖举报、专项督导、驻点监督等制度落实，坚决防范和遏制重特大事故发生。推广"工业互联网+安全生产"等模式，大力发展"5G+智慧矿山"，推动各类矿山智能化绿色化转型。实施公共安全提升行动，加快省级救灾物资中心库等重点项目建设，构建"全灾种、大应急"救援体系。开展食品安全放心工程、药品质量提升行动。推进韧性城市建设，统筹做好防震减灾、防汛抗旱、极端天气应对等工作。

三是着力保障能源安全。积极有序释放煤炭先进产能，建设鲁西煤炭储备基地，煤炭年产量稳定在9500万吨左右，政府可调度煤炭储备能力达到1300万吨以上。加快构建以新能源为主体的新型电力系统，推进新型储能规模化发展，最大限度消纳清洁能源。增强天然气保供能力，在运在建LNG年接卸能力达到2500万吨，政府储气能力2亿立方米以上。支持东营创建国家现代能源经济示范区。

四是着力稳金融防风险。深化"金安工程"，加强重点企业流动性、互联网金融、非法集资等领域动态监测、及时识别和主动防控。压实企业主体责任，"一企一策"制定风险化解方案。有效治理恶意拖欠账款和逃废债行为。支持推动解决"执行难"问题。健全政府债务风险预警机制。

五是着力创新社会治理。坚持和发展新时代"枫桥经验"，完善网格化管理服务体系，有效发挥社会组织作用。铸牢中华民族共同体意识，依法管理民族宗教事务。畅通规范群众诉求表达、利益协调、权益保障渠道，深化信访积案和突出问题化解攻坚。积极稳妥赋权镇街实施行政执法事项。开展根治欠薪专项行动，整治工程建设领域市场秩序，切实维护农民工合法权益。常态化推动扫黑除恶斗争，严厉打击电信网络诈骗等违法犯罪活动，全力维护社会大局持续稳定。

山东是驻军大省、兵员大省、安置大省、拥军大省，我们要扎实开展全民国防教育工作，深入实施军民融合发展战略，大力加强国防动员和后备力量建设，全力支持国防和军队建设，健全退役军人工作体系和保障制度，深化双拥共建，谱写新时代军政军民团结新篇章。

各位代表！做好今年各项工作，必须全面加强政府自身建设，巩固拓展党史学习教育成果，忠诚履行党和人民赋予的职责，建设人民满意的服务型政府。要坚定拥护"两个确立"、坚决做到"两个维护"。深刻领会确立习近平同志党中央的核心、全党的核心地位，确立习近平新时代中国特色社会主义思想的指导地位的决定性意义，坚定不移忠诚核心、拥护核心、紧跟核心、捍卫核心。学懂弄通做实习近平新时代中国特色社会主义思想，不断提高政治判断力、政治领悟力、政治执行力，增强"四个意识"、坚定"四个自信"、做到"两个维护"。深入贯彻习近平总书记对山东工作的重要指示要求，确保党中央决策部署在齐鲁大地落地生根、开花结果。要树牢以人民为中心的发展思想。牢记让人民生活幸福是"国之大者"，始终把人民放在心中最高位置，做到一切为了人民、服务人民，一切依靠人民、仰仗人民，一切惠及人民、造福人民。始终站稳人民立场，设身处地为群众着想，真心实意为群众办事，满腔热情为群众服务，让改革发展成果更多更公平惠及山东人民。要着力锻造优良工作作风。政府每项工作都要做到严肃严格、求真较真、细致细究、务实扎实、高效快捷。大兴调查研究之风，开展"机关接地气、干部走基层"活动，在察实情、出实招、办实事、求实效上下功夫，做到担当作为、善作善成。强化主动服务，持续为基层减负松绑，力戒形式主义、官僚主义。要持续加强法治政府建设。带头尊法学法守法用法，完善政府权责清单制度。持续加强重点领域、新兴领域立法，健全规范性文件合法性审查机制。严格落实重大行政决策程序，不断提高科学决策、民主决策、依法决策水平。深化综合行政执法体制改革，健全行政复议通报制度。全面落实政务公开。依法接受人大法律监督、工作监督，自觉接受政协民主监督，全面强化审计监督，主动接受司法监督、社会监督。要纵深推进全面从严治党。坚持严的主基调不动摇，严格落实管党治党政治责任，严格执行中央八项规定及其实施细则精神和省委实施办法，锲而不舍纠"四风"树新风。政府工作人员要永葆自我革命精神，做到克己奉公、清正廉洁。坚持过紧日子，严肃财经纪律，严控"三公"经费。严肃查处群众身边腐败和不正之风。把正风肃纪反腐与深化改革、完善制度、促进治理、推动发展贯通起来，持续深化不敢腐、不能腐、不想腐一体推进，推动政府系统廉政建设不断取得新成效。

各位代表！实干成就梦想，奋斗铸就辉煌。让我们更加紧密地团结在以习近平同志为核心的党中央周围，在中共山东省委坚强领导下，不忘初心、牢记使命，攻坚克难、勇毅前行，奋力开创新时代社会主义现代化强省建设新局面，以优异成绩迎接党的二十大胜利召开！

河　南　省
政府工作报告

——2022年1月6日在河南省第十三届
人民代表大会第六次会议上

省长　王　凯

各位代表：

现在，我代表省人民政府，向大会报告工作，请予审议，并请省政协委员和其他列席人员提出意见。

一、2021年工作回顾

刚刚过去的2021年极不平凡。这一年，让我们倍受鼓舞的是，习近平总书记情系中原大地，亲临视察并发表重要讲话，为我们指明了前进方向、提供了根本遵循。这一年，让我们倍感振奋的是，在党的百年华诞历史节点，省第十一次党代会以前瞻30年的眼光，提出"两个确保"奋斗目标，作出实施"十大战略"等重大部署，绘就了现代化河南建设的宏伟蓝图。这一年，让我们倍加感动的是，在特别重大自然灾害面前，全省人民守望相助、共克时艰，展现出坚韧不拔、勇毅前行的铮铮铁骨。

一年来，在省委坚强领导下，我们坚持以习近平新时代中国特色社会主义思想为指导，深入贯彻习近平总书记视察河南重要讲话重要指示，稳中求进，难中求成，各项工作取得明显成效。主要抓了以下工作：

（一）全力以赴抗洪抢险救灾

去年7月中下旬以来，我省连续遭遇多轮极端强降雨，淮河、海河、黄河、长江四大流域先后发生严重暴雨洪涝灾害，多地过程降水量超过1000毫米，郑州突破我国内陆地区小时降水量历史极值，黄河花园口站连续24天保持每秒4800立方米大流量行洪状态，全省2407万人受灾。我们迅速启动防汛一级响应，果断处置郭家咀、常庄等水库和卫河、共渠等流域重大险情，启用崔家桥等8个蓄滞洪区，紧急避险转移160.7万人次，紧急转移安置224万人次，确保了受灾群众有饭吃、有衣穿、有安全住所，确保了大灾之后无大疫，确保了南水北调中线工程安全，确保了黄河秋汛洪水防御的全面胜利。但是，"7·20"特大暴雨灾害还是造成重大人员伤亡和财产损失，我们深感痛心。

（二）千方百计稳住经济基本盘

坚持"项目为王"，实施"万人助万企"，开展"三个一批"，扎实做好"六稳"、"六保"，出台灾后重建一揽子措施，帮助企业解决问题4.9万个，新增减税降费255亿元，工业投资增长11.5%左右，货物运输量增长18%。预计生产总值接近6万亿元、增长6.5%左右，粮食产量1308.8亿斤，进出口总值突破8000亿元、增长20%以上，社会消费品零售总额超过疫前水平，居民人均可支配收入增长8%，有效应对了灾情疫情和复杂外部环境的叠加冲击，经济稳定恢复，显示出较强的韧性和潜力。

（三）聚焦聚力转型创新发展

重构重塑实验室体系，嵩山、神农种业、黄河3个省实验室挂牌运行，首批10个省产业研究院和8个中试基地启动建设，重建重振省科学院正式揭牌。高新技术企业和科技型中小企业数量均增长30%以上，全社会研发投入突破千亿元，技术合同成交额突破500亿元。荣获国家科技奖励17项。第七届全国双创周主会场活动成功举办，中原龙子湖智慧岛揭牌，出台促进天使风投创投基金高质量发展实施方案，大众创业万众创新纵深推进。新增省级工业互联网平台13个、上云企业5万家。5G网络实现乡镇和农村热点区域全覆盖。设立1500亿元新兴产业投资引导基金，战略性新兴产业对规模以上工业增加值增长贡献率超过40%。

（四）统筹推动城乡协调发展

扎实推进郑州国家中心城市建设，扩容郑州都市圈，郑州航空港经济综合实验区、郑新产业带、许港产业带加快建设。洛阳中原城市群副中心城市建设提速，获批国家服务外包示范城市。支持南阳建设副中心城市，区域中心城市、重要节点城市建设取得新进展。全省常住人口城镇化率提高1.5个百分点左右。实施县域放权赋能、财政直管和"一县一省级开发区"改革，下放经济社会管理权限255项，强化省级财政对县级财力的支持。

巩固脱贫攻坚成果，落实"四个不摘"，加大动态监测和精准帮扶力度，守住不发生规模性返贫底线。扎实推进8个国家级、80个省级现代农业产业园建设，创建4个国家优势特色产业集群，新增家庭农场1万家、农民专业合作社9023家。建成高标准农田750万亩，完成农田水利设施排查整改任务。实施农村人居环境集中整治，治理"六乱"、开展"六清"，改建无害化卫生厕所103.9万户，新增农村燃气用户208万户，17.9万个20户以上自然村全部通硬化路。

（五）坚定不移深化改革开放

深入推进"放管服效"改革，全面推行证明事项告知承诺制和企业投资项目承诺制，深化工程建设项目审批制度改革，首批800个政务服务事项实现全省通办，576个事项实现跨省通办。"豫事办"注册用户突破6000万。首次开展全域营商环境评价，新设市场主体148.9万户、总量达851.8万户，市场活跃度不断提升。河南能源改革成效明显、实现利润超30亿元，郑煤机完成"二次混改"，安钢集团混改有序推进。组建河南铁路建设投资集团，推进经营性国有资产集中统一监管，省属国企盈利创历史最好水平，资产负债率下降1.4个百分点。中欧班列（郑州）开行班次、货重分别增长37.6%、41.2%。郑州机场货运吞吐量增长10%。新设外资企业增长28%。全国首个跨境电商零售进口药品试点获批建设。洛阳综保区通过验收。自贸试验区累计有80项制度创新成果复制推广。

（六）持之以恒改善生态环境

扎实推进黄河流域生态环境问题整治，修复废弃矿山2.58万亩，南太行生态保护修复国家试点工程基本完成，黄河干流水质稳定达标。加强南水北调中线工程水质保护和沿线环境专项整治，治理各类问题522个，持续保持Ⅱ类水质。实施"四水同治"项目929个，完成投资1136亿元。实施重点用能单位节能降碳改造，单位生产总值能耗下降3%，可再生能源发电装机占比达到35%。持续打好污染防治攻坚战，钢铁、水泥等行业超低排放改造基本完成，整治河湖"四乱"问题1697个，$PM_{2.5}$年均浓度下降13.5%，优良天数达到256天，人民群众享受到更多蓝天、碧水、净土。

（七）扎实有效保障改善民生

落实省委疫情防控工作9次专题会议部署，按照"四早"要求，压实"四方责任"，扎紧"四个口袋"，严格源头管控，做好人、物、环境同防。新冠疫苗接种1.9亿剂次，常态化疫情防控能力建设不断加强。

城镇新增就业超过120万人，新增农村劳动力转移就业45万人，新增返乡创业20万人。推进"人人持证、技能河南"建设，职业技能培训353万人次。实现基本医疗保险和生育保险市级统筹，提高城乡低保、特困人员供养标准，困难群众基本生活得到保障。召开加快居家社区养老服务体系建设现场会，新建社区养老服务设施2027处。改造城镇老旧小区71.5万户，建成棚改安置房19万套。维修、重建因灾受损房屋25.4万户。黄河滩区居民迁建35个安置区全部建成，30万群众搬迁任务基本完成。

义务教育"双减"和规范民办义务教育取得阶段性成效，省部共建职业教育创新发展高地深入推进，"双一流"建设成效明显，特色骨干大学和特色骨干学科建设进展顺利，新建、改扩建幼儿园571所。新增3个国家区域医疗中心建设试点，43所县级医疗机构达到三级医院水平。成功举办仰韶文化发现暨中国现代考古学诞生100周年纪念大会，黄河国家博物馆等项目开工建设。河南健儿在奥运会、全运会上取得优异成绩，全民健身活动广泛开展。十项重点民生实事圆满完成。

扫黑除恶斗争成果显著，政法队伍教育整顿扎实推进，信访积案有效化解。校园安全、食品安全监管持续加强。出台进一步落实最严格安全生产责任的决定，推进专项整治集中攻坚，开展"九小"场所和沿街门店消防安全专项治理，生产安全事故起数和死亡人数分别下降6.5%、8.1%。

自觉接受人大监督、政协民主监督和社会监督，认真办理人大代表建议和政协提案。扎实开展党史学习教育，持续改进作风，加强审计监督，政府自身建设不断加强。深入推进国防教育、国防动员、人民防空建设，扎实做好双拥、退役军人服务保障工作。民族团结进步创建持续深化，宗教工作法治化水平进一步提升。支持工会、共青团、妇联、科协、残联、红十字会等群团组织更好发挥桥梁纽带作用。统计、参事、史志、文史、地质、气象、测绘、地震、社科、慈善等事业健康发展，外事、侨务、港澳、对台等工作取得新成绩。

回顾过去一年的工作，我们深切体会到，这些成绩的取得，最根本在于以习近平同志为核心的党中央坚强领导，在于习近平新时代中国特色社会主义思想的科学指导。这些成绩的取得，是省委正确领导的结果，是省人大、省政协监督支持的结果，是中央驻豫单位鼎力帮助的结果，是全省人民团结奋斗的结果。在此，我代表省人民政府，向全省各族人民，向各民主党派、工商联、各人民团体及各界人士致以崇高的敬意！向关心支持河南发展的港澳台同胞、海外侨胞、国际友人表示诚挚的感谢！

特别令我们难以忘怀的是，在防汛抢险救灾最关键的时刻，习近平总书记作出重要指示，为我们提供了行动指南、注入了强大动力。李克强总理亲临灾区考察，给予了有力支持。国家部委、中央企业、兄弟省市、社会各界纷纷伸出援手、倾力相助，人民解放军、武警部队官兵和消防救援队伍指战员不怕牺牲、冲锋在前。对此，亿万河南人民感恩于怀、铭记于心，必将牢记领袖嘱托，将这份感激之情化为现代化河南建设的磅礴力量，奋进新征程、夺取新胜利!

我们也清醒地认识到，工作中仍存在不少问题，主要是：全球疫情走势仍有很大变数，外防输入、内防反弹压力较大。产业链供应链循环不畅，能源原材料价格高位波动，部分企业经营困难，消费和投资增长动力偏弱。中小金融机构和企业债务风险不容忽视，防灾救灾和应急处置体系不够完善。一些干部不担当、不作为的现象依然存在。我们一定直面问题，认真加以解决。

二、2022年工作总体要求和主要目标

今年是党的二十大召开之年。政府工作要以习近平新时代中国特色社会主义思想为指导，全面贯彻党的十九大和十九届历次全会及中央经济工作会议精神，深入贯彻习近平总书记视察河南重要讲话重要指示，弘扬伟大建党精神，落实省第十一次党代会和省委十一届二次全会暨省委经济工作会议部署，坚持稳中求进工作总基调，完整、准确、全面贯彻新发展理念，服务和融入新发展格局，推动高质量发展，坚持以供给侧结构性改革为主线，锚定"两个确保"，实施"十大战略"，统筹疫情防控和经济社会发展，继续做好"六稳"、"六保"工作，持续改善民生，推动经济发展提质提速，保持社会大局稳定，以优异成绩迎接党的二十大胜利召开。

主要预期目标是：经济增长7%，人均GDP增长7%，全员劳动生产率增长7%以上，常住人口城镇化率提高1.5个百分点，研发经费投入强度1.96%以上，居民收入与经济增长同步，规模以上工业增加值增长7%以上，固定资产投资增长10%，社会消费品零售

总额增长8%，进出口总值保持平稳增长，一般公共预算收入增长5%，城镇调查失业率控制在5.5%以内，居民消费价格涨幅控制在3%左右，单位生产总值能耗与"十四五"控制目标统筹衔接。

经济增长目标确定为7%，充分考虑了优势和潜能，估计了困难和挑战，衔接了规划和战略，有利于引导预期、提振信心、凝聚力量，是积极的、有为的，同时也需要付出艰苦努力才能完成。

实现上述发展目标，必须准确把握"时"与"势"。所当乘者势也，不可失者时也。经过多年积累，现代化河南建设已经站在了新的起点之上，到了可以大有作为也应该大有作为的关键期，"奋勇争先、更加出彩"其时已至、其势将起。我们一定要紧抓构建新发展格局战略机遇、新时代推动中部地区高质量发展政策机遇、黄河流域生态保护和高质量发展历史机遇，察势乘势驭势，直道冲刺、弯道超车、换道领跑。必须准确把握"稳"与"进"。发展是解决我省一切问题的基础和关键。锚定"两个确保"，既要坚持稳字当头，把稳增长放在更加突出的位置，保持合理的增长速度，为稳就业、保民生、防风险提供支撑。又要稳中求进，加快提档升级，奋力争先进位，努力实现有速度、有效益、有质量、高水平的发展。不进则退，慢进亦退，不创新必退。我们一定要把创新作为第一动力，优化创新环境，培育创新生态，强化创新驱动，加快质量变革、效率变革、动力变革。必须发挥好有效市场和有为政府的作用。处理好市场与政府关系，既要使市场在资源配置中起决定性作用，发挥市场机制、市场主体和资本的力量，又要更好发挥政府作用，强化宏观政策调节，支持和引导资本规范有序发展。我们一定要在尊重市场规律的基础上，用改革激发市场活力，用政策引导市场预期，用规划明确投资方向，用法治规范市场行为，坚守契约精神，营造公平竞争、公开透明的市场环境，推动经济行稳致远。必须统筹好发展和安全两件大事。树牢人民至上、生命至上理念，增强忧患意识、风险意识，强化系统思维、底线思维，按照稳定大局、统筹协调、分类施策、精准拆弹的方针，抓好风险处置工作。见微知著、先立后破、抓早抓小，避免发生重大风险或危机。我们一定要着力解决在重大风险考验面前不会为、不善为的问题，切实提高防灾减灾救灾和防范化解风险挑战的能力水平，下好先手棋，打好主动仗，不断战胜前进道路上的一切艰难险阻。

三、2022 年重点工作

主要做好十个方面工作：

（一）保持经济运行在合理区间

着力扩大有效投资。持续推进"三个一批"，全年完成固定资产投资2.8万亿元，其中亿元以上项目投资1.8万亿元。工业投资8500亿元、增长10%以上，技改投资增长20%以上。

建成运营郑州南站、郑济高铁郑濮段，开工建设郑州枢纽小李庄站、呼南高铁焦济洛平段、平漯周高铁、京港台高铁雄安至商丘段、S2线贾鲁河至登封段，加快南信合高铁、郑州北编组站综合提升工程前期工作，力争"十四五"期间高铁投资3000亿元、通车里程达到3000公里。建成郑州机场北货运区，加快安阳机场建设，开工商丘机场。接续推进高速公路"13445"工程，新增通车里程800公里以上，力争"十四五"期间达到1万公里。实施西气东输三线中段、中原大型煤炭储备基地、中原储气库群、鲁山和辉县等抽水蓄能电站、整县屋顶光伏发电等能源项目，争取陕电入豫工程核准开工。开工淮河流域重点平原洼地治理、郑州西水东引工程，加快袁湾水库、观音寺调蓄、郑开同城东部供水等工程建设，建成引江济淮、宿鸭湖水库清淤扩容等工程。坚持要素跟着项目走，优先保障重点项目用地、资金需求。深化投融资体制改革，吸引社会资本参与项目建设。提高项目储备总量和质量，适度超前开展基础设施投资，用足用好政府专项债券。

着力释放消费需求。壮大新型消费，培育时尚消费，发展直播电商、社交电商、首店经济、夜经济。稳定汽车、家电、家具等大宗商品消费。着力打造消费市场新地标，支持郑州、洛阳建设国际消费中心城市。实施县域商业体系建设行动，完善农村寄递物流配送体系，释放县乡消费潜力。对因疫情灾情经营困难的市场主体，延续完善减免房租、信贷支持等政策。鼓励分阶段精准投放消费券，开展特色消费促销活动，保护消费者合法权益。

着力壮大市场主体。深化"万人助万企"，落实好新的减税降费、增值税留抵退税政策，促进中小微企业融资增量、扩面、降价，严控涉企收费，整治拖欠中小企业账款行为。利用多层次资本市场，支持企业扩大直接融资。加快"个转企、小升规、规改股、股上市"，力争市场主体规模突破1000万户。新增10亿级以上龙头企业25户、上市企业20户左右。新增规模以上工业企业2500户，"十四五"期间突破3万户。

（二）加快灾后恢复重建

全面完成农村倒房重建。加快集中安置区住房建设，同步配套建设基础设施和公共服务设施，确保年底前全部搬迁入住。推动受损学校、医院完成维修加固，交通、能源、通信等基础设施恢复并超过灾前水平。

修复提升防洪抗灾工程。实施359个总投资2471亿元的重大水利项目。汛前基本完成11类4227项水毁水利工程修复。加快贾鲁河、金水河全流域综合治理，规划实施卫河、共渠综合治理，完善蓄滞洪区进退洪设施和区内排水体系。维修重建受灾地区农村供水及南水北调中线配套工程，保障供水安全。

补齐城市防洪排涝短板。注重城市"里子工程""避险工程"建设，构建源头减排、管网排放、蓄排并举、超标应急的防涝工程体系。绘制城市地下管网一张图、智慧管理一张网。加快推进住宅小区、重要用户地下配电设施防涝迁移改造。开展易涝积水点综合治理，提标改造地下空间防洪排涝设施，提升地下交通避险能力。

我们要科学实施、系统治理，按照灾后恢复重建总体规划要求，经过3年努力，全面提升防灾减灾能力，向党中央和全省人民交上一份优秀答卷！

（三）加快创新驱动发展

构建重大创新平台。重建重振省科学院，与中原科技城、国家技术转移郑州中心融合发展，打造全省科技创新策源地。构建实验室体系，加快建设嵩山、神农种业、黄河等省实验室，创建国家实验室或分支机构。鼓励企业和高校建设产业研究院。支持中央驻豫科研院所承担重大科研项目、加快成果就地转化。提质发展郑洛新自创区，布局一批产业共性关键技术平台。开工建设"中原之光"等大科学装置，推进"智慧岛"双创载体省辖市全覆盖，打造未来化市场化国际化创新创造品牌。

激励企业大胆创新。推动规模以上工业企业研发活动全覆盖，落实提高研发费用加计扣除比例等政策，企业研发投入增长

17%以上。支持龙头企业牵头组建创新联合体，带动上下游企业协同创新。培育单项冠军、"瞪羚"等创新型企业，力争高新技术企业达到1万家、科技型中小企业突破1.6万家、国家级专精特新"小巨人"企业新增100家。

大力引育创新人才。加大柔性用才、项目引才力度，整合省级重大人才项目，建立高端人才举荐制度。新建20家中原学者工作站，培育中原学者、中原领军人才150人，加强院士后备人选培养。建立联系服务专家制度，完善职称评聘、绩效分配等激励机制，强化子女入学、住房、医疗等服务保障，广聚天下英才而用之。

创新科研体制机制。实施科技体制改革三年行动。优化重大科技项目立项和组织管理方式，推行"揭榜挂帅""赛马"等制度。实施自由探索型和任务导向型科技项目分类评价试点，向科研单位和科研人员充分授权。完善科技成果奖励体系，开展创新生态评估考核，营造尊重创新创造浓厚氛围，让创新成为新时代河南最鲜明的标识。

（四）加快构建现代产业体系

做强先进制造业。以制造业高质量发展为主攻方向，以重大项目为抓手，推动传统产业提质发展、新兴产业培育壮大、未来产业谋篇布局，提升产业核心竞争力。

立足电气、矿山、盾构、起重机械、轴承、农机等优势领域，推动传统装备向高端化、智能化转型。加快国家农机装备创新中心建设，实施中铁装备产业园、富士康智能装备研发生产基地、洛轴高端轴承产业园、卫华智能起重装备产业园等项目，培育一批百亿级行业领军企业。"十四五"末产业规模达到1.5万亿元，高端装备占比30%以上。

聚焦品牌高端、生态有机、质量安全，做强绿色食品产业。大力发展肉制品、面制品、冷链食品、休闲食品和特色功能食品。推进酒业、奶业振兴，实施牧原肉食产业综合体、双汇（漯河）第三工业园、益海嘉里（周口）现代食品产业园、三全食品航空港工业园等项目，培育2个千亿级、10个百亿级龙头企业。"十四五"末产业规模达到1.2万亿元，培育知名品牌100个。

围绕做强新型显示和智能终端、智能传感器、网络安全、5G、先进计算等产业链，加快超聚变服务器、紫光股份智慧计算终端全球总部基地、新东微电子中试基地等项目建设，形成服务器150万台、PC机300万台产能。力争"十四五"末电子信息产业规模达到1万亿元。

以电动化、智能化、网联化为方向，壮大新能源汽车产业。建成上汽乘用车郑州基地二期项目，加快建设比亚迪新能源乘用车和配套项目，开工建设宇通新能源商用车项目，推动与一汽、东风集团产业合作，提高产业配套及后市场服务能力。"十四五"末乘用车产量达到300万辆，新能源汽车占比30%以上，产业规模达到5000亿元。

大力发展先进金属、先进合金、精细化工和绿色建材，实施宝武铝基新材料、鹤壁镁基新材料、平顶山尼龙新材料等项目。做强长葛循环经济产业园。加快推进洛阳石化百万吨乙烯项目。延伸产业链条，着力实现从材料到器件到装备的跃升。

聚力发展高端创新药、现代中药和高性能医疗器械。实施华兰生物流感疫苗开发及产业化、真实生物新冠特效药开发、安图生物诊断仪器产业园等项目。做强宛西制药等知名中药企业，建设南阳、信阳、洛阳等中医药产业基地。打通生物医药与康养产业链条，形成一体化发展新格局。

聚焦量子信息、氢能与新型储能、类脑智能、未来网络、生命健康、前沿新材料等6个重点领域，开辟未来产业发展新赛道，争创国家未来产业先导试验区。规划建设郑汴洛濮氢能走廊，加快氢能全产业链研发和一体化布局。大力发展"区块链+"新型业态，培育碳基新材料、第三代半导体等产业集群，形成"研发+产业+应用"链式推进格局。

做优现代服务业。构建"通道+枢纽+网络"现代物流运行体系，深入实施多式联运示范工程，培育30家左右全国领军型物流企业，争创国家物流枢纽经济示范区。加快发展天使风投创投基金，支持郑商所优势再造，提升省金融服务共享平台、中原股权交易中心功能，完善政府性融资担保体系。建设国家级和省级工业设计中心，打造设计河南。在科技中介、信用服务、会计、咨询等领域引育一批品牌机构。建设一批文旅文创融合项目，培育壮大沉浸式文旅、研学旅游、考古旅游等新业态。

做实各类开发区。完成开发区整合，精准衔接国土空间规划，明确主导产业和功能布局，确保产业用地占比不低于60%。全面推行"三化三制"和"管委会+公司"改革，剥离社会管理事务，强化经济发展主责主业。以"亩均论英雄"，设置投资强度、产出强度等约束性指标，推进标准厂房建设，吸引上下游配套企业集聚。力争新增2个规模超千亿元、5个超500亿元的开发区。

推动数字化转型。以国家大数据综合试验区建设为牵引，大力推动数字河南建设，力争数字经济增长15%以上。加快建设新型基础设施，新增5G基站4万个。制定区块链建设专项方案并积极推进。实施国家级新型互联网交换中心、人工智能计算中心、中国移动网络云郑州大区中心等重大项目，推动传统基础设施智慧化升级。发展壮大数字经济核心产业，培育软件产业集群，建设国家新一代人工智能创新发展试验区。加快数字经济与制造业融合发展，创建国家工业互联网示范区，建设10个省级数字化转型促进中心，推进智能化应用场景行业全覆盖。

（五）加快新型城镇化建设

推进郑州国家中心城市建设。聚焦当好国家队、提升国际化，发展总部经济，建设一流创新平台，培育一流领军企业。加快构建国际综合交通和物流枢纽，完善开放门户功能。优化城市布局，提升城市品位，建设人文、生态、智慧、时尚的现代化都市。加快打造创新、先进制造业、开放、人才"四个高地"。提高城市首位度，增强服务国家战略、引领区域发展的能力。

推进现代化都市圈建设和区域协同。高水平规划建设涵盖"1+8"省辖市、总面积5.88万平方公里、常住人口4670万的郑州都市圈，构建"一核一副一带多点"发展格局，力争"十四五"末经济总量达到6万亿元，成为中部地区高质量发展的重要支撑。支持洛阳建设万亿级中原城市群副中心城市，推动洛济融合发展。支持郑开科创走廊建设，支持许昌高质量建设城乡融合共同富裕先行区，壮大新乡、焦作、平顶山、漯河等新兴增长点。加快南阳副中心城市建设，强化与信阳、驻马店协作互动。支持商丘、周口联动推进中原—长三角经济走廊建设。支持安阳、鹤壁、濮阳加快产业协同转型。支持三门峡建设晋陕豫黄河金三角区域中心城市。加快大别山、太行等革命老区振兴发展。发展城市经济，做大省辖市市本级，增强区域辐射带动能力。

推进县域经济高质量发展。全面推行省直管县财政体制改革。推动"一县一省级开发区"改革，支持县（市）依托开发区培育主导产业。深化"两个健康"示范县（市、区）创建。推进县城扩容提质，增强乡镇联结城乡功能，发展50万人的中等城市，培育5万人的中心镇，新增城镇农业转移人口150万人。

坚持以人为核心建设宜居韧性智能城市。注重城市文化，延续城市肌理，留住城市记忆。以绣花功夫实施城市更新行动，开展老旧小区、老旧厂区、老旧街区等改造，实施城镇燃气管道设施更新。利用数字技术赋能社会治理，建设数字孪生城市、智慧社区。畅通城市交通，提升智能化水平。健全常住地提供基本公共服务制度。坚持"房住不炒"，加快发展长租房市场，筹集保障性租赁住房7万套，建成交付棚改安置房20万套，有效满足新市民、青年人住房需求，努力让城市更美好、让人民更安居。

（六）加快推进乡村振兴

扛稳粮食安全重任。落实耕地保护硬措施，严格耕地保护责任，加强耕地用途管制。启动实施新时期粮食生产核心区建设工程，新建高标准农田756万亩。加强种质资源保护利用，加快国家生物育种产业创新中心建设，做大做强省农科院，开展种源等关键核心技术攻关和良种推广应用。整合组建种业集团。提升农机装备研发应用水平，提高耕种收综合机械化率。创新发展农业保险，实现小麦、玉米、水稻完全成本保险全覆盖。保护农民种粮积极性。确保粮食产量1300亿斤以上。

推进农村产业融合。大力发展优势特色农产品，打造小麦、玉米、花生、林果、蔬菜、茶叶、油茶、食用菌等优势产业链，支持全国农业全产业链典型县建设。优化畜牧业结构，做强生猪、牛羊、家禽等产业。发展设施农业、特种种植业和养殖业。实施质量兴农、绿色兴农、品牌强农，加强农产品质量安全监管，培育"豫农优品"公用品牌。加快建设中国（驻马店）国际农产品加工产业园、周口国家农业高新技术产业示范区。

实施乡村建设行动。完成县域村庄分类和布局规划，新建改造农村公路5000公里以上，再实施10个县农村供水"四化"项目。完善乡村教育、医疗、文化、养老等公共服务设施。实施农村人居环境整治提升行动，抓好"美丽小镇""四美乡村""五美庭院"建设。传承优秀乡村文化，加强历史文化名镇名村和传统村落保护利用。深入实施现代农民培育计划，完善激励机制，吸引更多人才投身乡村振兴。

深化农业农村改革。推进土地承包济源试点，完成农村宅基地改革试点任务，完善盘活农村存量建设用地政策，深化农村集体产权制度改革，推进供销社综合改革，激发农村发展活力。

我们要有效衔接巩固脱贫攻坚成果与乡村振兴，确保不发生规模性返贫和新的致贫。

（七）加快推进改革开放

提升开放通道新优势。积极推动郑州航空港经济综合实验区建设，打造卢森堡货航亚太枢纽，加快中原龙浩和中州航空等货航企业发展，支持建设使用一批双向贸易平台和海外仓，开辟更多国际航线，创建进口贸易促进创新示范区。高水平建设中欧班列集结中心，组建河南国际陆港集团，拓展至欧洲、中亚等国际干线物流通道。支持商丘、许昌、焦作申建跨境电商综合试验区。加快推进内河航运物流体系建设，支持周口港、信阳港建设，提高通江达海能力。

拓展开放平台新空间。抢抓区域全面经济伙伴关系协定生效新机遇，对标高标准国际经贸规则，健全自贸试验区2.0版政策制度体系，推动申建扩展区域，建设一批开放创新联动区。推动综保区提质增效，提升9个功能性口岸发展效能。支持郑州建设全国重要国际邮件枢纽口岸，推动中邮航空第二基地落户。强化与东盟、日韩、港台等国家和地区合作，紧盯世界500强企业，开展精准招商。办好世界传感器大会、全球跨境电商大会、国际智能网联汽车大赛、河南投洽会。

持续优化营商环境。组建省级政务服务大厅，推动省级审批事项大厅之外无审批。实现建设工程全流程审批时间不超过60天。推进"证照分离"改革全覆盖。加快数字政府建设，加强一体化政务服务平台和"互联网+监管"系统建设，推动电子证照扩大应用领域和互通互认，深化全省通办和跨省通办。全面推行"标准地+承诺制"，实现企业拿地即开工。全面推行"一件事一次办""有诉即办"。加强产权和知识产权保护，治理恶意拖欠账款和逃废债行为，建设信用河南。

持续深化重点领域改革。开展创新发展综合配套改革。全面完成国企改革三年行动目标任务，加快省管企业战略性重组，在建工、文旅、物流等领域打造一批旗舰劲旅。积极稳妥推进混合所有制改革，推动省管商业一类和金融企业全面实行经理层市场化选聘，完成省管企业竞聘制、岗薪制、任期制、淘汰制改革。完成事业单位重塑性改革，统筹推进"五水综改"，深化财政零基预算改革，抓好医药卫生、价格、电力等领域改革。加快构建推动高质量发展的标准体系，建设标准河南。

（八）加快生态环境治理

加强黄河流域生态保护治理。完成9000亩湿地修复，持续推进废弃矿山治理，动态清零黄河"四乱"问题。深化金堤河、蟒河、二道河等黄河支流水环境综合整治，完成流域内排污单位污染治理设施改造升级。争取开工贯孟堤扩建工程，启动桃花峪水利工程前期。做好黄河滩区居民迁建后续帮扶，启动新一轮迁建前期，确保黄河安澜。

强化南水北调中线水源保护。落实丹江口库区及上游水污染防治和水土保持规划，持续开展石漠化治理，实施水源地保护、绿色生态屏障带建设等重大工程。提升干渠生态廊道，推进保护区内774个沿线村庄生活污水治理。实施防洪影响处理后续工程，规划建设一批调蓄工程。确保工程安全、供水安全、水质安全，一泓清水永续北送。

深入打好污染防治攻坚战。着力消除重污染天气，推进臭氧污染防治，加强大气面源和噪声污染治理，推动 $PM_{2.5}$ 浓度持续下降，优良天数比率持续提升。深入实施"河长+"改革，开展县城建成区黑臭水体治理攻坚，对不能稳定达标河流进行系统治理。强化土壤污染源头管控，开展地下水污染治理试点。积极推进垃圾分类、"限塑"行动，建设"无废城市"。坚决遏制"两高"项目盲目发展。抓好煤炭清洁高效利用，因地制宜利用地热资源，新增可再生能源发电装机450万千瓦以上。加大生物多样性保护力度。完成210万亩新造林、205万亩森林抚育任务。建设美丽河南。

（九）加快民生事业发展

坚持就业优先政策。重点解决好高校毕业生等青年就业问题，抓好退役军人、农民工、城镇困难人员等重点人群就业，城镇新增就业110万人，新增农村劳动力转移就业40万人，新增技能人才240万人。健全工资决定及正常增长机制，保障新业态从业人员劳动权益。

持续加强社会保障。落实企业职工基本养老保险全国统筹工作，推进基本医疗、生育、失业保险省级统筹。适度提高退休人员基本养老金、城乡居民基本医疗保险财政补助标准和城乡低保、特困人员、孤儿保障标准及补助水平，兜牢民生底线。建立健全职工医保门诊共济制度，加快医保支付方式改革，切实减轻群众就医负担。积极应对人口老龄化，加快养老服务体系建设。完善三孩政策配套措施，做好"一老一小"照护服务。

大力发展教育事业。量身定制郑州大学、河南大学"双一流"建设，打造河南高等教育"双航母"。推动7所高校11个学科创建国家"双一流"，调整优化高校结构布局、学科学院和专业设置。实施好高职学校"双高工程"，推进中职学校标准化建设。支持普通高中多样化特色化发展，启动高考综合改革。开展县域义务教育优质均衡创建。进一步提高公办园在园幼儿占比。规范促进民办教育发展。持续做好"双减"工作。

加快建设健康河南。坚持外防输入、内防反弹，坚持常态化防控、"动态清零"和应急处置相结合，科学精准做好疫情防控工作。完成省辖市定点救治医院规范化建设。推进区域医疗中心建设，加快市级"四所医院"、县级"三所医院"达标建设全覆盖，做实紧密型县域医共体，实现乡镇卫生院、社区卫生服务中心服务能力全面达标。实施中医药服务能力提升工程。适度提高基本公共卫生服务经费标准。深入开展爱国卫生运动。强化食品药品监管。实施全民健身设施补短板工程，建设省体育综合训练中心，办好第十四届省运会，推进体育河南建设。

传承创新发展优秀文化。弘扬焦裕禄精神、红旗渠精神、大别山精神、愚公移山精神，赓续红色基因。推进仰韶、殷墟、二里头、双槐树等重要遗址考古发掘和保护展示，新建河南博物院、省文物考古研究院，建设黄河国家文化公园，推动历史、文物、文化活化具象化，塑造"行走河南、读懂中国"品牌。实施文化惠民工程，深化群众性精神文明创建，建设书香河南。加强网络文明建设，打造清朗网络空间。

加强和创新社会治理。全面落实法治河南建设规划，深入开展"八五"普法。坚持和发展新时代"枫桥经验"，推进市域社会治理现代化试点，推动自治法治德治数治融合，完善城乡社区治理和服务体系，深化"三零"单位（村、社区）创建活动。加强和改进人民信访工作，健全矛盾纠纷排查化解机制。深化"一村（格）一警"工作，常态化开展扫黑除恶斗争，严厉打击电信网络诈骗等各类违法犯罪活动，建设平安河南。

继续办好十项重点民生实事，让人民群众获得感成色更足、幸福感更可持续、安全感更有保障。

（十）防范化解风险隐患

构建抵御自然灾害防线。立足防大汛、抗大灾，针对防汛救灾暴露出的薄弱环节，迅速查漏补缺，完成自然灾害综合风险普查，综合治理各类隐患。加强重大基础设施安全评估，提高安全建设标准。健全覆盖全行业、全过程的应急预案体系，加强培训演练，提升监测预警能力。健全省级应急管理指挥中心功能，推进基层应急管理体系建设，构建"一张网""一张图"应急指挥平台。加强"全灾种""大应急"国家综合性消防救援队伍建设，做强省级区域性救援基地和骨干专业救援队伍。推进省气象防灾减灾中心建设，科学规划避难疏散场所，开展应急自救科普宣传，坚决维护人民生命财产安全。

防范化解经济金融领域风险。认真落实属地管理责任，强化行业主管部门责任，压实企业自救主体责任，抓好风险处置工作。完善债券风险监测预警机制，用好省企信保基金，因企施策化解重点企业债务风险。完成城商行、农信社改制化险工作，压降高风险机构。积极稳妥处置问题楼盘。

防范化解安全生产风险。按照"三管三必须"要求，健全党政同责、一岗双责、齐抓共管、失职追责的责任体系。督促企业履行安全生产法定职责，做到责任、管理、投入、培训和应急救援"五到位"。推进安全生产专项整治三年行动巩固提升，深化危险化学品、矿山、道路运输、消防、城镇燃气、老旧建筑等重点行业领域系统治理，着力提升本质安全水平，为人民群众筑起安全屏障、撑起生命绿荫。

大力支持国防和军队建设，做好国防教育、国防动员、人民防空、双拥共建等工作，完善退役军人服务保障体系，巩固军政军民团结。促进各民族交往交流交融，引导宗教与社会主义社会相适应。支持外事、侨务、对台工作。支持工会、共青团、妇联、残联、红十字会等群团组织更好发挥作用。加强审计、统计、港澳、参事、史志、文史、档案、气象、地震、测绘、地质、邮政、社科、援疆等工作。

各位代表！新征程新使命新任务，对政府自身建设提出了更高要求。我们必须坚持把政治规矩严起来。始终以政治建设为统领，牢记"两个确立"，增强"四个意识"、坚定"四个自信"、做到"两个维护"，不断提高政治判断力、政治领悟力、政治执行力，自觉做到党中央提倡的坚决响应、党中央决定的坚决照办、党中央禁止的坚决不做。坚持把职责使命扛起来。知责于心、担责于身、履责于行，事不避难、义不逃责，在经济社会发展主战场勇挑重担，把难事办成，把要事办好，以实际行动为党分忧、为国尽责、为民奉献。坚持把工作作风实起来。扎实开展能力作风建设年活动，严格执行"13710"工作制度，实施工作项目化、方案化、清单化管理，反对形式主义、官僚主义，不务虚功、不图虚名，以钉钉子精神抓好"十大战略"重点任务落实。坚持把廉洁纪律硬起来。落实清廉河南建设要求，严格执行中央八项规定精神，完善权力运行监督制约机制，强化重点领域关键岗位监管，严肃整治损害群众利益问题，永葆清正廉洁的政治本色。

我们要深刻领悟以人民为中心的发展思想，坚持正确政绩观，敬畏历史、敬畏文化、敬畏生态、慎重决策、慎重用权。自觉接受人大及其常委会的监督，自觉接受政协民主监督，自觉接受社会和舆论监督。认真办理人大代表建议和政协提案，加快法治政府建设。

各位代表！勤俭节约是中华民族的传统美德。我们要大力弘扬优良传统，实施全面节约战略，开展"光盘"行动，倡导绿色低碳生活。让节水成为日常习惯、节粮成为自觉行动、节能成为时尚新风。各级政府要带头过紧日子，把更多资金用于为民惠民。

各位代表！实干托起梦想，奋斗成就未来。让我们更加紧密地团结在以习近平同志为核心的党中央周围，牢记总书记寄予河南"奋勇争先、更加出彩"的殷殷嘱托，在省委的坚强领导下，开拓进取、奋发有为，向着"两个确保"阔步前行，以优异成绩迎接党的二十大胜利召开！

湖 北 省
政府工作报告

——2022年1月20日在湖北省第十三届
人民代表大会第七次会议上

省长 王忠林

各位代表：

现在，我代表省人民政府向大会报告工作，请予审议，并请省政协委员提出意见。

一、2021年工作回顾

刚刚过去的2021年，是党和国家历史上具有重要里程碑意义的一年，也是湖北极不平凡、极具考验、疫后重振取得决定性成果的一年。一年来，面对百年变局和世纪疫情交织的严峻考验，面对"一难两难多难"、"既要又要还要"的多重挑战，面对"补回来"、"追回来"的艰巨任务，全省上下坚持以习近平新时代中国特色社会主义思想为指导，锚定习近平总书记赋予的"建成支点、走在前列、谱写新篇"目标定位，在省委坚强领导下，主动作为、砥砺奋进，圆满完成省十三届人大五次会议确定的各项目标任务，交出"全年精彩"答卷，实现"十四五"良好开局。

——经济发展重回主赛道。地区生产总值增长12.9%，总量迈上5万亿大台阶，达到50012.94亿元，实现历史性跨越，排名重回全国第7位。规模以上工业增加值增长14.8%，固定资产投资增长20.4%，社会消费品零售总额增长19.9%，地方一般公共预算收入增长30.7%，分别比预期目标高4.8、10.4、4.9、10.7个百分点。年初确定的主要预期目标全面超额完成，湖北经济强势复苏重振。

——支点功能实质性增强。"一主""两翼"进一步壮大，武汉城市圈经济总量跨越3万亿，达到30101.41亿元，位居全国省域城市圈前列；武汉达到17716.76亿元，襄阳、宜昌超过5000亿元，分别达到5309.43亿元、5022.69亿元，全省1个近两万亿、2个过五千亿的龙头带动格局基本形成。枢纽地位进一步强化，荆荆铁路、沿江高铁、西十高铁等6条高铁加快建设，"米字型、十通向"高铁枢纽网加快构建；亚洲最大专业货运机场花湖机场建成校飞，"双枢纽、多支线"航运格局加快形成；省港口集团挂牌运行，多式联运集疏运体系加快完善。集聚效应进一步凸显，三峡集团总部回迁，新增中国电建装备集团等总部企业133家。总投资过百亿元项目97个，历年最多。湖北的经济牵引力显著提升，向着建成支点目标迈出了坚实步伐。

——高质量发展跑出加速度。动能转换明显加快，新增高新技术企业4100户、达到14500户。高技术制造业增加值增长30.2%。"光芯屏端网"、汽车制造与服务、大健康、高端装备制造等产业加速迈向万亿级。光谷、隆中、三峡等9个湖北实验室实体化运行。企业效益明显改善，41个工业行业大类39个正增长，规模以上工业企业利润增长27%。财税质量明显提升，在大幅减税降费情况下，税收收入增长33.1%，占比达到78%，创18年来最好水平。质量齐升成为湖北发展的鲜明特征。

——改革开放激发新活力。省属国资国企改革破题成势，实现战略性重组、革命性重塑。新增市场主体114万户、规模以上工业企业1697家，均为历年最多。资本市场建设实现历史性突破，新增上市公司20家，比上年翻了一番。企业增值税销售开票金额增长26.2%，首次突破10万亿元。外交部蓝厅湖北全球特别推介活动取得圆满成功，产生广泛国际影响。成功举办中国5G+工业互联网大会、华创会、汉交会、楚商大会、世界大健康博览会、首届中国（武汉）文化旅游博览会等国际性、全国性活动52场，历年最多。招引亿元以上项目5796个、总金额3.8万亿元，分别增长30.4%、37.7%，在鄂投资世界500强企业达到324家。货物进出口总额增长24.8%，首次突破5000亿大关，达到5374亿元。经济活跃度、开放度明显提升，湖北以更加自信的姿态走向世界。

——民生福祉更加有保障。脱贫攻坚成果持续巩固拓展，如期全面建成小康社会。民生支出占比达到79.2%，创历史新高。城镇新增就业93.8万人，吸引高校毕业生留鄂来鄂就业创业39.1万人，实现了较快增长、较低通胀、较好就业的多重目标动态平衡。打赢局部疫情歼灭战，以最小代价取得最好防控效果，连续5个月没有新增本土病例。空气质量优良天数达到86.7%，国考断面水质优良比例达到93.7%。发展更有温度，民生更有质感。

志不求易者成，事不避难者进。过去一年，全省上下负重前行、向难求成，付出超乎寻常的努力，取得超出预期的成效。主要做了以下工作：

（一）**着力保持经济平稳运行，疫后重振呈现新气象**。坚持把稳增长作为头等大事，全力抓调度、稳预期、保运行，持续推动中央支持湖北一揽子政策落地见效，加快实施疫后重振补短板强功能"十大工程"，经济保持全面恢复、快速增长、质效提升、稳中向好的良好态势。千方百计扩投资。扎实推进投资和重大项目建设，全年实施10亿元以上项目1101个，4条高速公路建成，青山、宜都、赤壁等6座长江大桥通车，已建在建高铁实现市州全覆盖。华为、小米、华星光电、宁德时代、亿纬锂能等一批知名企业加大在鄂投资布局。千方百计促消费。推出提振消费11条等系列措施，积极促进新型消费，扩大县乡消费，限上企业网络零售额增长25.9%。发放4批湖北消费券，直接带动消费超过50亿元。克服疫情影响，全年接待游客5.45亿人次，旅游综合收入5750亿元，恢复程度高出全国平均水平两成左右。千方百计稳企业。直面市场主体需求，强化助企纾困政策落实，新增减税降费300亿元以上。着力解决企业融资难融资贵问题，金融机构新增贷款7166亿元，普惠小微企业贷款新增1115亿元。有效破解缺芯、缺料、缺煤、缺柜、缺工等难题，我省是全国4个没有拉闸限电的省份之一。

（二）**着力推进发展动能转换，转型升级开创新局面**。紧紧围绕产业链部署创新链、围绕创新链布局产业链，加快推动科教优势转化为发展优势。科技强省立起"四梁八柱"。坚持把科技自立自强当使命、视创新创造如生命、抓创新发展像拼命，制定"1+4"科技政策体系，全力争创武汉国家科技创新中心和湖北东湖综合性国家科学中心，以东湖科学城为核心区域的光谷科创大走廊初见雏形。脉冲强磁场设施优化提升、作物表型组学研究、深部岩土工程扰动模拟3个重大科技基础设施纳入国家"十四五"规划，数量居全国前列。新增纺织新材料与先进加工技术、精细爆破2个国家重点实验室，总数达到30个、全国第4。新增数字建造、智能设计与数控2个国家技术创新中心。华中科技大学、武汉大学获批国家医疗器械监管科学研究基地。华为人工智能计算中心投入运营，武汉超算中心开工建设。涌现出超快激光器、400G硅光芯片等一大批重大科技成果，高密度高可靠电子封装关键技术及成套工艺等24个项目获国家科学技术奖励。新晋院士8位，总数达到81位。新增国家技术创新示范企业3家、国家级科技企业孵化器9家。黄石、荆门获批国家创新型城市。汉襄宜国家科技成果转移转化示范区获批，武汉量子技术研究院等一批新型研发机构成为创新发展生力军。全省技术合同成交额增长25%，突破2000亿元。现代产业体系加快构建。聚焦打造战略性新兴产业引领、先进制造业主导、现代服务业驱动的现代产业体系，实行重点产业链链长制，推动形成以5个万亿级支柱产业、10个五千亿级优势产业、20个千亿级特色产业为骨架的"51020"现代产业集群。新增黄石、孝感、随州、仙桃4个国家创新型产业集群试点，总数达到10个、全国第3。实施战略性新兴产业培育行动，京东方10.5代线、联影医疗器械等项目建成投产，"武汉造"卫星下线，东风岚图、小鹏汽车、吉利路特斯、迈瑞医疗等项目加快建设，湖北成为全国最大的光电子芯片、中小尺寸显示面板基地，全国重要的商业航天、新能源汽车与智能网联汽车基地。数字经济加快发展，规模达到2万亿元。新建5G宏基站1.85万个，总数达到5万个，实现5G网络县城全覆盖。实施企业技改提能行动，完成工业技改项目6342个，技改投资增长37.9%。新增制造业单项冠军企业8家，总数达到25家。实施现代服务业提升行动，科研技术服务业营收增长23.2%，武汉获批陆港型国家物流枢纽，武汉经开区、十堰经开区列入国家现代服务业和先进制造业融合发展试点。金融机构存款余额7.2万亿元、增长7.9%，贷款余额6.7万亿元、增长12%。

（三）着力实施区域发展布局，协调发展迈出新步伐。支持"一主"做大做强，"两翼"主动争位，"全域"整体发力，多点支撑、协同共进的格局加快形成。"一主""两翼"一体化步伐加快。制定三大城市圈（群）发展实施意见和三年行动方案，整体推进规划同编、交通同网、科技同兴、产业同链、民生同保。武鄂黄黄咸共建光谷科创大走廊，襄十随神联合武汉打造万亿汽车产业大走廊，宜荆荆恩携手建设国家级磷化工产业集群、文旅产业联盟。139条市际瓶颈路加快建设，武汉至鄂州地铁开通运营，公积金、医保等529项民生高频服务事项实现跨市通办。县域底板加快抬升。启动扩权赋能强县改革，推行"县直报省、省直达县"，下放行政权力120余项，县市区获得更大发展自主权。实施"百强进位、百强冲刺、百强储备"工程，7个县市进入全国百强，22个县市入围中部百强，66个县域重点成长型产业集群总产值超过8000亿元。区域合作不断深化。长江中游三省常态化合作机制正式建立，"1+6"战略合作事项加快落地。建立鄂港合作会议机制，促进科技、投资、经贸、人才等多维度深层次合作共赢。加强与沪苏浙交流合作。深入开展援藏援疆工作。乡村振兴扎实推进。推动巩固拓展脱贫攻坚成果同乡村振兴有效衔接，加强各项政策统筹，开展省内协作帮扶，37个脱贫县全部纳入乡村振兴重点帮扶，17.67万监测对象消除返贫致贫风险，全省脱贫人口人均纯收入1.28万元、增长32.8%。打好农产品稳产保供主动仗和农业产业强省建设攻坚战，十大重点农业产业链加快发展，新增国家级龙头企业20家、

"三品一标"公共品牌402个，粮食总产量连续9年保持在500亿斤以上。潜江等3地获批创建国家农业现代化示范区。全面实施乡村建设行动，新改建农村公路2万公里，330个"擦亮小城镇"示范型乡镇建设有序推进，11400个示范村、整治村面貌持续改善，美丽村庄成为广大农民的幸福家园。

（四）着力加强营商环境建设，市场活力得到新提升。坚持以改革破难题增动力，以开放聚资源拓空间，推动深层次改革与高水平开放互促共进，全力打造一流营商环境。"高效办成一件事"扎实推进。2149个事项"一网通办"，21个高频事项"一事联办"，市县两级政务服务中心"一窗通办"全覆盖，1325个事项"跨省通办"。全面推行企业开办"一张表、一窗办、一日办、零费用"。政务服务办理环节减少75%，申请材料减少50%，跑动次数减少83%，办理时限减少79%，办事便捷度大幅提升。深入开展"清减降"专项行动，修改或废止涉营商环境政府规章和规范性文件52件。民间投资增长25%，占全部投资比重达到62.1%。九州通、卓尔控股迈入"千亿俱乐部"，32家民营企业营收过百亿，民营经济稳健前行。重点领域改革成效明显。蹄疾步稳深化国资国企改革重组，首批5家企业揭牌。完善财政资金常态化直达机制。设立铁路发展基金，引导社会资本投入铁路建设。实施转供电改革，有效降低企业用电成本。农村、供销、公共资源交易等领域改革持续深化。对外开放能级大幅提升。湖北自贸区23项经验全国推广。中欧班列（武汉）往返班次增长97%。襄阳、黄石获批综合保税区。宜昌市伍家岗区、荆门市高新区等4地新获批国家外贸转型升级基地。国际贸易"单一窗口"主要业务覆盖率达到100%，货物进出口整体通关时间比2017年分别压缩83.1%、96.5%。湖北开放活力持续增强，正加速成为内陆开放新高地。

（五）着力推进绿色崛起，美丽湖北建设取得新成效。坚持生态优先、绿色发展，深入推进生态省建设，以高水平保护促进高质量发展、高品质生活。长江大保护走深走实。实施长江高水平保护十大攻坚提升行动，全面推行河湖长制、林长制，关改搬转沿江化工企业30家，治理矿山298个，退耕退湖退垸还湿4万亩，完成造林196.6万亩，近千万亩禁捕水域全面实现"四清四无"。长江、汉江干流湖北段水质保持Ⅱ类，丹江口水库水质持续为优，有力保证了"一江清水东流""一库清水北送"。污染治理效果明显。深化工业源、移动源、城乡面源"三源共治"，17个重点城市PM$_{2.5}$平均浓度比过去三年均值下降12.8%。协同推进水灾害防治、水资源节约、水生态保护、水环境治理，城市污水处理率达到96%，乡镇生活污水处理设施实现全覆盖，县级以上集中饮用水源全部达标。土壤环境质量安全可控。中央生态环境保护督察反馈问题整改有力有效。绿色发展步伐加快。统筹推动减污降碳协同增效，淘汰过剩水泥产能290万吨，清洁能源装机占比达到61.8%。建成运行全国碳排放权注册登记系统，碳市场配额成交规模居全国前列，湖北成为全国碳资产大数据中枢。黄冈市罗田县、恩施州宣恩县等7地新获批国家生态文明建设示范区。全省生态安全屏障更加牢固，经济高质量发展的绿色根基进一步夯实。

（六）着力兜住兜牢民生底线，社会事业实现新进步。坚持在发展中保障和改善民生，补齐民生短板，破解民生难题，提升人民生活水平。城乡居民人均可支配收入分别增长9.7%、12%。扎实开展"我为群众办实事"实践活动，解决群众急难愁盼问题7568项。民生保障更加有力。优先稳就业保民生，持续做好重点群体就业工作。"零工驿站"工作经验获国务院肯定。完善社会保障体系，基本医保参保率超过97%，企业退休人员养老金"17连增"。企业职工基本养老保险实现省级统筹。社会救助兜底保障190.6万人，实施临时救助19万人次。完成老旧小区改造71.3万户、棚户区改造4.2万套、适老化改造1.1万户、无障碍改造1万户。公共服务更加优质。义务教育"双减"全面启动，高考综合改革平稳有序推进。新增公办幼儿园学位7万个，统筹安置随迁子女入学10万名。补充编内中小学教师1.3万名。全力打造疾控体系改革和公共卫生体系建设"湖北样板"，"一中心、四基地"加快推进，二级以上综合医院发热门诊、定点医院改造全面完成，县（市）三甲医院达到9家，建成县域医共体130个，配备大学生村医4777人。城乡居民医保财政补贴标准提高30元、达到580元/人年，普通门诊费用实现跨省直接结算。集中带量采购、医保谈判促进药品和高值医用耗材大幅降价。关心关注妇女儿童健康，为38万名农村适龄妇女开展"两癌"免费筛查，为35万名新生儿免费进行遗传代谢性疾病和听力筛查。隆重举行"壮丽航程"等庆祝建党百年系列文化活动，成功举办第四届湖北艺术节，生动展现百年党史辉煌成就、荆楚儿女奋斗故事。省科技馆新馆、省博物馆三期开馆，支持53个县提升公共文化设施，图书分馆、文化分馆覆盖85%的乡镇，建成数字农家书屋1.6万个。天门石家河遗址、孝感睡虎地秦墓等6个项目入选百年百大考古发现。14件作品获中国新闻奖，创历史最好成绩。湖北健儿顽强拼搏，东京奥运会、十四届全运会摘金夺银，创历史新高。社会治理更为有效。推动基层治理重心下移、力量下沉，做强街镇、夯实社区（村），选派驻村工作队1.26万支、驻村干部4.04万人。丰富基层群众自治全过程民主实践，完成村（居）民委员会换届选举。深入推进民族团结进步创建，积极稳妥做好宗教工作。国防动员、人防工作切实加强。外事侨务、对台工作务实开展。工会、共青团、妇联、红十字会等群团组织桥梁纽带作用有效发挥。新型智库建设成效明显。档案、保密、参事、文史等工作扎实推进。

（七）**着力筑牢加固安全防线，统筹发展和安全展现新作为。**坚持总体国家安全观，树牢系统观念、底线思维，切实维护人民群众生命财产安全和社会和谐稳定，实现高质量发展和高水平安全良性互动。疫情防控决定性成果持续巩固。时刻绷紧防控之弦，在世界疫情严峻复杂、国内疫情多点散发的情况下，坚持"四伞并举、常急兼备、精准施策、统筹均衡"，完善立体型常态化科学精准防控机制和局部应急处置机制，建强综合流调、核酸检测、医疗救治三支队伍，压实四方责任。累计隔离境外人员17.4万人，管控重点地区来鄂返鄂人员99.98万人，登记检测入库进口冷链食品14.3万吨，有效堵住了疫情输入漏洞，做到了防控不松懈、疫情不反弹、发展不停步。推动武生所新冠疫苗扩产上市。累计接种疫苗1.2亿剂次，3岁以上人群接种覆盖率达到87.45%，免疫屏障加快构建。平安湖北建设扎实推进。一体实施"打防管控建"，巩固扫黑除恶专项斗争成果，积极开展矛盾纠纷多元化解，实施信访突出问题专项治理，有效处置金融、房地产等领域风险，扎实开展安全生产专项整治三年行动，成功应对汉江超长秋汛，社会大局保持安全稳定，获评全国平安建设优秀省份。

（八）**着力提升政府治理效能，自身建设取得新进展。**紧扣省委打造"好正实优"省份要求，加快转变政府职能，提高政府公信力和执行力。扎实开展党史学习教育，进一步增强政治判断力、政治领悟力、政治执行力。坚持依法行政，自觉接受人大及其常委会法律监督、工作监督和政协民主监督，积极听取各民主党派、工商联、无党派人士和人民团体意见。提请省人大常委会审议地方性法规草案7件，办理人大代表建议721件、政协提案649件。编制完成省"十四五"规划和2035年远景目标纲要及103个专项规划。提高行政效率，修订完善省政府党组工作规则、常务会议议事决策规则、"三重一大"决策规则等制度，建立健全周例会调度、每日工作动态、情况反馈、督查落实、考核评价五项机制，大力推行"四不两直""一线工作法"，严督实查、跟踪问效，马上办、快落实形成风气。强化正风肃纪，加强党风廉政建设，严格落实中央八项规定及其实施细则精神，深入开展形式主义、官僚主义和不担当不作为问题专项整治。完成省级行政事业单位非经营性资产清理。扎实推进中央第六轮巡视、国家统计督察反馈问题整改。支持纪检监察机关履行职责，依法开展审计监督。务实担当、干净干事的氛围更加浓厚。

惟其艰难，方显勇毅。过去一年，世界经济复苏艰难曲折，新冠肺炎疫情阴霾笼罩，极端天气事件多发频发，湖北一路承压、一路向好，发展立柱架梁，拼搏赢得精彩，成绩值得珍惜。这是以习近平同志为核心的党中央掌舵领航的结果，是习近平新时代中国特色社会主义思想科学指引的结果，是省委团结带领全省上下同心协力、奋勇拼搏的结果，是省人大、省政协有效监督、鼎力支持的结果。在此，我代表省人民政府，向全省各族人民，向人大代表、政协委员、各民主党派、各人民团体和各界人士，向驻鄂人民解放军、武警官兵、中央驻鄂单位，向关心支持湖北发展的海内外人士，致以崇高敬意和衷心感谢！

各位代表！过去一年的生动实践，让我们深切体会到，加快湖北疫后重振和高质量发展，必须始终坚持党的全面领导，坚持"两个确立"、做到"两个维护"，学思践悟习近平新时代中国特色社会主义思想，全面推动党中央决策部署和省委工作要求落实落地。必须始终坚持人民至上，牢记让人民生活幸福这个"国之大者"，做到发展为了人民、发展依靠人民、发展成果由人民共享，在高质量发展中创造高品质生活。必须始终坚持新发展理念，聚焦发展不平衡不充分这个最大实际，以思想破冰引领发展突围，以干在实处推动走在前列，积极服务和融入新发展格局。必须始终坚持系统观念，准确把握时与势、危与机、稳与进、当前与长远、发展与安全的关系，唯干唯实唯先、善谋善作善成。必须始终坚持勠力同心攻坚克难，全省一盘棋、上下一条心，弘扬伟大抗疫精神，把英雄湖北、英雄人民的英雄气质转化为越是艰险越向前的大无畏气概，始终保持"拼、抢、实"的状态和作风，勇于战胜前进道路上的一切艰难险阻。

思危方能居安，知忧才能克难。我们清醒地认识到，湖北发展还面临不少困难和问题。外部环境更趋严峻复杂，受疫情冲击，我省近两年平均增速仍低于全国平均水平，总体仍处于"复元气、补损失"阶段。经济发展面临需求收缩、供给冲击、预期转弱三重压力，消费恢复偏慢，部分行业供应链产业链持续紧张，钢铁、石化、传统汽车等产业面临发展瓶颈，中小微企业经营存在困难。就业结构性矛盾比较突出，部分群体就业难、企业招工难同时存在。民生领域还有不少短板，托幼、养老等优质公共服务供给不足。磷石膏处理等生态环境问题尚未缓解，安全生产、债务风险等潜在隐患不容忽视。部分政府工作人员作风不实、能力不足，不同程度存在形式主义、官僚主义问题，营商环境中的顽瘴痼疾尚未根本解决。对这些问题，我们一定高度重视，采取有力措施，切实加以解决。

二、2022年工作思路和重点任务

今年是党的二十大召开之年，是实施"十四五"规划关键之年，省第十二次党代会也将召开，做好今年工作意义重大。当前我省仍处于宏观政策加持窗口期、疫后恢复成势见效期、新旧动能转换加速期、区域实力整体提升期，困难与希望同在，挑战与机遇并存，我们要乘势而上、排难而进，在危机中育新机、于变局中开新局，奋力实现"开局企稳、复元打平、再续精彩"。

今年工作的总体要求是：坚持以习近平新时代中国特色社会主义思想为指导，全面贯彻党的十九大和十九届历次全会以及中央经济工作会议精神，认真贯彻习近平总书记考察湖北、参加湖北代表团审议时的重要讲话精神，落实好省委十一届七次、八次、九次、十次全会和省委经济工作会议部署，弘扬伟大建党精神，坚持稳中求进工作总基调，把握新发展阶段，完整准确全面贯彻新发展理念，积极服务和融入新发展格局，全面深化改革开放，坚持创新驱动发展，推动高质量发展，坚持以供给侧结构性改革为主线，统筹疫情防控和经济社会发展，统筹发展和安全，继续做好"六稳"、"六保"工作，持续改善民生，巩固疫后重振决定性成果，稳住经济基本盘，保持经济运行在合理区间，营造平稳健康的经济环境、国泰民安的社会环境、风清气正的政治环境，迎接党的二十大胜利召开。

经济社会发展的主要预期目标是：地区生产总值增长7%左右，在实际工作中尽可能争取更好的结果；城镇新增就业70万人以上，城镇调查失业率控制在5.5%以内；居民消费价格涨幅3%左右；居民收入增长与经济增长基本同步；粮食产量保持在500亿斤以上；生态环境质量持续改善；能耗强度目标在"十四五"规划期内统筹考核，并留有适当弹性。

7%左右的经济增长预期目标，符合中央精神，体现了稳字当头、稳中求进，把稳增长放在更加突出位置的重要要求，体现了主动作为、奋发有为，扛起稳定宏观经济大盘责任的政治担当。符合湖北实际，与我省经济潜在增长率相适应，与去年以来逐季回升的复苏态势相衔接，与全省发展支撑相匹配，有利于稳定预期、提振信心，有利于解决就业、保障民生，有利于激发发展势能、保持区域竞争优势。符合人民期待，湖北疫后重振承载着习近平总书记"三个一定能"的殷切期望，承载着人民群众对美好生活的强烈期盼。无论困难挑战有多大，我们都要拿出开顶风船、啃硬骨头的决心和意志，咬定目标不放松、不达目的不罢休，在稳的前提下奋力求进、质量并进。重点做好以下方面工作。

（一）坚定不移巩固回稳向好态势，切实推动经济发展行稳致远。着眼稳增长大局，思想向稳增长统一、政策向稳增长倾斜、投入向稳增长集聚。更大力度帮助市场主体恢复发展。落实中央组合式减税降费政策，出台新一轮降成本措施。促进中小微企业融资增量、扩面、降价，新增普惠小微企业贷款不低于1200亿元。实行"直通车式"服务机制，实施更大范围"免申即享"。大力整治政府部门、事业单位、大企业拖欠中小微企业账款行为。我们要真招实策为企业纾困解难，真金白银为企业添薪助力。更大力度扩大有效投资。紧盯总投资10.3万亿的11287个亿元以上项目，能开则开、能快则快，全年投资增长10%以上。适度超前开展基础设施投资。交通方面，加快沿江高铁、西十高铁等15个铁路项目建设；大力推进京港澳高速湖北段等26个高速公路项目建设；新开工汉北河南垸至新沟段航道工程等6个水运项目；推动花湖机场投入运营，加快天河机场三跑道等5个机场项目开工建设。水利方面，推进碾盘山、杜家台、华阳河等重大工程建设，开工引江补汉、鄂北二期、姚家平水利枢纽等项目。能源方面，加快建设襄阳宜城火电、荆州热电二期、随州电厂等火电项目和黄冈平坦原、咸宁大幕山、宜昌清江等抽水蓄能项目，实施金上至湖北直流特高压等输配电项目，推进宜昌、恩施页岩气勘探开发。新型基础设施方面，加快建设中国电信、三峡东岳庙等10个大数据中心，新建5G宏基站2.6万个。稳投资是稳增长的关键之关键，我们要盯着项目干、围绕项目转，以高质量项目投资推动高质量发展。更大力度促进消费持续恢复。深入实施促进消费扩容升级三年行动，力争社会消费品零售总额增长10%以上。构建多级城市消费梯队，支持武汉建设国际消费中心城市，襄阳、宜昌打造区域性消费中心城市，其他市州创建特色消费中心城市。培育新能源汽车、绿色智能家电等消费热点。支持直播电商、智慧零售等新业态发展。开展"荆楚购物节""欢购荆楚夜"等活动。严厉打击假冒伪劣，持续改善消费环境。创建国家级全域旅游示范区，支持武汉、襄阳、宜昌、荆州建设国家文旅消费示范城市，全力打造世界知名旅游目的地。

（二）坚定不移实施创新驱动发展战略，切实加快新旧动能转换。强化高水平科技自立自强硬核支撑，依靠科技创新提升产业发展水平，打通从科技强到产业强、经济强的通道。着力营造一流创新生态。推进科技体制改革三年行动，打造政产学研金服用创新创业共同体。实施科技金融"滴灌行动"升级版，设立省科技创新发展基金。创新"揭榜挂帅"等制度，加快落实科技重大专项。实施重大科技成果产业发展扶持工程、科技成果转化提速行动，探索职务成果赋权改革、高校院所设立技术转移机构，打造产教研成果转化联动体，技术市场成交额达到2500亿元以上。着力打造重大科创平台。全力争创"两个中心"，加快光谷科创大走廊82个重大项目建设，推动大科学装置集群建设，支持9家湖北实验室高效运行、努力争创国家实验室。积极创建国家技术创新中心、产业创新中心、制造业创新中心、工程研究中心。实施基础研究十年行动。支持襄阳、宜昌建设省域科技创新中心。促进省级以上高新区提档升级。着力培育壮大创新力量。发挥高校和科研院所领军作用，加快建设世界一流科研机构。深入实施高新技术企业"十百千万"行动计划，新增高新技术企业4000家以上、国家级专精特新企业200家以上、"瞪羚"企业100家以上。弘扬企业家精神，促进创新发展。着力建设科技人才队伍。发挥院士专家引领作用，实施"楚天英才计划"，打造一批科技领军人才和创新团队，培育一批卓越工程师。优化科技人才分配激励机制和评价机制，赋予科学家更大技术路线决定权、经费支配权、资源调度权。我们要让各类优秀人才近悦远来，加速把"楚才在鄂"优势转化为"楚才兴鄂"现实生产力。

（三）坚定不移推进产业转型升级，切实做大做强现代产业集群。坚持把发展经济着力点放在实体经济上，在奔跑中调整呼吸，在超车中变换赛道，加快调优产业结构、做强产业实力、构建现代产业体系。狠抓强链补链延链稳链。按照产业集群发展理念，建立每个产业集群"一张产业地图、一个实施方案、一位省领导领衔、一个专家团队跟进、一套工作专班服务"的"五个一"工作机制，推动"51020"现代产业集群迅速壮大。打造世界一流的"光芯屏端网"等新一代信息技术产业，建成全国领先的汽车制造、现代化工、大健康、航空航天产业基地和现代农产品加工新高地。力争培育国家级领航企业10家以上，新增规模以上工业企业1500家以上、市场主体100万户以上，形成大企业顶天立地、小企业铺天盖地格局。狠抓新兴产业培育。紧盯482个亿元以上新兴产业重点项目，推动华星光电t5、东风本田DD30等尽快投产，高技术制造业增加值增长15%以上。持续实施数字经济跃升工程，促进数字技术和实体经济深度融合，催生新产业、新业态、新模式，打造数字经济高地，数字经济核心产业增加值增长20%以上。启动30个产业基础再造项目，实施高端芯片、北斗导航、人工智能等一批攻关任务。前瞻布局量子信息、未来网络、氢能、精准医疗、脑科学与类脑研究等未来产业。狠抓传统产业技改。扎实推进"技改提能、制造焕新"三年行动，推动现代服务业与先进制造业深度融合，实施亿元技改项目1500个以上，技改投资超过5000亿元。培育国家级绿色工厂20家以上、5G全连接工厂30家以上。狠抓湖北品牌建设。深入实施品牌创建、品牌培育、品牌提升行动，叫响"湖北工匠""匠心湖北"，做强"湖北老字号""荆楚优品"，打造楚茶、楚菜、楚酒品牌，让"湖北制造"誉满五洲、"荆楚味道"香飘四海。

（四）坚定不移服务和融入新发展格局，切实构建高水平对外开放"新沿海"。着力打造国内大循环重要节点和国内国际双循环战略链接，做强做优综合交通枢纽、多式联运集疏运体系、低成本高效率现代物流体系、高标准市场体系，把地理优势转化为区位优势和发展优势。加快建设现代交通物流体系。支持武汉、襄阳、宜昌、十堰、鄂州等建设国家物流枢纽承载城市。加快三峡枢纽联运转运、阳逻港联运、黄石新港等67个多式联运重点项目建设，支持武汉、襄阳、荆州等地争创第四批国家多式联运示范工程。完善县乡村三级流通体系，畅通工业品下乡和农产品进城双向渠道。加快推进高水平开放。积极融入共建"一带一路"，争取中欧班列区域性枢纽节点建设。落实自贸区跨境服务贸易负面清单。大力发展海外仓、跨境电商等外贸新业态。支持鄂州、荆州、荆门、仙桃申报综合保税区。抓住RCEP生效实施机遇，推动优势产品扩大出口，货物进出口增长12%以上。高质量建设中法武汉生态示范城等中外合作园区。高水平办好中国-北欧经贸合作论坛、世界500强对话湖北等开放交流活动，推动湖北的国际朋友圈越扩越大、开放合作路越走越宽。

（五）坚定不移全面深化改革，切实打造市场化法治化国际化营商环境。坚持以高水平制度供给推动营商环境革命，加快形成疫后重振新标识、高质量发展新动能、区域价值提升新优势。持续推进"高效办成一件事"。深化"放管服"改革，推动数字赋能、业务协同、流程再造、制度重塑，做到线上只进一网、线下就近办理。探索项目测绘"多测合一"、各类规划"多规合一"、专题评价"多评合一"、图纸审查"多审合一"、竣工验收"多验合一"，加快"证照分离""一业一证"改革，"一事联办"事项扩大到40项以上。持续深化重点领域改革。完成国企改革三年行动任务，推动省属国资国企做大做强。健全财政常态化直达机制。深化金融领域改革，大力发展绿色金融、科技金融，全面提升省域金融服务功能，引导金融机构新增贷款7700亿元以上。大力发展资本市场，新增上市企业20家，提升企业直接融资能力。加强知识产权保护。构建守信联合激励和失信联合惩戒机制，让守信者一路畅通、失信者寸步难行。持续营造公平竞争环境。常态化开展民营企业发展环境评价，落实民营企业参与重大涉企政策出台机制，完善领导干部联系服务民营企业制度，当好有呼必应、无事不扰的"店小二"，擦亮湖北营商环境金字招牌。

（六）坚定不移推进区域协调发展，切实提升区域竞争力影响力。紧扣一体化、高质量，加快形成"强核、壮圈、带群"多点支撑、多极发力的格局。推动城市圈（群）协同发展。做大做强武汉城市圈，加快建成全国最具发展活力、最具竞争力、最具影响力、综合实力最强的省域都市圈，全力打造引领湖北、支撑中部、辐射全国、融入世界的全国重要增长极。推进襄十随神、宜荆荆恩城市群南北列阵建设，加快建成全省高质量发展的重要支撑。支持武汉进一步提升城市能级和核心竞争力，加快建设国家中心城市和长江经济带核心城市，支持襄阳、宜昌打造中部非省会城市龙头，加快打造一批省域区域性中心城市。编制实施城市圈（群）国土空间一体化规划。实现更多民生高频服务事项跨市通办。丰富城市形态，强化城市功能，大力发展城市经济。推动县域突破性发展。打好县域经济发展攻坚战、整体战，纵深推进扩权赋能强县改革，大力发展块状经济、网状经济，加快71个县域省级以上开发区提档升级，力争千亿县达到5个、过500亿的达到18个。扎实推进以县城为重要载体的新型城镇化，深入实施县城品质提升、擦亮小城镇行动。健全常住地提供基本公共服务制度，促进农业转移人口市民化。推动区域合作发展。实施长江中游三省协同推动高质量发展行动计划。推动汉江生态经济带、三峡生态经济合作区协同发展，深化大别山区域省际合作。继续做好援藏援疆工作。加快革命老区、民族地区发展。

（七）**坚定不移推进乡村全面振兴，切实加快农业农村现代化。**坚持农业农村优先发展，守牢保障国家粮食安全和不发生规模性返贫两条底线，以"三农"主动助力全局主动。加快建设农业产业强省。扎实推进新一轮优质粮食工程。强化生猪、家禽、蔬菜、油料、水产品等初级产品供给。建设高标准农田420万亩。实施种业振兴行动。抓好化肥、农药等农资保供稳价。推进农业科技"五五工程"。推动十大重点农业产业链建设，做优潜江龙虾、京山桥米等农产品品牌。大力开展乡村建设行动。实施农村人居环境整治五年提升行动，加快建设美丽宜居乡村。新改建农村公路1万公里。加大农村危房改造力度。加强传统村落、民族村寨和乡村特色风貌保护，守住文明根脉，留住乡愁记忆。深入推进乡村治理。深化农村承包地"三权分置"改革，稳慎推进宅基地改革试点。支持新型农业经营主体发展，壮大新型农村集体经济。开展农业社会化服务创新试点。建设法治乡村、平安乡村，创建文明村镇、善治村镇。全面巩固拓展脱贫攻坚成果。完善防止返贫动态监测和帮扶机制，落实乡村振兴重点帮扶县支持政策，实施"万企兴万村"行动，培育壮大特色产业，增强脱贫地区自我发展能力。

（八）**坚定不移改善生态环境，切实厚植绿色发展底色。**坚决扛实共抓长江大保护责任，降碳、减污、扩绿、增长协同推进，全力维护好我省锦绣山川、大美江湖，多姿多彩展现荆风楚韵。深入推进污染防治。加强区域大气污染联防联治，基本消除重污染天气。推进长江高水平保护十大攻坚提升行动，加快集中式饮用水源地规范化建设。实施土壤环境治理保护重大工程。加强农业面源污染防治。深入推进生态系统保护与修复。统筹山水林田湖草沙系统治理，加快实施国土空间生态修复、"三线一单"生态环境分区管控。落实长江"十年禁渔"。推进国土绿化、湖泊清淤扩容、河湖水系连通。加强三峡库区、丹江口库区、神农架林区、大别山区等重要生态功能区的保护和管理。支持十堰、黄冈、咸宁、恩施等地开展"两山"实践创新基地建设。办好国际湿地公约第十四届缔约方大会。持续抓好中央生态环境保护督察反馈问题整改。深入推进绿色低碳发展。认真做好碳达峰、碳中和工作，严控高耗能高排放项目盲目上马,加快发展循环经济、低碳经济，推进垃圾分类和资源化利用，倡导绿色低碳生活，真正让美丽湖北、绿色崛起成为我省高质量发展的鲜明底色。

（九）**坚定不移保障和改善民生，切实增强人民群众获得感幸福感安全感**。牢记江山就是人民、人民就是江山，始终与人民群众有盐同咸、无盐同淡，在教育、医疗、养老、住房等人民群众最关心的领域精准提供基本公共服务，稳步推进共同富裕。强化就业优先导向。做好高校毕业生、农民工、退役军人等重点群体就业工作，新增高校毕业生就业创业40万人。实施"我兴楚乡·创在湖北"返乡创业行动，推进湖北青创园建设。深入推进职业技能提升行动，推动落实技能与薪酬挂钩机制。持续开展根治拖欠农民工工资工作。提高社会保障水平。建立职工医疗保险门诊共济保障机制，落实企业职工基本养老保险全国统筹。筹集保障性租赁住房6.7万套，改造棚户区4.8万套、老旧小区3053个。健全城乡社会救助体系、重特大疾病医疗保险和救助制度，做好优抚安置工作，加强农村三留守人员、孤儿、城镇相对困难职工关爱服务。实施困难残疾人家庭无障碍改造1.8万户。更大力度解决"一老一小"

问题，新建养老服务综合体80个，完成适老化改造1.5万户，完善三孩生育配套支持措施，新增婴幼儿托位4万个，确保老有颐养、幼有善育。推动教育高质量发展。实施"时代新人培育工程"，扩大普惠性学前教育资源，落实义务教育阶段"双减"政策，提高高中阶段教育普及水平，加快构建现代职业教育体系。支持部属院校"双一流"建设，促进省属高校特色发展。发展特殊教育、社区教育、家庭教育。落实义务教育教师平均工资收入水平不低于当地公务员的要求。扎实做好学校安全工作。全面建设健康湖北。持续实施影响群众健康突出问题"323"攻坚行动。积极争创国家医学中心、区域医疗中心、全国中成药集采联盟中心，推进省域医疗中心建设。加强紧密型城市医疗集团、县域医共体建设。促进药品和高值医用耗材集中带量采购，拓展门诊费用跨省直接结算覆盖面。实施中医药强省建设三年行动计划，打造李时珍中医药文化品牌。巩固提升国家"学生饮用奶计划"覆盖率。加强健康教育和健康管理。深入开展全民健身活动。争取北京冬奥会和冬残奥会、杭州亚运会取得好成绩，办好第十六届省运会、省第十届少数民族运动会。促进文化繁荣发展。培育和践行社会主义核心价值观，深化文明创建。完善文化公共设施，新改建县级文化场馆15个、示范文化广场100个，实现数字农家书屋村级全覆盖。提升媒体传播能力，建成广电传媒基地。举办第二届中国（武汉）文化旅游博览会。支持振兴武汉戏曲"大码头"。争创长江国家文化公园。推进荆楚大遗址传承发展工程。加强革命文物、红色档案保护利用，推进长征国家文化公园（湖北段）建设，讲好红色故事，传承革命薪火。深入推进平安湖北建设。科学精准抓好常态化疫情防控，织密扎牢疫情防护网，堵住一切可能导致疫情反弹的窟窿和漏洞。盯紧重点地区来鄂返鄂人员和进口冷链食品、高风险货物等重点环节，关口前移、闭环管理。扎实推进新冠疫苗接种。完善应急处置预案和物资储备，提高基层防控能力。分类施策、精准拆弹，稳妥有效化解地方政府隐性债务、金融、房地产等领域风险，坚决守住不发生区域性系统性风险底线。深入推进安全生产专项整治，积极防范应对极端灾害天气，抓好防汛抗旱、森林防灭火、地质灾害综合防治等工作，加强应急体系建设。强化食品药品安全监管。支持工会、共青团、妇联等群团组织更好发挥作用。加快建设立体化、智能化、社会化、实战化社会治安防控体系，常态化开展扫黑除恶斗争，完善社会矛盾多元预防调解机制，深入化解信访积案，确保城乡更安宁、群众更安乐。

全力支持国防和军队建设，推动军民融合深度发展，抓好国防动员和双拥工作，加强军地协作，完善退役军人服务保障，巩固军政军民团结。

三、全面加强政府自身建设

打铁必须自身硬。面对艰巨繁重的改革发展任务，我们要始终保持为谁执政、为谁用权、为谁谋利的清醒坚定，全面推进政府治理体系和治理能力现代化，以更加昂扬的精神状态、更加科学的务实举措干事创业，着力建设人民满意的服务型政府。

（一）强化政治意识，切实做到忠诚担当。坚持把政治建设摆在首位，坚定捍卫"两个确立"、坚决做到"两个维护"，不断提高政治判断力、政治领悟力、政治执行力。常态化长效化加强党史学习教育，坚定历史自信，赓续红色血脉，汲取智慧力量。以史为鉴、开创未来，坚定扛起习近平总书记赋予的"建成支点、走在前列、谱写新篇"历史使命，全力推动"四个着力"、"四个切实"、"三个一定能"殷殷嘱托落地生根。坚决贯彻党中央决策部署，认真落实省委工作要求，把忠诚担当落实到实际行动上、体现在发展成效中。

（二）强化宗旨意识，切实做到为民造福。牢记初心使命，厚植为民情怀，坚定践行以人民为中心的发展思想，准确把握社会主要矛盾和中心任务，推动改革发展成果更多更公平惠及全体人民。时刻把群众安危冷暖放在心上，作决策听民声、顺民意，办事情念民忧、行民盼，政策向民生聚焦，财力向民生倾斜，服务向民生覆盖。坚持正确政绩观，时刻以党和人民的事业为重，把对上负责与对下负责统一起来，尊重客观实际和群众需求，以政府的紧日子换取人民群众的好日子，以政府工作的辛苦指数换取人民群众的幸福指数。

（三）强化法治意识，切实做到依法行政。自觉尊法学法守法用法，善于运用法治思维和法治方式开展工作，慎重决策、慎重用权，努力塑造办事靠制度不靠人情、解决问题靠法治不靠关系的良好环境。依法接受人大及其常委会法律监督和工作监督，自觉接受政协民主监督，主动接受社会和舆论监督，让权力在阳光下运行。认真办理人大代表建议和政协提案，进一步提高办理质量和效率。全面推进行政执法"三项制度"全覆盖，努力让人民群众在每一个执法行为中都能看到风清气正、从每一项执法决定中都能感受到公平正义。

（四）强化落实意识，切实做到快干实干。幸福都是奋斗得来的。要实现"再续精彩"的奋斗目标，必须在抓落实上狠下功夫。要以抓铁有痕、踏石留印的坚韧和执着，谋定后动、谋定快动，创造性开展工作，以改革的办法攻坚克难，务求取得工作实效。坚持站位要高、做事要实，善于把战略的坚定性和策略的灵活性结合起来，推动规划图变施工图、任务单变成绩单。雷厉风行、扎实苦干，确保决策在一线落实、问题在一线解决、成效在一线检验，以实实在在的业绩推动湖北高质量发展。

（五）强化廉洁意识，切实做到勤政廉政。永葆自我革命精神，以正视问题的自觉和刀刃向内的勇气加强党风廉政建设和反腐败斗争，严格落实中央八项规定及其实施细则精神，严格遵守廉洁从政各项规定。坚决纠治形式主义、官僚主义，持续精文减会，切实为基层松绑减负。加强重点领域、重要部门和关键环节监督管理，坚决整治群众身边的"微腐败"。加强干部队伍廉政教育，明大德、守公德、严私德，知敬畏、存戒惧、守底线，做到干部清正、政府清廉、政治清明。

各位代表！征程万里风正劲，重任千钧再出发。新征程需要新担当，新使命呼唤新作为。让我们更加紧密地团结在以习近平同志为核心的党中央周围，坚持以习近平新时代中国特色社会主义思想为指导，在省委坚强领导下，踔厉奋发、笃行不怠，努力创造无愧于党、无愧于人民、无愧于时代的新业绩，为加快"建成支点、走在前列、谱写新篇"不懈奋斗，以优异成绩迎接党的二十大胜利召开！

湖 南 省
政府工作报告

——2022年1月17日在湖南省第十三届
人民代表大会第五次会议上

省长　毛伟明

各位代表：

现在，我代表省人民政府，向大会作政府工作报告，请予审议，并请各位政协委员提出意见。

一、2021年工作回顾

2021年是党和国家历史上具有里程碑意义的一年。全省上下坚持以习近平新时代中国特色社会主义思想为指导，认真贯彻习近平总书记对湖南重要讲话重要指示批示精神，贯彻落实党中央、国务院决策部署，在中共湖南省委坚强领导下，立足新发展阶段，贯彻新发展理念，融入新发展格局，坚持稳中求进工作总基调，沉着应对复杂形势和世纪疫情，全面落实"三高四新"战略定位和使命任务，统筹疫情防控和经济社会发展，扎实做好"六稳"、"六保"

工作，圆满完成了年初确定的主要目标任务，在"十四五"开局之年迈好了第一步、见到了新气象。

——发展态势保持平稳。实现地区生产总值4.6万亿元，增长7.7%，两年平均增长5.7%，高于全国平均水平0.6个百分点。粮食总产达614.9亿斤，居近十年高位。投资增长8%，消费增长14.4%，进出口增长22.6%，其中出口增长27.5%。存贷款余额分别达6.3万亿元、5.6万亿元，分别增长8.6%、13%，存贷比提高到88.8%。城镇调查失业率稳定在5.5%以内。居民消费价格涨幅控制在1%以内。

——发展动能持续增进。全员劳动生产率增长15%。规模以上高技术制造业增加值增长21%。100亿元以上项目开工19个，三一智联重卡、三安半导体、中联智慧产业城等重大项目进展顺利。全社会研发经费投入增长12%，新入选两院院士5人，获国家科学技术奖15项。高新技术企业突破万家，高新技术产业增加值占地区生产总值比重提高0.8个百分点。新增上市企业15家，新增全国专精特新"小巨人"企业162家，总数居全国第7位、中部第1位。净增"四上"企业880家，三一重工、华菱集团有望进入世界500强。

——发展质量不断提高。数字经济增长17%，规模以上电子信息制造业增加值、软件和信息技术服务业营业收入分别增长23.2%、44%。地方一般公共预算收入、地方税收分别增长8%、9.1%。非税占比30.9%，下降0.7个百分点，为近五年来最好水平。39个工业大类行业全部盈利，规模以上工业、服务业利润总额分别增长10%、25%。城乡居民收入分别达44866元、18295元，分别增长7.6%、10.3%。人均地区生产总值突破1万美元、达10675美元。万元地区生产总值能耗下降3.8%。

——发展环境气象更新。现代化综合交通运输体系加快形成，高铁总里程突破2000公里、达2240公里，高速公路总里程突破7000公里、达7083公里，普通国省干线公路3.2万公里，全省高速公路基本成网、高速铁路基本成环，张吉怀高铁开通运营铺就了湘西地区奔向共同富裕的康庄大道。营商环境大幅改善，"一件事一次办"改革经验在全国推广，19项工作受到国务院真抓实干督查激励，在全国工商联组织的"万家民营企业评营商环境"活动中，综合得分居全国第8位、中部第1位。平稳健康的经济环境、和谐稳定的社会环境、风清气正的政治环境，在三湘大地蔚然成势。

主要做了八个方面的工作：

一是立足全局统筹发展和安全。我们难中求成、稳中求进，既没有使风险"失控"，又没有使发展"失速"，实现了防风险、保稳定、促发展的有机统一。全力打赢两轮散发疫情歼灭战。做好常态化疫情防控，坚持从快从严从实从细，抓好重点地区、重点场所、重点人群防控，推动疫苗接种应接尽接；针对部分市县输入性疫情，及时采取有力措施，要求已发生病例的地区"零外溢"、没有病例的地区"零输入"、医疗机构"零院感"，果断以最快速度、最短时间、最小代价，取得了最好的结果。全力推动经济稳定恢复。出台支持张家界增信心补短板和促进全省消费领域企业发展的战疫"双十条"。全省限额以上批发零售、住宿餐饮业单位零售额增长14.5%，接待游客人次、旅游总收入分别增长9%、10%。落实助企纾困增效政策，新增减税降费240亿元，金融减费让利44.5亿元，普惠小微企业贷款余额增长22%。市场主体日均净增1569家，总数达546.1万家。全力确保社会安全稳定。强化重要节点调度、重点领域防控、专项整治攻坚，生产安全事故起数、死亡人数分别下降5.7%、4.5%，实现了重特大事故零发生的目标。以"保民生、保安全、保重点"为目标，加大外电、外煤输入力度，加强电力需求侧管理，平稳度过了冬夏电力高峰。强化债务风险管控，有效整治"一非三贷"金融乱象，守住了不发生区域性金融风险的底线。有效应对了多轮强降雨和局部阶段性干旱，化解了大批信访突出问题，社会治安保持稳定，人民群众的获得感、幸福感、安全感持续增强。

二是综合施策推进"三个高地"建设。细化路径、实化举措，推动"三个高地"建设取得实质性进展。坚持顶层设计与分层衔接相结合，实施科技创新"七大计划"、先进制造业"八大工程"、改革开放"九大行动"，出台财源建设、金融支持、"小巨人"企业培育、职业教育发展等政策措施。坚持战略目标与战术落地相结合，抓紧抓实企业、产业、产业链、产业生态，落实一链一名省领导、一链一行对接融资机制，支持链主企业垂直延伸、横向整合，发布产融合作制造业企业"白名单"，提升工程机械、轨道交通、中小航空发动机等世界级产业集群优势，壮大电子信息、新材料、新能源与节能等国家级产业集群规模，布局车联网、人工智能等未来产业。坚持重点突破与面上推进相结合，"十大产业项目"完成投资327亿元，华菱涟钢薄板深加工、意华交通装备产业园等项目部分投产。"十大技术攻关项目"形成了一批工程样机和新产品，实现大型掘进机主轴承、8英寸离子注入机等国产化替代，突破量子点激光器、碳化硅芯片、6英寸分子束外延装备等重大技术。坚持平台建设与人才招引相结合，抢占产业、技术、人才、平台制高点，谋深谋实岳麓山实验室、岳麓山工业创新中心、岳麓山大学科技城、马栏山视频文创产业园发展，新获批国家耐盐碱水稻技术创新中心等4个国家级创新平台，引进高层次人才216名、创新团队19个，落户院士专家工作站8家。有效发明专利增长25.1%。坚持深化改革与扩大开放相结合，突出"两端、两有、两带动、一环境"，推出28大项、165小项重点改革任务，国企改革三年行动任务总体完成85%，财税改革整体处于全国"第一方阵"，低空空域管理改革、长沙数字人民币改革试点走在全国前列。自贸试验区改革试点任务实施率92.6%，首创改革事项13个。中欧班列全年开行数量突破1000列、居全国第5位。成功举办第二届中非经贸博览会、中国民营企业500强峰会、世界计算大会、北斗规模应用国际峰会、长沙国际工程机械展览会、湘台经贸文化交流合作会，全省实际引进内外资分别增长29.1%、72.3%，各方投资者看好湖南、拥抱湖南。

三是高处着手不断夯实发展基础。着眼打基础、利长远，提升全省发展力、竞争力、持续力。高标准完善基础设施。坚持省领导联系重点项目制度，分3批集中开工10亿元以上项目289个，"十大基础设施项目"完成年度投资计划，常益长高铁、长沙机场改扩建等项目进展顺利，湘江永州至衡阳三级航道改扩建、呼北高速湖南段、宁电入湘等工程建设加快，韶山至井冈山铁路开通运营，永州电厂建成投用，雅中—江西特高压直流工程湖南段、南昌—长沙特高压交流工程竣工投产。高起点创建"五好"园区。聚焦"三生融合""三态协同"，出台落实"1+3"政策体系和"20条"政策举措，完善"以亩产论英雄"评价激励机制，园区技工贸总收入达5.89万亿元、增长14.5%，园区规模工业增加值占全省的比重达69.1%，省级以上园区亩均税收增长12.2%，企业上交税金增长12.5%。邵阳、永州经开区成功晋升国家级园区。高水平优化营商环境。深化"放管服"改革，深入开展优化营商环境攻坚行动，推进营商环境评价市县全覆盖，推动审批服务"四减"、政务服务"好差评"、证明事项告知承诺制，落实民营经济"一榜一奖一中心，一册一办一平台"工作，企业开办时间平均压缩至1.5个工作日以内。

四是多措并举促进区域协调发展。落实国家区域协调发展战略，推进"一核两副三带四区"协调联动。强化"核"的引领。长株潭都市圈建设列入国家"十四五"规划，"十同"重点任务有力落实，三十大标志性工程完成年度投资计划的112%，长株潭国家自主创新示范区加快建设，绿心中央公园布局一批绿色增值项目，三市经济总量占全省的比重达41.8%。加强"块"的协同。岳阳、衡阳两个省域副中心城市加快建设，洞庭湖生态经济区绿色发展水平稳步提升，湘南湘西承接产业转移示范区引进"三类500强"项目134个。增强"城"的带动。县城基础设施补短板、强弱项工作深入推进，城乡客运一体化走在全国前列。15个国省示范县城产业平台公共配套设施建设加快，新增10个省级特色产业小镇。住房保障力度加大，房地产市场保持平稳，全省城镇化率提高1个百分点。促进"域"的协作。加强省际交流，深化与央企战略合作，深度参与泛珠三角、长江中游等区域合作，加快融入粤港澳大湾区，湘赣边合作示范区建设上升为国家战略，湘赣边、湘鄂渝黔革命老区整体纳入重点革命老区范围。

五是接续奋斗实施乡村振兴战略。全力做好巩固拓展脱贫攻坚成果与乡村振兴有效衔接，守住了不发生规模性返贫的底线。巩固脱贫成果。保持主要帮扶政策总体稳定，写好易地扶贫搬迁后半篇文章，做实防止返贫监测帮扶，消除返贫致贫风险8.8万户22.3万人。发展现代农业。大力实施"六大强农"行动，新增一批国家农业现代化示范区、现代农业产业园和农业产业强镇。农业十大优势特色产业不断壮大，生猪产能持续恢复，农产品加工业营业收入增长7%。深化农村改革。农村宅基地制度改革全国试点有序推进，供销社改革成效明显。推进乡村建设。统筹村庄清洁行动、农村污染治理、"空心房"整治等工作，创造农村"厕所革命"全国经验，持续推进移风易俗，打造301个省级美丽乡村和100个特色精品乡村。湖南农业基础地位不断巩固，呈现出"山乡巨变"的时代画卷。

六是力度空前推进绿色低碳循环发展。全面落实河湖林长制，污染防治攻坚战工作连续两年获评国家优秀。坚持政出必行。常抓不懈整改长江经济带生态环境警示片和中央环保督察反馈问题，抓实"十年禁渔"，出台洞庭湖保护条例，健全自然资源督察执法和审计协作联动机制。推进碳达峰碳中和行动。实施重点攻坚。聚焦"一江一湖三山四水"主战场，突出治水、治气、治土，完成2693项"夏季攻势"任务。生态环境各项约束性指标好于或达到国家考核标准，147个国考断面水质优良率达97.3%、提高4个百分点，全省空气质量优良天数比率达91%。强化示范带动。完成湘江流域和洞庭湖生态保护修复工程试点，建成国家级绿色矿山65座，打造10条省级示范生态廊道，森林覆盖率达59.97%。新建投产垃圾焚烧厂14座，生活垃圾无害化日处理能力达4.3万吨。坚决守住红线。科学编制国土空间生态修复规划，严格实施"三线一单"生态环境分区管控；强化对重点行业、重点区域的生态环境准入约束，坚决遏制"两高"项目盲目发展。搬迁改造沿江化工企业38家，严肃查处环境违法案件2793件，启动生态损害赔偿989件。我们以实际行动"守护好一江碧水"，擦亮了美丽湖南的生态品牌。

七是用心用情用力保障改善民生。始终把实现好、维护好、发展好最广大人民根本利益作为一切工作的出发点和落脚点，全力解决群众急难愁盼问题。增投入。完成十大重点民生实事，全省民生支出占比保持在70%以上，并压减盘活省直部门资金78亿元用于社会民生事业。减负担。部分常用药品和医用耗材降价明显，更多药品进入医保报销范围。义务教育"双减"工作初见成效，101所"芙蓉学校"全部投入使用，增加公办幼儿园学位13.5万个。提标准。退休人员养老金、城乡低保、残疾人"两项补贴"、特困人员救助供养标准，以及城乡居民大病保险和医疗救助保障水平稳步提高，被征地农民社会保障成效显著。扩范围。稳定和扩大就业，城镇新增就业75.3万人，新增农村劳动力转移就业44.4万人。推进基本养老保险全民参保，工伤保险全面实行省级统筹。虽然事有大小，但凡老百姓关心的事，我们都将不遗余力地做。

八是真抓实干提高政府治理效能。从党的百年奋斗重大成就和历史经验中汲取力量，实现对党负责、为民尽责和依法履责的有机结合。坚持党建引领。推动党史学习教育走深走实，落实领导领学和主题党课常态化制度，在党史学习教育中强作风、提能力、办实事。坚持机制创新。健全抓落实工作机制，全面完成"十四五"规划纲要和78个专项规划编制，做到了早规划、早实施、早见效。坚持依法行政。深入推进法治政府建设，出台法治湖南建设规划和法治政府建设实施方案，全面推进行政复议改革。坚持督查问效。持续开展真抓实干督查激励。自觉接受人大法律监督、工作监督和政协民主监督及社会监督，提请省人大常委会审议地方性法规议案14件，办理省人大代表建议1514件、省政协提案665件。强化审计监督，配合做好国家统计督察。坚持廉洁从政。深入推进政府系统党风廉政建设，坚决整治形式主义、官僚主义，把忠诚、为民、务实、清廉、高效的理念贯穿政府工作全领域、各方面。

我们大力推动各项事业发展。推出"湖湘潮百年颂""百年大党风华正茂"等系列专题专栏，新增9个全国爱国主义教育示范基地，新时代文明实践中心建设在全省铺开。圆满举行辛丑年祭祀炎帝陵典礼，4项考古发现入选国家"百年百大考古发现"，矮寨·十八洞·德夯大峡谷景区成为5A级景区，参加东京奥运会、陕西全运会取得优异成绩。档案史志、外事侨务、港澳台事务、民族宗教、机关事务、参事文史、地震气象等工作取得新进展，老龄、慈善、工会、青少年、妇女儿童、残疾人、红十字等事业取得新成效。

我们全力推动国防动员和后备力量建设创新发展，全面深化民兵调整改革，创新发展兵役征集、国防教育、人民防空、军事设施保护，扎实做好退役军人服务保障工作，维护军人军属合法权益。

各位代表！

过去一年，我们开局就加速、起步就起势，始终牢记习近平总书记嘱托，狠抓创造性落实，努力保持向上向好势头，力求开局精彩、全程出彩；我们全面发力、精准施策，以日保月、以月保季、以季保年，力求以一域之光为全局添彩；我们众志成城、群策群力，画最大同心圆、求最大公约数、聚最大向心力，战疫情、抗洪涝、稳煤电、夺丰收、庆华诞，向党和人民交出了满意答卷。这是以习近平同志为核心的党中央坚强领导的结果，是中共湖南省委带领全省人民团结奋斗的结果，是各级人大、政协以及监察、司法机关监督支持与社会各界大力帮助的结果。在此，我代表省人民政府，向全省各族人民，向各民主党派、工商联、无党派人士、各人民团体，向驻湘人民解放军指战员、武警部队官兵、政法干警、民兵预备役人员、消防救援人员，向中央驻湘单位，向关心支持湖南改革发展的海内外各界人士，表示诚挚的感谢！

各位代表！

看似寻常最奇崛，成如容易却艰辛。回望过去一年，我们深刻体会到，党的领导是前提，必须始终在思想上政治上行动上同以习近平同志为核心的党中央保持高度一致，确保中央大政方针在湖南落地生根、开花结果。维护核心是根本，必须坚定捍卫"两个确立"、坚决做到"两个维护"，坚定不移沿着习近平总书记指引的方向前进。实事求是是基础，必须坚持以人民为中心，尊重市场规律，坚持实践标准，实现有效市场和有为政府更好结合。改革开放是关键，必须以改革增动力，以开放添活力，提高利用两个市场、两种资源的能力和水平，推动质量变革、效率变革、动力变革。

我们也清醒地看到，当前我省经济社会发展还面临一些困难挑战和短板弱项：一是疫情形势依然严峻。统筹常态化疫情防控和经济社会发展面临挑战。二是有效需求仍有不足。投资拉动经济增长的效应有待增强，居民消费意愿降低，住宿餐饮、批发零售、文化旅游等服务消费恢复向好的基础还不稳固。三是保供稳价还有短板。能源供应紧张，大宗商品价格、部分生产要素成本持续上涨，部分行业"缺芯"问题较为凸显。四是财政收支压力增大。市县财政增收放缓，刚性支出增长较快，基层财政紧张程度加大。五是政府建设还需加强。一些干部破解难题本领不强，一些地方改革创新力度不大，党风廉政建设还存在薄弱环节。对这些问题，我们要勇于面对，迎难而上，尽心竭力加以解决。

二、关于 2022 年工作

今年将召开党的二十大，做好全年工作意义重大。

我们要看到，在世纪疫情冲击下，外部环境更趋复杂和不确定，我国经济发展面临多年未见的需求收缩、供给冲击、预期转弱三重压力，但长期向好的基本面没有改变，并依然保持强大的韧性，这为我省稳住经济基本盘创造了基础和条件。我们要坚定必胜信心，既要紧跟时代步伐、顺势而为，更要积极主动作为、逆风前行，以时不我待的紧迫感、舍我其谁的使命感，过险滩、闯难关，奋力在新时代新征程上赢得更大胜利荣光。

今年工作的总体要求是：以习近平新时代中国特色社会主义思想为指导，全面贯彻党的十九大和十九届历次全会、中央经济工作会议精神，深入落实习近平总书记对湖南重要讲话重要指示批示精神，弘扬伟大建党精神，全面落实省第十二次党代会部署要求，坚持稳中求进工作总基调，完整、准确、全面贯彻新发展理念，服务和融入新发展格局，全面深化改革开放，坚持创新驱动发展，推动高质量发展，全面落实"三高四新"战略定位和使命任务，坚持以供给侧结构性改革为主线，统筹疫情防控和经济社会发展，统筹发展和安全，继续做好"六稳""六保"工作，持续改善民生，保持经济运行在合理区间，保持社会大局稳定，迎接好党的二十大胜利召开。

今年主要预期目标是：地区生产总值增长 6.5% 以上，规模工业增加值增长 7.2%，固定资产投资增长 7.5%，地方一般公共预算收入增长 6%，居民消费价格涨幅 3% 左右。城镇新增就业 70 万人，城镇调查失业率控制在5.5%以内，居民收入增长与经济增长基本同步。粮食产量600亿斤以上。生态环境质量持续改善。

完成全年预期目标，我们要坚持"稳"字当头，稳中求进，促进经济平稳健康运行；保持"进"的态势，持续推进转型升级、提质增效，实现高质量的发展；把握"高"的要求，更高水平、更大力度落实"三高四新"战略定位和使命任务；实现"新"的作为，全面激发创新创造创业活力，奋力推进现代化新湖南建设，努力走在中部崛起前列。

今年要重点抓好以下工作：

（一）持续推动经济稳定增长

发展是最大的民生。要始终坚持以经济建设为中心，力争地区生产总值突破5万亿元，不断巩固向上向好势头。

积极扩大有效投资。聚焦完善"五张网"，适度超前开展基础设施投资，重点抓好十大基础设施项目，即长赣高铁、常益长高铁、平伍益高速、耒宜高速扩容、长沙机场改扩建、犬木塘水库、洞庭湖区重点垸堤防加固工程、重大能源工程、高标准农田建设、国家医学中心。聚焦产业发展，深入开展产业项目建设年活动，重点抓好十大产业项目，即中联泵送智能装备基地、三一智联装备基地、中石化巴陵己内酰胺、邵阳特种玻璃、三安半导体二期、邦盛储能电池材料、湘钢提质增效、中车时代功率半导体核心元器件、长远锂电池正极材料、正威铜基新材料。聚焦民生领域，大力实施"一老一小"、医疗和公共卫生等重大项目。完善社会资本参与政策，支持和引导资本规范健康发展。

促进消费持续恢复。巩固提升传统消费，扶持一批老字号领军企业创新发展，促进湘菜、湘茶、湘酒、湘瓷、湘绣品牌化发展。培育消费新业态、新场景，推动新型消费，发展共享消费、定制消费、体验消费和"智能+"服务消费等新模式。加强县域商业体系建设，推动农村消费梯次升级，促进农村耐用消费品更新换代。支持长沙建设国际消费中心城市，打造一批"夜间经济"地标和商旅文融合"打卡地"。推进知名电商总部入湘，规范发展直播电商、社区电商、乡村电商。加大消费者权益保护力度。

畅通产业链供应链循环。全面实施"链长制"，分行业编制产业链全景图和现状图，推进工程机械、轨道交通、航空动力、电子信息、新材料等重点领域全球配置资源。"一业一策"助推冶金、石化等行业稳定增长，促进产业链大中小企业融通发展，推动上下游企业共同延链补链强链。

激发市场主体发展活力。开展"纾困增效"专项行动，推行"免申即享"，落实新的组合式减税降费政策，积极促进中小企业融资增量、扩面、降本，有效治理拖欠中小微企业账款。扎实推进民营经济"六个一"工作，实施市场主体倍增工程和企业上市"金芙蓉"跃升行动，持续推动个转企、小升规、规改股、股上市。完善社会信用体系，激发和保护企业家精神。用好市县营商环境评价成果，深入推进全过程公开监管、全周期提升服务，推行"首违不罚"等柔性执法，持续打造市场化法治化国际化营商环境。

就今年而言，稳住就是胜利。我们要加强要素保障，做好保供稳价和市场预期管理，让经济发展韧性更强、动力更足、潜力更大。

（二）全力培塑高质量发展新优势

以打造"三个高地"集聚创新要素，加快建设现代化经济体系，不断增强创新力和竞争力，着力抢占发展制高点。

提升制造业核心竞争力。创建国家制造业高质量发展试验区，实施产业发展"万千百"工程，升级建设"3+3+2"产业集群，做大产业、做强企业、做实项目、做优生态。培优育强22个优势产业链，支持领航企业、链主企业整合产业链资源，带动零部件、原材料企业链式发展。实施"新增规模以上工业企业"行动，打造一批领航企业、专精特新"小巨人"企业、制造业单项冠军企业，净增1000家以上规模工业企业、1000家以上高新技术企业。推进产业基础再造，编制工业"六基"攻关目录清单。支持制造业优势企业拓展全生命周期增值服务，为上下游企业提供研发设计、创业孵化等服务，打造一批集战略咨询、研发设计、成果转化、引才引智、商贸会展于一体的综合性公共服务平台。加大装备首台套、新材料及关键核心零部件首批次、软件首版次应用推广和政府支持力度。

提升创新引领力。加快创新型省份建设，构建以长株潭国家自主创新示范区为引领、以郴州国家可持续发展议程创新示范区和创新型城市、创新型县市、"科创中国"试点城市为依托的区域创新体系。加快"三区两山两中心"等平台建设，高标准建设岳麓山实验室，推动在湘国家重点实验室和工程技术中心优化提质，推进省级重点实验室结构优化，加强产业研究院、中试基地建设，争取国家战略科技力量在我省布局。加快"卡脖子"技术攻关揭榜挂帅，强化基础研究和应用基础研究，力争在种业、计算、装备制造、北斗应用、生命健康等领域取得一批原创性科技成果，重点抓好十大技术攻关项目，即新一代轨道交通高效驱动系统技术、高弹性低轨卫星网系统设计、深海风电输变电核心技术、镉低积累水稻育种及栽培关键技术、新一代光子晶体光纤陀螺、多用途轻型运输飞机关键技术、航空发动机异形构件精密铸造技术、高性能GPU芯片、大尺寸超高清显示屏技术、超高清视频算法。加快优化科技创新生态，加强与"大院大所大企"合作，支持创新型领军企业组建创新联合体，畅通源头创新、成果转化、市场应用链条。推动科技与金融深度融合发展。强化知识产权保护。

提升数字驱动力。力争数字经济增长15%以上。推进产业数字化，支持企业"上云用数赋智"，培育数字化转型标杆企业，打造产业发展、政务服务、社会治理等重点领域十大数字化应用场景。推进数字产业化，大力发展新一代信息技术，加快培育"大智移云"战略性新兴产业，壮大先进计算、北斗应用、超高清视频、智能网联汽车等优势产业，布局光电信息、量子信息、人工智能等未来产业。完善数字基础设施，优化算力算法和大数据中心布局，升级改造国家超算长沙中心，加快推进国家级互联网骨干直联点建设，推进国家区块链创新应用试点，打造全国先进绿色算力枢纽。加快5G网络和IPv6规模化部署，新建5G基站2.5万个。

提升"五好"园区支撑力。力争全省千亿园区达到16家，技工贸总收入突破6.5万亿元。落实"1+3"政策体系，深化园区"放管服"改革。优化园区布局，依法依规调区扩区，推动创新创业平台资源向园区集中。创新园区发展体制机制，建设产城、产教、产金、产研融合的产业综合体，促进形态、业态、质态协同。突出绿色发展和亩均效益导向，完善园区评价激励机制，促进园区争先进位、提档升级。

人才是第一资源，得人才者，得竞争力、得创新力。要深入实施"芙蓉人才行动计划"，健全落实管理、评价、激励制度，加快构建以增加知识价值为导向的收入分配机制，以期许之心育才、以宽容之心用才、以开放之心引才，匠心打造高品质人才生态，让各类人才各得其所、各展其才、圆梦三湘。

（三）全面深化改革开放

以供给侧结构性改革为主线，推动改革开放在重点领域、关键环节取得重大突破。

深化重点领域改革。争取长株潭要素市场化配置国家综合改革试点，深化供应链金融、科创金融、绿色金融、普惠金融改革创新，扩大科技企业知识价值信贷试点范围。加快湖南金融中心和湘江基金小镇建设。全面完成国企改革三年行动目标任务，深化混合所有制改革，加快国有经济布局优化和结构调整。推动预算改革，推进财政领域五大专项整治。深入开展财源建设工程，更好支持基层政府保基本民生、保工资、保运转。有序推进教育医疗、养老托幼、社会保障、社会救助改革，深化收入分配制度改革。推进重点领域统计调查改革。全面完成低空空域管理改革任务。

提升开放平台能级。加快探索建立自贸试验区联动创新区，形成一批湖南特色制度创新成果。加快建设中非经贸深度合作先行区，完善对非经贸合作长效机制，打造永不落幕的中非经贸博览会。加快海关特殊监管区提质升级，打造中西部跨境电商集散中心，推动外贸新业态新模式实现新突破。加快建设海峡两岸（湖南）产业合作区，推动湘台产业链供应链深度融合。加快五大国际物流通道和货运集结中心建设，重点构建RCEP国家区域航空中转枢纽，支持怀化、永州、邵阳融入西部陆海新通道，提升中欧班列货值和效益，拓展江海联运接力航线，推动湘粤非铁海联运通道提质上量。

高水平引进来走出去。全面对接RCEP经贸新规则，实施新版外资准入负面清单和鼓励外商投资产业目录。深耕重点国别，抱团发展重点产业、重点项目。扩大重要装备、关键零部件以及优质消费品进口。开展百强外贸企业招引工程，瞄准"三类500强"企业、专精特新"小巨人"企业和隐形冠军企业，精准开展产业链招商、专业招商和以商招商。推动外经合作创新发展，创新办好"京洽周""沪洽周"等经贸活动。深入推进"迎老乡回故乡建家乡"，吸引湘商总部、产业、资本和人才回归。

改革开放愈进愈难、愈进愈险，而又不进则退、非进不可。我们要大胆试、大胆闯，善作善成，行稳致远。

（四）加快推进农业农村现代化

深入实施"六大强农"行动，坚持不懈推进农业强、农村美、农民富，促进乡村振兴取得新进展。

严守耕地红线和粮食安全底线。落实耕地保护建设硬措施，推动建立"田长制"，编制耕地保护专项规划，加强耕地用途管制。扎实推进高标准农田建设，坚决遏制耕地"非农化"、防止"非粮化"。全面落实粮食安全党政同责要求，切实保障农资供应和价格稳定，确保粮食播种面积稳定在7135万亩以上、产量600亿斤以上。

促进农业高质高效发展。抓好农业现代化示范区和现代农业产业园建设，深入实施优质湘米、粮油、湘猪、菜果茶工程，打造农业优势特色千亿产业。加快推进种业创新和智慧农机产业发展，做大做强农业省级区域公用品牌，支持供粤港澳大湾区"菜篮子""米袋子""果盘子"优势片建设。强化农产品质量安全监管。推动农村一二三产业融合，大力发展休闲农业，打造乡村旅游精品线路。加强农资农技农艺服务，完善农产品冷链物流体系。加大农业新型经营主体培育力度，提升农业组织化水平。

巩固拓展脱贫攻坚成果。健全防止返贫致贫动态监测和帮扶机制，加强农村低收入人口常态化帮扶，突出抓好脱贫人口稳岗就业，守住不发生规模性返贫的底线。持续推动"三保障"和饮水安全问题动态清零，强化易地扶贫搬迁后续扶持，让脱贫群众生活更上一层楼。发挥好驻村帮扶和对口帮扶作用，抓好乡村振兴重点帮扶和示范创建，广泛动员社会力量参与乡村振兴。

实施乡村建设行动。推进村庄规划编制。大力开展农村人居环境整治，统筹推进生活污水治理、生活垃圾处理，创建一批美丽乡村。持续推进农村危房改造，强化农村供水保障，加快农村电气化步伐。加强和改进乡村治理，推进数字乡村建设。丰富乡村文化产品供给，持续推动移风易俗，大力倡导健康向上之风。

全面深化农村综合改革。健全"三农"投入优先保障和稳定增长机制，落实提高土地出让收入用于农业农村比例政策。深入推进新一轮现代农业综合改革试点，扎实推进第二轮土地承包到期后再延长30年试点，有序开展农村宅基地制度改革试点，巩固农村集体产权制度改革成果。深化粮食收储、供销合作、集体林权等改革。大力发展新型农村集体经济，加快推进全省农村产权交易市场建设，鼓励金融机构增加涉农信贷投放。

稳经济，必须稳住农业基本盘。我们要着眼国家战略需要，以更硬的措施、更强的执行力，确保稳产保供，确保农业农村稳定发展。

（五）扎实推动区域协调发展

促进"一核两副三带四区"优势互补、融合发展，增强区域发展整体实力。

对接融入国家区域重大战略。落实新时代推动中部地区高质量发展的意见，密切长株潭与武汉、南昌都市圈的深度联接，积极参与长江经济带上中下游协作发展。深入实施对接粤港澳大湾区方案，深化泛珠三角区域合作，推动实施一批跨区域重大项目。提升湘赣边区域合作示范区建设水平。

激发区域发展活力。深入实施主体功能区战略，建立全省国土空间信息平台和规划"一张图"。实施强省会战略，引领带动长株潭都市圈发展，高标准建设长株潭绿心中央公园等标志性工程，创新长沙火车站与高铁城际多式联运，实现高效率的"零换乘"，打造"轨道上的长株潭"。加快建设湘江西岸科创走廊和东岸先进制造业走廊。加快岳阳、衡阳省域副中心城市建设步伐。深入推进沿京广、沪昆、渝长厦通道的三大经济带建设。推动洞庭湖建设秀美富饶的大湖经济区，大力发展绿色品牌农业、滨水产业、港口经济。增强湘南、湘西地区综合承载能力，推动湘南建设中西部地区内陆开放合作示范区、大湘西建设脱贫地区高质量发展先行区，促进张吉怀高铁沿线文旅融合发展。因地制宜推动革命老区、民族地区、欠发达地区振兴发展，支持湘鄂渝黔革命老区跨省区域合作。做好对口支援新疆、西藏工作。

推进以人为核心的新型城镇化。引导常住人口向中心城市、城市群和城镇转移，支持新型城镇化示范县建设。着力提升城镇品质，大力发展绿色建筑、装配式建筑、超低能耗建筑，建设一批具有湖湘特色的海绵城市、韧性城市、宜居城市。大力实施城市更新行动，加快城市燃气等管网改造升级，加强无障碍环境建设和改造，加力解决重点区域停车难问题，完善社区养老服务设施。推进保障性住房建设，着力解决外来务工人员、新就业大学生等新市民住房、子女上学等问题，促进房地产业健康发展和良性循环。

大力发展县域经济。深化扩权强县改革，提档升级县域产业园区，鼓励有条件的县市发展总部经济。积极开展县城基础设施补短板、强弱项工作，促进特色小镇健康发展，分批次推进高品质通航小镇建设。持续推进省与市县财政事权和支出责任划分改革，加大均衡性转移支付、新增债券等财力下沉力度，激励县域培育优质财源、促进税收增长。

等闲识得东风面，万紫千红才是春。我们要着力解决发展不平衡不充分问题，深入挖掘区域发展潜力，形成扬长避短、竞相发展的生动局面。

（六）深入推进生态文明建设

落实绿色成为普遍形态要求，彰显绿色生态之美、绿色产业之美、绿色文化之美、绿色制度之美。

促进绿色低碳循环发展。出台全省碳达峰行动方案和"双碳"工作实施意见，加快推进能源、用地、产业、交通运输结构调整。构建资源循环利用体系，推进清洁生产，推行绿色制造，坚决遏制"两高"项目盲目发展，推进能源低碳绿色转型和重点领域节能降碳。加快建设岳阳长江经济带绿色发展示范区，支持湘西自治州打造全国生态文明样板州。推进生活垃圾分类管理利用和快递包装绿色转型，治理塑料污染，建设绿色机关、绿色家庭、绿色社区，倡导绿色出行。

深入打好污染防治攻坚战。持续开展"夏季攻势"，扎实抓好中央交办问题整改。推进重污染天气消除、臭氧污染防治、柴油货车污染治理、大气面源和噪声污染治理。抓好长江保护修复、黑臭水体治理和洞庭湖总磷控制与削减，大力整治水质不达标断面，强化饮用水水源地保护。加强农业面源污染治理和农用地土壤污染防治。严格危险废物管控和化学品环境管理，深入推进医疗废物收集处理，强化地下水污染防治和垃圾填埋场污染治理。深入推进乡镇污水处理设施建设，实现全省建制镇污水处理设施基本覆盖。

抓好生态系统保护修复。加强"一江一湖三山四水"重要生态功能区保护，推进山水林田湖草沙系统保护修复。科学开展国土绿化行动，加快构建以国家公园为主体、自然保护区为基础、各类自然公园为补充的自然保护地体系。加强生态廊道建设，推动天然林和湿地生态系统有效恢复，加强生态脆弱区治理。加快推进"锰三角"、锡矿山等重点区域矿山、废弃矿山和尾矿库治理，推进矿山绿色发展。落实长江流域"十年禁渔"，加强"旗舰"物种、特有物种保护，推进遗传资源保护管理。全面强化生物安全。

提升生态环境治理现代化水平。强化国土空间规划和用途管控，科学划定"三条控制线"，合理确定开发强度，推动生产、生活、生态空间深度融合、相生相长。推动出台环境保护地方标准，完善落实生态环境补偿和资源有偿使用等制度，探索健全生态产品价值实现机制。做实河湖林长制，落实生态环境保护工作责任规定和生态损害赔偿制度，压实生态环境治理各方责任。推进生态环境监测、执法、督察、应急能力建设，不断提高环境风险应急防范水平。

人不负青山，青山定不负人。我们要保持历史耐心和战略定力，谋在长远，干在当下，让绿水青山造福人民、泽被后世。

（七）繁荣文化事业和文化产业

推进文化铸魂、文化赋能、文化惠民，加快文化强省建设。

弘扬社会主义核心价值观。加强和改进新时代思想政治工作，拓展新时代文明实践中心建设，全域全员全程全面开展文明创建。擦亮"雷锋家乡学雷锋"活动品牌，弘扬劳模精神、工匠精神。加强家庭家教家风建设，提升社会道德素养。培育积极健康的网络文化，营造安靖网络空间。广泛开展全民阅读活动，建设"书香湖南"。打造湖湘新型智库。

提升公共文化服务效能。全面繁荣新闻出版、广播影视、文学艺术、哲学社会科学事业，不断推出反映时代新气象、讴歌人民新创造的精品力作。大力推动公共文化服务体系高质量发展，创新实施数字农家书屋、智慧广电乡村工程、"欢乐潇湘"等文化惠民项目。统筹推进省市县媒体深度融合发展。加快推进长征国家文化公园湖南段建设，改扩建省科技创新馆。加强文物古籍保护、研究、利用，强化重要文化和自然遗产、非物质文化遗产系统性保护，支持省博物馆争创世界一流博物馆。

推进文旅融合高质量发展。巩固提升广电、出版传统优势，大力推进马栏山视频文创产业园建设，努力打造具有中国特色、全国领先、全球影响力的媒体融合新地标。大力实施全域旅游战略，打造一批精品景区景点、旅游线路，建设一批文旅产业千亿市、百亿县、亿元镇，促进"文旅+"产业融合发展，培育新型文化业态和文化消费模式。办好全省旅游发展大会，让湖南旅游唱响全国、走向世界。

文化自信是更基本、更深沉、更持久的力量。我们要弘扬湖湘文化优秀传统，赓续红色血脉，从中汲取砥砺奋进的精神力量。

（八）着力保障和改善民生

加强普惠性、基础性、兜底性民生建设，在高质量发展中促进共同富裕。

强化就业优先导向。发挥劳动密集型企业、中小微企业、民营企业就业主渠道作用。抓好高校毕业生、退役军人、农民工等群体就业，推进脱贫人口稳岗就业，帮扶残疾人、零就业家庭成员等困难人员就业。打造"创响三湘"品牌，支持外出务工人员返乡创业，发展多渠道灵活就业和新就业形态。大力提升就业服务质量，广泛开展职业技能培训，培育特色劳务品牌。落实保障农民工工资支付长效机制，构建和谐劳动关系。

办好人民满意教育。推进学前教育优质普惠、义务教育优质均衡和城乡一体化发展，增加公办义务教育学位，推进乡镇标准化寄宿制学校建设，促进县域普通高中发展提升。扩大优质高等教育资源供给，推进高校新一轮"双一流"建设和职业教育产教融合。规范发展民办教育。落实"双减"政策，规范校外培训。深化新时代教育评价改革，加强和改进德育、体育、美育、劳动教育，关爱师生心理健康。加强师德师风建设。

深化健康湖南建设。改革完善疾病预防控制体系。发展城市医联体和县域医共体，加快国家区域医疗中心建设，建成一批达到三级医院水平的县级医院。积极建设国家中医药综合改革示范区，做精"湘医"、做强"湘药"。扩大药品、高值医用耗材集中带量采购范围，深化医保支付方式改革。规范发展社会办医，加快发展大健康产业。依法实施三孩生育政策及配套支持措施，健全计划生育特殊家庭全方位帮扶保障制度。深入推进爱国卫生运动。推进长沙奥体中心建设，完善体育公园、潇湘健身步道等全民健身场地设施。全力备战亚运会，办好省运会、省残运会。

健全社会保障体系。推进基本养老保险全国统筹，提高城乡居民医保财政补助标准，推进失业保险省级统筹。健全重特大疾病医疗保险和救助制度，落实医疗保障待遇清单制度，优化跨省异地就医直接结算服务。强化低收入家庭救助帮扶，加强特困人员救助供养，提高困难群众最低生活保障水平。完善社区居家养老服务网络，着力构建老年友好型社会。保障妇女儿童合法权益，关爱保护困境儿童、农村留守儿童。发挥第三次分配作用，发展慈善事业。

抓好重点民生实事。坚持一件事、一个方案、一套班子、一抓到底，竭尽全力办好十大民生实事：① 增加公办义务教育学位；②职业教育楚怡行动；③特殊群体健康保障；④城乡低保和残疾人"两项补贴"提标；⑤老年人服务保障；⑥城镇老旧小区改造；⑦中小学安防设施建设；⑧农村饮用水水源地突出环境问题整治；⑨农村"三路"建设；⑩农村水源保障及灌溉能力提升。

民生无小事，枝叶总关情。我们要心系千家万户，情牵百姓忧乐，让发展更有温度、民生更有质感。

（九）不断提升安全发展水平

牢固树立总体国家安全观，统筹发展和安全两件大事，为高质量发展、高品质生活提供有力支撑。

精准做好常态化疫情防控。坚决贯彻"外防输入、内防反弹"总策略、"动态清零"总方针，保持联防联控机制常态化运行，持续推进疫苗接种，加强重点单位、重点场所、重点人群、重大活动精准防控。完善多点触发监测预警机制，动态调整应急预案，提高应急处置能力。

积极防范化解重大风险。防范化解地方政府债务风险，加快平台公司市场化转型，坚决遏制新增地方政府隐性债务。强化专项债券全生命周期管理。常态化开展"一非三贷"整治。健全食品药品监管责任体系，坚决守住食品药品安全底线。加快自然灾害防治重点工程建设，有效应对气象、地质、森林火灾等自然灾害。

维护社会稳定和安全。扎实做好新一轮县域警务工作，推行"互联网+基层治理"，加快构建立体化智能化社会治安防控体系。持续推进严打暴恐专项行动，常态化开展扫黑除恶斗争，坚决防范和打击各类违法犯罪。巩固提升安全生产专项整治，强力开展"打非治违"，排查整治老旧管道、非煤矿山、道路交通、建筑施工、农村危房、消防等重点领域隐患，突出抓好煤矿、烟花爆竹、危险化学品、文旅等重点行业领域安全监管，坚决杜绝重特大事故。

加强和创新社会治理。健全城乡基层治理体系，推进市域社会治理现代化和市县乡村社会治理创新。坚持和发展新时代"枫桥经验"，畅通信访渠道，健全社会矛盾多元化解机制。促进民族团结、宗教和谐。支持工会、共青团、妇联、红十字会等群团组织和社会组织更好发挥作用。

促一方发展，保一方平安，是我们的政治责任。我们要下好先手棋，打好主动仗，守护好万家灯火。

全力支持国防和军队现代化建设。坚决贯彻习近平强军思想，统筹经济发展与国防建设，深化国防动员体制改革和兵役制度改革，巩固民兵调整改革成果。加强全民国防教育，推进湖南革命军事馆建设。健全退役军人工作体系和保障制度，深入开展"双拥"共建，巩固和发展军政军民团结大好局面。

三、全面加强政府自身建设

打铁必须自身硬。要坚持党的全面领导，坚定捍卫"两个确立"，坚决做到"两个维护"，努力在新的赶考之路上，答好时代之卷。

加强政府系统党的建设。坚持以习近平新时代中国特色社会主义思想为根本遵循，深刻学习领会"十个明确"，自觉用党的创新理论最新成果指导实践、推动发展。弘扬伟大建党精神，持续深化以党史为重点的"四史"教育。始终把党的政治建设贯穿政府工作各领域、全过程，不断提高政治判断力、政治领悟力、政治执行力。

推进法治政府建设。落实法治政府建设实施方案，加强重点和新兴领域政府立法。进一步规范依法行政，全面实行政府权责清单制度，健全重大行政决策机制。发挥政府法律顾问作用。严格规范公正文明执法。全面实施"八五"普法规划，增强全民法治观念。依法接受同级人大及其常委会监督，自觉接受人民政协民主监督，主动接受社会和舆论监督。强化审计监督、统计监督。

提高政府效能。加快数字政府建设，深化"放管服"改革，打造"一件事一次办"升级版，推动更多事项"一网通办""全省通办""跨省通办"，提升监管规范化法治化精细化水平。深化工程建设项目审批制度改革。全面推行政务服务"好差评"和行政效能电子监察"红黄牌"制度，办好"12345"热线。

改进工作作风。贯彻落实中央八项规定及其实施细则精神的实施意见，力戒形式主义、官僚主义，以钉钉子精神抓部署、抓落实、抓督查。扎实推进清廉湖南建设，落实党风廉政建设"一岗双责"，加强公共资源交易等重点领域的大数据应用、智能化监管。落实好过紧日子的要求，坚持勤俭办一切事业，严控一般性支出，保障好重点支出，坚决不搞政绩工程、形象工程。

增强工作本领。加强经济知识、科技知识、历史知识的学习，敬畏历史、敬畏文化、敬畏生态，强化专业精神、提升专业素养。切实关心基层干部，完善干部担当作为激励保护机制，真正为基层松绑减负，让干部轻装上阵、勇担重任。

各位代表！站在现代化新湖南建设的历史起点，承担"三高四新"战略定位和使命任务，面对勤劳智慧、勇毅奋进的湖湘儿女，惟有不懈奋斗，方能不负重托。让我们紧密团结在以习近平同志为核心的党中央周围，在中共湖南省委坚强领导下，牢记嘱托、不负使命、干在实处、走在前列，以实际行动迎接党的二十大胜利召开！

广 东 省
政府工作报告
——2022年1月20日在广东省第十三届
人民代表大会第五次会议上

代省长　王伟中

各位代表：

现在，我代表省人民政府，向大会报告工作，请予审议，并请各位政协委员和其他列席人员提出意见。

一、2021年工作回顾

2021年是党和国家历史上具有里程碑意义、必将载入史册的一年，也是广东改革发展历史上具有重要意义的一年。以习近平同志为核心的党中央团结带领全党全国各族人民，隆重庆祝中国共产党成立一百周年，胜利召开党的十九届六中全会，如期打赢脱贫攻坚战，如期全面建成小康社会、实现第一个百年奋斗目标，开启全面建设社会主义现代化国家、向第二个百年奋斗目标进军新征程。习近平总书记始终心系广东发展，继粤港澳大湾区、深圳先行示范区和深圳综合改革试点之后，又亲自谋划、亲自部署、亲自推动横琴、前海两个合作区建设，向第130届广交会、2021年大湾区科学论坛致贺信，为2021年"读懂中国"国际会议、2021从都国际论坛开幕式发表视频致辞，对广东工作作出一系列重要指示批示，赋予广东新的重大机遇、新的重大使命。

一年来，我们牢记嘱托、感恩奋进，以习近平新时代中国特色社会主义思想为指导，认真贯彻习近平总书记、党中央决策部署，按照国务院工作安排，在省委的正确领导下，在省人大及其常委会、省政协的监督支持下，完整、准确、全面贯彻新发展理念，深入落实省委"1+1+9"工作部署，用好"大学习、深调研、真落实"工作方法，扎实打造新发展格局战略支点，坚定不移推动高质量发展，以新担当新作为推动经济社会发展迈上新台阶。全省地区生产总值达12.4万亿元、同比增长8%，东莞成为我省第四个经济总量过万亿元城市，全省地方一般公共预算收入达1.4万亿元、增长9.1%，进出口总额突破8万亿元、增长16.7%，金融业增加值突破1万亿元，顺利完成省十三届人大四次会议确定的年度主要目标任务，实现"十四五"良好开局。

一是树牢人民至上、生命至上理念，坚持"外防输入、内防反弹"总策略和"动态清零"总方针，筑牢常态化疫情防控严密防线。坚持全国全省"一盘棋"，保持指挥体系始终处于激活状态、高效运转，因时因势调整完善疫情防控措施，在最短时间内打赢同新冠病毒德尔塔变异株的首次正面交锋，及时高效处置广州、深圳、东莞、佛山等多起本土疫情，守住了没有扩散到省外特别是首都北京的底线。坚持把"外防输入"作为重中之重，紧盯航空、陆路、水运口岸和人物同防，构建起从"国门"到"家门"全链条防控体系，粤港粤澳疫情联防联控机制不断优化。严格落实"内防反弹"各项措施，持续抓好核酸检测、哨点预警、隔离管理、社区防控、医疗救治等关键环节，全人群全程疫苗接种覆盖率达94%，构筑起群防群控的坚固防线。广大医务人员、公安干警、社区工作者、志愿者及全省人民付出了艰辛的努力，疫情防控取得了来之不易的成效，特别是深圳、珠海、中山正在全力以赴处置零星散发疫情，在此向大家致以崇高的敬意、表示衷心的感谢。

二是扎实推进粤港澳大湾区和深圳先行示范区建设，全力推动横琴、前海两个合作区建设稳健起步，牵引带动全省以更大魄力在更高起点上推进改革开放。以粤港澳大湾区建设为"纲"，强化与港澳规则衔接、机制对接，深入实施"湾区通"工程，广州期货交易所、"跨境理财通"业务试点、首批湾区标准目录、首次大湾区律师执业考试等重大改革落地见效。加快基础设施互联互通，粤澳新通道（青茂口岸）开通启用，"轨道上的大湾区"加快形成。全力推动深圳先行示范区建设，出台22项省级支持措施，深圳综合改革试点首批40项授权事项大部分落地并在全国推广，广深"双城"联动首批27项重点合作项目和7大领域专项合作扎实推进。全面落实横琴、前海两个合作区建设方案，出台实施省级若干支持措施，组建运行横琴合作区管委会、执委会和省委、省政府派出机构，优化前海合作区管理体制。推进"证照分离""一照通行"改革，实现省内企业迁移"一地办"、企业开办和工程建设项目审批"一网通办"、不动产登记"全省通办"，广州、深圳入选国家首批营商环境创新试点城市。实施新一轮预算管理制度改革，率先开展全省全域无隐性债务试点、如期实现存量隐性债务"清零"目标。加快数字政府改革，全面完成省市政务云、政务网和地市政务大数据中心建设，粤系列平台服务功能进一步拓展，"跨省通办"、省域治理"一网统管"取得标志性成果，成功举办首届数字政府建设峰会，省级政府一体化政务服务能力连续3年居全国第一。

三是深入实施扩大内需战略，大力推进贸易高质量发展，畅通国内大循环和联通国内国际双循环的功能不断增强。发挥投资关键作用，加快"两新一重"建设，省重点项目完成投资超1万亿元，全省固定资产投资增长6.3%。新建5G基站4.67万座，累计达17万座、居全国第一。加快内联外通基础设施建设，历史性实现"市市通高铁"，建成赣深高铁、南沙港铁路、广连高速一期、深圳机场卫星厅、湛江港30万吨级航道改扩建等项目，琼州海峡港航一体化取得新进展。加快建设大湾区国际消费枢纽和广州、深圳国际消费中心城市，出台促进城市消费、农村消费和新型消费政策，社会消费品零售总额增长9.9%，农村消费、网络消费增长均超过20%。实施贸易高质量发展"十大工程"，线上线下举办第130届广交会、中国航展、中博会等重大展会，开展"粤贸全球""粤贸全国"经贸活动200多场，启动自贸试验区联动发展区建设，推动跨境电商综试区全覆盖，跨境电商、市场采购规模均突破3000亿元。现代汽车氢燃料电池等外资大项目正式落地，埃克森美孚惠州乙烯项目一期、巴斯夫（广东）一体化基地首期全面开工，全省实际利用外资1840亿元、增长13.6%。

四是加大对实体经济支持力度，千方百计帮助企业纾困解难、增强活力，促进市场主体平稳健康发展。认真落实国家减税降费政策，制定我省减轻企业负担十项措施，做好保障中小企业款项支付工作，新增减税降费超过1400亿元。制造业贷款余额增长

15.4%，普惠小微贷款余额增长32.7%，政策性出口信保承保规模超过1000亿美元。强化电煤、天然气供应保障，综合施策疏导企业发电成本，有效应对电力供需矛盾。全力破解汽车、手机、家电等领域芯片短缺难题，推动核心零部件本地化生产，有力保障产业链供应链安全。健全港口集疏运体系，缓解外贸企业运输成本上涨压力。全面完成国有企业公司制改革，实现省属企业研发机构全覆盖，圆满完成南方电网公司我省股权确认工作。全省净增各类市场主体142万户、总量突破1500万户。

　　五是强化战略科技力量和关键核心技术攻关，深入实施制造业"六大工程"，经济高质量发展基础进一步夯实。大湾区国际科技创新中心、综合性国家科学中心建设扎实推进，鹏城实验室、广州实验室两大国之重器顺利运作，省实验室产业支撑和聚力引才效果显著，散裂中子源二期等5项重大科技基础设施纳入国家"十四五"规划，获批建设大湾区国家技术创新中心、国家新型显示技术创新中心、国家第三代半导体技术创新中心、国家5G中高频器件创新中心，省重点领域研发计划和基础研究重大项目取得突破性进展。预计全省研发经费支出超过3800亿元、占地区生产总值比重3.14%，区域创新综合能力连续5年居全国首位，发明专利有效量、PCT国际专利申请量稳居全国第一，国家高新技术企业突破6万家。实施"广东强芯"工程、核心软件攻关工程，组建湾区半导体等百亿级产业集团，打造我国集成电路第三极。出台"制造业投资十条"，实施"链长制"，广州华星光电T9、惠州恒力PTA、肇庆宁德时代锂电池制造基地等重大项目落地，中国电子集团总部迁驻深圳，世界500强企业增至17家，累计2万家规模以上工业企业实现数字化转型，全省规模以上工业增加值增长9%，20个战略性产业集群支撑作用凸显、增加值约占地区生产总值的1/3强。在湛江等地布局建设若干大型产业集聚区，扎实推进村镇工业集聚区升级改造、腾出超万亩土地空间。国家质量工作考核连续6年获A级，知识产权综合发展指数连续9年全国第一。

六是大力发展现代农业，全面实施乡村振兴战略，农业农村现代化呈现良好发展势头。全省农林牧渔业总产值8369亿元、增长9%，粮食播种面积3320万亩、总产量1280万吨，实现面积、产量、单产"三增"。新增全国农业现代化示范区5个、全国优势特色产业集群3个、国家和省级现代农业产业园76个，数字农业、休闲农业、都市现代农业蓬勃发展，农产品"12221"市场体系建设成效明显，荔枝、菠萝等特色农产品产销两旺。强化耕地保护，新增高标准农田161.8万亩、撂荒耕地复耕复种85.9万亩、垦造水田5.2万亩。实施粤强种芯工程，推进种源关键技术攻关和种质资源普查，组建广东省种业集团。完善冷链物流、直供配送、农资农技网络，建成一批田头智慧小站。实施"九大攻坚"行动，加快补齐农村基础设施短板，新改建公路超过3300公里，改造危旧桥545座，新增集中供水人口525万，卫生户厕普及率超过95%，光纤接入用户超过1100万户，建成一批美丽宜居村和乡村风貌提升示范带。统筹整合省级涉农资金300多亿元，创建广东金融支农联盟，创设广东乡村振兴板。推动巩固拓展脱贫攻坚成果同乡村振兴有效衔接，全面开展驻镇帮镇扶村，全域覆盖1127个乡镇、近2万个行政村，东西部扶贫协作考核连续4年获得"好"的等次。

七是统筹区域协调发展，强化政策供给、财政支持和项目支撑，"一核一带一区"建设迈出新步伐。统筹区域国土空间保护与开发利用，认真开展"三区三线"划定国家试点工作。制定支持广州、珠海、佛山、东莞高质量发展，支持汕头、湛江打造省域副中心城市的政策文件，制定支持老区苏区、民族地区、北部生态发展区、省际交界地区加快发展的一揽子财政政策，珠三角核心区发展能级持续提升，沿海经济带产业支撑作用更加强劲，北部生态发展区绿色发展优势进一步凸显。着力改善粤东粤西粤北地区发展条件，基本建成韩江高陂水利枢纽、粤东水资源优化配置工程一期等项目，加快推进环北部湾广东水资源配置工程前期工作，开工建设粤东城际铁路"一环一射线"，特别是湛江吴川机场、韶关丹霞机场顺利建成，极大提升粤西粤北地区便捷通达全国的能力。推动教育、医疗等优质公共服务资源加快向粤东粤西粤北地区布局，历史性实现本科院校、高职院校、技师学院、高水平医院21个地市全覆盖。完善省内对口帮扶机制，广清经济特别合作区启动建设，深汕特别合作区、深河产业共建示范区加快建设。援藏援疆、对口合作工作取得新成效。

八是深入打好污染防治攻坚战，强力整治生态环境突出问题，绿色低碳发展水平不断提高。聚焦水、大气、土壤等重点领域持续攻坚，全面实施河湖长制，大力开展河湖"清四乱"行动，新建污水管网7658公里，基本消除国家挂牌督办的527条黑臭水体，高质量建成碧道2075公里，国考断面水质优良率达89.9%，近岸海域水质优良率达90.2%。加大臭氧污染治理力度，开展成品油行业专项整治，实施天然气高质量发展三年行动，提升内河航运能力和绿色发展水平，公交车电动化率达98%，空气质量优良天数比率（AQI）达94.3%，$PM_{2.5}$平均浓度为22微克/立方米。推进"净土保卫战"，新增生活垃圾日处理能力1.4万吨，新增危险废物利用处置能力145.8万吨/年。建立"三线一单"生态环境分区管控体系，完成造林与生态修复192万亩，实现矿山复绿693公顷，治理违法建设2.5亿平方米，消除地质灾害隐患点1077处，整治削坡建房风险点近4万户。大力推进绿色制造、清洁生产，加快能源结构调整，新投产海上风电549万千瓦、光伏发电225万千瓦、抽水蓄能70万千瓦。

九是扎实推进文化强省建设，大力发展群众体育和竞技体育，文化体育事业发展取得新成效。深入实施岭南文化"双创"工程，完成中共三大会址纪念馆改扩建，公布首批广东省革命文物名录和39处历史文化街区，出台推进汕头潮州历史文化保护和利用行动方案，推进南粤古驿道和华南教育历史研学基地建设，18个项目入选第五批国家级非遗名录，英德岩山寨遗址入选"考古中国"重大项目、填补岭南文明起源阶段聚落考古空白。高水平建设"三馆合一"等标志性文化项目，推动公共文化基础设施提质增效。话剧《深海》、粤剧《红头巾》等5部作品入选国家优秀舞台艺术作品展演。文旅融合发展取得新成效，影视动漫、出版印刷等产业蓬勃发展，文化及相关产业增加值稳居全国首位。广播电视、参事文史、地方志、档案、社会科学等工作取得新成效。加快社区体育公园、体育场馆建设，广泛开展群众体育活动，全民健身公共服务水平不断提高。我省运动员在第32届奥运会、第十四届全运会上取得优异成绩，金牌数和奖牌总数均居全国前列。

十是持续改善人民生活品质，深入推进平安广东法治广东建设，群众获得感幸福感安全感进一步增强。践行以人民为中心的发展思想，扎实开展"我为群众办实事"实践活动，着力解决群众急难愁盼问题，全面完成省十件民生实事，居民人均可支配收入达4.5万元、增长9.7%。出台3.0版"促进就业九条"，实施高校毕业生就业创业十大行动，"粤菜师傅""广东技工""南粤家政"三项工程培训389万人次，全省城镇新增就业140万人以上，城镇调查失业率平均值为4.9%。启动新一轮高等教育"冲补强"提升计划，123个学科进入ESI全球排名前1%，新增博士、硕士学位授权高校各3所，高职院校扩招10万人以上，高等教育毛入学率提高到55%以上。基础教育高质量发展全面提速，新增公办学前教育学位28.8万个，进城务工人员随迁子女公办学校就读比例达85%以上，"双减"工作扎实推进，新高考平稳落地。加快构建"顶天立地"医疗卫生大格局，新增支持20家高水平医院、2家国际医学中心建设，基本完成中心卫生院、县级医院升级建设任务，启动实施国家公立医院高质量发展试点，新建3个省级重大疫情救治基地、7家国际健康驿站。推动中医药传承创新发展，建设国家中医药综合改革示范区。持续深化"三医联动"改革，药品和医用耗材集采覆盖面不断扩大，将高血压、糖尿病等52种多发常见慢性病纳入门诊用药报销范围并不断提高报销比例，异地就医门诊医疗费用实现直接结算。推进失业保险基金省级统筹，推动灵活就业人员参加企业职工基本养老保险、医疗保险、失业保险，完善被征地农民养老保障机制。基本建成15分钟城市养老服务圈，三孩生育政策支持体系加快完善。筹集建设保障性安居工程33万套（户），开工改造城镇老旧小区超过1500个。扎实开展国防动员、国防教育，全面做好拥军优属和安置就业工作，县、镇两级全部创建全国示范型退役军人服务机构。建设更高水平的平安广东，常态化开展扫黑除恶斗争，深入推进突出毒品问题整治，严厉打击电信网络诈骗等突出违法犯罪，全面启动"八五"普法工作，积极推进村居法律顾问工作，信访矛盾化解有力有效。积极应对多年未有的严重旱情，加快建设抗旱应急保供水工程。国家东南区域应急救援中心建设取得重大突破，联合国全球人道主义应急仓库和枢纽项目落户广州。按照市场化法治化原则，稳妥推进恒大集团等房地产企业债务风险化解处置。系统防范化解道路交通、城镇燃气、危化品、建筑施工等领域安全风险，生产安全事故起数下降17.1%，国家食品安全、药品安全考核均获得A级。外事侨务、民族宗教、工会、共青团、妇女儿童、残疾人、统计、地震、气象等工作扎实推进。

过去一年，我们持续学懂弄通做实习近平新时代中国特色社会主义思想，扎实开展党史学习教育，深刻领悟"两个确立"的决定性意义，严格执行省委坚决落实"两个维护"十项制度机制，增强"四个意识"、坚定"四个自信"、做到"两个维护"，不断提高政治判断力、政治领悟力、政治执行力。自觉接受人大依法监督和政协民主监督，办理省人大代表建议855件、省政协提案827件，推动28项人大重点监督事项和14项政协协商议政重大成果落地。坚持依法行政，配合中央依法治国办做好法治政府建设实地督察工作，出台广东省重大行政决策程序规定，率先实现行政执法"两平台"四级应用。加强廉洁政府建设，驰而不息纠治"四风"，坚持常态化过紧日子，推进审计全覆盖，政府作风持续转变。

看似寻常最奇崛，成如容易却艰辛。这些成绩的取得，是以习近平同志为核心的党中央坚强领导、关怀指导的结果，正是习近平总书记为我们掌舵领航、把脉定向，让我们在改革发展重大关口始终感到有坚强的主心骨，在面对复杂严峻局面时能够沉着应对，在遇到大风大浪时始终充满必胜信心。这是省委团结带领全省上下齐心协力、砥砺奋进的结果，各地各部门顾全大局、尽责担当，全省人民勤劳付出、共克时艰，形成团结一心、众志成城的磅礴力量。在此，我代表省人民政府，向全省人民，向各位人大代表、政协委员，向各民主党派、各人民团体、各界人士，向驻粤中央有关单位和人民解放军、武警官兵、公安干警、消防救援队伍指战员，以及港澳台同胞、海外侨胞、国际友人，表示衷心的感谢！向马兴瑞同志致以崇高的敬意！

我们清醒地认识到，广东发展还面临不少困难和挑战。经济发展不确定不稳定因素较多，关键核心技术"卡脖子"问题需要持续攻坚，产业链供应链稳定性和竞争力有待进一步提升。区域发展不协调问题还需加大力度解决，城乡发展差距依然较大，促进共同富裕任重道远。生态环境仍需持续改善，绿色低碳转型步伐有待加快。教育、医疗等公共服务存在短板，养老、托幼、住房等保障体系还不够完善。一些领域风险隐患不容忽视，统筹发展和安全任务艰巨。政府职能转变还需不断深化，形式主义、官僚主义不同程度存在，城市治理体系和治理能力还不能完全适应新形势新要求，特别是广州市发生大规模迁移砍伐城市树木问题，教训极其深刻、代价刻骨铭心，必须举一反三、引以为戒。

二、2022年工作安排

2022年将召开党的二十大，省第十三次党代会也将于今年召开，做好今年工作意义重大、责任重大。综观国内外形势，百年变局和世纪疫情交织影响，外部环境更趋复杂严峻；我国经济发展面临需求收缩、供给冲击、预期转弱三重压力，但长期向好的基本面不会改变。广东处在内外循环交汇点，拥有完备的产业体系、较强的创新实力和良好的营商环境，拥有1500多万市场主体、7000万劳动者、1.27亿常住人口共同形成的市场红利，拥有"双区"和横琴、前海两个合作区建设等国家重大发展战略叠加利好，这是我们奋进新征程的优势所在、信心所在、底气所在。我们要以习近平新时代中国特色社会主义思想为指导，认真贯彻习近平总书记对广东系列重要讲话和重要指示批示精神，坚决拥护"两个确立"，增强"四个意识"、坚定"四个自信"、做到"两个维护"，胸怀"两个大局"、心怀"国之大者"，正确把握社会主要矛盾和中心任务，把战略的坚定性和策略的灵活性结合起来，坚持用好"大学习、深调研、真落实"工作方法，扎扎实实办好广东的事。

今年政府工作的总体要求是：以习近平新时代中国特色社会主义思想为指导，全面贯彻落实党的十九大和十九届历次全会及中央经济工作会议精神，深入贯彻习近平总书记对广东系列重要讲话和重要指示批示精神，牢牢扭住习近平总书记赋予广东在全面建设社会主义现代化国家新征程中走在全国前列、创造新的辉煌的使命任务，弘扬伟大建党精神，加强党的全面领导和党的建设，坚持稳中求进工作总基调，完整、准确、全面贯彻新发展理念，深入实施省委"1+1+9"工作部署，紧紧抓住"双区"和横琴、前海两个合作区建设重大机遇，扎实打造新发展格局战略支点，全面深化改革开放，坚持创新驱动发展，推动高质量发展，坚持以供给侧结构性改革为主线，统筹疫情防控和经济社会发展，统筹发展和安全，继续做好"六稳"、"六保"工作，持续改善民生，保持经济运行在合理区间，保持社会大局稳定，以优异成绩迎接党的二十大胜利召开。

做好今年经济社会发展工作，要坚持稳字当头、稳中求进，主要预期目标是：地区生产总值增长5.5%左右；固定资产投资增长

8%，社会消费品零售总额增长6.5%，进出口总额增长3%；规模以上工业增加值增长5.5%；地方一般公共预算收入增长5%；居民人均可支配收入增长与经济增长基本同步，居民消费价格涨幅3%；城镇新增就业110万人，城镇调查失业率控制在5.5%以内；粮食产量1268万吨以上；全省空气质量优良天数比率（AQI）和地表水水质优良率均完成国家下达任务。

我们将重点做好以下十个方面工作：

（一）纵深推进"双区"建设和深圳综合改革试点，全面推进横琴、前海两个合作区建设，推动国家重大发展战略落地落实

积极作为深入推进粤港澳大湾区建设。加快打造国际一流湾区和世界级城市群，支持港澳更好融入国家发展大局。加强规则衔接、机制对接，深入推进"湾区通"工程和"数字湾区"建设，拓展商事制度衔接、职业资格互认、标准对接等领域。加快建设"轨道上的大湾区"，推进广佛环线、广清、深惠、广佛江珠等城际项目，建成佛莞城际广州南至望洪段等项目，提升干线铁路、城际铁路、城市轨道融合发展水平。抓好皇岗口岸重建工程，创新口岸通关模式。推进香港科技大学（广州）、大湾区大学建设，提升港澳青年创新创业基地功能，为港澳同胞在粤学习、就业、创业、生活提供更加便利条件。建设大湾区美丽乡村和都市现代农业。

全力建设好深圳先行示范区。围绕"五大战略定位""五个率先"，深入推进深圳综合改革试点，落实放宽市场准入特别措施的意见，高质量谋划实施第二批授权事项清单。高水平推进河套深港科技创新合作区、西丽湖国际科教城、大运深港国际科教城等建设，加快建设基础教育综合改革实验区和职业教育创新发展高地。推动深圳完善生态环境和城市空间治理体制，建设法治先行示范城市，提高超大城市治理水平。支持建设深圳改革开放展览馆等文化设施，创建国家级文化产业示范园区，建设国家体育消费试点城市。高水平规划建设深港口岸经济带，积极对接香港"北部都会区"发展策略，拓展深港合作新空间。

推动广州加快实现老城市新活力和"四个出新出彩"。强化省会城市、科技创新、产业发展和宜居环境功能，推动国家中心城市建设上新水平，加快建设国际大都市。支持完善现代化综合交通网络体系和商贸物流体系，建成广州港南沙港区四期。加快建设广州人工智能与数字经济试验区，推动数字人民币、国家区块链创新应用等试点落户。建设大湾区碳排放权交易平台。实施中新广州知识城条例，打造具有全球影响力的国家知识中心。提升南沙粤港澳全面合作示范区开发开放建设水平。

高水平推进横琴粤澳深度合作区建设。科学编制横琴总体发展规划，推动出台横琴合作区条例以及放宽市场准入特别措施、鼓励类产业目录、企业和个人所得税优惠政策。建成"一线"横琴口岸（二期）以及"二线"海关监管场所，推动分线管理政策落地实施。组建合作区开发投资公司，吸引集成电路、新能源汽车等领域龙头企业设立研发设计中心，加快建设横琴先进智能计算平台、中药新药技术创新中心，促进澳门经济适度多元发展。推动高铁、城际等轨道交通项目与澳门轻轨衔接，抓好澳门新街坊、澳门青年创业谷等建设。

全面深化前海深港现代服务业合作区改革开放。推动出台新一轮前海合作区总体发展规划和国土空间规划，探索行政区和经济区适度分离下的新型管理体制。聚焦"扩区"和"改革开放"两个重点，推动金融开放、法律事务、服务贸易、人才引进等支持政策覆盖至扩区后全部区域，提升深港服务业合作水平。建立健全竞争政策实施机制，推进跨境政务服务便利化。高水平打造前海深港国际金融城、会展海洋城、国际人才港等平台，推进国际法律服务中心和国际商事争议解决中心建设。

（二）坚持把科技自立自强作为发展的战略支撑，深化科技体制改革，构建全过程创新生态链，加快建设更高水平的科技创新强省

强化战略科技力量。以大湾区国际科技创新中心为引领，全面推进大湾区综合性国家科学中心、国家技术创新中心建设，加快深港河套、珠海横琴、广州三个创新合作区和光明、松山湖、南沙三大科学城建设。推进鹏城实验室、广州实验室建设，推动省实验室提质增效，争取一批全国重点实验室在粤布局，新建和扩建一批高等级生物安全实验室，携手港澳新建一批联合实验室，部省共建国家海洋综合试验场。加快惠州强流重离子加速器、惠州加速器驱动嬗变研究装置、江门中微子实验站建设，开工建设散裂中子源二期、人类细胞谱系、鹏城云脑Ⅲ等项目，打造学科集中、区域集聚的世界一流重大科技基础设施群。

集中力量突破一批关键核心技术。探索关键核心技术攻关新型举国体制"广东路径"，实施基础与应用基础研究十年"卓粤"计划，将1/3以上的省级科技创新战略专项资金投向基础研究，加快大湾区量子科学中心、国家应用数学中心建设，提升"从0到1"的基础研究能力。实施新一轮省重点领域研发计划，扎实推进部省联动重点专项，完善"揭榜挂帅""赛马制""军令状"等项目组织形式，力争在核心技术、高端装备和关键零部件方面取得突破性成果。深入实施核心软件攻关工程，提升关键软件技术创新和供给能力，加快试点应用。前瞻布局未来产业，推动信息光子、卫星互联网等产业加快发展。

强化企业创新主体作用。加大企业创新普惠性支持力度，落实首台（套）、研发费用加计扣除等政策。推动高新技术企业树标提质，构建龙头企业牵头、高校院所支撑、各创新主体互相协同的创新联合体。打通知识产权创造、运用、保护、管理和服务全链条，加强中国（广东）知识产权保护中心和行业快速维权中心等建设。推动韶关、阳江、梅州、揭阳等地创建国家级高新区。支持企业设立海外研发机构，积极融入全球创新网络。深化科技体制机制改革，加快转变政府科技管理职能，推动形成科技、产业、金融良性循环，构建"基础研究+技术攻关+成果产业化+科技金融+人才支撑"全过程创新生态链。

打造粤港澳大湾区高水平人才高地。深入实施人才强省建设"五大工程"，制定更加积极开放有效的人才政策，培育引进具有国际水平的战略科技人才、科技领军人才、青年科技人才和高水平创新团队。推动产业与人才融合发展，实施制造业人才专项行动和人才计划。推动省内单位与港澳知名高校、科研院所共建引才联合体，加强与港澳在人才培养等方面的合作。深化科技人才分类评价改革，赋予科学家更大技术路线决定权、经费支配权、资源调度权。大力弘扬科学家精神，鼓励科技工作者专注科研事业。实施科学技术普及条例，提升全民科学素质。

（三）提升制造业核心竞争力，加快推进制造强省建设，切实提高产业链供应链现代化水平

推进20个战略性产业集群建设。扎实抓好制造业"六大工程"，健全"链长制"，打造世界级先进制造业集群。用好"制造

业投资十条"政策,大力推进产业链招商,加快建设广州华星光电T9、揭阳广东石化炼化一体化等重点项目,发展壮大新能源汽车等产业。强化工业基础和技术创新能力,抓好制造业创新中心建设,每个战略性产业集群至少建设一家省级技术创新中心、产业创新中心或制造业创新中心。高质量建设"广东强芯"工程"四梁八柱",加快广州粤芯、深圳中芯国际12英寸线等重点项目建设,积极引进制造、封测、装备、材料等领域项目,实施汽车芯片应用牵引工程。扩大制造业设备更新和技术改造投资,推动8500家工业企业开展技改。培育产业链"链主"企业、制造业单项冠军企业、专精特新企业,加大"小升规"支持力度。深入实施质量提升行动,打响"广东质量""广东标准""广东服务"品牌。

打造高水平产业发展平台。加快建设珠海、汕头、佛山、中山、江门、湛江、肇庆等大型产业集聚区,引进大项目、培育大产业,优先布局电子信息、新能源、先进材料、生物医药与健康、高端装备制造等产业。深入推进村镇工业集聚区升级改造攻坚战,聚焦"工业改工业",强化产业用地保障。建设高水平产业空间,新规划布局一批省级产业园,鼓励各地打造特色产业园,促进各类开发区、海关特殊监管区创新发展。启动建设海洋经济高质量发展示范区,推动海洋产业集群化发展。

加快制造业数字化转型。大力发展数字经济,推动大数据、人工智能、区块链、物联网等产业发展和应用,推进国家数字经济创新发展试验区和广州、深圳国家人工智能创新应用先导区建设。发展工业互联网,推动普惠性"上云上平台",探索推广一批行业数字化转型的典型应用场景,新推动5000家规模以上工业企业数字化转型。实现5G网络珠三角广覆盖、粤东粤西粤北市县城区全覆盖，加大5G赋能行业应用推广力度，加大6G技术研发支持力度。强化4K/8K内容供给和应用推广，打造超高清视频产业集聚区。统筹数据中心布局，在韶关建设全国一体化算力网络国家枢纽节点。大力发展科创服务、创新创意设计、商务咨询、现代物流等现代服务业，培育一批领军企业和龙头企业。

（四）多措并举扩大内需、稳定外需，加快重大基础设施建设，提升链接国内国际双循环功能

适度超前开展基础设施投资。加快交通强省建设，推进广湛、广汕汕、深江、深汕、珠肇、梅龙等高铁建设，做好漳汕、深南、广珠（澳）、广清永高铁和广深高铁新通道等项目前期工作。抓好深中、黄茅海、狮子洋等跨江跨海通道和沈海、深岑、长深等高速公路改扩建项目，推进普通国省道和普通公路危旧桥、渡改桥升级改造。加快世界级机场群港口群建设，抓好白云机场三期、深圳机场三跑道、珠三角枢纽机场、珠海机场改扩建、惠州机场改扩建等项目，加快汕头港、湛江港等疏港铁路建设和东江、北江上延等内河高等级航道前期工作。实施"851"水利高质量发展蓝图，加快建设珠三角水资源配置工程、潖江蓄滞洪区工程，开工建设环北部湾广东水资源配置主体工程，实施粤东水资源优化配置工程二期，确保引韩济饶工程建成通水。省市都要树立强烈的抓重大项目意识，加强项目谋划储备，做深做细项目前期工作，坚持资金跟着项目走，省直各部门要主动作为、加强服务，省市协同推动重大项目建设。

更大力度激发消费潜力。加快推进广州、深圳建设国际消费中心城市，规划布局若干区域消费中心城市，打造特色商圈和示范步行街，建设大湾区国际消费枢纽。扩大汽车、家电、信息等消费，增加停车场、充电桩、换电站等配套设施。加快新型消费基础设施和载体建设，培育壮大新型零售、智慧餐饮、在线体育、远程医疗等新业态。促进农村消费提质升级，推进田头智慧小站建设和农贸市场升级改造，实施电子商务下乡进村和农产品出村进城工程。完善城乡商贸流通体系，加快国家物流枢纽、骨干冷链物流基地、广东供销冷链物流网等建设。

深入实施贸易高质量发展"十大工程"。抓住区域全面经济伙伴关系协定实施机遇，稳步拓展东盟等"一带一路"沿线市场。支持广交会创新机制、丰富业态、拓展功能，深入开展"粤贸全球""粤贸全国"活动。推动建设跨境电商示范省，实现跨境电商综试区地市全覆盖，支持市场采购、转口贸易、服务外包、离岸贸易等扩容提质，启动建设大湾区全球贸易数字化领航区。建设一批进口集散地，扩大工业中间品、大宗商品、高品质消费品进口规模，加快广州南沙进口贸易促进创新示范区建设。加快埃克森美孚、巴斯夫、中海壳牌等重大外资项目建设，支持跨国公司在我省设立区域性、功能性总部和研发中心。高标准建设广东自贸试验区，开展更高水平贸易投资便利化试点，推动在湛江、茂名创建自贸试验区粤西片区。支持企业走出去，完善海外仓布局，加强海外知识产权保护和维权援助，建立健全涉外法律服务机制。

（五）深入推进"一核一带一区"建设，持续加大资源统筹、政策供给力度，提升区域发展平衡性协调性

强化"核""带""区"主体功能。提升珠三角核心区主动力源功能，推动广州、深圳深化战略合作，共同发挥好核心引擎功能和辐射带动作用，提升广佛全域同城化、广清一体化和深汕特别合作区建设水平。深化珠江口东西两岸协同发展，促进东岸创新要素和产业资源向西岸延伸布局，支持珠海打造珠江口西岸核心城市，支持中山建设珠江口东西两岸融合发展支撑点。提升沿海经济带东西两翼发展能级，发展壮大绿色石化、新能源等优势产业，培育一批千亿级临海产业集群。加快汕头、湛江省域副中心城市建设，支持汕头打造临港大型工业园，支持湛江深度参与西部陆海新通道、积极对接海南自由贸易港。推进粤东城际铁路建设，提升汕潮揭城市融合发展水平。加快北部生态发展区绿色发展步伐，完善生态补偿机制，支持各市壮大县域、镇域经济，因地制宜发展水经济、清洁能源、绿色矿业等，积极发展农产品种养和深加工、乡村旅游经济，打造生态经济发展新标杆。深化新一轮省内对口帮扶，引导珠三角产业向粤东粤西粤北地区梯度转移，推动各功能区深化产业统筹、项目对接。粤东粤西粤北各市要下大决心优化营商环境，大抓招商引资，增强产业承接能力，打造珠三角产业拓展首选地和先进生产力延伸区。我们要解放思想、守正创新，加大力度、久久为功，系统性解决区域发展不协调问题，积极探索实现共同富裕的有效路径和模式，力争年年都有新进步，努力把短板变成"潜力板"。

推动老区苏区和民族地区高质量发展。省财政5年新增210亿元支持老区苏区振兴发展，对落地老区苏区的中央预算内投资项目同步予以支持。推动老区苏区重大基础设施建设，畅通县城与高速公路、工业园区、景点景区之间的连接线路。推动老区苏区产业提质增效，鼓励省属企业、民营企业投资带动发展，支持梅州、汕尾创建革命老区高质量发展示范区。推动连南、连山、乳源等民族地区高质量发展，扶持特色产业和生态文化旅游业发展。强化与相邻省份协调联动，建设省际交界地区合作平台。

优化基本公共服务资源配置。实施广东省基本公共服务标准，完善省级统筹协调机制，促进农业转移人口有序有效融入城市，推动公共资源按常住人口规模配置。加大均衡性转移支付力度，增强市县托底保障能力。实施粤东粤西粤北地区公共服务补短板工程，推进市属公办高职院校办学体制调整，支持提升高等教育、医疗卫生发展水平，稳步提高城乡居民基本养老保险基础养老金、社会救助等标准，扩大各项社会保险覆盖面，布局建设一批省重点实验室、新型研发机构和高水平创新研究院。

提升城市规划建设管理水平。以省国土空间规划为基础，制定实施广州、深圳、珠江口西岸、汕潮揭、湛茂五大都市圈发展规划。深刻吸取广州市大规模迁移砍伐城市树木问题教训，尊重城市发展规律，传承城市历史文化，延续城市特色风貌，敬畏历史、敬畏文化、敬畏生态，以绣花功夫、更多采用微改造方式推进城市更新，坚决防止出现急功近利、大拆大建等破坏性"建设"问题。遵循宜林则林、宜草则草原则，科学推进城乡绿化，加强古树名木保护。着力补齐城市基础设施短板，加快完善城市排水防涝工程体系，强化海绵城市、韧性城市、智慧城市建设。推进空间布局、产业发展、基础设施等县域统筹，推动更多基础条件好、综合实力强的县进入全国百强县行列。

（六）全面推进乡村振兴，深入实施"三农"领域突出短板"九大攻坚"行动，加快农业农村现代化

千方百计抓好粮食生产。压实粮食安全党政同责，全力稳定粮食播种面积和粮食产量。严守耕地保护红线，落实耕地保护任务，开展农田整治提升行动，推进撂荒耕地复耕复种，新建高标准农田120万亩、垦造水田5万亩。深入推进种业振兴行动，抓好种业创新园、广东种质资源存储交易中心和一批种质资源库建设。强化科技保障支撑，加快补齐农机装备短板，提升农业综合生产能力。严格落实"菜篮子"市长负责制，抓好重要农产品稳产保供和质量安全监管。

加强现代农业产业体系建设。深入推进"跨县集群、一县一园、一镇一业、一村一品"，以现代农业产业园建设为引领，推动农业现代化示范区、优势特色产业集群、产业强镇建设，支持河源灯塔盆地创建国家农业高新技术产业示范区。发展壮大丝苗米、岭南蔬果、畜禽、水产、南药、茶叶、花卉、油茶等特色产业，加快发展休闲农业、设施农业，培育新型农业经营主体，提升农产品加工业发展水平，促进农村一二三产业融合发展。实施渔港建设攻坚行动，推进珠三角百万亩养殖池塘升级改造，加快深远海大型智能养殖渔场建设。加快农产品出口示范基地建设。

深入实施乡村建设行动。实施农村人居环境整治提升五年行动，推进村庄"洁化、绿化、美化"，统筹抓好农村厕所革命、生活污水和垃圾治理，健全长效管护机制。推进"四好农村路"提档升级和农村电网改造升级，加快"三同五化"农村供水网络体系建设。强化农房管控和乡村风貌提升，推进"五美"专项行动，连线成片建设一批特色鲜明、辐射带动能力强的乡村振兴示范带，打造一批美丽乡村精品线路和高品质民宿。开展农村社区一站式综合服务示范创建，探索建设乡村生活圈"邻里中心"。

大力推进驻镇帮镇扶村。完善驻镇帮镇扶村组织体系、制度体系和工作机制，深入开展"千企帮千镇、万企兴万村"行动，推进镇域品质提升和美丽圩镇建设，着力建设一批中心镇、振兴一批专业镇，更好发挥乡镇联通城乡、服务乡村的功能。调整完善土地出让收入使用范围，优先支持乡村振兴。加强防止返贫动态监测和常态化帮扶，建立农村低收入人口和欠发达地区长效帮扶机制。持续做好援藏援疆、东西部协作、对口合作等工作。

深化农村综合改革。加强农村承包地改革管理，鼓励多种形式流转承包地经营权。开展农村集体资产管理专项整治，推进集体经营性资产股份合作制改革，壮大新型农村集体经济。深化宅基地制度改革试点，有序整治农村乱占耕地建房问题。推进国家城乡融合发展改革试验区广清接合片区建设。深化涉农资金统筹整合改革，创新金融、保险支农服务。支持供销社开展生产、供销、信用"三位一体"综合合作试点，支持广东农垦改革发展。

（七）深化创造型引领型改革，推动有效市场和有为政府更好结合，加快打造市场化法治化国际化营商环境

深化营商环境改革。支持广州、深圳开展国家营商环境创新试点。深化商事登记确认制改革，纵深推进"证照分离""一照通行"，完善注销退出制度，提升企业全生命周期服务便利化水平。推进"双随机、一公开"监管、跨部门综合监管和"互联网+"监管，构建以信用为基础的新型监管机制。坚持"两个毫不动摇"，依法平等保护民营企业产权和企业家权益，完善政企常态化沟通协商机制，大力弘扬企业家精神，构建亲清政商关系，为民营经济发展创造健康环境。落实国家新的组合式减税降费政策，强化惠企政策创新供给，加强对中小微企业、个体工商户的精准帮扶，更大力度激发各类市场主体活力。越是企业困难的时候，各级政府越要积极主动服务，帮助企业纾困解难、共克时艰，应对挑战、抢抓机遇，实现高质量可持续发展。

全面推进广东"数字政府2.0"建设。强化全省"一片云、一

张网"，升级省市一体化政务大数据中心，推动数字政府基础能力均衡化发展。深化政务服务"一网通办"，全面实施政务服务事项同源管理，优化粤省事、粤商通、粤政易平台功能，探索构建个人、法人数字空间。深化"跨省通办、跨境通办"和省域治理"一网统管"，强化数字政府网络和数据安全防护。

加快土地、技术、数据等要素市场化配置改革。建立健全城乡统一的建设用地市场，稳慎推进集体经营性建设用地入市。深化工业用地市场化配置改革，推行"标准地""带项目""交地即动工"等供地新模式，持续开展"净地"出让专项行动，加快处置批而未供和闲置土地。完善科技创新资源配置方式，健全职务科技成果产权制度，探索建立深圳技术交易服务中心。健全公共数据资源开发利用法规和标准体系，全面推广首席数据官制度，推动建设省数据交易场所，打造数据要素市场化配置改革先行区。

深化财税国企改革。深入推进预算管理制度改革，加强财政资源统筹，盘活政府资源资产，增强重大战略任务财力保障。建立省对市县财政预算安排审核机制，常态化实施财政资金直达机制，兜牢县级"三保"底线。推进"数字财政"建设，深化税收征管改革，推进税收共治。全面完成国企改革三年行动任务，加大省属企业战略性重组和专业化整合力度，积极稳妥深化混合所有制改革，开展大湾区区域性国资国企综合改革试验，推进国企改革"双百行动"和"科改示范行动"，健全完善风险防控体系和成本控制机制，着力提升国资监管效能。

推进金融改革开放。加快完善现代金融体系，筹备设立大湾区国际商业银行，建设好广州期货交易所，支持深交所实施全市场注册制改革，积极创建广深科创金融改革试验区。深化绿色金融改革，创新数字普惠金融，推广供应链金融试点。探索建设大湾区跨境理财和资管中心，扩大"跨境理财通"规模，建设港澳保险售后服务中心，推动"征信通""保险通"。推进中小企业融资平台等建设，提升金融服务实体经济水平。

（八）统筹有序推进碳达峰碳中和，扎实抓好污染防治和生态文明建设，持续提升生态环境质量

加快完善能源供应保障体系。推进能源结构调整，大力发展清洁能源，促进能源高效利用，创造条件尽早实现能耗"双控"向碳排放总量和强度"双控"转变。加快海上风电项目建设，推进惠州太平岭核电、陆丰核电、廉江核电等项目建设，开工建设梅州二期、肇庆浪江、汕尾陆河等抽水蓄能项目，加快数字电网建设，构建以新能源为主体的新型电力系统。加快现役煤电机组升级改造，推进天然气调峰发电和热电联产项目建设，加快粤西第二输电通道等电网项目建设，推进藏东南至大湾区特高压直流等工程前期工作，完善电力市场交易长效机制。加强LNG接收及储气设施建设，基本实现天然气主干管网"县县通"。加强初级产品供给保障，优化石油、天然气、煤炭等重要战略物资储备体系。

大力推动绿色低碳转型。制定碳达峰碳中和实施意见和碳达峰实施方案。加快发展绿色低碳产业，实施绿色制造工程和重点行业绿色化改造，推进产业园区循环化发展。加快高效节能技术产品推广应用，加强工业、建筑、公共机构等重点领域节能，提升数据中心、新型通信等信息化基础设施能效水平。发展新能源交通运输和内河清洁航运，推进煤改气、油改气，构建绿色高效交通运输体系。推动高质量绿色建筑规模化发展，全面推进生活垃圾分类，开展绿色社区、绿色学校、环境教育基地创建行动，提升公民生态文明意识。

　　深入打好污染防治攻坚战。构建减污降碳协同增效机制，抓好中央生态环境保护督察反馈问题整改。推进水环境治理攻坚，强化重点流域和黑臭水体综合治理，推进河湖"清四乱"常态化，深化非法洗砂洗泥专项治理，新建城市污水管网1500公里，确保国考断面水质稳定达标。开展珠江口邻近海域综合治理攻坚行动，推进"美丽海湾"保护建设。全面提升空气质量，强化挥发性有机物和氮氧化物协同治理，抓好臭氧污染治理。加快生活垃圾焚烧设施建设，强化土壤污染防治源头管控，加强固体废物处理设施建设，推进建设"无废城市"。

　　强化生态系统保护修复。高质量完成"三区三线"划定国家试点工作，实施"三线一单"分区管控，坚持山水林田湖草沙一体化保护和系统治理。严格落实河湖长制、林长制，高质量推进万里碧道建设，深入实施绿美广东大行动，加强天然林全面保护和系统恢复，积极创建南岭国家公园和华南国家植物园，强化生物多样性保护。加强国土空间生态保护修复，开展全域土地综合整治试点，推进海洋生态和湿地保护修复，建设具有海岸生态多样性保护和防灾减灾功能的万亩级红树林示范区。

　　（九）高水平推进文化强省建设，充分激发文化创新创造活力，更好满足人民群众精神文化需求

　　大力提高社会文明程度。实施习近平新时代中国特色社会主义思想传播工程，加强"四史"教育，建好用好革命博物馆、纪念馆、党史馆，推动理想信念教育常态化制度化，厚植爱党、爱国、爱社会主义情感，铸牢中华民族共同体意识。以社会主义核心价值观为引领，深化精神文明创建九大行动，强化公民道德和网络文明

建设，推进新时代文明实践。健全志愿服务体系，加强家庭家教家风建设，改进新时代学校美育工作，促进全民养成文明健康生活方式。

提升文化事业和文化产业发展水平。加快"三馆合一"项目、广东粤剧文化中心、广东省水下文化遗产保护中心等标志性文化工程建设。推进广东文艺"头雁"工程和全媒体传播工程，推动广东卫视、珠影集团、文艺院团提质增效，打造一批文艺精品力作，加快媒体深度融合发展，做强新型主流媒体集群，建设融通中外的岭南文化传播体系。繁荣发展新闻出版、文学艺术、哲学社会科学，做好参事文史、地方志等工作。深入实施文化改革振兴工程，健全现代文化产业体系和市场体系，壮大创意设计、数字出版产业，积极培育文化龙头企业。深化文旅融合和全域旅游发展，积极发展红色旅游、乡村旅游、文博旅游、海岛旅游，认定一批工业遗产、打造工业旅游精品线路，推进大湾区世界级旅游目的地建设。

加强历史文化保护传承。深入实施岭南文化"双创"工程，编制全省历史文化保护传承体系规划，推动文明传承和文脉延续。加快划定各类保护对象的保护范围，加强历史名城名镇名村、历史街区、历史建筑保护修缮。建设一批省级以上文化生态保护区，加强古籍文献、非遗项目、华侨文化资源、南粤古驿道等历史文化遗产保护利用，推动传统工艺、传统节日振兴。强化红色资源保护，推进华南教育历史研学基地、中央红色交通线广东段等活化利用，建设长征国家文化公园（广东段）。加强岭南特色考古建设，提高"南海I号"保护利用水平，加快打造世界级考古品牌。

推进体育强省建设。实施全民健身场地设施补短板五年行动计划，推动公共体育场馆免费低收费开放，建设社区体育公园、健身步道等设施。做好北京冬奥会和杭州亚运会参赛备战，办好第三届亚洲青年运动会和第十六届省运会、第九届省残运会。深化体教融合，加强学校体育工作。培育壮大体育产业，办好广东体育博览会暨粤港澳体育博览会。联合港澳推进2025年第十五届全运会、全国第十二届残运会各项筹备工作。

（十）持续保障和改善民生，大力发展各项社会事业，在高质量发展中促进共同富裕

强化就业优先导向。深入实施3.0版"促进就业九条"，延续减负稳岗扩就业政策，突出抓好高校毕业生、异地务工人员、退役军人、脱贫人口等重点群体就业，确保零就业家庭动态"清零"。推动"粤菜师傅""广东技工""南粤家政"三项工程标准化品牌化发展，培育"乡村工匠"，实施技工教育"强基培优"计划，推动技师学院和高职院校政策互通。大力支持创业带动就业和多渠道灵活就业，推进就业实名制。启动新一轮和谐劳动关系综合试验区建设，健全保障农民工工资支付长效机制。

多渠道促进城乡居民增收。健全劳动报酬正常增长机制，完善按要素贡献分配机制。实施扩大中等收入群体行动计划，深化中小学、高校、科研院所、公立医院薪酬制度改革，推动更多高校毕业生、技术工人、中小企业主和个体工商户、进城农民工、基层一线人员等迈入中等收入群体。建立健全促进农民收入较快增长的长效机制，通过土地入股、资产盘活等增加农民财产性收益。加大税收、社保、转移支付等精准调节力度，规范收入分配秩序。大力发展社会公益、慈善事业。

促进教育高质量发展。落实立德树人根本任务，办好人民满意的教育，让广东学子有更多机会接受良好教育。大力推动基础教育高质量发展，促进普惠性学前教育扩容提质，支持国有企事业单位、高校、街道等建设公办幼儿园，增加公办优质学位供给。深入推进"双减"工作，提升课堂教学质量和校内课后服务水平，规范民办义务教育和校外培训机构发展。深入实施高等教育"冲补强"提升计划，加强新工科、新医科、新农科、新文科、新师范建设，加快一流大学和一流学科建设，促进高端工程人才培养和高水平协同创新。促进职业教育提质培优，推进省职教城建设，稳步发展本科层次职业高校，完善中职、高职、本科相衔接的人才培养体系。建设专门学校，办好特殊教育、继续教育和老年教育，丰富终身教育资源。强化师德师风建设，实施"新强师工程"和对口帮扶，打造高素质教师队伍。

建设更高水平的健康广东。积极创建卫生健康高质量发展示范省，加快国家医学中心、国家区域医疗中心、国际医学中心和高水平医院建设，新增一批国家级临床重点专科，打造若干省级区域医疗中心。深化基层医疗卫生综合改革，提升47家中心卫生院服务能力，加强医联体、医共体建设，推进基层卫生人才队伍增量提质。持续深化"三医联动"改革和公立医院综合改革，常态化制度化开展药品和医用耗材集采，进一步降低患者医药负担。加快省公共卫生医学中心建设，基本完成三级疾控中心升级建设。健全基层中医药服务网络，努力建设国家中医医学中心，打造大湾区中医医疗高地。发挥药品和医疗器械技术审评检查大湾区分中心作用，促进成果转化、产业集聚。完善慢性病、职业病、地方病等防治体系，提升精神卫生、老龄健康、妇幼健康、康复医疗等服务能力。深入开展爱国卫生运动，提高人民群众健康素质。

　　健全多层次社会保障体系。全面实施全民参保计划，落实企业职工基本养老保险全国统筹，实行失业保险基金省级统筹，推进城乡居民基本养老保险基金省级管理。稳步实施职工医保门诊共济保障机制改革，建立医疗保障待遇清单制度，推进基本医保省级统筹，深化医保支付方式改革，实现门诊特定病种跨省就医直接结算，推行住院、门诊医疗费用线上线下一体化结算。健全社会保障待遇确定和调整机制，发展企业年金、职业年金，构建养老保险"三支柱"体系。制定"一老一小"整体解决方案，增加普惠性养老和托育服务供给，健全居家社区养老服务，推进社区公共服务设施适老化改造，完善三孩生育支持政策，建设儿童友好城市，保障妇女儿童合法权益。完善社会救助制度，稳步提高城乡低保、特困人员、残疾人等保障水平。推进保障性住房建设，支持商品房市场更好满足购房者的合理住房需求。

　　强化军地协作和双拥共建。大力支持国防和军队建设，提升国防动员能力，做好全民国防教育、双拥、优抚、人防等工作，加强边海防基础设施建设，推进军民科技协同创新。落实军人及军队相关人员医疗待遇保障规定。健全退役军人服务保障体系，持续开展服务中心（站）能力提升三年行动。健全"阳光安置"工作机制，实施"戎归南粤"就业创业工程和退役军人村官培养工程，提高安置就业质量。弘扬英烈精神，继续实施烈士纪念设施提质改造工程，营造全社会尊崇军人职业浓厚氛围。

　　扎实办好十件民生实事。坚持尽力而为、量力而行，全省安排财政资金642亿元，继续办好民生实事。一是提供优质基础教育，努力让学生"上好学"。二是提高困难群众生活救助水平，增强服务可及性。三是深入实施"粤菜师傅""广东技工""南粤家政"三项工程，实现更加充分更高质量就业。四是强化疾病预防和就医保障，提升卫生健康水平。五是改善农村人居环境，建设美丽宜居乡村。六是加强生态文明建设，守住绿水青山。七是加强历史文化保护传承，丰富群众文化体育生活。八是加强食品安全、药品安全、交通安全和自然灾害风险监控，保障群众生产生活安全。九是推进保障性租赁住房建设和城镇老旧小区改造，提升城市安居保障水平。十是深化数字政府建设，提供高效便捷的政务服务。

各位代表！安全是发展的前提。我们要全面贯彻总体国家安全观，坚持统筹发展和安全，保持平稳健康的经济环境、国泰民安的社会环境、风清气正的政治环境。一是慎终如始抓好常态化疫情防控。坚持"外防输入、内防反弹"总策略和"动态清零"总方针，严格落实全链条防控责任，守好守牢外防输入关口，不断完善核酸检测、哨点预警、隔离管理、社区防控、医疗救治、区域协查等防控机制，持续推进疫苗接种工作，巩固来之不易的防控成果。二是防范化解经济领域重大风险。积极有效应对中美贸易摩擦，确保产业链供应链安全。加强地方金融法治与风险防控长效机制建设，依法打击非法集资，稳妥处置各类风险。依法加强对资本的有效监管，加大反垄断和反不正当竞争执法力度，支持和引导资本规范健康发展。坚持房子是用来住的、不是用来炒的定位，压实属地责任和企业主体责任，按照市场化法治化原则做好恒大集团等房地产企业债务风险处置工作，决不允许发生影响社会大局稳定的事件。三是深入推进平安广东法治广东建设。做好迎接党的二十大安保维稳工作，严密防范和打击各种渗透、破坏、颠覆、分裂活动，严厉惩治电信网络诈骗、走私贩私、涉众型经济犯罪等违法犯罪行为，健全网络综合治理体系，全力整治突出毒品问题，扎实开展常态化扫黑除恶斗争，全面实施"八五"普法规划。推进基层治理现代化，坚持和发展新时代"枫桥经验"，完善社会矛盾纠纷多元调处综合机制，深化信访制度改革。深入开展安全生产专项整治三年行动，排查整治城镇燃气等安全隐患，清理整治"三无"船舶，发展航空综合救援队伍和区域应急救援中心，提升应急管理和防灾减灾水平，强化食品药品监管，坚决维护人民群众生命财产安全。

各位代表！完成目标任务，要不忘初心、牢记使命，勇于自我革命，把政府自身建设得更加坚强有力。我们要把学习贯彻习近平新时代中国特色社会主义思想作为头等大事和首要政治任务，继续推进新时代党的建设新的伟大工程，坚决贯彻省委的各项工作部署，严格执行重大事项向省委请示报告制度，努力建设人民满意的法治政府、廉洁政府和服务型政府。加强党的全面领导和党的建设。深刻领悟"两个确立"的决定性意义，坚决拥护"两个确立"，深刻认识核心就是力量、核心就是方向、核心就是未来，忠诚核心、拥戴核心、维护核心、捍卫核心，把增强"四个意识"、坚定"四个自信"、做到"两个维护"落实到实际行动上，不断提高政治判断力、政治领悟力、政治执行力，自觉同党的理论和路线方针政策对标对表、及时校准偏差，党中央作出的战略决策必须无条件执行，确保不偏向、不变通、不走样，始终在思想上政治上行动上同以习近平同志为核心的党中央保持高度一致。巩固拓展党史学习教育成果，建立党史学习教育常态化长效化制度机制，更好把握和运用党的百年奋斗历史经验，增加历史自信、增进团结统一、增强斗争精神。深入推进党风廉政建设和反腐败斗争。坚决贯彻全面从严治党要求，压实各级政府和部门党委（党组）主体责任，坚决整治不正之风和腐败问题。强化审计监督和统计监督,严肃财经纪律,坚持政府带头过紧日子。严格落实中央八项规定及其实施细则精神,坚持"三严三实",深化整治形式主义、官僚主义,严格控制各类检查考核评比,切实减轻基层负担。始终坚持依法行政。落实全过程人民民主,主动接受人大依法监督、政协民主监督和纪检监察专责监督,主动听取民主党派、工商联、无党派人士和各人民团体意见。全面落实法治政府建设实施纲要,健全重大行政决策事项公众参与、专家论证、风险评估、合法性审查和集体讨论决定等法定程序,落实省政府重大决策出台前向省人大常委会报告制度。深化"放管服"改革,全面梳理行政审批事项,该下放的坚决下放,不能下放的坚决不放,需要提级审批的坚决提级。强化事中事后监管,坚决防止"一放了之"、只放不管,坚决防止政府部门不作为、乱作为,坚决防止选择性执法、趋利性执法。全面提升能力水平。牢固树立正确政绩观,加强思想淬炼、政治历练、实践锻炼、专业训练,加强经济学知识、科技知识学习,增强历史文化涵养和人文精神,夯实调查研究基本功,不断提高政治能力、战略眼光、专业水平。

各位代表!站在"两个一百年"奋斗目标的历史交汇点上,惟有接续奋斗、埋头苦干,才能把广东现代化建设事业不断推向前进。让我们更加紧密地团结在以习近平同志为核心的党中央周围,紧跟总书记、奋进新征程,永葆"闯"的精神、"创"的劲头、"干"的作风,走好新的赶考之路,奋力在全面建设社会主义现代化国家新征程中走在全国前列、创造新的辉煌,以优异成绩迎接党的二十大胜利召开!

附件1：2022年省十件民生实事

一、提供优质基础教育，努力让学生"上好学"

支持市县集中财力办好基础教育。将16所粤东粤西粤北地区市属公办高职院校和5所省市共建高校办学体制调整为省属，由省级财政保障，支持粤东粤西粤北地区集中财力加大基础教育投入。扩增公办中小学、幼儿园学位供给。新建、改扩建一批公办中小学、幼儿园，增加公办学位约50万个，重点推进珠三角地区公办优质中小学幼儿园学位建设。加强教师培训，提升教学水平。珠三角和粤东粤西粤北地区结对双方互派教师、校长和教研员支教跟岗2700人，开展骨干教师、校（园）长省级示范免费培训1.6万人，市级开展辖区内教师免费轮训3.4万人，县级组织教师免费培训11.9万人。加强义务教育学校课后服务。实现义务教育学校课后服务全覆盖、有需求的学生全覆盖，服务时间100%达到"5+2"。筑牢校园安全。扎实开展校园护园行动，巩固提升中小学幼儿园"4个100%"安全防范建设。

二、提高困难群众生活救助水平，增强服务可及性

提高补助标准。城乡低保对象最低生活保障人均补差水平分别从每月631元、286元提高到653元、300元；特困人员基本生活标准不低于当地最低生活保障标准的1.6倍；集中供养孤儿基本生活最低养育标准从每人每月1883元提高到1949元，分散供养孤儿、事实无人抚养儿童从每人每月1227元提高到1313元；困难残疾人生活补贴、重度残疾人护理补贴标准分别从每人每月181元、243元提高到188元、252元。扩大救助范围。对经审核符合条件的最低生活保障边缘家庭和支出型困难家庭，纳入社会救助范围。实施兜底民生服务社会工作"双百工程"全覆盖。实现全省乡镇（街

道）社会工作服务站（点）100%覆盖、困难群众和特殊群体社会工作服务100%覆盖，直聘社工深入村居，提供政策落实、物资救助等专业服务。为困难群众提供便捷高效的法律援助服务。开展法律援助申请"市域通办"，欠发达地区全年办理法律援助事项总数不少于6万件。

三、深入实施"粤菜师傅""广东技工""南粤家政"三项工程，实现更加充分更高质量就业

深入实施"三项工程"技能培训。开展"粤菜师傅"培训3.8万人次；开展补贴性职业技能培训40万人次，技工院校招生19.8万人次；开展"南粤家政"培训16万人次以上。实施新产业工人职业技能提升工程。与人社部合作，以新产业工人为重点群体，开展大规模、多层次、多形式的职业技能培训，全面推行职业技能等级制度，整体提升新产业工人技能水平，推动劳动力资源与产业同步升级。增加就业岗位，强化就业帮扶。全年完成城镇新增就业110万人，促进城镇失业人员再就业40万人以上，帮扶就业困难人员就业8万人以上。

四、强化疾病预防和就医保障，提升卫生健康水平

开展HPV疫苗免费接种。为全省90%以上县区中具有广东省学籍新进入初中一年级、14周岁以下未接种过HPV疫苗的女生免费接种HPV疫苗，有效预防宫颈癌。落实门诊医保共济。开展普通门诊医保统筹，覆盖职工医保全体参保人员，将部分治疗周期长、对健康损害大、费用负担重的疾病门诊费用纳入共济保障，扩大个人账户资金使用范围，提高参保人员门诊待遇。充实农村卫生人才。订单定向招录培养2000名以上户籍为粤东粤西粤北地区的本科、专科医学生，补助在校期间的学费、住宿费和生活费。

五、改善农村人居环境，建设美丽宜居乡村

攻坚村内道路建设。除纳入搬迁、撤并、社区和城区建设规划的村庄，以及远离村庄的散居户和常年无人居住户的村外，实现全省纳入乡村振兴规划建设的自然村内干路路面全面硬底化。开展农贸市场改造和建设美丽圩镇。完成550家农贸市场升级改造，全省所有圩镇达到宜居圩镇标准，建设一批示范圩镇。治理农村生活污水和黑臭水体。实施农村生活污水治理攻坚行动，新增1000个以上自然村完成农村生活污水治理工作，全省农村污水治理率达到50%以上。新增完成整治30个面积较大的农村黑臭水体。整治农村削坡建房风险。开展全省存量农村削坡建房风险点边坡整治28829户，累计完成全省66391户存量农村削坡建房风险点整治。开展乡村振兴志愿服务。招募选派4000名青年志愿者到欠发达地区基层一线从事2—3年乡村振兴志愿服务。

六、加强生态文明建设，守住绿水青山

推进万里碧道建设。加快推进各地治水治河，补齐水安全、水环境短板，抓好河流保护和生态修复。开展高质量水源林建设。推动宜林荒山造林和重点水源区域的疏残林、灾损林分、低效林分改造，建设高质量水源林101万亩。推进矿山石场治理复绿。完成矿山石场治理复绿3000亩以上，推动矿山生态环境改善，切实增强人民群众对美好生态的获得感、幸福感和安全感。开展"送法规、送技术"服务企业专题活动。开展10场以上环保专题宣讲活动，为1000家以上企业提供环保政策法规服务和重点企业"一对一"技术服务，派发专题技术汇编10000册以上，建成10个省级环境教育基地示范单位。

七、加强历史文化保护传承，丰富群众文化体育生活

传承优秀文化。新增100个省级非遗代表性项目，实施30个省级非遗代表性项目保护传承传播。用好红色资源。开展80处红色革命遗址保护和活化利用。推进历史文化遗产保护传承。支持修复一批历史建筑和不动产文物，新增一批省级文物保护单位，规范设置历史文化街区标志牌。实施古树名木资源保护工程。开展全省古树名木资源补充调查，建立古树名木健康诊断和监测量化指标体系，重点对全省828株一级古树名木进行视频监控和保护。推动体育设施开放。增加全省公共体育场馆向社会免费或低收费开放数量。加大群众文化品牌活动惠民力度。开展重点群众文化品牌活动云上直录播50场，丰富公共文化服务线上资源。深入开展广东省流动博物馆巡回展览。组织优秀展览到全省各县（市、区）级博物馆和基层社区进行巡展200场，使基层及偏远地区的群众看到不同类型、不同形式和不同文化内容的展览。

八、加强食品安全、药品安全、交通安全和自然灾害风险监控，保障群众生产生活安全

强化食品药品安全监管。完成不少于65万批次食品抽检任务，达到每年每千人5批次，不合格食品处置率100%。全省不少于2000家农贸市场开展以蔬菜类、水产品类和肉类为主的食用农产品快速检测，全年完成不少于800万批次食用农产品快检任务。完成药品监督抽检不少于15000批次，省内生产的国家集中招采中标品种抽检覆盖率达到100%。加强道路安全基础设施建设。建设72个、228条车道超限车辆电子抓拍监控设施点，完成116个治超卸货站场建设。开展自然灾害综合风险普查。获取2400多万栋房屋建筑、53774处公共服务设施、8676家重点企业、24万公里公路道路、1.5万座桥梁、5万公里供水管线、700个主要港口和地区性重要港口、

17300宗水利工程、1400公里三级及以上内河航道等重要承灾体信息，为开展自然灾害防治工作提供科学依据。推动小型病险水库除险加固。对400座小型病险水库进行除险加固，恢复蓄水量3.6亿立方米、灌溉面积134.8万亩、保护人口303.7万人。

九、推进保障性租赁住房建设和城镇老旧小区改造，提升城市安居保障水平

大力发展保障性租赁住房。推动解决无房新市民、青年人，特别是从事基本公共服务人员等群体的住房困难问题，新增筹集建设保障性租赁住房不少于25万套（间）。大力推进城镇老旧小区改造。开工改造城镇老旧小区1000个以上，重点改造城镇老旧小区配套基础设施、公共服务设施、建筑公共部位等。全面开展城镇燃气安全排查整治。对燃气相关企业、燃气基础设施、燃气安全运行情况等进行全面摸底排查，市县台账建档率达100%，并制定整治方案。

十、深化"数字政府"建设，提供高效便捷的政务服务

拓宽跨省通办业务范围。实现群众就医、求学、养老、户籍业务等100项高频事项"跨省通办、省内通办"，推动50项高频政务服务在港澳地区"跨境通办"。推进高频事项"一网办、一次办"。在全省各级推出1000件"一件事"主题集成服务，在教育、民政、企业服务等领域推出50项高频事项实现"一网办、一次办"。加强基层服务设施建设。部署超2万台"粤智助"政府服务一体机，在全省行政村全覆盖，实现群众办事不出村；完成数字政府线上服务平台和市县两级政务大厅适老化、适残化改造。

附件2：名词解释

1."一照通行"：对企业生产经营涉及的各类许可实行审前指导、一表申请、联审联办，许可信息通过营业执照二维码集中公示。

2."一网统管"：依托数字政府一体化的云、网、大数据中心、公共支撑平台和感知体系，构建横向到边、纵向到底、全闭环数字化治理模式，实现省域范围"一网感知态势、一网纵观全局、一网决策指挥、一网协同共治"。

3.制造业高质量发展"六大工程"：强核工程、立柱工程、强链工程、优化布局工程、品质工程、培土工程。

4.农产品"12221"市场体系：搭建"1"个农产品大数据平台，组建销区采购商和培养产区经纪人"2"支队伍，拓展销区和产区"2"大市场，策划采购商走进产区和农产品走进大市场"2"场活动，实现品牌打造、销量提升、市场引导、品种改良、农民致富等"1"揽子目标。

5."九大攻坚"行动：农村违法乱占耕地建房整治、高标准农田建设、种业翻身仗、农村生活污水治理、农村集中供水全覆盖、村内道路建设、美丽圩镇建设、渔港建设、金融支持乡村振兴等攻坚行动。

6."三区三线"：农业、生态、城镇空间和永久基本农田、生态保护红线、城镇开发边界。

7."三线一单"：生态保护红线、环境质量底线、资源利用上线、生态环境准入清单。

8."三馆合一"：对广东美术馆、广东非物质文化遗产展示中心、广东文学馆实行同一选址、合并建设。

9.行政执法"两平台"：广东省行政执法信息平台和行政执法监督网络平台。

10.人才强省建设"五大工程"：战略人才锻造工程、人才培养强基工程、人才引进提质工程、人才体制改革工程、人才生态优化工程。

11."851"水利高质量发展蓝图："8"是实施水资源优化配置、防洪能力提升、万里碧道、河湖生态保护修复、农村水利保障、智慧水利、水文现代化、水利治理能力提升等8大工程；"5"是建设五纵五横的水资源配置骨干网、江河安澜的防洪安全网、秀水长清的万里碧道网、优质普惠的农村水利保障网、协同高效的智慧水利网等5张网；"1"是推动我省水利现代化水平迈进全国第一梯队。

12."三同五化"农村供水网络体系：城乡供水同标准、同质量、同服务，推动规模化发展、标准化建设、专业化运作、一体化管理和智慧化服务。

13."五美"专项行动：推进美丽家园、美丽田园、美丽河湖、美丽园区、美丽廊道建设专项行动。

14."标准地"供地：对同一区域内的国有工业用地，根据不同行业分类在供地条件中设置固定资产投资强度、容积率、亩均税收、就业贡献、研发经费投入强度等控制指标，按照统一的标准进行供应和监管。

15."带项目"供地：对招商引进的工业项目，由负责招商的部门会同产业主管部门对项目进行论证，提出产业准入条件、履约监管要求等，由市、县自然资源主管部门纳入供地方案，实行"带项目"招标拍卖挂牌供应。

16."净地"出让：拟出让的土地必须未设置除土地所有权以外的其他产权、安置补偿落实到位、没有法律经济纠纷，地块位置、使用性质、容积率等规划条件明确，具备动工开发所必需的基本条件。

17.国企改革"双百行动"和"科改示范行动"：国务院国企改革领导小组选取百余户中央企业子企业和百余户地方国有骨干企业，开展综合性改革，打造一批国企改革尖兵；选取部分中央企业和地方国有企业的科技型子企业，打造一批改革样板和自主创新尖兵。

18.精神文明创建九大行动：乡村文明实践志愿服务提升行动、农贸市场综合治理行动、出租汽车文明服务拓展行动、餐饮行业文明诚信服务行动、网络文明促进行动、基层公共文化服务提升行动、传承弘扬好家教好家风行动、高速公路沿线环境优化行动、文明村镇创建提质行动。

广西壮族自治区
政府工作报告

——2022年1月17日在广西壮族自治区第十三届人民代表大会第五次会议上

自治区主席　蓝天立

各位代表：

现在，我代表自治区人民政府，向大会报告政府工作，请予审议，并请自治区政协委员和列席会议的同志提出意见。

一、2021年工作回顾

2021年是党和国家历史上具有里程碑意义的一年，是广西改革发展进程中极其重要的一年。习近平总书记再次亲临广西视察指导。我们庆祝中国共产党百年华诞，党的十九届六中全会胜利召开。我们与全国同步全面建成小康社会，开启全面建设社会主义现代化广西新征程。全区各族人民牢记领袖嘱托、勇担历史使命，感恩奋进、克难前行，巩固拓展疫情防控和经济社会发展成果，稳住了经济基本盘，积蓄了发展新动能，民生持续改善，社会和谐稳定，实现了"十四五"良好开局。

——经济运行持续恢复。初步预计，地区生产总值增长7.5%，两年平均增长5.6%。规模以上工业增加值增长8.6%，固定资产投资、社会消费品零售总额、外贸进出口总额分别增长7.6%、9%、22.2%。一般公共预算收入增长4.8%。

——产业振兴成效明显。一产增加值增长8.2%，创23年来新高。工业投资增长27.5%，其中制造业投资增长37.4%、高技术制造业投资增长57.9%，新增规模以上工业企业超1300家，新能源汽车产量增长1.6倍。数字经济发展迅速，实物商品网上零售额增长16.6%，软件和信息技术服务业营业收入、电信业务总量分别增长75.2%、34.5%。

——质量效益稳步提高。粮食产量277.3亿斤，播种面积和产量保持"双增长"。规模以上工业企业利润增长41.2%。产值超百亿元工业企业达23家，其中民营企业9家。营业收入超两千亿元企业实现零的突破。生态环境质量总体优良，全国地表水考核断面水环境质量柳州市排名第一，6个设区市进入前十。

——创新成果不断涌现。1人当选中国工程院院士，新增15家国家级创新平台，高新技术企业突破3200家，国家级专精特新"小巨人"企业达81家，转化重大成果750多项，有效发明专利数量增长15.46%。

——开放迈出坚实步伐。西部陆海新通道建设取得突破，北部湾港开启通航30万吨级巨轮的历史，集装箱吞吐量突破600万标箱，海铁联运班列突破6000列。中国（广西）自由贸易试验区改革试点任务实施率95%，入驻企业超5.6万家。南宁、崇左跨境电商综合试验区进出口额分别增长2.6倍、10倍。龙邦口岸扩大开放为国际性口岸。加工贸易进出口额突破千亿元。

——民生保障扎实有力。居民收入增长7.8%，其中城镇居民收入增长6.2%，农村居民收入增长9.8%。新增就业40.7万人，城镇登记失业率2.49%。保障农民工工资支付工作获得国家考核A等等次。中小学、幼儿园分别新增学位13.7万个、2.2万个，新增博士学位授权点9个，设立全国第一所农业类职业本科大学。改造棚户区、城镇老旧小区22.53万套，建设保障性租赁住房1.35万套。居民消费价格指数控制在目标范围内。

一年来，我们全面贯彻落实党中央、国务院决策部署，以起步提速、开局争先的奋斗姿态，迎难而上、难中求成的战斗状态，扎实做好"六稳"、"六保"工作，坚决打好"七场硬仗"，逐月逐季精准调度，有力有效推动各项工作落实落地。

聚力推进工业振兴。把工业作为稳增长的重中之重，实施工业强桂战略和工业振兴三年行动，打好工业增产增效硬仗和强化要素保障硬仗，推进工业稳定复苏。在全国首创工业振兴特派员制度。及时应对、加强调度缓解用电紧张。帮助解决42.1万辆汽车芯片缺口。创新"财金联动"，安排财政贴息资金47亿元，撬动"桂惠贷"投放超2380亿元、惠及市场主体8.7万户。减税降费超200亿元。大幅增加工业投入，统筹财政资金和政府债券403.5亿元支持工业发展，盘活存量土地2.41万公顷，推进"双百双新"项目393个、建成投产86个，竣工标准厂房1400万平方米，实施"千企技改"项目1168个。

推进补链强链延链项目500个，柳工、上汽通用五菱、东风柳汽本地配套率分别提高到48%、57%、44%。有色金属、石化、食品产业产值分别增长42.2%、46.5%、20%。启动科技强桂三年行动，扎实推进广西"科改33条"落实生效，实施科技创新重大项目111个。

大力抓好项目投资。打好项目投资增速硬仗，自治区层面统筹推进重大项目完成投资4524亿元，新开工项目408个、竣工213个。扎实推进交通强国建设试点，综合交通投资增长40.5%，公路水路投资增速排全国前列，新开工高速公路2233公里，开工建设百色水利枢纽通航设施工程、柳江红花枢纽至石龙三江口Ⅱ级航道等港航项目，首条无人驾驶地铁线路、首条智慧公路建成通车。加快新型基础设施建设，新建成5G基站2万个、实现市县城区连续覆盖，县城区域千兆光纤覆盖率排全国第一，千兆光网基本覆盖全区乡村，建成南宁国家级互联网骨干直联点，省际互联网出口带宽超过4000万兆、排全国第五。实施城市更新行动，建设改造地下管网5809公里，推进公园城市试点项目37个、完成13个，建成智慧综合能源站92座、新能源汽车充电设施2.99万个。加大投融资力度，新发行政府债券1062.2亿元、公司信用类债券1573亿元，工业民间投资增长47.7%。加快推进"三企入桂"项目履约、资金到位和开竣工，到位资金7200亿元、增长17%。

接力推进乡村振兴。在国家组织的省级党委和政府扶贫开发工作成效考核中，我区连续5年获得综合评价"好"的等次。接续启动实施乡村振兴三年攻坚行动，打好农业稳产增收硬仗，完成农业农村投资4000亿元。巩固拓展脱贫攻坚成果，落实财政衔接推进乡村振兴补助资金167.2亿元，健全防贫动态监测和帮扶机制，确定44个乡村振兴重点帮扶县。实现16.03万户易地扶贫搬迁户每户1人以上就业。粤桂协作落地投产企业292家，共建产业园104个。4500多家民营企业参与"万企兴万村"行动。大力发展现代特色农业，建设250万亩高标准农田，主要农作物耕种收综合机械化率达66.6%。猪肉、蔬菜、水果产量分别增长40.9%、6.2%、15.5%，油茶新造林33万亩，林下经济产值超1200亿元。新推出"广西好嘢"农业品牌126个。柳州螺蛳粉寄递量突破1亿件。新增国家级优势特色产业集群2个、农村产业融合发展示范园5个、现代农业产业园2个、农业产业强镇10个，农业产业化重点龙头企业达1499家。推进乡村建设，实施项目1.16万个，90.6%的乡镇通二级（或三级）公路，人居环境整治成效显著，农村卫生厕所普及率95.4%，乡风文明和乡村治理全面提升，乡村面貌焕发新气象。

着力提三产扩消费。打好消费三产提质提速硬仗。实施文旅重大项目262个，建成桂林融创国际旅游度假区一期，启用"一键游广西"平台，持续开展"壮族三月三·八桂嘉年华"等主题活动，旅游总消费增长24%。推进大健康产业重大项目267个，加快建设巴马养生养老服务业集聚区等健康养老产业园区。新开工物流网项目238个，公路、铁路、水上客货运输周转量分别增长25.1%、5%、16.6%，邮政业务总量、快递业务量分别增长20%、35%。新建农村电商物流服务站点998个，行政村快递服务覆盖率76.7%。深入开展"33消费节"、"放心消费"等活动，抓好大宗商品和重点商品销售，限额以上石油及制品类、家电类商品零售额分别增长19.9%、22.4%，限额以上批零住餐业销售额（营业额）分别增长18.1%、11.5%、17.3%、23.4%。

强力抓改革促开放。深化重点领域改革，打好开放引领扩外贸硬仗。贯彻落实中央各项改革部署，国企改革三年行动改革任务完成76.4%。营商环境持续改善，532项涉企经营事项实现"证照分离"改革全覆盖，220项高频政务服务事项实现"跨省通办"，行政审批事项网上可办率99%，市场主体数量增长6.4%，实有企业首次突破百万户。强化财税金融服务实体经济能力，税收增长7%、占一般公共预算收入比重提高1.4个百分点，人民币贷款余额增长13.2%。推行新建商品房"交房即交证"、新生儿"出生即入户"等一批便民利民"微改革"。建成北部湾港13个港航项目，新增外贸航线9条，货物吞吐量超3.5亿吨。成功举办第18届东博会、峰会，签约项目投资总额增长13.7%。面向东盟的金融开放门户形成可推广成果175项，中国—东盟金融城入驻金融机构（企业）总数超280家。中马钦州产业园5项金融创新试点全面落地。中国—东盟信息港总体规划项目开工24个、竣工16个。南宁临空经济示范区、防城港国际医学开放试验区和百色、东兴、凭祥重点开发开放试验区等平台建设取得新成效。外贸外资回稳向好，一般贸易进出口额增长18%。推进"百企入边"行动，新引进落地加工企业22家，边民互市贸易进出口额增长49%。建成中国—东盟（南宁）跨境电商产业园。完成边境口岸建设大会战三年行动。建成外商投资"一站式"服务平台，实际利用外资增长25%。

加力优生态促转型。完成左右江流域山水林田湖草生态保护与修复试点工程。植树造林300万亩，森林覆盖率62.55%、排全国第三。加强重点流域治理，漓江、南流江、九洲江、钦江等重点流域水质达到国家考核目标要求，国家地表水考核断面水质优良比例97.3%，近岸海域优良水质面积比例93.1%。狠抓大气污染防治，城市环境空气质量优良天数比率95.8%。开展土壤污染综合防治，实施土壤污染防治项目50个，土壤环境质量状况总体稳定。完成地质灾害风险普查和第三次国土调查。落实中央"双碳"战略部署，坚决遏制"两高"项目盲目发展，剔除69个拟建"两高"项目，调出能耗3328万吨标准煤。创建自治区级绿色园区5个、绿色工厂26个。稳步推进自然资源资产产权制度改革。全面落实中央生态环境保护督察反馈问题整改要求。

倾力保就业惠民生。打好保就业保民生硬仗，民生支出占一般公共预算支出比重稳定在八成左右，居民收入与经济增长基本同步。实施就业优先政策，高校毕业生初次就业率84.66%，同比提高3.35个百分点。农民工规模总量达到1440万人，失业人员再就业15.52万人，就业困难人员实现就业6.62万人。建设退役军人创业孵化（实训）基地80家。开展补贴性职业技能培训65.51万人次。建立全国首个灵活就业人员合法权益保障中心。着力提升教育质量，压减"三公"经费3.07亿元，全部用于教育领域补短板。新建中小学、幼儿园131所，改扩建8004所。稳步推进"双减"工作，无证校外学科类培训机构动态清零。实现高等教育普及目标，推动5所独立学院顺利转设。南宁教育园区新增3所高校招生入学。提高医疗服务能力，实施公共卫生防控救治能力建设项目351个。广西儿童医疗中心等加快建设，自治区人民医院东院建成使用。药品、医用耗材集中带量采购品种数量居全国前列，325个药品和8类医用耗材平均降价56%。文体事业加快发展，建设120个公共体育设施项目，加快推进第一届全国学生（青年）运动会筹备工作。我区运动员在国际国内重大赛事中获得金牌44枚，创近年新高。我区文艺作品和艺术家获梅花奖、骏马奖等多个奖项。"壮美广西·智慧广电"工程加快推进。长征国家文化公园（广西段）、湘江战役纪念设施等红色资源成为党史学习教育新热点。完善社会保障体系，实现社保业务全区通办、全区工伤保险政策制度"七统一"。推进普惠托育项目54个，创建18个老年人宜居社区，全区养老床位总数达

26.4万张。分层分类社会救助体系进一步健全，困难群众得到及时救助。十大为民办实事工程全面完成。安全生产形势总体稳定，连续13年未发生特大事故，自然灾害防治扎实有效。食品药品安全形势稳定向好。常态化开展扫黑除恶斗争，人民群众安全感提升至98.26%。平安广西建设工作再上新台阶，社会大局和谐稳定。

齐力筑牢抗疫防线。面对全球新冠疫情持续肆虐、国内疫情多点散发、境外疫情输入压力持续加大的严峻形势，我们实行从"境外"到"国门"再到"家门"的全链条、闭环式管理，完成疫苗接种9572万剂次，全年常态化疫情防控总体形势平稳，保持了连续327天无新增本土病例。持续开展严打"三非"活动，在东兴、靖西、凭祥各建成1个边境公共卫生应急救治中心和1个"三非"人员隔离点，加快建设边境拦阻设施。东兴出现本土病例后，我们快速反应、果断处置、精准管控、有效救治，打赢了疫情防控阻击战歼灭战，实现了在一个潜伏期内控制疫情，本土病例控制在两位数，疫情零外溢、工作人员零感染、临床救治零死亡。一年来，抗疫一线的指战员，日以继夜，坚守岗位，守护了八桂大地安宁康泰，守住了祖国的"南大门"。在此，向他们致以最崇高的敬意！

一年来，外事、侨务、海关、海事、煤监、地震、消防、人防边海防、供销、气象、水文、信访、档案、保密、地方史志、科学研究、参事文史、决策咨询、工会、共青团、妇女儿童、老龄、残疾人、红十字、宗教、公益慈善等工作都取得新进展。深入实施新时代兴边富民行动，推进"六大工程"，民族团结进步走在全国前列。国防动员体制改革稳步推进，兵役制度改革扎实落地，全民国防教育、双拥共建取得新成效。

一年来，我们扎实推进党史学习教育，以史为鉴汲取力量，紧跟核心开创新局。我们严格落实中央八项规定及其实施细则精神，落实国务院"约法三章"，坚决反对"四风"，力戒形式主义、官僚主义。我们聚焦贯彻落实党中央、国务院和自治区党委决策部署，聚焦为基层减负解难，深入开展"提质效促落实"专题行动，规范工作制度和办事流程，创新开展暗访督查、智慧督查、联考督查，服务基层、服务群众、服务企业效率明显提高，政府效能明显改善，3项典型经验做法获得国务院通报表扬。推出一批便民利民惠民政策，用心用情用力解决群众"急难愁盼"问题。持续推进公共资金、国有资产、国有资源和领导干部履行经济责任审计。加强统计执法检查。持续推进法治政府建设，提请自治区人大常委会审议地方性法规13项，制定、修订和废止政府规章11项。依法接受人大及其常委会的监督，自觉接受人民政协的民主监督，对2021年自治区两会期间代表、委员提出的295条工作建议，逐一跟踪督办、动态答复代表、全部办理完毕。

回顾过去一年，外部环境复杂严峻，经济社会发展任务极为繁重艰巨，我们能够实现良好开局，最根本的是有习近平总书记作为党中央的核心、全党的核心掌舵领航，有习近平新时代中国特色社会主义思想的科学指引。壮乡儿女感党恩、听党话、跟党走，在自治区党委的团结带领下，同心同德、砥砺奋进，推动富民兴桂各项事业取得新的进展。在此，我代表自治区人民政府，向全区各族人民、各界人士、驻桂人民解放军、武警部队官兵、消防救援队伍致以崇高的敬意！向关心支持广西发展的港澳台同胞、海外侨胞和国际友人表示诚挚的感谢！

我们也清醒认识到，我区发展仍面临不少困难和挑战。边境疫情防控压力持续增大，在需求收缩、供给冲击、预期转弱三重压力下，"六稳"、"六保"困难加大；能源电力供应紧张、原材料价格高企、供应链关键产品紧缺等态势仍在延续，经济回稳复苏基础仍不牢固；产业结构调整任务艰巨，资源要素配置效率尚需提高；公共服务还存在短板；营商环境和创新环境亟待优化，制约高质量发展的体制机制障碍仍需进一步破除。我们必须直面挑战、攻坚克难，开拓进取、勇毅前行。

二、2022年工作安排

今年将召开党的二十大，做好各项工作意义重大。我们要牢记领袖嘱托，紧跟总书记，奋进新征程，加快落实自治区第十二次党代会各项决策部署。

做好今年政府工作的总体要求是：以习近平新时代中国特色社会主义思想为指导，全面贯彻落实党的十九大和十九届历次全会以及中央经济工作会议精神，深入贯彻落实习近平总书记视察广西"4·27"重要讲话精神和对广西工作的系列重要指示要求，弘扬伟大建党精神，紧紧围绕自治区第十二次党代会提出的"1+1+4+3+N"目标任务体系，统筹推进"五位一体"总体布局，协调推进"四个全面"战略布局，坚持稳中求进工作总基调，完整准确全面贯彻新发展理念，服务和融入新发展格局，全面深化改革开放，坚持创新驱动，推动高质量发展，坚持以供给侧结构性改革为主线，统筹疫情防控和经济社会发展，统筹发展和安全，继续做好"六稳"、"六保"工作，坚持政策为大、项目为王、环境为本、创新为要，推进工业、乡村、科教三大振兴，深挖开放合作、资源、新型城镇化三大潜力，守住生态环境、民生保障、安全发展三条底线，持续改善民生，保持经济运行稳健，保持社会大局和谐稳定，在凝心聚力建设新时代中国特色社会主义壮美广西上取得新成效，以优异成绩迎接党的二十大胜利召开。

今年我区经济社会发展的主要预期目标是：经济增长6.5%以上，一般公共预算收入增长3%，规模以上工业增加值增长7%，固定资产投资增长10%，社会消费品零售总额增长8%，外贸进出口总额增长7%，节能减排降碳控制在国家下达目标内，居民人均可支配收入与经济增长基本同步，城镇调查失业率6%以内，居民消费价格指数涨幅控制在3%左右，确保粮食产量只增不减。

今年经济增长预期目标6.5%以上，体现稳字当头、稳中求进工作要求，衔接"十四五"发展目标，有一定基础和支撑条件。在多重困难挑战叠加、不稳定不确定性因素增多的形势下，实现这个目标难度不小。我们必须加压奋进，埋头苦干，贯穿"稳"的基调，突出"早"的要求，弘扬"实"的作风，保持"紧"的状态，强化"效"的导向，跑出速度、跑出风采、跑出成绩，朝着更高目标努力，在推动边疆民族地区高质量发展上闯出新路子、交出好答卷。重点抓好以下工作：

（一）巩固拓展脱贫攻坚成果，全面推进乡村振兴。深入实施乡村振兴三年攻坚行动，打好稳粮食兴乡村攻坚战。

毫不松懈抓好粮食稳产丰产。稳字当头、稳粮为先，要严格落实粮食安全党政同责，全面推行"田长制"，确保全面完成国家下达的粮食播种面积和总产量任务。深入实施"藏粮于地、藏粮于技"战略，坚决遏制耕地"非农化"、严格管控"非粮化"，开展耕地保护系列专项行动，新建高标准农田240万亩，加大耕地撂荒治理力度。保障农资生产供应，加强农田水利基础设施建设，抓好农业防灾减灾。开展粮食节约行动。强化扶粮政策落实，探索构建农民种粮收益保障机制，进一步完善政策性农业保险体系。

加快发展现代特色农业。压实"菜篮子"市长负责制，适时开展猪肉、食糖等收储，做好重要农产品保供稳价。加强糖料蔗生产保护区建设和管护，种植面积稳定在1100万亩左右。加快构建现代特色农业产业体系，实施国家地理标志农产品保护工程，加快建设现代特色农业示范区、现代林业产业示范区、水产健康养殖和生态养殖示范区。持续实施油茶"双千"计划，推广桑蚕标准化生产，加快推进牛羊规模化养殖全产业链发展。推进乡村科技特派员制度，加快种业振兴，提高农机装备水平。推动农村冷链物流体系建设。培育壮大现代农业龙头企业和新型农业经营主体。打响六堡茶、茉莉花、沃柑、百香果、芒果等特色农产品品牌。提高优质农产品加工增值率。

做好巩固拓展脱贫攻坚成果同乡村振兴有效衔接。全面落实针对性帮扶政策措施，坚决守住不发生规模性返贫的底线。倾斜支持脱贫县创建广西现代特色农业示范区和现代林业产业示范区。财政衔接补助资金投入产业的比例不低于50%。稳定外出务工规模，扩大返乡留乡农民工就地就近就业。强化易地扶贫搬迁后续扶持，抓好安置区社会治理和社会融入。统筹推进粤桂"九大协作"和定点帮扶、社会力量帮扶，深入推进深巴试验区建设，发挥广西农垦等国有企业助力乡村振兴作用，大力引导民营企业参与"万企兴万村"行动。深入实施农村人居环境整治提升五年行动。完成"四建一通"农村公路建设，启动实施乡村道路"三项工程"。加快数字乡村建设，实现自然村4G网络基本覆盖、光纤网络覆盖率提高到88%。加强农村分拣中心建设，推进"快递进村"。开展边境县

（市、区）老旧住房改造，建设一批抵边新村。稳妥推进农村集体经营性建设用地入市。加强乡村治理和乡风文明建设。

建设壮美广西，最艰巨最繁重的任务在农村，最广泛最深厚的基础在农村，我们要继续弘扬脱贫攻坚精神，全面推进乡村振兴，让农业强起来、农民富起来、农村美起来！

（二）增强创新驱动力，持续推进工业振兴。深入实施工业振兴三年行动，聚焦"培新、育强、扶创、保畅"，打好稳工业保运行攻坚战。

加大工业投资。扩大工业高质量发展基金募集和投贷联动总规模，继续统筹财政资金和政府专项债券400亿元，推进"双百双新"项目380个、"4+N"跨区域跨境产业链供应链项目235个、"千企技改"项目1200个、工业互联网新基建项目30个，力争工业投资增长20%以上。继续开展"百亿强企"、"千亿跨越"大企业大集团提升行动，培育百亿企业20家、龙头企业170家、自治区级制造业单项冠军示范企业30家。加快工业园区提档升级，力争千亿元园区、500亿元园区、100亿元园区分别达到3个、4个和44个。积极发展特色优势消费品制造业。深化与粤港澳大湾区的轻工业融合，建设一批轻工产业园。支持建筑业做大做强。加快推进柳工智能国际工业园、钦州中伟新能源材料、玉林华友锂电新能源材料、贺州国家民用无人驾驶航空试验基地等新兴产业项目建设。

坚持创新驱动提升第一动力。深入实施科技强桂三年行动，狠抓科技政策落地。加大研发奖补资金支持力度，实施科技创新重大项目110项以上，突破重大技术70项，转化科技成果750项以上。支持龙头骨干企业联合高等学校、科研院所组建创新联合体、新型研发机构、重点实验室等创新平台。建设开放的科技成果转化中试基地。深化科技体制改革，推行重点项目"揭榜挂帅"、"赛马"等机制。加强知识产权保护和运用。支持本土企业开展底层技术、应用型技术开发。力争新增高新技术企业500家以上、自治区级"专精特新"中小企业100家、"瞪羚"企业30家以上、技术创新中心3家以上。大力发展数字经济，深入实施数据要素融合应用"百千万工程"，巩固发展信创产业，培育鲲鹏计算产业集群，打造30个人工智能与实体经济深度融合应用示范试点，建设智能工厂示范企业60家以上、数字化车间60家以上。

保障工业运行畅通。加强能源电力保供，确保国能广投北海电厂、防城港红沙核电3号机组按期投产运行，千方百计增加火电水电出力，积极谋划风电、光伏等新能源项目和抽水蓄能项目。加快北海、防城港煤炭储备项目建设。做好大宗原材料保供稳价和油气供应调运，支持企业开展芯片国产替代。加强"铁水公机"运输协调管理。强化优化工业振兴特派员服务，精准推动助企惠企政策落地。我们要千方百计为企业办实事、解难题，一起打硬仗、攻难关，挺起工业脊梁！

（三）推动消费稳定恢复，促进现代服务业提质升级。深入实施现代服务业提升发展三年行动，打好稳消费拓市场攻坚战。

着力推动旅游恢复。加快建设桂林世界级旅游城市和广西世界级旅游目的地。积极打造桂林"一城一都一地一中心"，实施旅游交通一体化提升工程，推进长征国家文化公园（广西段）等项目。加快建设"三地两带一中心"升级版，深入推进中越边关风情旅游带、巴马国际长寿养生旅游胜地建设。开展"百镇千村"生态特色文化旅游创建。规划建设"粤桂画廊"。大力发展红色旅游和民族风情旅游。设立文化旅游产业发展基金。完善旅游公共服务设施。建设环广西国家旅游风景道，建成运营北海银基一期等项目，丰富"一键游广西"平台功能。加快发展大健康产业，办好中国（广西）大健康产业峰会。深入开展"壮族三月三·八桂嘉年华"、"广西人游广西"等活动，加快恢复旅游市场。

促进服务业持续恢复。实施现代物流服务平台重点工程，整合提升玉林中药材（香料）交易市场，打造平桂黄金珠宝文化产业园，投入运营百色市铝产品仓储交易中心，建设广西粤桂国际茶业交易中心。开展电子商务示范基地培育工作，加快建设南宁、崇左跨境电子商务综合试验区和防城港、北海、钦州、柳州跨境电商零售进口试点城市。抓好服务业和制造业融合试点建设。

深入挖掘消费潜力。举办"33消费节"等活动，加快发展"双周"经济、夜间经济，开展步行街提升改造。实行新一轮家电以旧换新，开展新能源汽车、智能家电、绿色建材下乡行动。深入推动"桂品出乡"。加强市场监管和消费者权益保护，当好群众消费安全的"守护神"。

（四）提速重大项目建设，努力形成更多有效投资增量。牢牢抓住国家适度超前开展基础设施投资等宏观政策窗口期，打好稳投资增后劲攻坚战。

加速推进基础设施建设。开工建设南防铁路钦州至防城港段增建二线、岑溪至罗定、合浦至湛江等铁路项目，续建贵阳至南宁铁路、防东铁路等7个项目，建成南宁至崇左铁路、南宁国际空港综合交通枢纽。开工龙胜至峒中口岸公路罗城至宜州段等一批高速公路项目、里程2000公里以上，加快推进桂林至柳州改扩建、河池至荔波、上思至峒中等项目，建成800公里以上，通车总里程突破8000公里，全面实现县县通高速。开工都柳江梅林航电枢纽等6

个航运项目，续建来宾至桂平2000吨级航道等22个项目，建成贵港至梧州3000吨级航道等7个项目。推进南宁机场改扩建、贵港桂平机场、防城港机场等项目。加快大藤峡水利枢纽灌区、驮英水库及灌区、龙云灌区、百色水库灌区、西江干流治理等水利项目建设，实现桂中治旱乐滩水库引水灌区主体工程完工，统筹推进田间工程建设。加快环北部湾水资源配置工程前期工作。新建5G基站1.5万个，建成设区市深度覆盖、县城和乡镇基本连续覆盖的5G网络。加快建设数字电网，推动电力系统智能化。开工建设500千伏新江站等能源项目，实现220千伏变电站县城全覆盖。

加快新型城镇化建设。实施"四大提升行动"。建立城市体检评估机制。加快智能化城市基础设施建设，开展城市背街小巷整治改造，建设改造地下管网3500公里，实现城市生活污水集中收集率50%以上。大力推动产城融合。实施新一轮县域经济提升行动，打造一批经济强县和特色示范县。

提升产业招商实效。坚持招大引强与招优引新并举，建立产业链招商链长制，开展"双招双引"和"三企入桂"系列专题招商，长效开展驻点招商，重点引进先进制造业。建立完善招商引资成果评价和激励机制，设立工业项目招商奖励专项资金。力争引进10家以上"三类500强"企业。完成投资8200亿元以上。

加强重大项目工作。在落实国家跨周期和逆周期调节政策中早准备、抢先机、快见效，加大项目前期工作力度，自治区安排项目前期工作专项经费4亿元以上。做好中央预算内投资、政府专项债券等项目谋划储备。争取更多项目纳入国家基础设施领域不动产投资信托基金试点。引导开发性、政策性金融机构加大中长期信贷支持。继续扩大PPP项目入库规模，提高民间投资重大项目占比。

自治区层面统筹推进重大项目2000项以上。

（五）推动更高水平开放，在服务和融入新发展格局上展现新作为。坚持东西协作、南北互济，向海而兴、向海图强，抢抓RCEP实施机遇，打好稳外贸扩开放攻坚战。

高水平共建西部陆海新通道。开工建设平陆运河、黄桶至百色铁路等重大项目。推动北部湾国际门户港扩能优服，建成钦州港大榄坪南作业区7—8号自动化集装箱泊位，推进防城港赤沙作业区大型干散货码头等项目建设，力争新增外贸航线10条、集装箱吞吐量达700万标箱、海铁联运班列开行7000列以上。加快建设南宁机场国际航空物流枢纽，确保国际货邮吞吐量翻一番以上。

强化区域统筹协调。聚力实施强首府战略，高标准建设南宁都市圈，加快东部产业新城建设。深入推进北钦防一体化，打造向海经济走廊，优化"飞地合作"模式，实施"数字海洋"创新工程，建设北海海洋产业科技园。提升做实珠江—西江经济带，支持柳州创建国家智能制造先行区、桂林建设国家可持续发展议程创新示范区、百色建设左右江革命老区核心城市、贺州建设东融先行示范区、贵港建设港产城融合先行试验区、玉林建设"两湾"产业融合发展先行试验区、河池建设绿色发展先行试验区、来宾建设区域协调发展试点，加快建设三江口新区、梧州综合保税区、粤桂合作特别试验区。全面推进左右江革命老区振兴发展，实施补齐公共服务短板、生态功能修复等四大类工程项目357个。

主动服务构建中国—东盟命运共同体。推动东博会、峰会升级发展。深化中国（广西）自由贸易试验区制度性改革，务实对接RCEP实施，加快建设中国—东盟进出口大宗商品交易平台、中国—东盟数字经济产业园、中国—东盟应急管理合作基地、中国—

东盟卫星遥感应用中心等项目。加快中国—东盟信息港建设。扎实推进面向东盟的金融开放门户、科技创新合作区建设。推动中马钦州产业园产业集聚发展，培育跨境产业链。用好国家赋予防城港国际医学开放试验区的"十五条"改革创新政策。加强与东盟公共卫生合作和人文交流，办好中国—东盟视听周。加快百色、东兴、凭祥重点开发开放试验区和南宁临空经济示范区等平台建设。合理规划建设一批产业急需的海关指定监管场所（场地）。

促进外贸外资稳中提质。深入实施"千企开拓"外贸强基础工程，加快建设国家级加工贸易梯度转移重点承接地，力争加工贸易进出口额增长15%。深化"百企入边"行动，丰富互市进口商品品种，新引进落地加工企业25家以上。提升利用外资规模和质量，扩大对港澳经贸合作。

广西发展的潜力在开放、后劲在开放、未来在开放，我们要以更大力度、更实举措，加快推进高水平开放！

（六）持续深化重点领域改革，更大激发市场主体活力。强化公正监管，保障公平竞争，持续优化营商环境，打好稳主体激活力攻坚战。

开展保市场主体专项行动。深入开展民营中小微企业金融服务提升工程，扩大"桂惠贷"投放量、惠及面，推广"信易贷"，推出"重大产业项目贷"、"招商贷"等量身定做的系列信贷产品。持续深化"放管服"改革，推行基层"一枚印章管审批（服务）"，推广应用"智桂通"平台。深化"证照分离"改革和企业投资项目承诺制改革，推进招标投标全流程电子化、企业注销便利化。落实更大力度组合式减税降费政策和援企稳岗政策，规范行业协会收费、城镇供水供电供气行业收费，持续为企业减负。全面实施市场准入负面清单制度，持续开展隐性壁垒排查。推进特色型知识产权强区建设。深入开展质量提升行动，加强质量认证体系建设，推进质量强桂、品牌强桂。深入推进土地、劳动力、资本、技术和数据等要素市场化配置改革，深化电力、天然气市场化改革。继续推出一批便民利企"微改革"。

加快国资国企等重点改革。完成国企改革三年行动任务。落实国企科技创新激励措施，加快完善以管资本为主的国有资产监管体制，动态调整授权放权事项，切实提高国有企业创新力、竞争力。加强国有企业投资、担保、资金拆借、资产交易、贸易业务等监管，严格落实违规经营投资责任追究制度，确保国有资产保值增值。同时，统筹深化人才、社会保障、城市管理、行政执法、农业农村、生态文明、应急管理、文化体制等领域改革。

我们要毫不动摇巩固和发展公有制经济，毫不动摇鼓励、支持、引导非公有制经济发展。中小微企业、民营企业、个体工商户是保就业、保民生的重要基础，在三重压力下，他们期盼更大的支持。我们一定要急其所急、行其所盼，帮助他们渡过难关，支持他们健康发展！

（七）深化财政金融联动，加力支持实体经济发展。发挥财政金融政策合力，打好稳财金惠实体攻坚战。

推动财政资金超前发力。提升财政政策效能，提高资金投向精准性。创新投入方式，加力支持稳投资、稳就业、稳预期、促消费等工作。积极争取中央补助资金和新增政府债券限额，提前分配下达各级财政补助资金和政府债券资金。实施零基预算改革。加大财力下沉力度，完善财政资金直达机制，加快对市县转移支付资金分配下达进度，精准支持基层政府落实助企纾困政策、加快项目建设。

更好发挥金融服务实体经济作用。加大政府性融资担保力度,强化银税互动,落实供应链金融支持政策,扎实推进普惠金融,引导金融机构加大对小微企业、绿色发展企业的支持,发挥"桂惠通"、"桂信融"平台作用,扩大"信用快贷"对企业的优惠信贷覆盖面,力争人民币贷款余额增长12%。积极推进"引金入桂"、"险资入桂",大力支持符合条件的企业上市挂牌、发行公司信用类债券。全面推进金融服务乡村振兴,深入开展"保险+期货"试点,努力实现"金色乡村"广西农村信用信息系统县域全覆盖。

着力防范化解重大风险。扎实做好高风险金融机构和涉企金融债务风险处置化解,依法打击非法金融活动,提升监测预警能力,推动市县政府融资平台转型,全面清理整顿金融秩序,牢牢守住不发生区域性系统性金融风险底线。坚决遏制政府隐性债务增量。持续强化"县级为主、市级帮扶、自治区统筹"三级保障机制,牢牢兜住基层"三保"底线。

(八)筑牢南方生态安全屏障,在推动绿色发展上迈出新步伐。践行"绿水青山就是金山银山"理念,一体推进"减污、降碳、优生态",打好稳生态促转型攻坚战。

推动绿色低碳循环发展。有序推进碳达峰、碳中和工作,积极参与全国碳排放权交易市场建设。深入实施六大高耗能行业节能改造,加快防城港、贵港、梧州、百色、玉林等5个国家资源综合利用基地和梧州国家绿色产业示范基地建设,创建3个以上绿色园区、20家以上绿色工厂。抓好煤炭清洁高效利用,推动煤炭和新能源优化组合。加强绿色矿山建设,推进废弃矿山生态修复。推广绿色建筑。强化特色生态产品公用品牌、生态标识培育和保护，推动绿色低碳产品认证。深化生态保护补偿制度改革，推进生态产品价值实现试点。深入开展公共机构节能，强化绿色生活创建和资源集约节约利用，加快建设节约型社会。

加强生态环境保护治理。强化落实河湖长制、林长制，推进漓江生态保护和修复提升工程，实施西江等重点流域生态环境综合治理，建设珠江—西江千里绿色生态走廊。加强生物多样性保护。统筹推进山水林田湖草海湿地系统治理。实施茅尾海—钦州湾、铁山港湾综合整治，加快推进标准化海堤建设，开展"湾长制"改革，落实红树林保护修复专项行动计划，建设"美丽海湾"。协同治理 $PM_{2.5}$ 和臭氧污染、氮氧化物、挥发性有机物，实施柴油货车清洁化行动。抓好城市、农村黑臭水体治理，加强农村生态环境整治，强化地下水污染协同防治。推进农用地土壤污染防治和安全利用，有效管控建设用地土壤污染风险。开展危险废物闭环管理体系试点，建设防城港、贵港等大宗固体废弃物综合利用基地。持续推进生活垃圾分类。强化区域协同，推进生态环境联防联控联治。不折不扣推进中央生态环境保护督察反馈问题整改。

广西生态优势金不换，我们要牢记嘱托，不负青山，切实担起保护好广西山山水水的历史责任，推动经济社会发展全面绿色转型，让良好生态环境成为人民生活质量的增长点，成为展现美丽形象的发力点，让壮乡人民更康寿、八桂大地更美丽！

（九）持续保障和改善民生，不断提高人民生活品质。牢记让人民生活幸福是"国之大者"，多渠道增加城乡居民收入，打好稳就业保民生攻坚战。

强化就业优先导向。实施提升就业服务质量工程，突出抓好高校毕业生等青年以及农民工、残疾人等重点群体就业，促进退役军人创业就业，加强公益性岗位统筹开发，实现城镇新增就业30万人、失业人员再就业9万人、就业困难人员就业3.5万人。开展"技能广西行动"，加强新时代技能人才队伍建设。深化"八桂系列"劳务品牌建设。切实做好保障农民工工资支付工作。

推进教育提质振兴。推进学前教育普及普惠优质发展，实施义务教育优质均衡发展计划，新建中小学幼儿园85所，持续做好控辍保学工作，巩固"双减"成果，提高进城务工人员随迁子女入读公办学校比例。稳步推进高考综合改革。加快建设广西农业职业技术大学和19所职业教育"双高"学校，推进本科层次职业教育试点，拓宽职校毕业生职业上升渠道。加快南宁教育园区、桂林高校集聚区建设，支持广西大学、广西师范大学、广西医科大学建设一流学科。实施边境地区教育提升工程。推进强师惠师计划，保障教师待遇。推进实施家庭教育工作。深入开展校园安全专项整顿，让孩子们平安快乐成长，让老师专心上课、家长安心工作。

深入实施健康广西行动。深入推进国家区域医疗中心、区域公共卫生中心、民族地区妇幼健康示范区建设。开展公立医院综合改革示范建设，推进医疗服务价格等改革。加快"县域紧密型医疗共同体"建设。壮大基层医疗卫生人才队伍，确保乡村医疗服务"空白点"动态清零。力争获批国家基层卫生健康综合试验区。推进疾控体系改革，加快补足短板弱项。促进中医药壮瑶苗医药传承创新发展。探索构建主动健康服务体系。深入开展爱国卫生运动。加强食品药品全过程监管。落实三孩生育政策和配套支持措施，完善普惠托育服务体系。以居家养老为基础提升社区养老服务能力，推进智慧养老院建设，加强养老服务综合监管、精准服务。"老吾老以及人之老"，我们要尽心尽力做好老龄工作，让老年人老有所养、老有所乐、老有所为，都能享有健康幸福晚年！

着力解决群众住房问题。建设保障性租赁住房6.1万套，切实解决新市民、青年人，特别是城市基本公共服务人员等群体的住房困难。改造城镇老旧小区12万套，推进既有住宅加装电梯。加快发展长租房市场，因城施策促进房地产业良性循环和健康发展。

健全覆盖全民的社会保障体系。强化社保基金监管，依法加强社保基金征缴，确保社会保险待遇按时足额发放。健全重特大疾病医疗保险和救助制度，推进门诊费用跨省直接结算。做好企业职工基本养老保险全国统筹实施工作，保障被征地农民参加基本养老保险。实施失业保险自治区级统筹。健全农民工、灵活就业人员、新业态就业人员参加社会保险制度，建立完善劳动争议多元调解机制，维护好卡车司机、快递小哥、外卖配送员等群体合法权益。

繁荣发展文体事业。持续推进基层公共文化设施建设，提高公共文化设施免费开放和服务水平。实施文化名家培养、文艺精品创作登高原攀高峰、文物保护利用和非物质文化遗产传承等工程，推出一批献礼党的二十大的文艺精品。深入挖掘长寿文化、健康文化和民族文化等文化资源。深入实施"壮美广西·智慧广电"乡村工程、固边工程。加强科普工作。推进新时代体育高质量发展改革创新试验区建设，加强全民健身场地设施补短板，加紧筹备第一届全国学生（青年）运动会，筹办好广西第十五届运动会等重大赛事活动。

筹措资金730亿元以上，继续实施十大为民办实事工程。完善城乡居民最低生活保障机制和分层分类的社会救助体系。切实做好未成年人保护工作，强化对农村孤儿、农村留守人员、困境儿童等特殊群体的关爱服务。继续做好社会福利、慈善、志愿服务等工作，依法保障妇女儿童、青少年和残疾人的合法权益，支持工会、共青团、妇联等开展工作。

"民之所忧，我必念之；民之所盼，我必行之"。我们要把人民利益举在头顶，把群众冷暖挂在心上，把民生工作抓实做好，为壮乡人民对美好生活的向往不懈奋斗！

（十）统筹好发展和安全，维护社会大局和谐稳定。落实国家安全战略，加快建设更高水平的法治广西、平安广西，打好稳大局保平安攻坚战。

依法科学高效抓好疫情防控。坚持"外防输入、内防反弹"总策略、"动态清零"总方针，紧紧围绕"做严一线、做实二线、做强全线"的要求，切实提升流调溯源、隔离管控、大规模核酸检测、信息化运用、医疗救治与院感防控等应急处置能力。推动大数据赋能精准疫情防控，深化网格化防控机制。加强基层基础工作，建立完善"三级包保"和"五包一"制度。加大打击"三非"力度，有效阻断非法入境（走私）通道。坚持人物同防，强化进口冷链食品监管。统筹疫情防控和对外开放，强化口岸运行防控，提升智能化管边控海水平。加强边境地区公共医疗卫生服务能力和应急处置场所、隔离场所建设。

毫不放松抓好安全生产。深入推进安全生产专项整治三年行动，突出源头防范，健全防范处置机制，有效遏制安全生产事故，深入开展重点场所消防安全治理，提升自然灾害监测预警预报能力，切实维护人民群众生命财产安全。加快建立自治区、市、县、乡四级应急指挥中心，推动应急管理向数字化网络化智能化升级，推进北部湾危险化学品应急救援基地等建设，加快形成与人民群众安全需求相匹配的应急救援体系。

提升社会治理效能。健全城乡社区治理和服务体系，加强网格化管理，大力发展社会工作，妥善化解处理各类矛盾纠纷，推进治理重复信访、化解信访积案专项工作。常态化推进扫黑除恶斗争，深入开展"亮剑"系列专项行动。进一步加强人民调解工作。全力支持国防和军队建设，落实好国防动员体制改革和兵役制度，加快打造智慧边海防体系，巩固和维护边海防安全稳定，做好新时代双拥工作，加快健全退役军人工作体系和保障制度，巩固军政军民团结。

各位代表，"广西是全国民族团结进步示范区，要继续发挥好示范带动作用"，这是习近平总书记对我们的褒扬和殷切期望。我们要积极推进铸牢中华民族共同体意识示范区建设，引导全区各族人民牢固树立休戚与共、荣辱与共、生死与共、命运与共的共同体理念，营造各民族共居共学、共建共享、共事共乐的社会氛围。推进民族团结进步创建巩固深化，加快少数民族聚居区发展，持续开展固边兴边富民行动，建设边境地区民族团结进步模范长廊，让各民族群众和睦相处，推动实现共同富裕。

各位代表，我们要始终牢记"国之大者"，坚持"稳字当头、稳中求进"，守护人民幸福安康、守牢社会稳定安全、守卫边疆稳固安宁，在巩固发展民族团结、社会稳定、边疆安宁上彰显新担当！

三、全面加强政府自身建设

踏上新征程，建功新时代，政府重任在肩。必须大力弘扬伟大建党精神，百折不挠、矢志不渝，"致广大而尽精微"，奋勇争先走好新的赶考之路。

（一）坚持和捍卫"两个确立"。深刻认识"两个确立"对新时代党和国家事业发展、对推进中华民族伟大复兴历史进程的决定性意义，坚决在思想上政治上行动上忠诚核心、拥戴核心、维护核心，切实增强"四个意识"、坚定"四个自信"、做到"两个维护"。坚持用政治眼光观察和分析问题，从讲政治的高度谋划和推进各项工作，确保贯彻落实习近平总书记重要指示和党中央决策部署不偏向、不变通、不走样。

（二）从严从紧推进清廉政府建设。永葆自我革命精神，以永远在路上的执着推进政府系统党风廉政建设，清清白白做人、干干净净做事，依法依纪行使权力，克己奉公、以俭修身，永葆清正廉洁的政治本色。严格落实中央八项规定及其实施细则精神。狠抓中央巡视等各项巡视反馈问题整改落实。实施追加预算审核负面清单，落实政府过紧日子要求。

（三）深化法治政府示范创建。贯彻落实习近平法治思想，忠诚履行宪法和法律赋予的职责，把政府工作全面纳入法治轨道。严格执行人大及其常委会决议决定，依法接受人大及其常委会监督，自觉接受人民政协的民主监督，高质量办好人大代表建议和政协委员提案，主动接受社会和舆论监督。强化审计监督、统计监督。加强重点领域、新兴领域行政立法。深化行政执法改革。加快推进现代公共法律服务体系建设。全面推进政务公开。深入开展"八五"普法。

（四）持之以恒加强作风建设。大兴狠抓落实之风，坚持系统观念，加强统筹协调，深入调查研究，带头抓落实、善于抓落实、层层抓落实，稳扎稳打、靠前赶早、紧抓善干、谋实做成、终端见效。大兴攻坚克难之风，勇于直面问题、敢于动真碰硬、善于解决矛盾，奋力实现既定目标。大兴改革创新之风，坚持创新思维，勇于求变、敢于求新、善于求质，在变局中抢新机，在变革中闯新路。

（五）持续提升政府效能。深入推进"提质效促落实"专题行动。建立健全减负常态化机制，深化纠治形式主义、官僚主义和"新官不理旧账"行为。进一步加强和规范政府督查，强化追踪问效。提高经济工作的专业能力，发挥政府参事等建言咨政作用。强化容错纠错和正向激励，巩固发展比学赶超、争创一流的良好局面。

各位代表，大道如砥，行者无疆。让我们更加紧密地团结在以习近平同志为核心的党中央周围，在自治区党委的坚强领导下，踔厉奋发、笃行不怠，凝心聚力建设新时代中国特色社会主义壮美广西，以优异成绩迎接党的二十大胜利召开！

海南省
政府工作报告

——2022年1月21日在海南省第六届
人民代表大会第五次会议上

省长 冯 飞

各位代表：

现在，我代表省人民政府，向大会报告政府工作，请予审议，并请省政协委员和其他列席人员提出意见。

一、2021年工作回顾

2021年是我国"两个一百年"奋斗目标历史交汇、全面建设社会主义现代化国家新征程起步之年，也是海南以自由贸易港建设引领高质量发展成势见效之年。习近平总书记对海南关怀备至，先后多次作出重要指示批示，在多个重大场合提及海南。一年来，全省上下牢记习近平总书记殷殷嘱托，在中共海南省委的坚强领导下，把握新发展阶段、贯彻新发展理念、融入新发展格局，勠力同心、攻坚克难、创新实干，推动经济社会发展呈现质量更高、结构更优、生态更好、民生更实、风险防控更加扎实有效的良好局面。

（一）主要经济指标历史性走在全国前列

全省地区生产总值增长11.2%，地方一般公共预算收入增长12.9%，固定资产投资增长10.2%，社会消费品零售总额增长26.5%，居民消费价格指数上涨0.3%，城镇新增就业人数增长23.2%，上述指标增速多数在全国居优[1]，实现了较高增长、较低通胀、较多就业的优化组合。三年投资新政[2]初战告捷。聚焦结构优化，产业投资增长33.5%，其中制造业投资增长84.2%。"深海一号"投产，海上风电及装备、昌江核电二期等项目开工，环岛旅游公路建设全线推进。消费提质升级。首届中国国际消费品博览会"一炮打响"，国际化程度、单位面积展品价值、首发首展数量远超预期，成为亚太地区规模最大的消费精品展。全年离岛免税店总销售额601.7亿元、增长84%。博鳌乐城国际医疗旅游先行区设立全国首个真实世界数据研究和评价重点实验室，特许药械进口增长58.5%，特药险参保超800万人，医疗旅游人数增长90.6%。陵水黎安国际教育创新试验区签约引进22所国内外知名高校[3]，首批学生入区就读。全省接待国内外游客8100万人次，旅游总收入增长58.6%、快于游客增速33.1个百分点，人均消费额增长26.4%。外向型经济延续高增长。货物贸易增长57.7%、首次突破千亿元，服务贸易增长55.5%，新型离岸国际贸易收支增长4倍。全省经济外向度提升7.1个百分点。实际利用外资增长16.2%。新设立外商投资企业增长92.6%。合格境外有限合伙人（QFLP）、合格境内有限合伙人（QDLP）试点政策落地实施[4]，成功打开海南自贸港资金跨境双向投资新通道。自由贸易（FT）账户[5]收支增长7.3倍。数字人民币试点全省展开。成功举办博鳌亚洲论坛年会、世界新能源汽车大会。琼港经济合作发展咨询委员会正式设立，成为香港工商界支持海南发展的常设机制。

（二）高质量发展步入快车道

供给侧发力，优化创新链、产业链、产业生态"两链一生态"，夯实产业发展基础，巩固扩大来之不易的结构调整成果。非房地产业在经济总量中的比重继续提升，其中，"3+1"主导产业[6]增加值占比达70%、提高5个百分点，上缴税收增长33.4%。创新链能级提升。启动打赢科技创新翻身仗三年行动[7]，新设立"陆海空"三大产业[8]科创平台12家，中国种子集团总部成功落户，崖州湾科技城成为我国种业科研机构、经营主体的聚集地，"奋斗者号"万米深潜21次。向专精特新企业贷款增长66.9%。研究与试验发展（R&D）经费投入增速全国第一。新增高新技术企业364家。专利授权量增长58.9%，国际专利申请量增长8.4倍。产业链固本培元。油气产业加快向新材料等下游延伸，全产业链产值增长15.8%。数字经济多维度扩张，营收增长30%。清洁能源产业新扩建"核风光气"等一批重大项目，建成后新增装机容量980万千瓦。风电装备、机器人、无人机等先进制造业项目落地。装配式建筑产能增长1.3倍。金融业态丰富升级，海南国际清算所挂牌成立，智慧金融综合服务平台累计放款突破亿元，绿色信贷余额增长20%，新引进1家外资银行，新增2家上市公司。园区产业生态支撑强劲。省级产业园区动态调整机制全面实施，基础配套和产业导入提速。11个自贸港重点园区固定资产投资增速高出全省60.4个百分点，营收实现翻番。乡村振兴夯实基层基础。热带特色高效农业发展壮大，创建国家现代农业产业园4个，粮食生产实现面积、单产、总产"三增",规模以上农产品加工业产值增长11%。新建高标准农田40万亩、高效节水灌溉面积1万亩。认定共享农庄17家。冯家湾现代化渔业产业园成为近海养殖退养、渔业转型升级的样板。乡村振兴绿色债券全国首发。

(三)自由贸易港政策加快落地见效

"四梁八柱"政策框架体系初步建立。《中华人民共和国海南自由贸易港法》颁布实施,首批15件自由贸易港法规配套制定。放宽市场准入特别措施、贸易自由化便利化若干措施、金融支持海南全面深化改革开放意见等相继出台,自贸港落地政策累计达150多项。封关运作各项准备工作清单及推进方案起草完成。关键核心政策成效初显。加工增值免关税、跨境电商出口海外仓等多项政策交出"首单"。"两个15%"所得税[9]、三张"零关税"清单[10]等优惠政策有序实施。海口空港综保区获批设立。"一线"放开、"二线"管住制度扩展至海口两个综保区。首条第五航权航线正式开通。"中国洋浦港"国际船舶达30艘。9个园区开通国际互联网数据专用通道,海南至香港首条国际海底光缆建成商用。营商环境优化力度加大。组建百人专班,制定让市场主体说了算、横向可比纵向监测的评价指标体系,开通"自由贸易港请您来投诉"平台。制度集成创新3项成果获国务院表扬[11]。"一枚印章管审批"全面推行,特别极简审批园区从3个推广到14个,园区项目落地审批提速70%。打造"海易办""海政通"平台,政务服务事项55.6%实现"零跑动"、30项"一件事一次办"、1038项"跨省通办"。"证照分离"改革力度全国最大,告知承诺事项数量全国第一,企业开办时间压缩至1天。工程建设项目审批制度改革三年行动顺利推进,审批便利度全国排名明显提升。

（四）生态文明建设取得新突破

全年空气质量优良天数比例达99.4%，细颗粒物（$PM_{2.5}$）浓度13微克/立方米，臭氧浓度处于近几年的低值，河湖库和近岸海域水质保持优良，化肥施用量和化学农药使用量减少3.4%和3.6%，生态环境质量保持全国一流。啃下一批"硬骨头"。第一轮中央环保督察整改任务实现"清零"，第二轮到期完成率达98.5%，国家海洋督察整改到期完成率达90.7%。生态文明体制机制不断创新。探索生态产品价值实现机制，全国首个国家公园生态系统生产总值（GEP）核算成果发布。自然资源资产产权制度改革全面铺开。"三线一单"[12]与省域"多规合一"深度融合。推进我省"双碳"工作"1+N"政策体系编制。试点开展规划和建设项目碳排放环境影响评价。标志性工程取得重要进展。海南热带雨林国家公园跻身习近平总书记亲自宣布设立的首批5个国家公园行列，海南长臂猿喜添两员"新丁"[13]。新能源汽车新增上牌超5.8万辆，保有量占比7.2%、高出全国4.6个百分点，在新增车辆中占比25.8%、高出全国13.1个百分点。清洁能源装机比重达70%，提高3个百分点。实施全国首部"禁塑"地方法规。推广装配式建筑2280万平方米，连续4年倍增。

（五）城乡面貌和治理水平显著改善

区域协调发展揭开新篇章。儋州洋浦一体化正式实施，环新英湾片区空间规划加快编制，自贸港区域协调发展战略成功迈开第一步。南北两大经济圈一体化省级统筹机制建立完善。城市功能品质优化。海口湾畅通工程、三亚湾综合整治等基本完工，海口西海岸贯通更新工程全面启动。美兰国际机场二期投入运行、进入"双跑道"时代。琼州海峡港航一体化实施平台完成组建，海口新海港客运综合枢纽等项目加快建设。全省老旧小区改造项目开工450个、惠及5.2万户。常住人口城镇化率提高到61.1%。5G网络实现市县主城区室外连续覆盖、重要区域热点覆盖。城乡环境整治提升。6个市县创建国家卫生城市（县城）。城镇污水日处理能力提升8.7%，行政村生活污水处理设施覆盖率提高14.3个百分点，卫生厕所覆盖率达98.8%，城乡生活垃圾无害化处理率超95%。开展农村裸露土地种草绿化专项行动，完成率达95.8%，投入不多，但效果十分明显。制度保障和科技支撑能力增强。建成覆盖空间规划"编、审、调、用、督"全周期平台，"机器管规划"实现从1.0向2.0[14]的升级。统筹开展土地利用和国土空间规划领域专项整治，整改率分别达63.2%、99.5%。推动出台闲置土地处置规定，完善建设用地二级市场，批而未供土地和闲置土地处置率分别达17.7%和35.6%，超额完成年度目标，违法占用耕地建房等现象得到有效遏制。

（六）民生社会事业长足进步

全省地方一般公共预算支出72.9%用于民生保障。专项行动取得实效。巩固拓展脱贫攻坚成果同乡村振兴有效衔接，监测对象全部落实防返贫帮扶措施。1.3万户城市困难职工解困脱困全部完成。开展平价菜保供惠民行动，"15+N"种基本蔬菜价格[15]显著下降，其中15个可比品种平均价格降幅全国居首，多年以来百姓反映强烈的菜价偏高、上涨偏快的问题开始破解。大力组织农民外出务工增收，新增农村劳动力转移就业11.7万人，工资性收入增速提高4.9个百分点，农村居民人均可支配收入增长11%。清理拖欠中小企业账款超亿元。开工建设安居房3.9万套、首批成功配售，公租房保障1.3万套。房地产和住房租赁市场专项整治成效明显。完成职业技能培训24.1万人次。基本公共服务均等化水平全面提高。6年接续努力，"一市（县）两校一园"工程[16]圆满收官，累计引进中小学幼儿园83所，提供优质学位16万个。"双减"[17]工作各项监测指标居全国前列，全省四年级以上中小学生基本学会游泳，海南学生"特色印记"[18]实践结出更多硕果。群众对省级政府履行教育职责的满意度位列全国第一。海南大学4人获评"长江学者"。公共卫生防控救治能力"7+3"项目[19]开工率92.4%。上海交通大学医学院附属瑞金医院海南医院（博鳌研究型医院）试运行，50个省级临床医学中心和省会城市公立三级医院布局建设加快实施，实现"1小时三级医院服务圈"全省覆盖。公立医院改革试点有序推进。"一市（县）一院"工程累计引进全国知名医院53家，海南成为全国优质医疗资源进入最多的省份之一。在全国率先实现5G远程诊疗体系覆盖所有村（居）卫生机构。依托医保信息平台建成运行全省"三医联动一张网"[20]。全面实现门诊费用跨省直接结算。加快推进文化惠民工程，提升基层公共文化服务水平。举办庆祝建党100周年群众系列文化活动200多场。省图书馆二期竣工，海南科技馆、省美术馆开工。退休人员月人均养老金增加138元。新增养老床位3015张、0-3岁婴幼儿托位6735个。琼中女足成功冲甲[21]。我省运动员在奥运会等赛事上创历史最好成绩[22]。所有行政村和社区（居）均配备法律顾问。9件为民办实事项目[23]全面完成。

（七）重大风险防控化解有力有效

常态化疫情精准防控能力提升。坚持"管住关口、人物并防、进出同管"，全年未发生聚集和扩散性疫情。全人群疫苗接种率和全程接种率分别达95.3%、91.8%，居全国前列。自贸港风险发现和协同处置机制初步建立。金融、税收、投资、贸易、意识形态等领域风险防控有效开展。社会管理信息化平台整体进入实战化运行。反走私综合治理体系基本建立，环岛64个反走私综合执法站全部挂牌运行，启用离岛免税商品溯源码管理，严厉打击"套代购"行为。依法妥善处置重点企业破产重整、涉房地产风险等涉众事件。社会治理持续向好。完成全省3196个村和社区（居）"两委"换届工作。启动中小学生生命防护工程和新一轮道路交通安全整治，推进安全生产专项整治、食品安全监管和应急管理工作创新。常态化开展扫黑除恶斗争，打掉"菜霸""沙霸"等涉黑涉恶犯罪团伙28个。刑事案件6年连降、11年最低，命案发案数建省以来最低。新一轮禁毒三年大会战开展以来，吸毒人数占比从3.7‰降至1.7‰、群众满意度全国第一。

（八）政府自身建设呈现新气象

结合党史学习教育转作风、解难题、办实事。作风整顿建设年活动整改作风问题3305个、整改率95.6%。"查堵点、破难题、促发展"活动查找堵点4672个、破解难题4387个、办结率93.9%。省领导带头，全省为群众办实事5124件、完成率89%。法治政府建设扎实有效。省政府与省人大常委会定期开展立法协调，提请省人大审议法规议案27件，向省人大常委会专项报告15次，办理人大代表建议335件、政协提案563件，办结率均达100%。法治政府建设实施方案出台。行政机关负责人出庭应诉办法施行，省政府领导首次出庭应诉行政诉讼案件，得到社会点赞。廉洁政府建设纵深推进。"2+1"突出问题专项整治[24]取得阶段性成果。审计整改工作落实七项机制[25]，从严从实，务求实效。全省非重点、非刚性支出预算压减7%。政府工作守正创新。重要工作建立"工作专班+例会"推进机制。构建"七要件"工作闭环[26]运作体系。引入工作难度系数，落实"按季抓、月跟踪"和"最佳实践奖"评选，政府执行力得到提升。

切实抓好国防动员和后备力量建设、双拥优抚、退役军人服务保障工作。民族团结进步、工会、共青团、妇女儿童、残疾人、地质、气象、测绘、红十字会、粮食等工作取得新的成绩。

各位代表！过去的一年，面对复杂严峻的国内外形势，取得这样的成绩实属不易。这是以习近平同志为核心的党中央坚强领导的结果，是习近平新时代中国特色社会主义思想科学指引的结果，是中央和国家各部门、各兄弟省区市大力支持的结果，是全省人民在省委带领下团结一心、奋力拼搏的结果。在这里，我代表省人民政府，向全省人民，向人大代表、政协委员，向各民主党派、工商联、人民团体和社会各界人士，向中央和国家各部门、各兄弟省区市，向驻琼部队和武警官兵，向长期关心支持海南发展的港澳同胞、台湾同胞、海外侨胞及国际友人，表示衷心的感谢！

我们也清醒看到，工作中还面临不少问题：基础设施、产业要素、科技创新等供给不足，制约高质量发展的矛盾仍需大力破解。经济下行压力加大，企业经营困难增多，助企纾困措施亟待加强。物价尤其是菜价绝对水平仍然偏高，稳控力度还需加大。少数干部不适应自贸港建设新要求，进取意识不足、工作谋划能力不强、服务水平不高，部分政策落地实施的效果不及预期，形式主义、官僚主义和消极腐败问题仍有发生，等等。对此，我们一定勇于直面问题，努力加以解决。

二、2022 年主要工作

今年是党的二十大召开之年，做好政府工作意义重大。综合研判形势，今年国内外发展环境更趋复杂严峻和不确定，我省结构性素质性问题依然突出，自贸港政策效应仍处于释放初期，困难不容低估。同时，更应该看到，海南正处于发展的黄金机遇期和重要窗口期，我们有独特的政策优势，有近年来高质量发展所蓄积的强劲势能，有全省上下担当作为、创新实干的精气神，完全有信心有条件有能力乘势而上，以工作的确定性来应对外部环境的不确定性，取得2022年工作的新成就。

今年政府工作的总体要求是：以习近平新时代中国特色社会主义思想为指导，全面贯彻党的十九大、十九届历次全会和中央经济工作会议精神，认真落实省委经济工作会议部署，弘扬伟大建党精神，坚持稳中求进工作总基调，完整、准确、全面贯彻新发展理念，积极融入和服务新发展格局，以推动高质量发展为主题，以供给侧结构性改革为主线，以全面深化改革开放、坚持创新驱动为动力，以高质量高标准建设中国特色自由贸易港为重点，把制度集成创新摆在更加突出位置，统筹疫情防控和经济社会发展，统筹发展和安全，继续做好"六稳"[27]、"六保"[28]工作，持续改善民生，保持社会大局稳定，以优异成绩迎接党的二十大胜利召开。

今年经济社会发展的主要预期目标是：地区生产总值增长9%左右，地方一般公共预算收入增长10%，固定资产投资增长8%左右，社会消费品零售总额增长11%，城镇和农村常住居民人均可支配收入增速分别超过9%、9.5%，城镇调查失业率控制在5.5%左右，居民消费价格涨幅控制在3%左右，生态环境质量保持优良，节能减排和碳排放强度下降完成国家下达任务。

完成上述目标任务，要集中精力抓好十个方面工作。

（一）蹄疾步稳推进自由贸易港建设

弘扬敢闯敢试、敢为人先、埋头苦干的特区精神，突出全岛封关运作准备这个重点，抓紧推动软硬件建设、政策制度安排、压力测试、风险防控等工作，塑造海南高水平开放新优势。

加快全岛封关运作软硬件准备。瞄准"2023年底前具备封关硬件条件、2024年底前完成封关各项准备"既定目标，项目化清单化推进各项任务。重点抓好口岸优化布局、非设关地综合执法站运行、多功能自由贸易账户体系建设等项目，推动制定进出岛货物物品管理办法，深化税制改革研究。

促进政策优势转化为发展优势。推动政策落地和滚动升级。充实"一个月首单、三个月推开、半年见效"机制，将政策更多更快转化为项目，重点落实电子处方中心、国际文物艺术品交易中心等项目。用足用好跨境服务贸易开放政策。推进区域全面经济伙伴关系协定（RCEP）海南20条落实举措，与自贸港政策形成叠加效应。对标国际高标准经贸规则，开展高水平开放压力测试。

大力发展开放型经济。力争货物贸易、服务贸易和实际利用外资均增长15%。推动新型离岸国际贸易、数字贸易、保税维修、融资租赁等业态取得新突破。争取首次发行离岸人民币地方债。办好博鳌亚洲论坛2022年年会。实现"百家央企进海南"[29]目标。加强与粤港澳大湾区、泛珠、长三角等区域的战略合作。启动建设海口、三亚琼港经济合作发展示范区。引导海外华人华侨在支持自贸港建设中发挥更大作用。

优化风险管控机制。引入智慧化手段，更多采用信用监管，完善风险预警快速反应机制。寓监管于服务之中，致力打造无感知、有温度的监管。精准高效管控离岛免税"套代购"、市场主体非实质性运营等各类风险。

（二）确保经济平稳增长

坚持稳字当头、稳中求进，落实"六稳""六保"部署，按季抓、月跟踪，确保首季"开门红、开门稳"，全年经济运行在合理区间。

抓投资。坚持"项目为王"，开展"产业投资提升年""基础设施推进年"活动，推动三年投资新政行动走深走实。聚焦"3+1"主导产业，落实"五位一体"专业化招商机制[30]，引进一批先进制造业项目，产业投资比重持续提升。围绕"五网"升级，超前谋划和加快布局重大基础设施项目，全方位推进"十四大交通工程"[31]"六大水利工程"[32]建设，力争基础设施投资增长10%。持续优化电力主配网，加快新型电力系统示范省项目建设。实现5G网络和千兆光网覆盖全部乡镇。

抓消费。落实国际旅游消费中心建设实施方案各项任务。提升海南免税购物国际竞争力，力争离岛免税店销售1000亿元。办好第二届中国国际消费品博览会，打造全球消费精品展示交易平台和国内替代出境消费第一目的地。推进全球消费精品博览园建设。推动高端旅游消费设施项目扩容提质，培育邮轮游艇、低空旅游、体育赛事等新热点，驰而不息抓旅游市场整治，努力打造海南旅游胜地和最佳旅游市场的"双驰名"品牌。支持乐城先行区在高端医美、移植康复、特医食品进口等方面塑造新优势，实现医疗健康消费倍增。突出冷链物流能力提升，积极创建国家物流枢纽。完善全省县域商业体系，促进农村消费。开展"放心消费在海南"活动。

抓要素保障。用活产业项目差别化用地供地模式，有序实施土地征收成片开发，全面清理、盘活利用"批而未供"土地，力争实现项目"签约即拿地""拿地即开工"。不折不扣落实中央新的更大力度组合式减税降费政策，为市场主体纾困解难。创新财政投融资模式，规范和推进政府与社会资本合作模式。高效运作自贸港建设投资基金。推动不动产投资信托基金发行。有效实施"万泉河金融畅通工程"[33]。加快组建国际知识产权交易所、国际碳排放权交易中心。深化农信社改革。打造"信用村建设"载体，助力乡村振兴。

（三）加快科技创新产业升级

强化创新驱动、推动产业集群集聚发展，是当前海南高质量发展的迫切任务。今年我们要稳扎稳打，在若干领域实现点的突破，在基础层面补齐更多短板。

下好科技创新"先手棋"。系统落实创新型省份建设各项任务，研究与试验发展（R&D）经费投入强度提高到0.9%。加快创建崖州湾国家实验室，打造集种源、种业和市场三大核心功能为一体的"南繁硅谷"。深海领域要建设多层级科技平台，在产业化上实现破题。航天领域要沿火箭链、卫星链和数据链，导入更多项目和核心团队。推进"智慧海南"34个重大工程项目和7项改革举措落地实施。持续推进崖州湾知识产权特区建设。

加速主导产业集群化。以海南炼化百万吨乙烯建成投产为契机，推动一批产业链下游新材料项目。发挥自贸港和技术、装备、药品国际"三同步"政策叠加效应，突出"海口药谷"国家级产业平台作用，壮大生物医药产业。聚焦细分领域，打造数字文娱、智能物联和数字贸易等数字产业链。培育壮大风电、光伏、可降解材料等低碳环保产业。推动海洋经济一二三产业联动发展，尽快形成若干有竞争力的海洋产业链。

推进园区功能平台化。以"一园一策"推进投融资模式创新，实现园区开发、招商、运营一体融合。高起点修编全省园区产业发展规划。推动园区"标准地"出让、标准化厂房建设。补齐做实园区产业创新服务综合体，优化产业生态和创新生态，提升产业根植性。加快产城融合步伐。

（四）聚力打造一流营商环境

对标国际高水平营商规范和国内最先进经验，瞄准"四最"目标[34]，实施重要量化指标赶超国内一流行动，力争再上新台阶。

实施营商环境改革领跑工程。围绕产业发展全链条和企业发展全生命周期，开展准入即准营、政务服务"零跑动"、"信用+免审"、国土空间智慧治理、跨境贸易自由便利、投资自由便利、工程建设项目审批制度改革、知识产权运用与保护等一批领跑行动。建设一批营商环境示范市县（园区）。

开展高质量市场主体培育和提升行动。实施上市公司培育"尖峰岭"行动，力争新增上市公司1—2家、培育上市后备企业60家。实施高新技术企业"精英行动"[35]，高新技术企业达到1500家，其中，培育种子、瞪羚企业100家。实施专精特新中小企业"雏鹰行动"[36]，省级专精特新中小企业达到210家，国家专精特新"小巨人"企业达到15家。实施"小升规"企业成长行动[37]，培育增长800家规模以上企业。全面完成省国企改革三年行动目标任务。

构建全方位企业服务体系。健全事中事后监管体系，推进"诚信海南"建设，组建省级层面企业征信公司。完善营商环境问题受理核查处理闭环机制，以个案处理推动共性问题解决。发挥惠企政策兑现服务平台功能，实现惠企政策精准推送和一网通享。探索重点企业、重点项目首席服务专员制度。搭建"政企面对面"平台，健全政企常态化沟通机制。

（五）深入推进绿色低碳发展

以争创全国一流的生态环保工作，保持全国一流的生态环境质量，高水平建设国家生态文明试验区，在补短板、创亮点、作贡献三个方面都有新成效。

从严从实抓好环保督察问题整改。落实整改主体责任，紧盯难点集中攻坚，实施全过程重点督察，严防问题反弹，按期完成第二轮中央环保督察、国家海洋督察整改任务。

接续推进标志性工程。在国家生态文明试验区建设中，滚动打造标志性工程，有利于彰显特色、精准发力，集中力量办成事，更快更好形成示范效应。我们要不断总结成功经验，巩固拓展建设成果。已有四项标志性工程要有新成效。高标准建设海南热带雨林国家公园，推动人工林处置，完成园内小水电站清退任务。加强禁塑源头治理，抓实入岛通道、电商、集贸市场等重点领域禁塑管理。新能源汽车在新增车辆中占比超过30%，开工建设电池回收综合利用项目，加快世界新能源汽车体验中心落地。力争装配式建筑在新增建筑中占比超过60%。新年伊始，我们马上启动第五项标志性工程，举全省之力打一场"六水共治"攻坚战，争取两年消除城市黑臭水体、三年剿灭劣V类水体、五年省控国控断面全部达标。今年要以流域为单元推动一批河流综合治理，启动县域黑臭水体治理，推进城乡污水处理设施及配套管网建设，力争建制镇污水处理设施覆盖率达到67%以上。建立健全海洋生态预警监测体系和应急响应机制，加强珊瑚礁生态系统保护修复，保护生物多样性。落实河湖长制、湾长制、林长制，探索水环境综合治理新模式，深入开展山水林田湖草海生态保护修复工程。

争做"双碳"工作优等生。研究出台我省碳达峰实施方案，编制项目引进低碳指南。坚持节约优先，实施全面节约战略，倡导绿色低碳的生产生活方式，开展低碳城市、低碳园区、低碳社区、低碳校区、低碳景区、低碳建筑试点。立足海洋大省优势，高水平建立和运作省蓝碳[38]研究中心，在海洋碳汇研究上抢占国际制高点。大力发展碳金融。探索生态产品价值实现海南路径。基本完成重点区域自然资源资产统一确权登记，制定我省生态产品价值核算地方标准、启动首批试点，推进赤田水库流域生态补偿等机制创新试点。完成造林绿化10万亩。开展冬春季大气污染防治攻坚行动，持续巩固提升空气质量，细颗粒物（$PM_{2.5}$）、臭氧平均浓度分别控制在每立方米13微克和120微克以下。

（六）构建区域协调发展新格局

加快实施"三极一带一区"[39]发展布局，健全平台、政策、项目、体制机制，以更高水平、更高质量的区域协调发展赋能自贸港建设。

统筹重点区域发展。推动"海澄文定"经济圈、"大三亚"经济圈一体化纵深拓展，基础设施、公共服务率先互联互通共享，超前谋划经济圈城际轨道交通项目。确保儋州洋浦一体化开好局、起好步，有序实施管理体制改革，扩展洋浦经济开发区规划开发范围，促进儋州洋浦城市功能互补、产业协同发展。推进滨海城市带建设，拓展海洋经济发展空间。促进中部山区保育发展。深化垦地融合发展，推动农垦经营性建设用地入市改革试点。

着力解决突出问题。完成省和本岛所有市县国土空间规划编制，统筹划定永久基本农田、生态保护红线、城镇开发边界、海岸带保护与利用等控制线。在全省实施农房报建审批"零跑动"，推动"机器管规划"向3.0阶段[40]迈进。确保不动产登记历史遗留问题化解70%以上。制定节约集约用地办法和评价标准，深化土地和规划领域专项整治，灵活运用"四个一批"[41]办法，加快闲置土地盘活利用，确保存量下降60%。

提升城市治理水平。加大城市更新力度，探索棚户区和旧城区改造新模式，开工改造608个城镇老旧小区。推动空置住房资源盘活利用。开展城镇燃气老旧管网改造。强化对城市"天际线"、江河湖"岸际线"管控，高标准规划建设南渡江最美岸线。有效治理交通拥堵等城市病，加快构建"15分钟便捷生活圈"。完善无障碍设施建设。推动实施绿色包装全链条示范工程。深入开展生活垃圾分类，推进建筑垃圾规范化管理和资源化再利用。启动新一轮公共场所外语标识标牌规范建设。

（七）全面推进乡村振兴

高度重视城乡发展不平衡、农村发展不充分问题，加大政策落实、工作创新，让农业有奔头、农民有盼头、农村有看头。

持续巩固拓展脱贫攻坚成果同乡村振兴有效衔接。对易返贫致贫对象加强动态监测，确保早发现、早干预、早帮扶，守牢不发生规模性返贫底线。开展资产收益帮扶试点，探索建立扶贫项目资产收益帮扶机制。

深化农业供给侧结构性改革。提升热带特色高效农业国际竞争力。深入开展特色农业示范创建，打造优势农业产业集群，扩大椰子、油茶、沉香等种植规模，加大天然橡胶保面积、保产能、保收益"三保"力度。加快推动槟榔深加工和药用价值开发研究。实施"品牌强农"战略，整合塑造荔枝、芒果、咖啡、火龙果等区域公共品牌，新增"两品一标"[42]农产品20个以上。冬季瓜菜提质增效。加快文昌铺前、万宁乌场、乐东莺歌海等重点渔港建设，促进渔业向海洋牧场、工厂化园区养殖、休闲渔业转型。引导农产品深加工业集群扩张。创建一批主题共享农庄，塑造海南农旅融合高端品牌。落实最严格的耕地保护制度，坚决遏制耕地"非农化"，严格管控耕地"非粮化"，集中连片"造大田"，建设高标准农田26万亩，完成粮食生产硬任务。

多渠道促进农民增收。开展农民工务工专项行动，加强技能培训，组织就地就近务工，显著提升农民工资性收入。及时发放惠农补贴，兑现农民转移性收入。促进资源变资产、资金变股金、农民变股东，增加农民财产性收入。深化农村集体产权制度改革，构建市（县）、镇、村三级农村产权流转交易市场体系，盘活农村闲置资源，年内全面消除集体经济"空壳村"。积极试点村企合作，推动城中村、城郊村集体土地入市。集成推进村庄规划+全域土地综合整治+农村"三块地"[43]改革。

扎实开展农村人居环境整治提升行动。新建100个美丽乡村和10个农村人居环境整治示范村。完成"多规合一"实用性村庄规划编制。"气代柴薪"[44]覆盖所有乡镇。健全农村寄递物流体系。统筹厕污一体化治理，完成厕所防渗漏改造5万座以上，农村生活污水治理率提高10个百分点以上。化肥施用量和化学农药使用量均下降3%。30%以上行政村（居）建成生活垃圾分类投放屋（亭）。抓实乡风文明"七个倡导"活动^[45]，探索推广乡村治理积分制、清单制。

（八）大力发展社会事业

以巩固提升为主题，继续改善硬件设施，更加注重软硬件配套、体制机制创新、专业人才下沉，构建优质均衡的公共服务体系。

抓好疫情防控和健康海南建设。当前疫情阴霾未散，对疫情防控我们不能有丝毫放松。要坚持各项行之有效的防控策略，强化常态化疫情巡查和评估机制，坚决防止出现聚集性疫情和散发病例传播扩散。加强疾病预防控制体系改革。实施人均预期寿命提升计划，针对海南百姓多发高发疾病，开展"2+3"健康服务包^[46]防治项目试点。全面推进城市医疗集团和县域医共体建设，提升基层医疗卫生机构技术、诊疗、药品和人员配备四个标准，构建网格化紧密型医疗卫生服务体系。为7.1万名在校适龄女生免费接种HPV疫苗。做好地中海贫血防控和妇女"两癌"筛查。把除"四害"列入重要工作，常抓不懈。推进与世界银行合作推动的全球首个"全健康"综合实践示范项目。

办好公平优质教育。支持海口、三亚等人口流入较多城市增加学位。推动基础教育集团化办学。推进"互联网+教育"提档升级。争做"双减"优等生，把海南学生"特色印记"品牌擦得更亮。建立中小学教师周转编制管理和使用机制。支持海南大学世界一流学科建设。推动现代职业教育高质量发展，深化产教融合、校企合作，扩大"旺工淡学"^[47]规模。完成中高职贯通人才培养项目招生2万人。确保陵水黎安国际教育创新试验区年内全面招生，争取新引进2-3所知名高校。推动境外高校在海南设立的首批2所理工农医类学校落地。

加快文体事业发展。培育和践行社会主义核心价值观，广泛开展群众性精神文明创建活动。推进城乡公共文化服务体系一体建设，创新实施文化惠民工程，倡导全民阅读。开展文艺精品创作展演。支持黎锦、椰雕等非遗项目保护发展，推动海南热带雨林与黎族传统聚落申报世界文化和自然双遗产。开工建设省艺术中心，建成省非物质文化遗产展示中心、海口湾大舞台二期。实施做大做强琼中女足工作方案[48]，打造体教融合品牌。完善三亚、儋州、万宁综合体育场馆设施。精心筹办第六届省运会、省第八届残运会、第六届亚洲沙滩运动会、第十二届全国少数民族传统体育运动会。

（九）推出更多民生改善行动

着眼共同富裕，尽力而为、量力而行，办好更多民生实事，让百姓有更强获得感。

促进更高质量就业。开展提升就业质量专项行动，建立以薪酬为导向的高质量就业指标监测体系，完成职业技能培训10万人次。继续实施减负稳岗扩就业政策，抓好高校毕业生、退役军人、农民工等重点群体就业，完善残疾人、零就业家庭成员等困难人员就业帮扶，促进失业人员再就业，城镇新增就业15万人以上。

强化保供稳价。健全重要民生商品保供稳价机制，压实"菜篮子"市县长负责制，从产、供、销、储各环节协同发力，重塑菜篮子供应保障体系。建设农光互补蔬菜大棚4万亩，全省蔬菜平均自给率达到60%，国有平价蔬菜市场销售份额提高到50%以上，"15+N"种基本蔬菜平均价格力争有下降、力保不反弹。稳步推进水电气价改革。

加快保障性住房建设。坚持"房住不炒"定位，加强预期引导，坚持租购并举，以满足本地居民、新市民、年轻人和引进人才住房需求为出发点，构建以安居房、保障性租赁住房、公共租赁住房为主体的住房保障体系。建设安居房5万套、提供保障性租赁住房和公共租赁住房1.4万套。有计划、有节奏地合理安排商品住房供应，因城施策促进房地产业良性循环和健康发展。

健全多层次社会保障。完善二、三支柱养老保险[49]制度。扩大社会保障卡"一卡通"应用范围。提高失业保险和工伤保险基金省级统筹水平。从今年起职工门诊费用纳入统筹基金报销。健全低保、特困、低保边缘家庭社会梯度救助格局。完善退役军人服务保障体系。积极应对人口老龄化，下大力气解决好"一老一小"问题。完善基本养老服务制度和多层次养老服务体系，新增普惠性养老床位2000张。完善三孩生育配套支持措施，每千人口托位数达到2.5个。启动省残疾人康复中心建设。发展慈善等社会公益事业。今年省政府创新决策程序，请人大代表推荐、百姓网络投票，最终确定9件为民办实事事项[50]，我们一定要把它们办好，决不能辜负大家的期待。

（十）全力维护社会安全稳定

聚焦基础支撑提升、基层社会治理创新和重点领域风险隐患消除，确保社会大局安全稳定。

有效防范化解重大风险和系统性风险。贯彻总体国家安全观，坚持以政治安全为根本，健全风险闭环管控机制，深入落实、动态完善重点领域防风险预案，统筹抓好金融、房地产、生态环境等各领域风险的存量化解和增量防范。

坚决守牢安全生产底线。突出减总量、防重大，打好安全生产专项整治三年行动收官战。既对危险化学品、交通运输、琼州海峡水上交通、城镇燃气等领域重点防范，也不放过电动车充电、采集槟榔触电等群众身边的安全隐患。强化食品药品安全监管。做好自然灾害防御和综合风险普查工作，推进省应急物资储备中心、灾害监测预警中心项目建设。

加强和创新社会治理。推进市域社会治理现代化。提高平安海南基础设施智慧化水平，加快补齐视频监控建设应用滞后、数据共享不够等短板。打造一批智慧安防小区。推广新时代"枫桥经验"，坚持领导干部接访下访和包案化解信访突出问题。持续开展"八五"普法宣传教育。提高未成年人法治教育实效。深化全国最安全地区创建，常态化开展扫黑除恶斗争，打赢新一轮禁毒三年大会战收官战，依法严厉打击电信网络诈骗、"黄赌毒"、盗抢骗等违法犯罪，实现发案更少、秩序更好、群众安全感满意度更高。

各位代表！圆满完成各项目标任务，对政府自身建设提出了更高要求。我们要提高政治站位，坚持"两个确立"，增强"四个意识"、坚定"四个自信"、做到"两个维护"，不断提高政治判断力、政治领悟力、政治执行力，不折不扣把党中央、国务院各项决策部署落实到位。我们要坚决贯彻省委的各项工作要求，认真落实省人大及其常委会各项决议决定，认真办理人大代表建议和政协提案，自觉接受人大法律、工作监督，政协民主监督和监察监督，重视群众监督、舆论监督，强化审计监督，促进权力规范运行。我们要积极推动法治政府建设，加强自贸港立法工作，确保行政机关负责人出庭应诉制度落实，深化综合行政执法体制改革。我们要提高政府治理体系和治理能力现代化水平，推进干部能力提升年活动，增强政府谋划力、执行力、公信力。强化整体政府理念，推进政府数字化转型，下决心解决数据壁垒问题，拓展场景应用，加强"一网通办""一网协同""一网监管"。开展新一轮财政体制调整，优化省与市县财力格局。我们要以硬作风打硬仗，抓好作风整顿建设年整改和深化，促进"查堵点、破难题、促发展"活动成果转化，推动"比学赶超"常态化。政府带头过紧日子，非重点、非刚性支出预算平均压减5%。我们要始终保持政府系统反腐高压态势，巩固和拓展"2+1"专项整治成果，把权力关进制度的笼子里，扎实推进清廉自贸港建设，营造风清气正的干事创业环境。

各位代表！今天的海南，集多年积累的发展后劲和不断增强的自贸港政策效应于一体，正展现越来越广阔的发展前景。让我们满怀信心、鼓足干劲，更加紧密地团结在以习近平同志为核心的党中央周围，在中共海南省委的坚强领导下，拼搏进取、奋发有为，推动海南全面深化改革开放和中国特色自由贸易港建设再上新台阶，以优异成绩迎接党的二十大和省第八次党代会胜利召开！

注释

[1]指标增速多数在全国居优：全省地区生产总值增速全国第二，两年平均增速全国第一；地方一般公共预算收入增速全国第七；固定资产投资增速全国第七，两年平均增速全国第六；社会消费品零售总额增速全国第一，两年平均增速全国第一；居民消费价格指数涨幅全国倒数第三。

[2]三年投资新政：《海南自由贸易港投资新政三年行动方案（2021-2023年）》提出，围绕旅游业、现代服务业、高新技术产业三大主导产业，以及热带特色高效农业、制造业，"五网"基础设施，民生公共服务，社会投资等重点领域，高度聚焦投资效益与质量，每年完成投资增速不低于10%。其中，产业投资增速12%左右，基础设施投资增速3%左右，民生公共服务投资增速10%左

右，社会投资增速10%以上，力争总投资1亿元以上项目占全年投资的比重每年增加2个百分点以上。

［3］22所国内外知名高校：北京大学、南开大学、东南大学、电子科技大学、北京邮电大学、中国传媒大学、北京体育大学、中央民族大学、南方科技大学；美国密西根州立大学、罗格斯大学、莱斯大学、纽约电影学院，加拿大阿尔伯塔大学，英国格拉斯哥大学、玛丽女王大学、考文垂大学、阿伯泰邓迪大学，法国巴黎商学院，葡萄牙里斯本大学，瑞典斯德哥尔摩经济学院，爱尔兰国立科克大学。

［4］合格境外有限合伙人（QFLP）、合格境内有限合伙人（QDLP）试点政策落地实施：合格境外有限合伙人（QFLP）是指，境外机构投资者在通过资格审批和其外汇资金的监管程序后，将境外资本兑换为人民币资金，投资于国内的PE（私募股权投资）以及VC（风险投资）市场。合格境内有限合伙人（QDLP）是指，通过资格审批并获取额度后的试点基金管理企业可向境内合格投资者募集资金，设立试点基金投资于境外一级、二级市场。海南合格境外有限合伙人（QFLP）政策自2020年10月实施，目前基金和基金管理企业注册资本达51.3亿美元。海南合格境内有限合伙人（QDLP）政策2021年8月实施，首批试点企业获得额度49.9亿美元。

［5］自由贸易（FT）账户：银行等金融机构根据客户需要在自贸港、自贸试验区分账核算单元开立的规则统一的本外币账户，独立于现有的传统账户体系，属于央行账户体系的专用账户。

［6］"3+1"主导产业：旅游业、现代服务业、高新技术产业和热带特色高效农业。

［7］科技创新翻身仗三年行动：《海南省以超常规手段打赢

科技创新翻身仗三年行动方案（2021-2023年）》提出，到2023年实现主要科技创新指标"六翻番、六突破"。"六翻番"包括：全社会研究与试验发展（R&D）经费投入占地区生产总值比重翻番，达到1.2%；高新技术企业数量翻番，达到2000家；高新技术企业营业收入翻番，达到1600亿元；拥有国家级科技创新平台数量翻番，达到14家；获国家科技计划立项项目数量翻番，三年累计数量达到1000项；全省规模以上工业企业设立研发机构覆盖率翻番，达到50%。"六突破"包括：在科技创新平台建设、区域创新布局、企业创新主体建设、产业技术攻关、科技制度创新、创新创业生态建设方面取得新突破。

[8]"陆海空"三大产业：南繁产业、深海科技产业、航天航空产业。

[9]"两个15%"所得税：在海南自贸港工作的高端人才和紧缺人才，其个人所得税实际税负超过15%的部分，予以免征；对注册在海南自贸港并实质性运营的鼓励类产业企业，减按15%征收企业所得税。

[10]三张"零关税"清单：原辅料"零关税"政策正面清单、交通工具及游艇"零关税"政策正面清单、"零关税"自用生产设备负面清单。其中，"零关税"原辅料清单实现翻倍扩容。

[11]制度集成创新3项成果获国务院表扬：我省"机器管规划"赋能国土空间智慧治理、全力支持南繁科研育种基地开展种源关键核心技术攻关、洋浦经济开发区深化制度集成创新打造海南自贸港建设"样板间"3项典型做法，获国务院第八次大督查通报表扬。

[12]三线一单：生态保护红线、环境质量底线、资源利用上线和生态环境准入清单。

［13］海南长臂猿喜添两员"新丁"：海南长臂猿属独有物种，目前仅存于海南热带雨林国家公园内，是全球25种极度濒危的灵长类物种之一，已有10年没有新的种群。这次喜添两只幼息，海南长臂猿种群数量由5群33只增加至5群35只。

［14］"机器管规划"1.0、2.0：在1.0阶段，建设省"多规合一"信息综合管理平台，对空间规划信息数据资源进行统一管理和拓展应用，实现"1+4"即"数据库+查询统计、审查审批、监测督察、辅助决策"功能。在2.0阶段，以单个自然资源和规划业务的"编、审、调、用、督"全流程管理为目标，实现"一码管规划"，推进"数治"。

［15］"15+N"种基本蔬菜价格：15种基本蔬菜指国家可比的品种，全省统一，包括芹菜（西芹）、油菜（上海青）、黄瓜、萝卜（白萝卜）、茄子、西红柿、豆角（长豆角）、土豆、胡萝卜、青椒、尖椒、圆白菜、韭菜、大白菜、蒜苔；"N"为各市县自选的蔬菜品种（不多于7种），包括小白菜、菜心、生菜、空心菜、地瓜叶、冬瓜、苦瓜。2021年我省开展平价蔬菜保供惠民行动，目标是经过一年努力，实现"15+N"种基本蔬菜价格平均每斤较上年降0.5元，其他蔬菜稳中有降，国企平价蔬菜市场销售份额占比上升到15%以上。据监测，2021年2—12月，"15+N"种基本蔬菜价格平均每斤已下降0.38元。2021年全国可比的15种基本蔬菜价格海南下降7.57%，降幅全国最大、比第二位的省份大5.05个百分点，均价水平从上年的全国第9位下降到第19位。

［16］"一市（县）两校一园"工程："十三五"期间，每个市县至少引进并办好省级水平的优质中学、小学、幼儿园各1所。

［17］双减：有效减轻义务教育阶段学生过重作业负担和校

外培训负担。

［18］海南学生"特色印记"：2018年海南省政府工作报告提出，不断提升学生全面素质，让健康阳光、好学上进、勤劳诚信、文明朴实成为海南学生的特色印记。

［19］公共卫生防控救治能力"7+3"项目：提升发热门诊收治、可转换传染病区收治、可转换ICU收治、实验室、传染病检测、医疗废弃物处置、急救七个能力建设，做好重大疫情救治、应急医疗物资、应急医疗资源启用预案三个保障。

［20］三医联动一张网：推进医疗、医保、医药"三医"领域改革，加强"三医"体系数据共享与业务联动。我省"三医联动一张网"是依托医保信息平台建立的，海南是全国第二个国家医保信息平台全业务、全流程完整上线并覆盖的省份。

［21］琼中女足成功冲甲：琼中女足在2021年中国足协女子乙级联赛中成功晋级，获得2022赛季甲级联赛资格，成为海南首支女甲球队。

［22］奥运会等赛事上创历史最好成绩：在第三十二届奥运会上，省跆拳道运动员获得表演赛金牌、帆板运动员获得RS：X级铜牌，取得我省参加奥运会最好成绩。在第十四届全运会上，我省体育代表团竞技体育取得4枚金牌、2枚银牌、1枚铜牌，金牌数和奖牌数均创造海南参加全运会以来历史最好成绩。在第十一届残运会暨第八届特奥会上，我省代表团获得25枚金牌、34枚银牌、28枚铜牌，尤其是残运会项目获得5枚金牌、7枚银牌、9枚铜牌，创造了我省组队参加全国残运会以来的最好成绩。

［23］（2021年）9件为民办实事项目：全省初中阶段学校安装AED自动除颤仪，全省公办普通中小学学生宿舍维修改造，全省

中小学生生命安全教育和防护能力提升，新生儿先天性心脏病筛查与诊治，提高孤儿和事实无人抚养儿童基本生活保障标准，重度残疾人免费乘坐公共交通工具，农民小额贷款贴息，全省推广试行防贫综合保险，全省平价蔬菜保供惠民行动。

［24］"2+1"突出问题专项整治：土地利用、工程招投标、国土空间规划领域突出问题专项整治。

［25］审计整改工作七项机制：建立健全党委政府定期研究审计整改及督查、审计机关审计整改督促检查、审计整改重大事项会商、审计整改联动、审计整改考核保障、审计整改问责、审计整改公告等整改工作机制。

［26］"七要件"工作闭环：政府工作要建立目标、平台、项目、政策、改革、机制、督查考核"七要件"闭环运作体系，确保事事有回音、件件有落实。

［27］六稳：稳就业、稳金融、稳外贸、稳外资、稳投资、稳预期。

［28］六保：保居民就业、保基本民生、保市场主体、保粮食能源安全、保产业链供应链稳定、保基层运转。

［29］百家央企进海南：《推进"百家央企进海南"行动方案（2020-2022年）》提出，力争到2022年，实现"4·13"以来在琼新设中央企业子公司超过100家的招商目标。

［30］"五位一体"专业化招商机制：建立"牵头部门+业务部门+园区平台+行业协会+链主企业"五位一体统筹协调机制，提升招商引资实效。

［31］十四大交通工程：加快环岛旅游公路、G360文临高速、G15沈海高速海口段快速路、海口港新海客运综合枢纽建设，

新启动G98环岛高速公路大三亚段扩容、洋浦疏港高速公路、海口羊山大道至定安母瑞山公路、马村港三期、西部陆海新通道洋浦国际集装箱枢纽港扩建、三亚新机场、湛海高铁建设，开展"海澄文定"经济圈、"大三亚"经济圈城市轨道交通、环热带雨林国家公园旅游公路前期工作。

［32］六大水利工程：加快迈湾和天角潭水利枢纽、琼西北供水、南渡江龙塘大坝改造工程建设，推进牛路岭灌区、昌化江水资源配置工程开工。

［33］万泉河金融畅通工程：《关于实施"万泉河金融畅通工程"的通知》提出，聚焦打通金融服务实体经济中的堵点，畅通融资渠道，进一步破解中小微企业融资难、融资贵、融资慢难题，力争近两年实现金融业贡献稳定增长、信贷投放加快增长、其他融资突破增长、融资综合成本稳中有降、重点领域金融风险得到有效控制"三增一降一控"目标。到2025年末力争金融业增加值达到1000亿元，占全省地区生产总值的比重超过10%。

［34］"四最"目标：实施最低市场准入，推动外商投资负面清单和市场准入特别措施加快落地见效；实行最简权力清单，集中清理行政许可事项，建立完善与海南自贸港相适应的权力清单管理制度；打造最优审批服务，进一步深化"一枚印章管审批""极简审批"改革，加快推进一网通办、全省通办、跨省通办、一件事一次办；实施最有效监管，加快构建以信用监管为核心的事中事后监管体系。

［35］高新技术企业"精英行动"：《海南省高新技术企业"精英行动"实施方案》提出，力争到2023年，初步建立高新技术企业"精英梯队"，全省"种子企业"达200家，"瞪羚企业"达

50家，领军企业达20家，若干企业进入上市培育库。

［36］专精特新中小企业"雏鹰行动"：《专精特新中小企业"雏鹰行动"方案》提出，到2022年底，省级"专精特新"中小企业达到210家，国家专精特新"小巨人"企业达到15家；2023年底，省级"专精特新"中小企业达到300家，国家专精特新"小巨人"企业达到22家；2024年底，省级"专精特新"中小企业达到390家，国家专精特新"小巨人"企业达到30家；2025年底，省级"专精特新"中小企业达到500家，国家专精特新"小巨人"企业达到40家、国家制造业"单项冠军"企业1-2家。

［37］"小升规"企业成长行动：《促进企业"小升规"成长行动方案》提出，2022年培育增长800家规模以上企业，2023年培育增长850家规模以上企业，2024年培育增长900家规模以上企业，2025年培育增长950家规模以上企业，规模以上企业达到9800家以上。

［38］蓝碳：利用海洋活动及海洋生物吸收大气中的二氧化碳，并将其固定、储存在海洋中的过程、活动和机制。

［39］三极一带一区："海澄文定"经济圈、"大三亚"经济圈、儋洋增长极，滨海城市带，中部山区生态保育区。

［40］"机器管规划"3.0阶段：以实现跨领域国土空间协同治理为目标，形成多部门空间协同治理模式，推动全省信息资源共建共享共用，推进"共治"。

［41］四个一批：有偿收回一批，消除政府原因动工一批，依法无偿收回一批，市场盘活利用一批。

［42］两品一标：绿色食品、有机农产品和农产品地理标志。

［43］三块地：农村土地征收、集体经营性建设用地入市、

宅基地制度改革。

［44］气代柴薪：积极推进管道气和瓶装气进村入户，让农村群众不烧柴，用上清洁的能源。

［45］乡风文明"七个倡导"活动：我省总结脱贫攻坚期治懒散、治酗酒、治私彩、治浪费、治不孝、治脏乱"六治"的经验做法，开展倡导男女平等、勤劳致富、文明饮酒、拒绝私彩、厉行节约、孝老爱幼、卫生整洁活动，着力提升农村文明水平。

［46］"2+3"健康服务包：高血压、糖尿病和结核病、肝炎、严重精神障碍患者健康管理。

［47］旺工淡学：结合海南酒店、景区、旅行社、旅游餐饮的行业季节特点，针对培养对象实际，实行旅游旺季工作、淡季学习培训的教育机制，促进产教融合、校企合作。

［48］做大做强琼中女足工作方案：目标是将琼中女足努力打造成为体教融合示范样板、中国女足国家队人才培养摇篮之一和女子足球国际合作交流新高地，为提升中国女足竞争力作出海南贡献。

［49］三大支柱养老保险：第一支柱为基本养老保险；第二支柱为企业年金和职业年金；第三支柱为个人养老金。

［50］（2022年）9件为民办实事事项：适龄女生HPV疫苗接种，新生儿先天性心脏病筛查与诊治，老年人认知障碍筛查试点，严重精神障碍患者门诊治疗免费服用基本药物，初中教室照明改造，为全省小学和A级旅游景区配备AED自动体外除颤仪，全省中小学生视力监测，农民小额贷款贴息，乡镇标准示范生活垃圾分类屋（亭）建设。

重庆市
政府工作报告
——2022年1月17日在重庆市第五届
人民代表大会第五次会议上

市长　胡衡华

各位代表：

现在，我代表市人民政府向大会报告工作，请予审议，并请市政协委员和其他列席人员提出意见。

一、2021年工作回顾

刚刚过去的2021年，是党和国家历史上具有里程碑意义的一年，也是重庆发展进程中不平凡的一年。一年来，在以习近平同志为核心的党中央坚强领导下，在中共重庆市委直接领导下，在市人大、市政协关心支持下，我们坚持以习近平新时代中国特色社会主义思想为指导，全面贯彻习近平总书记对重庆提出的营造良好政治生态，坚持"两点"定位、"两地""两高"目标，发挥"三个作用"和推动成渝地区双城经济圈建设等重要指示要求，认真落实党中央、国务院决策部署，坚持稳中求进工作总基调，立足新发展阶段、贯彻新发展理念、融入新发展格局、推动高质量发展，扎实做好"六稳"工作、落实"六保"任务，全市疫情防控成果持续巩固，经济发展保持良好态势，社会大局保持和谐稳定，如期打赢脱贫攻坚战、全面建成小康社会，较好完成了市五届人大四次会议确定的目标任务。

——这一年，我们扎实开展党史学习教育，从百年党史中汲取智慧力量。全市上下隆重庆祝中国共产党成立一百周年，深入学习贯彻党的十九届六中全会精神和习近平总书记"七一"重要讲话精神，学史明理、学史增信、学史崇德、学史力行。3400万重庆人民更加满怀信心地听党话、跟党走，把"两个确立"的政治成果转化为坚决做到"两个维护"的政治自觉，转化为对习近平新时代中国特色社会主义思想的忠实践行，转化为履好职责、做好工作的实际行动。

——这一年，我们开局"十四五"、开启新征程，在战略上布好局、在关键处落好子。积极配合国家层面规划编制，《成渝地区双城经济圈建设规划纲要》《国家综合立体交通网规划纲要》《"十四五"推进西部陆海新通道高质量建设实施方案》等重大规划公开发布，明确成渝地区为全国交通4极之一，赋予重庆国家重要先进制造业中心、西部金融中心、国际性综合交通枢纽城市等新定位。精心编制全市"十四五"规划纲要和52个市级专项规划，储备重大项目532项，启动实施233项、累计完成投资超过3000亿元，为"十四五"开局起步打下坚实基础。

——这一年，我们统筹疫情防控和经济社会发展、统筹发展和安全，谱写高质量发展高品质生活新篇章。面对疫情防控常态化形势，我们坚持"外防输入、内防反弹"，慎终如始抓好疫情防控，因时因势调度经济运行，坚决守住安全发展底线，两起本地疫情均在1个潜伏期内得到有效控制，新冠疫苗基本实现"愿接尽接""应接尽接"，为经济社会发展创造了良好条件。全市地区生产总值达到27894亿元、增长8.3%，固定资产投资、社会消费品零售总额、进出口总值、一般公共预算收入分别增长6.1%、18.5%、22.8%、9.1%，居民消费价格上涨0.3%，城乡居民人均可支配收入分别增长8.7%、10.6%，融入和服务新发展格局迈出新步伐，推动高质量发展、创造高品质生活取得新成效。

一年来，重点抓了九个方面工作。

（一）扎实推进科技创新能力提升。落实科技自立自强要求，贯彻市委五届十次全会部署，深入推动科技创新，创新资源加速集聚，发展新动能持续增强。提升创新平台。西部（重庆）科学城建设提速，超瞬态实验装置、中科院重庆科学中心等科研平台加快建设，北京大学重庆大数据研究院、重庆医科大学国际体外诊断研究院等研发机构建成投用；两江协同创新区新引进科研院所10家，集聚院士团队14个，分布式雷达验证试验场启动建设，西工大重庆科创中心投入运营；广阳湾智创生态城启动建设长江模拟器、野外科学观测站；15个高新区引进重大科技产业项目474个、总投资2604亿元。壮大创新主体。新增2所高校，新引进研发机构16家、累计达到104家，新增4个国家级工业设计中心，联合微电子中心获批成为国家级制造业创新中心，市畜科院获批建设国家生猪技术创新中心，国家级"专精特新"小巨人企业、高新技术企业、科技型企业分别达到118家、5108家、3.69万家，有研发机构的规上工业企业占比预计达到30%。优化创新生态。获批建设全面创新改革试验区，编制科技进步路线图，制定实施基础研究行动计划，组建科技创新投资集团，推出"科技成果转化24条"，累计启动10个环大学创新生态圈建设，获批设立国家海外人才离岸创新创业基地和中国重庆数字经济人才市场，新引进急需紧缺人才超过5万名，知识价值信用贷款和商业价值信用贷款累计分别达到223.5亿元、81亿元，科技企业融资近4000亿元，预计全社会研发经费支出占比达到2.21%，科技进步贡献率达到59.5%。

（二）扎实推进产业转型升级。多措并举增强产业链稳定性和竞争力，规上工业增加值增长10.7%，高技术制造业和战略性新兴产业分别增长18.1%、18.2%，数字经济增加值增长16%。推动制造业高质量发展。实施支柱产业提质工程、战略性新兴产业集群发展工程和产业链供应链现代化水平提升工程，"一链一策"建设33条重点产业链，启动建设首批6个市级重点关键产业园，加快推动产业向高端化、智能化、绿色化升级；汽车产业实现"整车+零部件"双提升，博世庆铃氢燃料电池发动机等项目开工，比亚迪动力电池二期等项目建成，长安UNI-K、福特野马Mach-E等新车型上市，汽车产业增加值增长12.6%；电子信息产业加快补链成群，计算机年产量首次突破1亿台，京东方第6代柔性显示面板产线正式投产，华润微电子12英寸功率半导体晶圆生产线、康宁显示玻璃基板前段熔炉等项目落地，电子产业增加值增长17.3%；医药产业集群逐步成型，博唯生物预防性重组蛋白疫苗等项目加快推进，重庆国际生物城、水土生物医药创新基地等建设提速，医药产业增加值增长14.5%；装备、材料、消费品产业转型步伐加快，增加值分别增长16.8%、5.9%、8.9%。推动大数据智能化发展。加快建设国家数字经济创新发展试验区和新一代人工智能创新发展试验区，成功举办中国—上合组织数字经济产业论坛、2021智博会；"芯屏器核网"全产业链不断壮大，新集聚大数据智能化企业1000余家，新认定智能工厂38个、数字化车间215个，工业互联网标识解析国家顶级节点（重庆）接入二级节点20个，国家级互联网骨干直联点带宽达到590G、骨干互联网直连城市达到38个；"云联数算用"全要素群加速聚集，京东、中科曙光等高性能算力设施相继布局，建成5G基站7.3万个，上云企业达到10.1万户；"住业游乐购"全场景集不断丰富，部署建设城市信息模型基础平台，打造城市安全、智慧交通、基层智慧治理等融跨平台，提档升级礼嘉智慧公园，我市成功入选全国"双智"试点城市。大力发展现代服务业。《成渝共建西部金融中心规划》获批，启动合格境内有限合伙人等改革试点，获批跨区域外债管理便利化试点，推出科技跨境贷、汇保通等创新服务，落地中国农业银行数字化风控中心和一批金融科技总部，国家金融科技认证中心加快建设，新增上市企业6家；获批培育建设国际消费中心城市，深入实施"巴渝新消费"八大行动，消费市场持续回暖，新业态不断涌现；国家物流降本增效综合改革试点深入推进，进出口整体通关时间较2017年压缩60%以上，全社会物流总费用占地区生产总值比重低于全国平均水平；培育市级软件产业园7个，软件业务收入增长24.6%；大都市、大三峡、大武陵旅游发展升级版启动实施，文化和旅游及相关产业增加值预计分别增长8.9%、9.9%；研发设计、检验检测等新兴服务业蓬勃发展，全市服务业增加值增长9%。

（三）扎实推进成渝地区双城经济圈建设。全面落实双城经济圈建设规划纲要，召开两次川渝党政联席会议，设立300亿元双城经济圈发展基金，共同实施85项年度重点任务，推进67个重大合作项目，打造10个区域合作平台，双城经济圈建设成势见效。推动基础设施互联互通，多层次轨道交通规划获批启动实施，成渝中线建设启动，成达万、渝万、渝昆、渝湘高铁重庆至黔江段建设提速，郑万高铁重庆段开展联调联试，渝西高铁可研获批，渝宜高铁重庆段完成可研编制，大足至内江高速、合川至安岳高速重庆段建成通车，涪江双江航电枢纽、川渝电网一体化等项目取得积极进展。推动科技创新区域协同，成渝综合性科学中心启动建设，集中开工40个重大科技项目，合作共建6个重点实验室，组建成渝地区高新区联盟、技术转移联盟和协同创新联盟。推动产业发展协同协作，制定汽车、电子、装备制造、工业互联网高质量协同发展实施方案，获批共建工业互联网一体化发展示范区和全国一体化算力网络国家枢纽节点。推动生态环保联建联治，共同实施长江干流生态保护修复重大工程，开展跨界河流污染专项整治和大气污染联防联控。推动公共服务共建共享，启动第二批便捷生活行动，210项"川渝通办"事项全面实施，跨省医疗结算、公积金异地贷款等实现"一地办"，企业和群众享受到更多同城化便利。

（四）扎实推进"一区两群"协调发展。建立健全"一区两群"协调发展工作调度机制和区县对口协同发展机制，促进各片区发挥优势、彰显特色、协同发展。提升主城都市区极核功能，中心城区国际交往、科技创新、先进制造、现代服务功能加速集聚，主城新区工业化主战场作用进一步显现。推动渝东北三峡库区城镇群生态优先绿色发展，巫山五里坡国家级自然保护区列入世界自然遗产，"三峡库心·长江盆景"等跨区域合作平台加快建设，万开云同城化发展成效明显。推动渝东南武陵山区城镇群文旅融合发展，组建武陵山文旅发展联盟，成立武陵文旅融合发展公司，举办首届中国武陵文旅峰会，新增3个4A级景区，全年接待游客8673.7万人次，旅游总收入达到841.2亿元。

（五）扎实推进改革开放。坚持向改革要动力、向开放要活力，加快建设改革开放新高地。拓展开放通道。西部陆海新通道通达107个国家（地区）、315个港口，运输箱量增长54%；中欧班列（成渝）开行超过4800班，开行量和货值货量均居全国首位；获批空港型国家物流枢纽，国际航线增至106条，国际货邮年吞吐量突破20万吨。提升开放平台。中新互联互通项目编制实施五年发展规划，累计签约商业项目250亿美元、金融项目232亿美元；自贸试验区新形成自主培育改革创新成果16项，启动建设10个联动创新区；两江新区服务贸易额超过70亿美元、跨境电商交易额预计增长50%，万州、永川综保区获批建设，果园港口岸通过国家验收，寸滩港口岸功能有序转移，高新区、经开区等各类开放园区引领辐射功能持续增强。发展开放型经济。实施与东盟经贸合作行动计划，开展跨境贸易便利化专项行动，成功承办纪念中国—东盟建立对话关系30周年特别外长会、澜湄合作第六次外长会、中国—拉美企业家高峰会，继续办好西洽会、中新金融峰会、重庆英才大会，累计落户世界500强企业312家，国际友城增至52对，实际利用外资105亿美元以上。以开放促改革。获批营商环境创新试点城市和服务业扩大开放综合试点，深入推进要素市场化配置、国资国企、"放管服"等重点领域改革，出台"促进生产经营27条""助企纾困17条"等政策，为企业新增减负超过600亿元，金融系统为实体经济让利160亿元，全市新设立市场主体57.9万户、总量达到320.4万户，民营经济增加值占比达到59.6%。

（六）扎实推进乡村振兴和城市提升。建立健全城乡融合发展体制机制和政策体系，加快建设高品质生活宜居地。分层分类全面推进乡村振兴。做好巩固拓展脱贫攻坚成果同乡村振兴有效衔接，健全防止返贫监测帮扶机制，"一县一策"支持4个国家乡村振兴重点帮扶县发展；大力发展现代山地特色高效农业，创建3个国家级农业现代化示范区和2个国家现代农业产业园，荣昌、潼南入选全国农业科技现代化先行县，全市粮食总产量达到1092.8万吨、创近13年新高，生猪产能恢复至正常年份水平，"巴味渝珍"授权农产品累计达到637个，农业增加值、农产品加工业产值和网络零售额分别增长7.8%、15.8%、17.5%；启动农村人居环境整治提升五年行动，新改建"四好农村路"3330公里、新完成农村公路安防工程4011公里，改造农村危房5097户，农村卫生厕所普及率、生活垃圾分类示范村占比分别达到84%、40.5%；"三变"改革试点扩大到2234个村，"三社"融合发展提速，基本消除集体经济"空壳村"。大力推进城市提升工作。全市国土空间总体规划、"一区两群"国土空间规划以及綦江—万盛等跨行政区规划编制完成。坚持以轨道交通引领城市发展格局，加快交通强国建设试点和交通强市建设，高铁建设五年行动方案持续推进，在建里程929公里、营业里程达到839公里，开行公交化列车35对；"850+"城市轨道交通成网计划提速实施，在建里程308公里、通车里程达到417公里；"三环"高速全线贯通，高速公路新通车439公里、总里程达到3841公里，省际出口通道增至27个，高速公路交通安全执法权划归公安部门；中心城区建成"4桥2隧"，打通未贯通道路35条，整治交通堵乱点62处，城市道路通车里程超过6000公里；江北机场T3B航站楼及第四跑道进入主体施工，重庆新机场前期工作取得积极进展；忠县新生港开港运营，寸滩邮轮母港开工，果园港二期及扩建工程完工；两江燃机电厂二期、丰都栗子湾抽水蓄能电站启动建设。推进以"两江四岸"为主轴的城市更新，长嘉汇、艺术湾、枢纽港等城市功能名片加快建设，市规划展览馆新馆建成，江北嘴江滩公园、雅巴洞湿地公园等十大公共空间建设成效显现，渝中、九龙坡入选全国首批城市更新试点城市，全市31个城市更新试点示范项目全面启动，累计完成老旧小区和棚户区改造3568万平方米，老旧小区累计加装电梯3440部，109个城市边角地建成社区体育文化公园，2278公里山城步道建成投用，309个坡坎崖滩项目得到治理提升，磁器口后街、十八梯等历史文化风貌街区建成开街。深化"大城三管"，完成市容环境整治专项行动，中心城区隧道、道路护栏美化亮化实现全覆盖，建成110个"劳动者港湾"示范点，生活垃圾全生命周期管理链条建成，"马路办公"整改问题82.6万个，建成区数字化城管覆盖率达到95%，4个区县荣获全国文明城市，建设"近者悦、远者来"的美好城市取得新进展，越来越多的人到重庆"行千里·致广大"。

（七）扎实推进生态环境保护。坚持共抓大保护、不搞大开发，全面落实长江保护法，加快建设山清水秀美丽之地。强化生态保护修复。推进生态保护红线评估调整和自然保护地优化调整，全面推行河长制、林长制，实施"两岸青山·千里林带"建设32万亩，国土绿化营造林510万亩，全市森林覆盖率达到54.5%；长江经济带废弃露天矿山生态修复全面完成，长江禁捕退捕成果持续巩固，渝北、北碚入选"两山"实践创新基地，重庆山水林田湖草工程试点入选中国特色生态修复案例，广阳岛生态修复主体完工、入选全国生态修复典型案例。强化减污治污。开展提升污水"三率"

专项行动和"散乱污"企业整治，建设改造城镇排水管网1900公里、新增日污水处理能力27.5万吨，强化大气多污染物协同控制和联防联治，深化中央生态环保督察反馈问题整改，全面淘汰锰行业落后产能，长江干流重庆段水质保持为优，74个国考断面水质优良比例达到98.6％，空气优良天数达到326天、其中优的天数146天，土壤环境质量稳步提升，污染防治攻坚战年度考核为优秀。强化节能降碳。制定碳达峰碳中和工作方案，整改"两高"项目122个，累计建成绿色园区15个、绿色工厂171个，发行绿色债券142亿元，上线"碳惠通"生态产品价值实现平台，能耗"双控"进度总体符合国家下达目标要求。

（八）扎实推进社会事业发展和民生改善。在财政收支压力较大的情况下，坚决压减非急需非刚性支出，保持基本民生投入只增不减。坚持就业优先，落实减负稳岗扩就业政策，全年城镇新增就业75.1万人，城镇调查失业率控制在5.5％以内。深化教育改革，学前教育普惠率不断提升，义务教育"双减"成效明显，坚决制止教育乱收费，教育评价改革、"县管校聘"改革稳步推进，新高考"首考"顺利实施，"公参民"、校外培训机构问题有效整改，职业教育不断壮大，高校"双一流"建设取得新进展。推进健康中国重庆行动，新增互联网医院18家、三级中医院5家，"三通"医共体建设覆盖所有区县，跨省异地就医住院费用直接结算全面推开。发展文化体育事业，《尘埃落定》《仙豆》等舞台艺术获国家级奖项，《重庆·1949》等大型文旅驻场演艺成功上演，完成"红色三岩"31栋文物建筑保护展示，红岩文化公园首期项目对外开放，推进媒体深度融合发展，改造提升39个基层综合文化服务中心，新建一批24小时城市书房；出台建设体育强市实施意见，成功举办市第六届运动会，我市运动健儿在东京奥运会、残奥会共获3枚金牌。优化养老服务供给，新建乡镇养老服务中心223个，提档升级乡镇敬老院150家，城市社区养老服务基本实现全覆盖。加强社会保障，持续提高城乡低保、特困人员供养、重点优抚对象抚恤补助标准，继续上调退休人员基本养老金。扎实开展"我为群众办实事"实践活动，15件重点民生实事完成年度任务，36件重点民生项目取得积极成效，"为科技工作者办实事20条"全面完成。

（九）扎实推进安全稳定各项工作。牢固树立安全发展理念，全力防风险保安全护稳定。筑牢疫情防控防线，建立疫情常态化防控和局部应急处置转换机制，强化"人""物"同防、闭环严防、关口细防、横向联防、社会谨防，疫情防控成果持续巩固。坚决防范化解重大风险，加强平台经济规范监管，开展房地产市场秩序专项治理，妥善处置单体企业风险，入选全国城市治理风险清单管理试点，重点领域风险总体可控。毫不放松抓好安全生产，实施常态化安全监管"十条措施"，开展大排查大整治大执法，建立暗查暗访和督办交办机制，综合整治高层建筑、古镇古寨、厂房库房、老旧小区消防和危化品、道路运输、食品药品、城市内涝、地质灾害、森林防火隐患，安全生产形势稳定向好。打造共建共治共享的社会治理格局，制定加强基层治理体系和治理能力现代化建设的实施意见，深化市域社会治理现代化试点，完善社会工作服务体系和矛盾纠纷大调解体系，推进信访"治重化积"专项工作，开展政法队伍教育整顿，实施"全民反诈"专项行动，常态化推进扫黑除恶斗争，刑事案件和治安案件实现"双下降"，人民群众安全感和满意度得到"双提升"。

过去一年，我们坚持把党的政治建设贯穿政府自身建设全过程，扎实推进中央巡视、审计和国务院大督查等反馈问题整改，坚决肃清孙政才恶劣影响和薄熙来、王立军流毒，肃清邓恢林流毒影响，旗帜鲜明讲政治、对标对表抓落实的政治氛围更加浓厚。严格落实重大事项请示报告制度，全年向市委请示报告130次，主动接受人大监督和政协监督，办理市人大代表建议1220件、市政协提案1020件。严格依法行政，出台法治政府建设实施方案，开展法治政府建设示范创建，提请市人大常委会审议地方性法规草案13件、立改废政府规章16件。严格执行中央八项规定精神和市委实施意见，落实纠治"四风"十项举措和过紧日子要求，持续为基层松绑减负。完成第七次全国人口普查和村（社区）换届。国防动员、双拥共建、退役军人事务工作迈出新步伐，民族宗教、国家安全、外事、侨务、港澳台、审计、统计、档案、保密、参事、史志、人防、气象、地震等工作取得新成效，工会、妇女、儿童、青年、老龄、慈善、残疾人、红十字等事业实现新发展。

各位代表！回顾过去一年，我们在应对挑战中主动作为，在爬坡上坎中砥砺攻坚，成绩来之不易，历程令人难忘。我们深刻体会到，做好重庆工作、推动重庆发展，最坚强的保证是习近平总书记掌舵领航和党中央坚强领导，最根本的遵循是习近平新时代中国特色社会主义思想的科学指引，最突出的主线是把习近平总书记殷殷嘱托全面落实在重庆大地上。我们也深刻感受到，过去一年取得的成绩，得益于市委的正确领导、科学决策，离不开3400万重庆人民顽强拼搏、埋头苦干，每个人都出了力，每个人都了不起。在这里，我代表市人民政府，向全市各族人民，向人大代表和政协委员，向各民主党派、工商联、人民团体和社会各界人士，向驻渝部队和武警官兵、公安干警、消防救援人员、民兵预备役人员，向关心支持重庆发展的中央各部门、兄弟省区市及港澳台同胞、海外侨胞和国际友人，表示崇高的敬意和衷心的感谢！

在看到成绩的同时，我们也清醒认识到，重庆经济社会发展还面临不少困难和问题，主要是：需求恢复有所放缓，经济稳增长压力较大，部分企业特别是中小企业生产经营困难增多；科技创新能力还不强，科技、产业、金融良性循环尚未形成；产业发展能级整体不高，产业链供应链稳定性和竞争力有待提升；城乡区域发展差距依然较大，交通、能源、水利等基础设施还有不少短板；融入国内国际双循环在软硬联通上仍有堵点卡点；绿色低碳转型任务艰巨；就业、教育、医疗卫生、养老等民生领域还有不少薄弱环节；安全稳定风险隐患依然较多；政府系统工作人员的专业水平和解决实际问题能力也有待进一步提高。我们一定重视发展中的困难、正视工作中的差距，采取有力措施，切实加以解决。

二、2022 年工作安排

今年是"十四五"承上启下的关键一年，我们党将召开二十大，我市也将召开第六次党代会，需要保持平稳健康的经济环境、国泰民安的社会环境、风清气正的政治环境，做好政府工作责任重大。我们要以习近平新时代中国特色社会主义思想为指导，全面贯彻党的十九大和十九届历次全会精神，扎实落实中央经济工作会议精神，进一步增强"四个意识"、坚定"四个自信"、做到"两个维护"，弘扬伟大建党精神，坚持稳中求进工作总基调，立足新发展阶段，完整、准确、全面贯彻新发展理念，积极融入和服务新发展格局，全面深化改革开放，坚持创新驱动发展，推动高质量发展，坚持以供给侧结构性改革为主线，统筹疫情防控和经济社会发展，统筹发展和安全，继续做好"六稳"、"六保"工作，持续改善民生，保持经济运行在合理区间，保持社会大局稳定，推动成渝地区双城经济圈建设向纵深发展，以优异成绩迎接党的二十大和市第六次党代会胜利召开。

今年经济社会发展的主要预期目标是：地区生产总值增长5.5%左右；规上工业增加值增长6%左右，固定资产投资增长6%左右，社会消费品零售总额增长7%左右，进出口总值增长5%左右；一般公共预算收入增长3%左右；城镇新增就业60万人以上，城镇调查失业率全年控制在5.5%以内；居民消费价格涨幅控制在3%以内；全体居民人均可支配收入增长7%左右；能耗强度下降目标在"十四五"规划期内统筹考虑。

上述预期目标，与全国经济走势和我市"十四五"预期目标相衔接，同全市经济潜在增长水平相适应，充分考虑了各种变量，兼顾了需要和可能，有利于引导预期、提振信心、调动各方面积极性。实现上述目标，必须坚持稳字当头、稳中求进，在战略上更加主动、战术上更加精准，注重稳定经济大盘、稳住社会大局，注重融入新发展格局、推动高质量发展，努力在推进新时代西部大开发中发挥支撑作用、在共建"一带一路"中发挥带动作用、在推进长江经济带绿色发展中发挥示范作用。

（一）全力以赴稳增长，保持经济运行在合理区间。重庆经济和全国一样，面临需求收缩、供给冲击、预期转弱三重压力，必须把稳增长放在更加突出的位置，切实稳住经济基本盘。

积极扩大有效投资。抓好项目储备，加强政策对接，抢抓国家加大政府投资规模、适度超前开展基础设施投资的"窗口期"，争取更多项目纳入国家"盘子"。抓好基础设施投资放量，深入实施抓项目稳投资专项行动，聚焦"两新一重"、城市更新、民生补短板等领域布局一批重大项目，开工一批成熟项目，加快在建工程进度，形成更多工作实物量。抓好工业投资提质增效，用好产业链招商等方式，引进一批牵引性强、可持续发展的项目，提高招商签约项目开工率和资金到位额，引导企业加大设备更新和技改投入。抓好资金保障，管好用好地方政府专项债券，创新政府投融资机制，开展基础设施REITs试点，提高资产证券化水平，更好撬动社会资本参与，确保社会融资规模合理增长。

促进消费升级扩容。抓住国际消费中心城市培育建设契机，实施国际消费载体提质等"十大工程"，深化"巴渝新消费"八大行动，巩固消费回暖势头。培育品质消费，推进解放碑—朝天门、观音桥、三峡广场等商圈建设，提档升级中央商务区，优化商圈业态布局，发展智慧商圈。激发县乡消费，加快发展县域商业，鼓励区县开展新能源汽车促销、绿色智能家电下乡和以旧换新，推动育幼、护理、家政、住房租赁等生活性服务业补短板上水平。培育新型消费，挖掘重庆特色文化、特色美食和特色旅游资源，推动消费产业联动融合，提质发展电子商务，促进线上线下融合、商旅文体跨界发展。优化消费环境，完善现代商贸流通体系，健全社区商业配套设施，发展农村物流配送，严厉打击制售假冒伪劣商品违法行为，完善消费者权益保护机制，释放居民消费潜力。

激发市场主体活力。市场主体是经济的力量载体，要完善企业意见收集、办理、反馈良性机制，营造重商、亲商、安商良好氛围，千方百计把各类市场主体保护好、发展好。构建更优产业生态，整合产业创新资源，建设一批公共研发服务平台，完善研发设计、成果孵化、小试中试、检验检测等科技服务体系，推进应用场景建设，支持首台（套）装备、首批次材料、首版次软件推广应用，为市场主体厚植发展沃土。推动大中小企业协同发展，做强做大"链主"企业，大力培育领军企业，实施"专精特新"中小企业高质量发展专项行动计划，培育发展优质中小企业。加大助企纾困力度，落实国家新的组合式减税降费政策，继续执行现行纾困政策，实施中小微企业助力工程，对受疫情影响较重的服务业等困难行业实施精准帮扶；建立完善科学用能政策，优化煤电油气保供机制，推广高速公路差异化收费，健全面向小微企业、覆盖所有区县的政府性融资担保体系，扩大制造业中长期贷款和商业价值信用贷款规模；强化初级产品供给保障，帮助企业解决缺煤、缺电、缺芯、缺柜、缺工等要素短缺问题，让企业增强信心、轻装上阵、加快发展。

（二）统筹成渝地区双城经济圈建设和"一区两群"协调发展，持续释放区域经济发展布局优化效应。聚焦"两中心两地"战略定位，集中精力办好重庆自己的事情，齐心协力办好川渝合作的事情，努力构建优势互补、高质量发展的区域经济布局。

纵深推进双城经济圈建设。加强全方位协同、全领域合作，唱好"双城记"、共建经济圈。推动重大规划编制，配合国家部委编制出台双城经济圈国土空间、生态环境保护、巴蜀文化旅游走廊等专项规划，联动四川编制完成水安全保障、国际消费目的地建设等规划方案。推动重大改革政策落地，争取获批国家科创金融改革试验区、绿色金融改革创新试验区等试点试验，联动推进成渝地区高标准市场体系建设，探索经济区与行政区适度分离改革，启动实施第三批"川渝通办"事项。推动重大合作平台建设，争取国家批复万达开川渝统筹发展示范区、川南渝西融合发展试验区建设方案，推进川渝高竹新区、明月山绿色发展示范带等建设，加快首批20个产业合作示范园区建设，深化川渝产业链、供应链配套协作。推动重大合作项目实施，聚焦现代产业体系、西部科学城、西部金融中心等共建领域，实施160个引领性标志性项目，以高质量项目支撑双城经济圈高质量发展。

持续推进"一区两群"协调发展。落实三个片区建设行动方案，做大做强"一区"、做优做特"两群"。主城都市区，突出强核提能级、扩容提品质，构建国土空间规划"一张图"、基础设施"一张网"、公共服务"一张表"、城市管理"一平台"，统筹布局科技创新、先进制造、现代服务等重大功能设施，促进中心城区和主城新区交通同网、产业同链、服务同标、发展同步。渝东北三峡库区城镇群，突出生态优先绿色发展，推动万州建设区域中心城市，推进万开云同城化发展，加快"三峡库心·长江盆景"等跨区域合作平台建设，推动垫江梁平、丰都忠县、奉节巫山巫溪城口等板块协同发展，强化沿江区县城市互动、产业联动，做靓三峡制造、三峡农家、大三峡旅游等特色品牌。渝东南武陵山区城镇群，突出文旅融合发展，推动黔江建设渝东南区域中心城市、秀山建设渝鄂湘黔毗邻地区中心城市，支持武隆开展旅游国际化试点，支持彭水建设民族地区产城景融合发展示范区，引导各区县建设精致山水城，合力建设乌江画廊旅游示范带和武陵山区民俗风情生态旅游示范区，促进民族地区加快发展。

（三）更大力度推动科技创新，加快建设具有全国影响力的科技创新中心。科技创新是调结构、转方式的根本之策，要坚持创新在现代化建设全局中的核心地位，围绕"四个面向"，争取国家战略科技力量布局，强化科技创新支撑作用，以创新赢得主动、赢得优势、赢得未来。

建设一流创新平台。高水平建设西部（重庆）科学城，紧扣"五个科学""五个科技"，聚焦科学主题铸魂，建设金凤实验室和国家应用数学中心，推动国家实验室基地、中科院重庆汽车软件创新研究平台落地，支持高校研究院和特色研发机构在科学城集聚；面向未来发展筑城，提速建设科学会堂、科学公园等功能设施，建成投用科学大道一期；联动全域创新赋能，强化"一核引领、五区联动"，统筹规划布局、政策协同、重大项目和环境营造，建设"科学家的家、创业者的城"。高标准建设两江协同创新区，瞄准新兴产业、未来产业发展方向，集聚开放式、国际化高端研发机构，开工建设卫星互联网等科创项目，建成投用分布式雷达验证试验场、北理工重庆创新中心等科创平台，打造全国重要科技创新和协同创新示范区。高质量建设广阳湾智创生态城，聚焦"智慧+""创新+""绿色+"建设重庆脑与智能科学中心、广阳湾实验室，探索打造零碳示范产业园，培育零碳工厂、智慧交通、智慧建造等应用场景。统筹推进各类产业园区创新发展，加快重庆高新区及拓展园建设，支持潼南、涪陵、合川、大足、綦江、铜梁创建国家高新区，推动市级高新区建设，促进各类园区创新转型、提能升级。

培育一流创新主体。强化企业创新主体地位，启动科技型中小企业创新发展行动计划，推进规上工业企业研发机构倍增计划，支持企业创建国家技术创新中心、制造业创新中心、产业创新中心，力争国家级"专精特新"小巨人企业达到140家、高新技术企业突破5500家、科技型企业突破4万家，全社会研发经费支出占比提高到2.3%左右。增强高校创新能力，加大"双一流"建设力度，鼓励市属高校建设特色高水平大学，布局建设基础学科研究中心，优化重组现有国家重点实验室，创建大数据智能计算国家重点实验室。发展新型科研机构，加强与名校名院名所名企的科技合作，支持国家生猪技术创新中心、重庆高新技术产业研究院、重庆国际免疫研究院、重庆金佛山喀斯特生态系统野外科学观测研究站等机构建设，鼓励外资企业在渝设立全球研发中心。深化产学研合作，加快构建龙头企业牵头、高校院所支撑、各类创新主体相互协同的创新联合体，协同开展关键核心技术攻关，提升科技创新体系整体效能。

营造一流创新生态。完善政策、集聚人才、优化服务，健全政产学研用协同创新机制，促进科技、产业、金融、人才良性循环，加快创新成果产业化、商业化。深化科技体制改革，实行"揭榜挂帅""赛马"等制度，赋予科研单位更多自主权，赋予科学家更大技术路线决定权和经费使用权，推进科研人员职务科技成果所有权或长期使用权改革试点，让有真才实学的科技人员有用武之地。优化科技金融服务，完善种子、天使、风险投资全链条创投体系，创新科技企业融资增信机制，扩大知识价值信用贷款规模，支持科技企业利用多层次资本市场直接融资，促进科技与金融有效对接。推动科技成果转化，健全环大学创新生态圈功能，启动科技成果展示平台建设，完善"众创空间+孵化器+加速器"全流程孵化体系，加快建设国家科技成果转移转化示范区，打通创新技术到产业应用的"最后一公里"。强化科技人才集聚，完善科技人才培养、使用、评价、服务、支持、激励等体制机制，深入实施重庆英才计划，持续办好重庆英才大会，打造全国地方科协综合改革示范区，构建"近悦远来"人才生态，大力引育战略科学家、一流科技领军人才和团队、国防科技人才、青年科技人才、卓越工程师、高技能人才，加快建设全国重要人才高地，让重庆成为各类人才的向往之地、创新之都、圆梦之城。

（四）加快构建现代产业体系，增强产业链韧性和竞争力。 推动高质量发展，要把重点放在推动产业转型升级上，加快产业基础高级化和产业链现代化，促进经济循环和产业链畅通。

提高制造业核心竞争力。围绕国家重要先进制造业中心建设，突出支柱产业提质增效、战略性新兴产业发展壮大、产业链供应链现代化水平提升，建好市级重点关键产业园，抓实产业链升级重构，稳步提升制造业占比。汽车产业，抓住智能新能源汽车发展机遇，加快长安、金康、吉利、理想等高端新能源整车项目建设生产，推进长安汽车软件园、国家氢能动力质量监督检验中心等平台建设，增强动力电池、汽车电子等关键核心零部件配套能力，完善充换电设施，试点建设车路协同体系，加快建设国家级车联网先导区，构建智能新能源汽车产业新生态。电子产业，以发展集成电路、电子核心元器件为重点，进一步做优做强产业集群，推进华润晶圆制造及先进封装、四联传感器MEMS制造等项目建设，加快康佳MicroLED关键技术研发。装备制造产业，以"智能+"为方向，以"整机+零部件"为路径，做大做强数控机床、轨道交通装备等高端装备，提升通机等优势产品竞争力，推动新能源装备、山地农机装备产业发展，加快三一重庆智能装备产业园等项目投产上量。医药产业，聚焦化学药、中药、生物药、医疗器械等重点领域，促进产学研一体、医工理融合发展，加快博唯生物宫颈癌疫苗、智翔金泰创新抗体药物等产业化进程，构建以重庆国际生物城为重点的

"1+5+N"医药产业体系。材料产业，推进中铝高端制造、华峰己二胺、中科润资气凝胶等项目建设，做优先进有色合金，做强高性能合成材料及复合材料，促进气凝胶材料产业化。消费品产业，升级粮油食品等优势消费品产业集群，培育个护美妆、渝派服装、巴渝美食工业化等特色消费品产业集群，促进消费品产业品牌化、个性化发展。

大力发展数字经济。推动数字技术同经济社会发展深度融合，高水平建设"智造重镇""智慧名城"。加速软件产业发展，突出工业软件、基础软件、信息安全软件、行业应用软件等重点方向，实施"千家软件企业培育工程"，支持重庆软件园产业集聚，创建中国软件名园、国家网络安全产业园区。深化智能制造实施，加快生产设备、关键环节智能化改造，新培育10个智能工厂、100个数字化车间，完善工业互联网产业生态，实施制造业"一链一网一平台"试点示范。推进产品智能升级，紧跟5G、AI+、云化赋能、软件定义产品趋势，扩大智能家居、超高清视频终端等市场份额，导入智能监测、智能安防等新产品，推动智能产品向中高端迭代升级。丰富智能化应用场景，构建"8611"一体化场景建设体系，打造10个"5G+工业互联网"试点示范项目，创建国家级工业互联网创新展示中心。夯实数字基础设施，深化"云长制"改革，持续加大5G规模组网建设力度，提速建设中科曙光、华为、京东等计算中心和城市大数据资源中心，规划布局空间互联网，建成投用西部数据交易中心。

推动现代服务业高质量发展。促进生产性服务业向专业化和价值链高端延伸、生活性服务业向高品质和多样化升级。加快建设西部金融中心，围绕健全现代金融体系和提升金融服务实体经济能力，促进各类金融要素资源合理流动和高效集聚，推动与新加坡之间债券、基金、理财等业务创新合作，深化境内外金融市场互联互通，引进境内外金融机构，实施企业上市"育苗"专项行动，推动股权投资基金发展，完善科创金融、普惠金融、绿色金融、消费金融、供应链金融等金融服务体系。加快建设内陆国际物流枢纽，打造国际物流城升级版，整合市属重点港口物流资源，引育综合物流服务集成商，壮大国际物流、供应链物流、专业化物流等新业态，建设一批分拨运营基地，完善物流配送体系。加快建设国际知名文化旅游目的地，推动巴蜀文化旅游走廊建设，打造文化产业示范基地，积极创建5A级景区、国家级旅游度假区和国家文旅消费示范城市，提升大都市、大三峡、大武陵旅游品牌影响力。推进其他服务业高质量发展，加快国家工业设计示范城市、国家服务外包示范城市建设，培育发展健康服务业，引育研发设计、知识产权、技术转移等科技服务机构，发展会计、法律、审计等专业中介服务，做大远程医疗、数据处理、文化创意等外包服务，打造长嘉汇、两江国际等高端专业服务集聚区。

（五）**推动改革落地见效，激发市场活力和发展内生动力。**无论是应对经济短期下行压力，还是促进经济持续健康发展，都要依靠改革应对变局、开拓新局。要抓好各项改革协同，发挥改革整体效应，推动改革更好服务经济社会发展大局。

深化财政金融改革。推进预算管理一体化改革，加强财政资源统筹，优化财政支出结构，保障重大战略任务和民生支出，兜牢基层"三保"底线，提升财政政策效能。加强政府债务风险排查，防范化解政府债务风险。加强财政金融政策协调联动。推动区域性股权市场改革创新试点落地，扩大中新双向投融资规模，争创国家普惠金融改革试验区，促进金融政策、工具、平台叠加集成。加强金融法治建设，开展虚拟货币、私募基金、第三方财富管理等风险排查，落实防范和处置非法集资条例，压实金融风险处置各方责任，持续防范化解金融风险。

深化国资国企改革。完成国企改革三年行动任务，启动区域性国资国企综合改革试验。加快市属国企战略性重组、专业化整合，培育壮大主责主业突出的优势国有企业集团。推动国有控股上市公司高质量发展，整合用好战略性新兴产业等国资基金。深化国企混合所有制改革。"一企一策"支持市属国有企业转型发展，完成能源集团引入战略投资者。深化经营性国有资产集中统一监管，运用智能化手段提升国资监管效能。

推动民营经济高质量发展。创建民营经济示范城市，提速建设渝商综合服务平台，完善常态化政企沟通联系机制，落实领导干部联系商会、非公经济接待日、走访服务民营市场主体等制度，畅通民营企业反映诉求渠道，依法保护民营企业合法权益。支持龙头企业自主创新、发展壮大，引导大型民营企业带动配套小企业共同发展。弘扬企业家精神，建设高素质企业家队伍，构建亲清政商关系，对企业"无事不扰、难时出手、有呼必应"。

加快营商环境创新试点城市建设。深入实施《重庆市优化营商环境条例》，深化"放管服"改革，落实营商环境创新试点100项首批改革事项，持续营造国际一流营商环境。加快市场化改革，探索"一业一证（照）"改革创新，深入推进要素市场化配置综合改革，加强反垄断和反不正当竞争，支持和引导资本规范健康发展；推进政务服务事项通办改革，提升"渝快办"效能，深化"全渝通办""跨省通办"，丰富"一卡通一码通"应用场景。推进法治化建设，推广法治化营商环境司法评估指数体系，加强社会信用体系建设，治理恶意拖欠账款和逃废债行为，加大知识产权保护力度，严格执行知识产权侵权赔偿制度。提升国际化水平，跟踪对接高标准国际经贸规则，深化软硬件互联互通，推进国际贸易和投资便利化，加快引育国际学校、国际医院、国际社区，让城市展现国际范、彰显重庆味。

（六）扩大高水平开放，更好融入国内国际双循环。重庆是国内国际双循环的重要节点，要全面融入共建"一带一路"和长江经济带发展，加快建设内陆开放高地，让重庆与世界精彩互动。

提升开放通道效率。完善出海出境大通道体系，强化内陆国际物流枢纽支撑。南向，推动西部陆海新通道增线扩能，强化物流和运营组织中心功能，加密重庆至钦州港等铁海联运班列，稳定开行重庆至越南、老挝国际铁路班列，拓展跨境公路直通班车，加快境内外枢纽和集货分拨节点建设。西向，推进中欧班列扩容提质，加快建设集结中心示范工程，推动海外仓发展，拓展线路网络，构建定点、定线、定时、定价、定车次的稳定运转体系，深挖高品质回程货源，提升班列货值规模和影响力。东向，深化智慧长江物流工程，加密沪渝直达快线、渝甬班列，发展长江干支联运，推广江海直达集装箱船型。北向，强化渝满俄班列沿线货源组织集结，优化运输货品结构，探索开行更多货物品种公共班列。空中，加密重庆至东南亚、南亚和欧美的全货运航线，引进川航物流、南货航设立基地公司，支持航空公司拓展"客改货"和航空中转业务，争取万州机场航空口岸获批，加快建设临空经济示范区。枢纽，完善港口型、陆港型、空港型国家物流枢纽功能，创建生产服务型、商贸服务型国家物流枢纽，实施果园港铁公水联运示范工程，推动"无水港"建设，促进客运"零换乘"、货运"零换装"。

提升开放平台能级。中新互联互通项目，加快中新金融科技合作示范区、国际航空物流产业示范区、大数据智能化产业示范园区等项目建设，依托中新国际数据通道促进跨境数字贸易，拓展实施商务、农业、人才培训、文旅等合作计划。自贸试验区，加快建设川渝自贸试验区协同开放示范区，推进联动创新区发展，持续开展首创性、差异化探索，全面提升开放度和竞争力。两江新区，完善两路果园港综合保税区、悦来国际会展城等功能，推进两江数字经济产业园、寸滩国际新城建设，做实上合组织国家多功能经贸平台和欧洲重庆中心，争创进口贸易促进创新示范区。高新区、经开区及各类园区，整合开放通道和口岸资源，加快海关特殊监管区域、保税监管场所创新升级，建设一批跨国产业转移平台。

提升开放型经济质量。促进外贸创新提质，壮大一般贸易规模，推动加工贸易提质升级，建设国家加工贸易产业园，大力发展"保税+商品展示交易""保税+维修"等保税贸易新业态。提高利用外资质量，健全外商投资全流程服务体系，加强重大外资项目落地和重点外资企业服务保障，加大先进制造、现代服务等领域外资引进力度，促进外资企业增资扩产。推动制度型开放，编制出台高质量实施RCEP行动计划，深入推进服务业扩大开放综合试点、服务贸易创新发展试点和跨境电子商务综合试验区建设。加快建设中西部国际交往中心，深化国际人文、科技等领域交流合作，培育引进国际组织和商协会，办好智博会、西洽会、"一带一路"陆海联动发展论坛、中新金融峰会、国际创投大会、中国国际"互联网+"大学生创新创业大赛，拓展国际友城务实合作，持续提升国际交往能力和水平。

　　（七）全面推进乡村振兴，加快农业农村现代化。重庆推动高质量发展，最艰巨最繁重的任务在农村，最大潜力和后劲也在农村。要牢牢把握稳住农业基本盘的总要求，围绕"五个振兴"，突出抓好粮食安全、耕地保护和巩固拓展脱贫攻坚成果等重点任务，扎实推进乡村发展、乡村建设、乡村治理，努力开创"三农"工作新局面。

　　持续巩固拓展脱贫攻坚成果。保持帮扶政策总体稳定，完善和落实监测帮扶机制，防止规模性返贫和新的致贫。实施特色种养业提升行动，强化就业帮扶、消费帮扶和易地搬迁后续扶持，加强扶贫项目资产运营管理。深化东西部协作和中央单位定点帮扶，支持乡村振兴重点帮扶县、重点帮扶乡镇建设，让脱贫基础更加稳固、脱贫成效更可持续。

　　提升农业综合效益和竞争力。抓紧抓实粮食和重要农产品供给，严格落实"米袋子""菜篮子"责任制，落实耕地保护建设硬措施，严格耕地保护责任，加强耕地用途管制，坚决遏制耕地"非农化"、防止"非粮化"；实施种业振兴行动和"千年良田"建设工程，加快农田宜机化示范改造，稳定粮食播种面积和产量，扩大油料作物种植面积，健全生猪产业平稳有序发展长效机制，保障重要农产品供给。提高现代山地特色高效农业发展水平，壮大柑橘、柠檬、榨菜、生猪、中药材等特色产业集群，打造重点农产品全产业链，建设成渝现代高效特色农业带，统筹推进农业现代化示范区、现代农业产业园和农业高新区建设，大力发展农产品精深加工、农村电商和乡村旅游，促进农村一二三产业融合。加强品种品质品牌建设，引育名优特新品种，扩大农业标准化生产，健全农产品质量安全追溯体系，推广"巴味渝珍""三峡柑橘"等区域公用品牌，让农产品卖得出、卖得远、卖得好。

推进乡村建设行动。优化乡村规划，深入推进"三师一家"下乡，有序推进乡镇国土空间规划编制，完善实用性村庄规划，强化村庄风貌引导。加强农村基础设施建设，持续推进农村饮水安全"一改三提"行动，新建农村公路安防工程4000公里，动态消除农村低收入群体等重点对象危房，推进"智慧农业·数字乡村"建设工程。持续实施农村人居环境整治提升五年行动，扎实开展"村庄清洁行动"和"五清理一活动"专项行动，推进农村改厕、生活垃圾和污水治理，实施小城镇环境提升工程，新建200个美丽宜居乡村。提升农村公共服务水平，新增教育、卫生、文化、体育等社会事业经费向农村倾斜，推进城乡基本公共服务标准统一、制度并轨，以农村公共服务有效供给提升农民获得感。

深化农业农村改革。稳慎推进宅基地制度改革试点，扩面深化"三变"改革，创新"三社"融合发展机制，壮大新型集体经济。推进国家城乡融合发展试验区重庆西部片区改革试点。加快培育新型农业经营主体，加强农村基层组织建设，健全农业社会化服务体系、农村物流配送体系、农村信用体系和农业农村工作体系。创新人才下乡激励机制和政策体系，实施农村致富带头人培养行动，引导各类人才在乡村振兴中建功立业、尽展所长。

（八）持续推进城市提升，提高城市功能品质。深入推进以人为核心的新型城镇化，敬畏历史、敬畏文化、敬畏生态，加强城市规划、建设、管理，努力建设国际化、绿色化、智能化、人文化现代大都市。

强化规划引领。出台全市国土空间总体规划，完成区县国土空间总体规划和分区规划，实施国土空间生态修复、城市更新、嘉陵滨江生态长廊等专项规划，统筹划定落实永久基本农田、生态保护红线和城镇开发边界。

构建现代基础设施网络。建设"米"字型高铁网，持续实施高铁建设五年行动方案，加快推进成渝中线、渝万、渝昆、成达万、渝湘高铁重庆至黔江段、重庆东站等在建项目，启动建设渝西、渝宜高铁，提速渝贵、渝湘高铁黔江至吉首段等项目前期工作，统筹推进兰渝、万州至黔江等高铁规划研究，二季度开通运行郑万高铁重庆段、完成渝万城际提质改造，四季度建成铁路枢纽东环线正线、新田港集疏运铁路等普速铁路，力争启动巫溪至奉节铁路，高铁营业里程突破1000公里。建设"轨道上的都市区"，统筹实施308公里城市轨道交通续建项目，新开工第四期项目44公里，推进TOD综合开发，力争城市轨道交通运营和在建里程实现"850+"、其中运营里程突破500公里；加快渝遂等城际铁路、渝合等市域铁路规划建设，拓展开行公交化列车，深入推动"四网融合"。建设国际航空门户枢纽，提速推进江北机场T3B航站楼及第四跑道工程，力争开工重庆新机场综合交通枢纽，基本建成万州机场T2航站楼，完成黔江机场改扩建，研究布局支线机场、通用机场。建设长江上游航运中心，推进长江、嘉陵江、乌江、涪江等干支流航道建设，完成渠江重庆段航道整治主体工程，力争开工黄礁港一期等项目，打造多式联运的集疏运体系。建设高速公路网，开工垫丰武高速等项目，推进渝湘复线高速等1346公里项目建设，建成城开高速城口段、万州环线等117公里项目，实现县县通高速公路。建设城市路网，推进黄桷坪大桥、白市驿隧道等"6桥7隧"和坪山大道、茶惠大道等233公里快速路建设，加密东西部槽谷骨架路网，加快推进两江新区至长寿区、涪陵区等快速通道项目。建设多渠道能源网，畅通北煤入渝通道，启动川渝特高压交流工程，推进三峡电、川电、疆电入渝，提升页岩气勘探开发力度，开展水电、风电、光伏发电等内部挖潜，确保能源安全稳定供应。建设现代水网，实施"一核两网·百库千川"水利行动，推进渝西水资源配置、跳蹬水库等重大水利工程，力争开工建设藻渡等大中型水库，推动城市供水管网向镇村覆盖，创建国家节水型城市。

深入实施城市更新行动。优化城市空间，做靓"两江四岸"主轴，高品质建设城市功能名片，推进两江四岸核心区整体提升，加快重庆美术公园等项目建设，完成磁器口滨江片区、花溪河湿地公园等项目。完善城市功能，持续推进城市更新试点示范项目，新开工改造1277个城镇老旧小区，实施1.5万户棚户区改造，开展城市管道更新改造和生命线工程专项治理，实施城市内涝治理五年行动。修复城市生态，推进"四山"保护提升，统筹生态园林城市系列创建，推动坡坎崖滩治理向区县延伸，做靓山城步道、山城花境等特色品牌，打造社区体育文化公园、口袋公园等休闲空间。改善城市路网，启动中心城区路网更新和停车治理专题年行动，推动老城区堵点、重要交通节点、街巷交通路网一体规划、一体更新，落实公交优先战略，新开通一批同城公交、小巷公交和接驳公交，建设一批小微停车场，完善提升1500公里人行步道。传承城市文脉，坚持整体保护和活化利用相结合，推进大田湾—文化宫—大礼堂等历史文化风貌街区保护修缮，加强古建筑、老宅子、老街区保护，为城市留住根脉、留存记忆，让城市更有人文范、书香味、烟火气。

推动城市管理改革创新。树立全周期管理意识、同城化管理理念，推动"大城三管""马路办公"等实践成果转化为制度标准，提升区县城市管理水平。实施老城区环境"小而美"惠民提升行动，建设"门前三包""五长制"示范道路112条，推动生活垃圾分类覆盖全市所有镇街。优化物业管理服务。加快城市综合管理服务平台建设，推进城市建成区数字化管理全覆盖，构建"一云承载、一图呈现、一网统管、一端服务"的城市智管新格局。

（九）加快建设山清水秀美丽之地，筑牢长江上游重要生态屏障。人不负青山，青山定不负人。要学好用好"两山论"，走深走实"两化路"，持续加强生态环境保护，促进经济社会发展全面绿色转型，让绿色成为重庆最动人的色彩。

提升生态系统质量和稳定性。统筹山水林田湖草系统治理，建设"两岸青山·千里林带"50万亩，科学推进石漠化、消落区、水土流失综合治理和矿山生态修复。严格落实长江"十年禁渔"政策，加强自然保护地建设管理和生物多样性保护，巩固提升缙云山生态环境综合整治成果。深化广阳岛片区长江经济带绿色发展示范，建成广阳岛国际会议中心、长江生态文明干部学院、大河文明馆主体工程，精心打造"长江风景眼、重庆生态岛"。

深入打好污染防治攻坚战。打好碧水保卫战，加强重点流域水环境综合治理，实施城市排水管网精细化排查，补齐城镇污水处理设施短板，深入推进长江入河排污口整治，巩固城市黑臭水体治理成效。打好蓝天保卫战，聚焦臭氧污染和细颗粒物协同控制，强化工业废气、交通污染、扬尘和露天焚烧等领域管控，加强区域联防联治。打好净土保卫战，开展双城经济圈"无废城市"共建，强化建设用地、农用地等土壤污染防治，有序推进农村黑臭水体整治，强化锰污染综合整治。健全问题发现机制，常态长效推进生态环境问题整改，提高生态环境监管执法效能。

有序推进"双碳"工作。制定碳达峰碳中和实施意见、碳达峰实施方案，调整优化能源、产业、交通运输、用地结构。落实"三线一单"制度，严格"两高"项目准入要求，统筹做好能耗"双控"和能源保供。全面推进绿色制造、绿色建造，开展绿色低碳技术攻关，加快重点行业清洁生产改造、煤电机组节煤减排改造和城市公共照明节能改造，建设绿色建筑产业园，大力培育循环经济、生态产业和节能环保产业。落实全面节约战略，开展绿色生活创建行动，推广装配式建筑和新型材料，建设低碳发展示范城市。

深化生态文明体制改革。推进气候投融资试点，完善"长江绿融通"大数据综合服务系统，拓展"碳惠通"平台功能，培育优化地方碳排放权交易市场，统筹推进碳排放权、排污权、用能权、用水权交易，推动川渝共建区域性环境权益交易平台，深入推进"厂网河"一体化改革，健全生态产品价值实现机制。

（十）推进以改善民生为重点的社会建设，以更有效举措促进共同富裕。千头万绪的事，说到底是千家万户的事。要坚持以人民为中心的发展思想，大力发展社会事业，持续办好民生实事，着力解决人口"一老一小"、住房"一旧一危"、就业"一生一困"、交通"一堵一安"等实际问题，让老百姓的日子越过越红火、一天比一天好。

科学精准做好疫情防控。坚持"外防输入、内防反弹"总策略和"动态清零"总方针，坚持常态化精准防控和局部应急处置相结合，落实"四早"要求，压实"四方"责任，加快建设全市疫情防控信息平台，严格落实人、物、环境同防和空港口岸分流措施，强化重点人员健康管理和重点场所疫情防控，继续推进疫苗接种，引导群众做好个人防护，全力守护人民群众生命安全和身体健康。

加强就业和社会保障。落实就业优先政策，解决高校毕业生、农民工、退役军人等重点群体就业问题，健全灵活就业劳动用工和社会保障政策。增加低收入群体收入，扩大中等收入群体比重，鼓励勤劳创新致富。坚持房子是用来住的、不是用来炒的定位，全面落实稳地价、稳房价、稳预期长效管理调控机制，发展长租房市场，推进保障性住房建设，解决好新市民、青年人等群体住房困难问题，促进房地产业良性循环和健康发展。积极应对人口老龄化，建立基本养老服务清单制度，开展家庭养老床位照护服务试点，实现城乡社区居家养老服务全覆盖。健全退役军人政策制度和工作运行机制。推动社保扩面提质和最低生活保障提标，完善社会救助机制，发展妇女、儿童、残疾人、慈善等福利事业，建立健全未成年人保护体系。

促进教育高质量发展。以教育评价改革为牵引，纵深推进教育改革。规范和支持普惠性幼儿园发展，力争学前教育普惠率巩固在90%以上。巩固和扩大义务教育"双减"成果，加快推进国家义务教育优质均衡发展区县建设。深化普通高中课程改革，推进普通高中多样化特色发展，提升县域普通高中整体质量。实施"双优""双高"计划，发展职业本科教育，建设技能型社会。大力发展新工科、新医科、新农科、新文科，建成重庆中医药学院，开工建设长江音乐学院，推进高校分校区建设。完善服务全民终身学习的教育体系，发展在线教育、老年教育、社区教育，办好特殊教育。

强化全方位全周期健康保障。创建国家医学中心、国家区域医疗中心和国家临床重点专科，实施区县医院综合能力提升行动。

加快4家应急医院建设，开展等级疾控中心创建。深化医药卫生体制改革，加强区县域"三通"医共体运行监测和绩效评价，全面推开公立医院薪酬制度改革，扩大长期护理保险制度试点，提升医保服务水平。完善三孩生育配套支持措施。适时启动适龄女性免费接种宫颈癌疫苗工作。促进中医药传承创新发展。

推动文化体育事业高质量发展。培育和践行社会主义核心价值观，深化新时代文明实践中心建设，推动文明创建提质扩面。支持文艺创作和展演，实施文艺作品质量提升工程。制定公共文化服务高质量发展实施意见，推动城乡公共文化服务体系一体化建设，建成重庆青少年活动中心。加强革命文物保护利用，加快长征国家文化公园（重庆段）、红岩文化公园二期建设。推动文化产业发展。繁荣哲学社会科学。倡导全民阅读。建设重庆国际传播中心。落实深化体教融合发展实施意见，编制竞技体育发展意见，推进重庆国际小球赛事中心前期工作，完成大田湾体育场保护利用工程，建成龙兴专业足球场，筹备2023亚洲杯，办好2022年世界举重锦标赛，促进群众体育、竞技体育、体育产业协调发展。

加强和创新社会治理。坚持和发展新时代"枫桥经验"，强化基层治理能力建设。深化"五社联动"。完善信访制度，优化矛盾纠纷化解一站式服务。深入开展民族团结进步创建。依法管理宗教事务。开展城市治理风险清单管理试点。完成安全生产和消防安全专项整治三年行动，持续开展"两重大一突出"集中整治，全面开展燃气安全排查整治，推进自然灾害风险普查和防治能力提升"八项工程"。加强食品药品安全监管。健全社会治安防控体系，强化公民个人信息保护，防范打击电信网络诈骗、跨境赌博等新型犯罪，推动扫黑除恶长效常治，运用大数据提升社会治理能力，建设更高水平的平安重庆。

三、提升政府治理能力

今年是本届政府履职的收官之年，目标在前，使命在肩。必须坚持和加强党的全面领导，落实全面从严治党要求，切实加强政府自身建设，以政府治理能力提升促进既定目标实现。

（一）把政治建设摆在首位。深学笃用习近平新时代中国特色社会主义思想，深刻认识"两个确立"的决定性意义，增强"四个意识"、坚定"四个自信"、做到"两个维护"，不断提高政治判断力、政治领悟力、政治执行力。持续深入肃清孙政才恶劣影响和薄熙来、王立军流毒，坚决肃清邓恢林流毒影响，营造风清气正的政治生态。推进中央巡视、审计反馈问题整改。严格落实意识形态工作责任制。巩固拓展党史学习教育成果，弘扬伟大建党精神，增加历史自信、增进团结统一、增强斗争精神，更好把握和运用党的百年奋斗历史经验，更加坚定自觉地践行初心使命，以实际行动兑现市委"三个确保"政治承诺。

（二）把法治建设推向纵深。全面落实法治政府建设实施纲要，推动法治政府建设督察反馈问题整改。自觉接受人大监督、政协监督、监察监督、司法监督，主动接受社会监督和舆论监督，强化审计监督。严格执行人大及其常委会决议决定，支持人民政协履行职责，认真办理人大代表建议和政协提案。规范行政决策程序，完善重大决策事前评估与事后评价机制，科学决策、依法用权。加强重点领域、新兴领域、民生领域政府立法，开展行政执法监督体系建设试点，深入推进"八五"普法，深化政务公开，强化政务诚信建设，努力使法治政府各方面制度更加健全、更加完善。

（三）**把效能建设抓紧抓实。**注重学习提能，及时跟进科技变革新趋势、产业发展新动态、国际经贸新规则，学习历史知识、厚植文化底蕴、强化生态观念，不断提高专业能力和解决实际问题能力。加强调查研究，倾听群众呼声，回应现实需要，作决策尊重客观实际，干工作综合考虑各方面因素，防止简单化、单打一。激励担当作为，在招商引资前线、项目建设一线、攻坚克难火线锻炼干部、识别干部，鼓励创造性干工作，完善容错纠错机制，让敢干者有舞台、实干者有平台，让担当者无忧、奋斗者无憾。强化效率意识，牢固树立"今天再晚也是早、明天再早也是晚"的时间观念，发扬马上就办和钉钉子精神，对作出的决策、部署的工作、定下的事情，都要明确具体时间节点，立说立行、紧盯不放、一抓到底，以高效率赢得高效益、以快节奏换来大发展。做好跟踪问效，抓而不紧等于不抓，抓而不实等于白抓，"致广大而尽精微"是成事之道，要做到谋划时统揽大局、操作中细致精当，完善目标分解、台账管理、督查考核、总结评估等工作闭环，把工作整巴适、不吹壳子，确保干一件成一件、落实一件销号一件。

（四）**把廉政建设贯穿始终。**严格落实中央八项规定精神和市委实施意见，深化整治形式主义、官僚主义，持续为基层松绑减负。严肃财经纪律，落实过紧日子要求，把每一分钱都用在"刀刃"上。聚焦重点领域、重要部门、关键岗位，聚焦群众身边腐败和损害群众利益问题，持之以恒正风肃纪反腐。深化拓展"以案四说""以案四改"，健全一体推进不敢腐不能腐不想腐有效机制。全市政府系统工作人员要克己奉公、以俭修身，明大德、守公德、严私德，讲担当、讲情怀、讲奉献，永葆为民务实清廉的政治本色，做到不负历史、不负时代、不负人民。

各位代表！百年征程再出发，拼搏奋斗正当时。让我们更加紧密团结在以习近平同志为核心的党中央周围，坚持以习近平新时代中国特色社会主义思想为指导，踔厉奋发、笃行不怠，坚定信心、勇毅前行，奋力谱写重庆高质量发展高品质生活新篇章，以优异成绩迎接党的二十大和市第六次党代会胜利召开。

让我们一起向前进，一起向未来！

四 川 省
政府工作报告

——2022年1月18日在四川省第十三届
人民代表大会第五次会议上

省长 黄 强

各位代表：

现在，我代表省人民政府，向大会报告工作，请予审议，并请省政协委员提出意见。

一、2021年工作回顾

刚刚过去的2021年是中国共产党成立100周年，党中央隆重举行庆祝活动，召开党的十九届六中全会，全面回顾党波澜壮阔的光辉历程，深刻总结党百年奋斗重大成就和历史经验，特别是党的十八大以来以习近平同志为核心的党中央治国理政的原创性思想、变革性实践、突破性进展和标志性成果，激励我们满怀信心奋进新时代，汇聚起同心共筑中国梦的磅礴力量。

过去一年，面对复杂严峻的外部环境和疫情灾情的冲击影响，我们坚定以习近平新时代中国特色社会主义思想为指导，全面落实习近平总书记对四川工作系列重要指示精神和党中央、国务院决策部署，在省委领导下，统筹疫情防控和经济社会发展，扎实做好"六稳"、"六保"工作，按照"稳农业、强工业、促消费、扩内需、抓项目、重创新、畅循环、提质量"工作思路，埋头苦干、拼搏实干，经济发展稳中加固、稳中提质，社会大局保持稳定，较好完成省十三届人大四次会议确定的目标任务，实现"十四五"良好开局。全省地区生产总值迈上5万亿台阶，达5.38万亿元、增长8.2%；地方一般公共预算收入4773.3亿元、增长12%；城乡居民人均可支配收入分别增长8.3%、10.3%。

一年来，我们扎实开展党史学习教育，政府自身建设得到加强。深入学习贯彻习近平总书记"七一"重要讲话和党的十九届六中全会精神，深刻领会"两个确立"的决定性意义，增强"四个意识"、坚定"四个自信"、做到"两个维护"。弘扬伟大建党精神，组织开展党史研学活动，沿着先辈足迹重走长征路，瞻仰伟人故里、将帅故居、先烈故土，探访"两弹城"，参观"三线建设"博物馆，隆重举行纪念烈士活动，缅怀革命先烈丰功伟绩，传承红色基因、赓续红色血脉。开展"我为群众办实事"实践活动，开工建设国道351夹金山隧道，一批群众"急难愁盼"问题得到解决。用心用情用力保护管理运用好革命文物，启动实施烈士纪念设施三年提升行动，改造提升江姐故居、赵一曼纪念馆，建成川藏公路博物馆，推出11条红色旅游精品线路和40个红色经典景区。认真履行党风廉政建设责任，健全完善"三重一大"决策机制，将投资项目、财政资金安排等列为省政府常务会议常设议题，做到科学民主依法决策。加强法治政府建设，制定修订政府规章6部，提请省人大常委会审议地方性法规14件，推动出台全国首个交通运输综合行政执法条例。办理人大代表建议996件、政协委员提案1014件。发挥审计监督作用，防范和惩治统计造假。开展节约型机关建设。从严控制"三公"经费、压减一般性支出，财政直达资金精准有效惠企利民等3项典型经验获国务院大督查通报表扬。敢于动真碰硬，扎实做好政府各项工作，"四不两直"抓督查、"事不避难"抓落实，深入开展整治形式主义为基层减负专项工作，全省政府系统作风持续改善、执行力进一步增强。

一年来，我们着力推动成渝地区双城经济圈建设成势见效，区域协调发展格局加快形成。川渝协同联动持续深化。召开党政联席会议2次，形成"1+4+7"政策体系，成渝地区双城经济圈作为"四极"之一进入国家综合立体交通网，获批建设工业互联网一体化发展国家示范区、全国一体化算力网络国家枢纽节点。67个合作共建重大项目开工65个、完成投资2154亿元。设立明月山绿色发展示范带、泸永江融合发展示范区、内荣现代农业高新技术产业示范区、川渝高竹新区、遂潼一体化发展先行区等毗邻地区合作平台建设扎实推进。启动碳达峰碳中和联合行动，建立跨区域财税协同机制。实施便捷生活六大行动，210项高频事项实现川渝通办、日均办理1.8万件。极核主干功能不断强化。成都建设践行新发展理念的公园城市示范区总体方案编制完成，成都都市圈发展规划获国家批复，成都经济总量近2万亿元。成德眉资同城化加快推进，464个"三带"建设项目加快实施，成都都市圈环线高速公路全线通车。干支联动五区协同竞相发展。实施五大片区"十四五"发展规划，成都平原、川南、川东北、攀西经济区经济总量分别增长8.5%、8.6%、7.6%、7.6%，川西北生态示范区绿色发展特色鲜明，七大区域中心城市经济总量全部突破2000亿元，绵阳、宜宾超3000亿元。"一区一策"支持4个省级新区建设，投资均实现两位数增长。县域经济底部支撑更加坚实。出台实施争创百强县百强区百强镇奖励办法和培育方案，西昌市、简阳市跻身全国百强县，10个区入选全国百强区。命名首批省级特色小镇17个，确定中心镇700个，县域综合承载能力不断提升。

一年来，我们大力推进科技自立自强，高质量发展动力不断增强。战略科技力量加快建设。西部（成都）科学城、天府兴隆湖实验室、天府永兴实验室、国家川藏铁路技术创新中心挂牌运行，中国（绵阳）科技城国家科技创新先行示范区、国家实验室四川基地加快建设。新增落户3个国家重大科技基础设施、2个国家重点实验室、1个国家工程研究中心、2个国防科技工业创新中心。成都超算中心进入国家序列，部分大科学装置取得一批重大科学发现。产业技术创新持续强化。成德绵国家科技成果转移转化示范区、成都国家新一代人工智能创新发展试验区加快建设。实施144个科技成果转移转化示范项目和创新产品项目，27项科技成果获国家科技奖励，育成全国首个具有自主知识产权的种公猪品种"川香黑猪"，新增发明专利授权量1.9万件、增长36.3%，技术合同成交额达1396亿元。军民协同创新深入推进。组织实施关键核心技术攻关和产业链供应链补短板项目55个，16项先进技术成果获国家立项支持。医用同位素堆落地建设，国家科技创新汇智平台获批运行，科技协同攻关和要素保障体系逐步完善。大众创业万众创新蓬勃开展。出台"科创十条"，新增两院院士6名，全省人才总量突破1000万人。实施"天府科创贷"试点，全省研发经费投入超1000亿元，入库科技型中小企业1.5万家、增长

20.5%，高新技术企业突破1万家、营业收入达2.1万亿元，科技创新对经济增长提供了有力支撑。

一年来，我们加快建设现代产业体系，产业链供应链稳定性和竞争力不断提高。大力发展先进制造业。开展"强工业"十二大行动和稳链强链行动，培育发展制造业优质企业，新增国家级专精特新"小巨人"企业133家、达207家，新增制造业单项冠军企业（产品）5家、达14家。预计五大支柱产业营业收入达4.6万亿元，规上工业增加值增长9.8%。加快发展现代服务业。新增培育10个省级现代服务业集聚区和10个服务业强县，服务业增加值达2.8万亿元、增长8.9%。社会融资规模及存贷款余额分别突破12万亿元和10万亿元、8万亿元，存贷比达80.3%，均创历史新高。新增境内外上市公司24家、达189家，4家公司在北交所首批上市。召开全省文化和旅游发展大会，九寨沟景区全域恢复开放，三星堆博物馆持续引领文博热，命名11个天府旅游名县、首批66个天府旅游名牌，推出809道天府旅游美食，国家5A级景区达15家、居全国第三，国家全域旅游示范区达8个、居全国第一，采取超常举措促进冬季旅游淡季不淡，文旅产业恢复性增长势头更加旺盛。稳步发展现代农业。新增国家级现代农业园区2个、总数达13个、居全国第一，出台耕地保护党政同责目标考评细则，建成高标准农田470万亩，粮食产量超716亿斤，生猪出栏6314.8万头，第一产业增加值增长7%。注重发展数字经济。建设国家数字经济创新发展试验区，建成5G基站6.6万个，认定首批12家省级数字化转型促进中心，培育近40个省级工业互联网平台，推动29万家企业上云，新增国家级智能制造优秀场景6个、智能制造示范工厂2个，数字经济核心产业增加值达4012亿元、增长18%左右。

　　一年来，我们积极扩大有效需求，经济基本盘更加稳固。抓项目促投资。省委、省政府抢抓战略机遇，超前谋划，强力推动一批利当前、管长远的重大项目。加强投资运行调度，建立"三库一表"工作制度，用好"红黑榜"，实施基础设施等重点领域补短板三年行动。四川时代动力电池一期二期等项目竣工投产，三到六期项目加快推进，七到十期项目成功签约，宜宾基地将成为全球最大的单体动力电池生产基地。绵泸高铁内自泸段建成通车，毗河供水工程一期建成通水，川藏铁路四川段全线开工建设，成达万、成自宜等高铁加快推进，时代吉利动力电池、白鹤滩—浙江特高压输电工程等项目开工建设，全社会固定资产投资增长10.1%，其中基础设施投资增长8.4%。挖潜力促消费。深入实施新消费三年行动，成都市获批全国首批城市一刻钟便民生活圈试点，首批10个川派餐饮创新发展先行区加快建设。新增国家级电子商务进农村综合示范项目15个，累计覆盖110个县、居全国第一。推动线上线下消费融合，网络零售额突破7000亿元，社会消费品零售总额增长15.9%。稳外资促外贸。开展"外贸护航行动"，新增国家级经开区2个、国家外贸转型升级基地4家，成都国际铁路港等4个综合保税区封关运行。多措并举强化外资招引，实际利用外资115.4亿美元、增长14.7%。加快外贸市场主体培育，新增落户世界500强企业13家、达377家，进出口总额增长17.6%。

　　一年来，我们深入推进改革开放，市场主体活力不断迸发。重大改革事项有力推进。揭榜新一轮全面创新改革10项任务落地落实，经济区与行政区适度分离改革务实推进。蜀道集团、生态环保集团、现代农业种业发展集团成功组建，省内民用机场整合、地勘单位改革有序推进。省级党政机关和事业单位经营性国有资产集中统一监管改革基本完成。深化电力体制改革，降低社会用电成本347亿元。营商环境持续优化。"最多跑一次"事项占比提升至99.2%，"全程网办"事项占比提升至94.9%。深化商事制度改革，实现"证照分离"全覆盖。大力支持实体经济发展，新增减税降费近400亿元，新增市场主体135.2万户、达771.6万户，民营经济增加值增长8%。开放合作水平不断提升。出台"开放十条"，成都天府国际机场正式投运，实现与双流国际机场"两场一体"运营。西部陆海新通道建设加快推进，铁路营运里程新增375公里、达5687公里，高速公路通车里程新增468公里、达8608公里，出川大通道达40条。开行国际班列4358列，成都中欧班列境外城市站点增加10个、达68个。成功举办西博会、科博会、泛珠论坛、金砖国家国际竞争大会、中外知名企业四川行等活动，四川投资吸引力不断增强。尼泊尔、智利驻成都总领馆正式开馆，土耳其驻成都总领馆获批设立，新增国际友城和友好合作关系51对、达418对，开放合作朋友圈越来越大。

一年来，我们全力巩固拓展脱贫攻坚成果同乡村振兴有效衔接，乡村全面振兴实现良好开局。巩固脱贫攻坚成果。做好脱贫攻坚收官收口和总结评估，严格落实"四个不摘"要求，全覆盖开展"回头看"，落实监测对象帮扶措施，226万脱贫劳动力实现务工就业。接续推进乡村振兴，建立完善衔接政策体系，完成省市县三级乡村振兴机构优化重组，选派新一轮驻村干部3.4万名，全国首个乡村振兴金融创新示范区在川落户。推进浙川东西部协作，实施帮扶项目776个、完成投资34亿元。做好两项改革"后半篇"文章。出台指导意见和"1+24+1"工作方案，划分乡镇级片区809个，以片区为单元编制乡村国土空间规划。颁布实施农村集体经济组织条例，农村集体产权制度改革基本完成，农村承包地确权颁证率达97.5%，1292个村探索开展合并村集体经济融合发展试点，新增家庭农场1.1万家。推进乡村建设。实施"美丽四川·宜居乡村"建设行动，设立100亿元乡村振兴投资引导基金，实施农村危房和农房抗震改造，完善农村基础设施。农村卫生厕所普及率、生活垃圾处理体系覆盖率分别达87%、96%。新改建农村公路1.7万公里，新创建四好农村路全国示范市1个、示范县10个，12个乡镇、119个村被认定为全国乡村治理示范镇村，评选"最美古镇"20个、"最美村落"30个、"水美新村"316个。

　　一年来，我们坚持生态优先绿色发展，生态环境质量持续改善。成功承办2021年深入学习贯彻习近平生态文明思想研讨会。污染防治有力有效。抓好第二轮中央生态环保督察反馈问题整改，八一水电站整改实现销号验收，长江经济带小水电整改任务基本完成。持续打好蓝天、碧水、净土保卫战，大力整治"散乱污"企业，建立常态化暗查暗访机制，实现省级生态环保督察全覆盖，全省优良天数率达89.5%，203个国考断面水质优良率达96.1%，土壤质量保持稳定。生态保护修复深入实施。制定美丽四川建设战略规划纲要，出台黄河流域生态保护和高质量发展规划。建立长江、黄河流域跨省横向生态保护补偿机制，制定生态保护红线内矿业权分类退出办法，"三区三线"划定国家级试点顺利推进。大熊猫国家公园正式设立，若尔盖国家公园加快创建。落实河湖长制，大力实施"清船"、"清网"、"清江"、"清湖"行动。施行林长制，完成营造林608万亩、退牧还草212万亩、沙化土地治理10万亩，森林覆盖率达40.2%。绿色低碳发展有序推进。出台支持绿色低碳优势产业高质量发展18条政策，将碳排放约束性指标纳入评价考核体系，在全国率先试行环评预审制度，坚决遏制"两高"项目盲目上马，多措并举保障电煤电力供应，没有拉闸限电。乌东德、白鹤滩等重大水电工程建成发电，清洁能源装机和发电量占比分别达85.3%、86.6%，水电总装机8947万千瓦，全国优质清洁能源基地和国家清洁能源示范省加快建设。

一年来，我们有效防范应对重大风险，安全发展基础不断夯实。打赢森林草原防灭火"翻身仗"。把坚决落实习近平总书记重要指示精神作为重大政治任务，建立"末端发力、终端见效"工作机制，严格执行史上最严防火令，科学处置凉山木里"4·5"、冕宁"4·20"等森林火灾，全省火灾起数下降79.6%，未出现一起重大人员伤亡，圆满完成森林草原防灭火专项整治任务。毫不放松抓好常态化疫情防控。紧盯重点地区、重点场所、重点部位，加强人、物、环境同防，持续查堵漏洞，完善流调溯源机制，坚持中西医结合、中西药并用，打赢两轮疫情防控"遭遇战"。"四川天府健康通"覆盖超1亿人，接种疫苗累计超1.5亿剂次，切实维护人民群众生命安全和身体健康。全力抓好安全生产。实施安全生产专项整治三年行动集中攻坚，开展安全生产大排查大整治和食品加工企业安全生产专项整治，生产安全事故起数、死亡人数分别下降11.2%、9%，未发生重大及以上事故。扎实抓好防灾减灾救灾。制定应对巨灾方案，省部首次联合举办"应急使命·2021"抗震救灾演习，完成城乡房屋建筑安全风险排查，成功处置泸县6.0级地震，有效应对16轮强降雨，安全转移123万人。

一年来，我们持续惠民生增福祉，人民群众获得感幸福感安全感不断提升。民生保障坚实有力。30件民生实事超额完成，民生支出占一般公共预算支出比重稳定在65%以上。城镇新增就业105

万人，城镇调查失业率控制在预期目标内。深化养老保险制度改革，基本养老保险待遇水平稳步提高、参保人数达6360万人。城乡居民基本医疗保险人均财政补助标准提高30元。实施养老服务"七大工程"和适老化改造提升十大行动，新增社区养老服务综合体84个。统筹未成年人保护六大体系建设，实施儿童关爱服务项目1100个，惠及留守儿童、困境儿童130余万人。下达救助补助资金114.9亿元，兜住500余万困难群众基本生活底线。为282万持证残疾人提供"量体裁衣"式服务。深入开展根治欠薪专项行动，切实保障农民工合法权益。城镇老旧小区改造新开工6245个，筹集保障性租赁住房6.3万套（间）。推进生活垃圾分类，设区城市生活垃圾回收利用率达33%。社会事业加快发展。"双规范""双减"工作有序推进，全省整体通过县域义务教育基本均衡发展国家督导认定，民族自治地区15年免费教育惠及学生172.8万名。增设紧缺和急需高等职业教育专业点529个。8所"双一流"建设高校顺利完成首轮建设任务，2所高校分获博士、硕士学位授权单位，新增博硕点105个、居全国前列，高等教育毛入学率达51.9%。深入实施健康四川行动，省公共卫生综合临床中心和重大疫情防控救治基地加快建设，全省首个生物安全防护三级实验室建成投运。开展中医药强省建设十大行动，中医医疗机构数、中医年诊疗量均居全国第一。三星堆遗址考古发掘取得重大突破，稻城皮洛遗址填补青藏高原旧石器时代考古空白。全省222个公共体育场馆开放服务4004万人次，四川体育健儿在第32届夏季奥运会、第16届残奥会和第14届全运会、第11届残运会上取得好成绩。全省注册志愿者达1487万人。平安四川建设深入推进。践行新时代"枫桥经验"，开展"治重化积"专项工作，实施第二批城乡社区治理试点示范。完善社会治安防控体系，严厉打击电信网络诈骗等违法犯罪行为，禁毒斗争形势持续向好，扫黑除恶专项斗争取得全面胜利。持续开展房地产市场秩序整治和"问题楼盘"化解，有效防范化解非法集资、互联网金融、地方法人金融机构风险，全省金融生态环境持续改善，政府债务风险总体可控。

加强国防教育、国防动员、人民防空建设、退役军人事务和双拥共建工作。第三次全国国土调查全面完成。国家安全、外事侨务、港澳台、民族宗教、机关事务、档案、保密、参事文史、决策咨询、文学艺术、史志、哲社、气象等工作取得新成效，支持工会、青年、妇女、工商联、侨联、友协、贸促、残疾人、慈善、红十字等事业取得新进展。

上述成绩的取得来之不易，这是习近平新时代中国特色社会主义思想科学指引的结果，是党中央、国务院坚强领导的结果，是省委统筹推动的结果，是全省人民奋力拼搏的结果，是中央驻川单位及社会各界大力支持的结果。在此，我代表省人民政府，向全省各族人民，向人大代表、政协委员、各民主党派、工商联、无党派人士、各人民团体，向所有关心支持四川改革发展的同志们及各界人士，表示衷心感谢！向人民解放军指战员、武警官兵、政法干警、消防救援和民兵预备役人员，表示崇高敬意！向港澳台同胞、广大侨胞和海内外朋友们，表示诚挚谢意！

同时，我们也清醒地看到，我省经济社会发展中还面临不少困难和挑战，主要是：经济下行压力凸显，中小微企业和个体工商户生产经营困难加大，稳就业任务艰巨；产业链循环不畅，供应链瓶颈短期内难以彻底缓解；民生领域还存在短板和弱项，乡村全面振兴任务繁重；安全生产、防灾减灾和金融、房地产等领域仍有不少风险隐患；一些地方和部门仍然存在庸政懒政怠政和不作为、乱作为、假作为现象，等等。对以上问题，我们将在今后工作中着力加以解决。

二、2022年主要工作

今年我们将喜迎党的二十大召开，做好政府工作意义重大。总体要求是：坚定以习近平新时代中国特色社会主义思想为指导，深入贯彻党的十九大和十九届历次全会及中央经济工作会议精神，全面落实习近平总书记对四川工作系列重要指示精神和党中央、国务院大政方针，扎实抓好省委十一届三次全会以来和省委经济工作会议决策部署落地落实，大力弘扬伟大建党精神，坚持稳中求进工作总基调，完整、准确、全面贯彻新发展理念，积极融入和服务新发展格局，坚持以供给侧结构性改革为主线，全面深化改革开放，坚持创新驱动发展，推动高质量发展，加快成渝地区双城经济圈建设，深入实施"一干多支、五区协同""四向拓展、全域开放"战略部署，统筹疫情防控和经济社会发展，统筹发展和安全，继续做好"六稳""六保"工作，持续改善民生，保持经济合理增速，保持社会大局稳定，奋力推动新时代治蜀兴川再上新台阶，以优异成绩迎接党的二十大和省第十二次党代会胜利召开。

今年全省经济社会发展主要预期目标是：地区生产总值增长6.5%左右，全社会固定资产投资增长8%，社会消费品零售总额增长8%，进出口总额增长高于经济增速，地方一般公共预算收入增长与经济发展趋势基本一致。居民人均可支配收入稳步增长，居民消费价格指数控制在103左右，城镇新增就业85万人。粮食产量稳定在710亿斤以上。能耗强度目标在"十四五"规划期内统筹考核，完成国家下达节能减排和环境保护指标任务。

上述目标的确定，一是基于应对重大挑战的考量。疫情仍然是最大的不确定因素，面临多年未见的需求收缩、供给冲击、预期转弱三重压力，我省经济社会发展中存在的问题困难更加凸显，还有可以预料和难以预料的风险挑战，这些都需要我们沉着应对、主动作为。二是基于顺应发展趋势的考量。既要与全国经济发展趋势相适应，与我省"十四五"规划目标相衔接，又要符合我省中长期经济潜在增长率，符合我省作为西部内陆省份追赶跨越的现实需要。三是基于稳定市场预期的考量。"一带一路"建设、长江经济带发展、新时代西部大开发、黄河流域生态保护和高质量发展、成渝地区双城经济圈建设、西部陆海新通道建设等国家重大区域战略在我省交汇叠加效应不断显现，释放出来的一系列政策红利、改革红利和发展红利，有利于促进我省经济实现"量"的增长和"质"的提升。

做好今年各项工作，我们要坚持以经济建设为中心，把握好以下几个重点：一是全力稳定经济增长。只有稳增长才能更好保就业、保民生。要切实担负稳住经济基本盘的政治责任，把稳增长放在更加突出的位置，强化系统观念，周密安排部署、精准出台政策、迅速推动落实。二是有序实施双碳战略。坚持先立后破，统筹兼顾，不断改善生态环境，大力发展绿色低碳优势产业，促进全面绿色转型。三是持续增进民生福祉。突出就业优先导向，兜住兜牢基本民生，着力提高民生保障水平，推动共同富裕取得重要进展。四是牢牢守住安全底线。增强忧患意识，坚持问题导向，织密织牢安全防护网，营造安全稳定社会环境。

第一，全面提速成渝地区双城经济圈建设

推动川渝合作共建再深化。落实《成渝地区双城经济圈建设规划纲要》和重点专项规划，推动国土空间、生态环境保护等规划尽快出台。制定实施经济区与行政区适度分离改革方案，协同推进土地管理、市场监管、税费征管一体化等改革取得突破。大力推进160个共建重大项目，加快建设成渝中线高铁等项目，建成泸州至永川高速公路，力争开工建设天府南—重庆铜梁1000千伏特高压交流工程等项目，加快推进成渝、遂渝高速公路扩容等项目前期工作。协同推进20个产业合作示范园区建设，推动出台万达开川渝统筹发展示范区、川南渝西融合发展试验区建设方案，推进10个毗邻地区合作功能平台规划建设取得实质进展。新实施一批便捷生活行动和"川渝通办"事项，提升群众办事便捷度。

推动极核主干功能再提升。支持成都加快建设践行新发展理念的公园城市示范区，深化智慧城市国际标准试点、全国首批城市更新试点。高质量建设天府新区、成都东部新区，积极创建内陆开放型经济试验区。实施成都都市圈发展规划和国土空间规划，推进成德眉资同城化综合试验区建设，推动成德临港经济产业带、成眉高新技术产业带、成资临空经济产业带发展，支持建设天府大道科创走廊。启动建设成德、成眉市域（郊）铁路，加快建设成资市域（郊）铁路，大力推进成都都市圈环线铁路前期工作，推动既有铁路公交化运营，打造轨道上的都市圈。

推动区域协同发展再加力。项目化清单化推进五大片区"十四五"发展规划和国土空间规划实施。在区域中心城市开展城市功能品质提升行动，壮大优势特色产业集群。做好新一批114项省级行政职权调整实施事项承接落实工作。加快省级新区交通、能

源、信息等"硬件"和营商环境、创新平台、人才引育等"软件"建设，打造引领高质量发展的先行区、领头羊。持续开展全国百强县百强区培育，命名一批创新型县（市、区）。加快夹金山隧道建设，因地制宜推动特殊类型地区振兴发展、民族地区加快发展。高标准编制安宁河谷综合开发总体规划。

第二，深入推进创新驱动引领高质量发展

强化战略科技力量建设。发挥大院大所大学优势，高起点建设成渝综合性科学中心，高水平打造西部（成都）科学城，高效率推动中国（绵阳）科技城突破性发展。启动建设电磁驱动聚变等国家大科学装置，加快建设锦屏深地实验设施和中科院成都科学中心、稻城天文科技集群项目，建成投用高海拔宇宙线观测站、转化医学设施等国家重大科技基础设施。积极争创国家实验室，大力推进国家实验室四川基地建设，聚焦电子信息、生命科学、生态环境等领域建设天府实验室，布局建设省级国防科技重点实验室。

加快创新载体建设。在科研实力雄厚、产业竞争优势明显的重点领域整合资源、创新机制，加快建立以市场为导向、产学研深度融合的创新联合体，积极争取国家有关部委支持，完成国家级精准医学产业创新中心、高端航空装备技术创新中心、工业云制造创新中心创建工作。加快国家川藏铁路技术创新中心、民航科技创新示范区、同位素及药物国家工程研究中心建设。做实做强省级跨高校院所新型中试研发平台。实施高新区能力提升行动和高新技术企业倍增计划。推动科技企业孵化器、众创空间等孵化载体提档升级，新建一批双创示范基地。

加强关键核心技术攻关。实施集成电路与新型显示、钒钛稀土、智能装备、生物育种等重大科技专项，着力解决一批"卡脖子"问题。加强太赫兹通信技术、存储技术、光电技术、量子互联网、激光技术等领域引领性前沿技术攻关,争取原创性突破。实施基础研究十年行动计划,设立省自然科学基金,支持企业与科研院所、高校共同承担国家重大科技项目。开展科研项目"揭榜制"、科研经费"包干制"和科技成果评价综合试点。实施100项科技成果转移转化示范项目,促进创新链产业链深度融合。

深化军民协同创新。推动国防工业科技成果区域转化中心在川落地。促进核能与核技术应用、航空整机与发动机、军事电子信息、航天及卫星应用、高端材料等产业集群发展,加快建设高技术产业基地。推进科技创新汇智平台建设,深化低空空域协同管理改革试点,发展通用航空产业。探索"军民商"卫星数据资源整合利用,实施高分、北斗卫星应用示范,组建四川卫星资源中心。

第三,着力增强产业链供应链韧性和优势

大力推进制造强省建设。选择经济总量靠前、制造业基础扎实的重点城市和成长性好、带动性强的若干特色优势产业开展试点示范,不断提升制造业核心竞争力。启动战略性新兴产业集群发展工程,深入实施产业基础再造工程,支持打造制造业高质量发展园区。开展产业链强链补链专项行动,大力培育"链主"企业。持续实施"贡嘎培优"行动,引进培育单项冠军和"专精特新"企业。开展质量提升行动,培育一批示范品牌。举办世界动力电池大会、世界清洁能源装备大会等活动。落实增值税留抵退税向制造业特别是先进制造业倾斜政策,引导金融机构增加制造业中长期贷款。

加快发展绿色低碳优势产业。落实省委关于以实现碳达峰碳中和目标为引领推动绿色低碳优势产业高质量发展的决定。聚焦清洁能源产业,加快水风光气氢多能互补一体化发展,积极推进"三江"水电基地、凉山州风能发电基地、"三州一市"光伏发电基地建设，打造国家天然气（页岩气）千亿立方米级产能基地，支持发展氢能源。聚焦清洁能源支撑产业，大力发展成德高端能源装备产业集群，推动晶硅光伏、能源装备、多元储能等产业重大项目落地，加快推进甘孜—天府南—成都东、阿坝—成都东1000千伏特高压交流输电工程。聚焦清洁能源应用产业，实施"电动四川"行动计划，促进动力电池产业发展壮大，推动新能源汽车产业提档升级，发展氢燃料电池汽车，构建成渝氢走廊。统筹推进钒钛、稀土、锂钾、石墨、玄武岩等资源开发利用，加快建设攀西国家战略资源创新开发试验区。

促进现代服务业提质增效。开展服务业"双千升规"行动，加快100个服务业重点项目建设，深入开展"双十"培育提升行动，支持成都加快建设服务业核心城市、争取国家服务业扩大开放综合改革试点，鼓励有条件的地区创建区域性服务业中心城市。加快推进成都经开区、攀钢集团国家级"两业"融合试点。突出抓好现代物流、科技信息等生产性服务业，做强国家骨干冷链物流基地，促进服务型制造发展。加快推进成渝共建西部金融中心，大力发展绿色金融、科创金融、普惠金融、消费金融、乡村振兴金融等特色金融，加大机构招引和牌照申请力度，促进金融要素资源合理流动、高效集聚。深入实施"五千五百"上市行动计划，实现上市公司"提质增量"。实施省级文化产业园区能力提升行动，创新"文旅+"融合发展，深入推进巴蜀文化旅游走廊建设。办好全省文化和旅游发展大会，抓好天府旅游名县、天府旅游名牌建设，塑造三星堆、九寨沟、大熊猫3大超级IP，大力推进冬季旅游、全域旅游，加快建设世界重要旅游目的地。

推动数字经济健康发展。加快数字信息基础设施建设，推动5G、工业互联网、物联网等规模化部署，建设成渝地区工业互联网一体化发展国家示范区。大力发展数字经济核心产业，推动"芯屏存端软智网"数字产业集聚发展。实施国家"东数西算"工程，启动建设省大数据资源中心，打造国家级天府数据中心集群。积极推广数字技术应用，加快建设数字化转型促进中心，推动重点行业领域数字化转型，打造数字化制造"灯塔工厂"。培育数字应用新业态，打造智慧医疗、智慧康养、智慧交通、智能建造等数字应用场景。促进公共服务数字化便捷化，打造"城市大脑"和"政务中枢"。高质量完成国家数字经济创新发展试验区建设任务。

第四，深入实施扩大内需战略

积极扩大有效投资。精准对接国家政策投向，争取更多项目资金支持，创新机制撬动社会资本投资，加大科技攻关、生态环保、基本民生、现代农业等项目投资力度。狠抓700个省重点项目特别是100个省级重点推进项目，加大"两新一重"项目建设力度，加快千兆光网、一体化大数据中心、充换电站等新型基础设施建设，推进公共服务、市政公用等新型城镇化建设，加快川藏铁路及其配套公路、成达万高铁、成自宜高铁、渝昆高铁四川段、宜宾新市至攀枝花高速、乐西高速、乐山机场、孟底沟水电站、亭子口灌区一期、岷江航电枢纽等重大工程建设，推动成昆铁路扩能改造全线通车、白鹤滩水电站全部机组投产发电，力争西渝高铁等具备开工建设条件，做好引大济岷水利工程、绵遂内铁路前期工作、加快推进项目落地。落实促进制造业项目投资建设"十二条"政策，突出抓好500个重点工业和技改项目，实施重大产业化项目招引专项行动，促进招商引资项目加速落地见效。做深做细"十四五"规划重大工程项目前期工作，适度超前开展基础设施投资。

促进消费持续恢复。召开全省消费促进大会，举办中国（四川）国际熊猫购物节。支持成都创建国际消费中心城市，推进国家文旅消费试点城市、省级区域消费中心城市建设，加快建设富有巴蜀特色的国际消费目的地。大力开展消费促进活动，支持办好糖酒会、酒博会、茶博会等展会。培育消费热点，发展绿色消费、健康消费、信息消费、数字零售等新型消费，开展新能源汽车、绿色智能家电下乡活动。健全县乡村三级物流体系，开展县域农村数字商业试点。拓展消费新场景，实施城市商圈提升行动，打造一批文体旅商综合体、特色街区、夜间文化和旅游消费集聚区，让内需市场活起来、热起来。

提升新型城镇化建设质量。完善国土空间规划体系，稳步推进市县国土空间规划编制。优化城市整体设计，凸显文化底蕴和特色。开展城市体检评估，推进智慧城市建设，提升市政基础设施智能化水平。深化"小县优城"试点和国家县城新型城镇化建设示范，加快农业转移人口向县城和县域副中心集中。推进建筑业转型升级，加快建筑强省建设。坚持"房住不炒"定位，加强房地产市场预期引导，坚持租购并举，新筹集保障性租赁住房7.8万套（间），支持商品房市场更好满足购房者合理化需求，因城施策促进房地产业良性循环和健康发展。

第五，持续深化重点领域改革

深化要素市场化配置改革。实施建设高标准市场体系行动方案，支持成都争取国家要素市场化配置改革试点、开展省内第二批试点。联动深化"标准地""亩均论英雄"改革，推动立体工厂建设，提高资源配置效率和公平性。取消工商业目录电价，推动工商业用户全部进入电力市场，完善推广"税电指数"。推进水权水价改革。探索建设数字资产交易中心，支持有条件的市（州）开展政府数据授权运营。稳妥推进农村信用社改革，推动天府（四川）联合股权交易中心规范发展。落实新一轮全面创新改革10项重点任务，启动科技体制改革攻坚三年行动。弘扬科学精神和工匠精神，提高全民科学素养。实施天府英才、高端引智等人才引育计划，遴选支持一批科学家和领军人才，促进科技、产业、金融良性循环。

深入推进财税体制改革。坚持"三保一优一防"，增强重大战略任务财力保障，加快分领域财政事权和支出责任划分改革步伐。深化预算管理制度改革，健全财政直达资金监管体系，提高直达资金分配、拨付和使用效率。深入推进预算绩效管理改革，建立健全资金分配与绩效结果挂钩机制。加强国有金融资本管理，完善政府性融资担保管理体制和考核机制。出台税费征管保障办法，加快健全非税收入征管体系，有序推进地方税体系建设。

大力推进国资国企改革。打好国有企业改革三年行动"收官战"，抓好"1+6"重大改革专项，支持成都争创全国区域性国资国企综合改革试验区。完成蜀道集团专业化整合、省内民用机场整合、省属企业旅游资产整合，深化四川发展、川航集团专项改革，推进省属农业科研院所体制机制改革。制定深化国企混合所有制改革实施意见，建立健全国有企业特别利润上缴机制，完成经营性国有资产集中统一监管。

继续做好两项改革"后半篇"文章。坚持"多规合一"，编制完成全省三分之二乡镇级片区国土空间总体规划。实施"6大提升工程""5项改革措施"，优化片区内教育、文化、体育、医疗、养老及应急救援等公共资源配置，统筹布局特色优势产业，形成"一片区一主业一特色"新格局。实施四川省农村集体经济组织条例，大力发展新型农村集体经济。深化农村宅基地改革，稳妥推进集体经营性建设用地入市，落实第二轮土地承包到期后再延长30年政策。深化供销合作社综合改革。

持续推进"放管服"改革。深化"一网通办"前提下的"最多跑一次"改革，提升"联、通、办"效能。深化减证便民，全面推行证明事项告知承诺制。实施新的"组合式"减税降费政策，加大对中小微企业、个体工商户等支持力度。开展县域民营经济改革试点。实施高价值专利培育行动，强化知识产权全链条保护。建立健全跨部门综合监管制度，加强和改进对平台经济、共享经济等新业态领域管理服务，实现事前事中事后全链条全领域监管。落实优化营商环境条例，开展营商环境评价，加快天府中央法务区建设。严厉打击偷税逃税，治理恶意拖欠账款和逃废债行为。完善社会信用体系，强化契约精神，维护市场主体合法权益，构建亲清政商关系。

第六，扩大更高水平开放合作

加快推进西部陆海新通道建设。尽快打通西线主通道，开拓中线、东线通道，更好畅联"一带"和"一路"。加快成都至隆昌段扩能改造和隆昌至叙永至毕节铁路建设，加大力度协同推动黄桶至百色铁路建设，加快成兰铁路、西成铁路四川段建设，推进久马、九绵等高速公路建设。强化中欧班列成都集结中心功能，支持泸州、攀枝花、遂宁、达州等地建设国家物流枢纽承载城市，与重庆共建长江上游航运中心。积极推动粤桂黔滇川高铁经济带建设，推动开通"蓉欧非"铁海多式联运线路，稳定和加密铁海联运班次，提升畅通国内国际双循环的战略链接功能。

加快推进国际航空枢纽建设。推动成都天府国际机场、双流国际机场"两场一体"高质量运营，加强国际化集群化运营管理，提升运行效率和服务品质。优化国际航线网络，拓展与全球主要客货运枢纽高效衔接的洲际10小时、亚洲5小时航程圈，提升畅通国内国际双循环的门户枢纽功能。申建天府国际机场综合保税区，引进培育基地货运航空公司和大型快递物流企业，打造洲际航空中转中心和国际航空货运集散中心。加快支线机场和通用机场建设，建成投运达州金垭机场、南充阆中机场。

加快推进高能级开放平台建设。建设川渝自贸试验区协同开放示范区，提升海关特殊监管区域、开放口岸、外贸转型升级基地等开放平台能级。加快国别合作园区和中国—欧洲中心建设，推进保税物流中心（B型）申建工作。深化川港、川澳、泛珠区域交流合作，推动更多国家来川设立领事和经贸机构。办好中外知名企业四川行等活动，提升畅通国内国际双循环的窗口示范功能。

加快推进高层次开放型经济发展。落实"开放十条"，推动外资、外贸、外经联动发展，建设区域全面经济伙伴关系协定先行区。促进外贸创新发展，开展"外贸进口年"行动，争创中国（四川）绿色贸易示范区和贸易新业态发展先行省，建设海外仓线上公共服务平台，建设"一带一路"进出口商品集散中心，大力发展跨境电商、市场采购、保税再制造等外贸新业态新模式。扎实开展外商投资服务专项行动，紧盯"世界500强"和知名跨国公司，引进壮大一批龙头企业和基地型、总部型项目，有序推进国际产能合作，稳步提高利用外资水平。

筹办第31届世界大学生夏季运动会。学习借鉴北京冬奥会经验，从严从细做好疫情防控，努力办成一届简约、安全、精彩的国际体育盛会。

第七，加快推进乡村全面振兴

全力保障粮食安全。严格落实粮食安全和耕地保护党政同责，坚持"藏粮于地、藏粮于技"，坚决遏制耕地"非农化"、严控"非粮化"，担负起粮食大省责任。推进"以粮为主、粮经统筹"现代农业示范区建设，加强农田水利基本建设，新建高标准农田450万亩。全面摸清耕地底数，加快恢复补充，守住耕地红线。严格用途管制，农田必须是良田、永久基本农田重点种粮。深入实施种业振兴行动，开展"稻香杯"优质米评选，提高农机装备水平。落实稳定生猪生产十条措施，生猪出栏稳定在6000万头左右。办好中国农民丰收节。

持续巩固拓展脱贫攻坚成果。落实对乡村振兴重点帮扶县、帮扶村支持政策，健全低收入人口常态化帮扶机制，做好防止返贫动态监测和帮扶，守住不发生规模性返贫底线。突出抓好易地扶贫搬迁后续扶持，推动3101户掉边掉角农户如期入住。扎实推进浙川东西部协作和对口支援，深化粤川合作，深入实施省内对口帮扶、定点帮扶、驻村帮扶，持续开展"万企兴万村"行动。培育壮大脱贫地区乡村特色产业，稳定脱贫劳动力就业，让脱贫基础更加稳固、成效更可持续。

大力推动现代农业发展。加快成渝现代高效特色农业带和成德眉资都市现代高效特色农业示范区建设，创建国家现代农业园区2个、农业现代化示范区3个。发挥乡村振兴产业引导基金作用，加快乡村产业发展。积极培育新型农业经营主体，新增省级重点龙头企业98家，建立农民专业合作社名录10.5万个，新增农民合作社质量提升试点县80个。开展商标、地理标志品牌经济培育专项行动，打造一批"川字号"绿色优质农产品品牌，发展"一村一品""一乡一业"，创建国家级农业产业强镇15个以上。

深入实施乡村建设行动。高质量开展农村人居环境整治"五大提升行动"，实施农村危房改造1.8万户，因地制宜做好农村改厕，让农村更宜居、更美丽。推动四好农村路提质扩面，打造"金通工程+天府交邮通"品牌，畅通城乡交通运输微循环。升级改造农村电网，推进乡村水务试点。大力发展乡村旅游，实施乡村文化惠民工程，加强传统村落保护开发利用，焕发乡村文明新气象。强化农村人才支撑，深入推进科技特派员制度，深化家庭农场主和农民专业合作社带头人职业化试点，鼓励各类人才在广阔农村大显身手。

第八，不断提高生态环境保护水平

深入打好污染防治攻坚战。扎实抓好中央生态环保督察、长江黄河生态环境警示片反馈问题整改，确保按期整改到位。出台深入打好污染防治攻坚战实施意见，深化蓝天、碧水、净土保卫行动，推进长江经济带污染治理"4+1"工程，全面推行生活垃圾分类，推动主要污染物排放总量持续下降，优良天数率和203个国考断面水质优良率达到国家考核要求，坚决守住生态环境质量"只能更好、不能变坏"的刚性底线。

加强生态系统保护治理。人不负青山，青山定不负人。树牢上游意识，扛起上游责任，持续抓好长江十年禁渔和小水电清理整治，加强赤水河、嘉陵江、沱江等重点流域生态保护修复，强化水土保持综合治理。着力推动黄河流域生态保护和高质量发展，开展黄河干流河岸侵蚀应急处置及防洪治理，推动水源涵养能力提升、退化草原治理、湿地保护与修复等生态工程建设。高质量建设大熊猫国家公园，加快创建若尔盖国家公园、打造最美高原湿地国家名片。认真落实河湖长制、林长制，开展美丽河湖建设，科学推进高质量国土绿化，完成营造林500万亩。启动制定生物多样性保护战略和行动计划，以更大力度保护珍稀濒危动植物资源。

有序推进碳达峰碳中和。严格落实国家双碳政策，实施"碳达峰十大行动"，推动近零碳排放试点建设。出台坚决遏制"两高"项目盲目发展三年行动实施方案，加强重点用能单位能耗监测。发挥四川联合环境交易所功能，有序推进碳排放权、用能权交易，鼓励参与全国碳市场交易。全面推进自然资源统一确权登记，推动林草碳汇开发和交易，巩固提升生态系统碳汇能力。健全碳排放统计核算体系，创造条件尽早实现能耗"双控"向碳排放总量和强度"双控"转变，加快形成减污降碳的激励约束机制。实施公共机构碳达峰行动，开展节约型机关和公共机构创建，倡导简约适度、绿色低碳的生活方式，节约每一张纸、每一度电、每一滴水。

第九，有力有效防范化解重大风险

从严从细抓好疫情常态化精准防控。强化"外防输入、内防反弹"，压实"四方责任"、落实"四早"措施，把防控责任落实到最小网格单元和市场主体。坚持"人物环境同防"，建立多点触发的监测预警机制，加强重点人群、重要场所和进口冷链食品核酸检测，加快疫情防控救治基地和规模化"健康驿站"建设。优化"四川天府健康通"功能，继续推进新冠病毒疫苗接种，加快疫情防控科研攻关。做好应急准备，坚持"动态清零"，快速果断处置疫情，巩固来之不易的防控成果。

推进森林草原防灭火常态化治理。巩固拓展专项整治成果，落实最严防火令，支持乡镇（街道）依法行使森林草原防灭火行政处罚权力，健全群众参与防火保障机制。做好火灾风险隐患排查整治，实施可燃物计划清除，推进高火险区防灭火通道、隔离带、消防水池水罐建设。用好高分卫星和火情监测即报系统，完善科学扑救火方案，统筹调度力量，做到打早打小打了，确保不发生重大人为森林草原火灾、确保不发生重大人员伤亡。

加强重点领域风险防控。完善政府债务风险化解绩效与新增债务限额挂钩激励约束机制，坚决遏制新增政府隐性债务。依法加强资本有效监管，支持和引导资本规范健康发展。"一楼一策"分类化解房地产风险隐患，坚决防止房地产风险向金融、社会等领域传导。强化金融风险监测、排查和预警，压实属地责任，强化追责问责，依法稳妥化解高风险地方法人金融机构风险。多措并举解决上市公司经营问题，因企施策化解重点企业债券违约和退市风险。落实防范和处置非法集资条例，严厉打击非法集资犯罪，提高社会公众防范意识和识别能力。

强化安全生产和防灾减灾救灾。贯彻新修改的安全生产法，严格落实"党政同责、一岗双责、齐抓共管、失职追责"和"三管三必须"要求，把责任落实到最小工作单元。持续开展安全生产专项整治三年行动，加强道路交通、煤矿、非煤矿山、危化品、建筑施工、城市消防等重点领域安全执法监管，全面排查整治城镇燃气安全隐患，坚决遏制重特大生产安全事故发生。扎实开展第一次全国自然灾害综合风险普查，深入推进地质灾害全域综合整治三年行动计划。做好汛期灾害防范应对，实施城市内涝治理三年攻坚行动。完善巨灾和极端事件应急预案，加强气象、水文、地震监测预警，强化实战演练和应急物资储备，加快国家西南区域应急救援中心和省区域性应急救援基地建设，提升综合应急处置和救援能力。

建设更高水平平安四川。全面落实总体国家安全观，坚决捍卫国家政治安全，强化国家安全人民防线体系建设，全力维护社会稳定。加快完善社会治安防控体系，常态化开展扫黑除恶斗争，严厉打击治理电信网络诈骗等突出违法犯罪行为。坚持和发展新时代"枫桥经验"，健全矛盾纠纷多元预防调处化解综合机制，加强法律援助和司法救助，及时解决群众合理诉求。推进基层治理体系和治理能力现代化，加强和改进城乡基层治理，深化市域社会治理现代化试点，创新"五社联动"机制，加快社工服务体系建设，有效提升智慧治理水平。强化食品药品安全监管。深入推进煤电油气产供储销体系建设，加快煤炭储备基地、天然气储气设施、天然气发电项目建设，确保能源资源安全。做好国防动员工作，加强人民防空建设。做好新时代民族宗教工作，促进民族团结、宗教和顺。

第十，推进重点民生领域补短板提质量

促进居民就业增收。坚持就业优先，落实落细稳就业举措，统筹做好高校毕业生、农民工、退役军人等重点群体就业，城镇调查失业率力争控制在5.5%以内。实施创业带动就业行动，建立常态化援企稳岗帮扶机制，强化新就业形态劳动者权益保障，开展困难群体精准就业帮扶，动态消除零就业家庭。实施重点人群收入增长激励计划，健全工资决定、合理增长和支付保障机制，完善最低工资标准和工资指导线形成机制。推进农民工服务保障"十大专项行动"，拓宽外出务工和就近就业增收渠道，依法治理拖欠农民工工资行为。加强就业服务和技能培训，打造"川字号"特色劳务品牌。

加快老旧小区改造。制定城市更新指导意见，新开工改造城镇老旧小区5300个，改造棚户区3.5万套。加快城镇既有住宅增设电梯，加大资金拨付力度，完成5800部。统筹规划、加快推进城镇燃气、供水、污水等老化管道改造。加大文物古迹、古树名木等保护力度，防止破坏性建设，传承历史文脉。

强化"一老一小"服务保障。开展普惠养老、普惠托育专项行动，加强无障碍设施建设与维护，推进公共基础设施适老化适小化改造。打造城市居家社区"15分钟养老服务圈"，完善农村养老三级服务网络。加快医养结合示范省建设，启动实施银龄健康工程，发展智慧养老新业态，用心用情守护最美"夕阳红"。落实三孩生育政策及配套支持措施，推动修订四川省未成年人保护条例，设立未成年人保护基金。试点开展"明眸皓齿、正心立身"健康工程，提高孤儿和困境儿童兜底保障水平。

推动社会保障提质扩面。实施全民参保计划，持续扩大社会保险覆盖面，按国家部署做好企业职工基本养老保险全国统筹。建立职工基本医疗保险门诊共济保障机制，完善重特大疾病医疗保险和救助制度，扩大异地就医结算覆盖面，开展打击欺诈骗保专项整治。制定低保边缘家庭认定等配套政策，落实社会救助和保障标准与物价上涨挂钩联动机制。落实重度残疾人护理补贴动态调整机制，推进公益慈善等事业健康发展。做好退役军人保障和优抚安置，营造拥军爱军浓厚氛围。

完善基本公共服务体系。健全常住地提供基本公共服务制度，完善基本公共服务标准。实施中长期青年发展规划和妇女儿童新"两纲"，建成省妇女儿童中心。新建公办幼儿园200所，多渠道解决"入园难"。落实"双规范""双减"政策，抓好"五项管理"，推动一批义务教育薄弱环节改善与能力提升项目。积极稳妥推进高考综合改革，实施职业教育"双高计划"。开展"对标竞进、争创一流"活动，支持4所省属高校建设一流大学和一流学科。加快建设国家、省级医学中心和区域医疗中心，建成150个县域医疗卫生次中心。举办第七届中医药现代化国际科技大会，全面推进国家中医药综合改革示范区建设，促进中医药事业、产业、文化"三位一体"高质量发展。推进全民健身场地设施补短板。

促进文化繁荣发展。培育和践行社会主义核心价值观，提高公民道德素质。开展公共图书馆、文化馆评估定级补短板行动，实施文艺作品质量提升工程和振兴川剧、曲艺工程。加快长征、黄河国家文化公园四川段建设。推进三星堆遗址公园等项目，强化皮洛遗址、江口沉银等考古和文物保护利用。办好第八届成都国际非遗节和金熊猫奖等活动。健全基层公共文化服务体系，推动群众文化活动蓬勃发展。

三、加强政府自身建设

奋进新征程、走好新的赶考之路，对政府工作提出了更高要求。我们要深入学习贯彻习近平新时代中国特色社会主义思想，坚持党的全面领导，坚决拥护"两个确立"，坚决做到"两个维护"，建立党史学习教育常态化长效化制度机制，忠诚干净担当，努力建设人民满意政府。

坚持以人民为中心的发展思想。把全心全意为人民服务作为一切工作的出发点和落脚点，把人民群众关心关切的"小事"作为政府工作的"大事"，着力办好30件民生实事，确保民生支出占一般公共预算支出比重稳定在65%以上。坚持发展为了人民，促进社会公平，增进民生福祉，既做大做好"蛋糕"，又切好分好"蛋糕"，让人民群众共享改革发展成果。坚持正确政绩观，敬畏历史、敬畏文化、敬畏生态，不搞形象工程、政绩工程。

提升依法行政水平。深入学习贯彻习近平法治思想，全面落实法治政府建设实施方案，开展省级法治政府示范创建。加快转变政府职能，提高政府监管效能。加快推进社会治理、绿色发展等重点领域立法。完成行政复议体制改革，推进行政执法标准体系建设，高水平开展"八五"普法。深化政务公开。认真做好人大代表建议和政协委员提案办理，依法接受人大及其常委会监督，自觉接受人民政协民主监督，主动接受社会和舆论监督。

提高抓好经济工作能力。深入学习贯彻习近平经济思想，坚持把党对经济工作的集中统一领导贯穿政府工作各方面全过程，从讲政治的高度做好经济工作，善于用政治眼光观察和分析经济社会问题，善于抓住社会主要矛盾和中心任务，加强系统谋划，牢牢把握经济工作主动权。时刻保持本领恐慌的危机感，加强经济、科技和历史知识学习，加强调查研究，多到困难较多、情况复杂的地方去了解实情、解剖麻雀，着力提升做好经济工作的科学化专业化水平。

建设廉洁政府。坚持自我革命，落实党风廉政建设责任制，严格执行中央八项规定精神和省委省政府十项规定及其实施细则。坚持慎重决策、慎重用权，规范"三重一大"决策程序，加强国资国企、公共资源交易、政府工程建设等领域和环节监管，堵塞漏洞，强化审计和统计监督，坚决整治群众身边腐败和不正之风问题。各级政府要带头过紧日子，严控"三公"经费和一般性支出，不得违规建设楼堂馆所，把有限的资金更多用在惠企利民上。

强化作风保障。工作抓而不紧等于不抓，抓而不实等于白抓。坚持问题导向，注重结果，用实绩说话，坚韧不拔、锲而不舍，推动形成带头抓落实、善于抓落实、层层抓落实的良好局面。坚持"三严三实"，力戒形式主义、官僚主义，因地制宜创造性开展工作，坚决防止简单化、乱作为，坚决反对不担当、不作为。认真贯彻政府督查工作条例，统筹规范督查检查考核。建立完善激励约束机制，营造干事创业、奋勇争先的浓厚氛围。

各位代表！千帆竞发勇者胜，百舸争流奋楫先。让我们更加紧密地团结在以习近平同志为核心的党中央周围，坚持以经济建设为中心，从党的百年奋斗重大成就和历史经验中汲取智慧和力量，坚定历史自信，勇敢直面困难和挑战，真抓实干，以钉钉子精神推动党中央、国务院大政方针和省委、省政府决策部署落地落实，坚决完成全年目标任务，为推动四川经济社会高质量发展、为全川人民过上更加幸福美好的生活努力奋斗，以优异成绩迎接党的二十大和省第十二次党代会胜利召开！

名词解释和说明

（1）烈士纪念设施三年提升行动：2021—2023年，综合烈士纪念设施安葬、纪念、教育3大功能，规划新建和实施提质改造178个项目，实现风貌改善和效能提升。

（2）"四不两直"：不发通知、不打招呼、不听汇报、不用陪同接待，直奔基层、直插现场。

（3）"1+4+7"政策体系："1"指省委关于深入贯彻习近平总书记重要讲话精神加快推动成渝地区双城经济圈建设的决定；"4"指围绕"具有全国影响力的重要经济中心、科技创新中心、改革开放新高地、高品质生活宜居地"战略定位制定的4个实施意见；"7"指聚焦加强交通基础设施建设等7项重点任务制定的专项规划或行动方案。

（4）算力网络：在云计算、网络、边缘计算之间，按需分配和灵活调度计算资源、存储资源及网络资源的新型信息基础设施。

（5）便捷生活六大行动：川渝两省市实施交通通信、户口迁移、就业社保、教育文化、医疗卫生和住房保障6个方面便捷行动。

（6）"三带"：成德临港经济产业带、成眉高新技术产业带、成资临空经济产业带。

（7）"天府科创贷"：由省级科技计划资金与银行金融机构共同建立贷款风险补偿资金池，对全省科技型中小企业和高新技术企业发生的知识产权和股权质押贷款、信用贷款损失风险进行分担。

（8）"强工业"十二大行动：在工业领域开展重点行业提升、工业投资促进、下沉服务企业、生产要素保障等12个专项行动。

（9）"三库一表"：固定资产投资项目储备库、在建库、竣工库，竣工项目投入产出表。

（10）"外贸护航行动"：聚焦外经贸主体队伍经营能力、重点产业行业发展、政策体系完善三大环节，实施强基固本、风险缓释等七大护航计划，培育外贸竞争新优势。

（11）新一轮全面创新改革10项任务：四川参与国家高校和科研院所职务科技成果单列管理试点、以先投后股方式支持科技成果转化等10个方面全面创新改革任务。

（12）"四个不摘"：摘帽不摘责任，摘帽不摘政策，摘帽不摘帮扶，摘帽不摘监管。

（13）两项改革"后半篇"文章"1+24+1"工作方案：第一

个"1"指关于做好乡镇行政区划和村级建制调整改革"后半篇"文章的实施方案，"24"指优化乡镇机构编制资源配置、盘活用好镇村公有资产等24个专项工作方案，第二个"1"指改革成效监测评估工作方案。

（14）"美丽四川·宜居乡村"建设行动：锚定农村人居环境整治"五大提升行动"、农村基础设施路水电气信"五网共建共享"、山水林田湖"五项系统治理"和农村文化、组织、人才、乡村社会、数字乡村"五大建设"为主攻方向，构建人与自然和谐共生的乡村发展新格局、建设宜居宜业的农村生态环境。

（15）"水美新村"：按照"水安全有保障、水资源有保证、水环境有质量、水生态有保护、水文化有底蕴、水景观有特色"要求建设，达到相关标准，能有效支撑乡村振兴的水利建设示范村。

（16）"三区三线"：农业、生态、城镇三个空间和永久基本农田、生态保护红线、城镇开发边界三条控制线。

（17）养老服务"七大工程"：居家社区养老服务扩面增效、机构养老服务提档升级、农村养老服务补短板、养老服务功能拓展、养老消费促进、养老服务人才队伍建设和综合监管能力提升7项工程。

（18）适老化改造提升十大行动：围绕解决老年群体就医、出行、办事等"身边事""烦心事"，实施数字化养老应用试点示范、就医绿色通道优化、居家社区智慧养老服务圈打造等10项行动。

（19）"双规范""双减"：规范民办义务教育发展和校外培训，减轻义务教育阶段学生过重作业负担和校外培训负担。

（20）新时代"枫桥经验"：坚持和贯彻党的群众路线，在党的领导下，运用自治、法治、德治等方式，充分发动群众、组织群众、依靠群众解决群众自己的事情，做到"小事不出村、大事不出镇、矛盾不上交"。

（21）"治重化积"专项工作：治理重复信访，化解信访积案工作。

（22）科研项目"揭榜制"：改革科技重大专项实施方式，张榜关键核心技术项目，谁有本事就揭榜，把项目交给真正想干事、能干事、干成事的人。

（23）科研经费"包干制"：确定经费总额，不设科目比例限制，科研人员在科研过程中可根据实际经费需求按规定使用和列支，让科研人员把更多精力投入到科研当中。

（24）产业基础再造工程：围绕核心基础零部件、核心电子元器件、工业基础软件、关键基础材料、先进基础工艺、产业技术基础6个方面开展关键核心技术攻关突破。

（25）"电动四川"行动计划：围绕充换电基础设施建设、新能源汽车推广应用、动力电池产业培育壮大、新能源汽车产业提档升级等方面，加快推进重点领域电动化进程。

（26）服务业"双千升规"行动："十四五"期间，每年新增限额1620户以上批零住餐企业、1300户规模以上服务业企业，推动"个转企、小升规"工作。

（27）"双十"培育提升行动：2020—2022年，围绕"4+6"产业体系建设，每年新增培育10个服务业强县、10个省级服务业集聚区，示范引领全省服务业发展。

（28）"五千五百"上市行动计划：在全省完成改制且在天

府（四川）联合股权交易中心挂牌的5000家企业中，重点培育100家"创业板行动计划"、100家"中小板精选"、100家"上交所蓝筹精选"、100家"境外上市"、100家"科创板重点"企业库入库企业。

（29）"东数西算"工程：通过构建数据中心、云计算、大数据一体化的新型算力网络体系，将东部地区的算力需求有序引导到西部地区，优化数据中心建设布局，促进东西部协同联动。

（30）"标准地"：依据法定规划，在完成区域评估的基础上，明确固定资产投资、开发强度、亩均税收相关指标后，通过出让等有偿使用方式供应的建设用地。

（31）"亩均论英雄"：以开发区（园区）为评价对象，选取土地利用状况、用地效益和管理绩效等方面指标，建立以"单位产出效益"为核心的评价指标体系，评价园区土地集约利用水平。

（32）"税电指数"：综合运用税务和电力实时数据，监测区域内宏观经济运行、预测短期经济趋势的指数。

（33）"三保一优一防"：保运转、保民生、保重点，优结构，防风险。

（34）"1+6"重大改革专项："1"指组建蜀道集团；"6"指省属企业旅游资产整合、省属生态环保资源整合、川煤集团改革脱困、川航集团增资扩股、省内民用运输机场整合、四川发展（控股）改革创新发展6大专项改革。

（35）国有企业特别利润上缴机制：按照国家部署，对主要依托行政权力、国有资源（资产）获取收入，盈利能力较强的重点国有企业，额外增加收取的利润或国有股股利股息。

（36）"6大提升工程""5项改革措施"："6大提升工程"

指基础设施、公共服务、产业集聚、环境风貌、文化传承和城镇治理提升工程;"5项改革措施"指创新规划编制、行政管理体制改革、财政和融资制度改革、农村产权制度改革、完善人才振兴制度。

(37)高价值专利培育行动:建立创新主体正向引导"白名单"和不以保护创新为目的的专利申请"黑名单",完善专利培育综合服务体系,培育一批具有核心竞争力的专利和专利组合。

(38)保税再制造:在综合保税区内,将主体部分不具备原设计性能但具备循环再生价值的入境材料完全拆解,经修复、加工、组装生产出再生成品,恢复或超过材料性能的生产活动。

(39)"藏粮于地、藏粮于技":严守耕地红线,培肥耕地地力,提升耕地质量;依靠科技进步,加大品种及配套农机农艺技术推广应用,提升粮食综合生产能力。

(40)"万企兴万村"行动:以"万企帮万村"精准扶贫行动为基础,以乡村振兴重点帮扶村、脱贫村、集体经济薄弱村等村(社区)为重点,引导民营企业、商(协)会及其他民营经济组织开展村企结对共建,投身乡村振兴。

(41)商标、地理标志品牌经济培育专项行动:实施产品品质提升、品牌运营、维权保护、集中宣传等8项具体任务,培育一批含金量高、知名度高、市场占有率高的品牌。

(42)农村人居环境整治"五大提升行动":农村"厕所革命"、农村生活污水治理、农村生活垃圾治理、面源污染治理和村容村貌提升行动。

(43)"金通工程+天府交邮通":综合利用道路客运站(点)资源,建设县乡村三级物流节点,发挥乡村客运网络通达优势,开展客车代投邮件快件业务,实现邮政快递降成本、乡村客车发展可持续的"双赢目标"。

（44）长江经济带污染治理"4+1"工程：沿江城镇污水垃圾处理、化工污染治理、农业面源污染治理、船舶污染治理，以及尾矿库污染治理。

（45）"碳达峰十大行动"：2021年10月，国务院印发《2030年前碳达峰行动方案》，提出重点实施能源绿色低碳转型、节能降碳增效等10大行动。

（46）"四方责任"：在新冠肺炎疫情防控工作中，全面落实属地、行业、部门（单位）、个人四方的责任，建立全社会共同防控体系。

（47）"四早"措施：对确诊病例、疑似病例和无症状感染者"早发现、早报告、早隔离、早治疗"。

（48）重点人群收入增长激励计划：瞄准技能人才、新型职业农民、科技人员等增收潜力大、带动能力强的重点群体，深化收入分配制度改革，推出差别化收入分配激励政策。

（49）农民工服务保障"十大专项行动"：就业促进、返乡创业、技能提升、根治欠薪、维权救助、"头雁"培育、品牌创建、关爱帮扶、文化服务和融入城市10大专项行动。

（50）"明眸皓齿、正心立身"健康工程：为促进未成年人健康成长，集中力量解决未成年人近视、龋齿、心理不健康、脊柱侧弯等突出问题，试点打造具有示范引领作用、可复制推广的青少年健康工程模式。

（51）职工基本医疗保险门诊共济保障机制：将职工基本医疗保险参保人员的门诊费用纳入统筹基金支付范围，建立互助共济、统筹报销的门诊保障模式，增强医保基金使用效率，提高参保人员门诊待遇水平。

（52）妇女儿童新"两纲"：《四川妇女发展纲要（2021—2030年）》和《四川儿童发展纲要（2021—2030年）》。

（53）"五项管理"：中小学生作业、睡眠、手机、读物、体质五项管理。

贵 州 省
政府工作报告

——2022年1月20日在贵州省第十三届
人民代表大会第五次会议上

省长 李炳军

各位代表：

现在，我代表省人民政府向大会报告工作，请予审议，并请省政协委员和其他列席人员提出意见。

一、2021年工作回顾

2021年是贵州发展历史上具有里程碑意义的一年，也必将是载入贵州史册的一年。在喜迎建党百年、打赢脱贫攻坚战、谋划"十四五"发展的关键时刻，习近平总书记亲临贵州视察，要求我们坚持以高质量发展统揽全局，在新时代西部大开发上闯新路、在乡村振兴上开新局、在实施数字经济战略上抢新机、在生态文明建设上出新绩，为新发展阶段的贵州指明了前进方向、提供了根本遵循，我们备受鼓舞、倍感振奋！

一年来,我们坚持以习近平新时代中国特色社会主义思想为指导,坚决贯彻落实习近平总书记视察贵州重要讲话精神,在中共贵州省委坚强领导下,在省人大、省政协监督和支持下,坚持稳中求进工作总基调,按照"一二三四"总体思路,全力围绕"四新"主攻"四化",统筹疫情防控和经济社会发展,较好完成了省十三届人大四次会议确定的目标任务,实现"十四五"良好开局!

——经济发展稳中有进。全年地区生产总值完成1.96万亿元、增长8.1%,两年平均增长6.3%、继续保持在全国"第一方阵";一般公共预算收入增长10.2%,规模以上工业企业利润总额增长30%以上,实现了量的合理增长和质的稳步提升。

——发展动能加快转换。恒力(贵阳)产业园、宁德时代贵州新能源电池及产业链项目、奇瑞(贵州)产业基地、中石化50万吨PGA等一批重大产业项目落地实施。规模以上工业增加值增长12.9%,工业经济占比达27.3%、提高1.2个百分点。工业对经济增长的支撑作用明显增强。

——数字经济加速突破。获批建设全国一体化算力网络国家(贵州)枢纽节点,贵阳大数据科创城启动建设,华为云全球总部落地贵州,贵阳贵安成为全球集聚超大型数据中心最多的地区之一,数字经济占比达34%、增速连续六年位居全国第一。

——生态优势持续巩固。国家生态文明试验区建设不断深化。森林覆盖率达62.12%。中心城市空气质量优良天数比率98%以上。主要河流出境断面水质优良率保持100%。绿色经济占比达45%。优良生态环境成为贵州最大的发展优势和竞争优势。

——民生福祉不断增进。如期实现同步全面小康,脱贫攻坚成果扎实巩固,乡村振兴有力推进。城镇新增就业64.75万人。城镇、农村常住居民人均可支配收入分别增长8.6%和10.4%。教育、医疗等民生保障持续加强,群众获得感、幸福感、安全感进一步提升!

过去一年,我们坚定不移推动工作重心转移。立足新发展阶段、贯彻新发展理念、融入新发展格局,加快从以脱贫攻坚统揽全局向以高质量发展统揽全局转变、从投资拉动为主向需求协同拉动转变、从政府主导为主向有效市场与有为政府共同作用转变,高质量发展已成为全省上下的共同意志和行动!我们凝心聚力谋篇布局。围绕"四新"主目标、"四化"主抓手逐一深入调研、作出部署,对人才大汇聚、产业大招商、开发区转型升级、营商环境优化、开放型经济发展、民族地区高质量发展、教育卫生整体水平"双提升"等工作进行系统安排,初步构建起推动高质量发展的"四梁八柱"!我们迎难而上奋力前行。直面我省发展中存在的深层次矛盾和问题,有力应对经济下行压力加大、有效需求不足、煤电供应紧张、局部地区疫情发生、债务偿还负担重等困难挑战,啃下了不少硬骨头,办成了不少大事难事,高质量发展在破解多重约束中迈出坚实步伐!

(一)全力主攻"四化"。加快推进新型工业化。按照"六个大突破"要求,精准落实"六个抓手",着力实施工业倍增行动,省领导领衔推动十大工业产业,总产值突破1.5万亿元。制定赤水河流域酱香白酒产业规范发展的意见和产区保护规划。加快煤矿智能化机械化改造,推进煤电机组迭代升级,原煤产量达1.35亿吨。大力推动数字产业化、产业数字化,深入实施"万企融合""百企引领",软件业务收入增速居全国第一。抢抓机遇大力发展新能源电池及材料产业,振华新材料、中伟新材料等企业加快成长。推动开发区聚焦主业、规范发展,百亿级开发区达39个。新增规模以上工业企业700余户。3户企业成功上市。

加快推进新型城镇化。按照"五个大提升"要求,狠抓"3个100万"目标落地落实,县城以上城区新增人口62万,常住人口城镇化率达55%左右。优化新型城镇化空间格局,编制实施"十四五"新型城镇化发展规划和贵阳—贵安—安顺都市圈、遵义都市圈规划。实施"强省会"五年行动,制定支持"强省会"35条措施,贵阳外环高速公路加快建设,贵阳市域快铁环线试运行。实施城市更新行动,推进城镇"三改",开工复工棚户区改造43万户、完成改造9万户,新开工老旧小区改造17万户、背街小巷改造1273条。新增生活垃圾焚烧发电处理规模5100吨/日,污水处理能力达504万吨/日。坚持以城促产、以产兴城,城镇经济加快发展,城镇品质不断提升。

加快推进农业现代化。围绕构建"三大体系",着力促进农业提质增效。建成高标准农田268万亩,粮食生产超额完成国家下达任务,产量达1094.86万吨、增长3.5%。狠抓农业产业结构调整,大力发展茶叶、蔬菜、食用菌、中药材等12个农业特色优势产业,因地制宜发展林下经济。优化生产经营组织方式,强化农民主体作用。有序推进涉农国有平台公司市场化实体化转型,新增国家级农业产业化重点龙头企业15家、国家级农民合作社示范社45个。农产品加工转化率超过55%。

加快推进旅游产业化。去年是贵州旅游业转型发展之年。我们把旅游工作重点从注重项目建设转到更加注重经营管理、优化服务、培育品牌、提升效益上来。围绕"两大提升"目标,实施"四大行动",改革旅发大会举办方式,更加注重面向市场主体、更加突出招商推介功能。全力推进闲置低效旅游项目盘活。新增4A级旅游景区11家，旅游市场主体达12万家，旅游及相关产业增加值突破1000亿元，游客人均花费突破1000元。推动服务业创新发展，金融机构融资继续较大幅度增长，综合融资成本持续下降。加快发展现代物流，社会物流总费用与地区生产总值比率下降到14.8%。

（二）全力做好巩固拓展脱贫攻坚成果同乡村振兴有效衔接。严格落实"四个不摘"要求，健全防止返贫动态监测和帮扶机制，及时消除40多万易返贫人口返贫致贫风险，330多万脱贫劳动力稳定外出务工，易地搬迁后续扶持"五个体系"建设不断深化，守住了不发生规模性返贫的底线。深化粤黔东西部协作和中央单位定点帮扶。推动从脱贫攻坚向乡村振兴"三个转变"，分类分级推进乡村振兴，启动实施"五大行动"，20个脱贫县列为国家乡村振兴重点帮扶县，启动第一批省级特色田园乡村·乡村振兴集成示范试点建设。大力实施乡村建设行动，新（改）建农户厕所25.6万户，农村生活垃圾收运处置体系实现行政村全覆盖。

（三）全力推进市场化改革和扩大开放。围绕发挥市场在资源配置中的决定性作用、更好发挥政府作用，推进重点领域和关键环节改革。创新财政资金使用方式，出资200亿元设立"四化"和生态环保基金，撬动银行及社会资本1000亿元以上；设立中小企业信贷通，着力缓解中小企业融资难题。实施建设国内一流营商环境三年行动计划，打造"贵人服务"品牌，推进"五个通办"，企业开办时间压缩到1个工作日以内，工程建设项目审批事项减至68项，新增市场主体70万户，省级政府网上政务服务能力连续五年位居全国前三！深入推进国企改革三年行动，省级经营性国有资产集中统一监管比例达98.6%。出台水利工程供水价格改革政策，深化电价市场化改革，要素市场化配置改革深入推进。

围绕融入新发展格局，全面推进对内对外开放。积极融入"一带一路"，加快西部陆海新通道建设。实施产业大招商三年倍增行动，强化领导带头招商、行业主管部门领衔招商、驻粤东西部协作招商、以商招商，引进优强企业1641家。双龙航空港经济区"一局四中心"、贵阳改貌铁路海关监管作业场所基本建成。成功举办数博会、中国—东盟教育交流周等重大开放活动。"中国天眼"向全球开放，省部共建公共大数据国家重点实验室获批建设，区域创新能力提高到全国第18位。设立贵州"人才日"，颁发首届"贵州杰出人才奖"。

（四）全力优化投资结构提升质量效益。加强政府投资管理，颁布实施政府投资项目管理办法，规范政府投资行为，停建缓建一批低效无效政府投资项目。着力扩大产业投资、民间投资，加大"四化"项目投资力度，工业投资增长19.7%，工业投资、民间投资占比分别达22.2%、42.7%，占比分别提高4.3、2.2个百分点。按照"五年任务三年完成"要求，优化交通、水利等基础设施项目建设时序，高速公路通车里程突破8000公里，贵阳龙洞堡机场三期工程建成，乌江水运全线复航；开工建设观音水库等25座骨干水源工程，夹岩大型水利枢纽工程下闸蓄水。天然气管道联通68个县。新型基础设施加快建设，5G基站达5.3万个，新建充电桩4000个以上。推进城乡商业体系建设，开展"多彩贵州暖心消费季"等促消费活动，社会消费品零售总额增长13.7%。

（五）全力加强环境保护和生态建设。坚决抓好中央生态环保督察及"回头看"、长江经济带生态环境警示片等反馈问题整改。深入实施"双十工程"，有力推进磷化工、电解锰等行业污染综合治理，乌江、赤水河等主要河流干流水质稳定达到优良标准，在国家污染防治攻坚战考核中再次获得"优秀"等次。加快国土空间规划编制，深化"三线一单"生态环境分区管控。加强重点区域生态环境保护，狠抓"绿盾"自然保护地强化监督工作，深入开展国土绿化和石漠化综合治理，启动实施武陵山区山水林田湖草沙一体化保护和修复工程，完成营造林361万亩、石漠化综合治理640平方公里、水土流失治理3229平方公里，恢复治理历史遗留矿山3571亩。有序推进"双碳"工作，坚决遏制"两高"项目盲目发展。深化河湖长制、林长制。生态产品价值实现机制试点加快推进。成功举办2021年生态文明贵阳国际论坛。

（六）**全力防范化解重大风险**。进一步加强政府债务管理，坚决遏制新增政府隐性债务，千方百计通过预算安排、盘活资产、核销核减等方式化解债务，多措并举降低债务成本、缓释债务风险，债务率持续下降，守住了不发生系统性风险的底线。全力保障能源供应，及时制定支持煤矿企业安全释放产能政策措施，有效保障冬春电力供应。切实抓好常态化疫情防控，在一个潜伏期内阻断遵义疫情扩散蔓延，快速处置铜仁疫情；全人群新冠疫苗接种率达86.7%。深入推进安全生产专项整治集中攻坚，加强道路交通、煤矿、建筑施工、地质灾害、消防、食品药品等领域风险隐患排查整治，生产安全事故起数和死亡人数大幅下降，防灾减灾取得明显成效。加强金融、房地产等领域风险监测处置，建立定期研究解决信访突出问题制度。深入推进平安贵州建设，社会大局保持稳定，为高质量发展营造了良好环境！

（七）**全力保障和改善民生**。民生类重点支出占一般公共预算支出比重达70%。以提高人均受教育年限为核心目标，启动整体提升教育水平攻坚行动。新增公办学前教育和义务教育学位4.4万个、6.2万个，落实义务教育"双减"措施，农村义务教育学生营养改善计划补助标准从每生每天4元提高到5元。完成扩容建设普通高中学校60所。积极稳妥推进高考综合改革。启动省部共建"技能贵州"。加强一流学科建设，新增博士学位授予单位2个、硕士学位授予单位1个。按照"一校一址"原则优化高校校区布局，充分合理利用老校区继续办教育，"十四五"期间预计全省可新增高等教育学位15.4万个。以提高人均预期寿命为核心目标，启动整体提升卫生健康水平攻坚行动。5个国家区域医疗中心纳入国家规划，规划布局5个省级区域医疗中心，新增二级以上妇幼保健院35家，全面完成40家县级医疗机构提质扩能。积极推进医药卫生体制改革，县域医共体加快建设，开展群众就医排长队专项整治。三孩生育政策落地实施。医疗保障水平稳步提升。城乡低保平均标准分别提高到655元/月和4569元/年。十件民生实事全面完成，老百姓的操心事、烦心事、揪心事正在加快解决！

推动文化等社会事业发展。长征国家文化公园贵州重点建设区建设有序推进，省图书馆（北馆）、省地质博物馆开馆，国际山地旅游暨户外运动大会和第七届全省少数民族文艺会演成功举办，六盘水市、贵阳市成功创建全国民族团结进步示范市。双拥共建、国防动员和国防教育、宗教、外事、人防、退役军人、职工、青年、妇女、儿童、残疾人等各项工作取得新成绩。

一年来，我们衷心拥护"两个确立"、忠诚践行"两个维护"，持续推进政府系统全面从严治党。始终把习近平总书记重要指示批示作为"第一政治要件"，闭环管理、狠抓落实。按照中央和省委部署，深入开展党史学习教育和"牢记殷切嘱托、忠诚干净担当、喜迎建党百年"专题教育，做到学史明理、学史增信、学史崇德、学史力行。狠抓政法队伍教育整顿、国务院大督查、统计督察等发现问题整改。坚持依法行政，认真办理人大代表建议和政协委员提案，强化审计监督，主动接受社会和舆论监督。深入推进党风廉政建设和反腐败斗争，大力整治形式主义、官僚主义，政治生态持续向好。

各位代表！过去一年取得的成绩，十分不易、成之惟艰。这是以习近平同志为核心的党中央坚强领导和习近平新时代中国特色社会主义思想科学指引的结果，是省委统揽全局、协调各方的结果，是省人大、省政协和社会各界有效监督、大力支持的结果，是全省广大干部群众感恩奋进、顽强拼搏的结果。在此，我代表省人民政府，向全省各族人民，向全省人大代表、政协委员，向各民主党派、工商联、无党派人士、各人民团体和各界人士，向驻黔人民解放军、武警部队官兵、公安干警和消防救援人员，致以崇高的敬意！向关心支持贵州发展的中央各部门各单位和兄弟省区市，向港澳台同胞、海外侨胞和国际友人，表示衷心的感谢！

我们也清醒地认识到，贵州既与全国一样面临需求收缩、供给冲击、预期转弱的三重压力，又存在自身结构性、体制性、周期性问题的制约，经济社会发展还有不少困难和问题。主要是：疫情形势仍存在较大变数，产业链供应链循环不畅，部分行业和企业仍存在不少困难，消费和投资需求不振，经济保持稳定增长的难度加大；部分地方债务风险等级仍然较高，财政收支矛盾突出，"三保"压力大，金融、生态、安全生产等领域还存在风险隐患；巩固脱贫攻坚成果任务依然艰巨，教育、医疗、养老、托育等民生领域还有不少短板；政府系统部分干部攻坚克难的本领还不够强，真抓实干的作风还不够硬。我们将直面这些问题，采取切实有效措施加以解决。

二、2022年主要目标和重点任务

今年将召开党的二十大和省第十三次党代会，做好经济社会发展工作意义重大。政府工作的总体要求是：以习近平新时代中国特色社会主义思想为指导，全面贯彻落实党的十九大和十九届历次全会精神，弘扬伟大建党精神，深入贯彻习近平总书记视察贵州重要讲话精神，认真落实中央和省委经济工作会议精神，坚持稳中求进工作总基调，完整、准确、全面贯彻新发展理念，加快融入新发展格局，坚持以高质量发展统揽全局，守好发展和生态两条底线，深入实施乡村振兴、大数据、大生态三大战略行动，紧紧围绕"四新"主攻"四化"，巩固拓展脱贫攻坚和全面建成小康社会成果，全面深化改革开放，坚持创新驱动发展，坚持以供给侧结构性改革为主线，统筹疫情防控和经济社会发展，统筹发展和安全，继续做好"六稳"、"六保"工作，确保民生持续改善，确保社会大局稳定，确保高质量发展取得更大成效，以优异成绩迎接党的二十大和省第十三次党代会胜利召开。

主要预期目标是：地区生产总值突破2万亿元、增长7%左右，在实际工作中尽可能争取更好结果；农业、规模以上工业、服务业增加值分别增长6%、10%以上、7.5%左右；一般公共预算收入增长5%左右；城镇新增就业60万人以上，城镇调查失业率控制在5.5%以内；城镇、农村常住居民人均可支配收入分别增长10%左右和12%左右；居民消费价格涨幅3%左右。

高质量发展主要目标是：制造业增加值占地区生产总值比重21%左右；数字经济、绿色经济占地区生产总值比重分别达到36%和46%左右；常住人口城镇化率57%左右；农产品加工转化率59%以上；旅游及相关产业增加值增长15%以上，游客人均花费增长10%以上；森林覆盖率62.8%左右；劳动年龄人口平均受教育年限10年；人均预期寿命76岁。

做好今年经济社会发展工作，实现上述目标，要突出把握好以下几个方面。一要坚持稳字当头、稳中求进。在稳定经济大盘和社会大局的前提下，把稳增长、调结构、推改革有机结合起来，在关键领域有所进取，实现以稳促进、以进促稳。二要坚持质量第一、效益优先。始终把质量效益放在突出位置，加快推进质量变革、效率变革、动力变革，决不能穿新鞋走老路，没有质量效益的事情坚决不做！三要坚持改革开放、创新驱动。大力推动市场化改革，沿着"一带一路"全方位扩大开放，着力激发创新活力，做到以改革促进开放、以开放倒逼改革、以创新驱动发展。四要坚持优化结构、转型升级。加快调整优化供给侧结构、需求侧结构和所有制结构，实现发展方式转型、发展动能切换、发展质量提升。五要坚持纾困解难、惠企利民。继续帮助市场主体特别是中小微企业、个体工商户恢复发展，更好稳住就业、提高居民收入，持续改善人民生活，兜牢兜实民生底线。六要坚持化解风险、安全发展。有效防范化解各类风险，坚决维护各领域安全，实现高质量发展和高水平安全的良性互动。

今年要重点做好以下工作。

（一）集中力量大抓产业，不断增强经济增长动能。把产业发展摆在更加突出位置，深入实施工业倍增行动和旅游业"四大行动"，推动产业链优化升级，打造具有竞争优势的产业集群。

巩固提升特色优势产业。实施煤电扩能增容提质行动，推进大中型煤矿建设，煤炭产量达到1.45亿吨；加快建设一批先进煤电机组，力争改造煤电机组装机180万千瓦。加强赤水河流域产区管控和生态保护，按照"三个一批"推动中小酒企转型升级，建设以茅台酒为引领的贵州酱香白酒品牌舰队。优化卷烟产品结构，提升贵烟系列产品市场占有率。

加快壮大新兴产业。大力发展新能源电池及材料产业，依托磷化集团、宁德时代、比亚迪等龙头企业，结合资源禀赋，统筹产业布局，实现产值增长80%以上。大力发展新能源汽车，培育以整车为牵引、以动力电池和汽车零部件为支撑的产业集群。深入推进国家大数据综合试验区建设，加快建设贵阳大数据科创城，打造数字产业和人才集聚区、数字场景应用示范区、生态文明展示区。实施数字产业大突破行动，加快培育数据中心、智能终端、数据应用3个主导产业集群，软件业务收入增长25%以上。实施"万企融合"大赋能行动，加快工业互联网平台建设应用，带动2000户以上实体经济企业和大数据深度融合。以"一云一网一平台"为载体，加快数字政府建设，提升数字化治理能力。我们要抢抓风口机遇，举全省之力发展新兴产业，提升贵州产业能级，在行业版图中抢占重要地位！

改造提升传统产业。大力发展精细磷煤化工，延长产业链，提高附加值，化工行业增加值增长10%以上。加快提升锰产业集中度，积极发展铝及铝加工，推进基础材料产业转型发展。加快军民融合发展，推动与中航工业、中国航发、航天科工、中国电子等军工央企战略合作，大力发展无人机、航空发动机、工业基础件等先进装备制造，装备制造业增加值增长8%以上。加快民族药、化学药、生物药和生态特色食品、新型建材等产业发展。

着力提振服务业。加快促进旅游业恢复发展。加强与知名旅游平台合作，完善提升"贵州旅游·一码游贵州"平台。针对重点客源市场加大宣传推介力度，深入挖掘省内旅游市场潜力。深化"旅游+""+旅游"，积极发展休闲度假康养、山地体育旅游、文化体验、乡村旅游等融合业态。深入开展"文明在行动·满意在贵州"活动，维护贵州文旅良好形象。提升金融服务实体经济质效，大力实施"引金入黔""险资入黔""基金入黔"，常态化开展政金企融资对接。大力发展绿色金融、科技金融，创建毕节普惠金融改革试验区。扩大直接融资规模，实施企业上市高质量发展三年行动，力争5家企业上市。加快发展总部经济、现代物流、检验检测、研发设计和家政、养老、育幼等产业，推动服务业补短板上水平。

（二）全面推进乡村振兴，加快推动农业农村现代化。深入实施乡村振兴"五大行动"，不断促进农业增产增效、农民创收增收、农村宜居宜业。

扎实巩固脱贫攻坚成果。把巩固脱贫攻坚成果作为乡村振兴首要任务，加强对有返贫致贫风险和突发严重困难农户的动态监测和帮扶，常态化开展"3+1"保障监测，强化易地搬迁后续扶持，坚决防止发生规模性返贫。坚持分类分级，推动国家和省级乡村振兴重点帮扶县加快发展。持续推进粤黔东西部协作、中央单位定点帮扶和社会帮扶，完善教育医疗等"组团式"帮扶模式。加强扶贫项目资产后续管理，确保持续发挥效益。

全力促进农民增收。把提高农民收入作为巩固脱贫攻坚成果、推进乡村振兴的核心任务。以县为单位将农村劳动力外出务工组织化程度提高到70%以上，鼓励建筑施工企业优先使用省内农民工，将以工代赈项目投入中的劳务报酬比例提高到20%，深入开展根治欠薪，切实保障农民工工资及时足额支付。巩固家庭经营基础性地位，更好发挥农民主体作用，完善利益联结机制，拓宽经营性和财产性增收渠道。深化农村"三变"改革，大力盘活农村闲置土地、房屋等资源，做大农村集体经济。落实好各项支农惠农补贴政策。我们要综合施策，一年接着一年抓，尽快让农民的腰包鼓起来！

持续推进农业产业结构调整。以12个农业特色优势产业为引领，按照市场化方向，各地要突出主导产业，进一步调整优化种植养殖结构。大力发展林下经济，不断提高林下农产品的质量效益。深入实施种业振兴行动，加快省作物种质资源库建设，加强种源关键技术攻关、良种培育，强化种植养殖技能培训。加强动植物疫病防控。提高农机装备水平，主要农作物耕种收综合机械化率提升至46%以上。深入实施农产品加工业提质增效行动、农产品质量品牌提升行动。省级以上农业产业化重点龙头企业达到1200家，省级农民合作社示范社达到3000家，省级示范家庭农场达到1500家。

着力推进乡村建设。深入实施农村人居环境整治提升五年行动，农村生活污水治理率达到16%，推进农村生活垃圾收运体系建设向30户以上自然村寨延伸，新（改）建农户厕所22万户，推进村庄整治、庭院整治，健全完善农村人居环境长效管护机制。深入推进自治、法治、德治相结合的乡村治理体系建设。扎实开展"推进移风易俗·树立文明乡风"专项行动，加强农村大操大办、薄养厚葬、封建迷信等陈规陋习治理，稳妥推进殡葬改革。

（三）大力培育市场主体，夯实经济发展根基。实施市场主体培育行动，下大力营造良好的创新创业环境，让贵州市场主体多起来、大起来、强起来。

发展壮大规上企业。支持行业龙头企业做大做强，提升核心竞争力和带动力。实施旗舰引领工程，支持磷化集团、盘江集团等大型企业加快打造千亿级企业。实施百亿级企业梯度培育工程，打造一批骨干企业。制定培育计划和激励机制，全力培育壮大"四上"企业。新增规模以上工业企业700户、二级资质以上建筑业企业100户、限额以上批零住餐企业500户、规模以上服务业企业350户。

大力扶持中小微企业。完善中小企业梯度培育体系，争创一批国家级"小巨人"企业，培育省级"专精特新"企业100户以上，支持优质中小企业在京沪深交易所及全国股转系统挂牌上市。加强创业指导引导，打造众创空间、微型企业创业创新示范基地、大学生创业基地等孵化平台。以流光溢彩夜贵州、城市便民生活圈、易地搬迁安置点等为载体，大力发展小店经济，培育一批微型企业和个体工商户。

扎实开展产业大招商。创新招商方式，提升招商引资精准度，围绕首位产业、龙头企业开展全产业链招商，引进优强企业1600家，新增产业到位资金5000亿元以上。建立招商引资重大项目协调机制，统筹要素配置、项目服务，做到"一个项目、一名领导、一套班子、一个实施主体、一个推进方案"，切实提高合同履约率、资金到位率、投产达产率。进一步完善考核办法，更加注重项目落地实效，坚决杜绝数字招商、虚假招商。

持续优化营商环境。实施《贵州省优化营商环境条例》，深化"放管服"改革,推进行政审批"三减一降",深入实施"一窗通办'2+2'模式""一网通办""跨省通办"等改革,"全程网办"事项达到70%。探索建立容缺承诺审批制度。落实好国家新一轮组合式减税降费和减租降息、普惠金融等纾困政策。提高惠企政策知晓率。建立企业问题、政府服务"两张清单",扎实开展领导干部入企走访活动,"一企一策"服务企业,帮助企业解决要素保障及堵点痛点问题。我们要以"周公吐哺"精神,尊重企业家,服务企业家,为企业家打造大胆创业、安心发展的市场化法治化营商环境!

(四)全力稳投资促消费,发挥有效需求拉动作用。坚持扩大内需战略基点,挖掘释放有效需求,更好发挥投资关键作用和消费基础作用。

促进有效投资稳定增长。围绕"四化"等重点领域,深入实施扩大有效投资三年攻坚行动。全力扩大产业投资。聚焦现代能源、新能源电池及材料、新能源汽车、大数据电子信息、高端装备制造、绿色环保等产业,加快建设一批重大项目,支持企业开展智能化、数字化改造,新型工业化完成投资3200亿元,工业投资占比提高到26%左右。改进"四化"和生态环保基金使用方式,扩大基金规模,撬动更多社会资本投入项目建设。坚决取消民间资本准入的不合理限制,民间投资占比达到45%左右。强化基础设施投资。加快贵州大水网建设,深入推进水利"百库大会战",加快凤山、观音等大型水库建设,开工建设花滩子等一批骨干水源工程。加快贵阳至南宁、盘州至兴义等铁路建设,加快沪昆国高贵阳至盘州扩容等高速公路建设,开工建设荔波至河池等一批高速公路,新增高速公路通车里程300公里以上。建设数字电网,加快构建新型电力系统，推进220千伏变电站县域全覆盖。天然气管道联通71个县。适度超前布局新型基础设施，加快全国一体化算力网络国家（贵州）枢纽节点建设，推进"东数西算"试点。加快京东、南方电网等数据中心建设。新建5G基站2.5万个，出省带宽达到3.8万G。加强政府投资项目管理。全面落实政府投资项目管理办法，坚决杜绝低效无效投资。全面开展闲置低效资产盘活专项行动，落实市县主体责任和行业部门管理责任，大力盘活工业园区闲置厂房，清理"僵尸企业"，推进"腾笼换鸟"；大力引进战略投资者和经营主体，加强闲置低效旅游项目后续开发和运营管理；加大闲置低效农业设施、失管产业和土地资源盘活力度，让各类资产尽快发挥效益。

深入挖掘城镇化内需潜力。坚持以人为核心的新型城镇化，着力增强城镇人口承载力、内需带动力。深入推进"强省会""3个100万"。推动贵阳贵安融合发展，提高省会首位度。做大做强贵阳—贵安—安顺都市圈和遵义都市圈，提升毕节中心城区集聚能力。做优做特区域中心城市，加快推动县城和特色小镇补齐短板，发展壮大县域经济。进一步强化区域间基础设施、公共服务、产业布局等统筹规划，更好促进分工协作、优势互补。扎实推动城镇"四改"。新开工棚户区改造2万户、完成12万户，新开工老旧小区改造21.32万户，完成背街小巷改造2304条，新增城市地下管网2100公里。启动实施城镇生活污水处理、城乡生活垃圾焚烧处理设施建设攻坚行动，今年新增城镇生活污水管网1000公里、生活垃圾焚烧处理能力2600吨/日以上，"十四五"时期实现城镇生活污水管网全覆盖、县域生活垃圾焚烧处理全覆盖。大力发展城镇经济。加快城市商圈、一刻钟便民生活圈、步行街、文旅和夜间消费聚集区建设。推进城市智慧化改造和社区网格化管理。建设保障性租赁住房3.7万套。做好稳地价、稳房价、稳预期工作，促进房地产市场平稳健康发展。

促进消费恢复增长。常态化开展促消费活动，采取精准投放消费券等方式，释放居民消费潜力，提振汽车、成品油等大宗消费。壮大新型消费，规范发展直播电商、社交电商、首店经济等新业态，培育新的消费热点。推进10个县域商业体系建设示范县工作，开展绿色智能家电下乡和以旧换新等活动，扩大农村消费市场。加强消费者权益保护，深入开展放心消费创建。社会消费品零售总额增长10%左右。

（五）大力推进改革开放创新，激发市场活力发展动力。推进更深层次改革、更宽领域开放、更大力度创新，为发展添动力、激活力、拓空间。

持续深化重点领域改革。完善能源资源价格形成和动态调整机制，积极有序推进电力市场化交易。加快城乡供排水一体化改革，创新污水处理收费机制，修订出台城镇供水和天然气配气价格管理办法。加快推进数据要素市场化配置改革，优化提升贵阳大数据交易所，在数据授权使用、登记确权、技术标准等方面实现突破。持续推进"标准地"改革，探索混合用地试点。完成国企改革三年行动目标任务，全面实现省级经营性国有资产集中统一监管，兼并重组做大一批国有企业。深化公共资源交易平台整合共享，建成全省统一的公共资源交易平台。有序推进农村信用社改革。深化国有林场、国有农场改革。加快农村集体产权制度改革，保障进城落户农民土地承包权、宅基地使用权、集体收益分配权。

加快发展开放型经济。深入推进内陆开放型经济试验区建设，推动开放产业、通道、平台、环境、人才等实现新突破，积极融入国内国际双循环，沿着"一带一路"走出去。加快建设西部陆海新通道、黔粤主通道。主动参与中国—中南半岛、孟中印缅经济走廊建设，抢抓RCEP生效机遇，开拓东盟等海外市场。实施外贸、外资、跨境电商倍增行动计划，支持在境外主要市场布局贵州产品海外仓，推动"贵州制造"出口，进出口总额增长30%以上。提升开发区能级量级，打造"一园一链"产业生态，加快粤黔、苏贵等产业园区建设，新增百亿级开发区6个。继续办好数博会、国际山地旅游暨户外运动大会、中国—东盟教育交流周等活动，精心筹办2022年泛珠三角区域合作行政首长联席会议。

着力提升科技创新能力。加大勘查力度，实施新一轮找矿战略行动，提高我省煤、磷、铝、锰、锂等优势矿种和战略性新兴矿种开发保护水平。整合优势资源打造重大科技协同创新平台，在大数据、找矿采矿、工业固废资源化利用、生物工程等领域实施一批重大攻关项目。积极申建国家级磷氟化工制造业创新中心。完善全社会研发项目库。突出企业创新主体地位，支持龙头企业牵头组建创新联合体，开展"千企面对面"科技服务行动和规上企业研发机构扶持计划。强化知识产权保护，深化质量强省建设。建设提升大数据国家工程研究中心、省部共建公共大数据国家重点实验室和国家技术标准创新基地，推动贵州科学城、花溪大学城、贵阳大数据科创城联动发展。召开全省科技创新大会，发出创新最强音，在实施创新驱动发展战略上奋起直追！

大力推进人才大汇聚。全面实施引才、育才、用才、留才"四大工程"，深入推进产业重点人才和团队引进"123"计划，办好"贵州人才博览会"活动，常态化开展贵州"人才日"活动。

建设青年友好型成长型省份，培育凝聚更多青年人才。推动中职、高职、本科职教协同发展，支持部分高职院校在优质专业举办职业本科教育。加快实施"技能贵州"行动，做好"粤菜师傅"等协作培训，打造"贵州技工""贵州工匠""贵州绣娘"等品牌。我们要深入实施新时代人才强省战略，全力营造重视人才、尊崇人才、吸引人才、用好人才的浓厚氛围，把贵州建设成为全国最具吸引力、最具凝聚力的人才高地之一！

（六）持续改善生态环境，大力推进绿色低碳发展。践行绿水青山就是金山银山的理念，深入推进国家生态文明试验区建设，实现经济高质量发展和生态环境高水平保护协同共进。

深入打好污染防治攻坚战。加快推进中央生态环保督察及长江经济带生态环境警示片等反馈问题整改。开展中心城市空气质量巩固和改善行动，实施集中式饮用水水源地环境整治巩固提升工程，深化生活垃圾污水和工业园区环境污染等专项治理，持续推进赤水河流域生态环境综合治理。推动磷石膏等工业固废综合利用，深化磷污染、锰污染治理。深入开展生态环境问题从严排查整治行动，着力解决群众身边的环境问题。

加强生态修复治理。统筹推进武陵山区山水林田湖草沙一体化保护和修复工程。持续巩固退耕还林成效。推进石漠化和水土流失治理，加快国家储备林建设，完成营造林275万亩、石漠化综合治理600平方公里、水土流失治理2980平方公里，恢复治理历史遗留矿山3000亩。坚决落实长江流域十年禁渔。抓好国家公园创建工作，加快构建贵州特色自然保护地体系。深入开展涉林执法专项行动，加强生物多样性保护和利用，推动人与自然和谐共生。

统筹做好碳达峰碳中和工作。科学制定碳达峰实施方案，提高煤炭清洁高效利用水平,推动煤炭和新能源优化组合,积极发展可再生能源,加快抽水蓄能开发建设。统筹做好能耗"双控",推动高耗能行业绿色化、清洁化改造,严控"两高"项目盲目上马。加快先进绿色低碳技术应用,推进资源全面节约、集约、循环利用,降低单位产品能耗物耗水耗。

完善绿色发展制度。加快生态产品价值实现机制试点,推动排污权和碳排放权等市场化交易,健全完善生态补偿、生态环境损害赔偿、林业碳汇等机制。常态化办好"贵州生态日"系列活动。广泛开展绿色机关、绿色家庭、绿色社区、绿色出行等创建行动。

(七)防范化解各类风险,牢牢守住安全底线。深入贯彻总体国家安全观,筑牢底线思维,强化风险意识,严密细致做好各领域风险防范化解工作,确保社会大局和谐稳定。

坚决保障粮食安全。落实粮食安全党政同责,深入实施粮油单产提升工程,新建高标准农田260万亩,确保完成国家下达的粮食播种面积和产量目标任务,保障重要农产品供给。落实最严格的耕地保护制度,坚决遏制耕地"非农化"、防止"非粮化"。扩大省级储备粮规模,提高粮食应急保障能力。

防范化解债务和金融风险。压实地方主体责任,推动高风险地区降低债务风险等级,多措并举有序化解存量债务、缓释债务风险。加强监督问责,坚决遏制新增政府隐性债务。稳妥推动地方平台公司市场化实体化转型。大力培植财源税源,增强财政保障能力。加强对资本的有效监管,支持和引导资本规范健康发展。强化地方法人金融机构和债务高风险企业风险管控,严厉打击各类扰乱金融秩序的非法行为。开展财经秩序专项整治行动,强化预算约束和绩效管理,严禁截留、挤占、挪用各类财政资金等违规行为,发现一起、查处一起，绝不姑息，让财经纪律成为不可触碰的"高压线"！

维护社会安全稳定。严格落实安全生产责任制，深入开展安全生产专项整治行动，突出抓好煤矿、建筑施工、危化品、城镇燃气、森林火灾等领域隐患排查治理，继续抓好道路交通、水路交通及铁路沿线安全整治，坚决防范遏制重特大事故。扎实做好防灾减灾救灾工作，强化地质灾害综合防治，新建2000处地质灾害普适型自动化监测点。强化食品药品安全监管。加强应急物资储备，确保煤电油气稳定供应。加强社会治安综合治理，完善矛盾纠纷多元化解机制，健全各级政府定期研究解决信访突出问题工作制度。强化厂务公开、村（居）务公开。常态化推进扫黑除恶斗争，严厉打击电信网络诈骗等新型犯罪活动。

抓好常态化疫情防控。坚持外防输入、内防反弹，压实"四方"责任，落实"四早"要求，科学精准落实常态化疫情防控措施，指挥体系保持在应急状态，提升应急处置、流调溯源、核酸检测、医疗救治等能力，持续推进新冠疫苗接种，坚决守住来之不易的疫情防控成果。

（八）用心办好民生事业，确保发展成果人民共享。坚持在高质量发展中促进共同富裕，加快补齐基本民生短板，提升民生保障水平，持续推动基层治理创新，让老百姓的日子越过越好！

落实落细稳就业措施。加强劳动力就业人口监测，全力促进高校毕业生、进城务工人员、退役军人、易地搬迁群众、就业困难人员等重点群体就业，支持发展新就业形态，鼓励多渠道灵活就业，确保零就业家庭动态清零，保持就业形势稳定。

持续提升教育水平。围绕各阶段教育发展需求，大力实施整体提升教育水平攻坚行动"七大提升工程"。进一步提升学前教育普及普惠水平，推动义务教育优质均衡和普通高中示范特色多元发展。持续推进"双减"工作。强化产教融合，推进职业教育特色发展。稳步推进省属高校布局调整优化，加快贵州医科大学、贵州轻工职业技术学院等新校区建设。加强与高水平大学交流合作。持续支持贵州大学"双一流"建设。深化教育综合改革。深入推进"强师工程"，加强师德师风和教学能力建设，切实保障教师工资待遇。

持续提升卫生健康水平。围绕全生命周期，大力实施整体提升卫生健康水平攻坚"七个专项行动"。加快国家和省级区域医疗中心建设。积极推进国家级临床重点专科和"千县工程"建设。完善疾病预防控制体系。提高公立医院管理服务质量水平，加快信息化建设，推动医学检查检验结果互认。推进中医药（民族医药）传承创新发展。拓展"黔医人才"计划，深入实施"银龄计划"。加快建设居家社区机构相协调、医养康养相结合的养老服务体系，完善三孩生育政策配套措施，做好"一老一小"健康照护服务。推动全民健身，办好省第十一届运动会和省第十届少数民族传统体育运动会。

持续提升社会保障水平。制定实施专项行动，对基本民生保障明显偏低的，采取有力措施、尽最大努力予以提高！今年将城乡居民基础养老金最低标准由每人每月98元提高到113元，继续提高城乡低保标准。落实医疗救助资助参保政策，深入实施全民参保计划。推进企业职工基本养老保险全国统筹、失业保险省级统筹，完善工伤保险省级统筹。落实好社会救助和保障标准与物价上涨挂钩联动机制。加强农村留守儿童、妇女、老人和残疾人等特殊群体关爱保护。

繁荣发展文化事业。加快建设长征国家文化公园贵州重点建设区。推动铸牢中华民族共同体意识模范省建设。提升公共图书馆、文化馆、博物馆、工人文化宫、乡镇（街道）综合文化站、村（社区）综合性文化服务中心服务效能，加快省文化馆新馆建设。加强文化遗产、传统村落、民族特色村寨等保护发展。推动创作文化精品力作。

加强国家安全、意识形态、国防动员和国防教育、双拥共建、民族宗教、外事侨务、法律服务、史志档案、气象地震等工作，支持工会、共青团、妇联、文联和作协、社科联、科协、残联、红十字会、慈善等事业发展。

今年要继续统筹财力，扎实办好"十件民生实事"。（1）保障好重点群体就业，开展职业技能培训60万人次，城镇公益性岗位安置就业困难人员4万人，高职院校"订单班"毕业就业1.5万人。（2）努力解决群众入园入学烦心事，新建、改扩建100所公办幼儿园，遴选培育公办义务教育强校计划项目学校1000所。（3）让群众享受优质便捷的医疗服务，建设40个儿童重症监护病房，建设50个县域医疗次中心，实现定点医疗机构跨省直接结算县县通。深入开展群众就医排长队专项整治。村医待遇每月提高200元。（4）提供更好养老照护服务，改造提升20所标准化养老院、新增护理型床位4000张，为全省65岁以上老年人免费体检一次。（5）缓解城市"停车难"和"交通堵"，建成城市（县城）公共停车位3万个，改造人防工程向社会提供停车位2.6万个；开展城市道路交通秩序综合治理。（6）更好满足群众基本文化需求，建设100个易地扶贫搬迁安置点综合性文化服务中心示范点，农村电影公益放映16万场次。（7）促进全民健身，实施森林康养步道提升工程100公里，农体工程更新维护1000个，建设社区健身路径或三人制篮球场300个。（8）加强农业科技服务，选派2000名科技特派员赴基层开展服务，选聘180名各类产业导师助推乡村振兴和产业发展。（9）提升乡镇消防应急能力，建成150个乡镇标准化应急救援站。（10）更好保障老百姓出行安全，建成4000公里普通公路安全防护工程，完成200座普通公路危桥改造。各级政府要继续压减党政机关行政经费、非急需和非刚性等一般性支出，释放更多财力促进民生事业发展，坚决兜牢基层"三保"底线，用政府的紧日子让老百姓过上好日子！

各位代表！做好今年经济社会发展工作，各级政府必须坚持党的全面领导，切实加强自身建设，让忠诚、为民、务实、清廉、担当成为全省政府系统的鲜明品格。加强政治建设，把深刻领会"两个确立"转化为坚决做到"两个维护"的政治自觉、思想自觉、行动自觉，推进党史学习教育常态化、长效化，不断提高政治判断力、政治领悟力、政治执行力。加强法治建设，深入推进法治政府建设，自觉接受人大及其常委会监督，接受政协民主监督，接受社会监督和舆论监督，强化审计、财会等监督，让权力在阳光下运行。加强廉政建设，严格落实中央八项规定及其实施细则精神，坚持不懈纠治"四风"，深入推进政府系统党风廉政建设和反腐败斗争，坚决铲除腐败滋生的土壤，持续巩固风清气正的良好政治生态！

推动高质量发展必须有过硬的作风作保障。今年要作为全省政府系统"改进作风、狠抓落实"年，各级政府要以刀刃向内的勇气、猛药去疴的决心、滴水穿石的韧劲，坚决革除作风上的顽瘴痼疾。大力整治慢作为。对部署的工作、定下的事情，要雷厉风行、马上就办、办就办好，决不允许疲疲沓沓、拖拖拉拉、拖着不办。大力整治不作为。在其位要谋其政、尽其责，不能占着位子不干事、遇上矛盾难题绕着走，更不能"新官不理旧账"、搞击鼓传花。大力整治乱作为。始终牢记权力是人民赋予的，必须坚持权为民所用，严格按照法律法规办事，作决策、上项目、搞建设都要讲规矩、讲效益，决不允许不顾客观实际、拍脑袋作决策，决不允许大手大脚花钱，搞劳民伤财的"形象工程""政绩工程"。大力整治文山会海。要尽量少开会、开短会、开视频会，少发文、发短文、发管用的文，坚决避免表格泛滥、过度留痕、督查过频，切实把基层干部从文山会海中解脱出来。大力整治官僚作风。老百姓是我们的亲人，企业家是我们的自己人，要深入基层察实情、解民忧，对他们的所急所盼要第一时间研究解决，决不允许高高在上、摆官架子。大力整治弄虚作假。要说实话、办实事、出实绩，不能只报喜不报忧，更不能说假话、做假账、报假数！

改进作风归根到底要体现在狠抓落实上。全体政府工作人员都要扑下身子、真抓实干，把中央和省委、省政府的决策部署一项一项落实到位，把关系老百姓切身利益的实事一件一件办好办扎实，以过硬作风诠释对党忠诚、对人民负责！

各位代表！力量生于团结，幸福源自奋斗。让我们更加紧密地团结在以习近平同志为核心的党中央周围，在中共贵州省委坚强领导下，锚定目标、坚定信心，埋头苦干、勇毅前行，奋力完成全年经济社会发展目标任务，以优异成绩迎接党的二十大和省第十三次党代会胜利召开！

云 南 省
政府工作报告

——2022年1月20日在云南省第十三届
人民代表大会第五次会议上

省长 王予波

各位代表：

现在，我代表省人民政府，向大会报告工作，请予审议，并请省政协委员和列席人员提出意见。

一、攻坚克难，奋发作为，"十四五"实现良好开局

2021年是党和国家历史上具有里程碑意义的一年。以习近平同志为核心的党中央团结带领全党全国各族人民，隆重庆祝中国共产党成立一百周年，胜利召开党的十九届六中全会、制定党的第三个历史决议，沉着应对百年变局和世纪疫情，如期打赢脱贫攻坚战，如期全面建成小康社会、实现第一个百年奋斗目标，开启全面建设社会主义现代化国家、向第二个百年奋斗目标进军新征程。习近平总书记对云南工作高度重视、寄予厚望，给沧源县边境村老支书

们回信，勉励我们建设好美丽家园，维护好民族团结，守护好神圣国土；在COP15主旨讲话和新年贺词中专门提到云南大象北上南归之旅，昭示我们人不负青山、青山定不负人；亲自见证中老铁路通车，叮嘱我们把铁路维护好、运营好，把沿线开发好、建设好，打造黄金线路，造福两国民众；致信祝贺白鹤滩水电站首批机组投产发电，要求我们推进碳达峰碳中和；对滇池保护治理、疫情防控等工作作出重要指示批示。我们牢记嘱托、感恩奋进，坚持以习近平新时代中国特色社会主义思想为指导，把忠诚拥护"两个确立"、坚决做到"两个维护"作为最高政治原则和根本政治规矩，把习近平总书记考察云南重要讲话和重要指示批示精神作为发展的总遵循、总纲领、总指引，认真落实省委工作部署，在践行初心使命中勇毅前行，历史性地解决了绝对贫困问题，与全国同步全面建成小康社会，"三个定位"建设取得新进展，高质量跨越式发展迈出坚实步伐。

——担当为国守边重任、强边固防格局重塑。全面落实边境管控措施，党政军警民10多万人坚守边境一线，历史性建成边境立体化防控设施，边境管控格局发生根本性变化。守住了本土疫情不向外传播的底线，有力服务了全国大局。

——经济运行顶压奋进、稳中加固。完成地区生产总值2.71万亿元、增长7.3%，两年平均增速高于全国，规模以上工业增加值增长8.8%，地方一般公共预算收入增长7.6%，居民人均可支配收入增长10.2%。经济运行保持在合理区间，发展质量和韧性进一步增强。

——保护生态力度空前、群众拥护。COP15第一阶段会议成功举办，发布昆明宣言，云南生物多样性惊艳世界，大美云南的知名度、美誉度、开放度全面提升。我们把整治滇池沿岸违规违建作为检验干部立场、品质、能力、意志的试金石，坚决整改中央生态环境保护督察反馈问题，整治效果明显，为全省生态环境保护树立了铁规矩、新标杆，守护绿水青山、铸就金山银山成为共识和共为。

——产业发展加快转型、绿色崛起。绿色能源装机突破9500万千瓦，绿色发电量3309.85亿度，绿色铝硅成长为新的千亿级产业，能源工业增加值增长11.2%。第一产业增加值增长8.4%、创多年新高，绿色食品重点产业综合产值增长12%，绿色发展优势愈发显现。

——大抓项目导向鲜明、成效明显。坚持"发展为要、项目为重、实干为先"，建立常态化项目推进机制，一批重点产业项目扎实推进，高速公路里程突破1万公里，中老铁路运营开局良好，中缅新通道海公铁联运成功试运，滇桂右江百色水利枢纽通航设施启动建设，8件国家重大水利工程全部开工。

一年来，我们主要做了以下工作：

（一）统筹疫情防控和经济社会发展，"六稳"、"六保"有力有效。全力做好"外防输入、内防反弹、严防外传"工作，统筹资源支持瑞丽抗疫情促发展，全省核酸检测日单检能力达158.7万人份，3岁以上人群疫苗全程接种率89.16%，救治病例2142例，支持周边国家抗击疫情，输入性疫情全部"动态清零"。召开16个州市现场办公会，为各地发展定位定标。加强经济运行调节，及时出台稳增长一揽子政策措施。城镇新增就业53.31万人，农村劳动力转移就业1558.19万人。新增减税降费180亿元，1690亿元财政资金直达基层、惠企利民，失业保险稳岗返还资金惠及职工157.84万人，兜牢基层"三保"底线。粮食产量达1930.3万吨。全力抓好煤炭增产增供和能源保供稳价，居民生活用电未受影响。

（二）全力推进产业强省建设，新旧动能加快转换。新增农业产业化国家重点龙头企业19户，新认证登记绿色食品、有机农产品和农产品地理标志1528个。烟草、医药、电子产品制造等产业增加值分别增长4.3%、17.7%、45.3%，规模以上工业企业利润总额增长32.5%。建成绿色铝产能538万吨，单晶硅棒、片产能均达90GW。新增3户国家级制造业单项冠军示范企业、17户国家级专精特新"小巨人"企业、11户国家A级物流企业。园区营业收入达1.9万亿元。新认定10个4A级旅游景区，建成50个半山酒店。第三产业增加值增长7.7%。实施174个重点科技项目，新增3名两院院士、1家国家重点实验室、3家云南实验室，高新技术企业数增长21%，区域科技创新能力全国排名提升4位。

（三）深挖需求潜力，发展支撑更加坚实。统筹中央和省级财政基建投资684.6亿元，发行地方政府专项债1270亿元，强力推动基础设施"双十"重大工程、"四个一百"重点项目等建设，固定资产投资增长4%。新增高速公路里程1000多公里，渝昆高铁云南段全线开工，完成综合交通投资3878亿元、占全国综合交通投资的11.8%。乌东德水电站全部机组投产发电，新增各类电力装机686.14万千瓦，保障西电东送1848.7亿度。兴水润滇工程全面启动，滇中引水工程全面提速，水利投资增长37.8%。"双提升"工程基本完成，卫生投资增长34.7%。新增3个国家文旅消费试点城市，电子商务进农村综合示范县数量居全国第一，社会消费品零售总额增长9.6%。

（四）持续深化改革扩大开放，发展动力活力进一步增强。深化"放管服"改革，建立市场主体直接评价营商环境制度，开展市场准入效能评估试点，一体化政务服务能力持续提升，"一部手机办事通"可办事项达1379个。实施市场主体倍增行动，企业开办时间压缩至1个工作日，新登记市场主体75.38万户，总数达410.97万户、增长12.7%。完善更加注重激励的省以下财政体制，建立高质量发展转移支付奖补制度，财政治理效能持续提升。国企改革不断深化，云投集团跻身世界500强。省股权交易中心开业运营，新增3家上市公司。组织新一轮央企入滇，新落户5家世界500强企业，引进省外到位资金增长16.8%，实际利用外资增长17.1%。中国（云南）自由贸易试验区形成39项全国首创经验案例，新增2个国家外贸转型升级基地，国际贸易"单一窗口"实现口岸全覆盖，跨境电商交易额增长317.4%，进出口总额增长16.8%。

（五）以革命性举措抓保护治理，生态环境质量不断改善。全面打响湖泊革命攻坚战，开展九大高原湖泊"两线"划定，彻底转变环湖造城、贴线开发格局，九湖水质总体平稳向好，抚仙湖流域治理被自然资源部列入10个中国特色生态修复典型案例，洱海流域被纳入全国第二批流域水环境综合治理与可持续发展试点。六大水系出境跨界断面水质100%达标，州市政府所在地城市空气质量优良天数比率稳定在98%以上，化肥农药使用量持续减少。新增2个国家生态文明建设示范县和1个"两山"实践创新基地。有效开展高黎贡山生物生态安全风险防范和保护、长江"十年禁渔"、赤水河流域生态环境保护治理等工作，新增营造林488.63万亩，完成历史遗留矿山生态修复2.2万亩。以坚定态度关停197家企业，全力遏制"两高"项目盲目发展，全面出清重点工业行业淘汰类产能，单位GDP能耗强度完成国家下达任务。

（六）接续推动脱贫地区发展和乡村全面振兴，城乡发展更趋协调。严格落实"四个不摘"要求，保持投入力度不减，不断健全"一平台三机制"，实施脱贫村提升行动，精准帮扶51.2万人消除返贫致贫风险，脱贫劳动力转移就业322.18万人。确定57个国家和省级乡村振兴重点帮扶县，推进乡村振兴"百千万"示范工程，高质量创建20个"一县一业"示范县，建设高标准农田480万亩。启动农村供水保障3年专项行动，新建改建农村公路9608公里，完成农房抗震改造12.3万户。新创建16个美丽县城、6个特色小镇。开工改造老旧小区3014个、棚户区6.14万套，盘活烂尾楼248个，化解130.95万户不动产登记历史遗留问题。爱国卫生"7个专项行动"和农村人居环境整治提升行动有力有效，129个县市区全部达到国家卫生县城（城市）标准，新创建1053个美丽村庄。

（七）防范化解重大风险，平安云南建设成效显著。有力化解地方政府隐性债务，省属企业平均资产负债率稳定在67%以内，银行机构不良贷款余额和不良率保持"双降"。深入实施安全生产专项整治，全年未发生重特大事故。完成23个县应急广播体系建设，及时有效应对自然灾害，漾濞地震民房恢复重建全面完成。食品药品安全追溯体系不断完善。深入开展宗教领域突出问题整治，依法化解社会矛盾纠纷和信访突出问题，启动第五轮禁毒和防艾人民战争，三年扫黑除恶专项斗争取得重大成果，打击跨境违法犯罪取得重大突破，群众安全感综合满意度达95.86%。

（八）着力解决群众急难愁盼问题，人民生活品质不断改善。全省财政民生支出占比达74%。新建改扩建230所幼儿园，义务教育"双减"扎实推进，解决高中阶段21.64万个学位缺口，云南大学"双一流"建设取得阶段性成效，昆明理工大学"双一流"创建加快推进。县级公立综合医院达标比例和"五大中心"建设比例均居全国前列。企业退休人员基本养老金实现十七连增，医疗保险实现跨省住院、普通门诊费用直接结算。解决14.66万城镇困难群众住房问题，兜底保障313.82万城乡困难群众基本生活。"文化润滇"行动全面推进，新增国家级非遗代表性项目22项，景迈山古茶林文化景观申遗扎实推进，省州县三级20年一轮的地方志编修工程全面完成，《云南丛书续编》出版首发。新创建2个全国民族团结进步示范州市、10个示范县区、4个示范单位，第三轮"十县百乡千村万户"示范引领建设工程圆满完成，374个现代化边境小康村建设全面启动。奥运会、全运会、残运会获奖实现新突破。国防动员建设、退役军人服务保障和双拥工作取得新进展。完成脱贫攻坚普查、第七次全国人口普查和第三次全国国土调查。10件惠民实事全部办结。

一年来，我们纵深推进全面从严治党，扎实开展党史学习教育，弘扬伟大建党精神，制度化学习力行党的创新理论，干部推进现代化建设的能力本领得到新提升。严格依法行政，人民群众对法治建设满意度达97.6%。提请审议地方性法规6件，制定修改废止政府规章16件，办理人大代表建议771件、政协提案670件。驰而不息纠治"四风"，厉行勤俭节约，持续为基层减负，打造讲法治、重实干、强作风的人民政府。

各位代表！过去一年工作难中求成，世纪疫情对经济运行的冲击前所未有，重点市州经济明显下行、能源供应制约前所未有，成绩来之不易。这是以习近平同志为核心的党中央坚强领导的结果，是习近平新时代中国特色社会主义思想和习近平总书记考察云南重要讲话精神科学指引的结果，是省委团结带领全省各族人民拼搏奋斗的结果。在此，我谨代表省人民政府，向全省各族人民，向全体人大代表和政协委员，向各民主党派、工商联和无党派人士、各人民团体，向驻滇解放军和武警部队官兵、公安干警、消防救援人员以及各条战线的同志们致以崇高的敬意！向所有关心支持云南的中央部委、中央驻滇单位、上海广东等兄弟省区市、港澳同胞、台湾同胞、海外侨胞和国际友人表示衷心的感谢！

我们也清醒认识到，支撑云南高质量发展的基础还不牢固，制造业层次偏低，能源建设与产业发展时序不匹配，高原特色农业优势还没有充分发挥；科技、教育、人才对产业发展支撑力不足；市场主体少小弱，营商环境仍需优化；项目谋划不深入，要素保障不到位，市场化运作水平不高；开放型经济体制改革仍需深化，部分平台示范带动力不强；生态环境质量提升还需加大力度，九大高原湖泊保护治理任重而道远；基本公共服务还有不少短板要补；返贫致贫、财政金融、安全稳定、自然灾害等风险不容忽视。去年部分指标完成情况与原定目标有差距。需求收缩、供给冲击、预期转弱三重压力在我省都有具体表现，投资增速进入阶段性回落通道，消费增幅连续收窄，产业链供应链堵点断点不少，煤炭、电力、大宗商品面临结构性周期性短缺，企业做大做强和社会创新创业意愿有待激发，疫情反复仍是最大的不确定因素。我们要直面问题、迎难而上，认真加以解决。

二、在贯彻新发展理念、推动高质量发展上统一思想统一意志统一行动

新发展理念是"政之要者"，高质量发展是"国之大者"。

回顾实现全面脱贫、全面小康的奋斗路，我们深刻感受到习近平总书记掌舵领航的领袖力量，习近平新时代中国特色社会主义思想的真理力量，习近平经济思想的实践伟力。在全面建设社会主义现代化的奋进路上，我们必须从党的百年奋斗史中汲取智慧和力量，增加历史自信、增进团结统一、增强斗争精神，在完整、准确、全面贯彻新发展理念上坚毅笃行，在推动高质量发展中乘势而上，在新的赶考路上锐意进取，坚定沿着习近平总书记指引的方向阔步前进。习近平总书记在中央经济工作会议上的重要讲话，为做好当前和今后一个时期的工作指明了前进方向、提供了根本遵循。我们要把"四个必须"规律性认识贯穿到政府工作全过程，坚持党对经济工作的全面领导，坚持以经济建设为中心，坚持发展是解决一切问题的基础和关键，加强统筹、系统谋划，大抓产业发展、大抓营商环境、大抓市场主体、大抓改革开放、大抓创新发展、大抓绿色发展，以高水平的"稳"保障高质量的"进"，推动经济实现质的稳步提升和量的合理增长。我们要正确认识和把握"五个重大理论和实践问题"，认真研判发展环境发生的深刻变化，做大、分好共同富裕"蛋糕"，支持和引导资本规范健康发展，不断增强资源生产保障能力、农业综合生产能力，抓早抓小、着力避免发生重大风险、先立后破、有序推进碳达峰碳中和。我们要对标对表"七个方面政策取向"，提高政策制定的质量和水平，找准找好结合点和平衡点，强化宏观政策、微观政策、结构政策、科技政策、改革开放政策、区域政策和社会政策的精准落实、创新运用，政策发力适当靠前，最大限度发挥政策效应。

贯彻落实好习近平总书记重要指示批示精神和党中央决策部署，落实省委要求，必须深刻认识欠发达和后发展基本省情，准确把握云南在全国发展大局中的地位和作用，真正把潜力转化为实力、把潜能转化为动能、把优势转化为胜势。

一是全面彰显民族众多的交融优势，促进共同富裕，让团结进步成为云岭大地最美风景。各民族多元一体是历史留给我们的丰厚遗产，民族关系亲密融洽是我们最可宝贵的财富，各族群众共同团结进步、共同繁荣发展的愿望是我们的力量之源。要聚焦成为我国民族团结进步示范区，铸牢中华民族共同体意识，把发展作为民族团结进步的总钥匙，构筑中华民族共有精神家园，促进各族群众交往交流交融，全面深入持久开展民族团结进步创建，让各民族像石榴籽一样紧紧抱在一起，和睦相处、和衷共济、和谐发展，共创美好未来、共享伟大荣光。

二是全面彰显绿水青山的生态优势，建设美丽家园，让绿色成为高质量发展的鲜明底色。云南是我国西南生态安全屏障，被誉为"植物王国""动物王国""世界花园"，生态环境是云南的宝贵财富，也是全国的宝贵财富。要聚焦成为我国生态文明建设排头兵，树牢绿水青山就是金山银山理念，抢抓碳达峰碳中和重大战略机遇，以实现减污降碳协同增效为总抓手，推进山水林田湖草沙冰一体化保护和系统治理，拓展生态产品价值实现路径，深耕绿色发展沃土，培育绿色发展动能，擦亮绿色发展名片，推动生态高颜值和发展高素质齐头并进，坚决守护好蓝天白云、绿水青山、良田沃土，让七彩云南的神奇美丽享誉全球。在保护绿水青山上，我们要舍得眼前利益、舍得增长速度、舍得GDP！

三是全面彰显内引外联的区位优势，增强辐射能力，让云南成为"大循环、双循环"的重要支撑。云南是我国面向南亚东南亚和环印度洋地区开放的大通道和桥头堡，是"一带一路"建设、长江经济带发展两大国家发展战略的重要交汇点，云南经济要发展，优势在区位、出路在开放。要聚焦成为我国面向南亚东南亚辐射中心，主动服务和融入国家重大发展战略，构建开放型经济新体制，加快推进大通道大物流建设，加快发展国际贸易新模式，深化跨境产业合作，推动各类关键要素高效流动、交汇循环，以大开放促进大发展，打造强大国内市场与南亚东南亚市场之间的战略纽带，不断提升对周边国家及地区的辐射力、影响力、吸引力。

四是全面彰显得天独厚的资源优势，建设产业强省，让一二三产业加速迈向中高端。云南多样化的地理气候条件造就了极为丰饶的资源和物产，农业、绿色能源、有色金属、旅游等资源丰富、底蕴深厚，这是我们后发赶超的潜力所在、后劲所在。要聚焦产业强省，推进"两型三化"和打好"三张牌"，在工业化中推进能源革命、在能源革命中推进工业化，保持高原特色农业良好发展势头，守护好云南旅游这块金字招牌，加速从要素拉动向创新驱动、从总量扩大向量质齐升转变，推动产业实现大发展、大提升。

五是全面彰显开放包容的人文优势，优化营商环境，让各类市场主体蓬勃发展。市场主体是市场经济的微观基础。云南具有源远流长、兼容并蓄的厚重历史，自强不息、和合共生的文化基因，热情好客、重商厚商的人文特征。要聚焦打造全国一流营商环境，坚持市场化法治化国际化方向，围绕市场主体全生命周期，培育有核心竞争力的企业，做到各类企业一视同仁、公平竞争，强化政策集成和制度创新，全力让各类市场主体在云岭大地多起来、活起来、大起来、强起来。

六是全面彰显各具潜力的比较优势，加快后发赶超，让奋勇争先成为发展最强音。云南滇中、沿边、滇东北、滇西地区有着不同的资源禀赋和产业基础，错位发展、融合发展、特色发展的潜力巨大。要聚焦增强发展的平衡性协调性，树牢"发展最好的时候就是现在、最好的地方就在脚下、最好的环境就是自己"的奋勇争先意识，发挥优势、各展所长，协同推进新型工业化、信息化、城镇化、农业现代化，加大人力资源开发力度，适度超前开展基础设施投资，蹄疾步稳构建"滇中崛起、沿边开放、滇东北开发、滇西一体化"的发展格局，打造一批经济总量超过万亿级、千亿级的大市强州，推动更多县域跃升全国经济百强县。

贯彻新发展理念、推动高质量发展是重大责任、重大任务、重大要求。我们要以"功成不必在我"的精神境界和"功成必定有我"的历史担当，打基础、谋长远，加强年度工作目标、"十四五"规划目标及2035年远景目标的衔接，致广大而尽精微，努力创造不负历史、不负时代、不负人民的业绩。

三、以强大自信奋进新征程，不断开创高质量跨越式发展新局面

今年将召开党的二十大，这是党和国家政治生活中的一件大事，需要保持平稳健康的经济环境、国泰民安的社会环境、风清气正的政治环境。总的来看，我国经济韧性强、长期向好的基本面不会改变。我省正处于战略机遇叠加期、政策红利释放期、蓄积势能迸发期，特别是省第十一次党代会的胜利召开，绘就了新的蓝图、明确了发展路径，全省人心思干、人心思进、人心思稳。我们要扛牢使命担当，在新时代新征程上展现新气象新作为。

今年政府工作的总体要求是：以习近平新时代中国特色社

主义思想为指导，全面贯彻落实党的十九大和十九届历次全会精神，弘扬伟大建党精神，深入贯彻中央经济工作会议精神和习近平总书记考察云南重要讲话精神，全面落实省第十一次党代会和省委经济工作会议部署，坚持稳中求进工作总基调，全面落实党中央把握新发展阶段、贯彻新发展理念、构建新发展格局、推动高质量发展、促进共同富裕的部署和要求，以高质量跨越式发展为主题，以供给侧结构性改革为主线，以改革创新为根本动力，以满足人民日益增长的美好生活需要为根本目的，统筹疫情防控和经济社会发展，统筹发展和安全，继续做好"六稳""六保"工作，持续改善民生，不断巩固夯实全面建成小康社会成果，保持经济运行在合理区间，保持社会大局稳定，以优异成绩迎接党的二十大胜利召开。

今年经济社会发展的主要预期目标建议为：地区生产总值增长7%左右，规模以上工业增加值增长8%以上，固定资产投资增长7%以上，社会消费品零售总额增长8%以上，进出口总额增长15%以上，城镇调查失业率控制在5.5%以内，居民消费价格涨幅控制在3%左右，地方一般公共预算收入增长3%，居民人均可支配收入增长与经济增长基本同步。

今年要重点抓好10个方面的工作：

（一）**科学精准施策，确保常态化疫情防控取得新胜利。** 全面压实"四方责任"，坚持"动态清零"总方针，切实保障人民生命安全和身体健康。

抓严"外防输入"。强化"堵、清、防、保、打"措施，完善提升物防设施，加快"智慧边境"建设，确保技防设施有效使用，推进抵边联防所实体化运转，推动人防、物防、技防深度融合。严厉打击跨境违法犯罪活动，加强"三非人员"管理，守好祖国西南大门。

抓牢"内防反弹"。全面落实"四早"措施，严格重点场所、重点人员、重点环节管控，构建第一时间发现、及时有效处置的预警机制，提升核酸检测和流调溯源效率，加强变异毒株防范，快速、规范、安全推进疫苗接种，引导公众养成自我防护习惯。

抓实"严防外传"。加强口岸城市、边境地区管控，加大区域协查力度，快速阻断疫情传播链条，一旦发生突发疫情要用最短时间、控制在最小范围，有力体现云南担当。

（二）深入推进产业延链补链强链，塑造绿色发展新优势。实施产业强省三年行动，按照建立一个工作专班、制定一个行动计划、完善一套政策的推进机制发展重点产业。

推进绿色能源和绿色制造深度融合。加快"风光水火储"多能互补基地建设，加强数字电网建设，构建以新能源为主体的新型电力系统。新增新能源装机1100万千瓦以上、力争开工2000万千瓦，推动480万千瓦火电装机项目开工建设。安全高效释放煤炭产能，促进原油加工和页岩气增产增效。再引进一批绿色铝硅引领性精深加工企业，加快打造中国绿色铝谷、光伏之都。全产业链打造新能源电池产业。稳定烤烟面积和产量，做大优质烟叶规模，促进卷烟提档升级。加快钢铁、有色、化工等产业高端化、智能化、绿色化改造。建设国家绿色能源与绿色制造融合发展示范区。

推动高原特色农业生产端和加工端增值增效。推进"一县一业"和优势特色产业集群发展，持续创建国家农业现代化示范区。实施现代种业提升工程，加快建设8个国家区域性良种繁育基地。提升农机装备研发应用水平。支持数字农业示范基地建设。大力发展农产品产地初加工和精深加工，把更多增值收益留在当地。设立有机农业绿色食品发展专项资金，扩大绿色有机奖补范围，加快建设农业绿色发展先行区。持续开展名品名企评选表彰和"四季云品·产地云南"系列宣传推介，推进"云品出滇"。第一产业增加值增长6%。

推动生产性服务业和生活性服务业协同发展。实施旅游高质量发展十大工程，创新产品和业态，优化"一部手机游云南"功能，打造"中国最美乡愁旅游带"和"茶马古道旅游经济带"，加快建设大滇西旅游环线，推动文旅与健康、体育等产业融合发展。新增一批国家5A级物流企业和星级冷链物流企业。支持服务型制造示范企业创建。引导金融机构加大对实体经济的支持。加快养老、托育、家政等服务业发展。第三产业增加值增长7.5%左右。

促进园区经济高质量发展。理顺体制机制，科学编制发展规划，推动园区布局优化提升。加快基础设施"七通一平"和公共服务配套，实行与"亩均效益"紧密挂钩的财政资金和土地资源配置激励政策。大力培育绿色低碳循环产业园区，探索建设零碳园区。力争新增工业总产值超千亿元园区2家、超500亿元园区2家。

（三）推动科技创新赋能实体经济，催生跨越发展新动能。强化科技创新支撑引领作用，不断增强经济创新力和竞争力。

加快创新型云南建设。落实创新驱动高质量发展29条措施，实施核心技术攻关等八大工程，省级财政科技投入增长25%以上。高水平建设云南实验室和省技术创新中心，支持领军企业联合上下游企业组建创新联合体，新增一批省级科技企业孵化器和众创空间。遴选省"两类"人才160名，加大院士专家团队、海外高层次人才和急需紧缺人才引进力度。深化科技入滇，支持设立新型研发机构。将科技型中小企业研发费用加计扣除比例提高到100%，大力培育高新技术企业和科技型中小企业。加强知识产权保护和全民科普工作。实施科技体制改革三年攻坚行动，落实科技成果转化激励政策。

培育壮大新兴产业。加快打造稀贵金属、锡、钛、锗、铟和液态金属等新材料产业集群。健全电力装备、高端智能装备和汽车关键零部件产业链。实施"云药"品牌培育行动，加大疫苗研发和产业化力度，大力发展血液制品、单抗药物等生物制品和化学药，推动中医药产业集约发展，打造在全国有重要影响力的生物医药产业集聚区。

大力发展数字经济。以产业、平台、生态、制度和监管五个体系为重点，推进面向南亚东南亚数字经济先行示范区建设。大力发展半导体、光电子等材料及智能终端制造，支持区块链产业发展，加快建设数字经济产业园。实施普惠性"上云用数赋智"，加快工业互联网应用示范平台建设，打造一批智能制造标杆企业。数字经济核心产业营业收入增长30%以上。

（四）聚焦促进市场主体倍增，打响营商环境新品牌。全面激发市场主体活力，打造"云南效率""云南服务""云南诚信"。

大力营造一流营商环境。持续深化"放管服"改革，严格执行行政许可事项清单管理制度，全面实施"证照分离"改革，常态化开展市场主体直接评价营商环境，健全政务服务"好差评"制度。完善信用信息共享平台，推动投资项目和工程建设项目全链条优化审批、全流程监管。依法保护各类市场主体产权和合法权益。坚决整治恶意拖欠账款和逃废债行为。持续升级一体化政务服务平台和"一部手机办事通"，深化拓展"一网通办""跨省通办"，建好用好政府网站，更好利企便民。

着力培育市场主体。加快实施"8+2"配套培育计划，扎实推进"个转企、企升规、规改股、股上市"，加快发展民营经济，积极培育省级专精特新"小巨人"企业，促进"四上"企业较快增长，市场主体净增50万户以上。用好中小企业发展专项资金，延续实施失业保险稳岗返还政策，动态推出支持中小微企业和个体工商户加快发展的政策措施，不断提升企业活跃度。

突出市场化招商引资。招商引资是政府助推市场配置资源，对我省十分重要。要强化"一把手"招商，开展基金招商、定向招商、填空招商、点对点招商，探索"引凤筑巢"新模式，加快形成大招商、招大商的氛围和格局。大力承接东部产业转移，着力引进一批"平台型"产业运营商和"链主"企业，打造一批加工贸易梯度转移重点承接地。推动央企在滇设立区域总部。全面提高签约项目开工率、资金到位率、投产率、市场主体转化率，实现引进省外到位资金和实际利用外资较快增长。

（五）全力扩投资促消费，持续释放内需新潜力。更好发挥投资的关键作用和消费的基础性作用，增强对经济增长的拉动力。

积极扩大有效投资。健全重大项目常态化管理工作机制。加强产业类项目谋划，充实完善重点产业链项目库。坚持资金跟着项目走，积极争取和用好专项债，强化用地、用林、用能等保障，推动项目早开工、早投产、早达效。更好撬动社会资本投资，实现工业、能源、综合交通、农业、水利、旅游等重点领域投资保持较快增长。

加强传统基础设施建设。深入落实交通强国建设云南试点任务。推动沿边国道G219改扩建项目全面开工。建设大通道沿线物流枢纽、关键节点。加快渝昆高铁等重点项目建设，确保大瑞铁路大保段、弥蒙铁路、丽香铁路建成通车，推进大丽攀、文蒙铁路全面开工建设。加快昭通机场迁建、滇桂右江百色水利枢纽通航设施和高等级航道建设。全面提速兴水润滇工程，大力推进滇中引水二期和国家重大水利工程建设，新开工100项重点水网工程，新增农田有效灌溉面积62万亩。稳步推进水电开发，确保白鹤滩水电站全部投产、旭龙水电站开工。

加快布局新型基础设施。建设中国面向南亚东南亚辐射中心数字枢纽，提升昆明国际通信出入口局服务能力和物联网接入能力，持续扩大千兆光网覆盖范围，新建5G基站2万个，推进5G融合创新应用。推动交通、物流、能源、市政等基础设施智慧化改造，开展"城市大脑"试点，建设智慧校园，持续推进新能源汽车公共充电设施建设。积极争取国家重大科技基础设施落地云南。

促进居民消费持续恢复。出台促消费增长若干措施，创新打造云南品牌消费节，继续培育消费热点。大力促进汽车、成品油等大宗消费，鼓励开展家电下乡和以旧换新，培育壮大绿色健康、新型信息、体育等消费。加强城市和县域商业体系建设，完善县乡村物流配送体系，创建一批国家文旅消费试点城市，加快省级步行街改造提升试点建设。严厉打击假冒伪劣，进一步改善消费环境。

（六）大力推进乡村振兴和新型城镇化，展现城乡发展新面貌。统筹推进城乡融合发展，增强脱贫地区自我发展能力，促进城乡居民共享新时代的美好生活。

全面巩固拓展脱贫攻坚成果。完善防止返贫监测和帮扶机制，用好"政府救助平台"，巩固提升"两不愁三保障"和饮水安全成果，做好易地搬迁后续帮扶，脱贫县财政整合涉农资金投入产业项目不低于50%，集体经营性收入5万元以上的行政村占比达到90%以上，脱贫劳动力转移就业320万人以上，促进脱贫人口收入稳定增长，确保不发生规模性返贫和新的致贫。深化沪滇协作和定点帮扶。深入实施"万企兴万村"行动。

全面推进乡村振兴。扎实稳妥推进乡村发展建设，大力发展特色种养、手工、农村电商等县域富民产业，加强社会化服务体系建设，推动农村一二三产业融合发展。加快推进"多规合一"实用性村庄规划编制，注重传统村落和乡村特色风貌的传承保护。持续开展农村人居环境整治提升，深入推进厕所革命，提高垃圾、污水处理水平，新建改建农村公路1万公里以上，实施农房抗震改造8万户以上，提升32.5万群众供水保障水平。高标准开展省级乡村振兴示范园（田园综合体）创建试点，因地制宜建设16个示范乡镇、200个精品示范村和1500个美丽村庄。创新农村精神文明建设有效平台载体，改进和完善乡村治理。

提升新型城镇化建设质量。划定永久基本农田、生态保护红线、城镇开发边界三条控制线，加快编制省、市、县、乡四级国土空间总体规划。开展"强省会"行动，推动副中心城市建设，加快滇中城市群一体化发展，实施"百县千镇"提质工程，促进大中小城市和小城镇协调发展。积极稳妥推进城市更新，防止大拆大建，新开工改造老旧小区1500个，有序推进城镇管网更新，加快城中村改造，清单化整治烂尾楼，着力整治"城市病"，推进一批历史文化街区整体提升。加快发展长租房市场，妥善解决新市民等群体住房问题，因城施策促进房地产业良性循环和健康发展。协同推进户籍制度改革和城镇基本公共服务全覆盖，常住人口城镇化率达到52%以上。

（七）深化重点领域关键环节改革，打造开放发展新高地。
遵循市场规律，加强系统集成，向深化改革要红利、向扩大开放要
活力。

纵深推进重点领域改革。加快高标准市场体系建设，推进要
素市场化配置综合改革。全面实施市场准入负面清单制度，深入推
进市场准入效能评估试点。强化财政零基预算和绩效管理，加快培
植财源，更好支持基层助企纾困和保基本民生、保工资、保运转。
市场化运作重点产业投资基金。打好国企改革三年行动收官战，在
完善现代企业制度和国资监管体制上取得明显成效。推进质量强省
建设。加大水价改革力度，推进水利市场化投融资。持续深化能
源、价格、农村、农垦、统计、供销等领域改革。

扩大对内对外开放。全面落实习近平总书记访缅成果涉及云
南事项，深入实施高质量对接RCEP行动计划和中老铁路沿线开发
建设三年行动计划，参与周边国家物流体系建设，推动中老国际货
运列车班列化规模化运营、中缅新通道海公铁联运常态化运行。支
持外贸新业态新模式，深化国家服务贸易创新发展试点，积极布局
海外仓，规划建设进出口集散平台和集拼中心，扩大与中南半岛国
家贸易规模。深化对外投资合作，加快建设老挝万象赛色塔综合开
发区。加强与长三角、京津冀、粤港澳大湾区、成渝地区双城经济
圈合作，建立毗邻地区协同开放发展机制，跨区域共建产业园区，
推动临港昆明科技城建设迈出实质性步伐。

高质量建设开放合作平台。全面推动中国（云南）自由贸易
试验区159项改革试点任务落实落地，深化"八个跨境"合作，统
筹推进与其他开放平台联动发展。推动实现中国老挝磨憨-磨丁经
济合作区围网运营。加快口岸功能提升和智慧口岸建设。高标准

办好中国-南亚博览会、中国国际旅游交易会，积极争取国家级展会、国际性会议落户云南。

（八）加强生态环境保护治理，绘就美丽云南新画卷。以更高标准、更严要求加强生态文明建设，促进经济社会可持续发展。

深入打好污染防治攻坚战。持续抓好中央生态环境保护督察反馈问题整改，坚决全面彻底整治滇池沿岸违规违建问题。落实好河（湖）长制，加强九大高原湖泊"三区"管控，实施"一湖一策"，落细"退、减、调、治、管"举措，加快推动湖泊保护条例修订。持续整治工业污染、农业面源污染、重金属污染等突出问题，加强六大水系保护修复，配合做好长江生态环境保护民主监督工作，严格落实长江"十年禁渔"，推动赤水河流域生态环境质量持续向好，确保城市空气环境质量稳中向好。

全面开展生态系统保护修复。积极创建生态文明建设示范区，争创高黎贡山、亚洲象等国家公园，加强自然保护地监管，争取建设生物多样性和生态安全国家实验室。落实林长制，持续推进森林云南建设和国土绿化行动。深入实施重要生态系统保护和修复重大工程，强化湿地保护。

推进经济社会发展全面绿色转型。高质量编制云南省碳达峰实施方案和"十四五"能耗双控实施方案，支持减碳增汇及碳交易市场发展，做大绿色金融，加快形成减污降碳的激励约束机制。严格执行"两高"项目清单管理制度，依法依规推动落后和低效产能退出。引导重点行业深入实施清洁生产改造，推动垃圾分类和资源化，推进资源全面节约、集约、循环利用。广泛开展绿色生活创建行动，倡导简约适度、绿色低碳的生活方式。

协助办好COP15第二阶段会议。配合做好昆明生物多样性基金成立和运营工作，研究设立COP15会址永久性标志。抓实抓细会议筹备，向世界展示美丽、活力的七彩云南。

（九）着力保障和改善民生，推动共同富裕取得新进展。以民之所忧、民之所盼为政之所向，真正把民生实事办到群众的心坎上。

不断满足人民群众更高质量的就业需求。着力解决好高校毕业生等重点群体就业问题，加大对农民工和城镇困难人员的就业帮扶力度，健全灵活就业劳动用工和社会保障政策，深入实施技能云南"十个一批"培训工程，以更大力度支持企业减负稳岗，实现城镇新增就业50万人以上，农村劳动力转移就业稳定在1500万人以上。深化产业工人队伍改革。完善企业职工工资正常增长机制，增加一线劳动者劳动报酬。严厉打击恶意欠薪，确保农民工拿到辛苦钱。

不断满足人民群众公平而有质量的教育需求。全面落实教育投入"两个只增不减"。实施义务教育薄弱环节改善与能力提升项目，深入推进"双减""双升"工作，全面规范"公参民"学校，推动义务教育优质均衡发展。新建改扩建200所幼儿园。提升县域普通高中发展水平，探索建立教师编制"省管校用"对口帮扶机制。稳步推进高考综合改革，实施高等教育"121"工程。建设一批高水平职业院校和专业，提升技术技能人才培养质量。

不断满足人民群众更高水平的健康需求。深入推进"三医"联动改革。加快国家区域医疗中心建设，推进省级区域医疗中心、临床医学中心和分中心建设。持续开展县级公立综合医院、中医医院提质达标，进一步规范发热门诊建设和管理，加强紧密型县域医共体建设，推动优质资源扩容下沉。加快中医药传承创新发展，推动中西医协同发展。深化拓展爱国卫生运动，一体推进美丽县城、健康县城、文明县城、智慧县城建设。深入实施全民健身计划，办好省运动会、民族运动会、残运会。

不断满足人民群众更高层次的精神文化需求。坚持用习近平新时代中国特色社会主义思想教育人民、引导人民、鼓舞人民。推进"文化润滇"，开展惠民演出，加强公共文化设施建设和配套服务。深化国有文艺院团改革，支持文艺精品创作。推进景迈山古茶林文化景观申遗工作，加强民族传统文化生态保护区、民间文化艺术之乡建设。加快长征国家文化公园（云南段）、国家植物博物馆、云南革命军事馆、国家方志馆南方丝绸之路分馆建设，持续加强革命遗址遗迹、文物文献和历史文化名城名镇名村保护利用。

不断满足人民群众更为可靠的社会保障需求。深入推进社会保险精准扩面，切实保障新就业形态劳动者权益。健全社保基金监管体系。接轨企业职工基本养老保险全国统筹，推动基本医疗保险、失业保险、工伤保险省级统筹。完善重大疾病医疗保险和救助制度，优化异地就医直接结算。加大困难群众基本生活兜底保障力度。积极应对人口老龄化，加快养老服务体系建设，完善"三孩"生育政策配套措施，促进人口长期均衡发展。落实"五有"要求，提升退役军人基层服务保障水平。

不断满足各族群众共同团结奋斗共同繁荣发展需求。全面贯彻党的民族政策，实施中华民族视觉形象工程，保护传承少数民族优秀文化，全面推广普及国家通用语言文字。大力推进固边兴边富民行动，实施第四轮"十县百乡千村万户"示范引领建设工程和智慧广电固边工程，加快现代化边境小康村建设，加大对沿边地区支持力度。坚持党的宗教工作基本方针，积极引导宗教与社会主义社会相适应。

（十）牢固树立安全发展理念，推动平安云南建设迈上新台阶。坚持底线思维，增强忧患意识，努力实现更为安全的发展。

守牢粮食和能源安全底线。严格落实粮食安全主体责任，坚决遏制耕地"非农化"、防止"非粮化"，新建高标准农田480万亩，确保粮食播种面积只增不减、产量稳增不降。继续抓好农资保供稳价。保障猪肉、蔬菜、糖料、橡胶等农副产品供给安全。完善战略物资储备制度，实施战略性矿产资源找矿行动。统筹煤电油气供给保障，科学实施用能管理。

防范化解经济金融重大风险。压实地方属地责任、部门监管责任和企业主体责任，加强风险预警、防控机制和能力建设。积极盘活存量资产。实施负债率和负债规模双重管控，省属企业平均资产负债率控制在合理水平。严禁违法违规融资举债，坚决遏制新增地方政府隐性债务。严厉打击违法金融活动。

筑牢安全生产防线。聚焦危险化学品、燃气、煤矿、非煤矿山、道路交通、消防、建筑施工等重点行业领域，全面落实安全生产责任，持续推进专项整治，坚决遏制重特大事故发生。

加强和创新社会治理。加快法治云南建设，推进市域社会治理现代化。打好第五轮禁毒和防艾人民战争，常态化开展扫黑除恶斗争，加强社会治安综合治理。加强和改进信访工作。强化食品、药品等重点领域监管。完善应急管理体系，提高综合防灾减灾抗灾救灾能力。推进数字技术在公共服务、社会治理等领域的广泛应用，提升社会服务管理水平。

同时，进一步做好参事、文史、地方志、哲学社会科学、决策咨询、港澳台侨、测绘、地震、气象、红十字等工作，切实保障妇女、儿童、青少年、老年人、残疾人合法权益，大力支持群团组织改革发展。进一步抓好军民融合、国防动员、国防教育、人民防空、民兵预备役、双拥等工作。继续办好10件惠民实事。

各位代表！全省各级政府都是政治机关、落实机关、服务机关。我们要加强政治建设。弘扬伟大建党精神，忠诚拥护"两个确立"，增强"四个意识"、坚定"四个自信"、做到"两个维护"，自觉践行初心使命，坚定理想信念，站稳人民立场，锤炼忠诚品质，不断提高政治判断力、政治领悟力、政治执行力，做到"习近平总书记有号令、党中央有部署，省委有要求，政府有落实"，确保执行不偏向、不变通、不走样，让旗帜鲜明讲政治成为各级干部最鲜明的品格。我们要坚持依法行政。深化法治政府建设，坚持用法治思维和法治方式推进工作。健全完善重大行政决策机制，慎重决策、慎重用权。自觉接受人大及其常委会法律监督、工作监督，自觉接受政协民主监督，认真听取各民主党派、工商联和无党派人士意见建议，强化司法、监察、审计、统计监督，重视群众监督和舆论监督，让权力在阳光下运行。我们要提升能力素质。强化学习导向、结合导向、力行导向、落实导向。注重培养专业能力、专业精神，学习历史知识、厚植文化底蕴、强化生态观念，敬畏历史、敬畏文化、敬畏生态，使能力本领跟上时代发展需要。我们要狠抓工作落实。言必信、行必果，说了就要做、做就要做好。牢固树立"今天再晚也是早，明天再早也是晚"的效率意识，大力推行项目工作法、一线工作法、典型引路法，坚持任务项目化、项目清单化、清单具体化。坚持开短会、讲短话、发短文，切实为基层减负。我们要抓实廉政建设。坚持"三严三实"，发扬斗争精神，加强新时代廉洁文化建设，推动全面从严治党一刻不停、一严到底，严格落实中央八项规定精神，锲而不舍纠"四风"树新风，交往只讲公义，办事不徇私情，永葆为民、务实、清廉的政治本色。严格控制"三公"经费和一般性支出，决不违规建设楼堂馆所，决不搞政绩工程、形象工程，以政府的紧日子换取人民群众的好日子。

各位代表！我们正行进在新的赶考之路上。让我们更加紧密地团结在以习近平同志为核心的党中央周围，高举中国特色社会主义伟大旗帜，在省委的领导下，保持战略定力，坚定发展信心，不忘初心踔厉奋发、牢记使命笃行不怠，奋力谱写云南高质量跨越式发展新篇章，以优异成绩迎接党的二十大胜利召开！

西藏自治区
政府工作报告

——2022年1月4日在西藏自治区第十一届
人民代表大会第五次会议上

自治区主席　严金海

各位代表：

现在，我代表自治区人民政府向大会作报告，请予审议，并请各位政协委员和列席人员提出意见。

一、2021年工作回顾

光辉荣耀的2021年，习近平总书记亲临西藏视察指导，全区各族儿女沐浴幸福，共祝党的百年华诞，同庆西藏和平解放70周年，如期全面建成小康社会，社会主义现代化新西藏迈上新征程。在区党委坚强领导下，全区各族人民团结一心、奋勇攻坚，较好完成各项目标任务，实现"十四五"良好开局。

——社会大局和谐稳定。严密防范分裂破坏活动，保持违法犯罪严打高压态势，大庆之年社会治安形势持续向好，群众安全感满意度达99.74%。民族团结进步模范区创建不断深入。宗教事务"三个不增加"持续落实，全区宗教和顺、民族和睦、社会和谐。

——经济发展态势良好。新冠疫情零输入、零感染，生产稳定有序，经济持续增长。地区生产总值突破2000亿元，增长7%左右。规模以上工业增加值增长11%以上，社会消费品零售总额增长10%左右。城乡居民人均可支配收入增长13%和14%，位居西部地区前列。新增城镇就业5.2万人，城镇调查失业率控制在5%以内。

——基础设施持续改善。拉那高速公路建成通车，拉日高速公路进展顺利，乡村公路通达率分别达100%和99.96%，公路通车总里程12万公里。新增航线19条，贡嘎机场T3航站楼投运。新建5G基站3083个，光缆线路近28万公里。青藏铁路格拉段完成扩能改造，川藏铁路全线开工、拉林段通车运营，"复兴号"首次开进雪域高原。

——乡村振兴深入实施。易地搬迁后续帮扶持续深化，监测预警机制健全完善，消除返贫风险4467户18597人。启动建设乡村振兴示范村100个，实施帮扶项目2126个。新型农村集体经济组织达6172个。完成农村户厕改造4.66万座。创建美丽宜居示范村120个。青稞、牲畜良种覆盖率分别达90%和32%以上。

——特色产业健康发展。粮食产量106.5万吨，青稞产量82万吨，创历史新高。肉奶、蔬菜产量分别达82万吨和88万吨，"三品一标"农产品总数1014个。旅游人次、收入分别达4150万人次、441亿元。国家川藏铁路技术创新中心、西藏清洁能源创新发展中心挂牌成立。大古水电站投产发电，拉哇水电站成功截流，建成和在建电力装机1371万千瓦，外送电量25亿千瓦时。规模以上工业企业、高新技术企业、科技型中小企业数量分别增长12.5%、18%和

127%。"地球第三极"区域公共品牌效应持续显现。

——改革开放纵深推进。"一网三平台"建成运营，五省"跨省通办"上线运行。纾困解难减税降费41亿元。各类市场主体超过40万户。招商引资到位资金500亿元。对尼援助有力落实。成功举办"环喜马拉雅"国际合作论坛生态环境保护专题研讨会，在外交部全球推介活动上展现西藏新形象。

——民生福祉有新提高。高校毕业生就业率达99%。农牧民转移就业69.3万人，实现劳务收入58.1亿元。县域义务教育基本均衡通过国家验收。西藏技师学院建成开班。新冠疫苗免费接种超过700万剂次。健康西藏行动深入开展，人均预期寿命提高到72.19岁。实行集中带量采购，药品、医用耗材价格持续下降。跨省异地就医直接结算。企业离退休人员基本养老金月人均5629元。保障性安居工程建成1.12万套。有序推广健康茶。实施文物保护利用项目35个。五级公共文化服务覆盖城乡，文艺队伍遍布村居，优秀文艺作品不断涌现。十四届全运会上，高原儿女展现雄健风采、取得历史最好成绩。西藏和平解放70周年纪念品全面发放，党中央关怀直达千家万户。

——生态环境保持优良。开展自然资源资产清查。50%的国土空间划入"三线一单"优先保护单元。发布第一批自治区级重要湿地名录。三江源国家公园唐北片区获批设立。第二次青藏科考深入开展。新增3个国家级生态文明建设示范县（区）。推动减污降碳协同治理，污染防治攻坚保持全国"优秀"，蓝天、碧水、净土良好态势持续巩固。

——固边强边有力推进。624个边境小康村全部建成。派墨公路全线贯通，3个支线机场加快建设。边境县城全部建成标准化供水厂和生活垃圾填埋场。21个边境县定点帮扶开始实施，边境发展稳定进入新阶段。

——对口援藏不断深化。31场对口援藏会议成果丰硕。"央企助力西藏高质量发展"专项活动取得成功。实施援藏项目807个，完成投资40.2亿元。教育、医疗"组团式"援藏深入推进，5000余名援藏干部人才奋战高原、书写华章！

各位代表！过去一年，我们深入开展党史学习教育和"三更"专题教育，用心用情办了一批实事好事。坚持不懈加强法治政府建设，推行政务公开，自觉接受人大法律监督、政协民主监督、监委监察监督、社会舆论监督，强化审计监督。提请人大常委会审议法规12件，办理人大代表建议239件、政协委员提案312件，办复率100%。

各位代表！过去一年的成绩，彰显着总书记的领袖伟力，凝结着党中央、国务院的亲切关怀，汇聚着全国人民的无私奉献，是历届班子接续努力的结果，是区党委坚强领导，区人大、区政协监督支持和广大干部群众团结奋斗的结果。在此，我代表自治区人民政府，向各位人大代表、政协委员和全区各族人民，向中央驻藏机构、援藏省市、援藏单位、离退休老同志、驻藏部队、武警官兵、政法干警、各人民团体和社会各界朋友，表示衷心的感谢，并致以崇高的敬意！

在肯定成绩的同时，我们也清醒地看到：反分裂斗争形势依然尖锐复杂，发展不平衡不充分的问题仍较突出，有效投资增长乏力，特色产业基础弱规模小，公共服务效能有待提升，乡村振兴任务繁重，强边固边责任重大。少数干部作风不实、担当不足现象不同程度存在。我们必须采取更加有力有效的措施，认真加以解决。

二、2022年总体要求

2022年，是深入贯彻落实自治区第十次党代会精神的开局之年，是全面实施"十四五"规划的重要之年，更是党的二十大召开之年，节点关键、意义重大。

做好2022年政府工作，要坚持以习近平新时代中国特色社会主义思想为指导，全面贯彻党的十九大和十九届历次全会精神，深入贯彻中央经济工作会议和中央第七次西藏工作座谈会精神，深入贯彻习近平总书记关于西藏工作的重要论述和新时代党的治藏方略，按照自治区第十次党代会的部署，全面落实区党委经济工作会议精神，以迎接服务党的二十大胜利召开为主线，弘扬伟大建党精神和"两路"精神、老西藏精神、孔繁森精神，坚持稳中求进工作总基调，完整、准确、全面贯彻新发展理念，服务融入新发展格局，全面深化改革开放，坚持创新驱动发展，推动高质量发展，以优化发展格局为切入点，以要素和设施建设为支撑，以制度机制为保障，统筹疫情防控和经济社会发展，统筹发展和安全，锚定"四件大事"、"四个确保"，继续做好"六稳"、"六保"工作，着力推进"四个创建"、努力做到"四个走在前列"，保持经济运行在合理区间，保持平稳健康的经济环境、国泰民安的社会环境、风清气正的政治环境。

今年工作的主要预期目标是：地区生产总值增长8%左右，城乡居民人均可支配收入增长8%和10%以上，城镇调查失业率控制在5%以内，居民消费价格涨幅控制在3%以内，能耗、碳排放强度和污染减排指标控制在国家核定范围内。

各位代表！在新征程上，习近平总书记和党中央的坚强领导、特殊关怀厚重如山，全国人民的大力帮助、全力支持情深似海，全区各族干部群众的团结奋斗、顽强拼搏气贯长虹。我们要牢记嘱托、抢抓机遇，全面落实新时代党的治藏方略，积极应对"五期叠加"风险挑战，贯彻落实"三个赋予一个有利于"，建设美丽幸福西藏，共圆伟大复兴梦想。我们要坚持系统观念，统筹疫情防控和经济社会发展，统筹发展和安全，坚定不移把维护稳定作为第一位的工作任务，警钟长鸣、警惕常在，科学精准防控新冠肺炎疫情，确保社会大局和谐稳定。我们要坚持稳字当头、稳中求进，突出保就业保民生保市场主体，在"稳"的基础上更加奋发有为地"进"，尊重规律、把握平衡、筑牢基础、稳扎稳打，推动经济实现"质"的稳步提升和"量"的合理增长。我们要以咬定青山不放松的执着，踏石留印、抓铁有痕，把党中央、国务院决策部署和区党委工作安排，一件件落到实处；把党和人民的重托，一项项化为行动；把老百姓对美好生活的向往，一步步变成现实！

三、2022年重点任务

2022年，我们要聚焦"四个创建"全面做好各项工作，努力推动高原经济高质量发展，重点抓好以下工作。

（一）抓重点支撑，加快融入新发展格局

深入推进区域发展布局。做大做强拉萨核心增长极，提升首府城市首位度。夯实日喀则面向南亚开放前沿基础，打造林芝改革开放先行区，发挥昌都连接藏青川滇枢纽作用，巩固那曲、阿里生态功能区地位。推动"两江四河"河谷经济带建设。推进拉萨山南

一体化发展，建设"五城三小时经济圈"。加快县域经济发展，促进城乡融合、区域联动。

繁荣发展铁路经济带。完善节点城镇物流、仓储和产业配套，推进青藏、拉日、拉林铁路沿线开发。围绕川藏铁路建设，提升重点县城及沿线小镇功能，夯实对接成渝地区双城经济圈的通道基础。

加快建设边境沿线发展带。启动边疆明珠小镇建设，推进普兰镇、下司马镇、隆子镇、米林镇等兴边富民中心城镇试点，加快口岸建设，改善沿边发展条件，让各族群众同舟共济、安居乐业、兴边固边。

（二）抓根基支柱，培育壮大高原特色产业

大力发展高原特色农牧产业。坚持稳粮、兴牧、强特色，开展特色农产品营养品质评价和分等分级，加快绿色有机源头认证。高标准建设一批特色农畜产品生产基地和产业带，有条件的县区打造1—2个特色产业园区。引进和培育若干农牧业产业化龙头企业。实现肉奶产量87万吨以上，农畜产品加工业产值增长15%以上。

大力发展清洁能源产业。建设金沙江上游和雅鲁藏布江中游水风光储多能互补基地，加快雅江水电龙头工程前期工作，积极推进百万千瓦级光伏基地和高海拔风电建设，有序推进"新能源+储能"试点示范，力争建成和在建装机1600万千瓦。

大力发展绿色工业。开展战略性矿产资源勘查，开工建设扎布耶万吨电池级碳酸锂项目，推进铜矿开发扩能提质。加快建筑业、建材业转型升级，引导绿色健康发展。天然饮用水产销量增长20%。支持民族手工业发展，推动藏医药产业扩量提质增效。实现规模以上工业增加值增长10%。

大力发展文化旅游产业。提升"冬游西藏""文创西藏"影响力，文化产业产值增长14%以上。优化旅游线路布局，打造G219、G318精品线路，推进文化旅游与乡村振兴、兴边富民深度融合，实现3A级以上景区智慧旅游覆盖面50%以上，力争4A级景区再增加4个、5A级景区再增加1个，旅游接待人次和收入分别增长10%、13%以上。让文化旅游充分展现雪域高原的自然之美，充分展现中华文化的多彩魅力！

加快发展高新数字产业。积极融入"东数西算"布局，打造拉萨绿色数据中心集群和核心节点。加快工业互联网公共服务平台建设，在教育、医疗、交通、物流、矿山等领域培育15个5G应用示范，力争数字经济规模增长10%，加速西藏数字"蝶变"。

加快发展边贸物流产业。建设2个以上冷链物流集散中心，构建城乡商贸流通一体化网络。推进边民互市贸易区、边贸市场和边贸点建设，实施边民互市进口商品落地加工，实现边境贸易和进出口贸易双增长。

加快发展现代服务业。积极发展研发设计、金融保险、节能环保等生产性服务业，支持发展健康医疗、养老育幼、家政物业等生活性服务业。培育新型消费热点，打造"西藏味道"美食街，发展假日经济、夜间经济。实现社会消费品零售总额增长10%左右。

（三）抓宝贵机遇，全力推进重大项目建设

加强综合立体交通体系。支持配合川藏铁路建设，加快青藏铁路格拉段、拉日段电气化改造。推动实施17个川藏铁路配套国省公路项目，加快青藏高速试验段、G318西藏段提质改造和G219察隅至区界段建设，实施拉萨至日喀则机场高等级公路等14个重点项目。加快改造贡嘎机场T1、T2航站楼，开工建设第二跑道。升级改造日喀则和平机场。

加强能源供应保障能力。建成投用格拉输油管道，加快川藏铁路供电工程二期项目，开工建设街需、冷达水电项目和雅中光伏基地，实现苏洼龙水电站投产发电，力争开工金上外送特高压直流通道，推进城网建设和农网改造升级，积极建设新型电力系统示范区、清洁可再生能源利用示范区。

加强水利工程建设。推进宗通卡、桑德等重大水利工程前期工作，建设湘河、帕孜、旁多引水工程。启动满拉灌区节水配套与现代化改造。深入开展雅江中游山南段、拉萨河城区段综合治理，拓出一江碧水，开辟绿色发展空间。

加强市政设施建设。补齐城镇道路、给排水、天然气管道等设施短板，实现城镇污水管网全覆盖。发展人民防空事业。承接适度超前基础设施建设政策，及时开展城市轨道交通、人工智能等重点项目的前期论证。多措并举解决城市交通拥堵、"停车难"问题。

我们要牢固树立抓项目就是抓发展、抓项目就是抓民生的理念，抢抓国家"十四五"支持西藏发展的重大历史机遇，一步一个脚印做实项目前期，储备一批、开工一批、在建一批、投运一批，让更多项目在雪域大地生根开花，让高原高质量发展春色满园！

（四）抓巩固衔接，加快实施乡村振兴战略

巩固拓展脱贫攻坚成果。加强返贫动态监测，坚决守住不发生规模性返贫底线。实施扶贫产业提档升级、脱贫人口增收、乡村建设三大行动。增强内生发展动力，做好易地搬迁后续帮扶，确保每个规模以上集中安置点至少有1个市场效益好、带动效应强的配套产业，让群众稳得住、有就业、可融入、逐步能致富。

打牢农牧业现代化基础。落实"米袋子""菜篮子"行政首长负责制,确保粮食产量稳定在100万吨以上,扎实做好粮食收储和青稞安全保障。推广良田、良种、良法,新建高标准农田75万亩、县乡级农牧业防抗灾物资储备库62座,推广青稞良种200万亩以上,加大油菜等良种推广力度,建设一批青稞良种基地和特色牲畜良种场。在适宜地区连片建设人工饲草基地11万亩。支持龙头企业试点农牧业生产托管,实施老旧大棚升级改造。培育家庭农牧场,建强农牧民专业合作组织,实现粮食耕种收综合机械化率69%、农畜产品加工综合转化率25%。

持续改善农牧区面貌。实施96个农村公路项目,实现95%的乡镇和78%的建制村通硬化路。因地制宜推进农牧区户用厕所改造,提升生活垃圾村收集、乡转运、县处理能力。统筹县域内城镇和乡村规划建设,再创建美丽宜居示范村100个、巩固提升100个,着力解决乡村"有新房没新村、有新村没新貌"的问题。保护好传统村落和乡村特色风貌。实施18万人的农牧区供水保障提升工程,着力解决高海拔地区季节性断水问题。推进数字乡村试点。开展"树立农牧民新风貌"行动,引导群众更加讲卫生、讲文明、讲进步,培育时代乡风、传承良好家风、弘扬淳朴民风。

(五)抓内生动力,扎实推进改革开放创新

大力优化营商环境。坚持把发展经济的着力点放在实体经济上,深化"放管服"改革,深入推进"政务服务一网通办""互联网+"模式,扩大"证照分离"改革和个体工商户"智能审批"改革覆盖面。落实"跨省通办""一件事一次办",努力实现审批事项最少、审批时间最短、审批效率最高、审批服务最好,市场主体增长6.5%。完善信用服务市场监管体制,健全守信激励和失信惩戒机制。实施优化营商环境建设年行动，加强营商环境考评，严肃查处典型问题。落实减税降费政策，对中小企业销往区外的加工特色产品给予50%单边运费补贴。扎实做好"双清欠"和劳资纠纷化解工作。加强政府采购后续管理。开展"招商引资百日攻坚"活动，实现招引规模和效益双提升。

深化重点领域改革。完成国企改革三年行动任务，优化国有资本结构和布局，确保总体营业收入、利润总额均增长10%。支持非公有制经济发展，筹备开好民营经济发展大会，完善政策措施，促进公平竞争。深化供销合作社、农村承包地"三权分置"改革，做好农村集体产权制度改革"后半篇"文章。强化国有金融资本管理，有序化解政府隐性债务风险。

持续扩大对内对外开放。深化各民族交往交流交融。加大"地球第三极"区域公共品牌推广力度。开展订单式产业援藏。集中力量打造一批产业园区，促进优化升级、健康发展。加快拉萨综合保税区、吉隆重点开发开放试验区和边境经济合作区建设，提升拉萨航空口岸和樟木口岸货物通道功能。积极融入"一带一路"，深化与尼泊尔等周边国家睦邻友好。办出一届务实开放、合作共赢的"藏博会"。

深入实施创新驱动发展战略。打造以拉萨、林芝为中心，带动辐射全区的科创新格局。加强前沿技术和高原适用关键核心技术攻关，建成拉萨青藏高原科学研究中心，加大科技成果转化应用，加快国家技术转移西藏中心建设。发挥地震、气象、地勘科技作用，加大灾害防治。支持科普工作。培养、引进、用好科技人才。实施质量强区战略，强化知识产权创造保护运用。推动国家级创新平台落地西藏，建成区级双创载体40家，力争高新技术企业达110

家。让更多"千里马"驰骋高原，跑出创新"加速度"。

（六）抓急难愁盼，深入实施十大民生工程

促进就业增收。深化"N+3"岗位推介模式，实施5000名应届高校毕业生进企业就业计划，推进区外"组团式"就业，确保高校毕业生区外就业率10%以上、总体就业率95%以上。培训熟练技工技师500名，完成农牧民技能培训10万人。实现农牧民转移就业60万人以上、劳务组织输出36万人，劳务收入50亿元以上。

办好人民满意教育。创建100所民族团结进步示范校，推进学前教育普及普惠发展，启动县域义务教育优质均衡创建工作，深化"双减"，推进职业教育提质培优计划，实施振兴西藏高等教育行动。落实好15年公费教育，稳定学生资助政策，教育"三包"人均标准再提高240元。

提高卫生健康水平。深化"三医"改革，建好医共体，推进城乡居民基本医疗保险省级统筹，健全重特大疾病医疗保险和救助政策，实行职工基本医疗保险门诊共济保障。创建国家高原病医学中心和国家区域医疗中心，建成自治区医院，促进公立医院高质量发展。拓展医疗人才"组团式"援藏。实现城乡居民健康体检全人群覆盖，实施妇女"两癌"筛查救治，开展13—14岁在校女生HPV疫苗、60岁以上老年人及在校中小学生流感疫苗自愿免费接种。扎实做好新冠肺炎疫情防控，完成全部接种人群第三针加强免疫。传承发展藏医药。普及推广健康茶，加强食品药品监管，切实守护好百姓"舌尖上的安全"。

丰富文化生活。深入推进文化"润边"，实施文化惠民百千万行动。设立文化奖，举办艺术节，促进文艺繁荣。推动农牧区新一代直播卫星广播电视"户户通"。加强文物古籍保护、研究

和利用，做好非遗传承发展和申报工作。完善体育设施，加大体育场（馆）社会开放，办好第十三届区运会暨第五届民运会。

加强安居保障。促进房地产业健康发展，加快培育长租房市场，满足群众住房需求。改造城镇老旧小区31个、棚户区5500户，建设公租房1728套、保障性租赁住房852套。实施5个海拔4000米以上县城的集中供暖工程。解决78所学校、13家区域中心医院供暖问题。试点推广高海拔农牧区热炕。

增进扶老育幼。建立以居家为基础、社区为依托、机构为补充的多层次养老服务体系，高龄老人健康补贴再提高200元。完善鼓励"三孩"政策措施，推进婴幼儿照护服务，全面开展未成年人保护，加强对困境儿童的关爱，呵护他们健康成长。

完善帮扶救助。支持工青妇工作，落实妇女儿童发展纲要，推进帮扶救助、社会团体、疗休养、慈善事业健康发展。落实困难群众价格临时补贴。促进专业社会工作和志愿服务。健全残疾人康复体系。

强化安全生产。深化安全生产专项整治三年行动，压实防灾减灾救灾和安全生产责任，推进"智慧应急"建设，全力做好"大应急、多灾种"预防和救援，完善公路安全防护设施和警示提示，严防重特大事故发生。

兜牢民生底线。实行农村居民收入保险试点。城乡居民基本医疗保险补助人均提高30元，基本公共卫生服务补助人均提高5元，城乡居民基本养老保险基础养老金人均提高10元，居民最低生活保障标准城镇年人均提高200元、农村年人均提高100元。特困人员救助供养标准农村分散供养年人均提高150元，集中供养和城市分散供养年人均提高260元。

民生无小事，枝叶总关情。办好民生实事，要五年谋划、分年实施，小步快走、稳步推进，一件接着一件办，一年接着一年干，让群众看到变化、得到实惠！

（七）抓重大责任，着力创建国家生态文明高地

加快绿色低碳发展。牢固树立绿水青山就是金山银山、冰天雪地也是金山银山的理念，深化生态文明示范创建。充分运用"三调"成果，推进国土空间规划与用途管制。强化资源利用刚性约束，严控"两高"项目。加强新能源汽车充电桩规划建设。开展生态价值本底调查，发展碳汇经济，促进生态富民。努力走出一条生产发展、生活富裕、生态良好的高原绿色之路！

实施生态保护修复。做好三江源国家公园唐北片区建设和管理。加快羌塘、珠峰、高黎贡山（西藏片区）等国家公园申建，推进世界自然文化双遗产申报。加强生物多样性保护。启动拉萨南北山大规模绿化工程，持续开展"两江四河"造林绿化和乡村"四旁"植树行动，完成营造林112万亩，让雪域高原绿起来、美起来。

加强环境综合治理。深入打好污染防治攻坚战，大力实施空气质量保持行动，推进河湖"清四乱"常态化规范化，强化江河源保护。加强森林草原防火灭火。积极配合中央第二轮生态环境督察，深化领导干部自然资源资产离任（任中）审计。确保天然水体全部优于Ⅲ类标准，实现地级以上城市空气质量优良天数比率99%以上。

（八）抓守土担当，着力创建国家固边兴边富民行动示范区

改善基础条件。完成12个公路项目主体工程，实现36个村通硬化路。推进边境地区基础测绘，实现通讯网络全覆盖，建设智慧边防，加强智慧广电固边，进一步消除电网覆盖盲区，持续改善生产生活条件，实施好海拔3500米以上县城、乡镇供氧工程。

强化固边支撑。建设美丽边城，提升产业发展、基础设施、公共服务水平。发展边贸、旅游、农畜产品加工等特色产业，鼓励支持群众抵边创业就业，促进边境地区社会繁荣稳定、民族团结进步。

落实政策措施。进一步推进边境县定点帮扶，完善边境地区发展的政策措施，动态提高边民补助标准，稳步高质量做好极高海拔生态搬迁。持续加强联防联控，守牢神圣国土，建设幸福家园。

（九）抓支持保障，着力创建全国民族团结进步模范区

稳定团结是推动高质量发展的前提和根本，我们要把维护祖国统一、加强民族团结贯穿全区发展各领域和全过程。

铸牢中华民族共同体意识。办好铸牢中华民族共同体意识论坛，打造一批"中华民族一家亲、同心共筑中国梦"的文艺精品力作。繁荣发展哲学社会科学，推进编译、史志、档案、文博事业新发展。推广使用好国家通用语言文字。依法治理民族事务。深化民族团结进步模范区创建，让我们一起向未来，共圆伟大复兴梦想！

依法管理宗教事务。全面贯彻新时代党的宗教工作理论，全面贯彻党的宗教工作基本方针，深入落实"五个有利于"，完善寺庙管理长效机制，常态化推进"遵行四条标准"教育实践活动，深入开展"国家意识、公民意识、法治意识"教育，突出爱国守法、同心同向、适应时代，着力推进藏传佛教中国化、宗教事务治理法治化，积极引导藏传佛教与社会主义社会相适应。

深化平安西藏建设。保持对分裂破坏活动的高压严打态势，加强风险研判预警、危机管控机制和能力建设，推进立体化、智能化社会治安防控体系建设。巩固深化扫黑除恶等专项斗争成果，深入推进系统治理、依法治理、综合治理、源头治理。加强社会稳定风险评估，深入落实"八五"普法。坚持和发展新时代"枫桥经验"，加强矛盾纠纷排查化解，扎实做好信访工作，维护人民利益，促进公平正义。

各位代表！军爱民、民拥军，军民团结一家亲。我们将全面支持国防和军队现代化建设，继续做好国防动员、国防教育、民兵预备役工作，推进军民融合深度发展，着力解决人民子弟兵"三后"问题，军民一心共筑牢不可破的国家安全屏障！

各位代表！打铁必须自身硬。我们要巩固思想武装成果，学史明理、学史增信、学史崇德、学史力行，深刻领会"两个确立"的决定性意义，更加自觉增强"四个意识"、坚定"四个自信"、做到"两个维护"。我们要坚持更高的政治标准，弘扬伟大建党精神，不断提高各级干部政治判断力、政治领悟力、政治执行力，坚决落实全面从严治党主体责任和"一岗双责"，严格执行中央八项规定及其实施细则精神和区党委实施办法，把纪律和规矩挺在前面，驰而不息纠治"四风"，不折不扣做好"六个表率"。我们要坚持更强的法治意识，坚持依宪行政、依法行政，推动有效市场和有为政府更好结合，科学民主决策，更加主动地将政府工作置于全面监督之下，提高行政效能。我们要坚持更浓的为民情怀，牢记江山就是人民、人民就是江山，严控"三公"经费和一般性支出，坚持花钱必问效、无效必问责，以政府的"紧日子"换取群众的"好日子"。我们要坚持更实的担当作为，不忘初心、牢记使命，深入开展改进作风狠抓落实活动，说干就干、马上就干，干就干好、干就干成，以实干实绩让党放心、让人民满意！

　　各位代表！东风浩荡，正当扬帆起航；任重道远，更需策马扬鞭。让我们更加紧密团结在以习近平同志为核心的党中央周围，坚持以习近平新时代中国特色社会主义思想为指导，在区党委坚强领导下，践行新使命，展现新作为，奋力谱写雪域高原长治久安和高质量发展新篇章，以优异成绩迎接党的二十大胜利召开！

陕 西 省
政府工作报告

——2022年1月19日在陕西省第十三届
人民代表大会第六次会议上

省长　赵一德

各位代表：

现在，我代表省人民政府向大会报告工作，请予审议，并请省政协委员提出意见。

一、2021年工作回顾

2021年，是陕西发展进程中殊为重要的一年。这一年，习近平总书记在建党百年的重要历史节点，再次亲临陕西，深入企业、农村、学校、革命旧址考察指导，赋予陕西"解放思想、改革创新、再接再厉，谱写高质量发展新篇章"的重大使命，出席十四运会开幕式并宣布开幕，给了我们最大鼓舞、最大支持、最大动力！全省人民倍感温暖、倍增信心、倍添干劲！

2021年，是陕西发展进程中很不平凡的一年。这一年，全运会和残特奥会首次同年同地筹办，首次在我国中西部地区圆满成功举办。我们牢记习近平总书记"办一届精彩圆满的体育盛会"和"简约、安全、精彩"的重要指示，全省动员、全民参与、全力以赴，开闭幕式亮点纷呈、赛事活动安全顺畅，做到了场场有观众、疫情零发生，十四运会超12项世界纪录、残特奥会超36项世界纪录，交上了一份"两个运动会同样精彩"的完美答卷，向全国乃至世界展示了新时代陕西的文明风尚、精神风貌、魅力风采！

2021年，是陕西发展进程中极不容易的一年。这一年，新冠肺炎疫情多轮冲击，特别是去年底以来，西安遭遇了严峻复杂的重大疫情，全省经受了惊心动魄的防控考验。在以习近平同志为核心的党中央坚强领导下，在国务院联防联控机制精心指导下，我们大力弘扬伟大抗疫精神，以西安为主战场，扁平指挥、果断施策，尽锐出战、绝地反击，争分夺秒与病毒赛跑，夜以继日阻断疫情扩散外溢，用1个月左右时间实现了每日新增确诊病例降至个位数。我们坚持既尽力控制疫情，又尽心保障居民基本生活和企业复工复产，千方百计解决群众实际困难，多措并举稳定重点企业生产经营和重点产业链供应链，精心组织研究生入学考试，实现应考尽考，反思整改就医通道不畅等群众关切的突出问题，疫情防控形势持续好转，生产生活秩序逐步恢复。

一年来，面对大事要事难事叠加的复杂局面，面对新情况新挑战交织的严峻考验，面对改革发展稳定的繁重任务，在省委坚强领导下，我们坚定捍卫"两个确立"、坚决做到"两个维护"，认真贯彻党的十九大和十九届历次全会精神，深入学习贯彻习近平总书记来陕考察重要讲话重要指示精神，坚持稳中求进工作总基调，按照把握新发展阶段、贯彻新发展理念、构建新发展格局的要求，统筹疫情防控和经济社会发展，统筹发展和安全，贯通落实"五项要求""五个扎实"，全力做好"六稳""六保"工作，一体推进高质量发展、高品质生活、高效能治理，基本完成全年经济社会发展主要目标任务，实现生产总值2.98万亿元，增长6.5%，居民人均可支配收入增长8.9%，一般公共预算收入增长22.9%，实现了"十四五"良好开局。

（一）综合施策实现经济稳定增长。坚持以项目建设、招商引资组织经济工作，稳产、提质、育新、优能一起抓，在帮助企业纾困、稳定工业增长、扩大投资消费等方面打出了一套组合拳。全年新增减税降费432.43亿元，清欠中小微企业账款20.52亿元，市场活力显著增强。西康高铁、西十高铁、引汉济渭二期等重大项目全面开工，延长—黄龙等4条高速建成通车，省级重点项目投资超全年计划11个百分点。围绕构建数控机床、光子、航空等23条重点产业链实施的一大批项目进展顺利，三星闪存芯片二期、奕斯伟硅产业基地、西安吉利汽车、彩虹光电扩产技改等项目正式投产，隆基15吉瓦高效单晶电池、比亚迪高端智能终端产业园、中兴科创园等项目加快建设，工业新增产能项目释放产值1000亿元，高技术制造业增加值增长17.1%，规上工业增加值增长7.6%。完成省外3900万吨煤炭合同保供任务，电力外送增长37%。以新业态新模式引领新型消费加快发展，西安大唐不夜城、宝鸡石鼓文化城等入选首批国家级夜间文化和旅游消费集聚区，县域商业体系建设全面加速，社会消费品零售总额增长6.7%。

（二）建强平台蓄积创新发展动能。举全省之力推进秦创原创新驱动总平台建设，制定实施三年行动计划和"1+N"政策体系，设立规模20亿元的科创母基金，常态化举办路演活动130多场，115项科技成果落地转化并注册企业，科技型中小企业增长38.6%，高新技术企业增长32.3%，技术合同成交额增长33.2%。着力夯实创新基础，加强知识产权保护，16家共性技术研发平台和创新联合体投入运营，空天动力陕西实验室启动建设，国家超算西安中心、中国—中亚"一带一路"联合实验室等顺利获批，26项科技成果获国家科学技术奖。发挥企业创新主体作用，规上工业企业研发活动覆盖率、研发投入强度增幅超过前四年总和。

（三）扭住关键力促改革开放提速。出台高质量发展综合绩效评价办法和指标体系。加大"放管服"改革力度，实施新一轮优化营商环境、民营经济高质量发展三年行动，开展"坐窗口、走流程、跟执法"活动，全覆盖推进"证照分离"改革，全流程压缩工程建设项目审批时间，实有市场主体增长12.1%。加强数字政府建设，"一局一中心一公司"数字政府运行格局初步形成，892个政务服务事项实现"掌上好办"。实施"亩均论英雄"综合改革，耕地保护、土地节约集约利用得到强化，处置闲置土地5.98万亩。全面启动陕西西安区域性国资国企综合改革试验区建设，陕西交控集团成功组建，国电地电实现融合发展，省属企业实现利润总额创历史新高。金融保持稳健运行，不良贷款率低于全国平均水平，政府隐性债务稳定下降，全国首家省级资本市场服务中心成功组建，新增上市企业10家。加快推进中欧班列（西安）集结中心建设，开通日韩过境货物测试班列，长安号核心指标稳居全国前列，西咸空港、宝鸡综保区封关运营，关中综保区通过正式验收。上合组织农业技术交流培训示范基地实质性运行，陕西国际贸易"单一窗口"展示大厅和金融服务平台建成，自贸区8项创新经验在全国复制推广。丝博会、农高会、欧亚经济论坛等重大经贸活动成功举办，开放招商取得新成效，实际利用外资增长21.4%、引进内资增长23.8%，进出口总值增长25.9%。

（四）系统治理改善生态环境质量。认真落实碳达峰、碳中和部署，国能锦界电厂二氧化碳捕集与封存全流程示范项目建成投运，63家发电企业纳入全国碳排放权交易市场，新建地热能建筑供热723万平方米。生态环境"三线一单"分区管控体系初步建立。秦岭视频综合监管系统上线运行，"五乱"整治深入推进，438座小水电整治全部完成，大熊猫国家公园正式设立。黄河流域生态空间治理十大行动持续开展，黄河粗泥沙拦沙工程全面启动，河湖"清四乱"扎实推进，干流105个问题排污口完成整治，渭河入黄断面水质连续两年为优。汉江、丹江出境断面水质持续保持在Ⅱ类，陕南硫铁矿污染专项整治深入开展，南水北调中线水源地安全稳定。大气污染防治三项指标取得历史最好成绩，固体废物污染环境防治深入推进，城市生活垃圾分类覆盖率达82.6%。

（五）统筹协调加快城乡双向融合。完成国土"三调"工作，出台黄河流域生态保护和高质量发展规划，实行省级统筹、西安市全面代管西咸新区体制，西安都市圈建设步入快车道，宝鸡市荣获2021年联合国人居奖，陕北能化产业清洁低碳转型加快，陕南生物医药、旅游康养、富硒食品等产业持续壮大。出台推动县域经济高质量发展政策措施，认定7家省级经开区、1家省级高新区，新增11个电商进农村综合示范项目，创建5个国家农村产业融合发展示范园。扎实推动巩固拓展脱贫攻坚成果同乡村振兴有效衔接，"两不愁三保障"和饮水安全保障水平稳步提升，防返贫动态监测帮扶机制有效落实，脱贫地区发展活力持续增强。启动乡村振兴"十百千"示范工程，大力开展农村人居环境综合整治，农村卫生厕所普及率达73.7%。建成高标准农田290.4万亩，新建杨凌种业创新中心和1个国家级、13个省级现代农业产业园，大灾之年粮食再获丰收。

（六）持之以恒办好惠民安民实事。出台"十四五"促进居民增收推动富民惠民意见和促进城乡居民增收10条措施，下达就业补助资金23.85亿元，发放稳岗返还资金16.6亿元，城镇新增就业44.56万人，城镇居民、农村居民人均可支配收入分别增长7.5%、10.7%。义务教育"双减"工作扎实推进，职业教育、高等教育得到加强，新增3个学科进入国家新一轮"双一流"建设规划。"三医"联动改革不断深化，在全国率先实现城乡基层中医馆全覆盖，药品安全治理能力和保障水平进一步提升，职工基本医疗保险和城乡居民基本医疗保险政策范围内住院报销比例分别稳定在80%和70%左右，大病专项救治病种扩大到30种，新冠疫苗接种率达到86.8%。企业退休人员基本养老金实现17连涨，累计建成养老机构及服务设施1.65万个。棚户区改造新开工10239套，公租房新开工5068套，改造城镇老旧小区3634个、惠及39.34万户，房地产风险隐患处置取得阶段性成效。文化事业稳步发展，太平遗址、汉文帝霸陵考古成果丰硕，中国秦腔优秀剧目会演、第七届丝绸之路国际艺术节成功举办，电影《柳青》、电视剧《逐梦蓝天》、话剧《共产党宣言》等广受好评。社会治理持续加强，重复信访治理、积案化解进度质量居全国前列，安全生产事故起数、死亡人数分别下降25.9%、16.2%。面对60年来最严重汛情，及时建立防汛救灾"人盯人防抢撤"工作机制，安全转移群众122.16万人次，下拨各类资金34.1亿元，灾后恢复重建有序推进。

民族、宗教、外事、人防、地震、气象、测绘、档案、地方志、退役军人事务等工作取得新成绩。

过去这一年，省政府高度重视加强自身建设，扎实开展党史学习教育，深入开展"我为群众办实事"实践活动，持续推进党风廉政建设和反腐败工作，大力整治形式主义、官僚主义，深入实施法治政府建设六大工程，扎实整改中央巡视和审计、统计、环保、土地督察检查以及省委巡视反馈问题，自觉接受人大法律监督和政协民主监督，修订完善政府规章2部，办理人大代表建议726件、政协提案992件，省级"三公"经费预算下降14.3%。

各位代表！回望过去这一年，形势跌宕起伏、工作难中求成、成绩来之不易。这是以习近平同志为核心的党中央坚强领导的结果，是习近平新时代中国特色社会主义思想科学指引的结果，是省委团结带领全省广大干部群众只争朝夕、真抓实干、共同奋斗的结果。在此，我代表省人民政府，向全省人民，向人大代表、政协委员，向各民主党派、工商联、人民团体和社会各界人士，表示衷心的感谢！向中央驻陕单位、驻陕部队官兵和公安干警、消防救援队伍，表示衷心的感谢！向关心支持陕西发展的香港特别行政区同胞、澳门特别行政区同胞、台湾同胞、广大侨胞和海内外朋友们，表示衷心的感谢！

各位代表！去年底的疫情发生以来，党中央、国务院高度重视、十分关心，社会各方面全力支持、鼎力支援，三秦儿女风雨同舟、守望相助，形成了和衷共济、共克时艰的磅礴力量！在此，特别向支持陕西抗疫斗争的中央和国家有关部委、兄弟省区市和社会各界，致以崇高的敬意！向奋战在抗疫一线的白衣战士、干部群众、社区工作者、新闻工作者、志愿者、快递环卫工人们，致以崇高的敬意！

同时，我们也清醒地看到，经济社会发展中还存在不少问题，政府工作中还有许多不足。完整准确全面贯彻新发展理念、推动高质量发展还有差距。传统产业升级还不快，战略性新兴产业支撑还不强，以非能和清洁能源为主的产业结构短期内还难以形成。"卡脖子"技术攻关成效还不明显，科技成果转化特别是就地转化还需加力。县域经济不强，民营经济活力不足，城乡居民收入偏低，三大区域发展不平衡不充分问题仍然突出。降碳任务艰巨，减污压力很大，推动经济社会全面绿色转型任重而紧迫。经济外向度低，物流优势转化为产业优势不足，开放型经济规模不大。公共设施和教育、医疗、文化、养老、住房等社会民生领域还有不少短板。安全生产、金融等领域还有风险隐患。尤其是这次疫情不仅暴露出常态化疫情防控机制不健全，城市应急管理、社区基层治理、基础防疫体系等存在诸多薄弱环节，还反映出少数干部担当不够、作风不实等形式主义、官僚主义和能力不足、本领恐慌等突出问题。我们一定直面问题、克难奋进，采取有力措施、努力予以解决，决不辜负全省人民的期望！

二、2022年总体要求和预期目标

今年是党的二十大召开之年，我省还将召开第十四次党代会。做好政府工作要坚持以习近平新时代中国特色社会主义思想为指导，全面贯彻党的十九大和十九届历次全会、中央经济工作会议精神，深入学习贯彻习近平总书记来陕考察重要讲话重要指示精神，弘扬伟大建党精神，坚持稳中求进工作总基调，完整、准确、全面贯彻新发展理念，解放思想、改革创新、再接再厉，服务和融入新发展格局，全面深化改革开放，坚持创新驱动发展，坚持以供给侧结构性改革为主线，统筹疫情防控和经济社会发展，统筹发展和安全，贯通落实"五项要求""五个扎实"，继续做好"六稳""六保"工作，持续改善民生，保持经济运行在合理区间，保持社会大局稳定，谱写陕西高质量发展新篇章，以优异成绩迎接党的二十大胜利召开。

综合研判，今年我省发展面临的环境更加复杂严峻，疫情走势仍存变数，全球经济和贸易增长动能减弱，国内经济发展面临多年未见的需求收缩、供给冲击、预期转弱三重压力，可以预料和难以预料的风险挑战更多更大。但也要看到，我国经济长期向好的基本面不会改变，我省高质量发展的大趋势不可逆转，加之国家一系列重大战略、一整套调控政策、一揽子工作举措正在发力见效，蕴含着重大机遇。只要我们坚定信心、保持定力，使出拼抢机遇的劲头、拿出劈波斩浪的勇气、付出艰苦卓绝的努力，就一定能把疫情耽误的时间追补回来，把疫情造成的损失降到最低，使三秦大地迸发出更加旺盛的生机与活力。

今年发展主要预期目标是：生产总值增长6%左右，一般公共预算收入增长3%左右，城乡居民收入分别增长6.5%和8%左右，城镇新增就业40万人以上，城镇调查失业率5.5%以内，居民消费价格涨幅3%左右，粮食产量240亿斤以上。能耗强度在"十四五"规划期内统筹考核。

实现上述目标，政府工作重点把握好四个方面：

一是把稳字当头、稳中求进的要求贯穿始终。坚持以经济建设为中心、坚持发展是硬道理，以一定的经济增速稳住基本盘，是高质量发展的前提和基础。非常之时"稳"就是"进"。我们一定完整、准确、全面贯彻新发展理念，把工作精力集中到抓经济建设这个中心上来，把政策举措聚焦到稳增长这个大局上来，最大限度调动积极因素，最大程度克服消极影响，适当靠前推出有利于经济稳定的政策措施，全力以赴稳住市场主体、稳住社会就业，稳住能源生产、稳住工业运行，稳住粮食产量、稳住"三农"底盘，稳住项目投资、稳住增长动力，在"稳"与"进"的有机统一中实现经济质的稳步提升和量的合理增长。

二是把解放思想、改革创新的要求贯穿始终。稳定经济增长、推动高质量发展，决不能穿新鞋走老路，唯有以思想之新、改革之勇、创新之力、开放之姿蹚出新的路子、找到最佳路径、引领发展之变。我们一定冲破思想观念障碍、突破利益固化藩篱、打破条条框框束缚，在有为政府必须更好发挥作用的领域不缺位、把能够起作用的手段方式用到位，激励性的政策加码、普惠性的政策扩面、约束性的政策精当、收缩性的政策慎出；同时，更加注重运用前瞻性思维、市场化机制、创新性方式发展经济、配置要素、解决难题、推动工作，实现市场活力、社会创造力和政府导控力的协同增效。

三是把尊重规律、实事求是的要求贯穿始终。经济工作、市场运行有其内在规律，任何时候都不能超越发展阶段、脱离实际情况、偏离群众意愿去想问题、作决策、办事情。我们一定坚持一切从实际出发，善于抓住主要矛盾和中心任务，既发挥优势又补齐短板，既挖掘潜力又借势发力，既尽力而为又量力而行，遵实践标准、按规律办事、求实际效果。把战略的坚定性和策略的灵活性结合起来，既防止局部合理政策叠加后造成负面效应的"合成谬误"，又防止整体任务简单一分了之的"分解谬误"，避免把长期目标短期化、系统目标碎片化，避免把持久战打成突击战、把攻坚战打成消耗战。力戒形式主义、官僚主义，鼓励基层因地制宜、创造性抓落实、干工作，致广大而尽精微、积跬步以至千里。

四是把统筹兼顾、底线思维的要求贯穿始终。经济社会发展是一个系统工程，开展工作必须树立全局观，考虑各方面影响因素，先立后破、稳扎稳打，在多层次推进中找准发力点，在多维度治理中寻求公约数，在多目标平衡中实现最优化。我们一定坚持问题导向和目标导向相结合，坚持重点论和两点论相统一，更加注重统筹稳增长、调结构、推改革、惠民生，正确处理改革发展稳定的关系，形成保持经济运行在合理区间的合力。更加注重统筹疫情防控和经济社会发展，担非常之责、用非常之力、出非常之招，交出两手抓、两手硬、两战赢的合格答卷。更加注重统筹发展和安全，在防范风险上做足思想准备、工作准备，在应对挑战上做到战略主动、战术精准，在服务融入新发展格局、扎实推动共同富裕中培育增长点、消除隐患点，推动高质量发展行稳致远。

各位代表！秦人自古耐苦战。千百年来，三秦大地历经沧桑而蓬勃不息，三秦儿女饱经磨砺愈坚韧不拔。一时的困难，不仅不会让我们犹豫彷徨，反而会让我们更加勇毅前行；不仅不会让我们气馁退缩，反而会让我们更加进取图强。只要我们在省委坚强领导下，铆足老秦人的那股"拧劲儿"，万众一心、众志成城，敢于斗争、敢打硬仗，就一定能踏平坎坷成大道、奋楫潮头创辉煌！

三、2022 年重点工作

（一）坚持科学精准、服务到位，全力做好疫情防控和复工复产

持之以恒抓好疫情防控。坚持"外防输入、内防反弹"总策略和"动态清零"总方针，压实"四方"责任、落实"四早"要求，科学精准从速处置局部突发疫情，不断提升常态化疫情防控效能。慎终如始处置西安疫情，精心做好隔离人员服务保障，科学有序开展医疗救治，既有力度、又有温度。扎紧疫情输入的每一个"漏风口"，加强社区和基层发热门诊建设，强化流调队伍、集中隔离点和防疫物资储备，提高信息化支撑水平，有序推进疫苗接种，提升核酸检测和流调溯源能力质效，做到防范严、发现早、管控准、处置快。完善应急预案，健全指挥体系和工作机制，强化社区和农村网格化管理，全面夯实疫情防控的基层基础。

务实高效推进复工复产。落实疫情分区分级精准防控措施，因地制宜、分类推进、精细服务，全力保障防疫物资需求，有序让社会转起来、让经济活起来。实施一季度经济稳增长 10 条措施和支持西安加快经济恢复发展若干政策，对受疫情影响、生产经营困难的省内企业，免征一季度房产税、城镇土地使用税等税费。实施住宿餐饮、商贸零售、文旅娱乐等服务业激励计划，落实房租减免、增值税加计抵减、发放消费券等措施。加大重点企业、中小微企业、个体工商户帮扶力度，积极帮助解决原材料供应、产品生产、返岗上岗、物流运输、资金保障等方面的突出问题。引导金融机构创新产品和服务，强化信贷纾困，不盲目抽贷、断贷、压贷，让企业的"血液"流动起来。

（二）坚持政策靠前、扩大内需，全力推动经济平稳健康发展

用好政策组合拳激发市场活力。支持小微企业和个体工商户的政策全部延期并提高减免幅度、扩大适用范围，积极为制造业和信息、科技服务企业办理增值税留抵退税，阶段性延续稳就业保基本民生的税费支持政策并放宽享受条件，以新的组合式减税降费为市场主体减负纾困。协调金融机构加大对制造业、科技创新、绿色发展、产业升级、中小微企业等的支持力度，促进企业综合融资成本稳中有降，力争全年向实体经济让利超百亿元。强化政府性融资担保作用，加快征信系统建设和信用信息共享，用好新的普惠小微贷款支持工具，促进小微企业融资增量、扩面、降价、便利。坚持厉行节约，政府带头过紧日子，压缩非刚性支出，更大力度支持基层落实助企纾困政策。严控涉企收费，严禁搞强制摊派、罚款创收，规范行业协会商会、中介机构等服务收费，深入开展清理拖欠中小微企业账款专项行动。保市场主体就是保社会生产力，只要有利于培育壮大市场主体的政策，我们都往前赶、抓紧出、早兑现。

开展项目攻坚战扩大有效投资。适度超前布局基础设施建设，全面加快轨道交通、西延高铁、西康高铁、西十高铁、机场三期、引汉济渭二期、东庄水利枢纽、榆林黄河引水、西安外环高速南段等重大项目建设进度，推动地方政府专项债券项目和中央预算内投资项目尽早开工建设。围绕交通、能源、水利、防灾减灾、城市更新、管网改造、生态治理、新型基础设施等重点领域，持续做好项目谋划储备，积极推进延榆鄂高铁等重大项目前期工作，实施滚动开工、全周期服务，确保固定资产投资增长7%左右。坚持资金和要素跟着项目走，优化专项债使用方向，解决项目融资难题。

大力开展精准招商、定向招商、投行思维招商，打造丝博会、秦商大会等品牌招商活动，围绕重点产业链招引主导带动的头部企业、颠覆创新的颈部企业、爆发增长的腰部企业，紧盯重点区域引进含金量足、含绿量高、含新量多的好项目，面向未来产业、终端产品集聚高端要素、汇聚市场主体、孕育产业集群，引进内资、实际利用外资分别增长12%、15%以上。今年是高质量项目建设推进年，我们一定努力打一个项目投资的翻身仗。

培育新兴增长点促进消费提振。实施促进消费增长三年行动计划，围绕汽车、家电、家居等大宗商品和餐饮、娱乐等重点领域开展多样化的消费促进活动，促进消费特别是接触型消费恢复。大力发展消费新业态新模式，培育定制消费、智能消费、互动消费、沉浸式消费等新型消费，推动健康、养老、文化、旅游、体育、会展等服务消费向高品质、多样化升级。促进新能源汽车消费，开展绿色智能家电下乡和以旧换新等活动。扎实推进省级步行街改造提升，扩大"一刻钟便民生活圈""标准化菜市场"等试点示范，支持西安创建国际消费中心城市，加强县域商业体系建设，完善城乡物流网络，健全社区商业配套设施，提升农村电子商务服务体系。加强市场监测预警和生活必需品应急保供。消费对稳增长具有基础作用，我们一定用力夯实"能消费"的基础、完善"敢消费"的保障、营造"愿消费"的场景，确保社会消费品零售总额增长7.5%左右。

（三）坚持做强平台、优化生态，全力构筑创新驱动发展优势

提升秦创原平台牵引力。深入实施秦创原建设三年行动计划，加快创新促进中心、网络平台、平台公司建设，提高市场化运作、常态化路演、链条式孵化、高效能转化水平。持续引进建设国

家级、省级孵化器和中试平台、新型研发机构、共性技术研发平台，构建更多龙头企业牵头、高校院所支撑、各创新主体相互协同的创新联合体，建好国际路演中心，建设知识产权运营交易中心，年内总窗口完成科技成果转化并注册公司不少于200个。实施科技型企业创新发展倍增计划，健全"科技型中小企业—高新技术企业（瞪羚企业）—上市企业（独角兽企业）"全生命周期培育链条，评价入库科技型中小企业1.3万家，新增高新技术企业1500家、瞪羚企业200家、上市企业12家，完成技术合同成交额2500亿元以上。加强与国内外高能级创新平台交流合作，辐射联动市县区、园区、院所、企业融通创新，形成资源共享、优势互补的省域创新体系。发挥企业创新主体作用，支持西安高新区硬科技创新示范区建设，推动延安、商洛、汉中、铜川、榆林等高新区提档升级。秦创原是我省创新驱动发展的总平台，我们一定努力将其建成立体联动"孵化器"、科技成果产业化"加速器"、两链融合"促进器"，打造成我省高质量发展的强大引擎。

提升基础性创新支撑力。贯彻落实国家基础研究十年规划，争创国家基础学科研究中心。支持空天动力陕西实验室争创国家实验室，围绕能源资源、信息、材料、生命科学、农业环境等重点领域，布局提升陕西实验室体系。支持西安建设综合性国家科学中心，支持榆林创建国家级能源革命创新示范区，加快杨凌农科城等创新载体建设。支持国家分子医学转化科学中心、先进阿秒激光、电磁驱动聚变等国家重大科技基础设施建设，强化二氧化碳捕集利用与封存等预研工作。围绕创新链布局产业链，围绕产业链部署创新链，聚焦煤炭分级分质利用、稀有金属材料加工制备、光子集成芯片制造、机床智能主轴、高性能传感器、高世代基板玻璃等"卡脖子"领域,加大科技攻关力度,全力打通产业链、创新链的痛点、堵点,实现"两链"深度融合。

提升生态链系统竞争力。认真落实国家科技体制改革攻坚三年行动方案,改革创新重大科技项目立项和组织管理方式,实行"揭榜挂帅"、"赛马制"、立"军令状"等制度,推行技术总师负责制、经费包干制、信用承诺制,赋予科研单位、科研人员更大自主权。打造"科学家+工程师"、创新型企业家、科技经纪人三支队伍,鼓励高校、院所科研人员领办创办科技企业,扩大赋予科研人员职务科技成果所有权或长期使用权试点范围。建设高标准技术交易市场体系。发挥政府产业引导基金的杠杆撬动作用和风投、创投等投资基金的孵化催化作用,大幅提高科技型中小企业研发费用加计扣除比例,把增值税留抵退税政策向制造业特别是先进制造业倾斜。创新是引领发展的第一动力,我们一定加快构建一流创新生态,使科技、产业、金融积极互动起来、良性循环起来,让创新源泉充分涌流。

(四)坚持链式布局、数字赋能,全力加快产业结构转型升级

落实"链长制"壮大重点产业。抓实制造业高质量发展,健全150户重点企业包抓帮扶机制,及时给予重点项目流动资金贷款贴息支持;聚焦23条制造业重点产业链,深入实施"链长制",大力开展延链补链强链行动,着力培育一批千亿级、百亿级"链主"企业和隐形冠军企业,打造万亿级产业集群;深入实施质量强省建设和产业基础再造工程,"一链一行"解决产业链融资问题,畅通芯片等关键零部件和大宗原料供应渠道,加大"首台套""首批次"应用政策支持力度,促进产业链供应链贯通发展,确保规上工业增加值增长6.5%左右。实施文化旅游、现代农业重点产业链建设专项行动，绘出产业图谱、排出项目清单、实现集群发展。产业园区是产业链建设的主阵地、主战场，我们将对省级以上园区实施产值、要素、招商、创新等单列单考，鼓励调区扩区、代管托管、整合升级，努力推动国家级园区地市全覆盖、西部争一流、全国争上游。

坚持"稳控转"调优能源工业。狠抓优煤、扩油、增气各项工作，在确保安全生产前提下，强化稳产、保供、储备和应急保障能力建设，为国家能源安全提供支撑。推进可可盖、巴拉素等煤炭项目建设，加快延长石油富县、陕煤黄陵等外送配套电源建设，扩大电力外送规模。推进煤炭高效清洁利用，加快煤电机组节煤减排改造，促进煤化工产业高端化、多元化、低碳化发展，积极发展煤基特种燃料、煤基生物可降解材料等。大力发展光伏、风能、生物质能等可再生能源，加快陕北至湖北、神府、渭南3大新能源基地项目建设，推进抽水蓄能电站、氢能示范项目实施，增加新能源消纳能力，打造全国重要的清洁能源基地。用好能耗弹性空间推进技术工艺先进、产品市场广阔的重大项目建设，新建项目严格执行能耗等最新技术标准，确保严控盲目上马"两高"项目的要求精准落地。

加快"数字化"促进融合提质。实施新型基础设施提升工程，加大对5G网络、新一代互联网、物联网等重点领域的投资力度，建好国家超算西安中心，着力培育引进数字经济龙头企业、工业互联网平台企业，创建国家数字经济创新发展试验区。发展数字经济核心产业，突破提升以集成电路、新型显示、新型计算等为重点的电子产业，积极培育以区块链、人工智能、卫星互联网、空天地海一体化等为重点的新兴数字产业，加快发展数字创意和数据服务产业。推动重点产业数字化转型，实施"上云用数赋智"行动，开展智能生产线、数字化车间、智慧工厂建设，促进传统制造业、服务业、农业等领域数字化赋能、全方位升级。我们一定协同推动数字产业化和产业数字化，全面促进数字技术与实体经济联动发展，打造数字经济新业态，构筑高质量发展新优势。

（五）坚持深化改革、扩大开放，全力服务和融入新发展格局

深化营商环境改革。整合改造升级政务"一张网""一朵云"和大数据中心平台，促进数据资源质量和数字政府效能全面提升。持续推进"放管服"改革，深入实施新一轮优化营商环境三年行动，全力打造"秦务员"一体化政务服务和"秦政通"一体化协同办公平台，实现更多政务服务一网通办、跨省通办、秒批秒办。推动水电气热"一件事一次办"，一般社会投资和政府投资项目审批时间分别压减至70个、100个工作日以内。全面实行行政许可事项清单管理，加快"证照分离"改革全覆盖，优化金融、能源、交通、公用事业等行业涉企服务，实施企业信用风险分类管理，推动监管更加公平有效。开展民营企业梯度培育、产业水平提升等8个专项行动，持续推动"个转企""小升规""规改股""股上市"，促进中小企业"专精特新"发展。依法保护各类市场主体产权和合法权益，深化税银互动，进一步清理政府采购、招投标、融资等领域不合理限制。民营经济是社会主义市场经济的重要组成部分，我们一定在支持民营经济发展中多上减税降费的"主菜"、优化环境的"硬菜"，让非公有制经济健康发展、让非公有制经济人士健康成长。

加快要素市场化配置改革。深入推进"亩均论英雄"综合改革，扎实开展"标准地"试点，力争年底试点区域新批工业用地不低于40%按照"标准地"供应。鼓励工业用地弹性出让,探索产业用地混合利用。落实"增存挂钩"机制,实施城市有机更新、低效用地再开发,持续加快批而未供和闲置土地处置。全面开展自然资源确权登记,加快推进"交地即交证""交房即交证"改革,探索把自然资源、用能权等交易纳入公共资源交易平台。有序推动劳动力、资本、技术、数据等要素改革举措落地。完成国企改革三年行动任务,推动陕西西安区域性国资国企综合改革试验取得明显成效,加快政府投融资平台转型升级,努力在央企入陕、战略重组、混改经营、治理监管等方面取得新的标志性成果和突破性进展。

提速中欧班列(西安)集结中心建设。强化软硬支撑稳运行,全面启动中远海运、公铁快线等项目建设,完善智慧口岸功能,落地启运港退税政策,启动数字金融综合服务平台二期建设,确保长安号开行超过4000列。强化多式联运促贸易,拓展"长安号+境内外城市港口"模式,加密"+西欧"线路,以日韩为重点培育东向通道,优化海外仓和陕西商品展示中心布局,深度融入全球港航体系、物流网络。强化港产港贸港城融合发展,依托西安国际港站、综保区、跨境电商综合试验区等平台,集聚一批电商龙头企业、加工企业、研发组织、金融机构、功能总部,建设国家级进口贸易促进创新示范区。强化陆港空港协同发展,建好临空经济示范区,打造"一带一路"重要枢纽集散中心,让亚欧陆海贸易大通道更畅通、更便捷、更普惠。

提升制度型开放水平。抓住区域全面经济伙伴关系协定生效契机,扩大急需设备、资源、零部件进口,推动优势产品服务走出去,引导企业用好零关税、原产地累积等规则开拓发展新空间。发挥自贸区在提升国际化营商环境中的示范引领作用,扎实做好全国改革创新成果和我省"最佳实践案例"复制推广，加快建设上合组织农业技术交流培训示范基地，积极推进"中国+中亚五国"外长第二次会晤六项涉陕成果落实落地，打造"一带一路"国际商事法律服务示范区，促进医疗健康、数字贸易、现代农业、金融服务等产业集聚发展。出台自贸区保税维修综合评估办法，扩大综保区增值税一般纳税人资格试点。实施中小外贸企业成长行动计划，加快建设国家加工贸易产业园。提高出口退税、出口信贷、信用保险等支持出口政策的便利度，进出口总值增长10%。落实好外资企业国民待遇，实施外商投资和跨境服务贸易负面清单，做实国际合作产业园区，推动重点外资项目落地，确保外商直接投资增速超过50%。

（六）坚持城市带动、县域支撑，全力促进区域整体协调融合

提高新型城镇化质量。落实新时代推进西部大开发形成新格局、黄河流域生态保护和高质量发展等重大国家战略，建立健全区域协调发展的推进机制和政策体系，支持关中合力建设科创大走廊，推动陕北全面加快能源革命、转型升级，促进陕南系统迈向绿色循环发展，加快把各区域的资源优势转化为经济产业优势、综合协同优势。积极实施关中平原城市群"十四五"建设方案和西安都市圈发展规划，加快西安国家中心城市建设，提高特大城市治理能力和应急管理水平。推动西安—咸阳一体化向纵深发展，促进西安、渭南、铜川、商洛、杨凌规划统筹、建设联动、发展融合。加快宝鸡副中心城市建设，提升榆林交通枢纽城市和区域中心城市能级，完善汉中区域中心城市功能、推进陕南交通旅游山水画卷试点工作。支持延安擦亮中国革命圣地、历史文化名城的名片，打造国家陆港型物流枢纽承载城市。支持安康加快建设秦巴综合交通枢纽、西北内陆物流节点和生态旅游康养城市，支持商洛打造中国康养之都。培育一批中小城市，发展一批特色小镇和特色小城镇。强化国土空间规划导控，形成城乡保护开发"一张图"。加强城镇设计、彰显特色风貌，完善市政设施、提高承载能力。深入开展城市"双修"，切实保护文脉绿脉，不断改善人居环境，持续推动美好环境和幸福生活共同缔造。

激发县域经济活力。把发展县域经济作为城乡协调发展、促进共同富裕的战略抓手，培育一批工业强县、农业大县和旅游名县，实现县域生产总值增速高于全省1个百分点。推动"一县一策"事项清单落地见效，实施"一县一业"行动计划，打造县域首位产业集群。按照"一县一区、一区多园"的原则要求，指导各县推动产业园区整合提升，留足产业的空间、夯实发展的载体。启动新一轮县域专项资金支持计划，加快补齐公共卫生防控救治、垃圾无害化资源化处理等17个领域短板弱项，创建10—15个县城建设示范县，真正使县域的平台功能、融合功能、富民功能强起来，把农村的生态价值、经济价值、人文价值挖掘出来。

（七）坚持稳固农业、振兴乡村，全力夯实"三农"工作基本盘

保障粮食和重要农产品生产供给。提升小麦、稻谷、玉米等收储调控能力，做好化肥、农药等重要农资保供稳价，扩大粮食作物完全成本保险和种植收入保险实施范围。优化生猪产能调控，能繁母猪保有量稳定在84万头，抓好蔬菜生产，扩大大豆和油料种植，确保重要农产品市场供应基本稳定。实施种业振兴行动，建设国家级杨凌种业创新中心，培育"育繁推"一体化企业，推进生物育种产业化。持续提升农机装备研发应用水平，有效防范应对农业

重大灾害。严格落实耕地保护责任，实施"田长制"，遏制耕地"非农化"、防止"非粮化"。加快实施旱作节水农业发展五年行动和盐碱地改造利用，新增高标准农田300万亩，确保粮食生产能力和播种面积只增不减，为中国饭碗装中国粮贡献陕西力量。

巩固拓展脱贫攻坚成果。完善和落实防返贫动态监测帮扶机制，加强易地搬迁后续扶持，动态消除风险隐患，确保不发生规模性返贫和新的致贫。加强劳务协作和职业技能培训，推动转移就业，促进持续增收。支持脱贫地区发展"小木耳、大产业"式的特色产业和富民产业、社区工厂，不断增强自我发展能力。深化苏陕协作交流，统筹好党政机关、企事业单位和社会帮扶力量，推动项目、资金、政策等向乡村振兴重点帮扶县倾斜，增强帮扶的针对性和有效性。

全面推进乡村振兴。深入推进乳制品、苹果、茶叶、猕猴桃等9个农业全产业链建设，促进农村一二三产业融合发展，加大金融服务农业产业化力度，培育发展家庭农场、农民合作社和农业社会化服务组织，不断壮大"3+X"特色产业规模，引导创建5个国家级、30个省级农村产业融合示范园。务实推进乡村建设，持续整治提升农村人居环境，因地制宜推进厕所革命，发展乡村旅游，创建美丽宜居示范村200个，打造一批乡村振兴示范样板。扎实稳妥推进农村改革发展，扩大承包地30年整县延包试点范围，稳慎推进宅基地制度改革和闲置宅基地盘活利用试点，深化"三变"改革，实施农村集体经济"清零削薄"行动。乡村振兴是"三农"工作的总抓手，我们一定稳扎稳打、求真务实，确保农业稳产增产、农民稳步增收、农村稳定安宁。

（八）坚持降碳减污、系统治理，全力厚植美丽陕西绿色底版

推进绿色低碳发展。梯次有序实施国家碳达峰十大行动，加快形成节约资源和保护环境的产业结构、生产方式、生活方式、空间格局。适应能耗"双控"逐步向碳排放"双控"转变，加快形成减污降碳的激励约束机制。推进排污权、用能权、用水权等市场化交易，积极推动西咸新区国家气候投融资试点落地，支持陕南建设生态产品价值实现机制示范区。加快基础设施绿色低碳发展，推进国家大宗固废综合利用示范基地建设，城镇新建建筑中绿色建筑占比提升到60%、装配式建筑占比达到24%。深化园林城市创建，推行垃圾分类和资源化，西安市、咸阳市生活垃圾分类覆盖率达到95%。实施全面节约战略，推进各领域节约行动。大力发展绿色制造，降低生产领域单位产品能耗物耗，实现资源全面节约、集约、循环利用。倡导简约适度、绿色低碳生活方式，深入开展"光盘"等粮食节约行动，广泛开展绿色社区、绿色学校、绿色家庭等创建活动，推动经济社会发展全面绿色转型。

推进黄河流域生态保护和高质量发展。坚持山水林田湖草沙一体化思路，持续推进河湖生态治理和修复。积极推广高西沟村生态治理模式，推动黄河流域淤地坝（拦沙）工程及坡耕地水土流失综合治理项目，大力推进渭北"旱腰带"生态恢复治理，促进沿黄防护林和黄河西岸绿色廊道提质增效。深入推进黄河流域"清废行动"以及入河排污口排查整治，加大黄河干支流治理力度，加快黄河流域城镇污水处理厂提标改造。建立健全黄河流域重点生态功能区综合补偿机制试点。坚持"四水四定"要求，加快能源、产业、用水等结构调整步伐，保护传承弘扬黄河文化，努力打造黄河流域生态保护和高质量发展先行区。

持续巩固秦岭整治成果。落实秦岭生态环境保护条例和总体规划，强化产业准入清单管理，加强生态保护修复和生物多样性保护。坚持人防、技防、物防结合，实施"网络化+网格化"监管模式，完善数据共享、天地一体、上下协同的视频综合监管系统，构建生物、大气、水、土壤环境监控网络和预警体系。持续开展秦岭联合执法检查，巩固提升"五乱"整治成果，高标准完成秦岭区域勘界立标工作。推行五级林长制，加快百万亩绿色碳库试点示范基地建设，推进秦岭国家公园、大熊猫国家公园陕西区域建设。秦岭是我国的中央水塔和中华民族的祖脉，我们一定当好秦岭生态卫士，让秦岭美景永驻、青山常在、绿水长流。

深入打好污染防治攻坚战。坚持区域协调、系统防控，以更高标准打好蓝天、碧水、净土保卫战。抓好中央环保督察反馈问题整改。强化汾渭平原大气污染联防联控，实施PM$_{2.5}$和臭氧污染协同控制，推进氮氧化物和挥发性有机物协同减排，深入开展秋冬季铁腕治霾。加强汉江、丹江、嘉陵江等重点流域生态保护，"一断一策"精准治污，深入推进陕南废弃矿山历史遗留污染源整治，持之以恒抓好南水北调中线工程水源地保护。强化土壤污染风险防控，确保全省受污染耕地安全利用率达到92%以上，重点建设用地得到安全有效保障。

（九）坚持民生为本、就业优先，全力朝着共同富裕方向稳步前进

坚持就业优先促进增收。落实落细稳就业举措，延续实施失业保险稳岗返还政策，调整完善部分减负稳岗扩就业政策，加大使用失业保险基金支持稳岗和培训的力度，充分发挥民营企业、中小微企业、个体工商户就业主渠道作用。加强高校毕业生就业创业政策支持和"不断线"精准服务，完善灵活就业政策，重点解决青年就业问题。用好动态精准就业服务系统和"秦云就业"用工平台，做好退役军人就业，强化城镇困难人员"一对一"就业帮扶，保持零就业家庭动态清零。积极为农民工就业创业创造更好条件，持续做好根治欠薪工作。深入开展大众创业万众创新，推动职业技能提升行动扩容提质，打造完善一批公共实训基地。落细落实"十四五"促进全省城乡居民增收推动富民惠民意见，健全工资决定、合理增长和支付保障机制，增加劳动者特别是一线劳动者劳动报酬，延续部分个人所得税优惠政策。加大三次分配调节力度，在普遍增收、总量提升、分配合理基础上，逐步缩小收入差距，提升共享发展成色。

精准提供基本公共服务。健全常住地提供基本公共服务制度。持续增加经费投入和学位供给，保障适龄儿童就近入学，严格实施"双减"政策，稳妥有序规范民办义务教育，全面落实义务教育教师平均工资不低于当地公务员的要求，推动义务教育优质均衡发展。多渠道解决"入园难"问题，系统推进高中阶段教育改革，促进现代职业教育产教融合、提质培优。落实新时代振兴中西部高等教育的政策措施，"一校一策"支持"双一流"建设，推动校地融合发展。改善提升基本医疗卫生保障服务水平，巩固增强公立医院主体地位，推动优质医疗资源扩容下沉，加快国家医学中心、区域医疗中心和紧密型县域医共体建设，促进中医药传承创新发展。积极应对人口老龄化趋势，优化居家社区和医养结合服务供给，稳妥推进"长护险"试点，社区日间照料机构覆盖率达到90%以上，二级以上综合医院老年医学科占比达到50%。实施好三孩生育政策及配套政策，将3岁以下婴幼儿照护费用纳入个人所得税专项附加扣除，大力发展多种形式托育服务，多措并举减轻家庭生育养育负担。提升孤儿、困境儿童生活保障水平，加强未成年人关爱保护工作。进一步强化公共法律服务供给。拓展十四运会筹办成果，精心办好第十七届省运会。大力发展文化事业，支持文艺精品创作，加快省图书馆、省艺术馆等重点文化工程建设进度，深入实施中华优秀传统文化传承发展工程，持续推进长城、长征、黄河国家文化公园陕西段建设，做好大遗址保护与利用，努力让文物走出历史尘封、焕发新生，让文化在传承中创造价值、赋能发展。

逐步提高民生保障水平。落实延迟法定退休年龄政策，推进企业职工养老保险全国统筹，确保养老金按时足额发放。及时跟进国家医保目录动态调整和准入谈判结果，办实办好拓展异地就医门诊费用直接结算、职工医保普通门诊统筹、医保个人账户家庭共济等惠民实事。加大基本医保、大病保险、医疗救助三重制度与慈善事业、商业健康保险等分层分类保障力度。加快推进失业、工伤保险省级统筹，适时提高城乡低保标准，归集住房公积金550亿元以上。因城施策促进房地产业良性循环和健康发展，坚持租购并举，筹集建设保障性租赁住房8.8万套（间），发展长租房市场，支持商品房市场更好满足购房者的合理住房需求，改造城镇老旧小区2192个。妥善做好受灾群众安置工作，精准落实各项救助政策，持续做好困难群众救助，力争全面完成灾后恢复重建任务。加强民族宗教工作，铸牢中华民族共同体意识。我们一定兜住困难群众基本生活底线，鼓励通过劳动创造幸福，让三秦百姓日子越过越红火。

（十）坚持居安思危、筑牢底线，全力防范化解重点领域风险

毫不松懈抓好公共安全管理。全力提高本质安全水平，高质量抓好安全生产专项整治三年行动收官，持之以恒强化煤矿、危化品、道路交通、建设施工、有限空间作业等重点领域安全监管，扎实做好城镇燃气安全隐患排查整治各项工作，及时消除安全隐患，坚决遏制重特大事故。抓实食品安全放心工程建设十大行动，强化疫苗、血液制品等高风险产品监管，完善食品药品信息化追溯体系和安全应急体系。统筹推进城市和农村安全工作，推广城市生命线安全工程经验做法，用好人防应急支援体系，切实提高防控重大风险和应对极端天气、突发事件的能力。加强房地产风险防控，扎实推进问题楼盘处置。加强应急管理和防灾减灾救灾，加快应急救援基地建设。推进市域社会治理现代化试点，深化新时代"枫桥经验"，推广"15分钟社区服务圈""小微权力清单"等做法，开展信访矛盾源头治理多元化解创新年活动，深入推进矛盾纠纷排查化解，不断加强基层社会治理体系和治理能力现代化建设。健全立体化信息化社会治安防控体系，常态化推进扫黑除恶斗争，依法严厉打击群众反映强烈的电信网络诈骗、食药环、盗抢骗等突出违法犯罪，让陕西更平安、让社会更和谐、让群众更满意。

毫不松懈抓好金融风险防范。依法加强对资本的有效监管，支持和引导资本规范健康发展。加快地方法人中小银行股权结构和公司治理改革，发挥存款保险制度和行业保障基金在风险处置中的作用。深入推进重点市县隐性债务风险化解和融资平台存量债务处置。严厉打击非法金融活动，坚决守住不发生区域性、系统性金融风险底线。

各位代表！疫情形势依然复杂，发展任务异常艰巨。克服疫情影响、完成今年经济社会发展目标任务，需要更加注重加强政府自身建设，进一步提高政府工作的实效。我们一定大力弘扬伟大建党精神，坚持党的百年奋斗历史经验，忠诚拥护"两个确立"，增强"四个意识"、坚定"四个自信"、坚决做到"两个维护"。更加自觉学习贯彻习近平新时代中国特色社会主义思想，更加自觉在思想上政治上行动上同党中央保持高度一致，把坚持和加强党的全面领导贯穿政府工作始终，对"国之大者"领悟到位、执行到位，真正把政治判断力、政治领悟力、政治执行力体现到贯彻落实党的路线方针政策的实际行动上，体现到推动高质量发展的实际行动上，体现到为党分忧、为国尽责、为民奉献的实际行动上。我们一定严格依法行政，依法接受省人大及其常委会监督，自觉接受省政协民主监督，主动接受社会和舆论监督，强化审计监督，提高行政立法质量，严格规范公正文明执法，切实把政府工作全面纳入法治轨道。政府工作人员要自觉接受法律监督、监察监督和人民监督。我们一定悟透以人民为中心的发展思想，坚持人民至上、生命至上，把屁股端端地坐在老百姓的这一面，牢固树立正确政绩观，深入开展调查研究，想问题以民意为重，办事情以民生为本，下大气力解决群众"急难愁盼"问题，切实做到政府工作为了人民、服务人民、依靠人民。我们一定持续加强思想淬炼、政治历练、实践锻炼、专业训练，增强过硬本领、提高专业能力，敬畏历史、敬畏文化、敬畏生态，慎重决策、慎重用权、担当作为，谋划时统揽大局、操作中细致精当，做到决策科学与执行高效有机统一。我们一定加强自我革命，不断增强毫不畏惧、越是艰险越向前的斗争精神，扛牢全面从严治党政治责任，严格落实中央"八项规定"精神，纵深推进政府系统党风廉政建设和反腐败工作，强化"勤快严实精细廉"作风，以钉钉子精神坚韧不拔抓部署、抓落实、抓督查，始终保持为民、务实、清廉的良好形象。

各位代表！驻陕部队官兵在维护国家安全和全省疫情防控、抢险救灾、重大活动、改革发展稳定工作中展示出过硬本领和优良作风。我们一定认真贯彻习近平强军思想，一如既往支持国防和军队建设，扎实做好国防动员教育，深入开展"双拥"活动，不断谱写鱼水情深的精彩华章！

各位代表！百年历史成就灿烂辉煌，新的赶考之路已经开启。让我们更加紧密地团结在以习近平同志为核心的党中央周围，在省委坚强领导下，解放思想、改革创新、踔厉奋发、笃行不怠，奋力谱写陕西高质量发展新篇章，以优异成绩迎接党的二十大胜利召开！

甘 肃 省
政府工作报告

——2022年1月17日在甘肃省第十三届
人民代表大会第六次会议上

省长 任振鹤

各位代表：

我代表省人民政府，向大会报告工作，请予审议，并请省政协委员和其他列席人员提出意见。

一、2021年工作回顾

刚刚过去的2021年，面对严峻复杂的发展环境和交织叠加的风险挑战，在以习近平同志为核心的党中央坚强领导下，省委带领全省人民以习近平新时代中国特色社会主义思想为指导，全面贯彻党的十九大和十九届历次全会精神，深入落实习近平总书记对甘肃重要讲话和指示精神，统筹疫情防控和经济社会发展，全面完成省十三届人大四次会议确定的目标任务，实现"十四五"良好开局。

一年来，我们迎难而上、加压奋进，主要指标迈上台阶。坚持把发展作为解决一切问题的基础和关键，立足新发展阶段，贯彻新发展理念，构建新发展格局，推动高质量发展，全力盘活存量、引入增量、提高质量、增强能量、做大总量。制定加快新能源产业发展、县域经济高质量发展、园区建设、改善营商环境、招商引资突破等政策措施，完善激励考核机制，强化运行监测调度，推动经济稳中有进、稳步提质。两大指标实现历史性突破，全省地区生产总值过万亿，达到10243.3亿元；一般公共预算收入过千亿，达到1001.8亿元。其他指标均好于预期，规上工业增加值增长8.9%；固定资产投资增长11.1%；社会消费品零售总额4037.1亿元，增长11.1%；居民消费价格上涨0.9%，低于3%左右的预期目标；城乡居民人均可支配收入分别达到36190元和11400元。省属国有企业工业总产值、营业总收入、利润总额分别增长33.9%、12.6%、108.2%，创历史最好水平。粮食总产量达到246.3亿斤、增长2.43%，超额完成目标任务。

一年来，我们发挥优势、加快转型，发展动能显著增强。坚持产业兴省、工业强省，聚焦强龙头、补链条、聚集群，加快构建现代产业体系。传统产业焕发生机。实施产业基础高级化产业链现代化攻坚战专项行动，制定"1+N+X"政策体系，建立产业链链长制，实施9个重点行业180个延链补链强链项目，酒钢集团锌铝镁产品实现我国在高耐蚀领域产品零的突破。实施"三化"改造重点项目240个，完成投资125亿元。23家企业入围国家级绿色工厂。建成投产邵寨、赤城煤矿，新增煤炭产能800万吨。陇东油区油气当量首次突破1000万吨，建成国内首个百万吨级页岩油开发示范区。新兴产业蓬勃发展。装机1285万千瓦新能源项目集中开工，新增并网装机740万千瓦，建设规模达到3355万千瓦，酒泉建成全国首个千万千瓦级风电基地。"酒湖特高压"配套常乐电厂二期200万千瓦项目加快建设。"陇电入鲁"工程4×100万千瓦配套调峰项目开工建设。新能源发电量达到446亿千瓦时、增长15.6%。开工建设宝武碳业10万吨负极材料、海亮集团15万吨高性能铜箔材料等重大产业项目。建成年产20亿剂重组新冠疫苗生产线。获批建设一体化算力网络国家枢纽节点。十大生态产业增加值占到地区生产总值的27%，比上年提高3个百分点。规上工业战略性新兴产业、高技术产业、装备制造业增加值分别增长18.8%、38.2%、15.8%。科技创新加速提效。新增高新技术企业142户，认定省级科技创新型企业234户，新认定国家级"专精特新"小巨人企业12户、省级55户，高技术制造业投资增长39.7%。组建7家企业创新联合体。建成西北首家省级知识产权保护中心。10项科技成果获得国家科学技术奖。发明专利授权量增长60.96%。天水、兰州新区入选"科创中国"试点城市。4名科学家当选两院院士。项目建设实现突破。组织2次重大项目集中开工，新建续建亿元以上项目1075个。208个省列重大项目完成投资2059亿元。兰州至合作铁路全线建设。酒额铁路酒泉至东风段建成通车。白银通用机场投入运行。建成高速（一级）公路675公里，新增环县、秦安、华亭、肃南4个县市通高速。启动建设8个高速公路"开口子"工程。建成自然村（组）通硬化路1.08万公里。引洮主体工程全线通水。完成144处农村水源保障工程。新建改造配农网线路1.9万公里。5G网络实现市州主城区深度覆盖和县城全覆盖。社会消费稳步恢复。组织各类促销活动2000多场次，网络销售、直播电商、无接触配送广泛开展。快递处理量突破12亿件，限额以上网络零售额增长24.8%。新增11个国家4A级旅游景区。接待国内外游客2.76亿人次，实现旅游综合收入1842亿元，分别增长29.7%和26.6%。

　　一年来，我们全面统筹、一体推进，城乡区域联动发展。坚持乡村振兴和新型城镇化双轮驱动，加快构建城乡融合、协调并进的区域发展新格局。脱贫成果巩固拓展。落实"四个不摘"，有效衔接政策体系和工作机制，健全完善防止返贫动态监测和帮扶机制，对监测对象全部落实帮扶措施。2259家扶贫车间向乡村就业工厂转型。开发乡村公益性岗位10.3万个。易地扶贫搬迁后续扶持工作获国家通报表扬。天津、山东和中央定点帮扶单位援助财政资金38.4亿元，消费帮扶57.7亿元。乡村振兴势头良好。启动现代丝路寒旱农业优势特色产业三年倍增行动，建成绿色标准化种养基地786个，打造产业大县14个。新增农业龙头企业139家。6个农村产业融合发展示范园得到国家认定。启动创建61个省级现代农业产业园。"甘味"农产品品牌影响力进一步扩大。获批国家首个全省域道地中药材产地加工试点。制定种业振兴实施方案，玉米、马铃薯、瓜菜花卉制种产量分别增长6%、18.2%、8.2%。启动"5155"乡村建设示范行动，编制完成2321个实用性村庄规划。实施"万企兴万村"甘肃行动，举办"民企武威行""光彩会宁行"活动。全国村庄清洁行动现场会、农村厕所革命西部片区座谈会分别在甘南、兰州召开。区域协调发展加快推进。完成省市县三级国土空间规划，编制实施兰州经济圈、河西走廊经济带、陇东南区域发展规划。兰州新区地区生产总值增长20%，增幅居国家级新区前列。出台支持革命老区振兴发展政策措施。兰西城市群、关中平原城市群共建力度持续加大。县域经济蓄势待发。引导86个县市区按城市服务、工业主导、农业优先、文旅赋能、生态功能5种类型，走差异化、特色化发展路子。新引进企业缴纳增值税省市级分成全部留给县级，下放国有未利用地和土地征收成片开发方案审批权限，开展建设用地县级直报试点，各地比学赶超、争先进位的氛围日益浓厚。

一年来，我们守护青山、厚植绿色，生态环境整体向好。全面贯彻习近平生态文明思想，坚定不移走生态优先、绿色发展之路，美丽甘肃建设迈出新步伐。黄河国家战略全面实施。黄河流域生态保护和高质量发展"1+N+X"规划体系基本构建完成。黄河首曲湿地保护修复和退化草原治理改良、陇中陇东黄土高原区水土流失治理等一批重大带动性项目启动实施。若尔盖国家公园等保护治理重点任务加快推进。与四川签订黄河流域横向生态补偿协议，与陕西、宁夏、青海、内蒙古签订河流联防联控联治合作协议。实施"黄河清废"行动。开展黄河流域入河排污口治理。对359处违法违规岸线进行综合整治。生态环境质量持续改善。"三线一单"生态环境分区管控制度落地实施。祁连山生态保护由集中整改向常态化机制化转变，国家公园体制试点基本完成。大熊猫国家公园正式设立。生物多样性保护得到加强。"天空地"一体化生态环境监测网络建成投用。河湖长制、林长制全面实施。深化中央生态环保督察反馈问题整改。生态环境大排查大整治发现问题4723个，整改完成率96.8%。完成营造林343.5万亩、沙化土地治理212.2万亩、草地改良411万亩。PM$_{2.5}$平均浓度下降11.5%，74个国家考核断面水质优良率95.9%，土壤环境安全总体可控。"双碳"工作稳步推进。建立碳达峰碳中和工作机制，推进碳排放数据核算，对7大行业重点控排单位开展碳排放核查。首批19家电力企业纳入全国碳市场交易，张掖、平凉迈出实质性步伐。能耗强度控制在合理区间。呵护绿水青山、建设秀美山川、推动绿色发展，成为全省人民的普遍共识和自觉追求。

一年来，我们创新机制、做实平台，改革开放全面深化。积极融入新发展格局，着力增强改革的系统性、整体性、协同性，推进更宽领域、更深层次、更高水平对外开放，更大程度释放发展活力。重点领域改革纵深推进。国企改革三年行动超进度完成任务。开展深化"放管服"改革优化营商环境提质提标年活动。取消、调整和下放行政审批事项91项。工程建设项目审批时限压缩至90个工作日内。在兰州新区、金昌经开区、玉门市开展"标准地"出让改革试点。兰州新区绿色金融改革创新试验区建设取得阶段性成果。兰州银行登陆深市主板，金徽矿业通过IPO审核。电价改革降低企业用电成本近45亿元。市场活力有效激发。开展"千企调研纾困"行动，着力化解涉企历史遗留问题，为中小微企业清收欠款1.53亿元。新增减税降费105亿元左右、中小微企业贷款721.25亿元，落实银税互动贷929亿元。民间投资增长16.1%。新设市场主体30.98万户，日均新设849户，总量突破200万户、达到203.27万户。新增规上工业企业312户，中小企业对规上工业增长贡献率51.4%。数字政府加快建设。成立省大数据管理局和大数据中心，构建"12345+N"数字政府应用体系，建成数字政府运营指挥中心。省市县三级政务服务事项网上可办率达90%以上，省级86.8%的行政许可事项实现全程网办。开放格局不断拓展。线上线下举办兰洽会、文博会、中国-中亚合作论坛、公祭伏羲大典活动。开行中欧班列义乌-兰州-莫斯科、武威-第比利斯新线路，发运国际货运班列498列1.71万车。新建"海外仓"6个。实现进出口总额491亿元、增长28.4%，与"一带一路"沿线国家进出口增长38%。兰州新区综合保税区进出口总值增长1.4倍。跨境电商交易额8.6亿元，增长1.14倍。省外招商引资项目到位资金3510亿元、增长17%，新引进"三个500强"企业投资项目23个。兰州陆港与连云港港口集团达成共建共用无水港、促进通关一体化合作协议。

一年来，我们兜牢底线、为民惠民，群众福祉持续增进。民生支出3206.1亿元，占一般公共预算支出的80%。10件为民实事全部办结，"我为群众办实事"实践活动深入开展。就业和社会保障提质增效。城镇新增就业33.25万人。开展各类职业技能培训101.04万人次。输转城乡富余劳动力528万人，其中脱贫劳动力199.1万人。1万名未就业普通高校毕业生到基层就业。城乡居民基本养老保险基础养老金最低标准提高到每人每月113元。城乡低保标准分别达到年人均7476元和4788元。医疗保险实现跨省异地就医住院和门诊费用直接结算。建成100个街道综合养老服务中心。建成退役军人法律服务站（点）1382个。解决3.86万名退役军人社保接续问题。改造老旧小区2126个，惠及居民17.7万户。开工建设各类保障性住房9280套。化解国有土地上已售城镇住宅历史遗留"登记难"问题66.68万套。化解信访积案2959件。舟曲地质灾害避险搬迁850户3495人入住兰州新区。社会事业协调发展。实现县市区义务教育基本均衡发展目标。6209个"能力提升"项目改善2886所义务教育学校办学条件、惠及156万名学生。建成农村中小学教师周转宿舍972套、食堂1171个，增补义务教育学位2.6万个。对4956名升入普通高校的城乡一二类低保家庭子女给予入学资助4605.8万元。"双减"政策有效落实。高考综合改革启动实施。新增职业教育本科院校2所、国家级一流本科专业建设点61个。建成省中心医院和县域5类急危重症救治医学中心。改建15个市级重症医学传染病区域、30个县级医疗机构传染病病区。完成20.78万名妇女"两癌"免费检查。推出《八步沙》《南梁颂》《浴血誓言》《大禹治水》等文艺精品。庆阳南佐遗址、张家川圪垯川遗址、天祝吐谷浑王族墓葬群入选"考古中国"重大项目。体育馆（全民健身中心）实现市级全覆盖。我省运动健儿在第十四届全运会上取得运动成绩和精神文明"双丰收"。社会治理持续深化。"食安甘肃"建设稳步推进。综合防灾减灾能力明显增强，安全生产专项整治三年行动深入开展，生产安全事故主要指标全面下降。金融领域风险化解有力有序，政府债务风险总体可控。打掉黑恶组织31个，刑事发案降至近12年最低，命案积案下降率居全国首位。酒泉荣获"平安中国建设示范市"。启动实施铸牢中华民族共同体意识教育"石榴籽"工程，民族团结巩固加强。开展新型宗教场所建设试点，宗教事务管理法治化水平不断提升。国防动员和后备力量"三项基础"建设得到加强。人民防空、双拥共建、退役军人工作持续强化。老龄、工会、青少年、妇女儿童、残疾人、红十字、慈善、关心下一代等事业成效明显，统计调查、外事、港澳、信访、气象、地震、机关事务、地方志、参事、文史研究、档案、侨务、社科、供销等工作取得新进展。

全面落实常态化疫情防控措施，完成22个国际航班5000余名入境人员留观救治任务。中医药在预防、治疗、康复中发挥积极作用，向"一带一路"沿线国家捐赠1.5万剂"甘肃方剂"。面对10月中旬突如其来的疫情，全省上下坚决贯彻党中央、国务院决策部署，众志成城、齐心抗疫，"快、准、狠"阻断疫情传播链，在一个潜伏期内控制住疫情，41天实现本土确诊病例救治清零，守护了人民群众生命安全和身体健康。

一年来，我们牢记使命、尽心履职，政府效能明显提升。扎实开展党史学习教育，深入学习习近平总书记"七一"重要讲话和党的十九届六中全会精神，从百年党史中汲取智慧力量，着力推进法治政府、诚信政府、服务政府、廉洁政府建设。自觉接受省人大及其常委会法律监督、工作监督和省政协民主监督，充分吸纳"金点子"、好建议，办理省人大代表意见建议596件、政协提案583件，提请省人大常委会制定、修改和废止地方性法规42件。修订和出台省政府规章5部。启动实施"八五"普法规划。推行行政柔性执法。实现四级行政规范性文件查询和监管全覆盖。扛牢全面从严治党政治责任，有效履行"一岗双责"，认真落实中央八项规定及其实施细则精神，坚决整改中央巡视反馈问题。各级各部门加大向上汇报衔接，多方争取国家部委和中央企业对甘支持。新增财力性转移支付114.3亿元、中央预算内投资20.1亿元、地方政府专项债券额度60亿元。争取困难群众救助补助资金104.6亿元，居全国第2位。央企助力乡村振兴和高质量发展项目开工80个，到位资金570多亿元。新组建甘肃省天然气管网有限公司。兰州纳入北方地区冬季清洁取暖试点城市。甘南黄河上游水源涵养区保护修复项目获批实施。兰州、张掖、酒泉列入国家级文化和旅游消费试点城市。平凉获批现代生态循环农业整市建设试点。

各位代表！去年我们遇到的困难挑战超出预期，但实际发展成效好于预期。全省发展取得的每一点成绩、每一个进步，都得益于以习近平同志为核心的党中央亲切关怀，得益于习近平新时代中国特色社会主义思想科学指引，得益于习近平总书记对甘肃重要讲话和指示精神定向领航，得益于省委带领全省干部群众团结实干。我谨代表省人民政府，向全省各族人民，向人大代表、政协委员，向各民主党派、工商联、无党派人士、各人民团体，向驻甘人民解放军指战员、武警官兵、公安干警、消防指战员和中央在甘单位，向倾情帮扶我省的东部协作省市和中央定点单位，向无私支持我省抗击疫情的各方援助者，向关心甘肃发展的各界人士和海内外朋友，表示衷心感谢和崇高敬意！

行之愈笃，知之益明。一年的发展实践，使我们深切感受到，做好政府工作，必须坚持党的全面领导，坚定捍卫"两个确立"，坚决做到"两个维护"，时时处处与党中央保持高度一致，始终沿着习近平总书记指引的方向笃定前行；必须坚持完整、准确、全面贯彻新发展理念，加快融入新发展格局，多干打基础、利长远的事，多干强动能、植绿色的事，多干补短板、惠民生的事，一心一意推动高质量发展；必须坚持目标导向、问题导向、效果导向相统一，坚定信心、破解难题、苦干实干，努力实现既转又赶、既好又快；必须坚持一切为了人民，勇于向"急难愁盼"问题较真，敢于向历史遗留问题叫板，让人民群众得到更多实惠；必须坚持统筹发展和安全，常怀远虑、居安思危，打好防范化解风险主动仗，在发展中保安全，在安全中促发展。

我们也清醒认识到，发展不够仍是甘肃最大实际。当前，我省综合经济实力和产业竞争力亟待提升，转方式调结构任务艰巨；自主创新能力不强，科技成果就地转移转化率低，战略性新兴产业处于起步阶段；市场主体总量偏少、体量偏小，市场体系还不完善；城乡发展差距较大，县域经济基础薄弱；公共服务均等化和民生保障、社会治理还有不少短板；金融等领域风险不容忽视；营商环境还需改善优化，行政效能有待进一步提升，推动高质量发展的能力水平仍有不足，等等。我们一定尽心竭力改进工作，在解决问题中实现更高质量发展。

二、2022年经济社会发展总体要求和预期目标

今年将召开党的二十大和省第十四次党代会，做好经济社会发展工作，意义特殊而重要。从全局大势看，世纪疫情冲击下，百年变局加速演进，国内外环境更趋复杂严峻，疫情仍是最大不确定因素，经济发展面临不少风险挑战，但我国经济稳中向好、长期向好的基本面不会改变，我省正处于国家重大战略机遇和自身发展势能增强的交汇叠加期，生态屏障、能源基地、战略通道、开放枢纽的功能地位更为重要，资源禀赋、工业基础、地理区位、初级产品保障的优势潜力更加凸显。从政策趋势看，中央经济工作会议释放一系列政策利好，特别是适度超前开展基础设施投资、能耗"双控"向碳排放"双控"转变、加快油气资源开发应用等政策取向，为我省补齐基础短板、承接产业转移、放大绿色优势、建设能源强省带来新的更大机遇。从发展态势看，经济总量跨上万亿台阶，标志着我省发展的基础、环境和条件正在深刻变化，发展方式加快转变，增长动能更加强劲，市场活力加速释放，外部预期持续向好，进入了拔节孕穗、蓄力起跳、后发赶超的新阶段。只要我们乘势而上、顺势而为、奋力实干，就一定能交出高质量发展的新答卷。

按照省委十三届十五次全会暨省委经济工作会议部署，今年政府工作的总体要求是：以习近平新时代中国特色社会主义思想为指导，全面贯彻落实党的十九大和十九届历次全会精神，弘扬伟大建党精神，深入落实习近平总书记对甘肃重要讲话和指示精神，坚持稳中求进工作总基调，完整、准确、全面贯彻新发展理念，加快构建新发展格局，加快改革开放，加快科技创新，推动高质量发

展，坚持以供给侧结构性改革为主线，统筹疫情防控和经济社会发展，统筹发展和安全，继续做好"六稳"、"六保"工作，全力盘活存量、引入增量、提高质量、增强能量、做大总量，促进经济稳中向好、稳步提质，持续改善民生，保持社会大局稳定，以优异成绩迎接党的二十大和省第十四次党代会胜利召开。

今年经济社会发展的预期目标是：地区生产总值增长6.5%以上，在实际工作中争取更好结果。固定资产投资增长9%，社会消费品零售总额增长8%，一般公共预算收入增长6.5%。居民消费价格涨幅控制在3%以内。外贸进出口总值增长10%。城镇新增就业32万人，城镇调查失业率控制在5.5%左右。城乡居民人均可支配收入分别增长8%、10%左右。粮食产量稳定在240亿斤以上。主要污染物排放等指标完成国家下达目标。

上述目标，综合考虑了宏观环境影响，衔接了"十四五"规划和去年发展情况，充分估计了各方面机遇条件和有利因素。我们要在工作中聚力抓好四个关键：一是"稳"字当头。把稳中求进工作总基调贯穿经济社会发展全过程，坚决扛牢稳定经济运行责任，最大限度挖掘国家政策红利，以积极作为的确定性应对各种不确定性，着力推动经济平稳健康发展。二是"进"字加力。在工作中审时度势、扬长补短，充分利用重要战略机遇期加快发展，充分利用复杂环境的倒逼效应加快创新，大力实施强工业、强科技、强省会、强县域行动，以充分发展促进平衡发展，推动各方面工作取得新突破。三是"保"字托底。坚持系统观念、底线思维，更加注重保居民就业、保基本民生、保市场主体，促进公平、防范风险、维护安全，解决群众最关心、最直接、最现实的利益问题，真正做到发展为了人民、发展依靠人民、发展成果由人民共享。四是"干"

字提效。勇于解放思想，不断开阔视野，积极探索实践，用发展的办法解决前进中的问题，用市场的手段管理经济事务，用创新的精神培植新的优势，在赶超进位上迈出更大步伐。

三、2022年工作任务

今年，政府工作将重点抓好以下8个方面：

（一）**聚焦振兴实体经济，更大决心加快产业升级。**坚持质量并举、量质齐升，有中生新改造传统产业，小中生大做足增量产业，无中生有发展新兴产业，持续培育壮大千亿产业集群和百亿园区。

加快重塑传统产业新优势。打好产业基础高级化产业链现代化攻坚战，全面落实链长制，发挥链主企业作用，推动石化、有色、钢铁、煤化工、精细化工产业延链补链强链。实施"三化"改造项目270个。推进陇东综合能源基地高质量发展，新增煤炭产能1465万吨，原油产量突破1000万吨，天然气产量达到5亿立方米。持续推动军民融合向纵深发展。实施找矿突破战略行动，加快矿产资源勘查开发。

做大做强新兴产业。抢抓历史机遇，发展壮大新能源、新材料、生物医药、电子信息等产业。建成"十四五"第一批风光电项目，启动建设"酒湖特高压"配套风电、"陇电入鲁"工程及配套风光电项目，加快"陇电入浙""陇电入沪"前期工作。力争开工建设玉门昌马、张掖盘道山等3-4个抽水蓄能电站。加快德福高档电解铜箔、东方钛业绿色循环等项目建设。推动金昌新能源锂电、平凉智能光电、张掖智能制造等产业集聚发展。实施华天电子多芯片封装项目，打造天水集成电路封测产业集聚区。建成生物制品批签发中心，建设中国生物科技健康产业园。推进碳离子治疗系统产业化发展。深化国家中医药产业发展综合试验区建设，高水平办好药博会。争取建设国家互联网骨干直联点。启动建设一体化算力网络国家枢纽节点，实施"东数西算"产业园项目，打造庆阳国家级数据中心集群。加快北斗导航分中心建设。推动互联网安防产业发展。

强化科技创新引领支撑。聚焦优势重点领域，争取建设同位素实验室、敦煌文物保护中心等国家重点实验室。深化与上海张江等东部地区的战略协作，推动兰白自创区和兰白试验区重点产业和重大项目加速落地。实施高校院所创新能力提升工程，整合重构省级科技创新平台。启动陇粤共建"大湾区·兰白自创区中医药创新发展示范区"。规划建设"校企共生融合发展创新港"。深化科技计划管理改革，完善科技成果评价制度。深入实施知识产权战略。强化企业科技创新主体作用，加快培育"专精特新"企业。大力推进"双创"工程，建设一批众创空间和双创示范基地。持续优化人才发展环境，激发人才创新创业活力。

（二）突出扩投资促消费，更强力度释放内需潜力。积极扩大有效投资，促进消费持续恢复，为高质量发展蓄动能、增后劲。

完善综合交通网络。建成中卫至兰州铁路，新增高铁里程184公里。加快兰张三四线中川机场至武威段、兰州至合作、天水至陇南铁路建设，力争开工建设西宁至成都甘肃段、平凉至庆阳铁路，做好兰张三四线武威至张掖段、定西至平凉铁路前期工作。力争新增高速（一级）公路700公里，建成定西至通渭、青龙桥至文县等高速公路，开工建设合作至赛尔龙、兰州至永靖至临夏等高速公路。建成华池通用机场，加快中川国际机场三期、天水军民合用机场迁建和嘉峪关机场改扩建工程建设，做好临夏机场、平凉机场、武威军民合用机场前期工作。

推进水利工程建设。突出"四抓一打通"，用好现有水资源，优化水网体系布局。加快引洮二期配套、甘肃中部生态移民供水、引洮二期庄浪应急供水等项目建设。做好白龙江引水、引大入秦延伸增效、临夏供水保障生态保护水源置换等工程前期工作。围绕兰西城市群、关中平原城市群、兰州新区、榆中生态创新城等重点地区，规划建设一批区域性水源工程。

促进消费扩容升级。支持兰州、天水、酒泉、张掖、庆阳培育建设区域（特色）消费中心城市。推进县域商业体系建设，新建和改造提升一批便民市场、特色街区、农村商贸中心。开展"乐享消费·惠购陇原"活动。构建完善电商同城配送体系，实现具备条件的县区子平台全覆盖。坚持以文塑旅、以旅彰文，加快大敦煌文化旅游经济圈建设，促进19个大景区提质扩容，争取宕昌官鹅沟、武威铜奔马景区、会宁红军会师旧址创建国家5A级景区。推进文旅康养产业提质增效。创新"交通+文化旅游"模式，培育拓展路衍经济产业链。

（三）坚持统筹区域城乡，更优路径促进融合发展。深入实施区域协调发展战略，推进城乡一体化，构建全域联动并进新格局。

持续巩固脱贫攻坚成果。严格落实防返贫动态监测帮扶机制，坚持开发式帮扶和分层分类社会救助相结合，做到发现一户、帮扶一户、动态清零一户。倾斜支持39个乡村振兴重点帮扶县，统筹兼顾脱贫县和非贫困县，确保脱贫群众收入增速高于当地农民收入增速、脱贫地区农民收入增速高于全省农民收入增速。落实津甘、鲁甘协作发展规划，强化产业、劳务和消费协作，推动"一县一园"建设和"百村振兴"计划。扎实做好国家考核评估反馈问题整改。

做好乡村振兴重点工作。落实"藏粮于地、藏粮于技"战略，严格耕地用途管制和进出平衡，稳定粮食播种面积，调整优化粮食结构，新建高标准农田360万亩。持续开展现代丝路寒旱农业优势特色产业三年倍增行动。抓好3个国家农业现代化示范区建设。开展农业龙头企业引培提升行动，加快培育产值超100亿元、50亿元、10亿元的领军型和骨干型链主企业。实施种业振兴5大行动，在玉米、马铃薯、瓜菜、肉牛、肉羊品种选育上联合攻关、率先突破，支持张掖、酒泉、定西打造国内一流的良种繁育基地。深化"5155"乡村建设示范行动，完善乡村规划师制度，编制完成3996个发展类村庄规划，创建50个示范乡（镇）、500个示范村。接续推进农村人居环境整治提升五年行动，完成改厕40万座。扩大农业保险覆盖面。发挥乡村振兴投资基金作用，形成多元投入格局。扎实推动"万企兴万村"甘肃行动。鼓励引导人才向基层流动，完善乡村人才振兴激励机制。引导群众移风易俗，打造善治乡村。

促进区域竞相发展。兰州经济圈突出一体化发展。实施强省会行动，重振兰州制造，拓展城市功能，完善公共服务，增强创新能力和发展能级；兰州新区立足国家赋予的战略定位，建设现代产业集聚区，打造实体经济新高地；加快兰州-白银一体化进程，推动白银构建西部重要新材料产业基地；促进定西、临夏融入兰州经济圈，支持定西做大做强以马铃薯、中医药为主的特色农产品生产加工基地，支持临夏建设旅游休闲基地。河西走廊突出组团发展。围绕酒泉、嘉峪关"双城经济圈"，建设省域副中心；支持张掖建设丝绸之路国际旅游目的地；支持武威打造向西开放国际物流节点；支持金昌建设镍铜钴新材料新能源产业创新聚集区。陇东南突出协同发展。推动庆阳革命老区振兴发展；支持天水建设省域副中心城市；支持平凉打造能源化工和康养基地；支持陇南建设"绿水青山就是金山银山"实践创新基地；支持甘南建设青藏高原绿色现代化先行示范区。

推动以人为核心的新型城镇化。落实共建兰西城市群"1+3+10"行动计划，深化一体化政策协同和跨区域重大项目建设。统筹大中小城市与小城镇融合发展，加快榆中、敦煌国家级新型城镇化示范县城建设，抓好马鬃山"兴边富民行动中心城镇"试点。大力实施城市更新行动，推进海绵城市、地下管网、污水治理等项目建设，改造老旧小区1599个。

强力发展县域经济。按照5种发展类型，大力发展县域富民产业，打造一批生态大县、农业强县、工业富县、文旅名县。坚持抓园区、强县域，完善园区基础设施功能，推动要素向园区集聚、项目向园区集中、产业向园区集群。建立特色小镇清单。发挥供销社网络体系功能。健全农村寄递物流体系。发展壮大村集体经济。强化县域发展考核评价，市州一季一观摩、省里一年一结账，推动形成千帆竞发、百舸争流的生动局面。

（四）深化美丽甘肃建设，更严要求筑牢生态屏障。践行"两山"理念，做好生态文章，绽放陇原山水好风光。

深入推动黄河流域生态保护。实施玛曲湿地保护修复、陇东黄土高原固沟保塬、泾河干流及渭河生态综合治理等重大项目。启动黄河干流甘肃段二期防洪工程。抓好美仁、阿万仓国家草原自然公园建设试点。推进洮河、庄浪河、宛川河等生态脆弱河流修复治理。开展祖厉河流域水环境综合治理与可持续发展试点。完善大中型水库、河道堤防、山洪防治等防洪工程体系。推进黄河流域环境污染"3+1"综合治理。全面落实深度节水控水行动。与沿黄省份共建生态保护和水源涵养中心区。实施黄河干流生态廊道建设、未利用地生态治理和土地整治。

持续厚植生态底色。强化国土空间规划和用途管控，严守三条控制线。推动以国家公园为主体的自然保护地体系建设，争取设立祁连山国家公园，建立健全祁连山生态保护长效监管和考核机制。坚持山水林田湖草沙冰系统治理，鼓励社会资本参与生态保护修复。深化落实河湖长制、林长制。推进绿色矿山建设。深入打好污染防治攻坚战，全面开展秋冬季大气污染防治和城乡黑臭水体、农业农村污染治理。坚持铁腕执法，对破坏生态环境的行为"零容忍"，决不允许"吃祖宗饭、砸子孙碗"的事情发生。

有序推进减排降碳。制定碳达峰碳中和"1+N"政策体系。支持企业能源替代、降碳减碳，加快资源循环利用、大宗固废综合利用基地建设。争取国家低碳城市、低碳园区和低碳乡村试点。探索生态产品价值实现机制，推进生态产业化和产业生态化。积极参与国家碳市场交易。坚决遏制"两高"项目盲目发展，分行业制定技术改造实施方案，有序推动钢铁、建材、石化等重点行业绿色低碳转型。

（五）围绕激活发展动力，更宽视野深化改革开放。 拓展改革的广度深度，持续抓好"一带一路"最大机遇，让改革开放"关键一招"激活甘肃经济"一池春水"。

系统集成推进改革。保质保量完成国企改革三年行动任务，提高国有企业活力和效率。深化电力、水资源、天然气价格改革。拓展公共资源交易平台功能，推动林权、水权、草原承包经营权、排污权、用能权交易。完善全方位、全过程、全覆盖的预算绩效管理体系。抓好税收征管改革，健全地方税体系。促进市县融资平台转型发展。下放城镇批次建设用地审批权，力争城乡建设用地增减挂钩节余指标跨省域交易实现新增长。

强化通道枢纽功能。完善大平台、大通道、大通关体系，持续推进兰州、酒泉国家物流枢纽承载城市建设，拓展铁路和航空口岸运营能力。开辟国内国际货运新航线，扩大腹舱载货业务，发展壮大临空经济。整合组建港务集团，做大做强龙头企业，更好发挥港口平台对开放型经济支撑作用。加强与义乌、青岛、天津等陆港海港合作，开通定点班列。推动落实兰州陆港与连云港港口集团战略合作协议，共建进出口商品中转中心、无水港，力争把"出海口"搬到"家门口"。

拓展对外经贸合作。积极融入RCEP贸易圈。鼓励企业建立海外营销公司、海外仓、分拨中心和冷链仓储物流设施。培育壮大外贸综合服务企业。推动省属企业境外投资和国际产能合作项目稳健实施。促进兰州、天水跨境电商综合试验区协同发展。积极打造兰州国际班列集结中心、兰州中欧回程班列分拨中心。推进金昌申建保税物流中心和保税混矿试点。争取设立加工贸易产业园。

（六）对标市场化法治化国际化，更高标准优化营商环境。直面企业烦恼，找准服务梗阻，坚决疏通堵点、解决痛点、攻克难点，以营商服务"软环境"催化高质量发展"硬实力"。

全方位提升"放管服"水平。推进行政许可事项清单管理，深化投资审批、招投标等领域改革，实施企业投资项目承诺制，进一步破除市场准入隐性壁垒。紧盯"中西部领先、全国一流"目标，加快建设企业和群众满意的数字政府。全面推进"一网通办""一网统管""一网协同"，着力打造"甘快办""甘政通""12345热线""不来即享"和"一码通"特色品牌。启动数字政府运营指挥中心实体化运行，实现"一屏知全省、一键政务通"。完善政务服务"好差评"制度，打造政务服务升级版，让市场主体和广大群众享受实实在在的数字红利。

突破性发展民营经济。开展营商环境升级行动，公正公平对待各类企业，一视同仁落实惠企政策，让更多企业投资甘肃、兴业甘肃、扎根甘肃。落实好新的减税降费和助企纾困政策，催生"放水养鱼"效应。实施市场主体培育"五转"工程，力争市场主体增长10%以上。完善公共信用信息平台，深化企业信用分级分类监管，实施"信易+"工程。促进政银企互动，构建全省一体化融资信用服务平台网络。加强政府性融资担保体系建设，加大中小微企业专项贷款投放，促进融资增量、扩面、降价。着力提高直接融资比例，加快企业上市步伐。积极用好绿色金融支持工具。重拳整治拖欠中小企业账款问题，任何机关、事业单位和国有企业，不得以任何理由拖欠中小企业的货物、工程、服务款项。

高效化开展招商引资。集成优惠政策，突出产业链招商，强化专项招商、以商招商，加快引进一批头部企业，培育发展总部经济。开展长三角、珠三角、京津冀招商推介系列活动。支持口岸平台运营企业开展精准招商。高水准办好文博会。设置兰洽会海外专场，提升节会国际化水平。办好外交部甘肃全球推介活动。

（七）紧扣共同富裕要求，更深感情增进民生福祉。坚持在高质量发展中保障改善民生、促进共同富裕，无论财政压力有多大，用于民生的支出只增不降，为群众办实事只增不减。

强化就业优先导向。突出抓好高校毕业生等青年就业，继续实施未就业普通高校毕业生到基层就业项目。加大企业稳岗支持力度，促进多渠道灵活就业。纵深推动"百千万"创业引领工程。加强家政服务、养老护理等职业技能培训，打造甘肃特色劳务品牌。输转城乡富余劳动力500万人左右。强化农民工工资支付保障。维护新就业形态劳动者权益。

兜牢织密社会保障网。提高最低生活保障和特困人员救助供养标准。稳步提高职工基本养老保险待遇水平。推动失业保险、工伤保险省级统筹。健全灵活就业人员社保制度。完善重特大疾病医疗保险和救助制度。落实积极应对人口老龄化国家战略，加快构建居家社区机构相协调、医养康养相结合的养老服务体系。发展公益慈善事业。落实优化生育政策，加快普惠托育服务体系建设。完善保障性住房供应体系，调整优化公积金提取使用政策。新开工改造城镇棚户区6.89万套，建设保障性住房1万套。持续化解国有土地上已售城镇住宅历史遗留"登记难"问题。统筹煤电油气运保障供应，做好粮油肉蛋奶大宗农产品保供稳价。

办好人民满意的教育。提高普惠性幼儿园覆盖率。改善提升农村义务教育薄弱学校办学条件。有序扩大城镇学位供给，切实保障进城务工人员随迁子女平等接受义务教育。深入实施"优教行动"，推动义务教育优质均衡发展。办好县域普通高中。巩固扩大"双减"成效。抓好高考综合改革方案落实。加快"技能甘肃"建设，推动职业教育提质培优。争取设立国家新时代振兴中西部高等教育改革先行区，实施省属高校国家"一流学科"突破工程。加快建设高素质教师队伍。积极推进"互联网+教育"工程。

着力推进健康甘肃建设。持续深化医药卫生体制综合改革，完善医疗卫生县乡一体化、乡村一体化管理，推动紧密型医联体建设，提升县级医疗服务能力，强化基层基本医疗和公共卫生服务功能。加快中医药"三大中心"和特色优势专科建设。促进"互联网+医疗健康"应用发展。推进国家肿瘤区域医疗中心、兰大二院和省人民医院重大疫情救治基地、兰州新区国家传染病防治基地建设，提高突发公共卫生事件处置能力。

提升文化体育软实力。坚持文化强省，加快华夏文明传承创新区建设。实施中华文明探源工程和"考古中国"等重大项目。推进敦煌研究院世界文化遗产保护典范和敦煌学研究高地建设。抓好长城、长征、黄河等国家文化公园甘肃段建设，争取创建临夏世界地质公园。实施河西走廊国家文化遗产线路保护利用行动计划。加快建设大地湾国家考古遗址公园。打造伏羲始祖文化传承创新区。建成开放简牍博物馆，实施省博物馆扩建、革命军事馆、凉州会盟纪念地、莫高窟数字展示中心二期项目。加大扶持力度，鼓励创作文艺精品。倡导勤学善读，建设"书香陇原"。推进科技馆等科普基地建设。深入实施全民健身计划，办好省运会、残运会、民族运动会。强化体育赛事安全监管，确保赛事活动健康发展。

今年，继续聚焦群众"急难愁盼"问题，办好10件民生实事：一是中小学"建宿舍扩食堂增学位改厕所"。在23个重点帮扶县中小学新建、改扩建教师周转宿舍900套；在义务教育中小学新建、改扩建食堂549个；增补14个市州政府所在地城区中小学学位2万个；改造中小学厕所261个。二是建设120个乡镇（街道）综合养老服务中心。三是开展40万人次政府补贴性职业技能培训及支持1

万名未就业普通高校毕业生到基层就业。四是对城乡一二类低保家庭子女普通高校入学资助，录取到本科院校的一次性补助1万元、专科（高职高专）院校的一次性补助8000元。五是对20万妇女进行"两癌"免费检查。六是对4000户地质灾害区农户实施避险搬迁。七是提升公共卫生服务能力和老年人慢性"四病"健康管理水平。八是建设100个"新就业形态劳动者驿站"。九是新建1万公里自然村（组）通硬化路。十是"打通最后一公里"农村水利惠民工程。

（八）树牢底线思维，更实举措统筹发展安全。全面贯彻总体国家安全观，下好先手棋，打好主动仗，以高水平安全保障高质量发展。

营造安全稳定社会环境。严格落实安全生产责任制，深入开展专项整治行动，坚决遏制重特大事故发生。加强自然灾害防治能力建设，抓好防汛抗旱、地质灾害、消防安全、森林草原防火工作。推进国家西北区域应急救援中心项目建设。持续开展食品药品安全守护行动。深化"平安甘肃"建设，完善社会治安防控体系"六张网"。落实国防动员体制改革任务，推进国防动员和后备力量"三项基础"新一轮建设。坚持以铸牢中华民族共同体意识为主线，深化民族团结进步创建"一廊一区一带"行动，推动民族工作高质量发展。坚持我国宗教中国化方向，持续提升宗教事务治理法治化水平，积极引导宗教与社会主义社会相适应。强化重大决策风险评估。健全矛盾纠纷多元化解、联动处置机制，维护群众合法权益。

慎终如始抓好疫情防控。坚持"外防输入、内防反弹"、"动态清零"，落实"四早"、"四集中"要求，压实"四方责任"，强化"三公（工）"联动，做好常态化快速平战转换，抓实抓细各项防控措施。深化疫情防控管理平台应用，完善重大疫情预防控制、医疗救治、应急物资保障体系，加快补齐公共卫生服务短板。抓好新冠疫苗接种工作，坚决筑牢人民生命健康安全屏障。

精准防范化解各类风险。全面强化粮食能源、重要产业、战略投资、生物安全等领域风险管控。严格政府债务管理，落实专项债务禁止类项目清单，加大债务高风险市县风险化解力度。做好金融风险监测评估预警，加快推进高风险机构化险工作，强化国有企业债务风险防范，加强地方金融组织依法监管，守住不发生区域性系统性金融风险的底线。

各位代表！实干成就梦想，奋斗赢得未来。全省政府系统将忠诚履职、尽心尽责，以高度的清醒和执着的韧劲，奋力走好新时代赶考路。

我们要永葆绝对忠诚。始终做伟大建党精神的坚定弘扬者，推动党史学习教育常态化长效化，传承红色基因，坚定历史自信，担当历史使命。始终做"两个确立""两个维护"的忠诚拥护者，不断提高政治判断力、政治领悟力、政治执行力，把为党分忧、为国尽责、为民奉献体现到实际工作中。始终做富民兴陇的奋力践行者，时刻牢记习近平总书记殷切嘱托，心无旁骛谋发展，聚精会神搞建设，一步一个脚印把美好蓝图变成现实图景。

我们要奋力担当作为。增强只争朝夕的紧迫感，以食不甘味、寝不安席的高度自觉，起而行之、谋定而动，跳起摘桃、争先进位。鼓足志在必得的精气神，知重负重担责任，动真碰硬解难题，让实干成为鲜明底色。锤炼善作善成的真本领，提高专业素养，加强调查研究，跟踪督查问效，下足落实功夫，努力创造新的一流业绩。

我们要依法履职干事。深入贯彻习近平法治思想，尊法崇法、学法用法，落实法治政府建设纲要，扎实开展"八五"普法教育，让法治思维贯穿政府工作全过程。依法全面履行政府职能，落实权责清单制度，健全守信践诺机制，提高行政决策公信力和执行力。依法接受省人大及其常委会监督，自觉接受省政协民主监督，主动接受社会和舆论监督，强化审计监督，不断提升依法行政能力和水平。

我们要严守清廉本色。坚持正心明道、怀德自重，严守政治纪律和政治规矩，自觉做政治上的明白人、老实人。树牢正确政绩观，敬畏历史、敬畏文化、敬畏生态，慎重决策、慎重用权。落实全面从严治党要求，严格履行"一岗双责"，着力纠治"四风"顽疾，坚决整治群众身边腐败和作风问题。带头落实全面节约战略，打造节约型机关，严控"三公"经费，以政府"紧日子"换取市场主体"稳日子"、人民群众"好日子"。

各位代表！踏上新征程的甘肃，正处在积厚成势、追赶发展的关键时期，重任在肩、使命如磐。让我们更加紧密团结在以习近平同志为核心的党中央周围，在省委的领导下，不忘初心、牢记使命、踔厉奋发、笃行不怠，以优异成绩迎接党的二十大和省第十四次党代会胜利召开！

青 海 省
政府工作报告

——2022年1月21日在青海省第十三届
人民代表大会第七次会议上

省长　信长星

各位代表：

现在，我代表省人民政府向大会报告工作，请予审议，并请各位政协委员和列席会议的同志提出意见。

一、2021年工作回顾

2021年是青海发展历史上具有里程碑意义的一年。这一年，习近平总书记全国"两会"期间亲自参加青海代表团审议、6月再次亲临青海考察并发表重要讲话，为我们深入推进青藏高原生态保护和高质量发展指明了前进方向，擘画了奋力谱写全面建设社会主义现代化国家青海篇章的美好蓝图，注入了攻坚克难、开拓创新、担当实干的强大思想动力，全省上下倍感振奋，倍受鼓舞。一年来，我们坚持以习近平新时代中国特色社会主义思想为指导，牢记习近平总书记殷切嘱托，认真落实党中央、国务院决策部署，按照省委工作要求，立足新发展阶段，贯彻新发展理念，融入新发展格局，推动高质量发展，扎实推进"一优两高"，统筹推进疫情防控和经济社会发展，省十三届人大六次会议确定的主要目标较好实现，重点任务全面完成，全省地区生产总值增长5.7%，居民人均可支配收入增长7.8%，居民消费价格上涨1.3%，失业率控制在预期目标以内，实现了"十四五"良好开局，青海与全国一道全面建成小康社会，开启了向第二个百年奋斗目标进军的新征程。

　　——生态文明高地建设开局良好。我们牢记保护好青海生态环境是"国之大者"，坚决扛起维护生态安全、保护三江源、保护"中华水塔"重大使命，专门制定行动方案，明确提出以习近平生态文明思想实践新高地建设为统领，一体打造七个新高地，各项任务正在扎实推进。三江源国家公园正式设立，是全国首批、排在首位、面积最大的国家公园，三江源头实现整体保护，成为人与自然和谐共生的绿色家园、美丽家园、幸福家园。随着"六五环境日"国家主场活动、首届国际生态博览会的成功举办，以及《青海·我们的国家公园》热播，青海以国家公园为主体的自然保护地体系建设成果广受瞩目，更具影响力、美誉度。黄南州获评国家生态文明建设示范区，贵德、河南入选国家"绿水青山就是金山银山"实践创新基地，建设美丽中国，青海发出了好声音。我们认真落实能耗"双控"和遏制"两高"项目盲目发展要求，启动零碳产业园区绿电工程，非化石能源消费比重在全国领先。木里矿区及祁连山南麓青海片区生态环境综合整治三年行动任务已完成近八成。青海湖碧波荡漾，三大江河出省境断面水质持续保持Ⅱ类及以上、湟水河达到Ⅲ类，35个国家考核断面水质优良比例达到100%，水污染防治走在了全国前列，确保了一江清水向东流。空气质量优良天数比例达95.6%，新增国土绿化面积500余万亩，实现荒漠化、沙化土地"双缩减"，土壤环境清洁稳定，生物多样性保护成效显现。青海山更绿、水更清、天更蓝了，水中的鱼儿、天上的鸟儿、草原森林里自由自在的野生动物种群更多了，大美青海越来越美，这些都是人不负青山，青山定不负人的生动写照。

——产业"四地"建设扎实推进。围绕贯彻习近平总书记关于加快建设世界级盐湖产业基地，打造国家清洁能源产业高地、国际生态旅游目的地、绿色有机农畜产品输出地的重要指示，我们用心深学细悟，注重规划引领、强化协同攻关，与国家部委联合编制了四个专项行动方案，并建立省部联合推进机制，为高起点起步、高质量推进打下了基础。盐湖产业发展取得新突破，高纯氧化镁晶体材料技术填补国内空白，碳酸镁示范线建成投运，钾肥、碳酸锂产业稳步发展，为国家粮食安全、新能源发展作出了贡献。清洁能源发展实现新提升，在国家首批1亿千瓦装机大型风电光伏基地建设中，1090万千瓦项目落地青海，新开工规模创历史新高。世界最大规模新能源分布式调相机群投运，清洁能源装机占比全国领先，"绿电7月在青海"继续保持全清洁能源供电世界纪录。生态旅游迈出新步伐，推出精品线路200条，7条入选全国"十大黄河旅游带"精品线路，金银滩—原子城入选国家5A级旅游景区创建名单，旅游人次、旅游总收入增长20%以上。绿色有机农牧业取得新成效，实施化肥农药减量增效行动，粮食播种面积、产量和储备能力再创新高，牦牛藏羊质量安全可追溯规模超过400万头只。"四地"建设的全面推进，有力促进了供给侧转型升级、有效带动了需求侧企稳提质，具有时代特征、高原特色、青海特点的生态友好、绿色低碳高质量发展之路，前景可期，无限光明。

　　——经济运行保持在合理区间。面对纷繁复杂的宏观环境，面对两难甚至多难选择的新挑战，我们保持定力、沉着应对，紧紧扭住供给侧结构性改革这条主线，精准落实宏观政策，强化经济调度服务，全年新增减税降费40亿元左右，"青信融"平台为中小微企业融资34.5亿元，放大了助企纾困政策效应。提升财政支撑保障能力，地方一般公共预算收入增长10.3%，盘活上年财政存量资金96%，在中央对地方转移支付零增长背景下，中央财政给予我省各类补助同口径增长5.9%。规模以上工业增加值增长9.2%，近八成工业行业实现盈利，有色冶金、化学制造等传统产业提质增效，装备和高技术制造业保持高速增长，全国首个年产万吨级碳纤维生产基地建成投产。有序推进补短板利长远重大项目，西互一级扩能改造、西宁南绕城东延等公路建成通车，蓄集峡水利枢纽工程进入收尾，西成铁路、西宁机场三期等一批重大工程加快推进，民间投资占比近四成。出台促消费政策，线上线下加速融合，新能源汽车、计算机产品等升级类产品市场活跃，消费在恢复中实现较快增长。优化外贸发展政策措施，进出口总额增幅居全国前列。全省经济在承压前行中稳步恢复、稳中向好。

　　——城乡融合发展步伐加快。我们围绕"三农"工作重心的历史性转移，聚焦农牧业高质高效、乡村宜居宜业、农牧民富裕富足目标，举全省之力扎扎实实推进乡村振兴。常态化开展动态监测帮扶，及时消除返贫致贫风险，脱贫成果得到巩固，群众收入不断提高。完善乡村振兴配套政策，对25个县进行重点帮扶，在39个乡镇、225个村启动乡村振兴试点。我们注重城乡融合，高原美丽城镇"5+1试点"有序推进，5.15万套城镇老旧小区和2649套棚户区改造开工建设，城镇生活垃圾无害化处理率达97%，300个高原美丽乡村建设结出硕果，村庄清洁行动全覆盖，农牧区厕所革命务实推进。第七次全国人口普查结果显示，全省常住人口城镇化率超过60%，较上次人口普查提高15.4个百分点。高原城镇和高原乡村因美而生，与美同行，实现了各美其美、美美与共。

——发展动力活力有效激发。我们坚持把改革创新作为推动高质量发展的动力源泉，着力突破影响高质量发展的瓶颈制约。科技创新多点发力，无水氯化镁"卡脖子"技术难题面向全国"揭榜挂帅"，以"帅才科学家负责制"推动镁基修复材料研发，三江源草地生态系统国家野外观测研究站获批建设，青藏高原科学数据中心青海分中心正式成立，省部共建藏语智能信息处理及应用国家重点实验室挂牌运行。随着国际一流光学天文台址的发现，冷湖重又"热"了起来，宽视场巡天、行星大气光谱等9个天文望远镜落地赛什腾山，将为未来光学天文发展作出重大贡献。改革开放走深走实，开展营商环境集中攻坚，企业开办全程网上可办，营商环境便利度持续提升，日均新设立市场主体超过200户。推进重点领域改革，建立林长制组织体系，深入实施河湖长制，农牧区集体产权制度改革提前一年完成，省属国有企业公司制改革全面完成，盐湖股份公司完成司法重整并顺利恢复上市。率先开展成品油市场综合监管改革试点，重点领域企业信用监管走在全国前列。教育、医疗、产业、智力、科技等领域对口援青取得新成效，东西部协作扩面提质、更加给力。西宁综合保税区封关运行，首列南亚国际班列开行，中尼陆路贸易通道合作建设取得实质性进展，青洽会、"一带一路"清洁能源论坛、阿拉伯国家驻华使节代表团主题交流等活动成功举办。世人眼中的青海，正焕发出新的生机、新的活力。

——人民生活品质稳步提升。我们坚持把大部分财政支出用于民生事业，持续加强基础性、普惠性、兜底性民生建设。就业目标超过预期，城镇新增就业6.3万人，农牧区劳动力转移就业110.5万人次，高校毕业生就业率近90%。居民收入增速高于经济增速，农村居民收入增速高于城镇居民。教育发展质量稳步提升，扩增各类学位3.26万个，学前教育薄弱县振兴行动深入实施，义务教育"双减"政策有效落实，超大班额全面消除。大幅增加本科高校招生计划，新增5个博士一级学科授权点和28个硕士学位授权点。健康青海行动深入实施，新冠病毒疫苗累计接种突破1150万剂次，人群全程疫苗接种率达86%以上，迅速处置输入性零星散发疫情。"五医"联动改革纵深推进，县域紧密型医共体建设全覆盖，职工医保门诊共济保障制度全面建立，集中带量采购药品、医用耗材价格平均降幅六成以上，医疗救助实现省级统筹，包虫病流行趋势有效遏制，居民健康素养水平持续提升。文化事业繁荣发展，《大河之源》等6部剧目参加庆祝建党百年全国舞台艺术精品展演展播，喇家遗址、热水墓群入选全国"百年百大考古发现"，新闻出版、广播电视、社科咨询、参事文史、地方志、智库建设等工作都有新成效。举办环湖赛、中国冰壶精英赛等赛事，青海健儿在全运会、残运会上获得优异成绩。迅速开展玛多抗震救灾，"帐篷里的高考"没有落下一名学生，灾后恢复重建有序推进，生产生活秩序逐步恢复正常。当前正在组织门源抗震救灾。社会保障体系更加健全，社保待遇、城乡低保标准稳步提高，妇女儿童、残疾人、老龄、慈善、红十字等事业都有新进步，拥军优抚安置、退役军人服务、人防工程管理都有新提升。社会大局和谐稳定，中华民族共同体意识铸得更牢、更深入人心，13个地区和单位获评全国第八批民族团结进步示范区、示范单位。深入开展"防风险、除隐患、降发案、保平安"专项行动，常态化推进扫黑除恶，重拳打击各类严重暴力犯罪，严肃查处侵害群众财产安全的民生案件。西宁及班玛、平安、玉树、格尔木获评平安中国建设示范市、示范县。安全生产风险隐患大排查大整治扎实推进，食品药品安全监管有力，一些市场乱象得到有效遏制。特别是在经济遇到短期困难的时候，我们始终把保障民生作为工作的重中之重，全面完成了年度确定的10大类45项民生实事，人民群众的获得感、幸福感、安全感有了新提升。

工作中，我们始终坚持以习近平新时代中国特色社会主义思想武装头脑、指导实践、推动工作，把学习贯彻习近平总书记考察青海重要讲话精神、党史学习教育的思想收获转化为推动"一优两高"和"我为群众办实事"的具体行动，以高度的政治自觉践行"国之大者"，为青海各族群众服好务。制定落实"三重一大"集体决策实施办法和重大行政决策程序暂行规定，规范完善政府部门权责清单。自觉接受省人大及其常委会法律监督、工作监督和省政协民主监督，积极领办、督办代表建议和政协提案，办结率、满意率均为100%，一大批成果有效转化为推动高质量发展的务实举措。提请省人大常委会审议地方性法规8部，制定修改废止省政府规章7部，法治政府建设扎实推进。积极支持工会、共青团、妇联、工商联、文联、科协等群团组织服务大局、建功立业。认真落实中央八项规定精神，集中整治形式主义、官僚主义。常态化开展经济"体检"，审计监督效能不断提升。坚持过紧日子，一般性支出压减15%，"三公"经费压减3%。

各位代表！过去一年，我们扛住了国内疫情多地散发特别是输入性疫情对经济社会发展的严重冲击，克服了大宗商品价格上涨、电力煤炭供应一度紧张等诸多困难，经受住了地震等自然灾害的考验，顶住了各种风险挑战交织叠加的压力，在砥砺奋进中实现了经济社会平稳健康发展，来之不易。成绩的取得，最根本的在于以习近平同志为核心的党中央坚强领导、关心关怀，是省委带领全省各族干部群众勠力同心、克难奋进的结果，是省人大和省政协有效监督、大力支持的结果。尤其在玛多、门源抗震救灾和西宁、海东疫情防控中，全省上下特别是基层党员干部和广大人民群众那份坚韧与自信、团结与友爱、担当与奉献、速度与激情，那种各方闻令而动、各地相互支援、万众一心、众志成城的精神风貌，生动再现了抗震救灾精神和伟大抗疫精神，令人由衷赞叹：青海各族群众真好，广大医护人员、救援人员、人民子弟兵真好，广大党员干部表现真棒！在此，我代表省人民政府，向全省各族人民，向人大代表、政协委员，向各民主党派、工商联、无党派人士、各人民团体和社会各界人士，向驻青人民解放军、武警官兵和消防救援队伍指战员，向所有关心支持青海发展的中央和国家部委、对口援青和兄弟省区市，港澳台同胞、海外侨胞和国际友人，表示崇高敬意和衷心感谢！

我们清醒地看到，世纪疫情冲击之下，百年变局正加速演进，外部环境更趋复杂严峻、更具不确定性；推动青海高质量发展既面临一些长期积累的老问题，又面临不少新课题、新挑战，发展不平衡、不充分问题依然突出；生态保护任重道远，产业绿色低碳转型任务艰巨；创新能力总体还不够强，人才短缺依然是最大制约；营商环境有待进一步优化，中小微企业经营困难依然不少；公共服务体系仍有短板弱项，增进民生福祉还有大量工作要做；少数干部工作作风不够扎实，一些领域腐败问题仍时有发生。我们必须直面问题和困难，坚定信心，采取更加有力有效的举措加以解决和克服，努力把政府工作做得更好、更实、更贴近群众的心。

二、2022年主要目标和重点工作

今年是实施"十四五"规划的关键一年，是推进青海现代化建设的重要一年，做好经济社会发展工作具有重要意义。按照省委部署，我们将以习近平新时代中国特色社会主义思想为指导，全面贯彻党的十九大和十九届历次全会精神，深入贯彻习近平总书记考察青海重要讲话精神，弘扬伟大建党精神，坚持稳中求进工作总基调，完整、准确、全面贯彻新发展理念，更好融入和服务新发展格局，全面深化改革开放，坚持创新驱动发展，推动高质量发展，坚持以供给侧结构性改革为主线，统筹疫情防控和经济社会发展，统筹发展和安全，继续做好"六稳"、"六保"工作，持续改善民生，聚力打造生态文明高地，加快建设产业"四地"，奋力推进"一优两高"，保持经济运行在合理区间，扎实推进生态保护和高质量发展取得新成效，保持社会大局稳定，以优异成绩迎接党的二十大胜利召开。

今年的主要预期目标是：地区生产总值增长5.5%左右；城镇新增就业6万人，农牧区劳动力转移就业105万人次，城镇登记失业率、城镇调查失业率全年分别控制在3.5%和5.5%以内；居民消费价格涨幅3%左右；居民收入增长与经济增长基本同步；粮食总产量保持在107万吨以上；长江、黄河、澜沧江出省境断面水质稳定保持Ⅱ类及以上，湟水河出省境断面水质稳定保持Ⅲ类，全省空气质量优良天数比例达95%以上；能耗强度在"十四五"规划期内统筹完成国家规定目标，主要污染物减排控制在国家规定目标内。

实现上述目标，必须坚持稳字当头、稳中求进，紧扣深入推进青藏高原生态保护和高质量发展，强化系统观念，加强统筹协调，全力做好工作。

(一)聚焦聚力"四地"建设，坚定不移走高质量发展之路。 "四地"建设，是习近平总书记精准把脉青海资源禀赋、发展优势和区域特征，亲自为青海推动高质量发展擘画的重大战略。我们要结合实际、扬长避短，一步一步扎实推进，既为一域添光彩，又为全局作贡献。

加快建设世界级盐湖产业基地。着眼提高战略性新兴产业竞争力，从强链、延链、补链入手，提高盐湖资源综合利用效率。设立盐湖产业发展基金，引进一批高技术龙头企业，推动盐湖产业集群强筋壮骨。稳定钾肥产能，开发钾盐高值产品，推进钾资源可持续保障等新技术应用。扩大锂产业规模，释放碳酸锂产能，提升锂电池产业水平。围绕突破镁产业技术瓶颈组织攻关，支持高纯镁砂、镁基土壤修复材料等项目建设，推进金属镁一体化项目改造，促进盐湖产业向新材料领域拓展。注重钠资源和稀散元素开发，推动盐湖资源综合利用向精细化、高质化、规模化发展。

加快打造国家清洁能源产业高地。着眼助力全国能源结构转型、降碳减排，大力发展清洁能源。坚持源网荷储一体化，高质量建设国家大型风电光伏基地，继续扩大两个可再生能源基地规模，科学建设整县屋顶分布式光伏，加快建设羊曲、龙羊峡、玛尔挡等以水电为主的新能源调控基地，打造多元协同高效储能体系，积极创建国家储能先行示范区。稳步打造零碳电力系统，持续开展全网绿电行动，推进"青电入豫"配套工程建设，做好第二条外送通道前期工作。加快建设零碳产业园区，集群化发展清洁能源产业，持续壮大以新能源发电成套设备及关联设备制造为主体的产业链，积极培育光伏和储能制造两个千亿级产业，更好发挥青海清洁能源"风生水起""风光无限"独特优势。

加快打造国际生态旅游目的地。着眼生态保护、生态旅游互促共赢，建立健全国际生态旅游目的地标准体系，推出一批生态体验、生态科普、自然教育、生态体育等精品线路，鼓励发展冬季旅游、冰雪旅游。提高旅游厕所等基础服务设施建管水平，加快"吃住行游购娱"旅游要素升级，严格旅游市场综合监管，提升旅游服务质量和游客满意度。规范有序推进文旅深度融合，做精做强做优藏毯、唐卡、传统工艺品等特色文化产业，加强红色旅游资源保护利用，深度挖掘原真生态系统、独特自然景观、厚重历史文化所蕴含的价值，更好展现生态文明高地之大美。

加快打造绿色有机农畜产品输出地。着眼充分发挥高原冷凉气候条件、洁净生态环境、优良农牧资源等独特优势，以提质、稳量、补链、扩输为路径，围绕品种培优、品质提升、品牌打造和标准化生产，深入实施种业振兴行动，保护发展好本土特色优势种质资源，做优牦牛、藏羊、青稞、油菜、冷水鱼、藜麦、枸杞、道地中藏药材、优质牧草等特色产业，发展精深加工，推进综合价值开发，加快仓储保鲜冷链设施配套。积极创建国家级农畜产品优势区，培育农产品区域公用品牌，强化市场开拓，建立稳定输出渠道，推动更多"青字号"产品走进全国、走向世界。

积极培育新兴产业。深入实施产业基础再造工程，以技术改造推动传统产业转型升级，推动信息材料、储能材料等特色新材料产业向高端延伸，做优做好生物医药和高原康养产业。推进5G网络和千兆光网建设，逐步发展云计算、大数据、区块链、人工智能等新一代信息技术产业，建好数据中心和大数据产业园，发挥数字技术对经济发展的放大、叠加、倍增作用。

持续释放内需潜力。更加注重以有效投资拉动有效需求，谋深谋实更多大项目、好项目，动态做好项目储备，适度超前开展基础设施投资，为稳投资打好坚实基础。推动西成铁路、青藏铁路西格段提质、西宁机场三期、玉树机场改扩建、同赛高速、小峡口空间综合改造利用、那棱格勒河水利枢纽等项目达到预期进度，加快推进引黄济宁前期工作。加大招商引资力度，鼓励和支持社会资本参与生态保护、基础设施、社会事业等领域投资建设，保持投资平稳增长。高质量推进高原美丽城镇示范省建设，加快城镇老旧小区、老化管网和排水防涝设施更新改造，提升新型城镇化建设质量，更好推动城乡融合发展。围绕促进消费持续恢复，扩容提质信息、健康、养老等服务消费，推进家政服务标准化试点，开展绿色智能家电下乡和以旧换新，合理布局建设新能源汽车充电桩、换电站，加快贯通县乡村电子商务体系和快递物流配送体系，更好满足人民群众品质化、多样化消费需求。

(二)聚焦聚力打造青藏高原生态文明高地，坚定不移做"中华水塔"守护人。坚持绿水青山就是金山银山、冰天雪地也是金山银山理念，心怀"国之大者"，保护好三江源、保护好地球第三极生态，坚定维护国家生态安全。

高水平建设国家公园。围绕全面加强自然生态系统原真性、完整性保护，加快编制三江源国家公园总体规划，完善体制机制，加强监督管理，探索更多可复制可推广经验。深入实施保护"中华水塔"行动，完善"天空地一体化"生态环境监测网络。协同推动祁连山国家公园设园，推进创建青海湖、昆仑山国家公园前期工作，统筹自然保护地调查评估和整合优化，办好国家公园论坛，努力在建立以国家公园为主体的自然保护地体系上走在前头，向着国家所有、保护第一、全民共享、世代传承的国家公园典范目标扎实迈进，让绿水青山永远成为青海的优势和骄傲。

深入推动黄河流域生态保护和高质量发展。把大保护作为关键任务，持续开展"守护母亲河、推进大治理"专项行动，有序实行休养生息制度。全方位贯彻"四水四定"原则，精打细算用好水资源，从严从细管好水资源。实施源头治沙、小流域水土流失综合治理、干流防洪等工程，打好环境问题整治、深度节水控水、生态保护修复"三个攻坚战"，补好灾害预警监测、防灾基础设施短板。我们一定坚决扛起源头责任，展现干流担当，为确保黄河安澜作出青海贡献。

持续推进生态系统保护和修复。坚持山水林田湖草沙冰一体化保护和系统治理，实施好重要生态系统保护和修复重大工程，稳步开展光伏治沙、黑土滩综合治理，加大重要湿地保护力度，持续抓好国土绿化巩固提升。扎实做好木里矿区种草复绿保护管育和植被恢复监测评估，深入推进祁连山南麓青海片区生态保护治理。开展生物多样性保护本底调查，严格落实长江禁捕、黄河禁渔和青海湖封湖育鱼禁令，精心实施珍稀野生动物栖息地保护工程，强化生物安全风险防范。全面开展城乡垃圾治理行动，深化"无废城市"和全域无垃圾示范区创建，构建废弃物循环利用体系，以更高标准深入打好蓝天、碧水、净土保卫战，让绿色发展的"气质"更纯正，大美青海的"颜值"更靓丽。

统筹有序做好碳达峰碳中和工作。围绕在碳达峰方面先行先试，落实全国统一要求，统筹衔接能耗强度和碳排放强度降低目标，推动煤炭清洁高效利用，严控"两高"项目盲目上马，科学有序推进工业、建筑、交通等重点领域节能降碳，实施好三江源、海西州清洁供暖工程。巩固提升生态系统碳汇能力，开展减碳增汇基础、林草碳汇基线调查，积极参与全国碳排放交易市场建设。广泛开展创建绿色机关、绿色家庭、绿色学校、绿色社区及绿色出行等行动，倡导简约适度、绿色低碳生活方式，结合大力发展清洁能源，努力为全国实现碳达峰碳中和作出青海应有的贡献。

加快完善生态文明制度体系。优化国土空间开发保护格局，建立"四级三类"国土空间规划体系，严格落实"三线一单"生态环境分区管控制度。全面开展全民所有自然资源资产清查统计，扎实推进统一确权登记。深化生态保护补偿制度改革，推动建立流域横向生态补偿机制，落实好第三轮草原生态保护奖补政策，健全特许经营制度，完善生态环境损害赔偿制度，推进排污权、用能权、用水权市场交易，不断丰富拓展生态产品价值实现路径。切实发挥河湖长制、林长制作用，建立江河源守护人制度，积极创建国家生态文明试验区。

(三)聚焦聚力实施创新驱动发展战略，以科技创新催生新发展动能。紧紧扭住创新这个"牛鼻子"，突出重点领域和关键环节，推动创新体系和创新能力建设，强化科技创新支撑引领作用。

加快科技体制改革。实施科技体制改革三年行动和基础研究十年行动，继续推进科研项目管理改革试点，深化科技成果使用权、处置权、收益权改革，推进事业单位科技成果转化收益等薪酬制度改革，给科研单位更多自主权。依法保护知识产权，优化科技创新生态，畅通源头创新、成果转化、市场应用链条，让所有想创新、敢创新、能创新者都有机会一展身手。

推进重大技术攻关。围绕青藏高原典型生态系统维持与修复、碳达峰碳中和、盐湖产业、清洁能源、绿色有机农牧、城乡建设绿色发展等领域关键技术攻关，继续开展"揭榜挂帅"，用好第二次青藏科考成果，推动盐湖资源保护利用、多能互补绿色储能、三江源生态与高原农牧业等国家重点创新平台建设，深入实施全民科学素质行动，不断增强科技创新基础能力。

激发企业创新活力。实施企业创新主体培育行动，深化产学研结合，支持企业牵头组建创新联合体，落实激励创新普惠性政策，运用市场化机制引导企业加大创新投入。完善企业创新服务体系，持续推进科技型、高新技术、科技小巨人企业"量质双升"行动，积极培育"专精特新"中小企业，鼓励科研院所和企业主体融通创新、利益共享，更好激发创新活力、创造动力。

深入做好人才工作。坚持"四个面向"，实施好人才强省战略，深化人才发展体制机制改革，统筹推进"昆仑英才"行动计划，全方位培养、引进、用好人才。大力弘扬科学家精神，围绕重点领域、重点产业，培育创新型人才团队和青年创新人才，实施产业工人技能提升行动。创新引才方式，探索人才共享模式，营造"近悦远来"人才生态。用好用活各类人才，构建以创新价值、能力、贡献为导向的人才评价体系，更加科学有效地向用人主体授权、为各类人才松绑。

(四)聚焦聚力农业农村优先发展，全面推进乡村振兴。稳住农业基本盘，守好"三农"压舱石，推动农业农村现代化迈出新步伐，确保农业稳产保供、农牧民稳步增收、农村稳定和谐。

保障粮食和重要农产品供给。坚持耕地数量、质量、生态

"三位一体"保护，落实藏粮于地、藏粮于技战略，规范耕地占补平衡，推进撂荒地复耕复垦，坚决遏制耕地"非农化"、防止耕地"非粮化"，新建20万亩高标准农田，完成440万亩粮食播种。筛选推广高原优质高产品种，推动农机农艺融合、良种良法配套，加快发展设施农业，实施农业社会化服务惠民工程，推进农业保险提质增效，提高粮食生产综合效益。稳定生猪生产，提高牛羊出栏率，改造提升旧温棚，加强粮油储备，保障群众米袋子、菜篮子丰盈可靠、价格基本稳定。开展粮食全链条节约行动，让节约粮食、反对浪费在全社会蔚然成风。

巩固拓展脱贫攻坚成果。这是乡村振兴的前提。围绕牢牢守住不发生规模性返贫底线，完善防止返贫监测帮扶机制，加强对脱贫不稳定户、边缘易致贫户、突发严重困难户的动态监测和精准帮扶，全面落实国家和省级乡村振兴重点帮扶县帮扶措施，加大易地搬迁后续扶持力度，建设好集中安置区帮扶车间、帮扶产业基地，突出抓好产业和就业帮扶，不断增强脱贫地区发展内生动力，使脱贫基础更加稳固、成效更可持续。

全面推进乡村振兴。坚持规划先行、循序渐进，统筹产业振兴、人才振兴、文化振兴、生态振兴、组织振兴。围绕乡村发展，培育壮大特色种养、乡村旅游、休闲农业，扶持龙头企业做大做强、产业化联合体达标创优，大力发展县域富民产业，推进现代农业产业园、产业强镇建设，巩固壮大村集体经济，深入推进农村三产融合，让农牧民更多分享产业增值收益。培育创业创新带头人和乡村实用人才，支持返乡创业，加强科技特派员队伍建设。推进乡村建设，深入实施农村人居环境整治提升五年行动，因地制宜、分类施策、扎实有序推进厕所革命、生活垃圾和污水治理，推动"四好农村路"高质量发展，加快农村电网改造，有序推进"燃气下乡"，继续实施农牧民居住条件改善工程。围绕乡村治理，健全自治、法治、德治相结合的基层治理体系，深化移风易俗，培育文明乡风，延续历史文脉，努力建设美丽宜人、业兴人和的社会主义新乡村。

(五)聚焦聚力增强发展动力和活力，全面深化改革开放。坚持以改革破难题、以开放聚合力，更好利用两个市场、两种资源，不断拓展高质量发展新空间。

深入落实区域发展战略。积极对接新时代西部大开发形成新格局、长江经济带发展、黄河流域生态保护和高质量发展等区域重大战略，协同落实兰西城市群建设"1+3+10"合作协议，加强同毗邻地区的产业协同。扩大同东部地区的互惠合作、融合发展，承接好适宜产业转移。实施新一轮找矿突破战略行动，提升能源资源安全保障能力。完善"组团式"支援协作机制，拓展领域、丰富内涵，打造对口援青和东西部协作升级版。

全面深化重点领域改革。深入推进要素市场化配置改革，推动能源、资源等领域价格改革，加快建设高标准市场体系。坚持"两个毫不动摇"，完成国企改革三年行动，健全完善国资监管机制，优化民营经济发展环境，依法保护各类市场主体产权和合法权益，促进多种所有制经济共同发展。加快分领域财政事权和支出责任划分改革，深化预算改革、强化绩效管理，加强政府法定债务监管，严格落实债务限额管理，坚决遏制隐性债务增量，稳妥化解存量。推进农村商业银行改革，积极创建国家普惠金融改革试验区，加强金融风险监测预警，完善防范化解各类企业金融债务风险机制。深化农业农村改革，稳慎推进农村宅基地制度改革试点，巩固集体林权制度改革成果，加快农业水价和供销综合改革步伐，释放更多老百姓看得见、得实惠的改革红利。

培育壮大市场主体。准确把握国家宏观政策着力点，继续面向市场主体，落实新的组合式减税降费政策，推动财力下沉，帮助市场主体特别是中小微企业、个体工商户减负纾困、恢复发展。运行好融资贷款专列和直通车，提高政银企对接成效，促进中小微企业融资增量、扩面、降价，提升融资可获得性和便利度。深化"放管服"改革，启动优化营商环境三年行动计划，全面实行行政许可事项清单管理，依法依规开展企业信用风险分类管理，深入推进公平竞争政策实施，营造诚实守信、公平竞争市场环境。优化政务服务平台和移动端功能，推动更多政务服务网上办、掌上办、就近办、跨省通办。

扩大高水平对外开放。积极参与共建"一带一路"高质量发展，推进西部陆海贸易新通道、格尔木国际陆港建设，扩大中欧班列、南亚班列开行，高效运营综合保税区、保税物流中心，高质量建设跨境电商综试区。做好对外交流传播，加强同区域全面经济伙伴关系协定有关国家的经贸交流，办好国际生态博览会和青洽会，加快青海企业及特色优势产品"走出去"步伐。

(六)聚焦聚力铸牢中华民族共同体意识，促进民族团结进步。全面贯彻党的民族政策，深化民族团结进步示范省建设，让千百年来繁衍生息在这片高天厚土上的各民族紧跟时代步伐，共同团结奋斗、共同繁荣发展。

构建各民族共有精神家园。深入开展民族团结进步创建"十进"活动，再选树一批民族团结进步示范典型。实施中华民族视觉形象工程，推广普及国家通用语言文字，尊重少数民族语言文字学习和使用，保障各族群众合法权益，推动各民族坚定对伟大祖国、中华民族、中华文化、中国共产党、中国特色社会主义的高度认同。全面贯彻党的宗教工作基本方针，坚持我国宗教中国化方向，积极引导宗教与社会主义社会相适应。

支持各民族发展经济改善民生。深入实施"民族团结进步+"深度融合发展行动，积极争取国家少数民族发展资金项目，加大民族地区基础设施和公共服务建设支持力度，培育壮大民族地区特色产业品牌，加快少数民族特色村寨保护与发展，推进涉藏州县经济社会发展重大项目建设，确保在青海高质量发展进程中，一个民族都不能少。

促进各民族广泛交往交流交融。创新做好少数民族流动人口管理服务，开展"红石榴"就业行动，鼓励支持各民族群众转移就业、青少年跨区域就学，建好"社区石榴籽家园"服务平台，推动形成各民族相互嵌入、团结共融的社会结构和社区环境，共建民族团结一家亲的和谐家园，促进各民族守望相助、手足情深，在中华民族大家庭中像石榴籽一样紧紧抱在一起。

(七)聚焦聚力为群众办好事办实事解难事，坚定不移增进民生福祉。深入践行以人民为中心的发展思想，补齐民生短板，破解民生难题，兜牢民生底线，努力让各族群众的获得感成色更足、幸福感更可持续、安全感更有保障。

提高就业质量和收入水平。落实好就业优先政策，支持企业减负稳岗和技能培训，促进高校毕业生等青年就业，做优拉面、青绣等特色劳务品牌，抓好农民工、城镇困难人员、残疾人就业服务和帮扶，健全灵活就业劳动用工和社会保障政策，维护新就业形态劳动者劳动保障权益，加强劳动关系协调和劳动保障监察。落实税收、社保、转移支付等调节政策，合理调整最低工资标准，多渠道增加城乡居民财产性收入，提高低收入群体收入，扩大中等收入群体，支持有意愿有能力的企业和社会群体积极参与公益慈善事业，逐步缩小城乡居民收入差距，朝着共同富裕目标稳步迈进。

办好人民满意的教育。坚持德智体美劳五育并举，深化教育评价和育人方式改革，让孩子们全面发展、健康成长。完善学前教育公共服务网络，保障适龄儿童就近入学。持续推进城乡义务教育一体化发展，优先补齐农村办学条件短板，开展县域义务教育优质均衡创建，巩固"双减"成果。推进高中教育多样化特色化发展，办好特殊教育、继续教育。支持高校开展一流学科、一流专业建设，持续提升本科和研究生教育水平。高质量抓好西宁大学建设。深入实施高职院校"双高计划"和中职学校"双优计划"，研究整合组建本科层次职业院校，优化职业院校专业布局和结构，深化产教融合、校企合作，培养更多技能人才、能工巧匠。

守护各族群众健康。坚持"外防输入、内防反弹"，加快推进疫苗接种，科学精准扎实做好常态化疫情防控，推动爱国卫生运动与疫情防控更好结合。深化公立医院综合改革，深入实施二级甲等县级综合医院扩面行动，加快建设高原医学研究中心、国家区域医疗中心，持续开展青南支医。完善医疗服务价格动态调整机制，健全重特大疾病医疗保险和救助制度，继续扩大药品医用耗材集中采购范围和品种，进一步降低患者医药负担。加强公共卫生服务体系建设，抓好疾病预防控制体系改革，开展新一轮包虫病和重点地方病、传染病防治行动，促进民族医药传承创新发展，更好为人民群众提供全方位、全周期健康服务。

完善社会保障体系。深入实施全民参保计划，扩大社会保险覆盖面，做到应保尽保。统筹做好城乡低保、特困供养群体基本生活兜底保障。弘扬孝亲敬老传统美德，落实好老年优待政策，维护好老年人权益，推动老龄工作重心下移、资源下沉。通过新建、改造、置换、租赁等多种途径，完善居住区养老服务设施，积极发展家庭养老床位，提供就近就便、"家门口"养老服务。推动三孩生育政策落地见效，依托社区发展托育和婴幼儿照护服务，给予"一老一小"更多温暖和关爱。坚持"房住不炒"定位，因城施策稳地价、稳房价、稳预期，发展长租房市场，推进保障性住房建设，支持商品房市场更好满足购房者合理住房需求，促进房地产业良性循环和健康发展。

丰富群众文化生活。坚持社会主义核心价值观引领，深入开展群众性精神文明创建活动和公民道德建设工程，推动设立河湟文化生态保护区，建好长江、黄河、长城、长征国家文化公园青海园区，健全非物质文化遗产保护传承体系，加强历史文化保护和文物考古工作。创新实施文化惠民工程，支持文艺工作者多创新、出精品。继续做好新闻出版、广播电视、社会科学、档案史志等工作。精心办好环湖赛、省运会、全民健身大会等活动，推广普及群众性冰雪运动，积极备战杭州亚运会、全国冬运会。

推进平安青海建设。深化"八五"普法，营造全社会尊法学法守法用法良好氛围。依法严厉打击违法犯罪，坚决铲除黑恶势力滋生土壤，确保政治安全、社会安定、人民安宁。坚持和发展新时代"枫桥经验"，完善公共法律服务体系，建好一站式矛盾纠纷调解中心、智慧调解平台，深化信访制度改革，依法解决好群众合理诉求。加快推进市域社会治理现代化试点。完善公共安全应急响应体系，扎实抓好安全生产专项整治三年行动，及时排除各类风险隐患，有效遏制重特大安全事故。实施灾害防治能力提升工程，推动备灾救灾和应急救护项目建设，做好洪涝干旱、森林草原火灾、地质灾害、地震等灾害防御和气象服务。全面从严加强食品药品监管，坚决把好人民群众饮食用药安全每一道关口。

我们将牢记，千头万绪的事，说到底是千家万户的事。今年将继续聚焦群众"急难愁盼"问题实施民生实事项目，尽心竭力，一件一件办好老百姓的操心事、烦心事、揪心事，真正做到民之所忧必念之、民之所盼必行之，把为人民服务落到实处、落到细处。

各位代表！支持国防和军队现代化建设是地方义不容辞的责任，我们将一如既往推动军民融合深度发展，扎实推进国防教育、人民防空等工作，提高义务兵家庭优待水平，精心做好退役军人移交安置、就业创业服务保障，深化双拥共建，使军政军民团结始终坚如磐石。

三、加强政府自身建设

全省各级政府及公职人员务必树立不负人民的家国情怀、追求崇高的思想境界、增强过硬的担当本领，以推动高质量发展的实际行动，为党分忧、为国尽责、为民奉献，努力向党和人民交出满意的答卷。

坚定不移加强政治建设。我们要旗帜鲜明讲政治，坚持和捍卫"两个确立"，增强"四个意识"，坚定"四个自信"，做到"两个维护"，始终在思想上政治上行动上同以习近平同志为核心的党中央保持高度一致，不折不扣贯彻落实党中央重大决策部署和习近平总书记重要讲话指示批示精神。巩固拓展党史学习教育成果，坚持党的百年奋斗历史经验，弘扬伟大建党精神，凝心铸魂、汇聚力量，把提高政治判断力、政治领悟力、政治执行力体现到贯彻落实党的路线方针政策的实际行动上。

持之以恒建设法治政府。我们要深入贯彻习近平法治思想，忠实履行宪法和法律赋予的职责，自觉接受人大法律监督、工作监督和政协民主监督，主动接受群众监督和舆论监督，认真办好代表建议和政协提案。坚持依法行政，增强政府立法与人大立法协同性，全面实行政府权责清单制度，严格规范公正文明执法，努力让人民群众在每一个执法行为中都能看到风清气正、从每一项执法决定中都能感受到公平正义。

持续用力改进工作作风。我们要坚持政府工作为了人民、服务人民、依靠人民，满腔热情为群众办实事、解难事。严格贯彻中央八项规定及其实施细则精神，驰而不息纠治"四风"特别是形式主义、官僚主义问题。坚持正确政绩观，加强调查研究，进一步为基层减负，以钉钉子精神抓落实，坚决防止简单化、乱作为，坚决反对不担当、不作为，把惠及人民群众的各项工作做得更好。

始终保持清正廉洁本色。我们要永葆自我革命精神，严格落实主体责任和"一岗双责"，深入推进政府系统党风廉政建设和反腐败斗争。坚持"三严三实"，教育广大公职人员明大德、守公德、严私德，清清白白做人、干干净净做事，克己奉公、以俭修身、永葆本色。严肃财经纪律，全面加强审计、统计监督，树牢过紧日子的思想，"三公"经费保持只减不增，一般性支出压减10%，把宝贵的财政资金更多用在加强生态保护、推动高质量发展、增进民生福祉上。

各位代表！进入新阶段、走好新征程，习近平总书记和党中央对青海寄予厚望，高原各族人民群众对我们满怀期待。让我们更加紧密地团结在以习近平同志为核心的党中央周围，不忘初心、牢记使命，坚定信心、勇毅前行，奋力谱写全面建设社会主义现代化国家的青海篇章，以优异成绩迎接党的二十大和省第十四次党代会胜利召开！

宁夏回族自治区
政府工作报告

——2022年1月20日在宁夏回族自治区第十二届人民代表大会第五次会议上

自治区主席　咸　辉

各位代表：

现在，我代表自治区人民政府，向大会报告工作，请予审议，并请各位政协委员和其他列席人员提出意见。

一、2021年工作回顾

2021年，面对复杂严峻的国内外环境，特别是新冠肺炎疫情的持续影响，在自治区党委领导下，全区上下坚持以习近平新时代中国特色社会主义思想为指导，全面贯彻党的十九大和十九届历次全会精神，深入落实习近平总书记视察宁夏重要讲话重要指示精神，坚决执行党中央、国务院决策部署，科学统筹常态化疫情防控和经济社会发展，扎实做好"六稳"、"六保"工作，交出了一份全面好于预期、超额完成任务的靓丽答卷，实现了"十四五"良好开局。全年地区生产总值突破4000亿元大关、达4522.3亿元，增长6.7%，两年平均增长5.3%，高于全国0.2个百分点；地方一般公共预算收入460亿元，增长9.7%，为近年最高增速；全体居民人均可支配收入27904元、增长8.4%，其中城镇38291元、农村15337元，分别增长7.2%和10.4%。特别是，习近平总书记连续5次为中阿博览会发来贺信，全区上下倍受鼓舞。总书记的亲切关怀、党中央的特殊厚爱，必将转化为建设美丽新宁夏、共圆伟大中国梦的不竭动力！

一年来的主要工作和成效是：

（一）狠抓精准处置应对，疫情防控夺取重大胜利。我们面对国内疫情多点散发、局部聚集的复杂态势，坚定落实习近平总书记重大部署，坚持人民至上、生命至上，在自治区党委领导下，始终保持指挥体系激活状态，打赢了疫情防控遭遇战、阻击战、歼灭战。坚持外防输入、内防反弹、人物同防，落实"四早"要求，压实"四方"责任，应检尽检、应控尽控、应隔尽隔、应治尽治，有序接种新冠疫苗，全面构筑群防群控、联防联控、严防严控的铜墙铁壁。完善重大传染病监测预警机制，建设重大疫情救治基地，运行疫情防控管理平台，实现县乡（镇）医疗机构发热哨点全覆盖。圆满完成包机入境隔离疏散任务，稳妥应对旅游专列滞留问题，有效防止风险外溢，为全国疫情防控贡献了宁夏力量。

（二）狠抓统筹系统调度，经济发展迈上重大台阶。我们针对经济下行压力加大、能源供给紧张等不利形势，科学预判"前高后低"增长走势；统筹进行综合调度，经济运行总体平稳、稳中有进、稳中向好，规上工业增加值增长8%，利润增长1.1倍、创近年新高。全面落实减税降费政策，精准出台"能源保供18条""财政17条"等一揽子措施，新增贷款638亿元，降低实体经济成本

130亿元以上，稳住了市场预期、稳定了企业生产。稳慎处置重点企业信用风险，连续三年超额完成政府隐性债务化解任务。实施促消费"四大工程"，举办"两晒一促"活动，加快全域旅游示范区建设，接待游客和旅游收入分别增长15%和40%，网上零售额增长46%，服务业对经济增长的贡献率稳定在50%以上。组织重大项目集中开工，"十大工程项目"有序推进，1133个重点项目全面实施，晓星氨纶、银昆高速、城乡供水一体化等加快建设或建成投运，民间投资占比提高到57.4%。尤为振奋的是，全球最大的宝丰能源电解水制氢项目正式投产，宁夏首条穿越沙漠腹地的乌玛高速顺利通车，一批大项目好项目成为稳增长的强大引擎！

（三）狠抓九个重点产业，转型升级取得重大突破。我们针对经济结构倚重倚能、能耗偏高的区情实际，深化供给侧结构性改革，推动重点产业加快发展。全力抗击60年来最重旱情，新建高标准农田96万亩，粮食生产实现"十八连丰"，粮食安全省长责任制国家考核获得优秀等次，奶牛存栏连续两年增长20%以上，"宁夏枸杞"跻身中国区域农业产业品牌影响力前十位。获批建设全国一体化算力网络宁夏枢纽、首个国家葡萄及葡萄酒产业开放发展综合试验区，清洁能源、新型材料等新兴产业保持两位数增速，制造业比重达63.6%。制定碳达峰实施方案，启动能耗"双控"三年行动，压减"两高"项目39个，减少能耗1725万吨标准煤，预计单位GDP能耗下降5%左右，扭转了"十三五"以来不降反升的局面。强化创新驱动战略，出台"聚才引才15条"，激发人才创新创造活力，1个项目首次摘得国家科技进步奖一等奖，3个项目分别获得国家技术发明奖、科技进步奖二等奖，预计全社会研究与试验发展经费投入强度达1.56%。多个国家部委推出一系列含金量很高的支持文件，帮助我们搭建了先行区建设的"四梁八柱"。

（四）**狠抓生态环境保护，城乡面貌发生重大变化**。我们正视生态环境总体脆弱、污染治理欠账较多的现实基础，主动担当筑牢祖国西北生态安全屏障的重大责任。统筹"一河三山"生态保护修复，黄河"四乱"问题实现动态清零，贺兰山生态环境综合整治入选全国生态修复十大典型案例，固原市被评为国家生态文明建设示范区。打好污染防治攻坚战，地表水国控断面水质优良比例达80%，黄河干流宁夏段水质连续五年保持Ⅱ类进Ⅱ类出，空气质量优良天数比例达83.8%，$PM_{2.5}$平均浓度下降18.2%，危废医废安全处理率100%，均超额完成国家下达任务。实施生态修复项目148个，治理水土流失面积880平方公里、荒漠化土地90万亩，完成营造林150万亩，森林覆盖率达16.91%、提高1.11个百分点，为近年最快增速。建设重点小城镇12个、美丽村庄50个，改造老旧小区4.75万户、棚户区住房4000套，20户以上自然村基本通了硬化路，高速公路通车里程突破2000公里。全区城镇化率达66%，连续两年高于全国平均水平。

（五）**狠抓营商环境优化，改革开放迈出重大步伐**。我们深刻认识开放不足的最大短板，坚持以改革促开放，以开放促发展。全面推开"四权"改革。制定优化营商环境"新80条"，工程建设项目审批实现全流程在线办理、时限压缩30%，市场主体总量突破71.3万户、增长13.9%，企业活跃度达88.7%。加快"数字政府"建设，政务服务事项网上可办率达93.2%，"我的宁夏"App用户覆盖全区94.8%的人口，1400多个事项能够"指尖办"，3400多个事项可以"掌上查"，一体化政务服务能力连续四年居西北第1位。加大国有经济优化调整，区属国企改革三年行动完成87.4%。深化投融资体制改革，晓鸣股份、凯添燃气成功上市，境内上市企业总数达17家，累计发行债券693亿元。创新线上线下办会模式，安全圆满精彩举办第五届中阿博览会、首届中国（宁夏）国际葡萄酒文化旅游博览会。全年进出口总额增长55%，招商引资实际到位资金增长10%。

（六）**狠抓基层治理创新，社会事业实现重大发展**。我们全面贯彻中央民族工作会议和全国宗教工作会议精神，以铸牢中华民族共同体意识为主线，全覆盖推进民族团结进步创建"七进"活动，深化宗教领域突出问题治理，各族群众像石榴籽一样紧紧抱在一起。拓展基层治理成效，启动"八五"普法，常态化推进扫黑除恶，完善矛盾纠纷化解机制，信访总量下降16.04%。涌现出"七一勋章"获得者和第八届全国道德模范王兰花等先进典型，《闽宁镇移民之歌》等6部作品入选庆祝建党百年艺术精品工程，群众精神文化生活更加丰富多彩。全民健身蔚然成风，第八届特奥会金牌、奖牌总数均居全国之首。强化食品药品安全监管，安全生产和消防工作国家考核连续五年获得优秀等次。哲学社会科学、决策咨询、新闻出版、广播电视、文学艺术、参事、文史、统计、档案等工作又有新成效。国防动员、双拥共建、人民防空、应急救援、地震、气象、工会、共青团、妇女儿童、科协、残联、红十字、慈善、老龄等工作呈现新气象。

（七）**狠抓四大提升行动，人民生活又有重大改善**。我们在财政收支矛盾加剧的特殊情况下，仍将75%以上财力用于民生事业，开展"我为群众办实事"实践活动，10个方面28项民生实事全面完成。推动脱贫攻坚成果巩固与乡村振兴有效衔接，抓好产业、就业、社会融入3件事，移民收入增幅快于农民收入。"一村一年一事"行动获得中央农办通报表扬，全国东西部协作和中央单位定点帮扶工作推进会在我区召开。制定"灵活就业13条"，城镇新增就业8.2万人，农村劳动力转移就业81.3万人，均超额完成全年任务。落实义务教育"双减"政策，学科类校外培训机构压减92%，普惠性幼儿园覆盖率达90%，普通高中大班额基本消除，"互联网+教育"经验在全国推广。巩固"互联网+医疗健康"示范区成果，城市医联体、县域医共体实现全覆盖，二级以上定点医疗机构门诊费用跨省直接结算，县域内就诊率达90%。持续调增城乡居民基础养老金、医保、低保标准，连续17年提高企业退休人员基本养老金、优抚对象抚恤补助标准，基本养老、失业、工伤保险参保人数分别增长0.9%、6.2%、8.5%。残疾人"两项补贴"惠及21.2万人。

（八）狠抓政府自身建设，行政效能得到重大提升。我们扎实开展政府系统党史学习教育，全面加强政府党组建设，增强"四个意识"、坚定"四个自信"、做到"两个维护"。严格执行重大事项报告制度，提请自治区党委研究重大事项37件，提请自治区人大常委会制定、修改和废止地方性法规26件，办理人大代表建议203件、政协提案447件，办复率均为100%。健全完善政府法律顾问和重大行政决策专家咨询论证制度，在全国率先开展政府规章、规范性文件集中清理整治。从严落实中央八项规定及其实施细则精神，深入开展楼堂馆所排查整治，持续纠治"四风"问题，切实减轻基层负担。认真落实党风廉政建设"一岗双责"，强化财政、审计监督，对违纪违法行为"零容忍"。着力加大督查考核激励，以九个产业为载体推进经济发展迈上新台阶、依托四大提升行动巩固脱贫攻坚成果、红寺堡区突出重点全面推进乡村振兴等3项典型经验做法受到国务院通报表扬，极大激发了全区人民干事创业的激情热情！

各位代表，回望过去一年，我们在多重矛盾交织、困难挑战叠加的情况下，取得了极为不易、十分难得的好成绩。这根本在于以习近平同志为核心的党中央掌舵领航、坚强领导，在于习近平新时代中国特色社会主义思想的光辉指引、科学指导，是自治区党委正确领导的结果，是自治区人大、政协监督支持的结果，是广大干部群众拼搏奋斗的结果。在此，我代表自治区人民政府，向在各个岗位辛勤耕耘的全区各族人民，向人大代表、政协委员、各民主党派、工商联和各界人士，向中央驻宁单位、驻宁部队和武警官兵、公安民警、消防救援队伍，致以崇高敬意！向关心支持宁夏改革发展稳定的国家部委、兄弟省区市、港澳台同胞、海外侨胞和国际友人，表示衷心感谢！

我们也清醒看到，我区发展还面临一些困难和问题：一是疫情影响仍在持续，常态化防控的任务依然艰巨；二是经济持续稳定增长的基础还不稳固，项目支撑不足，消费需求不旺，市场预期不稳；三是转型发展的任务繁重，经济结构性矛盾仍然突出，一些领域的风险隐患不容忽视；四是民生领域还有短板弱项，城乡居民增收渠道不宽；五是营商环境与市场主体的期盼还有差距，政府自身建设仍需加强。我们一定高度重视、认真解决。

二、2022年重点工作

今年，是党的二十大召开之年，是实施"十四五"规划关键之年，自治区将召开第十三次党代会。做好今年工作，保持平稳健康的经济环境、国泰民安的社会环境、风清气正的政治环境，具有重大意义和深远影响。

今年政府工作总体要求是：坚持以习近平新时代中国特色社会主义思想为指导，全面贯彻落实党的十九大和十九届历次全会精神，深入学习贯彻中央经济工作会议精神，坚决贯彻落实习近平总书记视察宁夏重要讲话精神，弘扬伟大建党精神，认真落实自治区党委十二届十四次全会精神和经济工作会议部署要求，全面贯彻新发展理念，主动融入新发展格局，坚持稳中求进工作总基调，坚持以供给侧结构性改革为主线，坚持统筹疫情防控和经济社会发展，加快推进先行区建设，加快推动高质量发展，加快实施"四大提升行动"，保持经济平稳较快增长，保持社会大局和谐稳定，保持同心协力团结局面，以优异成绩迎接党的二十大和自治区第十三次党代会胜利召开。

主要预期目标是：地区生产总值增长7%；地方一般公共预算收入增长5%；全社会固定资产投资增长8%；社会消费品零售总额增长7%；全体居民人均可支配收入增长7%，其中城镇和农村分别增长7%和8%；居民消费价格涨幅控制在3%；城镇调查失业率控制在5.5%以内；粮食播种面积和粮食总产量完成国家下达任务；单位GDP能耗和二氧化碳排放下降、主要污染物减排完成国家下达任务。

实现上述目标并不容易，需要全区上下和衷共济、共同努力。我们必须始终捍卫"两个确立"，任何时候、任何情况下，都坚定自觉维护习近平总书记党中央的核心、全党的核心地位，坚定自觉维护党中央权威和集中统一领导。必须始终坚持稳中求进，把稳增长、调结构、推改革有机结合，稳字当头、稳扎稳打，推动经济实现质的稳步提升和量的合理增长。必须始终聚焦共同富裕，筑牢民生底线，提升民生水平，既做大"蛋糕"，更分好"蛋糕"，不断满足人民日益增长的美好生活需要。必须始终加强统筹协调，善抓主要矛盾和矛盾的主要方面，更好统筹发展和安全，确保先行区建设取得实效，确保高质量发展行稳致远。

为此，要切实抓好以下重点工作：

（一）着力保障市场主体，切实推动经济平稳运行。继续做好"六稳""六保"工作，牢牢把握工作主动，更好稳定市场预期，更好提振企业信心，更好稳住经济运行基本盘。

强化政策配套落实。抢抓国家政策机遇，制定出台配套举措，争取更多资金、项目、政策落地实施。加强现有政策跟踪评估，及时调整补充完善，最大限度发挥叠加效应、协同效应。用足用活新的减税降费政策，落实落细中小微企业和个体工商户"减、免、缓"措施，下大力气清理涉企乱收费、乱罚款、乱摊派，有效整治恶意拖欠账款，降低实体经济成本100亿元以上。健全政策直达市县基层机制，优化财政支出结构，提高资金使用效益，更好保基本民生、保工资、保运转。

强化企业生产经营。落实区市县三级包抓机制，国资民资一起抓，大中小微企业全面保，多措并举帮助市场主体纾困解难、降本增效。紧盯重点企业，加强供需对接、产销衔接，稳定产业链，优化供应链，规上工业增加值增长8%。鼓励中小企业升规上限入统，新培育制造业"单项冠军"8家、"专精特新"小巨人企业10家、升规入库企业100家左右。深化政银企合作，综合运用纾困基金、延期还本付息等措施，促进企业融资增量、扩面、降价，防止出现行业性限贷、抽贷、断贷，确保新增贷款规模稳定增长。

强化运行监测调度。坚持月报告、季分析，突出重点领域、行业和企业预警监测，提升调控工作前瞻性和针对性。扎实抓好能源保供，科学组织煤炭生产，有效稳定电力、天然气供应，满足企业生产和群众民生需求。强化市场保供稳价，加强协同监测监管，增强政府储备调控，保障重要民生商品供销两旺、价格平稳。

（二）着力扩大投资消费，切实释放有效需求潜力。大力实施扩大内需战略，更好发挥投资关键作用和消费基础作用，进一步增强发展内生动力。

持续扩大有效投资。聚焦"十大工程项目""六个一百"重大项目，科学谋划争取，提速推进建设，力争完成投资2000亿元。加快伊利液态奶升级等重大产业项目、包银高铁等基础设施项目、自治区重大疫情救治基地等社会民生项目建设，形成更多实物投资量，带动固定资产投资持续恢复。紧盯国家政策导向、投资方向，完善项目协调推进机制，做好用地、用能、用工服务，力促黄河黑山峡河段开发工程早日开工，为高质量发展蓄势增能。开展"扩大有效投资攻坚年"活动，营造大抓项目、抓大项目的浓厚氛围。

持续促进消费恢复。完善促消费政策，扩大居民消费，增加公共消费，力促消费增量扩容。开展多种形式促销活动，推动餐饮、零售等传统消费加快回补。顺应消费升级趋势，发展品质消费、体验消费等新模式，培育消费新热点。加快县域商业体系建设，推动汽车家电下乡、电商快递进村，释放县乡消费潜力。推进文旅深度融合，做活"旅游+"产业，游客人数、旅游收入均保持20%以上的增速，把"塞上江南·神奇宁夏"的独特魅力充分彰显出来。

持续增强招商实效。坚持招商引资和招才引智并重，强化园区招商和产业链招商。加强与东中部大企业、大集团和商协会联系对接，争取更多行业领军企业来宁投资兴业。各地各部门要把招商引资放在突出位置，主要负责同志亲自出马、亲自推动、亲自对接，引进一批投资大、效益好、带动力强的优质项目，确保招商引资实际到位资金持续增长。

（三）**着力推动转型升级，切实加快新旧动能转换。**坚持高端化、绿色化、智能化、融合化，推动九个重点产业做大量级、做强能级、做优品级，更好促进经济循环和产业链畅通。

做大做强重点产业。推进工业结构、绿色、智能、技术四大改造，实施基础再造工程，延链补链、壮链强链，有效突破供给约束堵点，加快打通生产、分配、流通、消费各环节，增强产业链韧性。发展数控机床、仪器仪表等先进制造业，提升化工、纺织等传统产业，培育一批龙头骨干企业、关联配套企业，带动电子信息、新型材料、清洁能源等新兴产业增长20%以上。抢抓"东数西算"机遇，高水平建设全国一体化算力网络宁夏枢纽，拓展5G、大数据、人工智能等应用场景，培育上云企业1000家、服务业集聚区13个。鼓励引导更多企业，投资绿色食品、葡萄酒、枸杞、肉牛和滩羊、奶产业，更好把资源优势转化为产业优势。

提质提效园区建设。落实促进开发区体制机制改革和高质量发展的意见，合理布局企业和项目，鼓励区位相邻、产业相关的园区协作联动、优势互补，促进产业集聚集约集群发展。开展园区质量提升行动，打造数字化、智能化园区样板。推行"管委会+公司"模式，推进园区市场化建设运管。实行标准地供应，提高投资强度和产出效益，园区亩均产值增长9%以上。

融合融通科技创新。实施科技强区行动，提升区域创新能力，全社会研究与试验发展经费投入增长8%。强化企业创新主体地位，支持龙头企业牵头组建创新联合体、建立新型研发机构，新增国家高新技术企业50家、创新型示范企业20家、科技型中小企业100家。深化部区合作、东西合作，推行重大科研攻关"揭榜挂帅""赛马"等制度，推进产学研用深度融合，攻克关键核心技术100项，转移转化重大科技成果100项。优化人才发展和创新生态，赋予广大科技人员更多技术路线决定权、经费支配权、资源调度权，让更多科研成果在宁夏大地开花结果。

（四）着力加快乡村振兴，切实促进城乡融合发展。树牢"一盘棋"思想，推进乡村振兴战略，加快新型城镇化，推动山川统筹、城乡一体、共同繁荣。

发展高质高效农业。以建设国家农业绿色发展先行区为抓手，健全现代农业产业、生产、经营体系，农业增加值增长4%以上。实行最严格耕地保护制度，坚决遏制耕地"非农化""非粮化"，新建高标准农田95万亩。全面落实粮食安全党政同责和"菜篮子"市长负责制，建好良种繁育基地，加大种粮农民补贴，粮食播种面积只增不减、产量保持稳定，重要农产品生产供应正常。培育新型经营主体，强化农业科技装备支撑，农产品加工转化率、主要农作物综合机械化率分别达到71%和82%。用好"数字供销"平台，做强"宁字号""农字号"区域品牌。加快农村一二三产业融合，拓展农业多种功能，让农民更好分享产业增值收益。

建设宜居宜业乡村。完善防返贫监测帮扶机制，保持主要帮扶政策总体稳定，确保不发生规模性返贫。支持乡村振兴重点帮扶县发展，深化闽宁协作和定点帮扶，保障脱贫群众生活更上一层楼。推进乡村建设行动，提档升级基础设施和公共服务，改造卫生户厕3万户、抗震宜居农房3000套，建设美丽村庄50个。抓实农村人居环境整治提升五年行动，加大整省域乡村治理示范区建设，拓展"一村一年一事"行动。调动农民参与农村建设积极性，鼓励各类人才返乡创业，汇聚乡村全面振兴的强大洪流。

提高新型城镇化质量。优化空间布局和城镇体系，促进农业转移人口就地就近市民化，城镇化率再提高1个百分点以上。实施城市更新行动，加快地下管网、防洪排涝等市政设施建设，改造老旧小区5万户、棚户区住房3800套，新改建城市绿道100公里，新增停车位4万个。统筹考虑历史、文化、生态等因素，因地制宜创建文明城市、园林城市、卫生城市，梯次分类建设智慧城市、数字城市，有效解决乱停乱占、交通拥堵等"城市病"，让城市更安全、更有韧性。坚持"房住不炒"定位，有序增加保障性住房供给，更好满足购房者合理住房需求。

（五）着力加强保护治理，切实改善生态环境质量。深入贯彻习近平生态文明思想，协同推进保护修复和减污降碳，守好改善生态环境生命线。

扎实抓好污染治理攻坚。坚决整改中央环保督察反馈、生态环境警示片反映等问题，以整改的实际成效取信于民。强化重点行业企业超低排放改造，推进臭氧污染防治，空气质量优良天数比例达到83%。综合治理重点河湖、入黄排水沟和城市黑臭水体，黄河干流宁夏段水质保持Ⅱ类进Ⅱ类出，地表水国控断面优良比例稳定在80%。深化农业面源污染治理，实行生活垃圾分类处理，工业固废综合利用率达到43%。

扎实抓好节能降耗减碳。科学设置"碳达峰""碳中和"年度指标和阶段性任务。深化能耗"双控"三年行动，引导企业加强节能降碳技术改造，推动能源资源节约集约。严格产业管控目录，开展重大项目节能评估和产能置换，坚决遏制"两高"项目盲目发展。推进煤炭清洁高效利用，加大光伏、风电、煤层气等开发利用，高标准建设国家新能源综合示范区。倡导绿色低碳生活，推进节约型机关、绿色社区、绿色校园建设。

扎实抓好生态保护修复。推进山水林田湖草沙系统治理，落实河湖长制、林长制，加大"一河三山"生态保护修复，守护好美丽家园。全面落实"四水四定"，构建高效输配水体系，管好用好黄河水。持续开展大规模国土绿化行动，争取设立贺兰山国家公园，治理水土流失920平方公里、荒漠化土地90万亩，营造林150万亩，森林覆盖率再提高1个百分点以上。完善自然资源资产产权和生态环境保护督察制度，优化草原、湿地等生态补偿机制，让破坏生态者付出代价，让保护生态者获得收益。

（六）着力深化改革开放，切实增强发展动力活力。坚持有效市场和有为政府更好结合、对内开放与对外开放有机统一，加快融入新发展格局。

以更大力度优化营商环境。实施优化营商环境条例，纵深推进"放管服"改革。精简涉企经营许可，推行"一证准营""简易注销"。拓展"我的宁夏"App功能应用，巩固"一窗办理、集成服务"改革成效，实现更多事项网上可办、一次能办、跨省通办。做优"互联网+监管"系统，推进"双随机一公开"监管常态化，依法保护各类市场主体合法权益。弘扬企业家精神、契约精神，提升亲清政商关系。完善信用联合奖惩制度，让失信者寸步难行，让守信者一路畅通。

以更实举措推进重点改革。坚持市场化改革方向，促进要素资源高效配置。推进"四权"改革，规范产权交易流转，构建资源有价、使用有偿、交易有市、节约有效的制度体系。完成区属国企改革三年行动任务，深化地方金融监管体制改革，持续扩大资本市场直接融资规模。开展农村宅基地改革和第二轮土地承包到期延包试点，提高土地出让收入用于农业农村比例，壮大村集体经济，赋予农民更多财产权益。

以更高水平扩大开放合作。围绕服务"一带一路"建设，助推内陆开放型经济试验区大发展、快发展。打造中阿博览会、国家葡萄及葡萄酒产业开放发展综合试验区平台，发挥银川综合保税区、各类口岸和开发区功能，加快中国（银川）跨境电子商务综合试验区建设。加密国内外城市直达航班航线，稳定运营国际货运班列，发展公铁海多式联运，共建西部陆海新通道。优化外贸外资服务，推进投资贸易便利化，进出口总额、实际利用外资分别增长8%和6%。加快引进来、走出去步伐，再造开放发展新优势。

（七）着力保障改善民生，切实提高人民幸福指数。坚持尽力而为、量力而行，深入实施"四大提升行动"，扎实办好民生实事，让全区人民日子过得更好、生活品质更高。

稳定就业增收入。强化就业优先导向，落细援企稳岗举措，城镇新增就业7.5万人，农村劳动力转移就业75万人。统筹抓好高校毕业生、农民工、退役军人等重点群体就业，加大就业困难人员帮扶，确保零就业家庭动态清零。加大创业担保贷款和贴息力度，支持灵活就业和新就业形态，完成职业技能培训6万人次。健全工资正常增长机制，发布企业工资指导线，千方百计让老百姓的"钱袋子"鼓起来。

优先发展强教育。落实立德树人根本任务，深化"互联网+教育"示范区成果，促进学生德智体美劳全面发展。巩固义务教育"双减"成效，推进标准化建设、集团化办学，新增幼儿园学位2600个，新改建中小学校舍14万平方米，培育自治区级特色普通高中10所。开展新一轮"双一流"建设，支持高等教育特色办学、内涵式发展。发展现代职业教育，深化校企合作、产教融合、职普融通。规范民办教育，办好特殊教育，发展继续教育、老年教育。实施新时代强师工程，营造尊师重教氛围，让教师潜心教书、静心育人。

优化服务保健康。提升"互联网+医疗健康"示范区建设水平，加快国家级区域医疗中心和医联体医共体建设，推动优质医疗资源扩容下沉。加大"三医"联动改革，拓展异地就医直接结算，扩大药品、高值医用耗材集中带量采购，减轻病患用药负担。健全区市县三级疾病预防控制体系，推动中医药传承创新发展。继续对城镇低保和农村适龄妇女"两癌"免费筛查，对符合救助条件的患者每位补助1万元。开展爱国卫生运动，倡导文明健康生活方式，不断提高全民健康水平。

繁荣文化聚人心。坚持以社会主义核心价值观为引领，加大群众性精神文明创建，拓展新时代文明实践中心建设。深化"文化惠民"工程，改建提升标准化乡镇综合文化站、文化示范点105个，开展"送戏下乡"1600场次。发展新闻出版、广播电视、文学艺术、哲学社会科学，鼓励创排更多精品力作。加强文物保护利用和非物质文化遗产传承，加快黄河、长城、长征国家文化公园建设。开展全民健身活动，新建多功能运动场20个。办好第十六届全区运动会。

兜牢底线惠民生。拓展全民参保成果，提高优抚对象抚恤和生活补助标准、退休人员基本养老金和城乡居民基础养老金标准。高度关注"一老一小"问题，发展普惠性养老托育服务，完善三孩生育等配套措施。强化妇女儿童、失独家庭、未成年人关爱服务和权益保障，实施困难残疾人家庭无障碍改造3000户，对0—6岁残疾儿童康复救助全免费。统筹社会救助、社会福利、公益慈善，城市低保标准每人每月提高50元，农村低保标准每人每年提高960元。

今年，自治区聚焦群众"急难愁盼"问题，统筹安排资金70亿元，继续办好人居环境、饮水安全等10个方面28项民生实事。这是我们的庄严承诺，必须用心用情用力，务必办成办好办实，让全区人民享受到更多看得见、摸得着的实惠！

（八）着力推进共建共治，切实提升社会治理水平。落实基层治理"1+6"文件，打造人人有责、人人尽责、人人享有的社会治理共同体。

全面做好民族宗教工作。准确把握和全面贯彻习近平总书记关于加强和改进民族工作的重要思想，创建铸牢中华民族共同体意识示范区，构筑共有精神家园。全面贯彻新时代党的宗教工作理论和基本方针，持续整治宗教领域突出问题，坚决抵制宗教极端思想渗透，积极引导宗教与中国特色社会主义新时代相适应。坚持不懈开展马克思主义国家观、历史观、民族观、文化观、宗教观宣传教育，让"两个共同""三个离不开""五个认同"思想融入各族群众血脉。

全面推进社会治理创新。抓好银川、石嘴山、吴忠全国市域社会治理现代化试点，推广"互联网+基层社会治理"模式，推动治理重心下移、力量下沉、资源下倾。发挥工会、妇联、共青团、科协等桥梁纽带作用，更好凝聚民心民力。加强矛盾纠纷排查化解，做好公共法律服务，唱响"塞上枫桥"品牌。完善立体化、智慧化社会治安防控体系，继续推进扫黑除恶常态化，依法打击违法犯罪活动，建设更高水平的平安宁夏。

全面防范化解重大风险。坚持底线思维，见微知著，抓早抓小，防患未然。规范政府举债、融资行为，化解债务存量，遏制债务增量。压实地方属地责任、行业监管责任、企业主体责任，有效防控重点领域风险。健全风险预防预警、处置问责机制，精准"排雷""拆弹"，设置资本"红绿灯"，守住风险底线。继续抓好常态化疫情防控，统筹做好应急处置各项准备，坚决守好来之不易的新冠肺炎疫情防控成果。

全面强化公共安全保障。严格安全生产责任制，深化重点领域安全隐患排查整治，完成专项整治三年行动任务，有效遏制重特大事故发生。以"四个最严"强化食品药品全链条全周期监管，让群众饮食更放心、用药更安心。健全防灾减灾抗灾救灾体系，加强气象、地质、地震服务，抓好防汛抗旱、森林防火工作，构建抵御自然灾害防线。支持国防和军队改革建设，优化退役军人服务保障，做好新时代国防动员、双拥共建、人民防空工作，巩固发展军政军民团结的大好局面。

各位代表！发展任务依然艰巨，光明前景尚待拼搏。我们惟有胸怀"两个大局"、心系"国之大者"，踔厉奋发、笃行不怠，方能不负历史、不负时代、不负人民，走好新的赶考路。

把政治建设摆在首位。深刻认识"两个确立"的决定性意义，巩固拓展党史学习教育成果，增强"四个意识"、坚定"四个自信"、做到"两个维护"。不折不扣贯彻党中央、国务院决策部署，坚定有力落实自治区党委工作安排。严格政治纪律和政治规矩，模范执行民主集中制，不断提高政治判断力、政治领悟力、政治执行力。

把依法行政落在实处。深学笃行习近平法治思想，依法履行政府职能，切实维护宪法法律权威。主动接受人大法律监督、政协民主监督和社会舆论监督，广泛听取民主党派、工商联、无党派人士和人民团体意见建议。全面落实政府权责清单，进一步规范重大行政决策程序。加强政策宣传解读，更好回应社会关切。广大公职人员特别是领导干部，都要身体力行、以上率下，做尊法学法守法用法的表率。

把为民服务系在心头。时刻牢记人民政府为人民，自觉践行以人民为中心的发展思想，初心如磐、知行合一。加强调查研究，务实督查督办，大力精文减会，让市县基层腾出更多精力抓落实。用好目标管理、效能考核、综合评价，奖优罚劣、奖勤罚懒、奖能罚庸，强化干事者有舞台、有为者有位子的鲜明导向。

把廉洁纪律挺在前面。压实全面从严治党主体责任，靠实党风廉政建设"一岗双责"。持之以恒落实中央八项规定及其实施细则精神。带头过紧日子，严肃财经纪律，严控"三公"经费。有效防控重大工程、重点领域、重要岗位廉政风险。严惩各类腐败行为，永葆为民务实清廉的政治本色。

各位代表，力量生于团结，幸福源自奋斗。让我们更加紧密地团结在以习近平同志为核心的党中央周围，在自治区党委领导下，同心加油干、一起向未来，以优异成绩迎接党的二十大和自治区第十三次党代会胜利召开！

新疆维吾尔自治区
政府工作报告

——2022年1月23日在新疆维吾尔自治区第十三届人民代表大会第五次会议上

自治区主席 艾尔肯·吐尼亚孜

各位代表：

现在，我代表自治区人民政府向大会报告工作，请予审议，并请自治区政协委员和其他列席人员提出意见。

一、2021年工作回顾

刚刚过去的2021年，面对错综复杂的国内外环境和艰巨繁重的改革发展稳定任务，在以习近平同志为核心的党中央坚强领导下，在自治区党委的团结带领下，我们坚持以习近平新时代中国特色社会主义思想为指导，深入贯彻落实党的十九大和十九届历次全会精神，贯彻落实习近平总书记在庆祝中国共产党成立100周年大会上的重要讲话精神，贯彻中央经济工作会议、中央民族工作会议和第三次中央新疆工作座谈会精神，完整准确贯彻新时代党的治疆方略，牢牢扭住社会稳定和长治久安总目标，坚持稳中求进工作总基调，立足新发展阶段、完整准确全面贯彻新发展理念、服务和融入新发展格局，统筹稳增长、促改革、调结构、惠民生、防风险、保稳定，持续做好"六稳"、"六保"工作，有效应对各种风险挑战，破解改革发展稳定的一系列难题，社会大局持续稳定，经济持续健康发展，各项社会事业不断进步，各族人民安居乐业，与全国同步全面建成小康社会！全年实现地区生产总值1.6万亿元、增长7%，规模以上工业增加值4560亿元、增长8.8%，实现一般公共预算收入1618.6亿元、增长9.6%，固定资产投资突破8200亿元、增长15%，社会消费品零售总额3584亿元、增长17%，进出口总额1569.1亿元、增长5.8%，居民消费价格上涨1.2%，城镇调查失业率控制在5.5%以内，主要指标超额完成全年目标任务，实现了"十四五"良好开局！

——产业发展提质增效。以粮、棉、果、畜为代表的现代农业进入高效优质发展阶段，粮食总产量1735.8万吨、增长9.62%，创5年新高；棉花实现质量效益"双提升"，总产达512.9万吨、占全国的89.5%；畜牧业生产快速增长，猪牛羊禽肉、牛奶、禽蛋产量分别增长16.1%、5.75%、2%；蔬菜种植面积达300万亩，产量达到900万吨以上，冬春蔬菜自给能力不断提升。劳动密集型产业不断壮大，纺织服装企业产销两旺，工业增加值增长20%，新增就业9.95万人；全区劳动密集型企业达到7500多家，其中规模以上企业2000多家，产业增加值增长12.4%。资源密集型产业加快发展，原煤产量增长18.3%，疆煤外运量增长59.3%，全社会电力供应总量增长13.58%，其中新能源占比达到19.8%，外送电量1159亿千瓦时、增长20.7%，为全国能源供应作出重要贡献！

战略性新兴产业呈现快速发展势头，光伏硅基新材料产量46.94万吨、增长30.9%，多晶硅产量占全国58%。旅游业加速恢复，接待旅游人数1.91亿人次、增长20.52%，实现旅游收入1415.69亿元、增长42.69%。

——改革开放持续深化。丝绸之路经济带核心区建设迈出重要步伐，霍尔果斯、阿拉山口口岸过货能力显著提升，过境中欧（中亚）班列12210列、增长21.5%，始发中欧（中亚）班列1185列、增长7.3%。喀什、霍尔果斯经济开发区固定资产投资分别增长40.8%、75%，招商引资到位资金分别增长75.2%、51%，"两区"改革发展步入快车道。塔城重点开发开放试验区启动建设，已开工45个重点项目、完成投资26.37亿元。"放管服"改革深入推进，深化行政审批、"证照分离"等改革，工程建设项目平均审批用时由2020年的120个工作日压缩到85个工作日以内。营商环境不断优化，落实区外招商引资项目5134个，引进区外到位资金5429.9亿元、增长35.7%。全疆统一的"12345"政务服务热线和自治区"互联网+督查"平台上线运行，便捷高效回应和解决群众关切。户籍迁移、医保结算、公积金业务、养老保险转移接续等一批关系老百姓切身利益的政务服务事项实现"一网通办""跨省通办"，极大地方便了各族群众！

——基础设施建设加快推进。阿尔塔什、大石门等9项重大水利工程基本建成并发挥效益。750千伏吐鲁番—库车Ⅱ回、库车—阿克苏—巴楚Ⅱ回、莎车—和田Ⅱ回等输变电工程建成投运，南疆地区供电保障能力显著提升。全区电力装机容量1.15亿千瓦，其中清洁能源装机占比超过40%。新型基础设施加快建设，5G网络基本覆盖县级以上城区，光纤网络实现行政村全覆盖。昭苏机场、塔什库尔干机场、阿拉尔机场基本建成，民用机场总数将达到25个。铁路通达所有地（州、市）、覆盖全区80%以上的县级行政区。全区新增高速（一级）公路超过1800公里、总里程突破9400公里，新增通高速（一级）公路的县市11个、总数达到91个。新建改建农村公路9000多公里。第二条进出新疆公路大通道——京新高速全线贯通，进京里程缩短1300多公里，北疆首条沙漠高速公路——阿勒泰至乌鲁木齐高速公路建成投运，里程缩短200公里。尉犁—若羌、若羌—民丰高速公路建成通车，标志着环塔里木盆地高速（一级）公路圈基本建成。"疆内环起来、进出疆快起来"目标取得重大进展！

——人民生活持续改善。持续加大民生投入，民生支出3982.3亿元，占一般公共预算支出的73.7%。城乡居民人均可支配收入分别增长8%和10.8%。就业形势持续向好，实现城镇新增就业47.7万人，农村劳动力转移就业317.4万人次，超额完成全年目标任务。开展各类职业技能培训221.4万人次，比上年增长79.85%。教育质量不断提升，实现适龄儿童和青少年就学全覆盖、国家通用语言文字教学全覆盖，全域通过国家义务教育基本均衡评估认定，学前教育毛入园率稳步提升，九年义务教育巩固率、高中阶段毛入学率分别达到98.99%、99.92%。在全国率先试行农村户籍人员在所在地公立医院"先诊疗、后付费"一站式结算。农村人居环境整治全面推进，农村厕所革命有序推进，完成1000个村庄绿化美化。完成"煤改电"最后28.7万户建设任务，"煤改电"（一期）工程全面完成，南疆89.2万户农牧民用上了清洁能源！

——中华民族共同体意识显著增强。深入实施文化润疆工程，创作出电影《花儿为什么这样红》、话剧《金色的胡杨》等精品力作，全区上下爱党爱国爱社会主义的时代主旋律更加高昂、正能量更加充盈。各民族交往交流交融的情感纽带更加牢固，平等团结互助和谐的社会主义民族关系更加巩固，涌现出爱国护边、舍己救人"时代楷模"拉齐尼·巴依卡和与时间赛跑、为生命接力救助维吾尔族断臂男孩的先进典型群体。新疆各民族和睦相处、和衷共济、和谐发展，凝聚起了"共同团结奋斗、共同繁荣发展"的磅礴力量！

　　——社会大局持续和谐稳定。全面推进反恐维稳法治化常态化，新疆社会大局正从"由乱到稳"向"由稳到治"迈进，已连续5年无暴恐案件，刑事案件、治安案件、公共安全事件持续下降，实现了新疆各族人民多年来对平安稳定的渴望与期盼，各族群众安全感、对社会稳定和长治久安的信心持续增强。新疆越来越成为中外游客眼中治安管理最好、社会环境最安全的地方。稳定和谐的社会环境，为经济社会发展提供了坚强有力的保障！

　　一年来，我们主要做了以下工作。

　　（一）毫不放松抓好维护社会稳定、常态化疫情防控和安全生产，社会环境更加和谐稳定

　　坚决抓好维护社会稳定工作。始终把维护社会稳定作为压倒一切的政治任务、重于泰山的政治责任，聚焦总目标、打好组合拳，不断完善反恐维稳机制，持续保持对"三股势力"严打高压态势，有力有效强化社会面防控，建立安全清朗的网络空间，不断巩固来之不易的团结稳定的好局面。打好涉疆对外斗争的主动仗，成功举办65场涉疆问题新闻发布会，用真人真事讲好新疆故事，坚决回击美西方敌对势力的攻击污蔑，全面客观展示了新疆的良好形象。平安新疆建设取得新成效，博州首获平安中国建设最高奖——

"长安杯"，全区群众安全感达到99.14%，再创历史新高。坚持和发展新时代新疆的"枫桥经验"，信访源头治理有力有效，群众满意率高于全国平均水平30多个百分点，信访积案化解质效位居全国前列！

坚决抓好常态化疫情防控。坚持"外防输入、内防反弹"，切实守好口岸国门、进疆大门、社区单位院门"三道门"，落实落细8项监测预警机制，始终保持指挥体系高效运转，不断完善多点触发监测预警工作体系，扎实推进口岸疫情防控全闭环管理，强化冷链食品溯源集中管理，持续优化风险人员管控措施，着力提升大规模核酸检测能力。迅速扑灭散发疫情，守住了不发生聚集性疫情的底线！全力做好新冠肺炎患者免费救治，累计接种新冠疫苗2188.61万人。

坚决抓好安全生产工作。严格落实安全生产责任制，将安全生产视频资源接入维稳指挥平台，充分发挥自治区维稳指挥中心在安全生产中的监督预警、督促协调和指挥处置职能，建立起了立体化、系统化的安全生产和社会治理体系。及时制定出台36条安全生产严管严控措施，在全区常态化开展安全生产大排查、大整治，坚决防范遏制重特大生产安全事故，保障了各族群众生命财产安全。提高防灾减灾能力，有效组织防震减灾、抗洪抢险工作，完成425座水库大坝安全监测和雨水情监测设施建设。强化食品药品安全监管，扎实推进校园食品、肉制品、农村假冒伪劣食品等专项整治行动，组织开展食品安全风险隐患排查整治百日行动，以及药品生产经营企业、医疗器械与化妆品集中交易市场专项检查整治，有效维护了人民群众身体健康。

（二）坚定不移贯彻新发展理念，经济高质量发展迈出坚实步伐

加快发展现代农业。深入推进稳粮、优棉、强果、兴畜、促特色，粮食等重要农产品供给保障能力持续提升。压实耕地保护、粮食生产责任，落实各项补贴政策，超额完成国家下达的粮食生产任务，落实2022年度冬小麦种植面积1285万亩，建设高标准农田428万亩。棉花种植进一步向优势产区集中，品种结构持续优化，品质指标显著提高，机采率达80%以上。深入实施林果业提质增效工程，新增新梅等林果面积18万亩。扎实推进畜牧业"五大振兴行动"，稳步扩大畜牧业生产规模，年末猪牛羊存栏5621.97万头（只）、增长9.5%，出栏4502.11万头（只）、增长5.2%。持续推进南疆设施蔬菜产业发展三年行动，特色作物种植面积超过1000万亩。启动"4个百万亩"制种基地建设。持续推进"两张网"建设，"疆内收购网"全面覆盖林果生产区，仓储加工交易集配能力达500万吨，疆外销售网点达5370家。实施15处大中型灌区续建配套与现代化改造项目，改善灌溉面积361万亩。全力推进农业产业化，新增国家级优势特色产业集群2个、国家级现代农业产业园2个、农业现代化示范区3个、国家级农业产业化龙头企业16家。

推进工业高质量发展。围绕重点产业发展，科学编制产业发展规划，积极筹措150亿元产业发展专项资金，着力强链延链补链，推动特色优势产业加快发展。以就业为导向大力发展劳动密集型产业，加快推进纺织服装产业重点项目建设，出台落实加快葡萄酒产业发展的指导意见，落实南疆四地州劳动密集型产业补贴资金，南疆四地州形成一批消费电子生产、假发等劳动密集型产业聚集区。加快推动传统产业转型升级，推动油气产量保持稳步增长，加快延伸石油石化产业链，持续做好"减油增化"，推进现代煤化工项目建设，推动铝、铜等有色金属进一步提高就地转化率，中石油塔里木60万吨乙烷制乙烯、中泰集团年产10万吨BDO等一批重点项目顺利投产。支持战略性新兴产业加快发展，支持装备制造业等重点企业自主创新发展，推动光伏硅基产业进一步扩大规模，吸引一批电子元器件企业落户新疆。18家企业被认定为国家专精特新"小巨人"企业，累计达到34家。着力发展数字经济，加快推进数字产业化、产业数字化，5G+、工业互联网、云计算、大数据、智能制造等新技术应用进一步深化，2万多家企业"疆企上云"。积极有效应对美西方借口所谓"强迫劳动"对我区部分行业产业进行的污蔑打压，及时帮助企业解决困难，维护合法权益，确保相关产业健康平稳发展。

加快以旅游业为重点的服务业发展。深入实施旅游兴疆战略，着力优化旅游环境，推动景区提档升级，加强精品旅游线路打造，拓展旅游市场营销，完善旅游信息服务，推进旅游业稳步复苏。新创建赛里木湖景区等2家国家5A级旅游景区，累计达到16家。创建了一批国家和自治区级的旅游休闲街区、乡村旅游重点村和4A级旅游景区。吐鲁番市成功入选第二批国家级文化和旅游消费试点城市。吉新两省区共创中国（长白山脉—阿尔泰山脉）冰雪经济高质量发展试验区，可可托海国际滑雪场成功创建5S级滑雪场。加快发展商贸物流、电子商务、信息通信等生产性服务业，积极发展养老托育、医疗康养、文化体育、家政服务等生活性服务业，网络购物、直播经济、会展经济、平台经济等消费新业态蓬勃发展。大力发展夜间经济，延长沿街商铺营业时间，给城市带来浓浓的"烟火气"，让城市的夜晚充满活力！

加快推进创新驱动发展。持续推进丝绸之路经济带创新驱动发展试验区和乌昌石国家自主创新示范区建设，一批具有引领性的创新企业、创新机构、创新基地和创新项目成功落地。省部共建碳基能源资源化学与利用国家重点实验室正式获批，培育自治区级制造业创新中心6家。实施重大科技项目，推行"揭榜挂帅"等机制，石油石化、煤炭煤化工、矿产资源开发、新能源、新材料等领域"卡脖子"关键核心技术攻关取得阶段性成效，5个项目荣获2020年度国家科学技术奖。启动第三次新疆综合科学考察。设立高新技术企业发展专项资金，新增高新技术企业409家。全区国有企业研发投入强度增速居全国前列。实施促进专利转化专项计划，促进标准化与科技创新、产业转型互动发展，授权专利增长58.29%，发布自治区地方标准115项。实施人才强区战略，出台科研经费管理使用、科技成果转化、科技人才放权松绑等一系列政策措施，人才创新创造活力得到有效激发！

积极扩大有效投资。牢牢把握扩大内需战略基点，建立项目建设"十大机制"，采取省级领导联系重点项目、重大项目前期审批联席会议等有效措施，着力扩大项目融资规模，支持和引导社会资本投资重大项目，组织实施了一批投资体量大、聚集效应强的重大项目，推动固定资产投资持续增长。发行地方政府债券1466.4亿元，支持2755个项目建设。投资规模500万元以上的3355个新建项目全部开工建设，储备项目开工2582个、转化率达到76%。开工建设库尔干水利枢纽等一批重点项目，加快建设乌鲁木齐—尉犁高速公路、乌鲁木齐机场改扩建等一批续建项目。不断优化投资结构，制造业投资增速达36.9%，民间投资增速达29.7%。

（三）持续深化改革开放，对内对外开放水平不断提升

深入推进重点领域改革。深入拓展"互联网+政务服务"，深化自治区一体化政务服务平台应用，推行"网上办""掌上办"。深化公共资源交易整合，出台交易目录。深化国资国企改革，国企改革三年行动任务完成率超出全国目标任务25个百分点，走在全国前列；推动国有资本布局优化和结构调整，重组和组建新国投集团、农牧投集团、新矿投资集团，国有企业资产总额突破3万亿元大关，主要经济指标均创历史最好水平，国有经济体量规模和质量效益显著提高，国有资本在关系国计民生重点领域的引领力、影响力进一步增强。全面完成农村集体产权制度改革，有序推进农村土地经营权流转和适度规模经营，完成85个县（市）农业水价调整工作。不断深化市场体系、科技体制、财政金融、文化教育、生态文明等领域改革。

加快推进丝绸之路经济带核心区建设。突出抓好"一港""两区""五大中心"和"口岸经济带"建设，着力打造我国内陆开放和沿边开放高地。加快中欧班列（乌鲁木齐）集结中心建设，乌鲁木齐国际陆港区年度重点建设项目完成投资30亿元。积极落实喀什、霍尔果斯经济开发区企业所得税等优惠政策，投资营商环境显著改善。大力发展沿边口岸外向型产业，建立双边边境口岸疫情联防联控机制，推行"公铁联运"、包机、"空中路桥"集装箱吊运等新模式，口岸通关效率大幅提升。实现跨境电子商务企业对企业直接进出口模式和出口海外仓模式落地。成功举办2021线上（中国）亚欧商品贸易博览会，征集合作项目225个、计划投资额1900多亿元。

着力优化营商环境。深化"最多跑一趟"改革，全面实施涉

企经营许可事项清单管理和市场准入负面清单制度。持续推进审批事项压流程、减时间，一般企业3天内即可完成企业开办所有手续，建设用地审批用时大幅压减。全面开展营商环境评价和专项整治，依法查处涉及垄断和不正当竞争的行为，制定完善失信约束制度。出台落实减免税收、取消和免征行政事业性收费、降低社保费率等减税降费政策，累计新增减税降费205.27亿元。加强中小民营企业培育培优，推广使用"信易贷"平台，普惠小微企业贷款余额1339.1亿元、增长31.1%。1067.2亿元直达资金高效精准落地，惠及5950家企业和2513万人次。重点抓好支持小微企业、个体工商户发展和企业科技创新税收优惠政策落实。取消和免征6项自治区行政事业性收费项目，落实失业保险和工伤保险降费政策。

（四）着力保障和改善民生，各族群众获得感幸福感安全感不断增强

积极扩大就业。突出抓好高校毕业生、农村劳动力、就业困难人员等群体就业，推动农村劳动力就近就地就业和有序转移输出就业，农村劳动力转移就业规模持续扩大。扎实推进建筑领域技术工种3年20万人职业技能培训就业行动，完成培训10.07万人次，新增就业8.05万人。区属应届高校毕业生已落实毕业去向9.31万人、落实率96.4%。城镇零就业家庭保持24小时动态清零。着力办好县级技工学校，实现县（市）全覆盖。我区选手在全国乡村振兴职业技能大赛上取得金牌、奖牌第一的优异成绩！

巩固拓展脱贫攻坚成果。出台一系列巩固拓展脱贫攻坚成果同乡村振兴有效衔接的政策举措，安排专项资金388.22亿元，新发放小额信贷32.62亿元、覆盖10.19万农户。大力实施乡村建设行动和乡村产业提升行动，巩固南疆5.1万人跨区域转移就业成果，实现108.23万脱贫人口稳岗就业。扎实做好16.88万易地扶贫搬迁人口后续扶持，着力培育稳定增收主导产业，安置区自我发展能力不断增强。农村低保标准提高到每人每年不低于4600元、涨幅达12%。建立健全防止返贫动态监测和帮扶机制，对所有乡村人口进行定期排查、动态监测，对纳入"三类户"的家庭及时进行帮扶，实现返贫致贫风险常态消除，牢牢守住了不发生规模性返贫的底线！

加快发展教育事业。巩固农村学前教育发展成果，农村4—6岁儿童实现幼儿园免费入园"应入尽入"。推进学前教育普及普惠安全优质发展，持续深化城镇小区配套幼儿园专项治理。稳步推进义务教育城乡一体化建设和优质均衡发展，深化新时代教育评价改革，推进中小学教师资格认定改革，依法管理规范校外培训机构，切实减轻义务教育阶段学生作业负担和校外培训负担。深化产教融合、校企合作，加大产教融合实训基地建设力度，推进职教集团建设。高等教育布局结构更加合理，内涵式发展取得新进展，新疆大学首轮"双一流"建设稳步推进，新校区全面投入使用。资助政策体系更加完善，累计发放学生资助资金82亿元，惠及学生666.5万人次，实现学前教育至高等教育所有学段全覆盖，公办、民办学校全覆盖，家庭经济困难学生全覆盖！

不断提升医疗健康服务水平。持续开展城乡居民免费健康体检，实现"应检尽检"。加快区域医疗中心建设，首批国家区域医疗中心建设试点项目北京儿童医院新疆医院挂牌成立，第二批试点项目中山大学附属喀什医院和西安交通大学第二附属医院新疆医院获批建设。推动公立医院高质量发展，深化县域综合医改，建设紧密型县域医共体106个，覆盖基层医疗卫生机构950个。推进基本公共卫生服务和家庭医生签约服务，重点人群签约率达到86.19%。全面落实结核病"应查尽查、应治尽治",成功治疗率达95%以上。实施定向生免费医学生培养项目,加强全科医生和乡村医生队伍建设。促进养老托育服务健康发展,开展医养结合机构服务质量提升行动。积极推动3岁以下婴幼儿照护服务。

持续强化社会保障。基本养老、失业、工伤三项社会保险参保2019.77万人次,较上年增加55.76万人次,基本医疗保险参保率保持在95%以上。继续提高退休人员基本养老金和城乡居民基础养老金标准,惠及全区273.17万退休人员和城乡参保居民。城乡居民最低生活保障应保尽保,有效保障了全区155万城乡低保对象和2.2万特困供养人员的基本生活。发放困难残疾人生活补贴和重度残疾人护理补贴,惠及34.6万残疾人。实现有意愿的"五保"老人全部集中供养、孤儿全部集中收养。

加快以人为核心的新型城镇化建设。编制出台《新疆新型城镇化规划(2021—2035年)》,启动"一圈一带一群"建设。实施城市更新行动,开展美丽城镇建设行动。扎实推进城市体检、评估工作,提升城市治理科学化、精细化、智能化水平。实施城镇老旧小区改造,惠及城镇居民23.15万户;稳步推进棚户区改造和公租房建设,6.39万套棚户区改造和2.61万套公租房全部开工;建设农房抗震防灾工程3万户,极大地改善了城乡居民居住条件!

一系列惠民工程的实施,更好地实现了幼有所育、学有所教、劳有所得、病有所医、老有所养、住有所居、弱有所扶,各族群众的日子一天更比一天好!

(五)加强污染防治和生态建设,生态环境质量持续改善

坚决守住生态环境红线底线。坚持绿水青山就是金山银山、冰天雪地也是金山银山的理念,认真落实严禁"三高"项目进新疆

要求，严格执行能源、矿产资源开发自治区政府"一支笔"审批制度，实行最严格的生态保护制度、空间用途管制制度、水资源管理制度，坚决守住生态保护红线、环境质量底线、资源利用上线。积极推进生态保护红线、永久基本农田、城镇开发边界三条控制线划定工作，基本构建全疆"三屏两环多廊"生态安全格局、"两带八区"农业发展格局和"一圈一带一群"城镇空间格局。发布《自治区"三线一单"生态环境分区管控方案》，14个地（州、市）"三线一单"成果落地，全区生态环境分区管控体系初步形成。推进农村乱占耕地建房问题专项整治，有效遏制耕地"非农化"。

持续加大污染环境治理力度。深入打好污染防治攻坚战，实施大气污染防治"冬病夏治"专项行动，积极推进冬季清洁取暖，乌鲁木齐市入选我国北方地区冬季清洁取暖项目和海绵城市建设示范项目支持范围，分别获得中央财政3年21亿元和11亿元资金支持。加强地表水环境质量目标管理和入河（湖）排污口监督管理，启动重点工业园区地下水环境状况调查评估，推进水源地规范化建设，全力保障水生态环境安全。持续推进农村生活污水治理，32.42%的行政村生活污水得到处理。稳步推进土壤污染防治，完成重点行业企业用地土壤污染状况调查。医疗废物收集处置环境监管持续加强，危险废物处置能力进一步提升。对中央环保督查反馈问题整改情况进行"回头看"，首次开展自治区、兵团联合生态环境保护督察，完成"乌—昌—石""奎—独—乌"及伊犁河谷区域督察工作，共受理举报549件，一批突出环境问题得到有效解决。全区空气质量优良天数比例达到74.6%，地表水水质优良率达到94.5%，完成国家年度目标任务。

坚持绿色低碳发展。编制自治区碳达峰行动方案和"1+N"政策体系方案，坚决遏制"两高"项目盲目发展，采取"压、腾、控、省、核"等节能降耗措施，有效推进能耗"双控"。积极推进准东、哈密北、南疆等千万千瓦级新能源基地建设，清洁能源产业不断壮大，能源绿色低碳转型发展持续推进。推动重点用能企业节能挖潜，持续开展工业循环经济试点单位创建，工业绿色发展水平不断提升。狠抓农业产地环境治理，主要农作物绿色防控覆盖率达到42%，全国绿色食品原料标准化生产基地达到93个、1368.91万亩。深入实施城乡建设绿色发展行动，开展节能低碳建筑试点示范，加快生活垃圾分类体系建设，提升污水处理能力和资源化利用水平，再生水利用率达35.75%、提高9个百分点。

不断加强生态环境保护和建设。全面落实河湖长制，完成河湖整治三年行动。持续开展塔里木河流域生态输水补水，全面完成塔河流域胡杨林拯救三年行动，灌溉天然胡杨林329万亩。实施额尔齐斯河漓漫灌溉生态输水，灌溉河谷林草169万亩。阿克苏地区塔里木河重要源流区山水林田湖草沙一体化保护和修复工程入选中央财政支持范围，获得20亿元资金支持。全面推行林长制，区地县乡村五级林长制组织体系全面建立。继续实施退耕还草、退牧还草和退化草原生态修复治理，草原生态持续改善。扎实开展违建别墅清查整治"回头看"，违建别墅全部拆除复绿。恢复湖泊湿地面积226.5万亩；完成造林265万亩、草原修复治理634万亩、退耕还林57万亩，累计治理沙化土地659.9万亩，荒漠化和沙化土地面积首次实现"双缩减"，新疆的天更蓝、山更绿、水更清！

（六）坚持文化润疆，社会文化事业蓬勃发展

深入实施"文化润疆"工程。加大文艺创作扶持力度，推出纪录片《中国新疆之历史印记》、舞剧《张骞》、话剧《林基路》、报告文学《红沙河》、交响音乐会《天山儿女心向党》等一批优秀文学艺术作品，《金色的胡杨》入选全国"庆祝中国共产党成立100周年优秀舞台艺术作品展演"剧目，舞蹈《阳光下的麦盖提》荣获"荷花奖"金奖，文艺事业呈现繁荣发展的生动局面！加强文物保护研究和展示利用，实施"考古中国"发掘项目15项、文物保护工程20余项。让文物说话、让历史发声，《五星出东方利中国—和田历史文化陈列》荣获第十八届全国博物馆十大陈列展览精品奖。开展"文化润疆·旅游兴疆"展演季系列活动，推出《新疆是个好地方》《昆仑之约》等剧目驻场演出，制作播出首个文旅微综艺《乘着歌声游新疆》，累计点击量达3.2亿次。依托世界文化遗产、革命遗址、博物馆等，推出52个红色旅游精品景区（点），三条红色旅游精品线路入选全国"建党百年红色旅游百条精品线路"。加强非物质文化遗产保护，启动新疆非遗馆建设，举办非遗展示系列活动，让非遗文化真正"活"起来。实施"万村千乡文化产品惠民行动"，极大丰富了各族群众精神文化生活！

不断提升公共文化服务水平。推动公共文化服务精准对接各族群众需求，以"文化大院"示范点建设、"石榴籽"文化小分队惠民服务、"流动博物馆"巡展为抓手，与新时代文明实践所（站）、乡镇（村）综合文化站、乡村大舞台等基层文化阵地联动，组织开展了一系列群众喜闻乐见、便于参与的文化活动。持续实施东风工程、农家书屋工程，推进全民阅读。5家地（州、市）级博物馆新馆建成开放，各类博物馆、纪念馆、文物遗址点接待观众2000余万人次。大力发展体育事业，广泛开展全民健身活动，我区体育健儿自强不息、奋勇拼搏，在东京奥运会上取得2枚铜牌，在第十四次全国运动会和第八届特殊奥林匹克运动会上分别取得7

金7银7铜和23金15银23铜的优异成绩，实现了我区竞技体育的重大历史性突破！

（七）全面贯彻落实党的民族宗教政策，民族团结宗教和谐局面进一步巩固

持续加强民族团结。全面贯彻党的民族政策，坚持把铸牢中华民族共同体意识作为民族工作主线，推动各族干部群众牢固树立正确的国家观、历史观、民族观、文化观、宗教观。深入贯彻实施《民族团结进步模范区创建条例》，3个地州市和28个县市、单位被命名为全国民族团结进步示范区示范单位，全区共创建全国民族团结进步示范区示范单位81个、全国民族团结进步教育基地14个、自治区级示范区示范单位191个，形成共创民族团结进步模范区的良好局面。持续开展"民族团结一家亲"和民族团结联谊活动，全区120多万名干部职工与160多万户各族基层群众结对认亲。在各级各类学校常态化开展"三进两联一交友"活动，38.3万余名干部教师与451万名学生结对交友。大力推进各民族互嵌式社会结构和社区环境建设，建成互嵌式村（社区）4783个、小区9223个，各民族交往交流交融不断深入。

不断促进宗教领域和睦和谐。全面贯彻党的宗教工作基本方针，稳步推进新疆伊斯兰教中国化，积极引导宗教与社会主义社会相适应。全面落实宗教信仰自由政策，依法保障信教群众的正常宗教需求和正常宗教活动。扎实开展驻村管寺工作，有效改善宗教活动场所和宗教活动条件。加强宗教人士队伍建设，全面落实医疗、养老、生活补贴等保障措施。坚持保护合法、制止非法、遏制极端、抵御渗透、打击犯罪，持续深入推进"去极端化"，宗教极端思想得到有效整治，最大限度铲除宗教极端思想滋生蔓延和传播渗透的土壤，最大限度保护各族群众免受极端主义侵害！

（八）坚持和加强党的全面领导，政府治理能力和服务水平不断提高

坚决维护党的统一领导。以党的政治建设为统领，持续推进政府系统党的建设，切实增强"四个意识"、坚定"四个自信"、做到"两个维护"。着力加强思想建设，深入学习习近平新时代中国特色社会主义思想，用党的创新理论武装头脑、指导实践、推动工作。完整准确贯彻新时代党的治疆方略，不折不扣贯彻落实党中央决策部署，贯彻落实自治区党委部署要求。扎实开展党史学习教育，认真落实"我为群众办实事"实践活动"10+10"工作清单任务，解决了一批群众急难愁盼的问题，进一步密切了党群干群关系，凝聚了党心民心。

不断增强依法行政能力。推进社会稳定、经济发展、环境保护等重点领域立法，提请自治区人大常委会审议6部地方性法规，制定5部政府规章。办理全国人大代表建议6件、全国政协提案17件，办理自治区人大代表建议406件、自治区政协委员提案615件。科学谋划、精心编制"十四五"规划，印发实施《自治区国民经济和社会发展第十四个五年规划和2035年远景目标纲要》，编制农业农村、产业发展、社会事业、生态环境等领域133项专项规划。扎实开展法治政府建设示范创建，克拉玛依市成功创建第一批全国法治政府建设示范区。全面落实行政执法"三项制度"，加快推进区地县乡四级全覆盖的行政执法协调监督工作体系建设。加强行政规范性文件制定和监督管理，坚持有件必备、有备必审、有错必纠，各级政府依法行政水平进一步提高。

持续转变作风狠抓落实。建立健全省级领导同志包联重点企业、重点项目、重点产业制度，以企业、项目和产业为牵引，积极推进经济高质量发展。建立健全重大项目、重大平台、重大产业、重大改革、重大政策和重点要素"六重清单"机制，将"十四五"规划任务年度化、年度任务清单化、清单任务责任化，有效推动各项任务落地见效。通过深入实地调查研究、召开专项工作推进会、现场办公等方式，摸清实情、解决问题、推进工作。进一步精简会议活动和文件简报，有效减轻基层负担。主动接受社会监督，及时回应解决群众诉求，自治区"互联网+督查"平台共核查办理群众留言线索2919件、解决群众困难事项1744件，新广行风热线共核查办理群众投诉2900余条。始终树牢"过紧日子"思想，一般性支出预算压减8.4%，"三公"经费预算压减7.2%。

着力抓好党风廉政建设。严格执行中央八项规定及其实施细则精神，持续纠治"四风""四气"，着力解决形式主义和官僚主义突出问题。依法开展审计监督，从严从实抓好问题整改，建立完善整改长效机制。加强统计监督，严防统计数据造假。强化工程招投标、政府采购、国有产权转让等重点领域监管，加强就业、医保、民政等民生资金管理，坚决整治群众身边的不正之风和腐败问题。以严重违纪违法案为镜鉴，教育引导政府工作人员自省自警自励，铸牢拒腐防变思想防线。

各位代表！兵团是新疆的重要组成部分。我们认真贯彻落实习近平总书记关于兵团工作的重要指示和党中央决策部署，坚持兵地一盘棋，全面推进兵地融合发展，全力支持兵团深化改革、向南发展和维稳戍边能力建设等各项工作。在自治区党委统一领导下，兵团党委团结带领兵团各族干部职工群众，统筹推进疫情防控和经济社会发展，统筹发展和安全，维稳戍边能力得到新提升，深化改革实现新突破，向南发展迈出新步伐，综合实力再上新台阶，民生福祉得到新改善，兵团稳定器、大熔炉、示范区的特殊作用得到有效发挥。2021年，兵团生产总值增长8%，一般公共预算收入增长21.64%，固定资产投资增长16.2%，规模以上工业增加值增长11.3%，城乡居民人均可支配收入分别增长5.6%、11.7%，实现了"十四五"良好开局！

各位代表！对口援疆寄托着党中央和全国人民对新疆的特殊关怀和殷切期望。我们认真贯彻落实全国第八次对口支援新疆工作会议精神，扎实推进新时代新阶段对口援疆工作，坚持资金项目向民生倾斜、向基层倾斜、向重点地区倾斜，不断深化拓展"组团式"援疆向教育、医疗、文旅、乡村振兴、劳动密集型产业延伸，进一步发挥援疆优势，对口援疆综合效益不断提升。19个援疆省市安排援疆资金174.3亿元，实施援疆项目2217个。与中央企业签署合作协议，计划"十四五"期间在疆总投资超过万亿元。援疆省市、国家部委、中央企业的无私援助以及援疆干部的辛勤付出，新疆各族人民永远不会忘记！

各位代表！全力支持国防和驻疆部队建设是地方政府的神圣职责。我们着力加强国防教育，积极主动为部队办实事解难事，全面做好拥军优抚和退役军人就业安置、服务保障、权益维护等各项工作，巩固发展军政军民团结，军民并肩携手，确保了边疆安宁稳固，共同谱写了军政军民双拥共建新篇章！

各位代表！回顾过去的一年，成绩来之不易。这是以习近平同志为核心的党中央坚强领导和亲切关怀的结果，是习近平新时代中国特色社会主义思想科学指引的结果，是中央和国家机关、中央企业大力支持和援疆省市无私援助的结果，是全区各族人民共同团结奋斗的结果，也凝结着人大代表、政协委员以及社会各界的辛勤努力。在此，我代表自治区人民政府，向全区各族人民，向各位人大代表、政协委员，向各民主党派、无党派人士，向人民团体和社会各界人士，表示诚挚的感谢！向驻疆人民解放军和武警部队指战员、公安干警，向中央驻疆单位、援疆省市及所有援疆干部，表示诚挚的感谢！向所有关心、支持新疆稳定发展的朋友们，表示诚挚的感谢！

在总结成绩的同时，我们也清醒地认识到，对照党中央、国务院和自治区党委的要求、全疆各族群众的期盼，发展改革工作还存在一些问题和不足：科技创新能力不足，产业转型升级步伐尚需加快，巩固拓展脱贫攻坚成果需持续用力，民生改善存在短板弱项，"放管服"改革有待深化，营商环境需进一步改善，法治意识需进一步增强，一些干部推动高质量发展本领不强、作风不够扎实。这些问题必须引起高度重视，采取更加有力措施，积极加以解决和改进，不辜负各族人民的期盼和重托！

二、2022 年重点工作

今年是党的二十大召开之年，是全面贯彻落实自治区第十次党代会精神第一年，也是第十三届人民政府任期的最后一年，做好今年政府工作意义十分重大。

今年我区稳定发展改革面临不少困难和挑战，也面临一系列重大机遇和优势。一方面，世界百年未有之大变局加速演进，新冠肺炎疫情影响广泛深远，我国发展的外部环境更趋复杂严峻和不确定，经济发展面临需求收缩、供给冲击、预期转弱三重压力；新疆反恐维稳斗争形势依然严峻复杂，三股势力的干扰破坏依然存在，美西方反华势力对新疆的污蔑打压有增无减，我区经济发展中产业结构偏重、生态环境约束趋紧、高层次高技能人才短缺等瓶颈制约依然突出。另一方面，以习近平同志为核心的党中央高度重视新疆工作，确立了新时代党的治疆方略，我区发展具有一系列难得的重大机遇和得天独厚的特殊优势，党中央确定今年我国经济工作要稳字当头、稳中求进，并提出了明确的政策取向，为新疆发展指明了前进方向、提供了根本遵循。我们要胸怀"两个大局"，在党中央的坚强领导下，在自治区党委的团结带领下，认清面临形势，把握重大机遇，坚定决心信心，主动作为，乘势而上，在新的历史起点上，不断开创新时代新疆工作的崭新局面！

2022年政府工作的总体要求是：坚持以习近平新时代中国特色社会主义思想为指导，全面贯彻落实党的十九大和十九届历次全会精神，贯彻落实中央经济工作会议和第三次中央新疆工作座谈会精神，完整准确贯彻新时代党的治疆方略，牢牢扭住社会稳定和长治久安总目标，弘扬伟大建党精神，坚持稳中求进工作总基调，完整准确全面贯彻新发展理念，加快服务和融入新发展格局，全面深化改革开放，坚持创新驱动发展，坚持以人民为中心推动高质量发展，坚持以供给侧结构性改革为主线，统筹疫情防控和经济社会发展，统筹发展和安全，继续做好"六稳"、"六保"工作，努力保持经济运行在合理区间，确保社会大局持续稳定长期稳定，保持平稳健康的经济环境、国泰民安的社会环境、风清气正的政治环境，以优异成绩迎接党的二十大胜利召开。

2022年经济社会发展的主要预期目标是：全区地区生产总值增长6%左右，一般公共预算收入增长7%左右，固定资产投资增长

10%以上，社会消费品零售总额增长6%左右，进出口总额增长6%左右，规模以上工业增加值增长6.5%左右，城乡居民人均可支配收入分别增长7%左右、8%左右，居民消费价格涨幅保持在3%左右，城镇新增就业46万人以上，城镇调查失业率控制在5.5%以内，粮食总产量不低于1650万吨，主要污染物总量减排和大气、水环境质量完成国家下达的目标任务。确定上述预期目标，综合考虑了区内外经济形势，体现了稳字当头、稳中求进的要求，有利于引导发展预期、提振信心，有利于保就业、防风险，有利于调动各方面积极性，推动经济实现质的稳步提升和量的合理增长。我们要聚焦新时代党的治疆方略，牢牢扭住社会稳定和长治久安总目标，着眼全局、统筹兼顾、突出重点、把握关键，按照自治区党委决策部署要求，突出抓好以下10个方面工作：

（一）培育壮大优势产业，加快构建具有新疆特色、惠及各族群众、支撑高质量发展的现代产业体系

推动农业提质增效。围绕稳粮、优棉、强果、兴畜、促特色，推动品种培优、品质提升、品牌打造和标准化生产，加快构建现代农业产业体系、生产体系、经营体系。坚决扛稳粮食安全责任，落实"米袋子"、"菜篮子"党政同责，严守耕地保护红线，坚决防止耕地"非农化"、"非粮化"。突出抓好小麦生产，稳定"三盆地一河谷"主产区粮食生产，扩大粮饲兼用型玉米种植，粮食播种面积稳定在3400万亩，新建高标准农田500万亩，其中高效节水灌溉面积141.5万亩。围绕建设国家优质棉花棉纱基地，持续优化品种结构，狠抓品质提升，确保优质商品棉供给能力稳定在500万吨以上。深入实施林果业提质增效工程，推动林果业标准化生产、市场化经营、产加销一体化发展，让新疆林果"金字招牌"

更加响亮。全面振兴农区畜牧业，稳步发展草原生态畜牧业，加强饲草料基地建设，积极扩大肉牛肉羊生产规模，加快奶业发展，促进生猪产业转型升级，做优做强家禽产业，因地制宜发展马、驴、驼、鸽特色畜禽养殖业。抓好南疆设施蔬菜产业发展三年行动，大力发展戈壁设施农业，确保"菜篮子"产品稳产保供。加快构建现代种业体系，积极推进"4个百万亩"制种基地建设。推进农业产业化发展，做大做强农业产业化龙头企业，加快农业产业集群、产业园区和产业强镇建设。积极开拓农产品市场，办好新疆特色农产品展销展示会。

推动工业强基增效和转型升级。统筹推进优势产业延链、补链、拓链、强链，实施产业基础再造工程，加快推动产业集聚、集群发展。大力发展劳动密集型产业。以就业为导向，重点发展纺织服装、农产品加工、电子产品、轻工产品等劳动密集型产业，加快发展食品加工业，积极推进葡萄酒、乳制品、马产业、民族医药等特色产业发展，打造知名品牌，形成产业优势，持续拓宽就业渠道，带动各族群众持续稳定增收。稳步发展资源密集型产业。推进"三基地一通道"建设，重点推动天山北坡万亿立方大气区和中石化库车2万吨光伏制氢等一批重大项目建设，积极推进独山子石化120万吨乙烷制乙烯、中石化塔河炼化公司100万吨乙烯等一批重点项目前期工作。推动能源、化学、建材、轻工、电力等传统产业改进工艺、提质增效，稳步发展石油石化、煤化工、硅基、有色金属等资源密集型产业。支持克拉玛依创建国家级资源富集地区转型创新试验区，加快丝绸之路经济带核心区石油石化产业高质量发展示范区建设，推动石油炼化一体化发展。积极发展战略性新兴产业。突出抓好新材料、高端装备制造、生物技术、新能源、新一代信息技术、节能环保等产业，推动战略性新兴产业集群发展。加快发展数字经济。实施数字新疆战略，加大5G网络覆盖和应用落地，发展北斗导航产业，推动互联网、大数据、人工智能同经济社会发展深度融合，推进数字产业化、产业数字化。培育一批专精特新"小巨人"企业。着力打造优势产业全产业链。发挥新疆棉花生产和石油化工、煤化工产业优势，大力发展纺纱、织布、印染、服装产业，着力构建棉花、化纤全产业链，加快推进国家级棉花棉纱交易中心筹建工作；推动硅基新材料向光伏、硅合金、硅化工、硅电子等下游产业延链补链。

加快以旅游业为重点的服务业发展。深入实施旅游兴疆战略，加快旅游基础设施建设，丰富文化旅游产品供给，优化旅游市场环境，提升旅游服务能力。以北京冬奥会、冬残奥会举办为契机，做大做强冰雪旅游，加快推进中国（长白山脉—阿尔泰山脉）冰雪经济高质量发展试验区建设。培育世界遗产景区、A级旅游景区、全域旅游示范区、旅游度假区等旅游品牌。打造一批特色鲜明的旅游休闲街区，大力发展乡村旅游、红色旅游和研学旅游，丰富旅游新业态、新线路、新产品，叫响"新疆是个好地方"文旅融合品牌，力争2022年接待游客达到2.5亿人次。加快发展商贸物流、电子商务、金融服务等生产性服务业，促进物流配送、冷链物流发展，完善末端配送体系。大力发展养老托育、健康服务、社区服务、文化娱乐、体育服务、住宿餐饮等生活性服务业，推动生活性服务业补短板上水平。

大力实施创新驱动发展战略和人才强区战略。深化"四方合作"机制，以乌昌石国家自主创新示范区为主要承载区，加快推进丝绸之路经济带创新驱动发展试验区建设。推进国家双创示范基地、科技成果转移转化示范区建设。培育国家技术创新中心、省部共建国家重点实验室、国家临床医学研究中心、国家企业技术中心等国家级创新平台，推进自治区级创新平台建设。开展关键核心技术攻关，大力推进科技成果转化应用。落实科技体制改革三年行动方案，完善科技创新体制机制，强化企业创新主体地位，推进新型研发机构建设。改革重大科技项目立项和组织管理方式，组织实施"揭榜挂帅""赛马"科技项目。落实好进一步激发科研人员创新创业积极性的各项改革举措和激励政策，支持和鼓励科研人员兼职兼薪、离岗创业、在职创办企业，让各类人才的创造活力竞相迸发、聪明才智充分涌流！强化人才引领发展的战略地位，全方位培养、引进、使用人才，实施更加开放的人才政策，建立以信任为基础的人才使用机制，识才爱才敬才用才，聚天下英才而用之，让新疆成为各类人才干事创业、大有可为、大有作为的热土！

（二）实施扩大内需战略，着力扩大投资、促进消费

切实抓好有效投资和项目建设。持续深化投融资体制改革，坚持市场主体原则，进一步放宽基础设施和公共事业等领域限制，打造项目市场化多元化投融资新模式。落实项目建设"十大机制"，适度超前开展基础设施投资，多措并举保障重点项目资金来源，积极争取、切实用好地方政府专项债，强化资金、土地、用能等要素保障，提高项目开工率、投资完成率、储备项目转化率，尽快形成实物工作量，做到"开工一批、储备一批、谋划一批"，充分发挥投资拉动的关键作用。加快推进综合立体交通建设。围绕"疆内环起来、进出疆快起来"，扎实开展国家首批交通强国建设试点，开工建设伊宁—阿克苏铁路、精河—阿拉山口铁路增建二线以及6个县的通县高速（一级）公路等一批重点项目，加快乌鲁木齐机场改扩建等续建项目建设，积极推进G3033奎屯—独山子—库车公路、皮山机场等项目前期工作。加快推进水利建设。开工建设策勒河昆仑水利枢纽等一批重大控制性水利枢纽和重大水资源配置工程，实施和田河灌区、三屯河灌区等大中型灌区续建配套与现代化改造工程。加快推进能源建设。推动"疆电外送"第三通道、"西气东输"四线工程开工建设，提高"疆电外送"能力。建强完善750千伏主干网架，巩固提升农村电网。依托荒漠戈壁建设大型风电光伏发电基地，加快新能源发电、抽水蓄能、电化学储能、数字化智能电网项目建设。加快推进通信建设。积极推进新一代信息技术融合创新和发展应用，重点实施5G网络建设、固定宽带网络提升、新疆软件园二期等项目，推进信息技术服务大众。

加快新型城镇化建设。培育一批城市群和区域中心城市，促进大中小城市和小城镇协调发展，加强配套基础设施建设，提高基本公共服务水平，促进城乡融合发展，全面提升城镇化质量。有序推进城市更新，加强城市公共交通、市政设施、地下管网建设，实施城市生态修复、功能完善工程，打造社区一刻钟生活服务圈。大力发展现代城镇产业，提升城镇人口承载力和消费能力。实施县域基础设施和公共服务补短板工程，加快城镇基础设施向农村延伸、城镇公共服务向农村拓展，提升县域综合服务能力。支持商品房市场更好满足购房者的合理住房需求，促进房地产业良性循环和健康发展。

着力促进消费。顺应消费升级趋势，完善促进消费体制机制，突出抓好旅游消费、汽车消费、住房消费、新型消费、城乡消费，发挥消费对经济发展的基础性作用。完善城乡消费网络。加强县域商业体系建设，繁荣发展社区商业，优化城乡商业网点布局，加快农村寄递物流体系建设，深入推进"快递进村"工程，实现乡乡有网点、村村有服务，打通城乡配送"最后一公里"，激活农村消费市场。持续促进传统消费。发展特色商圈和特色街区，鼓励有条件的地方开展绿色智能家电下乡和以旧换新，刺激汽车、二手车消费，鼓励新能源汽车消费，支持刚性购房需求，大力发展夜间经济。加快发展新型消费。发展线上线下会展经济，积极培育线上零售、教育、医疗等新型消费，培育发展电商新业态新模式，支持发展"直播带货"，拓展消费新场景，培育更多新的消费热点。

（三）持续巩固拓展脱贫攻坚成果，全面推进乡村振兴

巩固拓展脱贫成果同乡村振兴有效衔接。突出抓好35个巩固提升县，落实"四个不摘"要求，保持过渡期内主要帮扶政策总体稳定；落实防止返贫动态监测和帮扶机制，扎实开展新一轮巩固拓展脱贫攻坚成果集中排查，开展巩固脱贫成果后评估，突出抓好脱贫人口稳岗就业，健全低收入人口常态化帮扶机制，常态开展"三类户"摸排，确保有返贫致贫风险的农户监测全覆盖，坚决守住不发生规模性返贫底线；聚焦易地搬迁集中安置区，完善基础设施，提升公共服务，抓好主导产业，让搬迁群众稳得住、有就业、逐步能致富。全力抓好20个示范引领县、100个示范乡镇、1000个示范村建设，坚持先行先试、示范带动，高质量开展一体化规划、全域化建设、长效化治理，率先建成一批乡村振兴示范村。抓好38个稳步发展县，围绕补短板、强弱项、抓重点，全面推进乡村振兴，不断增强农村发展活力。

大力振兴乡村产业。全面推进农业全产业链建设，集中力量打造自治区级农业产业重点链，支持地县因地制宜培育发展若干农业主导产业重点链。培育壮大脱贫地区特色产业，让脱贫基础更加稳固、成效更可持续。加快发展乡村旅游、休闲农业、文化体验、健康养老、电子商务等新产业新业态。吸引和支持有实力的农业产业化企业到南疆参与土地流转，推进南疆农业规模化、集约化、产业化发展。

加快推进乡村建设。深入实施乡村建设行动，推进农村土地综合整治，建成一批国家级农村土地综合整治示范村镇；持续完善农村供水设施，建立"从源头到龙头"的农村供水运行管护体系，稳步推进农村饮水安全向农村供水保障转变。接续实施农村人居环境整治提升五年行动，高质量推进农村改厕工作，推动1000个村庄开展绿化美化，加强生活污水、生活垃圾治理，生活垃圾处理率达到75%，整体提升村容村貌，推进新时代美丽宜居乡村建设。

持续深化农业农村改革。全面落实第二轮土地承包到期后再延长三十年政策，巩固拓展农村土地确权登记颁证成果，积极推进家庭承包地"三权分置"，大力培育家庭农场、农民合作社等新型农业经营主体，发展多种形式适度规模经营。深化农业水价综合改革，稳慎推进农村宅基地制度改革，加快推进农村综合产权交易市场建设，实现农村生产要素资源市场化配置，有效激活农村沉睡资产！

（四）深化"放管服"改革，加快构建市场化法治化国际化营商环境

大力推进"数字政府"建设。积极发展"互联网+政务服务"，让"数据跑路"代替"群众跑腿"。大力推进政务服务"一网通办"，深化自治区一体化在线政务服务平台建设和应用，全面推进"跨省通办"，推广"异地可办、区内通办"。深化"一件事一次办"改革，优化办理流程，促进政务服务向基层延伸，推进政务服务标准化、规范化、便利化。提升移动便民服务能力，推动更多事项掌上办。健全政务数据共享协调机制，创新政务数据应用场景，加快推进数据有序共享。持续深化公共资源整合共享，全面推进交易全流程电子化和交易数据应用，加强监管、提升效能。擦亮"12345"政务服务品牌，深化"接诉即办"工作机制，推进热线受理与后台办理服务紧密衔接，切实提高企业和群众的满意度。

深化营商环境综合改革。深化"证照分离"改革和投资领域审批制度改革，全面落实市场准入负面清单制度，落实涉企经营许可事项全覆盖清单管理，落实中小微企业简易注销制度，进一步提高市场主体办事的便利度和可预期性。深化工程建设项目审批制度改革，推行多规合一、多图联审、联合验收等做法，力争到2022年底将审批时限压缩至30—60个工作日内。推进电子电器等行业生产准入和流通管理全流程改革。深入推进"双随机一公开"改革，严格规范政府监管行为，提高政府监管效能。实施建设高标准市场体系行动计划，清理废除妨碍统一市场和公平竞争的规定和做法，促进人流、物流、资金流、信息流便利畅通。落实《自治区促进政务服务便利化条例》和《自治区实施〈优化营商环境条例〉办法》，开展营商环境专项治理，健全常态化政企沟通机制和营商环境投诉处理机制，依法保护各类市场主体产权和合法权益。持续清理规范涉企收费，有效治理恶意拖欠账款逃废债行为。强化诚信政府建设，大力开展清理政府和国有企业拖欠民营企业账款工作，坚决杜绝"新官不理旧账"！

促进各类市场主体健康发展。全面深化国资国企改革，高质量完成国企改革三年行动任务，重点在扩大深化国有资本投资运营公司试点、全面推进经营性国有资产集中统一监管、健全市场化经营机制等关键环节取得更大突破，稳妥推进混合所有制改革，推动各种所有制取长补短、共同发展。持续优化国有资本产业布局，提升产业链供应链现代化水平。全面落实支持民营经济发展的各项政策，开展服务小微企业和个体工商户暖心行动，持续壮大民营经济。制定落实新的减税降费政策，多想办法、多出举措帮助企业渡过难关，精准实施助企纾困。积极引导金融机构加大对实体经济特别是小微企业、科技创新的支持力度，进一步推动解决中小企业融资难题。

（五）加快推进丝绸之路经济带核心区建设，打造我国内陆开放和沿边开放新高地

加快核心区建设。围绕提升乌鲁木齐国际陆港区开放枢纽能级，加快建设乌鲁木齐集结中心示范工程，支持"和田—喀什—乌鲁木齐集拼集运货运班列"常态化开行，完善用好综合保税区功能，推进临港产业园、配套产业园和跨境电商产业园发展，全力保障向西国际物流大通道畅通。用足用好国家赋予的特殊支持政策，推进实施"两霍两伊"一体化战略，提升口岸功能，加快打造千亿级产业园，推动霍尔果斯经济开发区高质量发展；大力发展劳动密集型产业和外向型产业，加快发展多式联运，提升通关能力和贸易便利化水平，推动喀什经济开发区加快发展。实施一批重大基础设施、国内国际交流合作项目，推动一批关键性、示范性、标志性重点项目落地，积极构建具有全国影响力的商贸物流中心、连通欧亚的重要交通枢纽中心、区域领先的文化科教中心、辐射周边的医疗服务中心、区域金融中心，努力建设联通国内国际双循环的重要平台。加快塔城重点开发开放试验区建设，加快完善口岸基础设施，提升特色口岸功能，大力培育集聚进出口产业，建设一批特色进出口资源加工区，推动"通道经济"向"产业经济""口岸经济"转变。

加大对内对外开放力度。围绕服务和融入新发展格局，充分发挥"西引东来""东联西出"的区位优势，积极拓展与丝绸之路沿线国家和地区多层次、多领域务实合作。办好第七届中国—亚欧博览会。着力抓好稳外贸工作，充分发挥口岸进出口优势，加快外贸业态创新、服务创新、模式创新，推动传统外贸转型升级，支持发展跨境电子商务，培育一批海外仓企业，就地发展一批外向型产业，提升新疆本地产品出口比重，确保外贸稳定增长。加大招商引资力度，充分运用市场化手段，重点围绕特色优势产业延链、补链、拓链、强链，精心谋划投资项目，有针对性地组织开展小分队招商、云招商、项目招商、以商招商、产业链招商，特别是加强与援疆省市招商合作、产业合作、园区合作，强化政策、供地、组织保障，高质量承接东中部地区产业组团式、链条式、集群式转移，吸引各类要素向新疆汇聚、产业向新疆转移、企业向新疆投资，加快形成新的经济增长点！

（六）着力抓好污染防治和生态建设，推动绿色低碳发展

持续深入打好污染防治攻坚战。打好蓝天保卫战。强化多污染物协同控制和区域协同治理，突出抓好"乌—昌—石""奎—独—乌"、伊犁河谷等重点区域复合型污染治理，强化污染防治科技支撑，推进区域空气质量显著提升。打好碧水保卫战。强化水资源、水环境、水生态统筹治理，持续削减化学需氧量和氨氮等主要水污染物排放总量。打好净土保卫战。持续深入实施土壤污染防治行动，推动重金属污染减排和治理，深化工业固体废物综合利用和环境整治，提升危险废物监管和利用处置能力。全力提升生态环境

执法、监测能力。

加强生态环境保护建设。全面落实河湖长制、林长制。持续开展水生态修复和水土保持综合治理，推进塔里木河、艾比湖流域山水林田湖草沙一体化保护和系统治理，科学开展国土绿化行动，加强荒漠草原治理和湿地保护修复，继续实施退耕还林还草、退牧还草和退地还水，加强野生动植物资源保护。健全生态环境保护机制，落实最严格的水资源管理制度和国土空间用途管制制度，积极完善生态保护补偿长效机制。完成造林100万亩、退牧还草311万亩、退化草原生态修复治理105万亩、沙化土地治理400万亩。

推动绿色低碳发展。有序推进碳达峰碳中和，着力提高能源利用效率，常态化抓好重点区域重点行业重点企业节能挖潜，稳步提高新增风、光等可再生能源消纳，推动煤炭高效清洁利用和煤电机组灵活性改造。加强"两高"项目精准管理，完善能耗"双控"机制，做到"该保障的全力保障好，该控制的坚决控制住"。发展节能环保、清洁生产产业，推进钢铁、石化化工、冶金、建材等重点行业绿色低碳改造。积极推进农业绿色发展，力争主要农作物病虫害绿色防控覆盖率达到45%，畜禽养殖废弃物综合利用率达到75%以上，当季农田废旧地膜回收率达到82%。推广装配式建筑，发展绿色建筑与建筑节能。有序推进生活垃圾分类，逐步提高生活垃圾减量化、资源化、无害化水平。以党政机关为重点，推动公共机构反食品浪费工作，引领带动全社会形成节俭为美的良好风尚。倡导简约适度、绿色低碳生活方式，促进经济社会发展全面绿色转型，让各族群众呼吸上清新的空气、喝上干净的水、吃上放心的食物、生活在宜居的环境中！

（七）加快以改善民生为重点的社会建设，不断提升人民生活品质

大力实施扩大就业工程，做到以业安人。坚持稳存量、扩增量，突出抓好高校毕业生、退役军人、农村劳动力、脱贫群众等群体就业，推动城镇零就业家庭"动态清零"，建立和谐稳定的劳动关系。深入实施职业技能提升行动，完成各类职业技能培训150万人次以上；加强技工院校建设，加快培养高素质劳动者和技能人才，办好自治区第一届职业技能大赛。让每一个有劳动能力的人都掌握一技之长、每一个家庭至少有一人稳定就业，努力实现城乡有劳动能力的人员全就业！

实施教育质量提升工程，发展更加公平更高质量的教育。全面贯彻党的教育方针，坚持正确办学方向，落实立德树人根本任务，办好人民满意的教育。持续深化教育领域综合改革，全面推进教育评价改革。实施学前教育提升行动，持续增加普惠性学前教育资源供给，有效满足适龄儿童就近接受学前教育需求；推进义务教育优质均衡发展，切实减轻义务教育阶段学生作业负担和校外培训负担；鼓励高中阶段学校多样化发展；推进职业教育改革发展，深化产教融合、校企合作，推行"订单式"人才培养，着力提升职业院校办学质量；提升高等教育综合实力，推进高校加强学科建设，深入推动部区合建，大力加强新疆大学"双一流"建设，加快特色高水平大学和应用型本科高校建设，不断提升服务经济社会发展能力。关心关爱基层教师，提高教师地位和待遇，让他们安心从教、热心从教。加大家庭经济困难学生帮扶力度，努力让每个孩子都享有公平而有质量的教育！

实施全民健康工程，推进卫生健康体系建设。推进国家和自治区级区域医疗中心、县级医院建设，提高县域医疗服务水平，完善县乡村医疗卫生服务网络。持续深化公立医院综合改革。将"先诊疗、后付费"一站式结算由农村户籍人员扩大到试点地区城镇居民。加强各级疾控中心建设，加大重点地方病、传染病、职业病防治救治力度。完善中医药服务体系建设，提高中医药服务能力。推进以全科医生为重点的基层医疗卫生人才队伍建设。扎实推进"一老一小"照护服务和妇幼健康工作。实施全民健身计划，建立运动健康新模式，促进体育卫生融合发展。加强食品药品安全监管，切实守护好人民群众"舌尖上的安全"！

实施社保扩面提质工程，完善社会保障制度和政策。持续推进全民参保计划，健全基本养老保险制度，完善失业和工伤保险制度，确保全区基本养老保险、基本医疗保险参保率均保持在95%以上。健全重特大疾病医疗保险和救助制度。推进职工基本医疗保险门诊共济保障工作，将门诊费用纳入统筹基金支付范围。推广全国统一医保电子凭证，扩大普通门诊、门诊慢特病费用跨省直接结算覆盖范围。完善城乡居民最低生活保障、社会救助保障的标准与物价上涨挂钩的联动机制。保障妇女儿童合法权益，完善社会救助、社会福利、慈善事业、优抚安置等制度，发展残疾人事业。积极应对人口老龄化，扎实做好新时代老龄工作。支持工会、共青团、妇联等开展工作。

实施安居保障工程，更好满足群众住房需求。加快培育发展住房租赁市场，发展长租房市场，努力解决新市民、青年人等群体住房困难问题。推进保障性住房建设，新建公租房3.17万套、保障性租赁住房5.3万套，实施城镇棚户区改造9.84万套。继续推进城镇老旧小区改造，完成1273个老旧小区、20.39万户改造任务，积极推动老旧小区加装电梯。继续做好农村住房抗震防灾改造工作，稳步推进农村房屋安全隐患排查整治。

实施"煤改电"和兴边富民工程，持续改善各族群众生活条件。启动实施"煤改电"（二期）工程，完成21万户年度任务。推进沿边境地区经济发展，支持抵边新村、重点城镇和兵地融合型城镇建设，提高基础设施、产业发展、基本公共服务水平，促进边境地区群众就业增收。

（八）推进文化润疆，持续铸牢中华民族共同体意识

开创新时代民族工作新局面。深入开展铸牢中华民族共同体意识研究阐释和宣传教育，全面推进中华民族共有精神家园建设。深入持久开展民族团结进步宣传教育和创建活动，积极创建全国民族团结进步模范区。推动建立互嵌式社会结构和社区环境，促进各民族广泛交往、全面交流、深度交融。

扎实做好宗教工作。全面贯彻新时代党的宗教工作理论，坚持新疆伊斯兰教中国化方向，积极引导宗教与社会主义社会相适应。全面贯彻宗教信仰自由政策，尊重群众宗教信仰，依法加强宗教事务管理，提高宗教工作法治化水平。加强对宗教人士的关爱培养，支持引导宗教界加强自我教育、自我管理、自我约束，全面从严治教。持续深入推进"去极端化"。

深入实施文化润疆工程。认真落实《文化润疆工程规划纲要（2021—2030年）》，建设一批具有中华文化特征和中华民族视觉形象的重点工程项目，实施"广电精品润疆工程""网络视听作品创作工程"，推出一批正确反映新疆历史、具有中华文化底蕴、融合现代文明、群众喜闻乐见的精品力作，多层次、全方位、立体式讲好新疆故事，推动中华优秀传统文化进学校、进家庭、进社区。

深化国有文艺院团改革，推进文化旅游融合发展，培育文旅融合龙头企业，推动文化创意产品开发，大力发展文化产业。加强历史文物遗址保护利用，深入阐释其中蕴含的各民族交往交流交融历史内涵，让文物说话、让历史说话，教育引导各族干部群众树立正确的国家观、历史观、民族观、文化观、宗教观，让中华民族共同体意识根植心灵深处。

（九）着力深化兵地融合发展，更好发挥兵团特殊作用

推进兵地融合发展。牢固树立兵地一盘棋、兵地是一家思想，完善兵地融合发展体制机制，促进兵地产业发展深度融合，共同推进丝绸之路经济带核心区建设，共同开发利用煤、油、气等矿产资源，共建共享基础设施和公共服务，统筹推进兵地新型城镇化建设，协同推进水资源利用、生态环境保护和治理，推动兵团进一步健全"政"的职能，形成兵地优势互补、设施共建、资源共享、融合发展的崭新局面！

不断壮大兵团综合实力。在自治区党委的统一领导下，忠实履行好兵团职责使命，自觉把兵团工作放到全国大局和新疆全局工作中谋划和推进。完整准确全面贯彻新发展理念，主动服务和融入新发展格局，围绕壮大兵团综合实力，大力发展特色优势产业，加强交通、能源、水利、电力、通讯、城镇等基础设施建设，持续深化改革扩大开放，着力保障和改善民生，加强生态环境保护建设，紧贴民生推动高质量发展，充分发挥兵团稳定器、大熔炉、示范区的特殊作用，为实现新疆社会稳定和长治久安总目标作出新的贡献！

（十）统筹发展和安全，有效应对各类风险挑战

坚决维护社会大局稳定。始终保持警钟长鸣、警惕常在，始终绷紧反恐维稳这根弦，推进反恐维稳法治化常态化，确保社会大局持续稳定长期稳定，决不让来之不易的稳定形势发生逆转！高举社会主义法治旗帜，弘扬法治精神，着力构建法治新疆、法治政府、法治社会，自觉运用法治思维和法治方式来防范风险、打击犯罪，处理问题、化解矛盾。深入开展平安新疆建设，健全社会矛盾纠纷多元预防调处化解综合机制，全面形成党委领导、政府负责、社会协同、公众参与、法治保障的社会治理体制，打造共建共治共享的社会治理格局，确保社会既充满生机活力又保持安定有序！

坚持依法科学精准做好常态化疫情防控。坚决贯彻落实"外防输入、内防反弹"总策略，落实"四方责任"，推动疫情防控常态化、可持续，坚决守护各族群众生命健康。强化监测预警，严格口岸闭环管理，落实落细各项防控措施，继续做好疫苗接种工作，不断筑牢疫情防控防线。紧密结合疫情防控形势变化，动态调整防控策略、应对举措、实施强度，健全常态化防控和应急处置转换机制，推动核酸检测更精准高效、流调排查更精准细致，不断增强防疫精准性、针对性、实效性。坚持全疆一盘棋、健康码"一码通行"，处理好保持秩序和增强活力、严格防控和方便群众的关系，依法科学、分级分类、精准防控，避免防控措施简单化、一刀切、层层加码，确保人流物流安全有序畅通！

统筹做好重大金融风险防范化解工作。严控地方政府债务风险，健全防范化解重大金融风险的长效机制，加强地方政府债务管理和企业债务风险监测预警，完善风险防控体系，强化企业资产负债约束，切实做好重点行业矛盾纠纷化解稳控工作，确保债务风险和流动性风险总体可控，坚决守住不发生系统性风险的底线。

毫不放松抓好安全生产。坚持生命至上，树牢安全发展理念，严格落实安全生产责任，深入开展安全生产专项整治三年行动，坚持从源头上消除事故隐患，下大力气补齐短板弱项，强化对重点行业、重点企业、重点场所、重点部位的安全监管，坚决把风险隐患消除在萌芽状态。持续提升自然灾害防御能力，完善公共安全监测预警、应急处置、救援救治机制，有效防范和坚决遏制重特大事故发生，保障各族群众生命财产安全。

各位代表！对口支援新疆是党中央为促进新疆发展、增进民族团结、维护新疆稳定作出的一项重大战略决策。我们要认真贯彻落实第八次全国对口支援新疆工作会议精神，抓住机遇，在对口援疆省市、国家部委和中央企业的支持下，充分发挥受援地主体作用，着眼凝聚民心、持续深化民生援疆，创新拓展领域、持续深化智力援疆，增强内生动力、持续深化产业援疆，突出就业导向、持续深化就业援疆，弘扬中华文化、持续深化文化润疆，探索创新援疆模式，推动"组团式"援疆向教育、科技、农业、文化、产业发展、园区管理等领域拓展，最大限度提升对口援疆综合效益！

各位代表！新疆是我国西北重要安全屏障。我们要一如既往支持国防和军队建设，加强国防教育，在全社会营造关心国防、支持国防、参与国防的浓厚氛围。弘扬军爱民、民拥军的光荣传统，支持驻疆部队发挥战斗队、工作队、生产队作用，做好家属随军就业、军人子女上学、退役军人安置、优抚政策落实等工作，满腔热情为广大官兵排忧解难，不断谱写军民鱼水情深的新篇章！

三、持之以恒加强政府自身建设

新时代赋予新使命，新征程要有新作为。我们要始终坚持党对政府工作的全面领导，加快提升政府治理体系和治理能力现代化水平，始终做到为人民服务、对人民负责、受人民监督，努力建设人民满意的服务型政府！

我们要坚持党的领导。坚定不移把政治建设摆在首位，坚决捍卫"两个确立"，忠诚践行"两个维护"，始终在思想上政治上行动上同以习近平同志为核心的党中央保持高度一致，把增强"四个意识"、坚定"四个自信"、做到"两个维护"落实在行动上、体现在效果上，不断提高政治判断力、政治领悟力、政治执行力。胸怀"两个大局"，牢记"国之大者"，不折不扣把党中央、国务院决策部署贯彻落实到位，把自治区党委部署要求落实到位，始终做到党委有部署、政府有行动、落实有成效，以实干实绩诠释对党绝对忠诚。全面加强政府系统党的建设，严明政治纪律和政治规矩，严格请示报告制度，坚持民主集中制，严肃党内政治生活，营造风清气正、干事创业的良好政治生态！

我们要坚持人民至上。坚持全心全意为人民服务的根本宗旨，始终牢记江山就是人民、人民就是江山，把为民造福作为政府最重要的政绩，从人民群众关心的事做起，从让人民群众满意的事抓起，真正把群众"盼的事"变成政府"干的事"，用心用情用力解决群众关心的难点、堵点和痛点问题，不断满足人民对美好生活的向往。充分发挥"互联网+督查"、"行风热线"和"网上信访"等平台作用，畅通人民群众反映问题、提出诉求建议渠道，完善诉求快速处理机制，及时解决群众的操心事烦心事揪心事，让老百姓感受到政府就在身边、服务就在身边！

我们要坚持依法行政。贯彻实施《法治政府建设实施纲要（2021—2025年）》，坚持法无授权不可为、法定职责必须为，强化边界意识、程序观念，把全面依法治疆要求贯彻落实到政府工作各方面、全过程，在全区上下推动形成有法必依、依法行政、依法办事的思想自觉和行动自觉。提高行政立法质量，完善依法决策制度，严格执行重大行政决策程序规定，强化行政规范性文件合法性审查。严格规范公正文明执法，认真做好行政复议工作。自觉接受人大及其常委会法律监督、工作监督和政协民主监督，支持纪委监委监督和司法监督，加强审计监督、统计监督，主动接受社会监督和舆论监督，认真听取民主党派、工商联和无党派人士意见建议，主动回应社会关切。严格依法履职，大力推进政务公开，坚决防止简单化、乱作为，坚决反对不担当、不作为，让人民监督权力，让权力在阳光下运行，确保党和人民赋予的权力始终用来为人民谋幸福！

我们要坚持务实高效。把抓落实作为政府第一责任，强化经济运行分析调度，坚持和完善重大事项、重点工作推动落实机制，健全落实"六重清单"机制，对每项工作任务做到精心研究谋划、精准制定政策、精细推动落实，确保事事有人抓、件件都落实。坚持把调查研究作为基本工作方法，深入基层一线，到困难较多、情况复杂的地方察实情、"解剖麻雀"，现场解决问题、推动工作。坚持解放思想、实事求是、守正创新，坚决破除惯性思维、跳出路径依赖，自觉运用系统观念、改革思维、创新办法来解决问题、推动发展。自觉增强补课充电的紧迫感，加快知识更新，强化实践锻炼，培养深入研究问题的思维习惯，提高谋划发展、破解难题的能力。牢固树立正确政绩观，坚持"三严三实"，脚踏实地解决问题、破解难题，出实招、办实事、重实效，力戒形式主义、官僚主义，坚决杜绝形象工程、政绩工程！开展"服务企业、服务群众、服务基层"活动，认真对待、及时回应企业、群众、基层的诉求和期盼，推动解决存在的突出问题，让基层干部有更多时间更多精力抓工作落实，让企业发展得更快更好，让群众生活得更加美好更有获得感幸福感！

我们要坚持清正廉洁。深入贯彻全面从严治党要求，认真履行党风廉政建设"一岗双责"，深入推进政府系统党风廉政建设和反腐败斗争，加强重点领域、关键环节、关键岗位监督管理，防止权力滥用，严肃查处损害群众利益、破坏营商环境的违法违规行为，着力建设廉洁政府。坚持"过紧日子"思想，精打细算做好预算安排，强化支出管理，勤俭办一切事，把每一分钱都用在刀刃上！锲而不舍落实中央八项规定及其实施细则精神，严格执行廉洁从政各项规定，以零容忍的态度惩治腐败，严肃查处群众身边的"微腐败"。政府工作人员必须严以律己，干干净净做事、清清白白做人，绝不辜负党和人民的重托和期望！

各位代表！新时代的号角已经吹响，向"第二个百年"奋斗目标进军的新征程已经开启。让我们更加紧密地团结在以习近平同志为核心的党中央周围，在自治区党委坚强领导下，高举中国特色社会主义伟大旗帜，以习近平新时代中国特色社会主义思想为指导，完整准确贯彻新时代党的治疆方略，牢牢扭住社会稳定和长治久安总目标，坚持依法治疆、团结稳疆、文化润疆、富民兴疆、长期建疆，不忘初心、牢记使命，脚踏实地、勇于担当，齐心协力、开拓进取，努力完成全年目标任务，以优异成绩迎接党的二十大胜利召开，为建设团结和谐、繁荣富裕、文明进步、安居乐业、生态良好的新时代中国特色社会主义新疆而不懈奋斗，奋力谱写中华民族伟大复兴中国梦的新疆篇章！

下 篇

计划单列市

大 连 市
政府工作报告

——2022年1月8日在大连市第十七届
人民代表大会第一次会议上

市长　陈绍旺

各位代表：

现在，我代表市政府向大会报告工作，请予审议，并请市政协委员提出意见。

一、2021年主要工作

2021年是党和国家历史上具有里程碑意义的一年。面对世纪疫情和百年变局交织的严峻形势，全市上下坚持以习近平新时代中国特色社会主义思想为指导，全面贯彻党的十九大和十九届历次全会精神，深入落实习近平总书记关于东北、辽宁、大连振兴发展的重要讲话和指示批示精神，立足新发展阶段，完整准确全面贯彻新发展理念，服务和融入新发展格局，统筹疫情防控和经济社会发展，统筹发展和安全，扎实做好"六稳"、"六保"工作，攻坚克难、砥砺奋进，经济运行稳中加固、稳中向好，社会大局和谐稳定，较好地完成市十六届人大四次会议确定的年度目标任务，"十四五"实现良好开局。

（一）全力推动高质量发展。经济运行稳中向好。主要经济指标完成全年目标任务，好于预期。预计实现地区生产总值7600亿元、增长8%左右，全员劳动生产率增长高于经济增长，一般公共预算收入737.6亿元、增长5%，规模以上工业增加值增长15%，城乡居民人均可支配收入与经济增长基本同步，进出口总额增长10%以上，实际利用外资增长153%，居民消费价格上涨1.6%。有效需求充分释放。重点区域和重大项目建设取得突破性进展，红沿河核电二期工程5号机组建成投运，日本电产产业园一期投产，全年开复工亿元以上重大项目1000个以上、增长30%。高技术投资增长80%左右，基础设施投资增长15%左右。全年实际利用外资逆势增长，增速居全国同类城市首位。国内招商引资省外实际到位资金完成1423亿元、增长10%，总量居全省首位。开展引领新型消费专项行动及系列促消费活动，推动线上线下消费融合，全市社会消费品零售总额增长6%。实体经济加速壮大。工业生产持续较快增长，规模以上工业增加值增速位居副省级城市前列。农业生产总体稳定，农林牧渔业增加值预计增长5%。现代服务业稳步回升，服务业增加值预计增长6%。开展强链延链、建链补链行动，编制产业链行动指南1.0版本，推进15+N条重点产业链建设。发布稳市场主体促经济发展12条政策措施，对市场主体实施全生命周期服务保障。继续落实支持小微企业和个体工商业等税收优惠政策，新增减税降费44.26亿元，普惠小微贷款余额增长9.2%。全年新登记市场主体11.04万户，增长20.7%。

（二）积极做好"三篇大文章"。改造升级"老字号"有力推进。组织实施改造智能工厂、智能车间、智能生产线项目100个，推进装备制造业加快向高端化迈进。华锐重工全球首批335吨智能、绿色、高效型鱼雷车顺利下线，瓦轴集团4兆瓦级风机主轴轴承填补国内空白，大船集团全球首艘LNG双燃料超大型油船试航，大机车制造的"澜沧号"首次迈出国门，豪森设备入选国家技术创新示范企业。深度开发"原字号"成效明显。重点推进芳烃、烯烃产业链建设，推动高性能树脂、新型添加剂、环氧化合物等20多个产业链重点项目签约，产业集群规模进一步壮大。促进恒力260万吨聚酯园、中石油西中岛炼化一体化等重大项目加快落地，一批化工新材料项目投产运行，石化行业产业链价值链实现双向突破。培育壮大"新字号"步伐加快。氢能产业加快布局，我市主导制定的氢能产业国际和国家标准数量占全国70%以上，氢能源客车下线运行，公交实验线和场站开通，氢能源应用场景不断拓展。我市产业转型示范区通过国家评估，信息技术服务和智能制造被纳入国家战略性新兴产业集群。推出支持数字经济发展10条政策，数字经济核心产业增加值占地区生产总值比重为7.5%左右。累计建成5G基站10295个、开通率100%，企业上云达到8000多家，4家企业入选国家第一批"5G+工业互联网"典型解决方案名单。成功举办2021中国数交会，我市获批全国数字人民币试点城市。华录数据湖产业园项目二期、中国移动（大连）数据中心一期项目加快建设，我国北方算力最大的人工智能计算中心落户金普新区。

（三）强力提升科技创新能力。创新平台加快建设。大力推进自创区建设，高标准规划建设英歌石科学城，中科院洁净能源创新研究院、大连先进光源大科学装置等一批创新平台建设稳步推进，中科院大学能源学院建成并投入使用。新组建市重点实验室和技术创新中心39个、省级重点实验室和专业技术创新中心27个。创新成果加速转化。组织"卡脖子"和关键核心技术攻关"揭榜挂帅"项目84个。完善科技成果转化服务体系，实施"一校所一专班""一院士一专班"行动计划。全社会研发经费投入强度达2.95%，全市登记技术合同成交额336.2亿元、增长28.5%，在连高校院所科技成果本地转化率达38%。创新主体不断壮大。培育高聚能创新主体，构建实质性产学研联盟248个，全市高新技术企业突破3000家、增长20%以上，科技型中小企业累计注册4663家、增长41.6%，雏鹰瞪羚独角兽企业总数1036家、增长40%以上。创新人才持续集聚。实施"带土移植"科技人才引育工程和"海聚计划"引智政策，充分利用海创周等活动广聚英才，组织高层次人才创新、科技人才创业、重点领域创新团队支持计划182项，引育人才+团队"带土移植"项目20个，新引进外国高端人才464人、增长34.1%。

（四）持续加快改革开放步伐。营商环境持续优化。加大简政放权力度，取消调整下放行政职权1095项。"三张网"改革取得实效，负面清单制、告知承诺制和容缺受理制全面实施。着力优化政务服务，创新开展"办事不找人、审批不见面"专项行动，基础数据"三统一"及"一件事一次办"改革得到国务院督查组充分肯定。强化知识产权保护，高新区被评为国家知识产权示范培育园区。甘井子区成为全国投资竞争力百强区。全链条治理招标采购领域突出问题，我市获评第三批社会信用体系建设示范区。国资国企改革纵深推进。改革国资监管模式，组建国有资本管理运营公司。加快推动国有资本布局优化和结构调整，清理退出"两非""两资"企业26户,减少企业法人户数70户,88户全民所有制企业全部完成公司制改革,209户"僵尸企业"按国家标准全部完成处置工作。完善中国特色现代企业制度,集团及子企业董事会应建尽建率100%,经理层任期制和契约化管理比例达85%。太平湾合作创新区获批国资国企综合改革特别示范区。园区改革成果不断拓展。持续推进园区管理体制机制改革,向园区赋权398项,保税区、普湾、金石滩、太平湾法定机构改革落地,16个重点园区在全市经济发展重要引擎作用逐步显现。要素市场化改革、科技体制改革、社会文化等领域改革不断深化。民营经济健康发展。构建亲清新型政商关系,创新推出"企业家出题、书记市长答卷",每月为企业解决"十件实事"。优质企业竞争力持续提升,3户企业跻身中国制造业企业500强,32户企业入围国家专精特新"小巨人"企业榜单。拓宽民营企业融资渠道,3家企业上市,1家企业通过科创板审核,建立上交所、深交所大连基地。对外开放能级全面提升。共建"一带一路"取得新进展,中欧班列稳定运营,推进中车大连电牵国家首批"一带一路"联合实验室建设,我市入选中欧区域政策合作中方案例地区。亚太对流枢纽建设不断加快,新增外贸集装箱航线5条,全市集装箱航线达100条,大商所新增15个期货品种基差交易,航运、物流、金融中心竞争力有效提升。区域合作实现新突破,沪连对口合作3项做法和成效获得通报表扬,与沈阳、长春、哈尔滨等东北城市签署合作协议,协同发展迈出坚实步伐。自贸片区推出全国首创性制度创新成果90余项,累计62项制度创新经验在全省推广。湾里、大窑湾综合保税区通过验收,我市迈进"双综保区"时代。深耕日韩打开新局面,中日(大连)地方发展合作示范区建设全力推进。SK海力士并购项目取得新进展,嘉吉粮油产业园项目成功签约，欧力士、东陶辽宁等项目加快推进，托克辽港、利勃海尔等30多个重点项目签约落地。

（五）统筹推进区域协调发展。城市功能品质大幅提升。"三级三类"国土空间规划体系加快构建，市级国土空间规划编制取得阶段性成果。加强城市基础设施建设，大连湾海底隧道沉管安装多项技术填补行业空白、创造了"中国速度"，地铁4号线、梭鱼湾专业足球场等重大项目建设取得进展，地铁13号线一期开通运营，旅顺中部通道、渤海大道实现分段通车，新机场前期工作取得新突破。全面启动城市更新，完成老旧小区改造200万平方米，金普新区、甘井子区、旅顺口区片区类城市更新项目落地实施。开展交通综合治理，实施市容环境集中整治专项行动，拆除违规户外广告及占道设施1800余处，拆除规范非建筑工地围挡129处。完善公共服务设施，我市成为全国首批城市一刻钟便民生活圈试点。乡村振兴战略有效实施。建设高标准农田4万亩，粮食播种面积402.1万亩，粮食产量达到25.8亿斤，超额完成指标任务。推动脱贫攻坚与乡村振兴有效衔接，扶持54个村壮大集体经济。持续深化农村改革，组建成立大连农村综合产权交易中心，旅顺口区农村宅基地管理改革试点有序推进，普兰店区成为全国农业社会化服务创新试点。启动农村人居环境整治五年提升行动，实施8项农村饮水安全巩固提升工程，完成村内道路硬化400万平方米，大中修农村公路522公里，我市获评全国首批"四好农村路"市域示范创建突出单位。县域经济不断壮大，7个村镇入选全国乡村特色产业十亿元镇和亿元村，庄河市发展农村电商成效明显获得国务院督查激励，瓦房店市稳居全国百强县东北首位。海洋强市建设加速推进。明确建设东北亚海洋强市的发展目标，编制完成《大连市海洋经济发展

"十四五"规划》，全市实现海洋经济总产值3000亿元。庄河海域风电场等重点项目建设有序推进，5处国家级海洋牧场示范区通过农业农村部审核，"海上游大连"品牌魅力初显，"蓝色动能"持续释放。加强海洋环境保护，推进渤海综合治理，近岸海域优良水质比例达到97.9%，金石滩入选全国首批美丽海湾优秀案例。

（六）**稳步推动生态文明建设**。碳达峰碳中和有序推进。将"双碳"工作纳入生态文明整体布局，能耗强度和碳排放强度列为"十四五"规划约束性指标，坚决遏制"两高"项目盲目发展，规上工业能耗总量、单位增加值能耗实现双下降，非化石能源发电量占比66.2%。污染防治持续加力。蓝天、碧水、净土保卫战深入推进，空气质量优良天数达到323天，$PM_{2.5}$达到28微克/立方米。国考河流水质和饮用水水源水质达标率均为100%。污染地块安全利用率、危险废物安全处置率100%。生态保护修复成效明显。进一步明确生态保护红线、环境质量底线、资源利用上线。扎实开展国土绿化行动，推进绿色矿山建设。深化河道水生态修复，15处农村黑臭水体有效治理。全市森林覆盖率达41.5%，长海县成为国家级全域森林康养试点建设县。严格落实河长制、林长制等责任体系，金普新区河湖长制工作获国务院督查激励。

（七）**着力发展民生社会事业**。就业形势保持稳定。坚持援企稳岗促就业并举，实施高校毕业生促就业专项行动，累计支出稳岗促就业资金14.7亿元。城镇登记失业率3.24%，城镇新增就业13.3万人，零就业家庭动态为零。民生保障不断加强。用心用情用力解决好人民群众"急难愁盼"问题，15项重点民生工程项目圆满完成，中西沙棚户房区域整治全面完成，既有住宅加装电梯实现突破、供热、燃气保障能力显著提升。城市低保标准提高至780元，特困人员基本生活标准提高至1560元。连续第17年调整企业退休人员基本养老金，惠及退休人员120多万人。出台促进养老服务发展21条政策措施，新增养老床位3000张。社会事业全面进步。教育优质均衡发展取得实效，新开办公办幼儿园15所，增加普惠性学位6690个，"双减"工作被教育部评为典型工作案例，"大连班"被授予全国脱贫攻坚先进集体。深入推进卫生健康"强基行动"，成立市妇女儿童医疗中心（集团）和市公共卫生临床中心，在全国率先实施医保服务平台"惠民就医"，入选公立医院综合改革第二批国家级示范城市。文化体育事业成效显著，开展文化惠民活动718场，话剧《无风地带》入选全国庆祝建党百年优秀作品展演，我市成为2024年"东亚文化之都"候选城市。发布全国首部具有地方特色的青少年足球教学训练大纲，高质量承办全国现代五项锦标赛和足协杯等172场国家级足球赛事。社会治理稳步加强。严厉打击各类违法犯罪行为，持续推进扫黑除恶专项斗争，我市荣获首批"全国禁毒示范城市"称号。推行领导干部接访包案制度，全市各类矛盾纠纷化解率保持在90%以上。扎实开展城镇燃气、消防等重点领域安全生产专项整治活动，实施"全覆盖""拉网式"隐患排查治理，全力遏制各类安全生产事故发生。疫情防控有力有效。始终把人民生命安全和身体健康放在第一位，把防外溢作为重要政治责任，在一个潜伏期快速处置聚集性疫情，实现零外溢、零院感、零死亡。坚持溯源溯责溯罪同步进行，严肃查处违法犯罪和失职渎职行为。完善优化口岸城市高风险特征下的疫情防控方案，筑牢"外防输入、内防反弹"的严密防线。

民族宗教、退役军人事务、外事、侨务、对台、人防、档案、气象、残疾事业、民兵预备役和边海防等各项工作均取得新进展。

（八）**大力加强政府自身建设**。坚持把政治建设摆在首位，深学笃用习近平新时代中国特色社会主义思想，全面学习贯彻党的十九届六中全会精神，坚定捍卫"两个确立"，坚决做到"两个维护"，确保党中央各项决策部署落地生根。扎实开展党史学习教育，有力促进学党史、悟思想、办实事、开新局。全面实施全国法治政府示范市建设，有序推进行政复议体制改革和仲裁制度改革，严格依法行政。自觉接受人大法律和工作监督、政协民主监督，办理市人大代表建议410件、市政协提案409件。作风建设持续加强，深化政府系统党风廉政建设和反腐败斗争，严格落实中央八项规定及其实施细则精神，深入整治"四风"。扎实开展"三落实"专项行动，践行"八项承诺"，全力打通"中梗阻"。落实为基层减负12项举措，全年精减会议76.7%、减少发文47.7%。

二、本届政府工作回顾

2021年是本届政府的收官之年。过去四年，全市上下时刻牢记习近平总书记的殷切期望和使命重托，坚决贯彻落实党中央国务院、省委省政府和市委的决策部署，奋发有为推进振兴发展各项任务，经济运行总体平稳，三大攻坚战成效显著，如期高水平全面建成小康社会，"两先区"建设迈出新步伐，振兴发展开创新局面。

坚持以高质量发展为主题，城市综合实力持续增强。全市地区生产总值预计年均增长5.4%，城乡居民人均可支配收入增长快于经济增速。产业结构持续优化，获批全国第二批产业转型升级示范区。新能源汽车、集成电路、人工智能等战略性新兴产业呈集群式发展。港航物流、现代金融、文化旅游等现代服务业快速增长，大商所成为全球最大农产品、塑料、煤炭和铁矿石期货市场，"三个中心"能级不断提升。恒力2000万吨/年炼化一体化、150万吨/年乙烯、1200万吨/年PTA和英特尔二期等一批重大项目全面建成投产，首艘国产航母、3000吨超级加氢反应器等一批国之重器在我市诞生。

坚持实施创新驱动发展战略，发展新动能加速集聚。自创区"一区多园多点"发展模式初步形成，中国国际专交会永久落户大连，一批拥有自主知识产权的关键技术应用于中国天眼、982钻井平台等大国重器。全社会研发经费投入强度由2.35%提高至2.95%、高于全国0.55个百分点，技术合同成交额增长1.71倍，万人有效发明专利拥有量突破26.7件，荣获国家科学技术奖励34项，大连化物所位居全国研究机构科技创新榜榜首。我市连续两年被国务院评为"促进工业稳增长和转型升级、实施技术改造成效明显的地方"。

坚持全面深化改革开放，振兴发展活力动力不断提升。自贸片区改革试验任务全部完成、推出制度创新成果400余项，综合保税区、国家进口贸易促进示范区、数字服务出口基地等开放平台引领作用突出，中日（大连）地方发展合作示范区获批建设。机关事业单位改革等多项改革稳步推进，园区改革、国资国企改革实现新突破。"放管服"改革向纵深推进，营商便利度大幅提升，成为全国进步最快的18城市之一，成为第一批全国法治政府建设示范市，连续两年获评"中国国际化营商环境建设标杆城市"。

坚持夯实全面建成小康社会基础，三大攻坚战取得决定性成就。脱贫攻坚战取得全面胜利，128个低收入村全部退出，239个集体经济空壳村全部摘帽。东西部扶贫协作和对口支援任务高质量完成，在国家东西部扶贫协作成效考核中获得"三连好"。坚持提升气、巩固水、治理土，污染防治攻坚战成效明显，空气质量优良天数连续4年超300天，河流国考断面水质全部达标，土壤污染风险得到有效管控。防范化解重大风险取得积极成效，有效化解大连银行、农商行等金融风险，地方政府债务风险明显降低，信贷投放增速创近6年最高水平。

坚持推动区域协调发展，城乡陆海统筹新格局加快形成。完成2049城市愿景规划，编制实施"十四五"规划和二〇三五年远景目标纲要。2020年末全市常住人口745万人、城镇化率达到82.35%，首次跨入特大城市行列。城市功能不断提升，大连湾海底隧道、地铁5号线、大连北站综合交通枢纽、5G基站等一批基础设施稳步推进。完成老旧小区改造747万平方米，彻底消除中西沙棚户房。城市生活垃圾分类基本实现全覆盖，晋级全国第一方阵城市。乡村振兴战略深入实施，都市现代农业综合发展水平居全国第5位。海洋强市建设取得新进展。

坚持以人民为中心的发展思想，民生福祉持续增进。民生投入占财政支出比重年均达89.1%，累计完成重点民生工程项目近百项，"暖房子""菜篮子"、供暖保障、天然气置换等一批老百姓期盼的民生实事取得实效。城市轨道交通运营里程突破200公里，在全省率先实现所有自然屯通油路。新增城镇就业48.1万人，大学生留连就业率由33%上升至40%以上，基本养老金、居民医保、城乡低保、特困人员基本生活补助等标准逐年提高，优质教育资源不断扩增。我市被国务院确定为公立医院综合改革成效明显城市，连续保持"国家卫生城市"称号。

坚持统筹发展和安全，市域社会治理水平进一步提高。建成全市四级社会治理综合服务中心，全面推行社区"全岗通"工作模式。信访矛盾减存控增三年攻坚实现预期目标，扫黑除恶专项斗争取得明显成效，重大活动安全保障有力，蝉联"长安杯"，并荣获"平安中国建设示范市"称号。连续四年事故起数和死亡人数实现"双下降"，未发生重特大事故。国家食品安全示范城市、国家安全发展示范城市创建稳步推进，荣膺"全国文明城市"六连冠。

艰难方显勇毅，磨砺始得玉成。回顾本届政府走过的四年历程，大事多、喜事多、难事多，极不平凡。我们成功举办大连市庆祝改革开放40周年、新中国成立70周年、中国共产党成立100周年等重大活动，更加激发了加快振兴发展的昂扬斗志。我们积极面对世界百年未有之大变局加速演进、不稳定不确定性因素显著增多的风险挑战，更加坚定了加快振兴发展的强大信心。我们自觉肩负经济社会转型、改革发展稳定的繁重使命任务，更加夯实了加快振兴发展的坚实基础。我们有力应对突如其来的新冠肺炎疫情和各种自然灾害的大战大考，更加凝聚了加快振兴发展的磅礴力量。

各位代表！成绩来之不易，需要倍加珍惜。这是习近平新时代中国特色社会主义思想生动实践的结果，是党中央国务院、省委省政府和市委坚强领导、大力支持的结果，是全市广大干部群众团结拼搏、接续奋斗的结果。在此，向给予政府工作大力支持的人大代表和政协委员，向各民主党派、工商联和无党派人士，向离退休老同志，向中省直各部门和兄弟省市驻连机构，向驻连部队和武警官兵，向关心支持大连振兴发展的海内外朋友，向每一位默默坚守、无私奉献的城市家园守护者、美好生活创造者，致以崇高的敬意和衷心的感谢！

在肯定成绩的同时，也要清醒看到我市发展面临的矛盾和问题。一是经济稳中向好的基础尚需筑牢，供给侧结构性改革还要深化，项目储备数量不足、投资的关键作用发挥不充分，消费的基础作用有待提升，县域经济实力需要进一步壮大。二是制约振兴发展的体制机制障碍未完全消除，要素配置市场化程度还不够高，优化营商环境任重道远，市场主体培育发展还不够充分，对外开放合作水平需进一步提高。三是科技创新支撑能力还要提升，产业转型升级步伐仍需加快，创新主体活力未充分释放，重大科技创新平台体量较小，高端科技创新人才队伍结构还要优化。四是民生和社会治理领域还有短板，教育、医疗、养老、文化等公共服务与人民群众的期盼尚有差距，疫情防控仍需加强，安全生产和公共安全还有薄弱环节。五是政府自身建设需进一步加强，干部担当作为意识有待提高，形式主义、官僚主义不同程度存在，个别领域腐败问题还有发生。我们要直面问题、迎难而上，采取有力举措加以解决，决不辜负人民重托。

三、今后五年主要目标任务

今后五年，是我国开启全面建设社会主义现代化国家新征程的第一个五年，是大连推动全面振兴全方位振兴极为关键的五年。市第十三次党代会明确作出大连正处于加快振兴发展窗口期、黄金期、上升期的科学判断，系统谋划了未来五年乃至更长一个时期全市振兴发展的目标任务，作出加速推进新时代"两先区"建设、奋力实现振兴发展新突破的战略部署。我们要准确把握"时"与"势"，以不甘人后、奋起直追的志气，舍我其谁、当仁不让的骨气，争先进位、全面振兴的底气，满怀信心实现"十个新突破"，奋力挺进"万亿GDP城市",把宏伟蓝图转化为滨城大地的生动实践。

今后五年政府工作的指导思想:坚持以习近平新时代中国特色社会主义思想为指导,深入贯彻党的十九大和十九届历次全会精神,全面落实习近平总书记关于东北、辽宁、大连振兴发展的重要讲话和指示批示精神,统筹推进"五位一体"总体布局,协调推进"四个全面"战略布局,坚持以人民为中心,坚持稳中求进工作总基调,立足新发展阶段,完整准确全面贯彻新发展理念,服务和融入新发展格局,以高质量发展为主题,以供给侧结构性改革为主线,以改革开放创新为根本动力,以满足人民日益增长的美好生活需要为根本目的,坚定信心、振奋精神、实干笃行,加速推进"两先区""三个中心"建设,奋力实现振兴发展新突破。

今后五年经济社会发展的目标:一是经济实力实现新跨越。经济发展好于全国平均水平、领跑全省,争先进位步伐明显加快,地区生产总值突破1万亿元。数字大连、智造强市扎实推进,战略性新兴产业增加值、数字经济核心产业增加值占地区生产总值比重分别达15%、12%以上,海洋经济总产值实现翻一番。二是科技创新能力得到新提升。全社会研发经费投入强度达到3.5%,基础研究经费投入占研发经费投入比重达到9%以上,高新技术企业和科技型中小企业数量实现倍增,培育一流科技领军人才和创新团队,建设我国重要人才中心和创新高地,进入全国创新型城市第一方阵。三是改革开放迈上新台阶。全面深化改革纵深推进,营商环境进入全国前列;国有企业布局优化、活力迸发,竞争力大幅提升。亚太对流枢纽功能显著增强,国内大循环重要节点和国内国际双循环重要链接作用充分发挥,成为面向东北亚开放合作新前沿。四是共同富裕达到新水平。就业水平进入全国前列，居民收入增长高于经济增长速度，城乡差距进一步缩小，公办幼儿园在园幼儿比率达到55%以上，建成高质量教育体系，医疗优势学科、人才团队建设达到全国先进水平，养老总床位年均增长20%以上，人民群众幸福指数大幅提高。五是区域协调发展呈现新格局。全市城镇化率进一步提高。县域经济实力全面提升，农村集体经济发展壮大，形成以城带乡、城乡融合的新型城乡发展格局。乡村振兴战略深入实施，呈现产业兴旺、生态宜居、乡风文明、治理有效、生活富裕的美丽乡村景象。六是城市品质展现新气象。法治大连、平安大连、文明大连、诚信大连、美丽大连建设扎实推进，社会治理更加高效，城市建设管理精细化水平显著提升，多元交融的海洋文化更加厚重，绿色发展底色更加鲜明，开放创新之都、浪漫海湾名城的特质更加彰显，城市美誉度跃升新高。

今后五年经济社会发展的重点任务：按照市第十三次党代会部署要求，着力在十个方面实现振兴发展新突破。一是做强综合实力，在加快壮大经济规模上实现新突破；二是聚焦营商环境优化，在全面深化改革上实现新突破；三是建设创新策源中心，在创新发展上实现新突破；四是推动"三个中心"融合发展，在提升城市功能上实现新突破；五是构筑开放发展新优势，在推进更高水平对外开放上实现新突破；六是抢占海洋战略制高点，在建设东北亚海洋强市上实现新突破；七是强化城乡统筹，在区域协调发展上实现新突破；八是坚持以人民为中心，在扎实推进共同富裕上实现新突破；九是坚定文化自信，在提升城市软实力上实现新突破；十是统筹发展和安全，在提高城市治理水平上实现新突破。

实现上述目标任务，我们必须坚持和加强党的全面领导，始终把党的领导贯穿政府工作全过程、各领域，为实现振兴发展新突破提供坚强政治保证。必须坚持人民至上，树牢宗旨意识、践行初心使命，多谋民生之利、多解民生之忧，更好满足人民群众美好生活新期待。必须完整准确全面贯彻新发展理念，笃定高质量发展不动摇，实现更高质量、更有效率、更加公平、更可持续、更为安全的发展。必须积极探索服务和融入新发展格局有效路径，坚持改革开放创新协同发力，加快构建现代产业体系，努力打造国内大循环重要节点和国内国际双循环重要链接。必须强化系统观念，统筹当前和长远，统筹疫情防控和经济社会发展，统筹发展和安全，全局性谋划、整体性推进各项工作。必须强化担当意识和斗争精神，争做干字当头的示范者、起而行之的行动派、善作善成的实干家，锚定目标不动摇，紧盯项目不放松，直面问题不绕道，压实责任不悬空。

四、2022 年重点工作安排

2022年将要召开党的二十大，做好经济社会发展各项工作，实现新一届政府开好局、起好步，关系长远、意义重大。全市经济社会发展的主要预期目标是：地区生产总值增长8%左右，全员劳动生产率增长高于经济增长，全社会研发经费投入强度达到3.1%，一般公共预算收入增长5%，规模以上工业增加值增长15%，固定资产投资增长12%以上，社会消费品零售总额增长10%，外贸进出口总额增长8%，实际利用外资增长15%以上，城乡居民人均可支配收入与经济增长基本同步，城镇登记失业率控制在4%以内，居民消费价格涨幅控制在3%左右，单位地区生产总值能耗降低、单位地区生产总值二氧化碳排放降低、主要污染物排放量下降按省下达计划执行，粮食综合生产能力确保完成省下达任务。

（一）全力提升城市综合经济实力。坚持稳字当头、稳中求进，坚持"定了干"、精准"算了干"，推动经济实现质的稳步提升和量的合理增长，为三年挺进"万亿GDP城市"奠定坚实基础。

做好结构调整"三篇大文章"。以传统优势产业高端化智能化绿色化为方向，加快"老字号"产业数字赋能，在船舶制造、汽车零部件、轴承等领域建设一批智能车间和智能工厂，打造数字化改造示范项目。提升制造业核心竞争力，支持和鼓励企业技术改造，以大机车等企业搬迁改造为契机，推动大型企业整体实现转型升级。以"原字号"产业精细化低碳化为方向，加快推进"减油增化"，构建中下游精细化工产业集群。推进长兴岛（西中岛）石化及精细化工产业基地建设，实现冶金精深加工产业转型升级，迈向价值链供应链中高端。大力发展洁净能源、新材料、生命安全等产业，超前布局新一代人工智能、增材制造、第三代半导体等未来产业和先导产业，打造"新字号"产业梯队。以数字产业化、产业数字化为方向，推动数字经济和实体经济融合发展，实施"上云用数赋智"行动，建设一批跨行业、跨领域工业互联网平台。做大做强集成电路、软件和信息技术服务等产业，着力推进数字政府建设，培育良好数字生态，为数字大连、智造强市奠定坚实基础。

打造新的经济增长极。发挥金普新区引领示范作用，大力开发普湾经济区、小窑湾国际商务区，启动市区跨海新通道项目，做强做优做大装备制造、集成电路、数字经济等优势产业，实现新能源汽车和氢能产业加快布局。推动高新区"又高又新"发展，加快建设具有全国影响力的北方科技创新基地。推动长兴岛石化产业补链延链强链固链，建设精细化工率高、产业结构完整的世界级绿色石化基地。推动太平湾合作创新区加快开发，启动大船新厂区、三峡新能源产业园等重大产业项目和基础设施、公共服务项目建设，实现年度投资100亿元。全速推进新机场审批和开工，加快开发金州湾临空经济区，高水平规划建设国家级会展中心等重大项目。启动大石化、大船搬迁改造升级，高起点规划大连湾，打造国际化标志性活力湾区。

充分发挥内需拉动作用。吃透政策谋项目，在市政管网、水利工程、交通能源、产业升级、基础设施、民生工程等领域谋划布局一批项目，最大限度争取中央财政资金和专项债的支持。聚焦产业招项目，紧紧围绕"十四五"规划谋划的重点项目和15+N条重点产业链，瞄准绿色石化、高端装备制造、新一代信息技术、新一代汽车、中高端消费品工业等主导产业开展以商招商、产业链招商、精准招商，推动珠三角、长三角、京津冀招商引资促进月活动取得新成效，国内招商引资省外实际到位资金增长15%以上。全力以赴建项目，推动嘉吉粮油等1124个亿元以上新谋划项目开工建设。加快办理投资100亿美元的SK海力士和投资260亿元的恒力聚酯园等506个拟开工项目前期手续，尽早形成实物量投资。推动大连湾海底隧道、梭鱼湾专业足球场等900余个在建项目尽快竣工达效。全力加快国际消费中心城市建设，积极培育消费新业态新模式新场景，鼓励发展假日经济、夜间经济、平台经济、共享经济、会展经济、邮轮经济，丰富红色研学、冰雪体验、海岛文化等文旅消费业态，拓展农村消费市场，推进青泥洼—天津街、西安路、中华路等标志性都市商圈提质升级，推进世界知名品牌落户，开展贯穿全年的促消费主题系列活动。

加快培育外贸新增长点。扩大与RCEP成员国经贸合作规模，全面深化国家服务贸易创新发展试点。加快建设金普新区国家进口贸易促进创新示范区和高新区国家数字服务出口基地，推进跨境电商综合试验区、国家级外贸转型升级示范基地建设，支持保税区能源交易中心做大做强，支持托克辽港开展原油保税业务，尽快形成大宗商品进口新增量。推进全国冷链现货交易中心建设，打造东北亚大豆贸易中心。高水平办好中国数交会、中国专交会等国家级展会。

（二）大力增强科技创新策源功能。以制度创新为技术创新打造生态、厚植土壤，充分激发科技创新第一动力，创建具有全国影响力的科技创新策源地和科技创新中心。

加快科技创新平台建设。建设科技研发、科技金融、科技企业孵化等平台，形成服务于全社会科技创新的基础性支撑体系。举全市之力加快建设英歌石科学城，支持大连化物所建设第四代先进光源大科学装置，携手大连理工大学共建"双一流"，推动洁净能源与数字、信息等领域深度融合发展，积极谋划建设国家重点实验室等重大科技创新平台，新增20个市级以上科技创新平台。

强化创新主体培育。在新一代信息技术、智能制造、洁净能源、精细化工、生命健康等领域开展关键核心技术攻关，实施50项重点科技项目。建立科技型企业梯度培育体系，实施高新技术企业、科技型中小企业倍增计划和"雏鹰—瞪羚—独角兽—领军企业"高成长性企业引育、高聚能性创新主体培育工程，新增高新技术企业500家，新注册科技型中小企业1000家，新备案雏鹰企业170家、瞪羚企业30家，独角兽企业实现零的突破。

促进科技成果转化。持续完善企业需求、成果供给、中介服务、支撑保障有机衔接的科技成果转化体系，强化企业创新主体地位，加快科技成果本地产业化，创新产学研协同发展工作专班机制，推进中科院洁净能源及精细化工中试基地和碳达峰碳中和科技成果转化服务平台建设，培育一批高成长性的孵化载体，技术合同成交额增长15%。

精心构筑创新人才高地。组织实施高层次人才创新创业、海外创新创业人才集聚项目，开展产学研联盟吸引人才、"揭榜挂帅"用好人才、"带土移植"引育人才行动。深化科研经费管理体制改革，扩大使用自主权。建设双创基地、标准厂房、人才公寓，搭建干事创业的载体平台，支持200个以上各类高层次人才项目。实施战略性新兴产业领军人才行动，建设一支具有全球视野、战略思维和创新能力的企业家队伍。

（三）持续强化重点领域关键环节改革。坚持以深化改革推动高质量发展，谋划实施一批更具战略性、引领性、针对性改革举措，不断扩大改革的广度和深度。

全面优化营商环境。出台营商环境升级三年行动方案，制定实施"一件事一次办"地方标准，实现200件政务事项"全市通办"，进一步优化工程建设项目审批服务。深入开展"办事不找人、审批不见面"专项行动。加快城市大脑和数字赋能"三张网"建设，以"一网通办"深化政务流程再造、以"一网统管"实现社会治理创新、以"一网协同"推动数字政府建设。巩固招标采购领域突出问题专项整治成果，构建公共资源智慧交易平台。加强知识产权保护，深化法治环境、诚信环境建设，加大失信联合惩戒力度。大力倡导"痛快办事"文化，该办能办的事雷厉风行办，该办难办的事想方设法办。

加大国资国企改革力度。改革国有资本授权经营体制，发挥市国有资本管理运营公司市场化运作的专业平台作用，增强国有经济竞争力、创新力、控制力、影响力、抗风险能力。推进企业战略性重组和专业化整合，推动国有资本向关系国家安全的重要行业、战略性新兴产业和现代服务业集中。因企施策推进混合所有制改革，坚持股东结构和股权结构并重，积极引入高匹配度、高认同感、高协同性的战略投资者。加快完善现代企业制度，精简管理层级，推进企业"瘦身健体"，完成国企改革三年行动任务。

促进民营经济高质量发展。畅通企业诉求通道和办理机制，持续开展每月为民营企业解决"十件实事"。坚持问计于企，把企业需求作为政策创新源泉，提高服务企业的针对性、实效性。进一步放开民营企业市场准入，完善中小企业公共服务体系，加快培育一批"专精特新"和制造业单项冠军企业。优化民营经济发展环境，落实减税降费政策，强化金融支持，着力解决民营企业特别是科技型轻资产企业融资难题。加大对中小企业纾困帮扶力度，促进中小微企业融资增量、扩面、降价，培育更多市场主体。

推进要素市场化配置。实施技术要素市场化配置改革，完善技术转移服务体系，促进技术要素有序流动和高效配置。深化土地要素市场化改革，加快建设城乡统一的建设用地市场，推进产业用地市场化配置改革。巩固深化园区改革成果，激发园区发展活力。加快培育数据要素市场，推进政府数据开放共享。以资本市场全面深化改革为契机推动企业上市，形成企业上市长效梯队结构。

（四）积极构筑开放合作新高地。发挥重大开放平台优势，构建更高水平制度型开放体系，打造新时代对外开放新前沿。

深入落实辽宁沿海经济带高质量发展规划。发挥大连龙头带动作用，实施三年行动方案。按照"一核引领、两翼协同、多点支撑"的高质量发展总体布局要求，突出国家级新区、自贸试验区、自创区等重大平台功能，推动沿海六市协同发展。与各市在对外开放、产业发展、科技创新、交通口岸、文化旅游和公共服务等方面强化协作，打造辽宁沿海经济带高质量发展的主引擎。

着力打造自贸试验区建设升级版。对标上海自贸试验区临港新片区和海南自由贸易港，健全与国际通行规则紧密对接的投资贸易制度体系。把制度创新作为自贸试验区建设的灵魂，围绕海关特殊监管区域、重点产业园区、海港空港综合服务能力等关键环节开展首创性、差别化改革探索，努力形成一批可复制可推广的创新经验和实践案例。加快建设大宗商品交易中心、日韩跨境电商分拨中心等功能型平台，促进综合保税区创新发展。

全面深化同日韩交流合作。以RCEP生效为契机，进一步加强与日韩经贸合作，扩大在高端装备、电子信息、新能源、新一代汽车、精细化工、数字经济等领域的投资和贸易规模。以引进外资和重点项目为抓手，建设中日（大连）地方发展合作示范区，以投资贸易便利化为目标，推进中日韩国际贸易"单一窗口"互联互通试点，办好中日（大连）博览会。

加快建设亚太对流枢纽。坚持"三个中心"融合发展，提高集聚国内外航运贸易金融要素能力。积极推动航运中心赋能升级，畅通海陆大通道。推进基础设施"硬联通"，加强大连港国际枢纽港建设，打造大连—沈阳—满洲里—欧洲、大连—沈阳—霍尔果斯—欧洲运输通道。推进规则标准"软联通"，完善口岸功能，推动多式联运"一单制"，为国内和日韩等国货物通过大连港北上、西进通达欧洲提供更加快捷高效服务。打造智慧港口，建设航运服务集聚区，推动国际航运中心总部大厦项目建设，成立航运中心研究院。完善物流中心功能，建设矿石、油品、粮食、木材、冷链等专业化物流中心和智能云仓配送中心，大力发展航运物流、城乡配送、智慧物流、供应链管理与服务，保障"北粮南运"物流大通道畅通。增强区域性金融中心辐射能力，加快星海湾金融商务区、欧力士总部大厦建设。支持大商所场外市场"一圈两中心"建设，加快研发新的期货品种，打造国际大宗商品定价中心和风险管理中心。

积极融入重大区域战略。全面参与辽宁"一带一路"综合试验区建设，拓展与"一带一路"沿线国家和地区的投资及产能合作。加快建设西姆集团阿尔巴尼亚石墨生产欧洲基地等境外项目，推进中英（大连）先进制造产业园国检中心碰撞实验室等项目建设。积极对接京津冀协同发展、粤港澳大湾区建设、长三角一体化发展等国家重大区域发展战略，深化沪连合作。加强与沈阳、长春、哈尔滨的交流，充分发挥大连在"一圈一带两区"区域发展格局中的牵动辐射作用。继续做好对口支援和帮扶工作。

（五）强力打造东北亚海洋强市。坚持向海发展、向海图强，建设海洋经济发达、海洋科技领先、海洋治理高效的现代海洋城市。

推动海洋经济高质量发展。完善海洋经济管理体制机制，优化海洋资源要素配置。加快构建现代海洋产业体系，推动海洋渔业、船舶、交通运输、滨海旅游等传统优势产业转型升级，壮大海洋高端装备制造、生物医药、新材料、清洁能源等新兴产业规模，做大做强海洋金融、资源交易、信息服务等现代服务业，办好首届中国国际海洋博览会。加快大连邮轮旅游发展实验区建设，叫响

"海上游大连"品牌。加快现代化海洋牧场建设，积极申报国家级海洋牧场示范区。高标准谋划长海县高质量发展，努力打造成我国北方独具特色的生态低碳示范岛。

大力实施科技兴海战略。支持涉海高校、科研院所和企业创新团队建设，争取涉海科研机构、创新平台落户，提升海洋基础性研究和原始创新能力。支持海洋重大科技成果转化与应用，推动海洋科技企业创新发展。支持校企合作共建海洋人才培养实训和实习见习基地。

全面提升海洋治理水平。加强海洋生态建设，实施海洋环境综合治理，加大海洋资源保护力度，提高海洋资源利用效率。持续推进"蓝色海湾"整治行动和海岸带保护修复，深入打好渤海综合治理攻坚战。加强海洋环境监测和应急能力建设，健全海洋灾害预警监测体系。实施环湾贯通行动，建设风貌独特的浪漫海湾，拓展市民亲海空间，培育"海纳百川、开放包容"的海洋文化。

（六）深入推动城乡统筹协调发展。坚持陆海统筹、城乡联动，深化以城带乡、城乡融合发展，形成先导区龙头牵引、中心城区辐射带动、县域经济加快壮大的发展格局。

加快推进城乡融合发展。推动国土空间详细规划编制试点工作，构建"一核四城、四片七组团"的空间发展格局。完善有利于城乡要素合理配置、基本公共服务普惠共享、基础设施一体化发展的体制机制，缩小城乡差距，增强发展的平衡性协调性。推进以县城为重要载体的新型城镇化建设，推动农业转移人口市民化。加快县域优势产业转型升级，推动区域工业向园区集中，培育一批核心竞争力强的产业集群。鼓励发展"飞地经济"，不断壮大县域综合实力。

持续提升城市功能品质。补齐城市交通基础设施短板，实现渤海大道北段、大连北站综合交通枢纽全面完工，推进旅顺中部通道工程，做好地铁13号线二期工程和长春路畅通工程前期工作。提升城市供水保障能力，加快推进域外调水工程。加强城市设计，有序开展城市体检，推进城市一刻钟便民生活圈试点和完整社区样板建设，加快海绵城市、韧性城市建设。探索城市更新市场化运作路径，加强老旧管网改造，实施201路电车沿线升级改造，完成百亿规模片区类项目落地启动。持续开展拆违治乱和市容环境整治行动，全面清除主城区重点区域违章建筑。加快城市街区景观化、公园化、灯光亮化建设，不断提升城市风貌。

全面推进乡村振兴。实施"藏粮于地、藏粮于技"战略，落实最严格耕地保护制度，建设高标准农田6万亩，建立受污染耕地安全利用集中推进区1500亩、调控示范区600亩。全面实施种业振兴行动，提升粮食和重要农产品供给保障能力。加快农村一二三产业融合发展，大力发展都市现代农业，壮大乡村特色产业，培育数字乡村、品牌农业和农产品精深加工业，高起点高标准规划建设具有国际影响力的大连现代农业产业中心。发展壮大新型农村集体经济，深化农村集体产权制度改革，培育农民专业合作示范社15个、示范家庭农场50个、高素质农民1300人以上，积极推进农村宅基地制度改革试点。切实巩固拓展脱贫攻坚成果同乡村振兴有效衔接，完善乡村产业利益联结机制，让农民更多分享产业增值收益。持续推进农村人居环境整治，深入开展垃圾治理、污水处理、厕所革命，实施村内道路硬化400万平方米、农村公路大中修200公里。

（七）有序实施绿色低碳转型发展。坚持生态优先、绿色发展，深入打好污染防治攻坚战，筑牢高质量发展绿色屏障。

统筹推进碳达峰碳中和工作。加快建立碳达峰碳中和工作政策体系，编制碳达峰行动方案，出台重点行业领域实施方案，坚决遏制"两高"项目盲目上马。超前布局节能环保、清洁能源等产业项目，确保完成碳排放总量和强度双控目标任务。探索排污权、用能权、用水权市场化交易，积极参与全国碳排放权交易。

巩固提升生态环境品质。打好蓝天保卫战，推进大气环境综合治理，基本消除重污染天气，让人民群众看到更多蓝天白云、繁星闪耀。打好碧水保卫战，扎实推行河长制、林长制，推进重点河流水域治理，基本消除城市黑臭水体。打好净土保卫战，有效管控土壤污染风险，推进土壤治理和保护，为子孙后代守护好这片滨城沃土、美丽家园。

倡导绿色生产生活方式。推动装配式建筑、绿色建筑、超低能耗建筑规模化发展。优化能源结构和交通运输结构，推进公交车新能源化，完善氢能源公交停车场布局，建成英歌石氢燃料公交停车场。优化用地结构，强化国土空间规划和用途管控，提高土地利用集约度。抓好垃圾源头分类投放，创建垃圾分类达标小区和单位。落实全面节约战略，深入开展节水型社会建设。大力倡导简约适度、绿色低碳生活方式，让绿色低碳成为生产生活新时尚。

建立现代环境治理体系。落实《大连市生态环境保护责任清单》，健全环境治理领导责任体系。持续加强企业治污能力，提升环境风险防控水平，健全环境治理企业责任体系。实施生态环境监督管理制度，建立环境污染强制责任保险制度，对环境违法企业实行联合惩戒。不折不扣抓好中央生态环境保护督察问题整改落实。

（八）扎实推进共同富裕。不断加强和改善民生，兜住兜牢民生底线，提高人民群众生活品质，让群众有更多、更直接、更实在的获得感幸福感安全感。

构筑更加公平完善的社会保障网络。坚持就业优先，加强就业培训、就业帮扶，提升就业容量、就业质量。解决好高校毕业生等重点群体就业，城镇登记失业率控制在4%以内，城镇新增就业10万人，确保零就业家庭动态清零。城乡低保标准分别提高8%和12%，联动提高其他各类困难群众救助保障标准。稳步提高社保待遇标准，深入实施全民参保计划，规范发展第三支柱养老保险。健全门诊共济保障机制，深化医保支付方式改革，推进医保和商保一站式结算。提升退役军人服务保障精准性。坚持房子是用来住的、不是用来炒的定位，坚持租购并举，加快发展长租房市场，推进保障性住房建设，支持商品房市场更好满足购房者的合理住房需求。

努力办好民生实事。围绕健全民生托底保障、完善城乡公共设施、提升市民生活品质等领域，精心组织实施15项重点民生工程项目。实施老旧小区改造700万平方米，完成天然气置换27万户，建设旅大线、普庄线天然气高压管道，创新思路持续推进既有住宅加装电梯。有效应对人口老龄化，大力发展适老产业和银发经济。将高龄津贴发放范围由90周岁以上户籍老年人拓展到85周岁以上，启动建设首批家庭养老床位5000张。推动新的生育政策落地见效，提升妇幼健康水平，建设儿童友好型城市。落实"菜篮子"市长负责制，做好粮油肉蛋奶果蔬等保供稳价。

推进社会事业加快发展。坚持五育并举，落实立德树人根本任务。新开办公办幼儿园15所，新建、改扩建中小学13所，提升"双减"工作实效。扩增优质高中资源，增强职业教育适应性，推动市校协同发展。深入推进健康大连建设，深化医药卫生体制改革，完善城乡公共卫生服务体系。加快优质医疗资源扩容和均衡布局，实施医学重点专科登峰计划。优化分级诊疗服务和公立医院就医环境，推进市区两级疾控中心规范化和"互联网+医疗健康"建设。提高预防和应对重大突发公共卫生事件能力，加快推进中医药事业发展。

提升城市文化软实力。统筹公共文化设施和服务网络布局，启动建设集市科技馆、文化艺术中心、文化馆等于一体的城市文化客厅，建设一批群众喜闻乐见的"城市书房""文化驿站"等新型公共文化空间。推进东关街和连锁街等历史文化街区、大机车旧址等工业遗产、旅顺口国家文物保护利用示范区、营城子汉墓群和小珠山等考古遗址公园建设，加快创建国家历史文化名城。创新实施文化惠民工程，开展公益文艺演出200场，办好大连艺术节、青年艺术周等活动，打造文化品牌。大力发展体育事业，落实全民健身实施计划，做好2023年亚洲杯筹备工作，推进国家体育消费试点城市建设。巩固提升文明城市创建水平，争创全国文明典范城市。

（九）稳步提高市域社会治理效能。坚持总体国家安全观，坚决履行维护国家"五大安全"政治使命，促进政治安全、社会安定、人民安宁。

加强和创新社会治理。坚持发展新时代"枫桥经验"，推进信访矛盾纠纷多元化解，依法解决群众合理诉求。推动"八五"普法提质增效，全面提升公民法治素养和社会治理法治化水平。扎实推进市域社会治理现代化试点，持续推动社会治理重心下移、资源下沉，切实提升社区治理能力和服务水平。完善"街乡吹哨、部门报到、接诉即办"工作机制，推动便民服务"千米服务圈"建设，以治理精度提升城市温度。

提升公共安全效能。加快构建立体化信息化社会治安防控体系，推动扫黑除恶常态化，持续开展电信网络诈骗新型犯罪整治。筑牢安全生产责任网、防护网，深入落实"三管三必须"和"四项机制"。加强危化品、城镇燃气、消防、交通运输、建筑施工等重点行业领域安全监管，坚决遏制重特大安全事故发生。健全市区两级自然灾害预防救助、应急救援管理工作机制，推进市级应急救援指挥中心建设，提升防灾救灾、应急救援专业能力。加强水、电、油、气、运等战略资源应急储备和调度，保障生命线工程安全。严格食品药品监管，确保人民群众舌尖上的安全。

防范化解重点领域风险。加强经济安全风险预警防控体系和能力建设，维护重要产业、基础设施、战略资源、重大科技等关键领域安全，增强产业链韧性和竞争力。坚决遏制新增地方政府隐性债务，稳妥推进城商行和农信机构改革化险，加强对资本有效监管，支持和引导资本规范健康发展。深入开展重大决策社会稳定风险评估，加强重点领域矛盾纠纷排查化解，牢牢守住不发生系统性风险底线。

毫不放松抓好疫情防控。完善口岸城市疫情防控实施方案，优化首站定点冷库管控模式，组建市进口冷链食品监控管理中心，切实提高口岸城市高风险特征下的治理能力。压紧压实四方责任，建立更加高效专业精准的常态化指挥体系和应急处置机制。规范化建设发热门诊，提高疾控、流调、核酸检测能力水平，强力推进疫苗接种工作，时刻绷紧疫情防控这根弦。

继续做好民族宗教、外事、侨务、对台、人防、档案、气象、仲裁、残疾事业、民兵预备役和边海防等工作。

（十）**努力建设人民满意的服务型政府**。以政治建设为统领，加强政府自身建设，不断推进政府治理体系和治理能力现代化。

坚持旗帜鲜明讲政治。始终把党的政治建设摆在首位，深刻领会"两个确立"的决定性意义，增强"四个意识"、坚定"四个自信"、做到"两个维护"，胸怀"国之大者"，弘扬伟大建党精神，始终在政治立场、政治方向、政治原则、政治道路上同以习近平同志为核心的党中央保持高度一致，自觉养成在吃透党中央精神前提下开展工作的习惯，善于从政治上观察和处理问题。

坚持依法行政受监督。深入践行习近平法治思想，把政府工作全面纳入法治轨道。持续推进全国法治政府示范市建设，坚持以法治定规矩、划界限、促治理，培育选树一批单项示范项目和综合示范地区。自觉接受市人大法律监督、工作监督和市政协民主监督，提高人大代表建议、议案和政协提案办理质效，虚心听取和采纳各民主党派、工商联、无党派人士的意见建议。主动接受群众监督、舆论监督，认真采纳市民意见建议，做到件件有回音、事事有着落。

坚持真抓实干勇担当。强化作风建设，以钉钉子精神，清单化、项目化、工程化落实各项任务。增强干事本领，事不避难、义不逃责，以干成事论英雄、以解决实际问题论能力、以高质量发展项目和高水平创新成果论业绩。树立正确政绩观，敬畏历史、敬畏文化、敬畏生态，聚焦"全省领先、全国争先、全球创先"标准推动高质量发展、实现高效能治理、创造高品质生活。

坚持廉洁自律守底线。锲而不舍落实中央八项规定及其实施细则精神，驰而不息正风肃纪反腐，坚持无禁区、全覆盖、零容忍，一体推进不敢腐、不能腐、不想腐。坚决惩治重点领域腐败和侵害群众利益问题，聚焦工程建设、资源开发、金融信贷等重点领域，加强和规范事中事后监管。坚持以俭修身、以俭兴业，努力保障发展和民生急需，以政府的"紧日子"换取百姓的"好日子"。

各位代表！奋斗成就梦想，实干创造未来。让我们更加紧密地团结在以习近平同志为核心的党中央周围，在市委的坚强领导下，勠力同心、拼搏进取，以咬定青山不放松的执着、越是艰险越向前的姿态，踔厉奋发、笃行不怠，奋力谱写全面建设社会主义现代化国家大连篇章，以优异成绩迎接党的二十大胜利召开。

青 岛 市
政府工作报告
——2022年4月15日在青岛市第十七届
人民代表大会第一次会议上

市长 赵豪志

各位代表：

现在，我代表市人民政府向大会报告工作，请予审议，并请各位政协委员和其他列席人员提出意见。

一、2021年及过去五年工作回顾

2021年是中国共产党成立100周年，是全面迈入社会主义现代化新征程起步之年。我们坚持以习近平新时代中国特色社会主义思想为指导，深入贯彻落实习近平总书记对山东、对青岛工作的重要指示要求，在省委、省政府和市委的坚强领导下，完整、准确、全面贯彻新发展理念，主动服务和融入新发展格局，统筹疫情防控和经济社会发展，较好地完成了全年主要目标任务，"十四五"实现良好开局。全市生产总值达到14136亿元，增长8.3%；一般公共预算收入达到1368亿元，增长9.1%；社会消费品零售总额增长14.8%；货物进出口总额增长32.4%；全体居民人均可支配收入增长8.6%；城镇登记失业率2.74%；全面完成节能减排降碳任务。

（一）"项目落地年"成效明显。重点项目加快建设。274个省、市重点项目完成投资2031亿元。欧力士产业运营平台总部、京东方物联网显示器件生产基地、奇瑞汽车生产基地、北京汽车整车制造总部等一批重大项目落地建设，芯恩集成电路、惠科6英寸晶圆半导体、富士康半导体高端封测等一批产业引领项目投产运营。三菱重工海尔空调机、海信光模块扩产等207个工业技改项目竣工。制造业投资增长24.8%。基础设施项目全面提速。地铁三期7条线路建设规划获批，1号线全线贯通运营，地铁运营里程达到284公里。新机场高速连接线（双埠–夏庄段）、董梁高速（董家口–沈海高速段）、太原路东延工程、环湾路–长沙路立交建成通车。加快5G网络和千兆光网建设，新建5G基站1万个，入选全国首批"千兆城市"，获批设立国家级互联网骨干直联点。争取政府专项债券443亿元，保障了重点项目建设资金需求。项目招引富有成效。引进世界500强企业投资项目28个、中国500强企业投资项目70个。实际使用外资61.7亿美元，增长5.4%。

（二）实体经济提质增效。重点产业集群加快发展。智能家电、轨道交通装备产业集群入选国家先进制造业集群。集成电路、新型显示等新一代信息技术产业全面起势。新能源汽车产量增长33%。企业倍增计划初见成效，98家重点企业营业收入平均增长10%以上。工业增加值增长8.8%，制造业占生产总值比重提高0.9个百分点。跃居全国先进制造业百强城市第7位。生产性服务业增加值增长11.4%。入选国家服务型制造示范城市。海洋生产总值增长17.1%。工业互联网之都加快建设。实施"工赋青岛"行动,卡奥斯平台链接企业达到88万家,26个特定行业工业互联网平台投入运行。青岛啤酒厂成为全球首家啤酒饮料行业工业互联网"灯塔工厂"。信息化和工业化融合发展指数达到93.4,居全省首位。位列中国城市数字化转型竞争力百强榜第6位。创新能力显著增强。国家高端智能化家用电器创新中心获批建设,成为家电领域全国唯一的国家级制造业创新中心。中科院海洋大科学研究中心、中国海洋工程研究院(青岛)投入运行。吸气式发动机热物理试验装置入选国家重大科技基础设施。中车四方牵头研制的世界首套时速600公里高速磁浮交通系统下线。新建省级以上技术创新中心8家、企业技术中心17家。新增高新技术企业1158家、国家科技型中小企业1031家、国家级专精特新"小巨人"企业50家、制造业单项冠军企业9家。2位在青科学家当选中国工程院院士,引进集聚人才26万人。

(三)**改革开放持续深化**。重点领域改革纵深推进。实施营商环境优化提升行动,在全国城市营商环境评价中提升8个位次,居第11位。推动减税降费政策直达快享,新增减税降费131.8亿元。推进"互联网+政务服务"改革,义务教育入学、就医报销、人才落户等服务事项实现"一件事一次办"。完成深化事业单位改革试点任务。开展区域性国资国企综合改革试验,探索建立市属企业匹配城市发展战略机制。新登记市场主体30.1万户。入选全国民营经济示范城市首批创建城市。推进金融综合改革,新增上市公司15家,境内资本市场直接融资1317亿元,私募基金管理规模突破1600亿元。本外币存贷款余额分别增长9.1%、14.4%,达到2.2万亿元、2.4万亿元。农村承包地确权登记颁证全面完成,农业适度规模经营比重达到73%。全年粮食产量312.8万吨。获评国家"菜篮子"市长负责制优秀城市。对外开放水平不断提高。上合示范区推出多式联运"一单制"、跨境征信平台等35项创新案例，吉利卫星互联网、上海电气风电装备产业园项目主体竣工，开行中欧班列621列、增长54.9%，货物进出口总额增长61.8%。自贸试验区青岛片区29项制度创新成果在全省推广，山东国际大宗商品交易市场开业运营，货物进出口总额增长65%，实际使用外资增长35%。全市对"一带一路"沿线国家进出口总额增长45%。新增国际友城3个。东西部协作更加密切。成功承办跨国公司领导人青岛峰会、博鳌亚洲论坛全球健康论坛大会、"一带一路"能源部长会议、上合组织大法官论坛、上合组织国际投资贸易博览会、国际标准化大会等重大活动。

（四）城乡环境品质不断提升。市容环境明显改善。实施老旧小区改造216个，启动棚户区改造1.4万套（户）。保护修缮历史城区建筑10.5万平方米。加大拆违治乱力度，拆除违建524万平方米，改造提升农贸市场13处。完成11个山头公园整治提升和49个口袋公园建设。开展交通秩序综合整治，打通未贯通道路30条，新增公共停车泊位1.7万个，向社会开放机关事业单位停车场360个。农村人居环境整治深入开展。建成市级美丽乡村示范村100个。完成1234个村庄生活污水治理和134个村庄"户户通"工程。实施农村清洁取暖改造12万户。生态环境保护持续加强。市区PM2.5、PM10平均浓度分别为28微克/立方米、56微克/立方米，空气质量全面达到国家二级标准。国控、省控地表水考核断面水质全部达标。灵山湾入选全国美丽海湾优秀案例。成功高效处置外海船舶溢油事故和多年来最严重的浒苔灾害。中央和省生态环保督察反馈问题整改扎实推进。

（五）居民生活质量持续改善。10件32项民生实事全面完成，民生领域十大集中攻坚行动取得积极成效。基本公共服务水平不断提高。城镇新增就业38.1万人，政策性扶持创业5.7万人。新建、改扩建中小学和幼儿园50所。青岛农业大学平度校区正式启用。北大人民医院青岛医院、市公共卫生应急备用医院投入运营。获批建设7个省级区域医疗中心。顺利通过国家卫生城市复审。基本实现城乡居家社区养老服务全覆盖。社会保障体系不断完善。退休人员基本养老金增长4.5%。为困难群众发放救助金9.4亿元。医保参保人数达到911.9万人。新开工公共租赁住房1062套，落实保障性租赁住房3.8万套，建设筹集人才住房6万套。文明城市建设不断深化。全国文明典范城市创建工作深入开展，在全国文明城市年度测评中提升2个位次，居第4位。广泛开展庆祝建党100周年群众性宣传教育活动。全面展现人民海军光辉发展历程的海军博物馆新馆落成开馆。国家海洋考古博物馆获批在青岛建设。举办了青岛影视博览会等一批文化活动。成功承办第十四届全国学生运动会。我市运动员在第三十二届夏季奥运会、第十四届全运会上取得优异成绩。社会治理能力不断增强。平安青岛建设持续深化，政法队伍教育整顿成效明显，扫黑除恶斗争常态化开展，打击治理电信网络新型违法犯罪和严打整治"雷霆"行动纵深推进。食品药品安全、防灾减灾救灾等工作不断加强，应急管理能力进一步提升，安全生产、信访形势稳定向好。位居全国百城消费者满意度测评第3位。国防动员和后备力量建设成效显著，双拥共建深入开展。民族宗教、台港澳、侨务、统计、档案、史志、气象、人防、仲裁等工作得到加强，妇女儿童、青少年、老龄、残疾人、红十字、慈善等事业全面发展。

（六）政府自身建设全面加强。深入开展党史学习教育，扎实推进"我为群众办实事"活动，解决了一批群众"急难愁盼"问题。认真落实向市人大报告、向市政协通报制度。向市人大常委会提交地方性法规草案2件，提请修改法规5件，制定政府规章8件、修改5件。办理市人大代表建议482件、政协提案582件。认真执行市人大及其常委会的决议、决定，自觉接受市人大法律监督、工作监督和市政协民主监督。严格落实中央八项规定及其实施细则精神和省、市委实施办法，审计监督实现全覆盖，政府系统党风廉政建设持续深化。深入开展"三民"活动，切实发挥12345热线等平台作用，政民互动更加畅通高效。

各位代表！本届政府任期即将届满。过去五年，是青岛发展史上极不平凡的五年。习近平总书记两次亲临青岛，为我们把脉定向、擘画蓝图。我们牢记习近平总书记殷切嘱托，按照市第十二次党代会确定的目标任务，真抓实干、拼搏进取，高水平全面建成小康社会，为建设新时代社会主义现代化国际大都市打下了坚实基础。

——综合实力显著提升，新旧动能加快转换。全市生产总值年均增长6.6%，占全省的比重由2016年的15.8%提高到17%。一般公共预算收入年均增长4.5%。7个区市生产总值超过千亿元。高新技术企业由1348家增加到5554家，"四新"经济增加值占生产总值比重突破30%，跻身全国创新型城市十强。

——城乡区域统筹发展，城市功能不断完善。胶州湾东岸、西岸、北岸协同发展，全市常住人口突破1000万，跻身特大城市行列。乡村振兴战略深入实施，城乡融合发展步伐加快，城镇化率达到77.2%。基础设施建设实现重大突破，4F级胶东国际机场建成并投入运营，地铁运营总里程跨入全国前10位，青岛港货物、集装箱吞吐量达到6.3亿吨、2371万标箱，分别跃居全球第4位、第6位，跻身国际性综合交通枢纽城市。主动服务黄河流域生态保护和高质量发展战略，带动胶东经济圈一体化发展加快起势。

——改革开放纵深推进，动力活力不断增强。"放管服"改革持续深化，政府职能加快转变。市属企业资产总额净增1万亿元，达到2.66万亿元。市场主体净增95万户，达到195.4万户。金融机构新增58家，达到286家。上市公司新增37家，达到72家。"一带一路"国际合作新平台建设迈出新步伐。全市货物进出口总额由4351亿元增长到8498亿元。累计实际使用外资314亿美元，占全省比重40%。圆满完成上合组织青岛峰会、人民海军成立70周年多国海军活动服务保障任务，城市国际影响力显著提升。

——美丽青岛加快建设，生态环境明显改善。市区PM2.5、PM10平均浓度分别改善37.8%、34.1%。建成区黑臭水体基本消除，近岸海域水质优良面积比例达到99%。万元生产总值能耗累计下降19%，二氧化碳排放量累计下降22.7%。入选中国最具生态竞争力城市。

——社会事业全面进步，民生福祉持续增进。民生支出占财政支出比重保持在70%以上。高质量完成脱贫攻坚任务。就业服务和社会保障体系不断健全，民生和社会事业健康发展，安全生产形势保持平稳。统筹做好疫情防控和经济社会发展，保障了人民群众生命安全和身体健康。蝉联全国文明城市、全国双拥模范城、中国最具幸福感城市等荣誉称号。

各位代表！这些成绩的取得，根本在于习近平总书记掌舵领航、在于习近平新时代中国特色社会主义思想科学指引，是党中央国务院、省委省政府和市委坚强领导的结果，是市人大、市政协和社会各界监督支持的结果，是全市人民团结奋斗的结果。在此，我代表市人民政府，向全市人民，向全体人大代表和政协委员，向各民主党派、工商联、无党派人士、各人民团体、社会各界人士，向离退休老同志，向驻青部队和武警官兵，向中央、省驻青单位，向所有关心支持青岛发展的海内外朋友们，表示崇高的敬意和衷心的感谢！

在肯定成绩的同时，我们也清醒地看到存在的问题和不足。主要是：经济社会发展质量还不够高，城市综合实力和竞争力与先进城市相比还有差距；实体经济还不够强，新培育引进大企业、大项目偏少，新兴产业引领作用偏弱，创新驱动发展存在不足；城市综合承载力还有短板，空间布局有待优化，老城区改造仍有不少欠账，功能品质亟需提升；民生领域还有不少薄弱环节，疫情防控、安全生产、社会稳定等方面仍存在一些风险隐患；营商环境仍需优化；政府系统党风廉政建设需要持续深入推进，作风能力建设有待进一步加强，政府工作中形式主义、官僚主义不同程度存在。对此，我们一定高度重视，采取有力措施，切实加以解决。

二、今后五年的目标任务

习近平总书记对青岛寄予厚望，赋予青岛"办好一次会，搞活一座城"、建设现代化国际大都市的重任。刚刚闭幕的市第十三次党代会，对青岛今后五年乃至更长时间的发展进行了科学谋划，强调必须紧紧锚定建设新时代社会主义现代化国际大都市的总目标，围绕"活力海洋之都、精彩宜人之城"的城市愿景，在增强综合发展实力上实现新突破、在提升城市国际化水平上实现新突破、在建设人民城市上实现新突破，突出引领型发展导向、创新型发展导向、枢纽型发展导向、共享型发展导向，着力打造"六个城市"，全力抓好十个方面工作，奋力开创各项事业发展新局面，为我们确定了奋斗目标，指明了前进方向。

今后五年，政府工作的总体要求是：高举中国特色社会主义伟大旗帜，坚持以习近平新时代中国特色社会主义思想为指导，深入贯彻党的十九大、十九届历次全会和即将召开的党的二十大精神，深入贯彻落实习近平总书记对山东、对青岛工作的重要指示要求，弘扬伟大建党精神，坚持稳中求进工作总基调，锚定"走在前列、全面开创""三个走在前"总遵循、总定位、总航标，立足新发展阶段，完整、准确、全面贯彻新发展理念，主动服务和融入新发展格局，以推动高质量发展为主题，以深化供给侧结构性改革为主线，以改革创新为根本动力，以满足人民日益增长的美好生活需要为根本目的，统筹发展和安全，扎实推动共同富裕，把市第十三次党代会绘就的美好蓝图变成生动现实，在全省勇当龙头、在全国争先进位、在全球彰显特色，奋力谱写青岛建设新时代社会主义现代化国际大都市宏伟篇章。

今后五年，我们将围绕市第十三次党代会确定的奋斗目标，扛起使命责任，勇于担当作为，全面推动经济社会高质量发展，力争生产总值迈上2万亿元台阶，努力打造拥有雄厚实力、引领区域发展、参与国际合作和竞争、展现国家形象的高能级城市。

（一）强化高端产业引领功能，打造现代产业先行城市。纵深推进新旧动能转换，开展实体经济振兴发展三年行动，筑牢实体经济根基，加快建设具有国际竞争力的现代产业体系。推动制造业优先发展，加快培育一批世界级、国家级先进制造业集群，建设国家战略性新兴产业基地，抢占未来产业发展制高点，制造业增加值占生产总值比重提高到30%以上。推动现代服务业提质增效，加快生产性服务业向专业化和高端化迈进，生活性服务业向高品质和多样化升级，建设国家级服务经济中心，创建国际消费中心城市。推动数字经济蓄势崛起，深入实施"工赋青岛"行动，高标准建设人工智能创新应用先导区，数字经济核心产业增加值占生产总值比重提高到12%以上。

（二）强化海洋特色优势功能，打造引领型现代海洋城市。更加注重经略海洋，加快建设世界一流的海洋港口、完善的现代海洋产业体系、绿色可持续的海洋生态环境。放大海洋科研优势，提升海洋创新平台能级，加快建设国际海洋科技创新中心。培育壮大一批现代海洋产业集群和海洋产业领军企业，提升现代航运服务业能级，建设全球现代海洋产业中心和现代化国际航运贸易金融创新中心。提高海洋综合治理水平，打造全球海洋生态示范中心。探索创建海洋命运共同体示范区，建设全球海洋事务交流中心。

（三）强化科技创新驱动功能，打造国际化创新型城市。瞄准世界科技前沿，布局重大创新载体，培育战略科技力量，突破关键核心技术，打造国家东部沿海重要的创新中心。全社会研发投入年均增长10%以上，创新能力保持国家创新型城市前10名。强化企业创新主体地位，提升企业创新能力，高新技术企业超过1万家。实施"人才强青"计划，加大高端人才引进力度。深化科技体制改革，优化创新创业生态，大幅提高创新效率。

（四）强化国内外市场链接功能，打造国际门户枢纽城市。发挥青岛在构建新发展格局中的战略节点作用，加快打造对外开放新高地。做实、做好、做美、做响上合示范区，深化自贸试验区青岛片区首创性、差异性改革创新，推动"一带一路"国际合作新平台建设实现新突破。提升贸易便利化水平，促进内外贸一体化发展，货物进出口总额突破1.3万亿元，基本建成国际贸易中心城市。持续优化外资结构，累计使用外资超过350亿美元。支持青岛港打造国际枢纽海港，提升胶东国际机场门户枢纽功能，加快建设国际性综合交通枢纽城市。坚持市场化、法治化、国际化方向，打造国际一流营商环境。

（五）强化生产生活生态融合功能，打造宜居宜业宜游高品质湾区城市。坚持"环湾引领、组团布局、蓝绿交融、网络支撑"，加快东部区域内涵式发展，推动西海岸新区全面提质，促进北部区域扩容聚能，打造世界一流湾区。推动文化旅游深度融合发展，打造国际滨海旅游目的地。实施城市更新和城市建设三年攻坚行动，着力补齐制约城市发展的基础设施短板，全面提升城市功能品质。高质量打造乡村振兴齐鲁样板先行区，建设一批乡村振兴示范片区，推动乡村建设和农村人居环境整治提升取得新成效。加快经济社会发展全面绿色转型，推动碳达峰碳中和迈出关键步伐。全面优化公共服务供给，完善推动共同富裕的体制机制和政策体系，实现居民收入增长与经济增长基本同步。

（六）强化安全保障功能，打造现代化治理样板城市。深入推进平安青岛、法治青岛建设，完善市域社会治理现代化长效机制，提升基层治理社会化、法治化、智能化、专业化水平，推动政府治理和社会调节、居民自治良性互动。积极创建全国文明典范城市，争创全国双拥模范城"十连冠"。提升防范化解重大风险能力，严守安全发展底线，保持社会大局安全稳定，促进人民群众安居乐业。

三、2022年主要工作安排

2022年是全面落实市第十三次党代会精神的开局之年。做好今年政府工作，要坚持稳字当头、稳中求进，统筹疫情防控和经济社会发展，继续做好"六稳"、"六保"工作，落实市委关于扩大有效需求"五新行动"、实体经济振兴"四大计划"、新旧动能转换"五场硬仗"、释放"六大战略平台"叠加效应、民生改善和共同富裕"七篇文章"等部署要求，凝心聚力，攻坚克难，努力实现经济平稳健康发展和社会和谐稳定。主要预期目标是：全市生产总值增长6%以上，一般公共预算收入增长5.5%左右，固定资产投资增长6.5%左右，社会消费品零售总额增长7%左右，全体居民人均可支配收入与经济增长同步，全面完成国家、省下达的年度节能减排降碳约束性指标和环境质量改善目标。

重点做好十个方面的工作：

（一）聚力发展实体经济，推动现代产业体系建设实现新突破。实施实体经济振兴发展三年行动，进一步壮大实体经济规模，重塑实体经济发展新优势。

实施制造业提振计划。坚持工业强市、产业兴市，争创国家制造业高质量发展试验区。坚持高端化、智能化、绿色化发展，做强智能家电、轨道交通装备、新能源汽车、高端化工、海洋装备、食品饮料、纺织服装等七大优势产业。重点突破集成电路、新型显示、虚拟现实、人工智能、生物医药及医疗器械、智能制造装备、先进高分子及金属材料、精密仪器仪表、通用航空、氢能与储能等十大新兴产业。超前布局基因技术、未来网络、类脑智能、量子信息、深海开发、空天信息、海洋物联网等未来产业。深入实施企业倍增计划，推动重点行业龙头企业和优质企业规模、效益倍增。支持优势企业对外合作，谋划一批投资额50亿元以上的带动能力强、技术水平高的制造业项目。开展"品质青岛"塑造工程，培育新一代"青岛金花"制造企业30家。加快推进总投资4137亿元的227个工业重点项目建设，滚动实施500个重点技改项目。加快虚拟现实产业园、集成电路产业园建设。实现京东方物联网显示器件生产基地、融合光电显示新材料等项目竣工投产，促进芯恩集成电路等项目达产增效。加快轨道交通关键装备产业园、海尔中央空调互联工厂等重大项目建设，实现奇瑞汽车生产基地整车下线。

实施现代服务业提升计划。开展新业态成长和新消费升级行动，做强重点产业，做优重点企业，促进现代服务业集聚发展。现代金融业，深入推进国家财富管理金融综合改革试验区、创投风投中心建设，办好财富论坛、创投风投大会。私募基金管理规模突破1800亿元。稳妥推进数字人民币试点。现代物流业，加快京东跨境电商及智慧物流园、中国外运智慧物流园、日日顺智慧物流园等12个重点项目建设。文化旅游业，整合优势旅游资源，打造精品旅游项目。加快地中海俱乐部等文旅项目建设，推进奥帆海洋文化旅游区创建国家5A级景区。积极发展影视文化产业，办好网络视听精品创作峰会、青岛影视博览会。现代商贸业，改造提升即墨古城、城阳鲁邦国际风情街等13条步行街，台东步行街达到全国示范步行街标准。发展首店经济、免税经济，繁荣夜间经济，推出一批网红打卡地。精心组织放心消费在青岛、青岛购物节等消费促进活动。

打好产业布局优化调整硬仗。用好全市"产业地图"，引导区市聚焦重点产业，放大特色优势；推动功能区有所为有所不为，突出重点，发展优势主导产业，打造专业化园区；规划建设十大千亩新兴产业园区，营造良好产业生态。加快高新区"一区多园"建设，打造创新驱动发展示范区和高质量发展先行区。优化董家口经济区产业布局，集中发展高端化工、新能源新材料产业，打造新的增长极。统筹即墨龙泉、莱西姜山汽车产业发展，打造具有全国影响力的新能源汽车产业集聚区。

（二）聚力提升科技创新能力，推动创新驱动发展取得新成效。 坚持创新在现代化建设全局中的核心地位，打好创新能力提升硬仗，加快建设国际化创新型城市。

提升创新平台能级。抢抓全国重点实验室、山东实验室体系重塑机遇，争创海信数字多媒体技术全国重点实验室等一批重大创新平台。提升国家高速列车技术创新中心、国家高端智能化家用电器创新中心等平台功能，支持歌尔争创国家虚拟现实制造业创新中心。高标准建设中科院高端轴承青岛示范基地、山东能源研究院。加快吸气式发动机热物理试验装置建设。积极争取央企、行业龙头企业在青设立科技研发机构，加快一汽解放（青岛）商用车研究院、潍柴动力科技研发中心、中国钢研材料产业数据中心等企业创新平台建设。支持山东产业技术研究院（青岛）加快发展。开展孵化器提升行动，建设火炬创业创投学院，推动创业孵化提质增效。

增强企业创新能力。支持创新型企业发展，新增高新技术企业1000家、雏鹰企业300家、瞪羚企业20家、独角兽企业2家以上，培育1500家专精特新企业。鼓励企业建设工程研究中心、技术创新中心，新建研发机构700家以上。推动创新要素向企业汇聚，市级科技创新资金投向企业比重达到90%以上。完善首台套（首版次）

政策体系，落实好研发费用加计扣除等政策，引导企业扩大创新投入、增强创新能力。

营造良好创新生态。改进科技项目组织管理方式，实行科技攻关"揭榜挂帅"和项目经费"包干制"。改革科技奖励体系，围绕重点产业设置技术探索奖、海洋产业创新奖、智造创新奖。出台促进科技成果转化政策。发挥科创母基金和各类基金作用，加大对种子期、初创期企业投资力度。加强知识产权保护，争创国家知识产权强市建设示范城市。持续推进"菁英工程"和大学生"聚青计划"。深化人才服务改革，优化人才"一站式"服务，更多更好地吸引人才、留住人才、成就人才。

（三）聚力经略海洋，推动引领型现代海洋城市建设迈出新步伐。始终把海洋作为高质量发展战略要地，全面增强向海图强发展优势，争做海洋强国、海洋强省建设排头兵。

强化海洋创新策源能力。全力推动海洋科学与技术试点国家实验室入列。支持中科院海洋大科学研究中心、中国海洋工程研究院（青岛）加快发展。推进部、省、市共建国家深海基因库、国家深海大数据中心、国家深海标本样品馆三大国家深海平台。探索组建中国蓝色种业研究院（青岛）。强化国家海洋技术转移中心、山东省海洋科技成果转移转化中心作用，推动更多海洋科技成果在青转化。支持在青高校海洋学科建设，打造优势海洋学科群。

做强现代海洋产业集群。强化西海岸新区、蓝谷"双核"引领作用，建设国内领先的海洋经济发展示范区。加快总投资2000亿元的88个涉海重点项目建设。支持船舶海工企业研制深海油气开发装备、先进船用系统等高端产品。支持青岛海洋生物医药研究院发展，加快蓝谷药业海洋科技谷建设，推进抗病毒、抗肿瘤等创新药物研发。支持海洋生物企业加强海洋资源开发利用，加快海洋生物制品、海洋功能保健品研发和产业化。推进百发、小管岛海水淡化项目建设，争创国家海水淡化示范城市。实现上海电气风电装备产业园投产运行。加快国家深远海绿色养殖试验区、国家级海洋牧场示范区、国家级渔港经济区建设，推进国信智慧渔业大型养殖工船建设，打造"蓝色粮仓"。

建设世界一流海洋港口。推进董家口港区40万吨矿石码头、原油商业储备库、液体化工仓储工程等17个港口项目加快建设。完善港口铁路集疏运体系，加快董家口至沂水铁路项目规划建设。支持省港口集团做大做强。增加青岛港海运航线，加快建设东北亚国际集装箱运输枢纽和全球重要的能源原材料中转分拨基地。大力发展航运保险、船舶租赁、海事仲裁等行业，壮大航运服务业规模。支持金融机构开展海洋绿色信贷、蓝色债券业务试点。

（四）聚力实施城市更新和城市建设攻坚行动，推动城市功能品质实现新提升。强化国土空间规划引领，开展新都市建设行动，提升宜居宜业宜游水平，积极创建全国文明典范城市。

优化国土空间规划。完成《青岛市国土空间总体规划（2021-2035年）》成果并按程序报批。科学划定城镇开发边界、永久基本农田保护红线、生态保护红线，加快建立以国土空间总体规划为基础的空间规划体系。推进城镇开发边界范围内控制性详细规划修编。完善综合交通、海岸带、村庄布局等专项规划成果。严格规划实施，维护规划的严肃性和权威性。

高标准推进城市更新和城市建设三年攻坚行动。实施历史城区保护更新攻坚行动。坚持敬畏历史、敬畏文化、敬畏生态，加快中山路、馆陶路等历史文化街区建筑保护修缮，系统开展街区环境整治，统筹推进世界文化遗产申报和国家5A级景区创建工作；加快邮轮港区开发建设，推进山东港口航运金融中心、北方国际油气中心等项目建设，打造城市新地标。实施重点低效片区开发建设攻坚行动。加快老四方工业区、株洲路片区等10个重点低效片区开发，推进228个重点项目建设，带动全市低效用地开发，为城市发展导入新产业、注入新动能。切实加大批而未供土地消化利用力度，坚决依法处置闲置土地，盘活存量，严控增量，提高土地节约集约利用水平。实施旧城旧村改造攻坚行动。推进闫家山、张村河片区等29个城中村改造，完成318个老旧小区改造，同步整治老旧小区周边街区环境，提升老旧小区物业管理水平。实施停车设施建设攻坚行动。开工建设60个公共停车设施，新增2万个以上停车泊位；开放共享200个经营性停车场。实施公园城市建设攻坚行动。完成60个山头公园整治，新建一批城市公园。高标准推进太平山中央公园和浮山森林公园规划建设，打通环山绿道，优化景观节点设计，完善停车场等配套设施，提高绿化美化水平，让公园更加亲民、便民、惠民。

提升城市精细管理水平。加强违法建设治理，全面开展"无违建"单位、镇街、社区创建工作，确保存量违建基本清零、新生违建动态清零。深入开展市容乱象整治行动，严格落实市容环境卫生责任区制度。推进空中线缆整治和主城区高压线缆入地。提高市政道路、园林绿化养护标准，实现城市干道机械化保洁基本全覆盖。深入推进垃圾分类，加强卫生死角治理，加快胶州废弃物综合处置项目建设。持续改善农贸市场及周边环境，新建和升级改造农贸市场10处以上。深入开展交通拥堵专项治理，强化违法停车和学校、医院、农贸市场、旅游景点周边交通整治。

（五）聚力增强城市承载力，推动重大基础设施建设再上新水平。按照统筹布局、适度超前的原则,高标准实施基础设施"七网"建设，推进一批重大项目、重大工程。

加快交通基础设施建设。加快济青高速中线、明董高速、青兰高速（双埠—河套段）、蓝谷至胶东国际机场快速通道等项目建设进度。力争青岛至京沪高铁辅助通道铁路年内开工。推进地铁三期规划线路全部开工建设，加快总里程219公里的11条线路建设，今年实现4号线试运行，全部建成后运营里程将达到503公里，基本建成"轨道上的青岛"。加快推进青岛创新创业活力区（北客站）等9个TOD项目建设，深化前海地下空间综合开发规划设计。开工建设跨海大桥高架路二期（海尔路—青银高速段）、唐山路快速路一期（重庆路—青银高速段）等工程，加快胶州湾第二隧道、辽阳路快速路等工程建设，实现杭鞍高架二期（南京路—福州路段）、海尔路-银川路立交、唐河路-安顺路打通工程、南京路拓宽改造工程主线年内通车。打通未贯通道路42条，实施宁夏路、黑龙江路等道路重要节点连续流改造，建设一批过街通道，提高道路通行能力。

加快市政公用设施建设。推进李村河北岸水质净化厂、麦岛污水处理厂等项目建设。实现60公里雨污合流管网全部清零；巩固建成区黑臭水体治理成果，实现动态清零。改造老旧供热和燃气管网60公里，新建天然气管网200公里。建成华能董家口长输热力管线和胶州湾海底天然气管线工程，加快华电天然气热电联产、岛城（黄埠岭）500千伏输变电工程建设。开工建设官路水库。完成黄水东调承接工程竣工验收。

开展新型基础设施建设突破行动。新建5G基站1万个，5G网络覆盖延伸到所有镇，实现城乡家庭千兆光网全覆盖。加快国家工业互联网大数据山东分中心、中国联通青岛西海岸数据中心、中国移动青岛数据中心、中国电信青岛云基地建设。建成国家级互联网骨干直联点。争取国家有关方面支持，设立国际通信业务出入口局，提升国际数据通信服务能力，为建设国际信息通信枢纽打牢基础。

（六）聚力推进数字青岛建设，加快塑造数字化发展新优势。 坚持把数字化转型作为引领发展的战略性、全局性、系统性工程，用数字为经济赋能、为民生提质、为治理增效。

大力发展数字经济。打好"四新"经济崛起硬仗，推动数字经济与实体经济融合发展，打造"工赋青岛·智造强市"城市品牌。支持卡奥斯打造世界级工业互联网平台，推动橡胶轮胎、纺织服装、高端化工、食品饮料等特定行业平台创新发展，实现40家以上工业互联网平台上线运行。实施企业数字化转型专项行动，推广"灯塔工厂"模式，完成1000家企业数字化改造，新建100个以上智能工厂、数字化车间和自动化生产线，培育10个产业数字化转型赋能中心。加快发展大数据、云计算、区块链等数字产业。支持商贸企业开展数字化营销，推动网络零售规模快速增长，垂直电商平台达到10个。

加快打造数字政府。提升政务服务"一网通办"水平，整合企业登记、工程建设等重点领域线上线下审批服务资源，推进全程数字化办理。全面推进"数字机关"建设，加快实现办文、办会、办事"网上办、掌上办"。完善城市云脑功能，打通区市、部门信息化系统，推动城市云脑向镇街延伸。建设城市感知中枢，增强公共安全、生产安全、自然灾害等领域的监测预警能力。建设全市一体化大数据平台，为优化政务服务提供数据支撑。

着力建设数字社会。深化"城市运行一个场景"改革，推进"码上青岛"行动，打造30个高频事项一码应用场景。发展智慧教育，开展教师课后免费在线辅导，实现智慧校园全覆盖。发展智慧医疗，推进全市电子健康档案、电子病历和检查检验结果信息共享互认。建设智慧文旅平台，上线运行"一部手机游青岛"应用程序。发展智慧交通，扩大智慧停车应用覆盖范围，启用"全市一个停车场"智慧平台，链接停车泊位30万个以上。积极推广智慧物业、智慧安防，建成150个智慧社区（街区）。

（七）聚力深化改革开放，为经济社会发展注入新活力。打好高水平制度创新硬仗，增创高水平对外开放新优势，努力在新一轮改革开放中走在前列。

实施营商环境创优计划。全面实行行政许可事项清单管理，推进行政许可标准化、规范化、便利化。深化"极简审批"，推动涉企审批减环节、减材料、减时限、减费用。完善"政策通""融资通"平台功能，实现惠企政策"免申即享"、快速兑现。大力推行服务型执法，实现"双随机、一公开"监管全覆盖。加大拖欠中小企业账款清理力度。加强社会信用体系建设，推进涉企信用信息共享。

激发市场主体活力。落实好新的组合式税费支持政策，延续实施扶持制造业、小微企业和个体工商户的减税降费政策，新增退税减税300亿元以上。鼓励金融机构加大对实体经济融资支持力度，扩大政府性融资担保对小微企业的覆盖面。发挥资本市场服务科技创新和实体经济发展作用，新增上市及过会企业10家以上。深化区域性国资国企综合改革试验，完成国企改革三年行动任务。增强市属企业匹配城市发展战略能力。实施民营经济壮大计划，培育民营领军标杆企业100家以上，建设全国民营经济示范城市。争取国家中小企业发展基金子基金落户青岛。开展基础设施领域不动产投资信托基金试点。落实常态化联系服务企业制度，弘扬企业家精神和工匠精神，营造尊重企业家、关心企业家、服务企业家的浓厚氛围。

打造高能级开放平台。加强全域联动，高标准建设上合示范区。建设上合组织产品、文化交易展示中心。搭建上合示范区多式联运综合服务平台。开行中欧班列660列以上。推动上合组织经贸学院建设。提升上合"法智谷"涉外法律服务功能。自贸试验区青岛片区积极争取启运港退税试点政策，形成30项创新案例。加快华大基因科技谷等项目建设。深化中日（青岛）地方发展合作示范区、中日韩消费专区建设，提升对日韩经贸合作水平。

推动外贸外资平稳发展。开展新市场拓展行动，扩大对区域全面经济伙伴关系协定（RCEP）成员国进出口规模，争创RCEP山东经贸合作示范区。实施外贸骨干企业培育计划，新增外贸实绩企业1000家以上。深入推进跨境电商综合试验区建设，打造一批跨境电商海外仓、产业园。加快山东港口集团生活资料消费品分拨中心建设。优化招商体制机制和外资促进服务，强化专业化、市场化招商。发挥龙头企业、平台公司、产业基金作用，带动关联产业和配套企业落户。深化与央企合作，争取总部项目落地。力争引进世界500强企业投资项目30个。办好跨国公司领导人青岛峰会、中国国际消费电子博览会、中国国际渔业博览会等重大活动。

推动区域协调发展。发挥港口门户城市优势，积极服务黄河流域生态保护和高质量发展。加快在黄河流域布局更多内陆港，推行海铁联运"一单制"。强化龙头作用，推动胶东经济圈一体化发展。出台胶东经济圈共建市际县域合作区方案，高水平建设莱西莱阳一体化发展先行区、胶州高密临空临港协作区、平度莱州昌邑绿色化工联动区。建立轨道交通装备等13个胶东经济圈产业链联盟。推进胶东半岛铁路（高铁）公交化运营，实施跨市域道路改造提升工程。举办首届胶东经济圈合作发展大会。深化与甘肃陇南、定西东西部协作和省内菏泽帮扶协作。

（八）聚力促进乡村全面振兴，推动农业农村现代化迈上新台阶。围绕农业高质高效、乡村宜居宜业、农民富裕富足，奋力打造乡村振兴齐鲁样板先行区。

加快发展现代农业。落实最严格的耕地保护制度，坚决遏制耕地"非农化"、严格管控"非粮化"。实施现代种业提升工程。建设高标准农田21.7万亩，粮食产量稳定在300万吨以上。高标准建设中国（青岛）国际农产品加工产业园、国家农业现代化示范区（平度）。加快蔚蓝生物国家工程技术中心、益海嘉里二期等项目建设。创建2个市级数字农业示范园、4家省级智慧牧场，建设10个生产全程机械化示范基地。

深入实施乡村建设行动。扎实开展农村人居环境整治提升行动，建设20个省级、100个市级美丽乡村示范村。因地制宜实施农村清洁取暖改造。推进农村改厕规范升级。完成600个村庄生活污水治理。打造200个农村生活垃圾分类示范村、10个示范镇（街道）。巩固提升农村电网。新建改建农村公路200公里。加强农村房屋安全隐患排查和危房改造。加快美丽宜居乡村安置项目建设，确保群众年内全部搬入新居。

深化农村综合改革。加快国家城乡融合发展试验区建设。创新农村集体资产运营模式，拓展集体经济增收渠道。全面完成农村不动产确权登记发证。落实第二轮土地承包到期后再延长30年政策。推广土地股份合作社和生产全程托管模式，农业适度规模经营比重达到75%。完善防止返贫监测和帮扶机制，推动巩固拓展脱贫攻坚成果同乡村振兴有效衔接。

（九）聚力绿色低碳发展，推动生态文明建设实现新进步。 围绕碳达峰目标、碳中和愿景，深入推进新一轮"四减四增"行动，打好绿色低碳转型硬仗，持续改善生态环境质量。

有序推进"双碳"工作。制定实施碳达峰行动方案。落实能源消费总量和强度"双控"制度。完善绿色制造体系，新增省级以上绿色制造示范企业10家。深化绿色城市建设发展试点，实施既有居住建筑节能保暖改造233万平方米，新建电动汽车充电设施3000个以上，推广应用氢燃料汽车。开展国家气候投融资试点，自然碳汇交易中心（山东）投入运营。开展绿色家庭、绿色学校和绿色社区创建活动，营造绿色低碳生活新时尚。

深入打好污染防治攻坚战。强化大气污染防治。加强重点行业挥发性有机物治理和扬尘管控。大力推进市区供热燃煤锅炉"煤改气"，东岸城区供热燃煤锅炉基本清零，西岸和北岸城区加快实施。空气质量优良天数稳定在310天以上。强化水污染综合治理。严格落实河（湖）长制，开展772个入河（湖）排污口整治，实施小沽河、胶河、桃源河等河道治理工程，提升墨水河水质标准，打造水清岸绿的美丽河湖。强化胶州湾陆海污染联防联治，提升浒苔、危化物等灾害事故防治能力，打造绿色可持续的美丽海湾。加强土壤污染风险管控和修复，加快建设全国土壤污染防治先行区。加强固体废物源头减量和资源化利用，加快平度固体废物综合利用处置中心建设，创建"无废城市"。

完善生态安全屏障。加快实施生态保护红线、环境质量底线、资源利用上线和生态环境准入清单"三线一单"生态环境分区管控方案。严格落实林长制，新造林5000亩。健全地表水环境质量生态补偿机制。加强生物多样性保护。强化环保监管执法。持续抓好中央和省生态环保督察反馈问题整改。

（十）聚力保障改善民生，不断满足人民美好生活新期待。加强普惠性、基础性、兜底性民生建设，办好16件民生实事，切实解决群众普遍关心关注的民生问题。

促进更高质量就业。突出抓好高校毕业生、农民工、退役军人等重点群体就业工作，城镇新增就业35万人以上。深化创业城市建设，政策性扶持创业3万人以上。全面推行终身职业技能培训制度。开展城乡公益性岗位扩容提质行动，新设公益性岗位3.7万个以上。

办好人民满意教育。新建、改扩建40所中小学和幼儿园，改造50所农村薄弱幼儿园。支持在青高校"双一流"建设。推动康复大学建成使用。加快青岛现代职教园和青岛卫生健康职业学院、青岛中德智能制造技师学院建设。巩固"双减"成效，提升初中、小学课后服务水平。健全教育经费稳定增长机制和生均公用经费动态调整机制。加强教师队伍建设，营造全社会尊师重教的浓厚氛围。

推进健康青岛建设。深入开展爱国卫生运动。加强公共卫生队伍建设，健全疾病预防控制网络。加快市公共卫生临床中心、市精神卫生中心建设，实现山东大学齐鲁医院（青岛）二期、市妇女儿童医院西海岸院区主体完工。积极打造国家级临床重点专科。全面提升基层医疗卫生服务能力，建设6个城市医联体、18个县域医共体。深化医保支付方式改革，减轻群众就医负担。加快推进青岛中医药科学院建设，促进中医药传承创新发展。

健全多层次社会保障体系。深入实施全民参保计划。新建改建100个农村养老服务站，完善提升100个城市居家养老服务站，支持社会力量提供日间照料、助餐助洁、康复护理等服务。推动既有住宅、公共设施适老化改造。加快老年教育和文化活动场所建设。落实三孩生育政策及配套支持措施。建成市、区（市）两级婴幼儿照护服务中心，多渠道发展普惠托育服务。落实好低保、特困和残疾人等社会救助政策，健全重特大疾病医疗保险和救助制度，兜牢兜实基本民生底线。

持续增强住房保障能力。加快完善以公租房、保障性租赁住房和共有产权住房为主体的住房保障体系。发放公租房租赁补贴1万户。建设和筹集4.5万套（间）保障性租赁住房、2万套人才住房。坚持"房住不炒"，落实房地产调控"一城一策"，促进房地产业良性循环和健康发展。

丰富群众精神文化生活。大力培育和践行社会主义核心价值观，深化群众性精神文明创建。积极争创青年发展友好型城市，建设儿童友好城市。推进市图书馆新馆、国家海洋考古博物馆规划建设。挖掘用好红色资源，传承红色基因。建设艺术城市。发展大众艺术，鼓励文艺精品创作。创建四季文旅系列活动品牌。建设体育强市。做好2023年亚洲杯足球赛青岛赛区筹备工作。积极备战第二十五届省运会。办好青岛马拉松等体育赛事。推动中小学室外体育场地周末、节假日向社会开放。

加强和创新社会治理。夯实社会治理基层基础，打造全国市域社会治理现代化试点合格城市。持续推进安全生产专项整治行动，全面开展安全生产大检查。提升防灾减灾救灾能力，做好森林防灭火、防汛抗旱和突发事件应对处置等工作。强化食品药品全链条安全监管。推动扫黑除恶常态化，深化打击治理电信网络诈骗攻坚战，创建全国禁毒示范城市、社会治安防控体系建设示范城市。深入开展矛盾纠纷排查化解工作，积极化解信访突出问题。深化军民融合创新发展，推进国防动员体制改革，大力支持国防和军队现代化建设，高质量推进双拥共建。做好民族宗教、外事、侨务、台港澳工作。提升统计、档案、史志、气象、人防、仲裁工作水平。支持社会组织、人道救助、志愿服务、公益慈善等健康发展。

各位代表！今年3月，莱西突发局部聚集性疫情，我们坚决贯彻落实习近平总书记重要指示要求，在国务院联防联控机制综合组山东工作组指导下，在省委、省政府和市委的坚强领导下，勠力同心、众志成城，果断迅速、精准有效抓好应对处置，打赢了这场疫情防控遭遇战、阻击战、歼灭战。当前，疫情防控形势依然严峻复杂，要坚持"外防输入、内防反弹"总策略和"动态清零"总方针，压实各方责任，抓细抓实常态化疫情防控，坚决守护好人民群众的生命安全和身体健康。为有效应对疫情对经济社会发展的冲击，提振市场信心，我们围绕减免税费、降低成本、加强财政和金融扶持等方面出台了助企纾困42条政策。我们将切实推动政策落地落实，及时关注和回应企业发展诉求，全力帮助广大企业渡过难关、恢复发展。

四、建设人民满意的服务型政府

新征程、新使命对政府自身建设提出了更高要求。我们一定忠诚履行党和人民赋予的职责，扎实开展"作风能力提升年"活动，持续提升政府治理体系和治理能力现代化水平，努力创造经得起实践检验的新业绩。

（一）**强化政治引领**。坚定拥护"两个确立"，学懂弄通做实习近平新时代中国特色社会主义思想，增强"四个意识"，坚定"四个自信"，做到"两个维护"，不断提高政治判断力、政治领悟力、政治执行力。深刻领悟"国之大者"，扎扎实实推动习近平总书记重要讲话重要指示精神和中央重大决策部署落地落实，以实际行动践行忠诚干净担当。全面加强政府系统党的建设，把党的领导贯穿到政府工作的全过程、各领域。更好把握和运用党的百年奋斗历史经验，坚定历史自信，推动党史学习教育常态化长效化。严格落实意识形态工作责任制。持续抓好中央巡视、督察反馈问题整改落实。

（二）**建设法治政府**。深入学习贯彻习近平法治思想，把政府各项工作全面纳入法治轨道，加快构建职责明确、依法行政的政府治理体系，创建全国法治政府建设示范市。严格执行重大行政决策法定程序，全面推行行政执法责任制。认真执行市人大及其常委会决议、决定，依法接受市人大法律监督、工作监督和市政协民主监督。高质量办好人大代表议案建议、政协提案。认真听取各民主党派、工商联、无党派人士和人民团体意见。坚持办好"三民"活动、12345热线、行风在线等互动平台，主动接受社会监督、舆论监督。

（三）**提升作风能力**。全面落实"严真细实快"工作要求，不断锤炼政府工作人员"凡事讲政治、谋事为群众、干事重实效、成事争一流"的作风能力。驰而不息纠治"四风"，坚决纠治形式主义、官僚主义，坚决纠治不作为、慢作为、乱作为问题。坚持密切联系群众，机关接地气，干部走基层，到一线解难题、办实事。坚持雷厉风行、马上就办，推行工作项目化、项目清单化，强化政府系统执行力。坚持实字当头、干字为先，大力培树"实干家"精神、锻造"实干家"队伍，在务实功、出实招、求实效上下功夫，营造崇尚实干、注重实绩、不务虚功的浓厚氛围。

（四）**坚守廉洁底线**。严格落实全面从严治党主体责任，切实履行"一岗双责"，纵深推进政府系统全面从严治党。锲而不舍落实中央八项规定及其实施细则精神和省、市委实施办法。严肃财经纪律，严控"三公"经费。坚定不移反腐败，紧盯"关键少数"和重点领域，强化廉政风险防控，坚决整治群众身边腐败和不正之风。自觉接受监察监督和人民监督，加强审计监督和统计监督，一体推进不敢腐、不能腐、不想腐，努力营造风清气正的政治生态。

各位代表！奋斗成就梦想，实干创造未来。让我们更加紧密地团结在以习近平同志为核心的党中央周围，在中共青岛市委的坚强领导下，不忘初心、牢记使命、埋头苦干、勇毅前行，奋力开创新时代社会主义现代化国际大都市建设新局面，以优异成绩迎接党的二十大胜利召开！

宁 波 市
政府工作报告

——2022年4月9日在宁波市第十六届
人民代表大会第一次会议上

代市长　汤飞帆

各位代表：

现在，我代表市人民政府向大会报告工作，请予审议，并请市政协委员和其他列席人员提出意见。

一、过去五年工作回顾

市十五届人大一次会议以来的五年，是宁波应对风险挑战、砥砺奋发进取的五年，也是抢抓重大机遇、锻造硬核力量的五年。我们坚持以习近平新时代中国特色社会主义思想为指导，全面贯彻党的十九大和十九届历次全会精神，深刻领悟习近平总书记重要指示精神，全面落实党中央、国务院和省委、省政府的决策部署，在市委的坚强领导下，在市人大、市政协的监督支持下，忠实践行"八八战略"，奋力打造"重要窗口"，加快建设"名城名都"，持续深化"六争攻坚",扎实推进"争先进位",顺利完成本届政府工作目标任务,高水平全面建成小康社会,开启了全面建设社会主义现代化新征程。

五年来,新思想光辉指引,殷殷嘱托牢记在心。我们深悟笃行习近平新时代中国特色社会主义思想,始终牢记习近平总书记的亲切关怀和殷切嘱托,全力打造世界一流强港,主动唱好"双城记",加快建设中国—中东欧国家经贸合作示范区,积极打造制造业单项冠军之城,不断提升港口、开放、制造业等优势,坚定不移沿着总书记指引的方向奋勇前进。

五年来,新理念科学引领,综合实力跨越提升。我们完整准确全面贯彻新发展理念,全力推动经济社会高质量发展。地区生产总值由8973亿元增加到14595亿元,从全国城市第16位跃居第12位。一般公共预算收入由1115亿元增加到1723亿元,从第12位跃居第10位。工业增加值从第11位跃居第7位,国家级制造业单项冠军总数居全国城市首位。城镇居民人均可支配收入由5.2万元增加到7.4万元、农村居民人均可支配收入由2.9万元增加到4.3万元。高分蝉联全国文明城市"六连冠",连续获评中国最具幸福感城市。

五年来,新格局战略牵引,枢纽城市扎实构建。我们主动服务构建新发展格局,全力打造国内国际双循环枢纽城市。宁波舟山港货物吞吐量突破12亿吨、保持全球首位,集装箱吞吐量超过3100万标箱、连续4年居世界第3位。获批浙江自贸试验区宁波片区,中国—中东欧国家博览会升格为国家级展会。口岸进出口总额突破2万亿元,居全国口岸第5位。外贸自营进出口总额近1.2万亿元,成为全国第6座"外贸万亿之城"。引导推动企业积极拓展内销市场，规上工业企业内销产值占销售总产值比重提高到81.2%。

五年来，我们主要抓了八个方面工作：

（一）抓创新、强动能，实体经济发展实现跃升

加大科技创新力度。国家自主创新示范区、甬江科创区、软件园建设全面推进，甬江实验室启动建设，引进共建产业技术研究院46家，省部共建国家重点实验室实现"零"的突破。高新技术企业、科技型中小企业数量"双倍增"，研发投入强度提升到3%。攻克一批重点领域关键核心技术，获得国家级科学技术奖励26项。有效发明专利拥有量"翻番"，制修订国际国家标准988项。加快高端人才集聚。支持全职顶尖人才项目12个、甬江人才工程项目1468个，新增高技能人才30万人，新引进大学生67万人，人才净流入率居全国城市前列。建成浙江创新中心和宁波院士中心。加速产业提质升级。推进全国制造强国战略试点示范城市建设，规上工业总产值突破2万亿元，数字经济核心产业增加值突破1000亿元，战略性新兴产业增加值占规上工业比重提高到27.9%。规上工业企业数量接近1万家、亩均税收49.1万元。服务业增加值占比提高到49.6%，国家级"两业融合"试点数居副省级城市第2位。梅山吉利整车、中石化镇海基地一期等建成投产。加强市场主体培育。新增"小升规"5100多家、境内外上市公司55家、"品字标浙江制造"企业273家。市场主体总量由78.5万户增加到120.8万户。国家级专精特新"小巨人"企业182家，居全国城市第3位。9家企业进入中国企业500强，16家企业跻身中国民营企业500强。

（二）抓统筹、促协调，区域均衡发展走在前列

优化市域空间格局。科学编制国土空间总体规划，建成区面积由529.3平方公里扩大到645.7平方公里，城镇化率从73.7%提高到

78.4%。东部新城、南部新城、镇海新城等区块展现新形象，前湾新区、南湾新区、临空经济示范区等建设步伐加快。推动交通外联内畅。谋划建设宁波西枢纽，开工建设金甬铁路、杭甬高速复线一期、宁海通用航空机场，建成投用栎社国际机场三期、慈余高速、胜陆高架、甬台温沿海高速及石浦连接线。基本形成市域"1小时交通圈"，全面实现国省道"镇镇（乡乡）通"、等级公路"村村通"，四分之三以上乡镇实现15分钟上高速（高架）。城市快速路"成环组网"，轨道交通"五线并行"，新增城市快速路84公里、轨道交通运营里程108公里，建成大型过江桥梁4座。提升人居品质。改造棚户区6.1万户、老旧小区2300万平方米、城中村1650万平方米，完成"基本无违建"创建。新增地下空间1920万平方米、综合管廊29.2公里。实施"精特亮"工程280个。建成"三江六岸"滨江休闲带36公里，新增绿道1100公里。投用钦寸水库引水工程，城乡同质化供水覆盖率提升到95%。成为全国首批"千兆城市"。推进乡村振兴。农林牧渔业增加值位居全省首位，建成全省首个国家级现代农业产业园，率先基本实现农业现代化。创建省级美丽乡村示范县6个、示范乡镇67个、特色精品村193个，横坎头村等获评全国乡村治理示范村。生活垃圾分类、污水治理、公厕改造实现行政村全覆盖，成为首批全国"四好农村路"示范市。所有行政村集体经济年收入超过30万元。

（三）抓开放、提能级，内外开放合作取得突破

打造一流强港。宁波舟山港获评全省首个中国质量奖。国际海事机构和国际班轮公司总部实现"零"的突破，海丝指数写进"一带一路"合作倡议，跻身全球航运中心城市综合实力十强。海铁联运量超过120万标箱，江海河联运量达到7600万吨。提升开放

水平。货物贸易进出口额年均增长13.8%，服务贸易额实现倍增，成为全国首个跨境电商零售进口额超千亿城市。引进世界500强企业投资项目27个，备案境外中方投资额146.6亿美元。深化国际友城交流合作。成功举办3届世界"宁波帮·帮宁波"发展大会。建成国际邮件互换中心。深化区域合作。融入长江经济带发展，参与长三角一体化十大标志性工程扎实推进，杭甬"双城记"宁波行动方案出台实施，甬舟、甬绍、甬台一体化合作先行区建设有序推进。东西部扶贫协作连续3年获评国家考核"好"的等次，对口支援、山海协作取得明显成效。推进消费提质增量。实现社会消费品零售总额4649亿元，网络零售额超过2800亿元、年均增长22.4%。获评国家综合型信息消费示范城市，培育发展智慧商圈、夜间经济，改造提升老外滩国家级步行街，建成15分钟商贸便民服务圈33个、三星级以上农贸市场207家。

（四）抓改革、优环境，发展动力活力持续迸发

推进数字化改革。完成数字化改革制度规范65项，"152"体系全面构建，市县两级一体化智能化公共数据平台初步建成，政务数据共享需求满足率达到95%。推出"新材云创""浙里甬e保"等多跨场景应用，危化品全链条安全风险智控项目获评全省最佳应用。深化重点领域改革。全面构建集中财力办大事财政政策体系。完成开发区（园区）整合提升。国家普惠金融改革试验区、保险创新综合试验区首创金融保险项目400多项，获批全国区域性股权市场创新试点。新增社会融资规模1.8万亿元，制造业贷款占比提高到24.1%。建设用地二级市场改革、农村宅基地改革试点持续推进，农村集体产权制度改革全面完成。国企混合所有制改革稳步实施，市属竞争类企业混改率达76.8%。优化营商环境。"最多跑一次"改革实现率、满意率均居全省首位。加强企业、个人全生命周期"一件事"集成改革，基本建成"无证件（证明）办事之城""掌上办事之市"。"甬易办"平台实现政策精准推送、一键兑付，惠及52万家企业（个人）。成为全国社会信用体系建设示范区。连续2年获评全国营商环境标杆城市。

（五）抓生态、促转型，美丽宁波建设扎实推进

加快绿色转型发展。编制碳达峰实施方案。全面实施省级以上工业园区（开发区）循环化改造，淘汰落后产能企业1042家。加快发展光伏、风电等清洁能源，光伏装机容量居全省首位。单位GDP能耗、水耗分别下降19.5%和22%。化肥、农药使用连续5年"零增长"。强化环境污染治理。打好污染防治攻坚战，空气质量优良率从88.3%提高到95.9%，$PM_{2.5}$平均浓度下降43.2%。地表水市控以上断面水质优良率提升到86.3%，连续4年获省"大禹鼎"。积极创建"无废城市"，一般工业固体废物、建筑垃圾综合利用率分别达到99.6%和85%，生活垃圾分类处置考评保持全国重点城市前3位。中央生态环境保护督察、国家海洋督察和长江经济带生态环境反馈问题全面整改。推进生态整治修复。坚决清理整治"大棚房"、违建别墅问题，扎实做好耕地"非农化""非粮化"整治。实施山水林田湖海生态系统修复工程，整治海岸线110.7公里，修复废弃矿山218处。开展生物多样性本底调查。创新实施河长制，全面推行林长制。镇海、北仑、宁海、象山获评国家生态文明建设示范区（县）。

（六）抓保障、惠民生，群众生活品质不断改善

谋划推动共同富裕。启动实施共同富裕示范先行19项标志性工程，着力打造"浙里甬有"幸福民生品牌，全力办好民生实事。民

生支出占一般公共预算支出比重达到71%。区（县、市）人均GDP高低倍差由2.65下降到2.47。城乡居民收入倍差从1.8缩小到1.72。提升社会保障标准水平。新增城镇就业123.4万人，城镇登记失业率保持在2%左右。推动社保提标扩面，基本养老保险实现户籍人口全覆盖，城乡居民基础养老金月标准提高40%、最低生活保障标准提高到每年1.2万元。获批国家专属商业养老保险试点。建成"四级五有"退役军人服务保障体系，蝉联"全国双拥模范城"。完善城乡住房保障体系，保障住房困难家庭16万户。提高教育发展质量。新增公办幼儿园43家，普惠性幼儿园在园儿童占比超过91%。全面落实"双减"政策，新改扩建中小学校203所，新增基础教育学位13.3万个，进城务工人员随迁子女公办学校就读比例达到89.2%。省特色示范普高比例达到65%，成为国家产教融合试点城市。宁波大学、宁波职业技术学院分别入围国家"双一流""双高"建设名单。优化医疗健康服务。新改扩建医院38家、增加床位1.1万张，新增执业医师1.1万人。市第一医院启动创建省级区域医疗中心，鄞州人民医院晋级三甲医院，城市医联体、县域医共体加快建设。新增基本医疗保险参保人数254.4万人，城乡居民医保补助标准提高293元、大病保险报销比例提高到70%，基本医保惠及非甬籍学龄前儿童。普惠型补充医疗保险参保人数突破200万人。城乡居民主要健康指标位居全国前列。增加养老托幼供给。每百名老人社会养老床位由4.3张提高到5.6张，居家养老服务中心（站）、老年助餐服务基本实现村（社）全覆盖。在全省率先实施居家养老服务补贴、老年人意外伤害保险，惠及25万人以上。新增3岁以下婴幼儿托育机构694家、托位2.5万个。繁荣发展文体事业。弘扬社会主义核心价值观，拓展新时代文明实践中心试点，滕头村入选全国爱国主义教育示范基地。《呦呦青蒿》《呦呦鹿鸣》获"五个一工程"奖，井头山遗址入选全国十大考古新发现，新增国家一级博物馆2家，文化礼堂实现行政村全覆盖。"天一阁·月湖"获评5A级景区，文创港建设初具形象，象山影视城扩容提质，宁海成为国家全域旅游示范区。奥体中心投入运营，人均体育场地面积增加0.55平方米。落户国字号训练基地5家，奥运会金牌数创历史最好成绩，荣获"奥运冠军之城"称号。

（七）抓源头、防风险，社会治理能力显著增强

有效抓好疫情防控。坚持人民至上、生命至上，压实"四方责任"，落实"七大机制"，做到"五快"处置，在较短时间内打赢镇海、北仑等疫情防控遭遇战、阻击战、歼灭战，慎终如始、科学精准做好常态化疫情防控，坚决筑牢外防输入、内防反弹的防线。大力推进平安建设。狠抓安全生产责任落实、隐患治理和数字监管，生产安全事故起数、死亡人数连续"双下降"。全面深化食品安全示范城市创建。严打严防电信网络诈骗、跨境赌博，扫黑除恶专项斗争绩效居全省前列。连续获评省"平安市"，夺得省"一星平安金鼎"。创新和加强基层治理。深化全国市域社会治理现代化试点，推进基层"四治融合"，加强矛盾纠纷化解"最多跑一地"改革，在全省率先实现县乡两级矛调中心全覆盖。"五个有"社区协商模式、"村民说事"、村级小微权力清单制度全面推广。切实防范化解风险。上线运行金融风险"天罗地网"监测防控系统，重拳打击非法集资，P2P网贷机构实现清零。稳妥处置企业股权质押风险，积极防范房地产领域风险，稳步化解政府隐性债务。推进山区、平原、甬江防洪排涝工程和海塘安澜工程建设，成功防御"利奇马""烟花"等强台风。

（八）抓作风、增效能，政府自身建设全面加强

加强政治建设。落实全面从严治党要求，扎实开展"两学一做"学习教育、"不忘初心、牢记使命"主题教育和党史学习教育，增强"四个意识"、坚定"四个自信"、做到"两个维护"。推进法治建设。依法接受人大监督，自觉接受政协民主监督，办理人大代表建议2726件、政协提案2448件，提请审议地方性法规32件。修订市政府工作规则，严格规范性文件合法性审查，立改废政府规章77件。获评首批全国法治政府建设示范市。强化效能建设。完善一体化政务协同平台，网上政务服务能力居全国重点城市第3位。推行首问负责、即问即办，健全问题及时主动发现、有效解决闭环机制，全面整改巡视、审计等反映反馈问题。深化作风建设。全面落实中央八项规定精神，大力整治形式主义、官僚主义，扎实开展"三服务"和"三为"专题实践活动，有效解决企业、群众和基层反映的困难问题。坚持政府过紧日子，坚决压减非急需、非刚性支出，确保有限财力用在惠企利民上。

同时，大力支持国防和军队现代化建设，军民融合扎实推进。民族宗教、信访、人防海防、哲学社会科学、史志、档案、外事、侨务、港澳台等工作取得新成效，工会、共青团、妇女儿童、老龄、慈善、红十字、残疾人、关心下一代等事业取得新进步。

各位代表！2021年是"十四五"开局之年。我们统筹疫情防控和经济社会发展，推进落实"六稳""六保"，全年经济运行稳中向好，社会大局和谐稳定。地区生产总值增长8.2%，一般公共预算收入增长14.1%，规上工业增加值增长11.9%，固定资产投资增长11%，外贸自营进出口总额增长21.6%，实际利用外资增长32.7%，

社会消费品零售总额增长9.7%，城乡居民人均可支配收入分别增长8.6%和9.7%，实现了"十四五"良好开局。

各位代表！五年的历程极不平凡，五年的成就来之不易。这是习近平新时代中国特色社会主义思想光辉指引的结果，是省委、省政府和市委正确领导的结果，是全市人民奋力拼搏的结果。在此，我代表市人民政府，向全市人民，向人大代表、政协委员，向老领导老同志，向各民主党派、工商联、无党派人士、各人民团体，向部省属驻甬单位、驻甬人民解放军、武警部队官兵和消防救援指战员，向"宁波帮"和帮宁波人士，向所有关心支持宁波发展的海内外朋友们，表示衷心的感谢！

在肯定成绩的同时，我们也清醒地看到存在的问题和困难：一是创新策源能力不够强，人才支撑不够有力，发展动能转换步伐亟需加快；二是要素供给需要加强，重点领域和关键环节的改革需要深化，企业生产经营面临难题需要抓紧破解；三是城市能级有待提升，基础设施体系有待完善，城市软实力有待增强；四是优质公共服务供给仍然不足，教育、医疗、生态等领域仍有短板；五是统筹发展和安全面临诸多挑战，疫情防控形势严峻复杂，经济金融、安全生产、社会治理等领域仍有不少风险隐患；六是政府工作人员的专业技术能力、专业科学精神需要提升，工作中懒作为、怕担当的现象仍然存在，激励干部担当作为的容错免责机制建设仍需努力，个别领域、行业腐败问题仍有发生。

对此，我们一定高度重视，采取更有效举措，认真加以解决。

二、今后五年发展目标任务

今后五年，是宁波全面建设社会主义现代化的关键时期。我们要准确把握宁波发展方位和历史使命，保持"咬定青山不放松"的执着，保持"行百里者半九十"的清醒，真抓实干、开拓奋进，在新时代赶考路上继续考出好成绩、交出新答卷。

今后五年政府工作的总体要求是：高举中国特色社会主义伟大旗帜，坚持以习近平新时代中国特色社会主义思想为指导，深入贯彻党的十九大和十九届历次全会精神，对标落实习近平总书记对浙江、对宁波工作重要指示精神，忠诚拥护"两个确立"、坚决做到"两个维护"，统筹推进"五位一体"总体布局，协调推进"四个全面"战略布局，坚持稳中求进工作总基调，完整准确全面贯彻新发展理念，服务构建新发展格局，忠实践行"八八战略"、奋力打造"重要窗口"，认真落实市第十四次党代会精神，坚决扛起锻造硬核力量、唱好"双城记"、建好示范区、当好模范生、共同富裕示范先行的历史使命，加快"港产城文"融合发展，推进"六大变革"，打造"六个之都"，奋力开创现代化滨海大都市建设新局面，为全国全省大局作出新的更大贡献。

今后五年，要全面提升综合竞争力、创新驱动力、文化软实力、环境舒适度、人民富裕度、城市美誉度。到2026年，地区生产总值达到2.2万亿元，人均生产总值达到22万元，城乡居民人均可支配收入分别突破10万元和6万元。

（一）推进高质量发展，奋力锻造"全球智造创新之都"硬实力。强化创新赋能、数字赋能，加快建设高水平创新型城市、全球先进智造高地。做强高能级创新策源平台，提升发展国家自主创新示范区，高标准建设甬江科创区、甬江实验室，初步建成三大科创高地，实现市级以上企业研发机构数量倍增，力争研发投入强度达到3.75%。更大力度集聚高端创新人才，深化产学研用结合，攻克关键核心技术500项以上。加快制造业"大优强、绿新高"发展，着力打造十大标志性产业链，建成国家级产业集群5个以上，抢先布局一批未来产业，制造业高质量发展保持全国领先。超常规发展数字经济，培育壮大四大千亿级数智化制造业、四大千亿级数智化服务业，迭代建设"产业大脑+未来工厂"，数字经济核心产业增加值突破3500亿元。跨越式发展现代服务业，加快生产性服务业集聚发展、生活性服务业提质发展，生产性服务业增加值达到6000亿元，总部企业突破1000家。争创民营经济发展新优势，积极推动企业"上规、上市、上云、上榜"，市场主体突破160万户，规上工业企业突破1.5万家，高新技术企业突破1万家，上市公司数量、市值实现"双倍增"，更多企业跻身中国企业500强、中国民营企业500强。

（二）扩大高水平开放，奋力构建"国际开放枢纽之都"大格局。立足港口这一"最大资源"，厚植开放这一"最大优势"，推进全球海洋中心城市建设，深化打造国内国际双循环枢纽城市。加快建设世界一流强港，优化港口集疏运、多式联运和智慧管理体系，提升港口辐射带动能力和初级产品配置、储运、交易能力，做大做强港航物流、航运金融、海事服务，巩固提升全球航运中心城市地位，宁波舟山港货物吞吐量超过13.3亿吨、集装箱吞吐量达到3600万标箱。深化构建现代化综合交通体系，全力推动宁波西枢纽、通苏嘉甬铁路、甬舟铁路建设，加快沪甬跨海通道、甬台温福高铁前期，建成金甬铁路、杭甬高速复线一期二期。坚持"两区"联动、内外贸一体，加快建设中国—中东欧国家经贸合作示范区、浙江自贸试验区宁波片区，积极培育外贸新业态新模式，提高双向投资水平，打造新型国际贸易中心、高质量外资集聚地，累计实际利用外资160亿美元。全域融入长三角一体化发展，全力参与"四大"建设，全面深化杭甬"双城记"宁波行动，深入推进甬舟、甬绍、甬台一体化合作发展，加快建设宁波都市圈。主动融入内循环，超前布局"新基建"，扩大科技创新、高新产业、城乡更新等领域投资，建设国际消费中心城市，支持企业开拓国内市场，社会消费品零售总额超6200亿元。

（三）建设高能级城市，奋力提升"东方滨海时尚之都"美誉度。增强城市极核功能和辐射带动能力，优化"港产城文"功能布局，充分彰显枕山滨海、拥江揽湖的都市魅力。以全域国土空间综合整治为牵引，推进新型城镇化、全域都市化、市域一体化，构建布局合理的生产生活生态空间，基本形成"一体两翼多组团、三江三湾大花园"空间格局。强化市域交通统筹规划、整体推进，加快打通中心城区与县市的快速通道，完善综合立体交通体系，城市快速路超过200公里，轨道交通运营里程达到300公里。完善规委会运行机制，加强城市规划统筹和风貌管控，提升都市形象品质，建设国际会议中心、国际博览中心、宁波中心等地标性项目，打造一批精致新区、缤纷街区、特色街巷和未来社区，推进一批"精特亮"工程和智慧城市项目，以"绣花功夫"抓好城市管理。聚力城乡发展大融合，加快乡村全面振兴发展，打造一批现代农业园区、美丽乡村综合体，建成未来乡村100个以上。有序推进碳达峰碳中和，全面建设美丽中国先行示范区。

　　（四）打造高辨识度文化，奋力增强"全国文明典范之都"支撑力。坚持以文铸魂、以文化人、以文塑韵、以文兴业，建设新时代文化高地，推动城市文化软实力大提升。高标准常态化推进文明创建，着力构建新时代文明实践体系，打响"在宁波，看见文明中国"品牌，建成"人人慈善标杆区"，推动宁波成为文明典范。更好彰显港城文化独特魅力，挖掘弘扬优秀浙东地域文化，精心打造百里三江文化长廊、千里滨海生态走廊，加强文物古迹传承保护和非遗活化利用，建设天一阁博物院南馆、河海博物馆。繁荣发展文化产业，推进名家引育、名品原创、名企壮大，做优文艺创作，做强文化创意，积极打造全球文化智造中心、全国一流影视产业基地、全国数字文化产业新兴集聚区和长三角文旅融合先行区。创新实施文化惠民工程，普及"一人一艺"，推动全民阅读，让文化更好滋养人心、引领风尚、促进发展。

　　（五）共创高品质生活，奋力绘就"城乡幸福共富之都"新图景。聚焦富裕富足、和美和睦、宜居宜业，深化打造"浙里甬有"幸福民生品牌。实施"扩中提低"行动，推动居民收入、中等收入群体"双倍增"，推进基本社会保障统筹、提标、扩面，拓宽老区、山区、海岛群众增收致富渠道，集体经济年经营性收入50万元以上行政村占比超过70%。推动学前教育优质普惠、义务教育优质均衡、普通高中特色多样、职业教育提质培优、高等教育内涵提升，优化教育基础设施布局，加大优质学位供给，加快建设新型研究型大学，提升综合型大学办学水平。大力实施"医学高峰"计划，对标一流打造宁波大学医学部，加快省级区域医疗中心建设，提升基层分诊首诊能力，推进区（县、市）疾控机构标准化建设全覆盖，新增三甲医院2家以上、三乙医院4家以上。推动群众体育蓬勃发展，人均体育场地面积提高到3平方米以上，建设国际滨海运动中心。优化"一老一小"服务，推进多层次养老服务体系建设和医康养融合发展，进一步降低生育、养育、教育成本，加大对婴幼儿和失能半失能老人照护服务的设施供给，建设生育友好型社会、儿童友好城市，打造全国示范性老年友好型社区。提升住房保障水平，发展住房租赁市场，推进保障性住房建设，切实解决新市民、青年人阶段性住房问题。

（六）强化高效能治理，奋力塑造"一流智慧善治之都"金名片。以数字化改革为引领，全面形成党建统领、"四治融合"、整体智治的格局，提升城市安全韧性水平。聚焦数字化改革"1612"体系构架及各系统子跑道，打造更多实战管用、群众爱用、基层受用的最佳应用。全面构建基层治理新体系，深化"县乡一体、条抓块统"改革，完善基层治理"一中心四平台一网格"，推动治理资源下沉一线、问题处置高效协同。科学精准做好常态化疫情防控，深化落实"源头查控、快响激活、硬核隔离、精密智控"机制，提升疫情监测预警和应急处置能力。推进国防动员智能化建设。健全风险识别和闭环管控大平安机制，推进社会治安防控体系现代化，强化安全生产综合治理，突出重点领域安全监管，加快建设防洪减灾重点工程，基本建成"大安全、大应急、大减灾"体系。

三、2022年主要工作安排

今年是党的二十大召开之年，是新一届政府开局之年，做好今年工作意义十分重大。综合考虑各方面因素，建议今年经济社会发展主要预期目标为：地区生产总值增长7%以上；一般公共预算收入、城乡居民人均可支配收入与经济增长基本同步；城乡居民收入倍差继续缩小；固定资产投资增长8%；社会消费品零售总额增长8%；外贸自营进出口总额占全国比重保持稳定；居民消费价格涨幅3%左右，城镇新增就业20万人，城镇登记失业率控制在3.5%以内；能源和环境指标完成省下达的计划目标。

做好今年工作，要做到"三个必须"：一是必须牢牢把握稳中求进工作总基调。坚持稳字当头、稳中求进，全力以赴扩投资、稳外贸、促消费，有力有效防风险、除隐患、保平安，确保经济稳进提质、社会和谐稳定。二是必须紧紧围绕加快建设现代化滨海大都市总目标。对照"六个之都"具体目标、"六大变革"实现路径、"十个聚力"重点任务，坚持项目化推进、清单式管理，抓实抓好重大平台建设、重大项目落地、重大改革实施，尽快形成一批重大标志性成果。三是必须始终坚持争先创优进位总要求。强化"没有走在前列也是一种风险"的忧患意识，保持开局就要争先、起步就要提速的奋进姿态，对标全球一流、全国领先、全省领跑，提振真抓实干精气神，干出争先进位新业绩，以优异成绩迎接党的二十大胜利召开！

（一）全力以赴惠企助企，加快激发市场主体活力

全面推进减税降费。真招实策为企业纾困解难，真金白银为企业添薪助力，不折不扣落实优惠政策，最大限度挖掘降本空间，全年为企业减负500亿元以上。发挥好"甬易办""企服通"等平台作用，推动政策直达快享、及早发力。进一步清理规范行业协会商会、中介机构等涉企收费，引导平台企业降低收费。加强市场秩序监管和大宗原材料价格巡查，有效减轻企业成本压力。

加强金融对实体经济的有效支持。深化"融资畅通工程"，推动资金供给更充裕、供需匹配更精准。推进小微企业信贷"增氧"和金融服务"滴灌"，拓展政府性融资担保覆盖面，扩大首贷、信用贷、无还本续贷、中长期贷款规模，提升企业融资便利度和信贷获得感。新增首贷户1.2万户，普惠小微贷款增长20%、制造业贷款增长10%，其中制造业中长期贷款增长30%。引导金融系统向市场主体合理让利，促进企业综合融资成本稳中有降。

深化打造营商环境最优市。对标国家营商环境创新试点改革事项，迭代升级政策体系和服务措施。优化企业全生命周期服务，推进极简审批许可、便利开办登记，加快实现商事登记"零干预、零费用、零跑动"，优化注销服务，畅通企业退出渠道。推进企业"最多报一次"改革，政务服务"一网通办"率达到90%。

大力支持民营企业创业创新。民营企业是宁波发展的"金名片"。要进一步完善民营经济发展政策，维护公平竞争环境，依法平等保护企业产权、自主经营权和企业家合法权益。大力弘扬新时代企业家精神，把市场主体评价作为第一评价、把市场主体感受作为第一感受，积极营造良好宽松的干事创业氛围，让企业家潜心谋发展、安心抓经营、放心办企业！

（二）打造重大创新平台，加快增强创新策源能力

提升创新主体能级。高水平打造科创平台，推动甬江实验室加快建设，支持产业技术研究院提升研发能力，新增省级重点实验室和新型研发机构5家。强化企业创新主体地位，引进集聚一批研发总部，新增科技型中小企业2500家，高新技术企业突破5000家。统筹推进"关键核心技术登峰""前沿引领技术2035""重大场景应用"计划，支持关键核心技术攻关100项以上。

加快集聚创新人才。推进顶尖人才集聚行动和甬江人才工程，壮大战略科技人才力量，新引育顶尖人才（项目）4个，新入选省级以上重点人才工程100人。做实"宁波五优、人才无忧"服务品牌，新引进大学生20万人，引育高技能人才5万人。

持续优化创新生态。开展科技体制改革攻坚，强化政策落地执行，研发投入强度达到3.15%。加强科技金融服务，扩大自创区科技成果转化基金、天使投资引导基金规模。打造宁波科技大市场3.0版，实现技术交易额320亿元。发挥知识产权综合体作用，创建国家知识产权强市建设示范城市，有效发明专利拥有量达到4.3万件，新增注册商标6万件。

（三）强化产业提质升级，加快建设先进智造高地

推动制造业提质攀高。创建国家制造业高质量发展试验区。规上工业增加值增长8.5%，战略性新兴产业增加值增长10.5%，高技术制造业增加值比重提高到12%。实施工业投资"双百"工程和产业基础再造工程，推进标志性产业链"五个一批"培育计划，开工高端合成新材料、海天高端装备产业园等项目，力争工业投资增长15%以上。推进"腾笼换鸟、凤凰涅槃"，改造低效工业区块40个。壮大优质企业梯队，新增百亿以上企业5家、国家级制造业单项冠军18家、专精特新"小巨人"企业120家。

加快数字经济裂变壮大。推进前湾数字经济产业园、鲲鹏生态产业园、镇芯小镇等平台建设。打造工业互联网示范平台10个以上，建成宁波工业互联网研究院产业园。加强汽车、模具等行业软件的研发和应用，软件业务收入增长20%。推进数字技术场景融合应用，加速企业全业务链数智化改造，新建市级未来工厂、智能工厂、数字化车间100个以上。数字经济核心产业增加值增长15%以上。

促进现代服务业提档升级。大力发展总部经济、楼宇经济，新增省级服务业创新发展区2家、总部企业100家。培育新型金融业态，发展科技金融、供应链金融、绿色金融，升级实施"凤凰行动"宁波计划，新增上市公司10家。加快发展科技研发、工业设计、检验检测、法律会计等服务业，推动平台企业规范经营、健康发展。推进生活性服务业便利化、多样化、品质化发展。

（四）聚力重大改革攻坚，加快增创体制机制优势

全面推进全域国土空间综合整治。编制综合整治规划纲要，统筹开展农用地整治、工业用地整治、村庄整治、生态保护修复和城镇低效用地再开发，加快资源重组、功能重塑、空间重构、产业重整、环境重生，积极探索可复制、可推广的制度体系、政策体系、监管体系和工作机制。

纵深推进数字化改革。完善数字化改革"1612"体系构架，迭代升级新居民一件事、甬易养、智慧托育等特色场景应用，谋划打造空间大脑、强港大脑，实现省级重大应用全贯通。加快数字孪生技术应用，推广轨道交通安全应急数字孪生项目试点。建立公共数据授权运营机制，推进数据要素市场化配置改革。

扎实推进"扩中提低"改革。出台"扩中提低"行动方案。构建"全面覆盖+精准画像"群体结构数据库。积极探索"扩中提低"实现路径，促进灵活就业，健全普惠性人力资本投入机制，争取个人所得税征收改革试点，开展新型捐赠方式试点，完善困难群体帮扶机制。聚焦重点群体，制定针对性的增收激励政策。

持续推进重点领域改革。优化要素市场化配置，积极争取国家综合改革试点。推进国家普惠金融改革试验区、保险创新综合试验区建设。深化"亩均论英雄"改革，推动高耗低效企业转型升

级，规上工业亩均税收增长8%以上，亩均税收1万元以下企业动态清零。加快以农村集体经济为核心的乡村集成改革。推动国资国企整合并购，高质量完成国企改革三年行动。

（五）扩大更高水平开放，加快畅通内外双向循环

建设世界一流强港。实施全球海洋中心城市建设行动纲要。完成新一轮宁波舟山港总规修订。开工建设梅山港口基础设施重点项目，推进大榭招商国际集装箱码头二期项目。完善港口集疏运体系，加快建设金甬铁路、杭甬高速复线一期二期、象山湾疏港高速一期、六横公路大桥一期，开工建设铁路北仑支线复线、杭甬高速复线三期，推进甬金衢上高速、铁路梅山支线、甬舟高速复线北仑段前期。加快发展多式联运，海铁联运量突破140万标箱。推动高端港航服务业发展，打造生产服务型国家物流枢纽。

放大对外开放优势。强化"两区"联动发展，深化跨境贸易投资高水平开放试点。拓展与中东欧国家的合作，中东欧商品进口额增长25%。推进油气全产业链发展，开展数字人民币应用试点。抢抓RCEP机遇，培育提升外贸主体，加速海外仓、前置仓建设，服务贸易、数字贸易分别增长13%、20%以上。以更大力度抓招商，以更优环境引项目，落户世界500强企业投资项目5个，实际利用外资35亿美元，引进内资1800亿元以上。

提升区域合作能级。深度融入长三角一体化发展，着力深化沪甬合作。深入开展杭甬"双城记"八大专项行动，合力打造杭绍甬产业创新带。提升宁波都市圈辐射能级，加强甬舟、甬绍、甬台一体化合作先行区建设，推进公共服务一体化。做好东西部协作、对口支援、对口合作，提升新时代山海协作水平。

千方百计扩大内需。开展优结构、扩投资行动，加强重大项目要素保障，积极争取专项债额度。实施市级重点建设项目420个、完成投资1640亿元以上。确保制造业投资、高新技术产业投资、交通投资和生态环保、城市更新、水利设施投资快于平均增速，民间项目投资不低于平均增速。加快打造国际消费中心城市，完善特色商业街区功能，招引品牌首店、旗舰店、概念店，提升发展夜间经济，支持举办促消费活动，发放消费券2亿元以上。高水平打造前洋直播电商经济集聚区。网络零售额增长8%。推进内外贸"同线同标同质"，提升宁波产品的国内市场占有率。

（六）提升城市发展能级，加快彰显现代都市魅力

抓好重点区块开发建设。强化经济技术开发区、前湾新区、高新区的硬核支撑能力，增强临空经济示范区的门户枢纽功能。优化提升"三江口"区域，精心雕琢"城市之心"。继续推进东部新城开发建设。提质发展东钱湖区域，投用国际会议中心。有序推进甬江科创区、姚江新城、南湾新区开发建设。

完善基础设施体系。开工宁波西枢纽、通苏嘉甬铁路、甬台温高速改扩建项目，加快建设甬舟铁路。启动轨道交通6号线一期和市域铁路宁慈线，推进7号线、8号线一期和市域铁路宁象线，建成2号线二期后通段。开工环城南路东延、世纪大道快速路（永乐路至沙河互通），建成西洪大桥、鄞州大道至福庆路一期，打通断头路17条。新开工综合管廊28.4公里、海绵城市28.5平方公里。推进水库群东西线联通工程，建成葛岙水库。优化布局新型基础设施，建设宁波超算中心，新建5G基站6000个。

整治提升城市面貌。深化国家城市更新试点和体检试点，加快"三江六岸"风貌整治，推进城中村和城镇老旧小区改造，加装电梯100部以上。谋划实施精品线路40条、特色街区40个、亮点工程200个。启动省级未来社区项目49个。实施"绿网编织"和增绿添彩工程，建设一批"口袋公园"、美丽河湖，新增绿道140公里，让城市环境更宜居、群众生活更舒心。

（七）推动农业高质高效，加快促进乡村全面振兴

提升稳产保供能力。坚持"藏粮于地、藏粮于技"，坚决遏制耕地"非农化"、防止耕地"非粮化"，推进高标准农田建设。扎牢"米袋子"，培育粮食高效示范基地，确保粮食播种面积170.2万亩、产量13.8亿斤以上，地方粮食储备规模达到13.6亿斤。充实"菜篮子"，提高地产地销蔬菜产量和自给率，确保生猪生产能力149万头。水产品产量稳定在100万吨以上。

加快农业现代化。推进科技强农、机械强农，农林牧渔业总产值增长4%。深化种业强市建设，扩大良种覆盖面。提高农业组织化程度，做强农业经营主体，新增市级农业龙头企业10家、示范性家庭农场40家。创建金融服务乡村振兴示范区。培育数字农业、休闲农业等新业态，打造"一心四区十带"特色产业集群。发展远洋渔业，推进渔民减船转产，进一步提升现代渔业发展水平。

建设新时代美丽乡村。整体提升乡村环境风貌、特色风貌和文明风貌，厚植底色、锻造成色、增添亮色，促进城乡各美其美、美美与共。启动建设省级未来乡村25个，创建省美丽乡村示范县1个、示范乡镇11个、特色精品村35个。建设跨县域美丽乡村风景线4条，建成示范组团10个以上。

拓展农民增收渠道。推进农村承包地经营权抵质押贷款扩面。健全农村集体资产股权流转交易体系，探索集体经营性建设用地入市增值分配机制，新增集体经济年经营性收入30万元以上行政村300个。推进宅基地"三权分置"改革，健全闲置农房流转交易

和抵押贷款机制。积极推动老区、山区、海岛群众增收致富，低收入农户可支配收入增长10%以上。

（八）推进绿色低碳发展，加快塑造全域美丽风貌

有序推进降碳节能。实施碳达峰专项行动。加快建设浙江LNG三期、宁海抽水蓄能电站等项目，推进"光伏+"工程，新建充电桩1300个。建立用能预算管理体系，加大重点企业节能降碳改造力度，腾出用能空间20万吨标煤以上。

优化提升生态环境。着力抓好象山港、四明山区域保护利用。深入创建"清新空气示范区"，淘汰更新老旧车辆4万辆，空气质量优良天数超过335天，$PM_{2.5}$平均浓度保持每立方米24微克以下。提标建设"污水零直排区"，推进江北再生水厂、新周污水处理厂二期项目，再生水利用率超过20%，地表水市控以上断面水质优良率达到90%。加强土壤污染防治，全域创建省级"无废城市"。推进生态修复，提升生物多样性保护水平。

推行绿色生产生活方式。加快工业园区绿色生产升级，创建星级绿色工厂500家。实施全面节约战略，推进资源循环利用基地建设，改造生活垃圾分类转运站30座。倡导绿色低碳生活，推行绿色包装，提高绿色建筑占比。力争全域创成省级生态文明建设示范区，让绿色成为城市最美丽、最动人的底色。

（九）狠抓风险防范化解，加快提升城市治理水平

科学精准抓好疫情防控。贯彻"外防输入、内防反弹"总策略和"动态清零"总方针，坚持"人、物、环境"同防，加强全流程闭环管理、全链条风险管控，提升监测预警、核酸检测、流调溯源、社区管控、医疗救治等能力，持续做好疫苗接种工作，坚决管控住疫情输入传播风险，保障正常的生产生活秩序。

防范化解经济金融风险。升级金融风险"天罗地网"监测防控系统,严厉打击非法集资、恶意逃废债等行为。精准预防化解企业股权质押、资金链断裂等风险。依法稳妥处置房地产领域风险。遏制新增政府隐性债务,稳步化解存量债务。

保障城市运行安全。开展"除险保安"安全生产和自然灾害专项行动,加强危化品、涉海涉渔等重点领域隐患整治,推进建筑工地标准化管理,提升道路交通本质安全水平。加快沿海化工管廊带建设,开展城镇燃气安全排查整治。夯实基层安全基础,加强企业职工安全生产和消防技能培训。强化地质灾害治理,抓好海塘安澜工程。推进农贸市场提质升级,提升食品药品全链条质量安全监管水平。

营造平安社会环境。全力做好党的二十大、亚运会等重大会议活动的安保维稳工作。常态化开展扫黑除恶斗争,保持打击治理电信网络诈骗、跨境赌博的高压态势。推进"雪亮工程""智安小区""智安单位"建设,争创全国社会治安防控体系建设示范市。

提升基层治理水平。推进"县乡一体、条抓块统"改革,迭代升级基层治理"一中心四平台一网格"。深化网格化管理,细分二级网格,加强网格员队伍建设。整体推进"大综合一体化"行政执法改革。抓好基层治理场景应用落地,确保高分通过全国市域社会治理现代化试点验收。完善县乡村三级矛调体系,努力把矛盾纠纷化解在基层、解决在萌芽状态。

(十)坚持民生幸福共享,加快打造更多真实可感的共富成果

促进高质量就业。实施"甬上乐业"2.0版,完善重点群体就业支持政策,新增高质量就业社区(村)100个。深化"十省百城千县"劳务协作,打造灵活就业服务平台,健全企业用工保障机制。培育新时代工匠，完成职业技能培训20万人次以上。

加大社会保障力度。落实企业职工基本养老保险全国统筹，畅通新型就业形态从业人员参保缴费渠道。扩大基本医保覆盖面，深化医保支付方式改革，推动困难群众财政资助参保全覆盖，发展普惠型补充医疗保险。推进长期护理保险试点。扩大低保边缘对象认定范围，城乡居民最低生活保障年标准提高到1.4万元。实施"智慧助老"，加强适老化改造，新建一批标准化老年食堂和5A级居家养老服务中心。推进残疾人家庭无障碍设施改造。落实三孩生育政策及配套措施，增加3岁以下婴幼儿托育服务供给。做好军人军属、退役军人和其他优抚对象优待工作。发展保障性租赁住房，深化住房租赁试点和共有产权住房建设试点。

办好优质普惠教育。新改扩建一批中小学校、幼儿园，义务教育段学校教共体实现乡村、镇区全覆盖，优质示范高中定向分配比例达到60%。巩固"双减"成果。提升进城务工人员随迁子女公办学校就读比例。深化职业教育中高职一体化人才培养试点，推进技工教育提质扩量。提升高校办学水平，实施新一轮重点学科、重点专业提升工程，支持宁波大学新一轮"双一流"建设，加快甬江理工大学（暂名）建设。

建设高水平健康宁波。加快市公共卫生临床中心、市疾病预防控制中心项目，推进市中医药研究院、名中医馆建设，投用市第一医院方桥院区、普济医院。加强城市医联体、县域医共体建设，完善基层医疗卫生机构慢性病门诊设施，全面推行"健康大脑+智慧医疗"应用。深化爱国卫生运动，实施城乡居民"三免三惠"健康行动。做好青少年心理健康服务。推进全民健身，新建一批体育公园、百姓健身房和村（社）运动场，争创国家体育消费示范城市。

推进新时代文化高地建设。高标准常态化创建文明城市，开展"甬尚人家"家庭文明建设。传承弘扬红色文化，开展井头山遗址二期发掘保护，申报创建河姆渡国家考古遗址公园。推进慈城、鄞江"千年古城"复兴计划，保护焕新秀水街等历史文化街区。谋划打造翠屏山文旅融合区、东钱湖宋韵文化圈，加快建设雪窦山佛教名山、四明山唐诗之路和北纬30度最美海岸带。构建城乡15分钟品质文化生活圈。扶持文艺新品优品精品，办好文博会、浙江书展，放大开渔节、开游节效应。推进文化产业"新势力"成长计划，实施"微改造、精提升"旅游项目300个以上。

各位代表！民生是人民幸福之基、社会和谐之本。我们将始终把群众满意作为政府工作第一追求，始终心系群众安危冷暖，始终用心用情办好每一件民生实事，让广大群众有更多更充实的获得感、幸福感、安全感！

各位代表！亚运会将于9月在浙江举办。我们将以主人翁姿态扛起承办责任，牢固树立"办好一个会、提升一座城"的理念，全力做好城乡风貌整治提升、赛事活动组织、应急预案演练、城市形象宣传等工作，充分展示现代化滨海大都市的魅力风采。

四、全面提升政府治理现代化水平

加快建设现代化滨海大都市，使命在前，重任在肩。我们将坚决扛起全面从严治党主体责任，着力打造整体智治、唯实惟先的现代政府，推进政府治理体系和治理能力现代化。

（一）**提高政治能力，铸牢忠诚之魂。**坚持把学懂弄通做实习近平新时代中国特色社会主义思想作为首要政治任务，坚定不移做"两个确立"忠诚拥护者、"两个维护"示范引领者。把高站位与实干事紧密结合起来，不断提高政治判断力、政治领悟力、政治执行力，始终胸怀"两个大局"，服务"国之大者"，勇担时代大任，以实际行动体现对党的绝对忠诚。

（二）**深化依法行政，厚植法治之基。**坚持尊法崇法、学法用法，建设更高水平、更高质量的法治政府。落实全过程人民民主，依法接受人大及其常委会监督，自觉接受政协民主监督，主动接受监察监督、群众监督、舆论监督，加强审计监督、司法监督、统计监督。积极推进政府立法，严格落实重大行政决策程序，深化守信践诺机制，把政府行为全面纳入法治轨道。

（三）**强化整体智治，激发变革之力。**坚持整体政府理念，深化数字政府建设，推进工作协同、流程优化、效能提升。时刻保持本领恐慌的危机感，推动政府工作人员能力变革，强化生成性学习，保持创造性张力，提升专业技术能力和专业科学精神。加强调查研究，重视智库建设，提高问题发现和闭环解决能力。

（四）**锤炼工作作风，恪守为民之心。**聚焦群众所想、企业所需、基层所盼，优化提升"三服务"。大兴真抓实干之风，事不避难、一抓到底，说一件、干一件、成一件。坚决整治形式主义、官僚主义，持续推进精文简会，着力优化督查考核，切实为一线减负松绑，激励干部敢担当、善作为。

（五）**加强廉政建设，常修从政之德。**坚持以上率下，严格落实中央八项规定精神，持续整治腐败问题，深化构建亲清政商关系。坚持政府过紧日子，严控一般性支出，把宝贵资金用在发展紧要处、民生急需处，换来市场主体稳日子、人民群众好日子。

各位代表！宁波从河姆渡灿烂文化走来，循着海上丝绸之路扬帆启航，乘着改革开放大潮奋楫争先，向着现代化滨海大都市目标阔步前行。迈上新的伟大征程，扛起新的历史使命，我们必须始终铭记，加快发展是永恒主题，勇立潮头要矢志不渝。让我们更加紧密地团结在以习近平同志为核心的党中央周围，在中共宁波市委的坚强领导下，踔厉奋发向大海，勠力同心奔未来，为加快建设现代化滨海大都市而努力奋斗！

厦 门 市
政府工作报告

——2022年1月7日在厦门市第十六届
人民代表大会第一次会议上

市长　黄文辉

各位代表：

现在，我代表市人民政府向大会报告工作，请予审议，并请市政协委员提出意见。

一、2021年和过去五年工作回顾

2021年是中国共产党成立一百周年，也是厦门经济特区建设40周年和"十四五"开局之年。习近平总书记向厦门经济特区建设40周年发来贺信，充分肯定了厦门经济特区实现的历史性跨越、作出的重要贡献、发挥的独特作用，对办好厦门经济特区寄予了殷切期望、提出了重要要求。一年来，我们始终坚持以习近平新时代中国特色社会主义思想为指导，全面贯彻党的十九大和十九届历次全会精神，深入贯彻落实习近平总书记在福建考察时的重要讲话精神，在市委的正确领导下，持续巩固拓展疫情防控和经济社会发展成果，全面落实"六稳"、"六保"任务和"五促一保一防一控"工作，较好完成全年目标任务。全市地区生产总值增长8.1%；固定资产投资增长11.3%；一般公共预算总收入、地方一般公共预算收入分别增长13.2%和12.4%；全体居民人均可支配收入稳步增长；年度节能减排任务全面完成。

过去一年，我们成功应对处置境外输入关联疫情和本土疫情。特别是在处置本土疫情过程中，党中央国务院高度重视，孙春兰副总理亲临我市指导，省委省政府直接领导指挥，兄弟省市大力支援，市委市政府坚决落实"快、严、实、细"工作要求，立即启动扁平高效指挥体系，3.5万多名党员干部下沉一线，迅速形成24小时内全市全员核酸检测能力，快速精准开展流调溯源，实现所有密接、次密接人员应隔尽隔、应转尽转，强化社区防控、社会管控和物资保障，全力做好医疗救治和院感防控。境外输入关联疫情迅速切断，本土疫情12天内社区传播清零、47天内所有患者治愈出院，取得疫情防控人民战争、总体战、阻击战的胜利。

在抗击疫情中，全市党员干部冲锋在前，广大医务工作者逆行出征，社区工作者、口岸单位工作人员、政法干警、新闻工作者、志愿者等日夜奋战，全体市民同心抗疫，一起成功"把生活的魔方拧回原位"。在此，向在抗击疫情中作出积极贡献的广大市民朋友、全体抗疫工作者，表示崇高敬意和衷心感谢！

过去一年，在深受疫情影响的情况下，我市经济社会仍然取得较好发展。主要工作和成效：

（一）坚持创新驱动发展，现代产业体系加快构建

区域创新中心加快建设。规划建设厦门科学城，嘉庚创新实验室形成60余项科技创新成果，生物制品省创新实验室建设全面启动。新增4家国家级和21家省级企业技术中心、13家省级新型研发机构、2家国家级科技企业孵化器。净增国家级高新技术企业超500家。累计培育国家级专精特新"小巨人"企业79家、省级专精特新中小企业167家、市级769家。出台"留厦六条"政策，大专以上学历人口达139万。

产业转型升级成效显著。促进工业稳增长和转型升级等5项工作获国务院办公厅通报表扬。厦门时代等一批重大项目落地，厦钨新能源等一批龙头企业增资扩产。生物医药与健康、集成电路、新材料等战略性新兴产业产值分别增长17.9%、16.3%和17.9%。金融业增加值增长7%，人民币存贷款余额增长13.5%，新增境内外上市企业12家。物流业营业总收入增长17.4%，集装箱吞吐量增长5.6%。成功举办中国教育装备展等重大展会活动。总部企业税收增长23%。数字经济规模超4000亿元。海洋生产总值增长17%。

助企纾困有力有效。落实国家和省各项减税降费措施，适时出台"1+N"政策体系，实施企业降本、用工等12条普惠性政策以及200多条产业扶持政策，推行政策"免申即享"，为企业减负约360亿元。举办全城欢动消费节和文旅消费季等系列促销活动，社会消费品零售总额增长12.7%。新增商事主体14.6万户，增长10.5%。

招商引资加速推进。开展全员精准招商、产业链招商，组建市投资促进中心。通过第21届中国国际投资贸易洽谈会、第四届数字中国建设峰会、央地对接会、厦门经济特区建设40周年重大项目签约、厦大百年校庆全球校友招商大会等重大活动开展招商引资，新引进项目1.1万个、计划总投资1.76万亿元。实际使用外资增长

12.2%，总量占全省50.5%，比上年末提高2.8个百分点。

（二）坚持深化改革开放，发展动力活力持续增强

金砖创新基地建设加快。制定金砖创新基地建设三年行动方案以及功能产业规划。编制金砖国家标准化研究报告，推动标准制定和资格互认。组建厦门金砖新工业能力提升培训基地联盟，参训学员覆盖15个国家超2万人次。建设金砖工业能力共享平台等7个赋能平台，成立中俄数字经济研究中心等机构，推出首批39个示范标杆项目。成功举办金砖国家新工业革命伙伴关系论坛等系列活动，签约项目28个、总投资134亿元。对金砖国家进出口增长20.7%。

自贸试验区建设提档升级。新推出创新举措52项，其中全国首创11项。象屿、海沧港综合保税区正式运营。进口酒等重点平台加快数字化转型。入选全国供应链创新与应用示范城市，获批开展新型离岸国际贸易等试点，离岸国际贸易收支结算额增长62.9%。

重点领域改革成效凸显。在全国营商环境评价中18个指标全部获评"全国标杆"。海丝中央法务区落地建设。连续两年位居中国十大海运集装箱口岸营商环境第一。国企改革三年行动进展顺利，市属国企资产总额、营业收入分别增长35.2%和40.7%。深化"放管服"改革，98%的事项实现"一趟不用跑"，超90%的事项全程网办，117项跨省通办，113项"秒批秒办"，企业开办、不动产登记实现一日办结。

对外交流合作水平持续提升。外贸进出口总额超8800亿元，增长27.7%。实施外贸自主品牌培育三年行动，建成品牌出海门户网站。跨境电商进出口额增长207%。"丝路海运"新增16条航线，厦门机场货邮吞吐量增长7%。对"一带一路"沿线国家、RCEP国家进出口分别增长28.7%和22%。新增对外投资项目108个，实际投资

12.8亿美元。

对台交流融合积极推进。持续做好"通、惠、情"三篇文章，成功举办第十三届海峡论坛，全国政协主席汪洋出席大会并致辞，台湾各界嘉宾踊跃参与。新批台资项目688个，增长19.2%。"源头管理、口岸验放"对台贸易便利模式扩大至194种台湾输大陆产品，厦台进出口贸易额增长33.9%。率先实现台胞按内资企业注册公司。台商海峡两岸产业投资基金落户。台企东亚机械在A股上市。厦金通电、通气、通桥项目厦门侧相关工作进展顺利。

（三）坚持实施跨岛发展战略，城乡区域发展更加协调

岛内外一体化纵深推进。岛外重大片区完成投资1868亿元，占全市总投资近七成。环东海域创谷、智谷、云谷等一批重点产业园区加快建设，新机场片区快速路等一批骨干路网建成，"一场两馆"等一批公建配套进展顺利。岛内城市有机更新加速推进，何厝岭兜、湖里东部等重点片区改造提升按序时推进。闽西南协同发展区28个涉厦重大项目完成投资192.7亿元。

基础设施日趋完善。新增"五个一批"项目659个、总投资5384亿元。435个市重点项目完成投资2283.3亿元，111个省重点项目投资完成率全省第一。新机场工可、用海、环评、初设等获批，航站楼主体工程和填海造地全面开工。厦门港加快建设世界一流港口，远海码头获评亚太绿色港口。地铁3号线开通运营，福厦高铁加快建设，厦门大桥拓宽改造工程顺利完工，海沧隧道建成通车。新建改造供水管网78.7公里、雨水管网64公里、天然气管道95公里、电力线路42公里。

城市管理更加精细。推进房屋安全隐患排查整治等七个专项整治攻坚战，处置"两违"953.3万平方米。完成老旧小区改造2.6

万户。完成21个道路交通安全隐患整治项目、13个路网改造提升项目，打通断头路14条，新增路外公共停车泊位10757个。新增改造公园绿地152公顷，新建及提升绿道60公里，园博苑免费开放。

乡村振兴战略深入实施。都市现代农业产业集群总收入增长7.8%。30个试点示范村和10条动线建设进展顺利。完成既有裸房整治4875栋。农村雨污分流工作加快推进，开工建设441个项目。莲花镇获评全国首批乡村旅游重点镇。

生态环境更加优美。加快中央生态环保督察反馈问题整改，信访件全部办结销号。公众生态环境质量满意度位居全省第一，空气质量综合指数在全国168个重点城市排名第六，饮用水水源地、主要流域国考、省考断面、小流域省控断面水质实现"四个100%达标"，国家"蓝色海湾"综合整治工程全面推进，土壤环境质量保持稳定。加快建设9座污水处理厂，新建改造污水管网126公里。湖里、集美获批国家生态文明建设示范区。

（四）坚持增进民生福祉，人民群众获得感明显增强

公共服务水平持续提升。建成48个中小学幼儿园项目，新增学位5万个。实验小学翔安校区、外国语学校集美校区等一批学校建成招生。中小学课后延时服务实现全覆盖。成为健康中国行动创新模式首批试点城市。厦门珠绣等4个项目获评国家级非物质文化遗产代表性项目。入选首批国家体育消费试点城市。

社会保障体系更加完善。48项为民办实事项目全部完成。城镇新增就业33.1万人，城镇登记失业率控制在年度目标范围内。上线全国医保信息平台。城乡居民基本医疗保险筹资标准提高至每人每年1140元。最低生活保障、特困人员供养、残疾人两项补贴等各类保障标准均居全省第一。建成2个镇（街）级养老服务照料中心、9

个农村幸福院，新增普惠型养老床位1472张。稳定房价，整治二手房市场，配租配售保障性住房1.9万余套（间），房地产市场平稳健康发展。

平安厦门建设不断深化。"近邻"党建模式向全国推广。食品、药品、产品质量安全形势稳中向好，消费者满意度居全国第三。粮食安全责任制考核全省领先。深入推进安全生产专项整治三年行动，安全生产形势总体稳定。常态化开展扫黑除恶斗争，坚持和发展新时代"枫桥经验"，反诈骗精准宣防模式向全国推广。

此外，国防动员、双拥共建、优抚安置工作进一步加强。民族宗教、侨务外事、档案方志、人防海防、防灾减灾、仲裁、信访、气象工作取得新进展，工会、共青团、妇女儿童、老龄、残疾人、红十字、慈善事业实现新进步。

（五）坚持依法履行政府职能，行政效能不断提升

大力弘扬伟大建党精神，深入开展党史学习教育和"再学习、再调研、再落实"活动，政府系统党的建设全面加强。不折不扣抓好中央审计、省委巡视反馈问题整改。严格落实中央八项规定及其实施细则精神，力戒形式主义、官僚主义，统筹督查增效和基层减负，文风会风不断改善，"三公"经费持续下降。自觉接受人大法律监督、工作监督和政协民主监督，认真办理市人大代表议案3件、建议283件、市政协提案449件，办复率均为100%。提请人大常委会审议法规草案9件，制定修改废止政府规章7件。做好民法典普法宣传。政府透明度指数位居全国前列，法治政府建设取得新成效。

各位代表！本届政府任期届满。过去五年，是极不平凡的五年，各种风险隐患叠加，新冠肺炎疫情大流行使百年未有之大变

局加速演进。五年来，习近平总书记对厦门关怀备至，分别就经济特区建设40周年、弘扬嘉庚精神、保护传承鼓浪屿历史文化遗产、办好"9·8"投洽会等发来贺信、作出重要指示；特别是2017年9月出席金砖国家领导人厦门会晤时，寄予我们建设高素质高颜值现代化国际化城市的殷切嘱托；2020年11月亲自宣布在厦门建立金砖国家新工业革命伙伴关系创新基地；2021年3月考察福建时，明确提出"四个更大"重要要求和四项重点任务，为我们做好工作提供了根本遵循。五年来，我们坚定不移贯彻新发展理念，有力抗击新冠肺炎疫情，有效应对国际贸易摩擦，圆满完成金砖国家领导人厦门会晤服务保障，加快建设金砖创新基地，实施"双千亿"工程，坚持抓招商促发展、抓经济促全局，各类助企纾困政策为企业减负累计超千亿，决胜全面建成小康社会取得决定性成就，更高水平建设高素质高颜值现代化国际化城市取得重大阶段性成果。一是经济规模质量效益明显提升。地区生产总值五年跨越五千亿、六千亿、七千亿三个千亿关口，历史性摆脱长期位居副省级城市末位的状况。10条产业链产值突破千亿。规上高技术产业增加值占规上工业增加值42.6%。一批百亿级先进制造业项目签约落地。3家市属国企跻身世界500强前200位。二是中心城市功能更加凸显。厦门机场国际旅客中转量位居全国第五。开通运营地铁1、2、3号线。入选全国首批港口型国家物流枢纽，集装箱吞吐量突破千万标箱、排名全球第14位。跨岛发展纵深推进，岛外建成区面积新增58.2平方公里，岛内外一体化水平实现跃升。深入实施乡村振兴战略，完成农村人居环境整治三年行动计划。闽西南协同发展区建设取得扎实成效。三是改革开放迈出重要步伐。自贸试验区累计推出创新举措498项，其中全国首创111项。完成新一轮政府机构改革。工程建设项目审批制度改革成为全国蓝本，获评全国营商环境标杆城市、首批全国法治政府建设示范市。引进外商投资企业5805家，实际使用外资111.7亿美元。外贸综合竞争力位居全国第七。国际友城增至21个，海上合作战略支点城市作用更加凸显。四是对台交流融合不断深化。累计新设台资项目3621个，实际使用台资19.7亿美元。两岸股权交易中心"台资板"挂牌台企增至1497家。打造7个国家级海峡两岸青年就业创业基地、3个国家级海峡两岸交流基地。出台首个地方版台胞台企同等待遇政策，成为惠台利民融合发展典范城市。五是民生福祉持续改善。新增中小学幼儿园学位17.6万个、医疗床位9498张。复旦中山厦门医院等3家医院入选国家区域医疗中心建设试点。获评全国居家和社区养老服务改革试点优秀地区。城镇新增就业132.3万人，城乡居民人均可支配收入稳居全省首位。累计开工建设保障性住房10.3万套、配租配售4.69万套（间）。"鼓浪屿：历史国际社区"入选世界文化遗产名录。获评平安中国建设示范市，荣获全国文明城市"六连冠"、全国双拥模范城"九连冠"。六是三大攻坚战成效显著。政府债务率处于绿色等级，金融、房地产市场风险可控，社会大局和谐稳定。获评国家生态园林城市。垃圾分类工作在全国考评中保持第一。筼筜湖综合治理等5项改革举措在全国推广。全面完成对口帮扶任务，连续四年获得全国东西部扶贫协作"好"的等次。

各位代表！成绩来之不易，这是习近平新时代中国特色社会主义思想科学指引的结果，是在市委正确领导下，在市人大、市政协的大力支持和监督下，全市人民齐心协力、砥砺奋进的结果。在此，我谨代表市人民政府，向全市人民，向全体人大代表和政协委员、各民主党派、工商联、各人民团体、无党派人士、离退休老同志和社会各界人士，向中央和省驻厦单位、驻厦人民解放军、武警部队官兵，向来厦的投资者和劳动者，向关心支持厦门发展的台港澳同胞、海外侨胞和国际友人，表示衷心感谢！

各位代表！我们要清醒认识到，前进中还面临不少困难和挑战，主要是：外部环境更趋复杂严峻和不确定，经济发展面临需求收缩、供给冲击、预期转弱三重压力；经济总量在副省级城市中规模偏小，具有市场话语权的核心产业不多，龙头企业较少；创新驱动发展作用不够明显，一流学科和创新人才不足；改革的系统性协同性还需加强，营商环境仍需进一步优化；岛内外发展不平衡，岛外产城融合程度不够高，城市管理精细化水平与群众期待仍有差距；基本公共服务均等化水平有待提高，教育、医疗、养老、住房等方面存在不少短板，社区治理还有薄弱环节；政府职能转变不够到位，有的部门回避矛盾、推诿扯皮，有些干部担当意识、责任意识不强，办事效率不高。为此，我们既要正视困难，又要坚定信心，要坚持问题导向，创新工作举措，切实补短板强弱项，推动工作再上新台阶。

二、今后五年工作思路和2022年主要工作建议

按照市第十三次党代会精神，今后五年工作总体要求是：坚持以习近平新时代中国特色社会主义思想为指导，全面贯彻党的基本理论、基本路线、基本方略，深入学习贯彻习近平总书记重要讲话重要指示精神，特别是在福建考察时的重要讲话精神和致厦门经济特区建设40周年贺信重要精神，坚定捍卫"两个确立"，坚决做到"两个维护"，紧紧围绕统筹推进"五位一体"总体布局、协调

推进"四个全面"战略布局，坚持稳中求进工作总基调，立足新发展阶段，完整准确全面贯彻新发展理念，积极服务和深度融入新发展格局，勇立潮头、勇毅前行，全面深化改革开放，加快打造高质量发展引领示范区，全方位推进高质量发展超越，更高水平建设高素质高颜值现代化国际化城市，努力率先实现社会主义现代化。

主要目标和任务是：紧盯"十四五"发展目标和2035年远景目标，推动厦门的高素质更具实力、高颜值更富魅力、现代化更增活力、国际化更有张力，把厦门建设得更加美丽、更加富裕、更加平安、更加繁荣。

——更加美丽，就是生态文明建设和城乡面貌再上新台阶。城市更加美丽时尚，乡村更具田园风光，岛内外均衡协调发展，城乡功能品质提档升级，生态文明制度基本完善，建成全国生态文明示范市。

——更加富裕，就是产业发展和人民生活水平实现新跨越。经济实力大幅提升，到2025年地区生产总值突破万亿元，全社会研发经费投入强度超过3.5%，高质量发展水平全国领先，人类发展指数达到发达国家水平，加快迈向共同富裕。

——更加平安，就是平安厦门和法治厦门建设取得新进步。社会安定稳定，治理更加高效，城市安全体系更加健全，最具安全感城市的成色更足、质量更高，法治成为核心竞争力，率先建成市域社会治理现代化示范市。

——更加繁荣，就是城市现代化和国际化水平达到新高度。创新活力更加充沛，改革开放走在前沿，市民文明素质和城市文明程度跃上新台阶，区域中心城市更具竞争力，国际知名度和影响力更加彰显，经济社会高质量发展的内生动力更加强劲，成为展示"中国之治"蓬勃生机活力的生动窗口。

各位代表！2022年是实施"十四五"规划承上启下的关键一年。我们面临严峻复杂的外部环境，同时也迎来新的发展机遇。习近平总书记要求厦门要努力率先实现社会主义现代化，省委省政府全力支持厦门建设高质量发展引领示范区。我们要牢记嘱托、务实创新、创造机遇，稳字当头、稳中求进，加强统筹协调，坚持系统观念，当好改革开放先锋，发挥辐射带动作用，努力在新时代展现新担当新作为。发展的主要预期目标为：地区生产总值增长7.5%左右，规上工业增加值增长11%，固定资产投资增长8%，一般公共预算总收入、地方一般公共预算收入分别增长7%和7.5%，社会消费品零售总额增长6.5%，外贸进出口总额增长持平，实际使用外资增长3%，居民消费价格涨幅控制在3%左右，全体居民人均可支配收入保持稳定增长，完成国家和省下达的节能减排任务。

重点做好十个方面工作：

（一）持续发扬特区精神，进一步深化改革开放

全力推进金砖创新基地建设。坚持国家所需、厦门所能、金砖国家所愿，扎实推进政策协调、人才培养、项目开发等重点任务。积极争取金砖中国年一批重大活动在厦举办。健全完善国际化专业化金砖人才培训体系，重点打造10-20个示范性培训项目。务实推进工业化、数字化等领域合作，打造一批标志性金砖项目。

全力推进自贸试验区高水平建设。积极推动自贸试验区扩区，申报设立新机场空港综合保税区。深化国际贸易"单一窗口"建设，实施大通关工程，提升跨境贸易便利化水平。推进数字自贸试验区建设，优化"数字+平台+基地"模式，做强做大14个重点平台。

全力推进重点领域和关键环节改革。加快投融资体制改革，积极推动PPP、REITs等投融资模式运用。深化财政预算管理体制改革，促进财政提质增效。推进"放管服"改革，优化审批流程和环节，提高"秒批秒办"和"免申即享"事项比重。推进商事制度改革，推动证照分离改革全覆盖。

全力打造国际一流营商环境。坚持市场化、法治化、国际化方向，持续在跨境贸易、招投标、办理破产等方面补短板优服务。推动《厦门经济特区优化营商环境条例》全面有效实施，出台数字化营商环境行动方案。加大各领域信用信息归集力度，健全信用分级分类监管机制，倡导诚信文化，营造守信氛围。

全力推进更高水平开放合作。高标准建设海上合作战略支点城市，用好投洽会等各类开放平台，深化与"一带一路"沿线国家、RCEP国家经贸合作。落实外商投资法和外资准入负面清单，提升外商投资便利化水平。发挥"侨"的优势，有效吸引跨境资金流和人流。深耕传统市场、开拓新兴市场，鼓励企业"走出去"。促进货物贸易和服务贸易协调发展，做强做大转口贸易、离岸贸易、跨境电商等新业态新模式，支持企业拓展海外仓、前置仓等新业务。扩大优质产品进口，加快建设进口贸易促进创新示范区。

（二）强化创新驱动发展，加快构建现代产业体系

建设高素质创新名城。加快厦门科学城建设，深化"双自联动"。加快建设嘉庚创新实验室、生物制品省创新实验室，筹建福建海洋创新实验室。推动一批大院大所来厦设立新型研发机构。加大科技投入，鼓励企业开展产业关键共性技术研发，推进科技成果转化。力争净增国家级高新技术企业400家。加快国家双创示范基地建设，持续打造一批专精特新、瞪羚和独角兽企业。加快建设质量强市和知识产权强市。切实将人才作为创新的核心要素，争创全国人才高地，优化人才成长环境，为人才创造施展才华的平台。

加快发展先进制造业。实施龙头企业培优扶强和企业梯度培育行动，启动一批产业基础再造工程项目，提升产业链供应链现代化水平。紧盯150家重点工业企业、165家省级增产增效企业、445家高技术制造业企业、499个在建增资扩产项目，加大服务保障力度。推动28个新建项目早日开工、95个续建项目加快建设、60个拟竣工项目早日投产。

优化发展现代服务业。加快滨北超级总部等规划建设，推动一批高能级总部企业落户。实施金融强市战略，做强做优法人金融机构，鼓励基金行业发展，培育更多上市公司，增强金融服务业竞争力。推动软件和信息服务业发展壮大，着力培育和打造软件名园名企。加快生产性服务业向专业化和价值链高端延伸，推动生活性服务业向高品质和多样化升级。

培育壮大战略性新兴产业。全力发展新一代信息技术、生物医药与健康、新材料等新兴产业，大力培育柔性电子、第三代半导体等未来产业。加快建设全国数字经济发展示范区，培育和引进一批数字化转型标杆企业。加快新型基础设施建设，尽早实现5G网络全覆盖，提高数字技术基础研发能力，打造工业互联网示范园区。大力发展海洋经济，推进海洋高新产业园区建设，打造国家海洋经济发展示范区。

持续加强招商引资。招商引资力度只能加强不能有丝毫削弱。继续把招商引资作为"一号工程"，全方位优化招商工作体制和考核机制，强化专业招商队伍建设，发挥驻外招商小组前哨和桥梁作用，把准趋势、精准发力。持续招大引强，紧盯世界500强、中国500强和行业领军企业，吸引更多优质企业落户我市。进一步创新招商方式，鼓励资本招商、基金招商、校友招商、以商招商和企业增资扩产，切实提高招商引资的针对性和实效性。

（三）强化供需同步发力，加快打造服务国内国际双循环的枢纽节点

积极服务和深度融入新发展格局。充分发挥区位和政策叠加优势，推动更多优质要素集聚，提升厦门在全球资源配置中的地位和作用。围绕"空"的优势，全力加快新机场建设，拓展国际航线网络，打造国际枢纽航空港。围绕"港"的优势，加快建设国际枢纽海港，发展多式联运，提升厦门港的辐射力。更好发挥3家世界500强国企优势，增强国有经济产业布局和资源整合效率，提升服务城市发展能力。

促进消费提质扩容。改造提升核心传统商圈，优化布局岛外商圈，培育发展新兴商圈、特色商圈。大力培育品牌消费、商旅文体会展融合消费等新型消费热点，提振新能源汽车、家电家具、餐饮住宿等消费，推动商品市场优化升级，争创国际消费中心城市。

持续扩大有效投资。抢抓中央积极扩大有效投资有利时机，更好发挥投资的关键作用。围绕抢项目，推动"十四五"规划项目加快落地建设，加速推进"两新一重"和制造业、民生补短板五大建设行动。围绕抢时间，压缩项目落地开工时间，完善"五个一批"项目推进机制，强化重大重点项目挂钩联系机制、要素保障机制、晾晒考评机制，每季度组织一批重大重点项目集中开工。围绕抢资金，发挥预算内投资等资金效益，用好专项债和产业引导基金，千方百计拓展市场化投融资渠道，以"大融资"保障"大投资"。

激发各类市场主体活力。保市场主体就是保社会生产力。继续落实领导干部挂钩重点企业机制，落实国家税收优惠政策，持续清理规范涉企收费，帮助市场主体特别是中小微企业、个体工商户减负纾困、恢复发展。加强政银企合作，用好应急还贷资金、融资增信基金，引导金融机构加大对实体经济特别是小微企业、科技创新、绿色发展的支持。优化民营经济发展环境，依法保护各类市场主体产权和合法权益。办好"企业家日"活动，构建亲清政商关系。

（四）增强综合承载能力，提升城市核心竞争力

深入推进跨岛发展。优化完善市级重大片区指挥部运行机制，加快推进岛内大提升、岛外大发展。岛外新城片区要坚持基础设施和民生社会事业规划建设标准高于岛内，推动产业发展、城市建设、生态优化和人口集聚。岛内要稳妥有序推进城市有机更新，优化盘活空间资源，加快11个片区改造提升。畅通岛内外连接，加快地铁4号线建设，实现6号线区间洞通，开工建设3号线南延段工程，加快建设翔安大桥、同安进岛通道等一批交通重点项目。科学开发利用岛内外地下空间，提高城市空间资源利用效率。

提升城市管理水平。推进城市治理体系和治理能力现代化，构建"大城管"治理格局，注重在科学化、精细化、智能化上下功夫，加快建设智慧城市。用好全国首批城市更新试点城市政策，全面推进2000年底前建成的老旧小区改造，加快建设一批"完整社

区",打造"15分钟社区生活圈"。加大城中村综合治理力度,完善"两违"综合治理体系,确保新增"两违"零增长。完成23个重点道路交通安全隐患整治项目,打通18条断头路,新增3000个以上路外公共停车泊位。新建改造园林绿地400公顷、雨水管网40公里、燃气管道60公里。加快垃圾焚烧发电厂三期等项目建设,确保垃圾分类工作继续领跑全国。

深化区域战略合作。推进厦漳泉都市圈建设上升为国家战略,推动闽西南协同发展,推进城际铁路、九龙江水源保护等一批重大协作项目,完成长泰枋洋水利枢纽工程并实现供水。加强与长三角一体化、粤港澳大湾区等国家区域重大战略对接联动。做好东西部协作和对口支援工作,推动闽宁协作再上新台阶。

（五）更好发挥对台优势,加快促进两岸深度融合

着力以通促融。发挥"台"的优势,推进两岸集成电路产业合作试验区、两岸数字经济融合发展示范区建设,鼓励台企增资扩产,做强两岸股权交易中心。持续推进厦金通电、通气、通桥项目厦门侧相关工作,建成厦金电力联网工程220千伏望嶝输变电站,加快建设大嶝岛LNG气化站及配套管道。

着力以惠促融。落实台湾同胞在大陆享受同等待遇政策,扩大对台湾专业人才职业资格认证范围,鼓励台湾同胞特别是青年朋友来大陆追梦筑梦圆梦。支持台商台企参与两岸青年就业创业基地建设。优化提升涉台服务热线、服务专窗工作质量。

着力以情促融。办好海峡论坛、工博会等重大涉台活动,发挥保生慈济文化节、郑成功文化节等民间交流活动作用,共同传承发展中华优秀传统文化,加强两岸基层和青少年交流,推动两岸同胞走近走亲、心灵契合。

（六）全面推进乡村振兴，促进城乡共同富裕

促进农业做精做优。引进培育现代农业龙头企业，发展农村电商、生态农业、乡村旅游，推进一二三产融合发展。深入推进科技特派员制度。坚决遏制耕地"非农化"、防止"非粮化"，做好粮油肉菜等重要民生商品保供稳价工作，保障好"米袋子""菜篮子"。

促进乡村宜居宜业。科学开展村庄规划编制，加大闽南传统村落、古民居和历史文化名镇名村保护力度，留住乡愁记忆。统筹推进农村雨污分流、生活垃圾处理、农房整治、厕所革命等工作，推动农村基础设施提档升级，改善农村人居环境。

促进农民更加富裕。落实承包地"三权分置"制度，促进农村土地经营权有序流转，推进农业适度规模经营。稳妥推进农村宅基地改革，落实集体预留发展用地政策。提高新型农业经营主体管理水平，推动产供销一体化，促进农民增收。

（七）持续改善生活品质，提升群众幸福指数

加强就业服务和社会保障。完善重点群体就业支持体系，保障新就业形态劳动者权益，加强就业困难人员托底帮扶，推动居民收入稳步增长。完善多层次社会保障体系，加大基本养老保险、基本医疗保险保障力度。坚持"房住不炒"，促进房地产业良性循环和健康发展。完善公租房、保障性租赁住房和共有产权房政策体系，着力解决城市新市民等住房困难问题。保障妇女、儿童、老年人、残疾人合法权益，发展社会救助、社会福利、慈善事业。

建设高质量教育体系。落实中央深化新时代教育评价改革总体方案，落实义务教育"双减"政策，深入实施教育补短扩容行动，促进学前教育普及普惠发展、义务教育优质均衡发展，进一

步提高普通高中招生比例，有力推进教育公平。建成76个中小学幼儿园项目，新增学位8万个。加快建设职业教育创新发展高地，促进产教融合。支持在厦高校"双一流"建设，加快应用型高校建设发展。

推进健康厦门建设。建成马銮湾医院、环东海域医院，启用川大华西厦门医院，新增床位2800张。加快中医药传承创新发展。推进药品耗材集中采购，健全医疗服务价格动态调整机制。突出抓好"一老一小"民生工程，实施应对人口老龄化工程和普惠托育服务专项行动计划。深入开展爱国卫生运动，倡导文明健康生活方式。加强全民健身设施建设，建成投用南北向健康步道，广泛开展群众性文化体育活动，发展"体育+"多元业态，做好2023年亚洲杯足球赛场地建设和筹备工作。

（八）聚焦软实力提升，努力打造文化强市

争创全国文明典范城市。坚持创建为民惠民靠民，培育和践行社会主义核心价值观，实施公民道德建设工程，加强网络文明建设，提升市民素质，推进新时代文明实践中心建设，推动哲学社会科学繁荣发展。巩固"爱心厦门"建设成果，推进志愿服务常态化、专业化、品牌化。把深化文明创建与补齐民生短板等重点工作结合起来，狠下功夫整治重点难点问题，持续提升城市文明水平。

争创国家历史文化名城。加快打造"文化中心"，敬畏历史、敬畏文化、敬畏生态，有序推动同安老城、中山路、集美学村等历史文化街区有机更新，推进鼓浪屿世界文化遗产和革命文物等保护修缮和活化利用。加快打造"艺术之城"，实施文艺作品质量提升工程，精心办好中国电影金鸡奖活动。加快打造"音乐之岛"，厚植音乐艺术创作和产业发展土壤。

做优做强文旅经济。坚持以文塑旅、以旅彰文,加快建设国家文化和旅游消费试点城市。推进一批重点文化旅游项目建成运营,促进文旅产业集聚发展。积极拓展国内中高端旅游市场,大力发展海洋旅游、夜间旅游、研学旅游等多元业态,打造精品旅游线路,进一步丰富文旅消费内容和场景,构建文旅发展新格局。

（九）深化生态文明建设,展现美丽厦门更高颜值

加强生态保护修复。严格落实国土空间开发保护和用途管控制度。加强国土绿化、水土保持、山海廊道生态修复,保护好海湾、湿地、山体等生态功能区和中华白海豚、文昌鱼等珍稀物种,加强生物安全监管和风险防控,提升生态系统稳定性和生物多样性。

深入开展污染防治攻坚。持续推进中央生态环保督察反馈问题整改。实施蓝天工程,抓好细颗粒物与臭氧协同治理,深化移动源、工业源和扬尘污染防控,确保空气质量在全国位居前列。实施碧水工程,落实河湖长制,全面完成污水处理"三个一百"计划,持续推进消除劣 V 类水体专项行动,建设美丽河湖。实施碧海工程,强化陆海统筹,全面推行湾(滩)长制,加强入海排放口溯源整治、海漂垃圾清理,打造美丽海湾。实施净土工程,强化土壤污染风险管控和治理修复。

有序推进碳达峰碳中和工作。深化低碳城市建设试点,制定2030年碳排放达峰行动方案。坚决遏制"两高"项目盲目发展,加快推动能耗"双控"向碳排放总量和强度"双控"转变。大力发展绿色经济,抓好制造业绿色化改造,推进用能权、碳排放权、排污权等市场化交易,争创绿色金融改革创新试验区。深化生态文明体制改革，推广绿色生产生活方式，创建国家生态文明建设示范市。

（十）深入建设平安厦门，推动社会治理体系和治理能力现代化

提升疫情常态化防控和应急处置能力。坚决贯彻"外防输入、内防反弹"总策略、"动态清零"总方针，压实"四方责任"，落实"四早"要求，毫不放松抓好常态化疫情防控。坚持人、物、环境同防，建成投用国际健康驿站，强化重点人群排查管控，严格进口冷链食品检测、消毒和追溯管理。加强疫苗接种工作，构筑人群免疫屏障。健全公共卫生服务体系，加强市区疾控队伍建设，提高基层社区疫情防控能力，更好发挥信息化在疫情防控中的支撑作用，加快杏林医院建设和发热门诊标准化改造。

加强社会治理创新。推广"近邻"党建模式，提高"大数据+网格化"治理水平，夯实基层社会治理基础。稳步推进海丝中央法务区建设，打造现代化国际化法治高地。坚持和发展新时代"枫桥经验"，加强社会矛盾纠纷多元化解，更好发挥12345政务热线作用，用心用情解决群众合理诉求。完善国防动员体系，加强双拥共建工作。常态化开展扫黑除恶斗争，争创全国禁毒示范市和全国社会治安防控体系建设示范城市。

更好统筹发展和安全。完善城市安全体系，加强经济、文化、社会、科技、网络、信息、生态等安全能力建设，防范化解各类风险挑战。维护区域金融稳定，牢牢守住不发生系统性金融风险的底线。持续提升食品药品质量安全保障水平。深入推进安全生产专项整治三年行动，狠抓建筑施工、道路交通、燃气安全、城市消防、森林防火等重点领域监管，强化隐患排查整治，坚决遏制重特大事故发生。加强应急救援力量建设，提高防灾减灾抗灾救灾能力。

三、全面加强政府自身建设

把坚持和加强党的全面领导贯穿到政府工作各方面全过程，永葆"闯"的精神、"创"的劲头、"干"的作风，不自满、不懈怠，加快转变政府职能，努力建设人民满意的服务型政府。

强化政治引领。坚定捍卫"两个确立"，坚决做到"两个维护"，不断提高政治判断力、政治领悟力、政治执行力，自觉在思想上政治上行动上同以习近平同志为核心的党中央保持高度一致。推进全面从严治党向纵深发展，认真落实意识形态工作责任制，不折不扣落实党中央国务院战略决策部署，以及省委省政府和市委各项工作部署。

严格依法行政。深入学习贯彻习近平法治思想，自觉运用法治思维和法治方式推动工作，加快建设法治政府。自觉接受人大监督、政协监督、监察监督、司法监督，加强审计监督、财会监督和统计监督，主动接受群众监督和舆论监督，办好人大代表议案、建议和政协提案。全面开展"八五"普法，完善公共法律服务体系。严格规范公正文明执法，深化政务公开，确保权力在阳光下运行。

提升行政效能。牢记政府前面的"人民"二字，深入群众、深入企业，多做化解民忧之事、多行便民暖心之举。加强学习、勤于调研，不断提升"八项本领""七种能力"。强化市区联动、部门协同，切实提高办事效率和服务水平。树牢"今天再晚也是早，明天再早也是晚"的意识，转变工作作风，主动担当作为。

加强廉政建设。严格落实中央八项规定及其实施细则精神，坚决整治形式主义、官僚主义，进一步改进文风会风，切实为基层减负。坚持过"紧日子"，持续推进节约型机关建设。深入推进党风廉政建设和反腐败斗争，营造风清气正的政治生态。

各位代表！发展依靠实干，奋斗成就梦想。让我们更加紧密地团结在以习近平同志为核心的党中央周围，高举习近平新时代中国特色社会主义思想伟大旗帜，在省委省政府和市委正确领导下，勇立潮头、勇毅前行，更高水平建设高素质高颜值现代化国际化城市，努力率先实现社会主义现代化，以实际行动迎接党的二十大胜利召开！

深圳市
政府工作报告

——2022年4月11日在深圳市第七届
人民代表大会第二次会议上

市长　覃伟中

各位代表：

现在，我代表深圳市人民政府，向大会报告政府工作，请予审议，并请各位政协委员和其他列席人员提出意见。

一、2021年以来工作回顾

2021年是党和国家历史上具有里程碑意义的一年。以习近平同志为核心的党中央团结带领全党全国各族人民，隆重庆祝中国共产党成立一百周年，胜利召开党的十九届六中全会、制定党的第三个历史决议，如期打赢脱贫攻坚战，如期全面建成小康社会、实现第一个百年奋斗目标，开启全面建设社会主义现代化国家、向第二个百年奋斗目标进军新征程。

一年来，我们坚持以习近平新时代中国特色社会主义思想为指导，全面贯彻落实党的十九大和十九届历次全会精神，深入贯彻习近平总书记对广东、深圳系列重要讲话和重要指示批示精神，在市委的正确领导下，在市人大及其常委会、市政协的监督支持下，认真落实省委"1+1+9"工作部署和市委"1+10+10"工作安排，按照市第七次党代会要求，立足新发展阶段、贯彻新发展理念、构建新发展格局、推动高质量发展，抢抓"双区"驱动、"双区"叠加、"双改"示范和建设中国特色社会主义法治先行示范城市、粤港澳大湾区高水平人才高地等重大战略机遇，统筹疫情防控和经济社会发展，深入实施经济社会发展提质增效"十大计划"，全力防范化解重大风险，较好完成市七届人大一次会议确定的年度主要目标任务，实现"十四五"良好开局，在建党一百周年交出了一份优异答卷。

——经济高质量发展迈上新台阶。积极应对新冠肺炎疫情、中美贸易摩擦等影响，实现经济发展稳中提质。全市地区生产总值3.07万亿元、增长6.7%，两年平均增长4.9%。在新增减税降费734亿元基础上，来源于深圳辖区的一般公共预算收入达1.11万亿元、增长13.5%，其中：地方一般公共预算收入4258亿元、增长10.4%。规模以上工业总产值连续3年居全国城市首位。

——改革开放释放新活力。47条创新举措和经验做法在全国推广。深圳综合改革试点首批40条授权事项全面落地，放宽市场准入24条特别措施出台。前海合作区面积扩大到120.56平方公里，"物理扩区"和"政策扩区"同步推进。进出口总额3.5万亿元、增长16.2%，其中：出口总额增长13.5%、连续29年居内地城市首位。实际利用外资109.7亿美元、增长26.3%。

——发展动能实现新提升。全社会研发投入占地区生产总值比重达5.46%。国家高新技术企业2.1万家。PCT国际专利申请量稳居全国城市首位。深圳获评国家科学技术奖13项、中国专利金奖5项。战略性新兴产业增加值占地区生产总值比重提升至39.6%，现代服务业增加值占服务业增加值比重提升至76.2%。固定资产投资增长3.7%，社会消费品零售总额增长9.6%。

——城市品质再上新水平。全市公园总数达1238个。$PM_{2.5}$年平均浓度18微克/立方米。地表水国控断面水质优良比例达83.3%，东部海域水质保持一类。机场卫星厅投入使用，机场旅客吞吐量、货邮吞吐量均居全国第三。港口集装箱吞吐量达2877万标箱、增长8.4%。赣深高铁建成通车。"新时代十大文化设施"规划建设扎实推进。深圳获评国家网络质量卓越城市。

——民生事业取得新成效。九大类民生支出3197亿元、增长12.6%，占一般公共预算支出比重70%。居民人均可支配收入7.08万元、增长8.2%。新增基础教育学位13.1万个，南方科技大学入选"双一流"。新增三甲医院7家。建设筹集公共住房9.7万套（间）、供应分配4.2万套（间）。生产安全事故、道路交通事故死亡人数分别下降9.1%、11.8%，刑事治安警情下降29.8%。

一年来，我们主要做了以下工作。

（一）坚决打好打赢疫情防控大仗硬仗。面对严峻复杂的疫情，我们坚决贯彻落实习近平总书记关于疫情防控工作的重要指示精神，落实国务院联防联控机制和省委省政府决策部署，坚持人民至上、生命至上，因时因势优化防控策略，有力有效处置了多起境外输入关联本土疫情。特别是今年3月14日至20日，在疫情防控最吃劲的关键阶段，我们迅速在全市范围内实施三轮全员核酸检测，减少一切非必要的人员流动和活动，全力保障市民生活和城市基本运行，努力用最小的代价实现最大的防控效果。系统提升疫情处置效能。始终保持应急指挥体系处于激活状态，实行扁平化管理、高效化运作，组建多部门协同联动的大流调团队，"一病例一专班"开展流调溯源，科学划定、动态调整封控区、管控区、防范区，精心做好核酸检测、医疗救治、服务保障等各项工作，做到应检尽检、应隔尽隔、应治尽治。全面筑牢外防输入防线。坚持人、物、环境同防，全面实现深港跨境货车运输"全封闭、不见面"接驳，抓实抓细入境邮件快件、境外输入物品防控，强化机场、港口、陆路口岸等高风险作业人员闭环管理，构建从"国门"到"家门"的全链条防控体系。完善"五个风险圈层"分类管控机制，实现中高风险地区来深人员落地核酸检测、健康管理全覆盖。持续强化群防群控。完善多点触发监测预警机制。建立核酸采样点"一张图"。扎实做好重点场所、重点企业、重点工程、特殊机构疫情防控工作。加强社区小区、城中村围合管理，创新推出"场所码+电子哨兵+白名单"制度。压实四方责任，分类制定疫情防控指引，分场景开展大规模培训，提高各行各业疫情防控能力和水平。加大科技抗疫力度。康泰生物新冠疫苗实现量产，市第三人民医院参与研发的我国首个抗新冠病毒特效药上市。1800多万人完成疫苗全程接种。建立智能化辅助流调和快速处置平台。高标准建成总计8000余张床位的会展北、坝光两家大型国际酒店。开展大规模助企纾困。针对今年以来疫情带来的影响，及时出台帮助市场主体纾困解难30条政策措施，在房屋租金、社保费、水电气费、金融服务等方面加大支持力度，预计可为市场主体减负750亿元，千方百计利企援企稳企安企，全力确保产业链供应链安全稳定，最大限度减少疫情对经济社会发展的影响。全力支援香港抗疫。坚持"中央要求、香港所需、深圳所能",自觉服从服务"一国两制"大局,开通铁路援港班列、货运包机航线和供港运输"海上快线",全力确保供港生活物资和医疗物资供应充足,积极配合支持建设落马洲河套应急医院和方舱医院。在广大医务人员、社区工作者、公安民警、基层干部、应急救援人员、口岸工作人员、城市运行保障人员、志愿者、新闻工作者以及全体市民的共同努力下,深圳疫情防控取得了来之不易的阶段性成果,在此向大家致以崇高的敬意,表示衷心的感谢!我们也清醒看到,深圳作为口岸城市、外贸大市、人口大市,疫情防控压力仍然巨大。我们要深刻认识疫情防控的复杂性、艰巨性、反复性,毫不动摇坚持"外防输入、内防反弹"总策略和"动态清零"总方针,坚决克服麻痹思想、厌战情绪、侥幸心理、松劲心态,贯彻从严从紧从细工作要求,迅速扑灭零星散发疫情,继续织密织牢常态化疫情防控防线,切实维护市民群众生命安全和身体健康。

(二)坚定不移深化改革开放。坚持改革不停顿、开放不止步,不断释放发展活力。深圳综合改革试点取得重要进展。城际铁路初步设计审批权、外国高端人才确认函审发权等落地实施。深交所恢复主板发行上市功能,主板和中小板合并。全国首批基础设施公募不动产投资信托基金试点等改革取得突破。首批50亿元离岸人民币地方政府债券成功发行。国际航行船舶保税燃料油加注业务顺利开展。个人破产制度、建设用地分层设立使用权制度、生态系统生产总值核算制度等一批制度创新成果率先推出。前海发展生机勃勃。出台贯彻中央全面深化前海合作区改革开放的实施方案,推进203项重点事项,编制前海新一轮总体发展规划和国土空间规划,新推出制度创新成果75项。深化前海深港合作,深港商贸物流平台、深港国际法务区、国际人才港投入使用，深港青年梦工场新孵化创业团队87家，港澳税务师等16类专业人士在前海仅需备案即可执业，前海综合保税区二期封关运作。"湾区通"工程深入实施。设立深港、深澳合作专班，强化与港澳规则衔接、机制对接，认真落实便利港澳居民在深发展18条措施。国家药监局药品和医疗器械技术审评检查大湾区分中心投入运营。"湾区经贸通""跨境理财通""港澳药械通"等项目落地。香港培侨书院龙华信义学校落成开学。皇岗口岸重建等工程扎实推进。开放型经济水平持续提升。服务贸易进出口总额增长25%，跨境贸易便利化水平全国领先。"一带一路"贸易组合枢纽港启动，深圳-万象"湾区号"中老国际班列开通。世界创新城市论坛成功举办。深圳-新加坡智慧城市合作新签约跨境电子支付等10个项目。全球招商大会签约项目金额超8200亿元，国内外市场主体持续看好深圳、选择深圳。

（三）**深入实施创新驱动发展战略**。完善"基础研究+技术攻关+成果产业化+科技金融+人才支撑"全过程创新生态链，着力提升"五力"、打造"五地"。基础研究能力稳步提升。综合性国家科学中心、鹏城实验室建设取得新进展。深圳湾实验室、人工智能与数字经济省实验室建设扎实推进。光明科学城、西丽湖国际科教城、河套深港科技创新合作区等建设进展顺利，脑解析与脑模拟等科技基础设施完成主体建设，深港澳芯片联合研究院等27个科研项目落户河套。关键核心技术攻关深入开展。国家高性能医疗器械创新中心投入运营，国家第三代半导体技术创新中心、国家5G中高频器件创新中心获批建设。166个关键核心技术攻关项目稳步实施，半导体检测、数控机床等领域技术攻关取得新进展。国内发明专利授权量增长45%。科技成果产业化积极推进。出台促进科技成果产业化38条，试行赋予科研人员职务科技成果所有权或长期使用权。完善国家高新区管理体制机制。建成工程生物产业创新中心等中小试基地。新增4家国家级科技企业孵化器。全市技术合同交易额增长57%。科技金融深度融合。科技型企业贷款余额增长39.4%。新增风投创投机构46家，天使母基金累计投资初创项目504个。专利质押登记金额115亿元、增长18.6%。新发行知识产权证券化产品金额55亿元，融资规模居全国城市首位。创新人才加速汇聚。新当选两院院士4人，新增全职院士20人、总数达74人。新引进高层次人才4500人。31人入选全球"高被引科学家"名单。研究与试验发展人员全时当量达34.6万人年，居全国城市首位。首届西丽湖论坛等活动成功举办。今天的深圳，正加快成为全球优秀科学家和创新人才的向往之地。

（四）构建面向未来的现代产业体系。瞄准世界科技和产业发展前沿，系统谋划战略性新兴产业、未来产业发展规划和先进制造业园区空间规划，出台推动制造业高质量发展28条，建立697家骨干企业专项服务小组，提升现代产业发展能级。战略性新兴产业引领作用更加凸显。衔接国家、省规划部署，研究制定宽带通信与新型网络、半导体与集成电路、生物医药等产业行动计划，前瞻布局合成生物、量子信息、深地深海等未来产业，建立"六个一"工作体系。战略性新兴产业增加值1.21万亿元，软件与信息服务、新能源、智能网联汽车等细分产业增加值保持两位数增长，新一代信息通信、先进电池材料等4个集群入选国家先进制造业集群。制造业竞争力稳步增强。工业增加值突破1万亿元、增长5%，工业投资1372亿元、增长27.1%。新增规模以上工业企业1769家，新增国家级专精特新"小巨人"企业134家、国家制造业单项冠军企业19

家。中国电子集团总部落户。荣耀3C产品线等建成投产，华星光电T7项目一期达产，中芯国际芯片生产线扩产等项目加快推进，比亚迪深汕汽车工业园、重投天科第三代半导体等开工建设。现代服务业快速发展。现代服务业增加值增长7.5%。金融业增加值增长7.6%，境内外上市公司增加47家、总数达495家，持牌金融机构增加23家，制造业贷款、绿色信贷、中小微企业贷款余额分别增长13.3%、28.6%、20.6%，金融服务实体经济能力不断增强。现代物流业增加值增长9.8%。科学研究和技术服务业营业收入增长14%。新增6家国家级工业设计中心，深圳获评全国工业设计示范城市。

（五）高水平推进城市规划建设管理。牢牢把握"一个尊重、五个统筹"的城市发展要求，扎实推进宜居城市、枢纽城市、韧性城市、智慧城市建设。城市环境更加宜居。高标准规划建设深圳湾超级总部基地、香蜜湖新金融中心等重点区域。新建改造公园32个，实现莲花山公园、笔架山公园连通，建成盐田半山公园带等公园。新增碧道210公里，全线开放大沙河生态长廊。打通断头路30条。新增停车泊位21万个。新增非机动车道530公里。新建改造公厕712座。城市枢纽功能更加完善。机场三跑道建设扎实推进。深圳获批建设港口型国家物流枢纽，盐田港东作业区集装箱码头工程开工，小漠国际物流港一期开港运营。深大城际、深惠城际大鹏支线等项目开工，首条全自动驾驶地铁20号线一期开通运营。外环高速二期、坪盐通道、南坪快速二期、沙河西路快速化改造等项目建成通车。城市运行更具韧性。全社会用电量、供电量均突破1000亿千瓦时，最高用电负荷突破2000万千瓦，光明燃机电源基地、大唐国际宝昌燃气热电扩建等项目开工建设。实施"瓶改管"攻坚计划，清除液化气瓶61万个，新建市政中压燃气管网142公里，新增管道天然气用户114万户。消除城市易涝积水点102个，新增海绵城市面积60平方公里。有效应对"狮子山"等台风。妥善处置赛格大厦振动事件。城市治理更加智慧。建成国家新型互联网交换中心，新建5G基站5018个、多功能智能杆7106根，深汕特别合作区在全国率先实现农村5G网络全覆盖。"i深圳""深i企"注册用户分别超过1600万、180万。新增居住证申领等"无感申办"事项209项，新增居民身份证补领、在园儿童健康成长补贴申请等"秒批"事项336项。

（六）巩固提升生态环境质量。牢固树立绿水青山就是金山银山理念，突出精准治污、科学治污、依法治污，实施"三线一单"生态环境分区管控制度，推动生态文明建设取得新成效。空气质量稳步提升。空气质量稳居国内超大城市第一。出台应对不利天气落实强化减排措施的指导意见，全面实施机动车国六排放标准，完成300家挥发性有机物重点企业销号式整治。新增新能源汽车14.8万辆、总量达54.4万辆，新能源汽车渗透率40.9%。出台推进城市天然气事业高质量发展实施方案，天然气等清洁能源占比提升0.7个百分点，深圳港LNG接卸量增长25.3%、接卸量居全国首位。严格执行船舶进港低硫油使用标准，推动建设工地非道路移动机械油品直供。水环境质量持续改善。新增污水管网65公里、修复136公里，新增污水集中处理能力34万吨/日。污水处理总量增长4.6%，进厂生化需氧量浓度提高8.3%，污水集中收集率提高8.1个百分点。310条河流按河长计算优良水体比例提高22.8个百分点。近岸海域水质稳中有升，西部海域无机氮平均浓度下降9.2%。深圳湾红树林湿地修复工程获评全国十大生态修复典型案例。茅洲河、大鹏湾入选全国美丽河湖、美丽海湾案例。绿色低碳发展走在前列。完成国家"无废城市"建设试点任务，新增固体废弃物综合利用能力3.8万吨/日，生活垃圾回收利用率提升至45.6%。新增装配式建筑面积1500万平方米、绿色建筑面积1887万平方米，绿色建筑发展竞争力指数居全国城市首位。成功举办深圳国际低碳城论坛。盐田国际集装箱码头获评亚洲最佳绿色集装箱码头。大鹏新区获评全国"绿水青山就是金山银山"实践创新基地。

（七）**不断增进民生福祉。**坚持以人民为中心的发展思想，聚焦"民生七有"，打造民生幸福标杆。教育事业发展提速。推出基础教育综合改革20条，新改扩建中小学、幼儿园151所，认真落实"双减"政策，率先开展课后延时服务，深圳在全省履行教育职责评价中连续3年获评珠三角城市第一名。深圳大学新增7个博士点，7所高校入选省新一轮高水平大学建设计划。全新机制创新创业学院开始招生。部省共建深圳职业教育创新发展高地正式启动。医疗卫生水平持续提升。新增2家省高水平医院，新增2个国家临床重点专科，新引进31个高层次医学团队。香港大学深圳医院入选国家公立医院高质量发展试点医院，国家癌症中心南方分中心落户，中山大学附属七院二期、中国医科院阜外深圳医院二期等项目开工。新增社康机构91家、全科医生2112名。冠心病等52种疾病门诊费用纳入医保统筹基金报销，异地就医直接结算在定点医院实现全覆盖。住房供应保障力度加大。率先建立二手房成交参考价格发布机制，实施大规模住房建设计划，促进房地产市场平稳健康发展。供应住宅用地3.63平方公里、增长23.9%，新开工住房面积1528万平方米。基本建成光明长圳等30个公共住房项目，建筑面积220万平方米、增长55%。改造筹集租赁住房11.7万套（间）。完成64个老旧小区改造。社会保障能力不断增强。新增就业18万人。最低工资标准、最低生活保障标准分别提升至2360元/月、1300元/月。完成737户老年人家庭适老化改造。新增普惠性托育机构30家、托幼一体化幼儿园35所。助力对口地区如期全面建成小康社会,扎实做好援藏援疆、与广西东西部协作、省内对口帮扶等工作,投入财政资金51.4亿元,实施帮扶项目461个,促进巩固拓展脱贫攻坚成果同乡村振兴有效衔接。

(八)进一步增强文化软实力。坚持举旗帜、聚民心、育新人、兴文化、展形象,围绕庆祝建党一百周年举办系列活动,推动城市文明焕发新活力,深圳在全国文明城市年度测评中位居省会、副省级城市第二。文化事业繁荣发展。改革开放精神、特区精神入选中国共产党人精神谱系,中国共产党与世界政党领导人峰会深圳分会场活动成功举办。交响套曲《我的祖国》等2部作品入选国家优秀舞台艺术作品展演,《英雄颂》《灯火里的中国》等精品力作广受好评。"十大特色文化街区"改造提升全面完成。国深博物馆、深圳创意设计馆、湾区书城开工,深圳音乐学院揭牌,滨海演艺中心启用。文博会、"湾区升明月"中秋电影音乐晚会等活动精彩纷呈。旅游品质不断提升。新推出"改革开放再出发"等6条红色旅游精品线路。全球最大的乐高乐园落户,金沙湾国际乐园、"湾区之光"摩天轮开放运营。新建改造绿道60公里,新增郊野径260公里。梧桐山国家森林公园入选省十大最美森林旅游目的地。华侨城旅游度假区获评首批国家级文明旅游示范单位。沙井古墟新生项目获联合国教科文组织亚太地区文化遗产保护奖。体育事业加快发展。深圳运动员在东京奥运会、第十四届全运会上取得优异成绩。国家田径队、冰球队训练基地落户。深圳获批建设全国足球发展重点城市。首届"湾区杯"中国围棋大棋士赛成功举办。市青少年足球训练基地一期、海滨生态体育公园等建成使用。福田、南山、罗湖等区实现学校、社会体育设施"开放共享、一键预约"，开通仅4个月累计参与人次超200万，市民群众健身更便捷。

（九）**全面推进法治先行示范城市建设**。深入践行习近平法治思想，出台建设法治先行示范城市五年实施方案，进一步提升法治深圳建设水平。法治政府建设扎实推进。坚持依法行政，提请市人大及其常委会审议法规草案14件，制定政府规章6件。完善政府法律顾问制度。推进行政复议体制改革。完成街道综合行政执法改革。包容柔性执法经验在全国复制推广。深圳位居法治广东建设考核第一名。法治化营商环境优势更加凸显。依法实施最严格的知识产权保护，率先建立知识产权侵权惩罚性赔偿制度。挂牌成立粤港澳大湾区国际仲裁中心。设立全国首家个人破产事务管理机构。首创市场主体除名制、依职权注销制。成功创建国家社会信用体系建设示范区，城市综合信用指数位居全国前列。推进城市合规体系建设，率先实施公平竞争独立审查机制试点。社会治理法治化水平不断提升。完善公共法律服务体系，建立全省首个涉外公共法律服务中心，建成49家法治宣传教育基地。依法化解社会矛盾，深入开展群众诉求服务工作，信访总量下降11%。推进市域社会治理现代化试点，加强平安深圳建设，常态化开展扫黑除恶斗争，依法严厉打击电信网络诈骗等违法犯罪，福田区获评"平安中国建设示范县（区）"，群众安全感居全省第一。

（十）**持续加强政府自身建设**。认真贯彻新时代党的建设总要求，学懂弄通做实习近平新时代中国特色社会主义思想。全面加强政府系统政治建设。始终把旗帜鲜明讲政治放在首位，深入学习贯彻党的十九届六中全会精神，深刻认识"两个确立"的决定性意义，忠诚拥护"两个确立"，进一步增强"四个意识"、坚定"四个自信"、做到"两个维护"，不断提高政治判断力、政治领悟力、政治执行力，始终在思想上政治上行动上同以习近平同志为核心的党中央保持高度一致。扎实开展党史学习教育。深入学习习近平总书记"七一"重要讲话精神，认真学习党史、新中国史、改革开放史和社会主义发展史，做到学史明理、学史增信、学史崇德、学史力行，做到学党史、悟思想、办实事、开新局。积极开展"我为群众办实事"实践活动，完成年度民生实事、151项重点民生项目和1万余件"民生微实事"，着力推动解决噪声扰民等一批市民关心的问题。持续转变政府作风。自觉接受人大依法监督和政协民主监督，办理市人大代表建议788件、市政协提案567件。深入推进党风廉政建设和反腐败斗争，严格落实中央八项规定及其实施细则精神，持之以恒纠治"四风"，强化审计监督，规范权力运行。此外，统计、档案、民族、宗教、对台、侨务、双拥、人防、打私等工作取得新进展。

各位代表，过去一年取得的成绩，是习近平新时代中国特色社会主义思想科学指引的结果，是党中央国务院、省委省政府和市委坚强领导的结果，是在市人大及其常委会、市政协监督支持下，全市人民凝心聚力、共同奋斗的结果。这里，我代表深圳市人民政府，向全市人民，向各位人大代表、政协委员，向各民主党派、各人民团体、各界人士，向中央和省驻深单位，向驻深部队官兵，向关心支持深圳改革发展的港澳台同胞、海外侨胞和国际友人，表示衷心的感谢！

我们也清醒认识到，深圳发展还存在一些挑战和不足。一是外部环境更趋复杂严峻和不确定，疫情影响较大，经济发展面临需求收缩、供给冲击、预期转弱三重压力，部分中小微企业、个体工商户生产经营困难。二是解决关键核心技术"卡脖子"问题还需要时间，产业链供应链稳定性和竞争力有待进一步提升。三是产业发展后劲和附加值还需增强，制造业增加值占地区生产总值比重仍然呈下滑态势。四是公共服务供给还存在短板，义务教育优质均衡水平有待进一步提升，高水平医院还不够多，新市民、青年人住房压力大。五是恒大集团等个别房地产企业债务风险较高，局部金融风险不容忽视。对此，我们要直面挑战、正视不足，采取有力措施加以解决。

二、2022 年工作安排

今年将召开党的二十大和省第十三次党代会，做好今年工作意义重大、责任重大。我们要始终牢记习近平总书记、党中央赋予深圳的新时代历史使命，胸怀"两个大局"、心怀"国之大者"，坚定不移把"两个确立"转化为做到"两个维护"的思想自觉、政治自觉、行动自觉，确保政府各项工作始终沿着习近平总书记指引的方向奋勇前进。

今年政府工作的总体要求是：以习近平新时代中国特色社会主义思想为指导，全面贯彻落实党的十九大和十九届历次全会及中央经济工作会议精神，深入贯彻习近平总书记对广东、深圳系列重要讲话和重要指示批示精神，弘扬伟大建党精神，加强党的全面领导和党的建设，坚持稳中求进工作总基调，立足新发展阶段，完整、准确、全面贯彻新发展理念，努力成为构建新发展格局的先行示范者，全面深化改革开放，坚持创新驱动发展，推动高质量发展，坚持以供给侧结构性改革为主线，统筹疫情防控和经济社会发展，统筹发展和安全，按照省委十二届十五次全会和省委"1+1+9"工作部署要求，贯彻落实市第七次党代会、市委七届三次全会精神和市委"1+10+10"工作安排，充分发挥"双区"驱动、"双区"叠加、"双改"示范效应，加快建设中国特色社会主义法治先行示范城市和粤港澳大湾区高水平人才高地，继续做好"六稳"、"六保"工作，持续改善民生，保持经济运行在合理区间，保持社会大局稳定，迎接党的二十大胜利召开。

今年经济社会发展主要预期目标是：地区生产总值增长6%左右，地方一般公共预算收入增长5%，规模以上工业增加值增长5%，城镇调查失业率控制在5.5%以内，居民消费价格涨幅控制在3%左右，居民人均可支配收入稳步增长，完成节能减排目标任务。

今年已经过去3个多月，我们将坚定信心、迎难而上，抢抓机遇、主动作为，在慎终如始抓好常态化疫情防控的前提下，实施推动经济社会高质量发展"十大计划"，全力完成全年经济社会发展目标任务，不断开创深圳改革发展新局面。重点做好以下十个方面工作。

（一）抢抓"双改"示范重大机遇，纵深推进改革开放

以深圳综合改革试点牵引全面深化改革。用好"实施方案+授权清单"全新改革方式，全面完成首批授权事项，推动出台第二批授权事项清单。认真落实放宽市场准入24条特别措施，有序放宽和优化先进技术、金融投资、医疗健康等领域准入限制。落实中央关于加快建设全国统一大市场的意见，推进公平竞争政策实施，加强反垄断和反不正当竞争。依法加强对资本的有效监管，支持和引

导资本规范健康发展。深化金融业改革开放。推进科技体制改革。建设基础教育综合改革实验区。探索拔尖创新人才培养机制。创新国际性产业与标准组织管理制度。争取发起设立世界创新城市合作组织。推动长期护理保险制度落地。深化国土空间规划实施机制改革，推进深汕特别合作区农村土地制度改革。完成区域性国资国企综合改革试验任务。

全面深化前海合作区改革开放。坚持依托香港、服务内地、面向世界，抓住"扩区"和"改革开放"两个重点，推动金融开放、法律事务、服务贸易、人才引进等政策覆盖扩区后全部区域，探索行政区和经济区适度分离下的新型管理体制，争取前海合作区新一轮总体发展规划获批，打造全面深化改革创新试验平台和高水平对外开放门户枢纽。推进现代服务业创新发展，深化与港澳服务贸易自由化。出台前海国土空间规划，高水平建设深港国际金融城、"互联网+"未来科技城、会展海洋城、蛇口国际海洋城。建设跨境贸易大数据平台、粤港澳大湾区保险服务中心。打造国际法律服务中心和国际商事争议解决中心。

深化深港澳更紧密合作。全面准确贯彻"一国两制"方针，深入实施"湾区通"工程，推进基础设施"硬联通"、规则机制"软联通"。积极对接香港发展规划，高水平规划建设深港口岸经济带、沙头角深港国际旅游消费合作区，推进皇岗口岸重建，推进沙头角口岸规划重建和罗湖口岸等片区升级改造，优化深圳湾口岸功能，开展前海口岸、港深西部铁路规划研究，拓展深港合作新空间。加强与港澳在科技创新、产业发展、社会民生等领域对接合作，提升深港澳市场一体化水平，扩大港澳专业资质认定范围，高品质打造港澳青年创新创业基地，支持港澳更好融入国家发展大局。

积极推动区域协调发展。深入实施"东进、西协、南联、北拓、中优"发展战略,加大对原特区外区域的支持力度。主动融入"一核一带一区"建设,推动出台深圳都市圈发展规划,推进广深"双城联动",积极参与广深港澳科技创新走廊建设,促进珠江口东西两岸融合互动,深化与汕头、潮州协作。落实乡村振兴战略,支持深汕特别合作区打造都市乡村示范带。深入开展援藏援疆工作,深化与广西东西部协作,扎实推进与哈尔滨对口合作,做好汕头、河源、汕尾驻镇帮镇扶村工作,努力为全国全省发展作出更大贡献。

(二)发挥全过程创新生态链整体效应,建设具有全球影响力的科技和产业创新高地

着力提升原始创新能力。强化战略科技力量,探索新型举国体制深圳路径,高标准建设综合性国家科学中心、鹏城实验室,推进国家应用数学中心、粤港澳大湾区量子科学中心、深圳湾实验室等重大创新平台建设。打造世界一流的光明科学城,推进脑解析与脑模拟、合成生物研究等科技基础设施建设,开工建设鹏城云脑Ⅲ、超算中心二期等设施。建设国际科技信息中心。完善科技基础设施和仪器设备共建共享共用制度。实施基础研究十年行动计划,持续加大基础研究投入,力争基础研究占全社会研发投入比重提高到5%以上。我们要保持定力、久久为功,把"卡脖子"的压力转化为推动高水平科技自立自强的强大动力,努力实现更多从"0"到"1"的突破,推动深圳创新发展再上新水平。

着力提升协同创新能力。发挥深圳产学研深度融合的优势,促进创新链、产业链、教育链、人才链协同。强化科技产业协同,高标准建设国家第三代半导体技术创新中心、国家5G中高频器件创新中心、国家高性能医疗器械创新中心，支持龙头企业牵头组建创新联合体，新开展50个以上关键核心技术攻关项目。强化科技教育协同，高起点建设西丽湖国际科教城、大运深港国际科教城，继续高质量办好深圳大学、南方科技大学、香港中文大学（深圳）、中山大学·深圳、深圳北理莫斯科大学等高校，提升深圳技术大学办学水平，推进深圳理工大学建设，筹建海洋大学、香港大学（深圳），开工建设天津大学佐治亚理工深圳学院，办好全新机制创新创业学院。强化科技人才协同，培育引进战略科技人才、科技领军人才、青年科技人才和高水平创新团队，培养更多高技能人才，继续办好国际人才交流大会，打造高水平人才高地。

着力提升开放创新能力。主动融入全球创新网络，支持跨国公司在深圳设立研发中心，建设知识产权和科技成果产权交易中心，充分发挥高交会、西丽湖论坛等平台作用，集聚全球创新资源。打造国际创投中心，创建国家科创金融改革创新试验区，出台支持风投创投发展政策，建设福田香蜜湖、南山深圳湾、前海桂湾等国际创投集聚区，吸引更多全球创新资本。推动出台河套深港科技创新合作区深圳园区发展规划，携手香港实施联合政策包，试点实施深港机制衔接的科研管理体制，改造筹集15万平方米科研空间，建成深港联合科技创新园，打造开放创新先导区和国际规则对接区。推进前海合作区科技发展体制机制改革创新，联合港澳高校和科研机构共建新型研发机构，推动香港城市大学重点实验室落地，促进与港澳创新资源高效对接联通。

（三）坚持制造业立市之本，增强现代产业体系竞争力

做强战略性新兴产业。落实"六个一"工作体系，健全"链长制"，完善金融支持战略性新兴产业政策体系，力争战略性新兴产业增加值达1.3万亿元。巩固宽带通信与新型网络、软件与信息服务、智能终端、超高清视频显示等产业发展优势，补齐半导体与集成电路、智能传感器等产业短板。提升生物医药、高端医疗器械、大健康产业发展能级。增强工业母机、精密仪器设备、智能机器人等产业创新能力。培育新能源、智能网联汽车、安全节能环保等新增长点。壮大前沿新材料、先进高分子材料等新材料产业。推进海工装备、海洋电子等海洋产业高端化发展，建设全球海洋中心城市。分类梯次培育发展未来产业，开展前沿技术研发，开辟战略性新兴产业发展新蓝海。

扎实推进先进制造业园区建设。坚持集中连片、集约节约，突出高端制造，推动宝安燕罗、龙岗宝龙、龙华九龙山、坪山高新南、光明凤凰、深汕智造城等20个先进制造业园区建设提速，推进产业业态升级。加大园区土地连片整备力度，实施区域生态环境评价，建设一批定制化厂房。创新园区运营管理模式，以数字化赋能产业园。坚持招大商、招好商、招优商，聚焦战略性新兴产业，强化精准招商、产业链招商、以商招商，高质量办好全球招商大会，引进一批重大先进制造业项目。我们要通过不懈努力，稳住制造业的基本盘，让制造业空间得到更好保障，让搞实体经济的企业更有信心、更有希望。

全力推动重大工业项目落地。加大以先进制造业为主的工业投资力度，建成投产中芯国际12英寸线、华星光电T7二期等项目，开工建设5个百亿级、10个三十亿以上重大工业项目，全面完成工业园区转供电改造，全年工业投资增长12%以上。推进先进制造业与工业互联网深度融合创新，推动制造业数字化转型发展，打造一批灯塔工厂，建设国家人工智能创新应用先导区和国家数字经济创新发展试验区。促进先进制造业与现代服务业融合发展，发展工业设计、产业互联、专业服务等生产性服务业，推动服装、家具、钟表、黄金珠宝、眼镜等优势传统产业转型升级，打造"深圳质量""深圳标准""深圳设计"，打响"深圳品牌"。

着力提升市场主体质量。健全市场主体梯度培育体系，落实培育壮大市场主体30条，扎实推进"个转企""小升规""规做精""优上市"，实施企业上市发展"星耀鹏城"计划。新增商事主体50万户，新增"个转企"2500家、"小升规"工业企业2000家，新增国家高新技术企业500家、国家级专精特新"小巨人"企业100家，新增境内外上市公司30家以上，新培育"独角兽"企业5家。继续办好亚太经合组织中小企业工商论坛。持续加大金融服务实体经济力度，强化投贷联动，新增小微企业首贷户2万户、普惠小微企业贷款2000亿元以上。我们要全力落实减税降费各项政策措施，服务企业、放水养鱼，让千千万万的市场主体活力迸发。

（四）实施扩大内需战略，增强畅通国内国际双循环功能

加大高质量投资力度。完善重点投资项目指挥部机制，坚持保投产、保续建、促新开、增固投，加大优质固投项目储备力度，提升投资全过程管理水平，全年固定资产投资增长5%。落实国家基础设施高质量发展试点要求，适度超前布局交通、能源、水利、市政、信息等基础设施，全年基础设施投资2200亿元、新型基础设施投资1000亿元。扎实推进深圳湾超级总部基地、香蜜湖新金融中心、北站国际商务区、笋岗–清水河片区、光明科学城中心区、空港新城、盐田临港产业带、坪山燕子湖、坝光国际生物谷等20个重点片区规划建设，力争重点片区投资超过2000亿元。健全多元化投融资渠道，争取扩大地方政府专项债券、离岸人民币地方政府债券规模，发行并储备一批基础设施公募不动产投资信托基金项目，推动设立国家级民航业发展混合所有制改革基金。

打造国际消费中心城市。出台建设国际消费中心城市的政策措施，深入开展十大消费行动，促进消费扩容提质，全年社会消费品零售总额突破1万亿元。活跃提升商圈经济，推进福田中心商业区、后海超级商业区等建设，高标准改造提升东门步行街，打造一批特色步行街和夜间经济示范区。壮大消费新业态、新模式，新引进设立知名品牌首店、旗舰店、新概念店230家，发展定制消费、时尚消费、体验消费，培育引进电商平台，扩大网络零售规模。促进传统大宗消费提档升级，扩大汽车、信息、文旅体展等消费，建设文化艺术品拍卖中心。拓展数字人民币应用场景。办好"深圳购物季"等活动，在做好疫情防控的前提下支持接触性消费恢复，不断释放消费新潜力。

建设国际贸易中心城市。实施贸易高质量发展"十大工程"，抓住区域全面经济伙伴关系协定实施机遇，拓展东盟等"一带一路"沿线市场，提高一般贸易和服务贸易比重，创建国家进口贸易促进创新示范区，全年进出口总额增长2%。建设电子元器件和集成电路国际交易中心、大豆离岸现货交易平台、国际珠宝玉石综合贸易平台。开展国际航行船舶保税液化天然气加注业务，打造全球液化天然气加注中心。大力发展数字贸易等外贸新业态，推进跨境电商综合试验区建设，鼓励共建共享优质海外仓，扩大市场采购贸易规模。推动贸易便利化自由化，积极申报深圳空港综合保税区，高标准建设前海蛇口自由贸易试验片区，拓展国际贸易单一窗口功能，探索口岸监管创新集成。推动外资高质量发展，实际利用外资100亿美元。

（五）坚持人民城市人民建、人民城市为人民，以绣花功夫规划建设管理好城市

建设一流的宜居城市。高标准编制实施面向2035年的国土空间总体规划，统筹生产、生活、生态三大布局，完善城市体检评估机制，加强生物多样性保护。深入开展国土空间提质增效计划，提高土地集约节约利用水平，整备土地9平方公里。建设公园城市，实施"山海连城"计划，贯通"一脊一带二十廊"城市生态脉络，新建改造公园20个、碧道270公里。深刻吸取广州市大规模迁移砍伐城市树木问题教训，敬畏历史、敬畏文化、敬畏生态，推进城市有机更新和科学绿化，加强历史文化街区和历史建筑保护，全面推行林长制，加强古树名木保护，坚决防止出现急功近利、大拆大建等破坏性"建设"。

建设一流的枢纽城市。优化深港跨境运输方式，在确保疫情防控安全的前提下，有序扩大深港水路、陆路货物运输量。推进机场三跑道、T2航站楼建设，培育一流的主基地航空公司。推进盐田港东作业区集装箱码头等建设，开工平盐铁路电气化改造工程。推进深江铁路、深汕铁路、深惠城际、深大城际等项目建设，打造西丽枢纽等一体化建设示范项目，开展广深第二高铁前期工作。开通地铁12、14、16和6号线支线，加快编制上报轨道交通五期建设规划。建成桂庙路快速化改造一期、盐港东立交等项目，推进深中通道、机荷-惠盐高速改扩建、春风隧道、妈湾跨海通道、东部过境高速等在建工程，开工宝鹏通道、侨城东路北延、沙河东路北延、盐坝高速市政化改造等项目，开展罗沙路复合改造、外环高速三期等项目前期工作。新增非机动车道300公里，打通断头路20条，优化医院、公园等重点区域停车管理。

建设一流的韧性城市。推进珠三角水资源配置工程，开工罗田水库-铁岗水库输水隧洞、公明水库-清林径水库连通、西丽水库-南山水库原水管、沙湾河深圳水库截排、深汕特别合作区供水工程等项目，加快开展新丰江引水工程研究。实施水库除险加固工程。推进自来水厂优化整合和深度处理改造。完成500个居民小区优质饮用水入户工程，改造老旧市政供水管网65公里。实施老旧城市燃气管道改造提升工程，全面推进"瓶改管"，清除液化气瓶60万个，实现福田、罗湖、盐田、南山"清瓶"，新增管道天然气用户40万户，管道燃气普及率提高到75%。强化初级产品供给保障，落实最严格的耕地保护制度，建设海吉星"菜篮子"小镇和国际食品谷，推进粮食储备库建设。

建设一流的智慧城市。以"新城建"对接"新基建"，打造"双千兆"、全光网标杆城市和全频段、全制式无线宽带城市，逐步建成数字孪生城市和鹏城自进化智能体。推进汽车互联智能感知网络、电动车充换电网络、无线政务专网、低时延大数据中心等建设。上线城市信息模型基础平台，建立基于建筑信息模型的投资项目审批平台，制定应用标准体系，开展多场景智能化深度应用，消除各类信息"孤岛"。推进数字政府改革建设，深化政务服务"一网通办"、政府治理"一网统管"、政府运行"一网协同"，拓展"i深圳""深i企""深治慧""深政易"平台功能，完善民生诉求服务平台，推动更多政务服务"免证办"、更多惠企政策"免申即享"，实现政务服务事项80%以上"全市域通办"、90%以上"掌上办"，推进健康码、乘车码等"多码合一"，努力让市民、企业办事少跑腿、不折腾、更省心。

（六）践行习近平生态文明思想，深入打好污染防治攻坚战和生态文明建设持久战

构建现代环境治理体系。持续改善大气质量，加强细颗粒物和臭氧协同控制，强化挥发性有机物和氮氧化物协同减排，全面完成天然气锅炉低氮改造，有序推进港口作业机械、泥头车、环卫车辆等新能源化，新增新能源汽车11.5万辆，$PM_{2.5}$年平均浓度18微克/立方米、力争更好。推动水环境治理向"全面达优"迈进，完善河湖长制，推进污水集中收集率和进厂生化需氧量浓度"双提升"，修复改造破损管网，建成投产5座水质净化厂，新增污水处理能力62.8万吨/日，污水集中收集率提高到85.0%以上。开展重点海域综合治理攻坚，推动西部海域水质逐步消除劣四类。实施"宁静行动"，加大噪声综合治理力度。全面推进生态环境领域"一网统管"建设，不断提升监测、执法能力。

构建绿色低碳循环发展体系。出台碳达峰实施方案，实施重点行业领域降碳行动，推动能耗"双控"向碳排放总量和强度"双控"转变，打造一批近零碳排放试点工程，提升深圳国际低碳城发展水平。推进固体废弃物减量化、无害化、资源化处理，开工建设龙华、光明能源生态园，完成平湖能源生态园二期提升改造，推进深汕生态环境科技产业园建设。出台推动城市建设绿色发展、建筑业高质量发展的政策措施，打造现代建筑业生态智谷，新增装配式建筑面积1500万平方米、绿色建筑面积1600万平方米。倡导简约适度、绿色低碳的生活方式，推进节水、节地、节材、节能，健全水电气和垃圾处理等公用事业价格机制，加强生活垃圾分类，坚决纠治餐饮浪费行为，让节约成为社会新风尚。

构建现代能源体系。坚持"适度超前、避免紧平衡"，加强能源保供，理顺能源管理体制，优化能源结构，力争清洁能源占比提高1个百分点。推进国家管网深圳LNG应急调峰站、天然气储备与调峰库二期等项目建设，打造大鹏LNG走廊。建成大唐国际宝昌燃气热电扩建项目，推进光明燃机电源基地建设，开工建设妈湾电厂升级改造一期、东部电厂二期。建成深圳中西部受电通道，推动藏东南清洁电东送深圳。因地制宜推进海上风电、分布式光伏、氢能等项目。建设数字电网，打造新型电力系统。实施老旧变电站升级改造，推进110千伏架空线下地改造。优化油气长输管道布局，推进老旧油库迁移。

（七）着力保障和改善民生，构建共建共治共享共同富裕的民生发展格局

办好人民满意的教育。完善教育经费保障、校长教师发展、教育教学研究、监测评价督导4个体系，创建全国义务教育优质均衡发展区，推进集团化办学，努力让优质教育资源惠及更多家庭和孩子。完善标准规范，新改扩建幼儿园、中小学校178所，建成坪山、光明、龙岗高中园，加快深汕高中园建设，新增基础教育学位20万个。加大名校长、名园长、骨干教师培养引进力度。促进民办教育优质特色转型发展、国际教育规范发展。深入开展"双减"工作，推动体教融合、卫教融合、艺教融合，加大科普力度，加强卫生健康和心理健康教育。出台高等教育学科发展指导意见，推进高等教育高水平有特色发展。推动深圳职业技术学院、深圳信息职业技术学院建成本科层次职业院校。

建设更高水平的健康深圳。坚持医疗、医保、医药、医教联动，健全公共卫生、医疗服务、医护人员发展、卫生健康经费保障4个体系。推进市新华医院、中山大学附属七院二期、市第二儿童医院、大鹏新区人民医院、质子肿瘤治疗中心、全新机制医学科学院等在建项目建设,新增三甲医院2家,新增床位1200张。推进社康服务扩容提质,新增社康机构35家、全科医生800名。新引进高层次医学团队20个以上。推进国家感染性疾病临床医学研究中心、深圳大学医学部、中山大学医学院等建设。深化疾病预防控制体系改革,提高应对突发公共卫生事件能力。推进国家中医药综合改革试验区建设。健全重特大疾病医疗保障制度,探索罕见病用药保障机制。全面推进三级公立医院检查检验结果共享互认。

加快推进住有宜居。坚持房子是用来住的、不是用来炒的定位,稳地价、稳房价、稳预期,出台发展公租房、保障性租赁住房和共有产权住房的政策措施,加强房地产市场监管,整顿规范房地产市场秩序,促进房地产业健康发展和良性循环。加大土地供应力度,供应居住用地3.65平方公里。完成公共住房投资390亿元,新开工住房面积1500万平方米,建设筹集公共住房11万套(间)、供应分配5.5万套(间)。完成老旧小区改造300个。深入推进城中村治理,整治燃气等不合理加价行为。我们要拿出更多实招硬招,千方百计解决好大城市住房突出问题,努力让新市民、青年人等群体在深圳安居乐业、安心发展。

提升社会保障水平。健全养老服务体系,加强普惠性养老服务供给,促进医养康养结合,新增长者服务中心10个以上。制定三孩生育政策配套措施,实现普惠性托育机构街道全覆盖,建设儿童友好城市。强化民生兜底保障,加大残疾人、失能失智人员等特殊困难群体的关爱服务力度,开工建设民政康复中心等项目。大力发展社会公益、慈善事业。扎实做好双拥工作,打造全国退役军人工作高质量发展示范区,支持国防和军队建设。继续做好民族、宗教、侨务等工作。

牢牢守住安全底线。毫不放松抓好常态化疫情防控，坚持"外防输入、内防反弹"总策略和"动态清零"总方针，压紧压实全链条防控责任，增加隔离场所、医疗资源、防疫物资等储备，完善社会面和社区小区等防控措施，加强"一老一小"疫苗接种和"第三针"强化免疫，坚决守住不出现疫情规模性反弹的底线。深入开展安全生产专项整治三年行动，创建国家安全发展示范城市，推进国家城市安全发展科技研究院建设，提高应急管理和防灾减灾能力。全面排查整治城镇燃气等安全隐患，规范电动自行车等管理，强化食品药品安全监管，切实维护市民群众生命财产安全。

（八）深入实施文化强市战略，不断提升城市文化影响力

打造全国文明典范城市。深入实施习近平新时代中国特色社会主义思想传播工程，深化拓展新时代文明实践中心建设，培育和践行社会主义核心价值观，扎实推进公民道德建设。围绕迎接党的二十大胜利召开，创作一批讴歌党和祖国、体现深圳特质的重大文艺精品。深化文明城市创建工作，持续开展公共文明提升三年计划和市民文明素养提升五年行动，深化"关爱之城""志愿者之城"建设，不断提高城市文明程度。

打造区域文化中心城市。扎实推进"新时代十大文化设施"建设，开工建设自然博物馆、深圳音乐学院、深圳创新创意设计学院，继续推进深圳科学技术馆等在建项目，优化深圳歌剧院设计方案，完善公共文化场馆运营机制。创建第二批"特色文化街区"。发展数字创意、现代时尚等产业，建设国家级文化产业示范园区，推动文化产业高质量发展。继续办好文博会、中国设计大展、深圳设计周、深圳时装周、深圳读书月等活动。加强国际传播能力建设，讲好中国故事、湾区故事、深圳故事，增强城市文化辐射力。

打造世界级旅游目的地城市。创建全域旅游示范区，推进乐高乐园、东部滨海旅游观光公路等项目建设，推动小梅沙片区、东部华侨城等景区改造提升，发展游艇旅游，优化"海上看湾区"旅游线路，打造环深滨海黄金旅游带。构建多层次户外休闲步道体系，新建绿道60公里、郊野径230公里，加强森林步道、登山步道等建设，以纯生态方式打造一批精品远足径，让市民更好参与户外休闲、亲近自然生态、体验山海美景。

打造国际著名体育城市。开工建设市青少年足球训练基地二期等项目，推进中国足协足球训练中心、深圳棋院等项目前期工作。引进培育高端职业体育俱乐部和高水平运动员，发展水上运动、冰雪运动、电竞等新兴体育项目，办好重大体育赛事，推进国家体育消费试点城市建设。完善全民健身公共服务体系，新建一批都市型、楼宇型体育设施，推进文体设施进公园，实现全市体育设施"开放共享、一键预约"全覆盖，打造群众身边的体育生态圈，让市民群众畅享运动快乐、拥有健康体魄。

（九）打造法治先行示范城市，全面提升法治建设水平

建设更高水平的法治政府。自觉运用法治思维和法治方式推动工作，不断提高依法行政水平，完善科学民主依法决策机制，健全重大行政决策事项公众参与、专家论证、风险评估、合法性审查和集体讨论决定等法定程序。严格规范公正文明执法，探索建立跨领域跨部门联合执法工作机制，推动违法线索互联、执法标准互通、处理结果互认。加强行政复议工作规范化、专业化、信息化建设，出台行政复议服务保障地方标准，提升行政复议透明度。拓展审计监督广度和深度，深化政务公开，进一步增强政府公信力。

营造更加法治化的营商环境。推进营商环境创新试点城市建设，深化"放管服"改革，开展"一照通行"涉企审批服务改革试点，深入推进"双随机、一公开"监管，完善以信用为基础的新型市场监管机制，健全社会信用体系，强化知识产权创造、保护和运用。推进合规示范区建设，打造涉外经营合规风险预警平台，更好支持企业"走出去"。建设高水平法学院，加强涉外等法治人才培养，提升法律服务能力。完善政企沟通机制，继续办好"深圳企业家日"活动，大力弘扬企业家精神，依法平等保护民营企业产权和企业家权益，让市场化法治化国际化营商环境成为深圳的硬核实力。

创建模范法治社会。编制公共法律服务事项清单，全面实施"八五"普法规划，加强法治宣传教育，努力让法治成为社会共识和基本准则。依法化解重大风险挑战，按照市场化、法治化原则稳妥处置恒大集团等房地产企业债务风险，依法处置P2P网贷、私募基金等风险隐患。深化平安深圳建设，创建国家信访工作示范县（区），完善社会矛盾纠纷多元调处综合机制，依法及时就地解决群众合理诉求，依法惩治恶意欠薪，构建和谐劳动关系，确保城市安全、社会安定、人民安宁。

（十）坚持和加强党的全面领导，建设人民满意的服务型政府

持续加强政府系统党的建设。旗帜鲜明讲政治、抓政治，把党的领导贯穿政府工作全过程，巩固拓展党史学习教育成果，忠诚拥护"两个确立"，自觉忠诚核心、拥戴核心、维护核心、捍卫核心，自觉用习近平新时代中国特色社会主义思想武装头脑、指导实践、推动工作，自觉同党的理论和路线方针政策对标对表、及时校准偏差，不断提高政治判断力、政治领悟力、政治执行力，切实把增强"四个意识"、坚定"四个自信"、做到"两个维护"落到实际行动上。

主动接受各方面监督。落实全过程人民民主，依法接受市人大及其常委会监督，自觉接受市政协民主监督，主动听取民主党派、工商联、无党派人士和各人民团体意见，高质量办好人大代表建议和政协提案。积极回应市民关切，不断改进政府工作、优化政府服务。今年我们创新民生实事产生方式，形成了12项民生实事候选项目，提交本次大会票决后组织实施，努力把好事办好、实事办实，办到市民群众的期盼上，办到老百姓的心坎上。

加强勤政廉政建设。认真履行全面从严治党主体责任，深入推进廉洁政府建设，健全廉政风险防控机制。严格落实中央八项规定及其实施细则精神，加强作风建设，着力整治形式主义、官僚主义突出问题。牢固树立过紧日子思想，强化预算约束和绩效管理，实施第六轮市区财政体制和政府投资事权划分改革，盘活政府资源资产，不断提高财政资金使用效益。牢固树立正确政绩观，永葆"闯"的精神、"创"的劲头、"干"的作风，不折不扣落实好中央、省和市委各项决策部署，努力在新时代新征程上展现新气象新作为。

各位代表！奋斗成就伟大梦想，实干创造美好未来。让我们更加紧密地团结在以习近平同志为核心的党中央周围，在市委的坚强领导下，弘扬伟大建党精神，奋力建设好中国特色社会主义先行示范区，创建社会主义现代化强国的城市范例，为广东在全面建设社会主义现代化国家新征程中走在全国前列、创造新的辉煌作出更大贡献，以实际行动迎接党的二十大胜利召开！